**Die Bonus-Seite**

Ihr Vorteil als Käufer dieses Buches

Auf der Bonus-Webseite zu diesem Buch finden Sie zusätzliche Informationen und Services. Dazu gehört auch ein kostenloser **Testzugang** zur Online-Fassung Ihres Buches. Und der besondere Vorteil: Wenn Sie Ihr **Online-Buch** auch weiterhin nutzen wollen, erhalten Sie den vollen Zugang zum **Vorzugspreis**.

So nutzen Sie Ihren Vorteil

Halten Sie den unten abgedruckten Zugangscode bereit und gehen Sie auf **www.sap-press.de**. Dort finden Sie den Kasten **Die Bonus-Seite für Buchkäufer**. Klicken Sie auf **Zur Bonus-Seite/ Buch registrieren**, und geben Sie Ihren **Zugangscode** ein. Schon stehen Ihnen die Bonus-Angebote zur Verfügung.

Ihr persönlicher Zugangscode: 8qrx-w5yn-zbkj-h2d3

 PRESS

SAP PRESS ist eine gemeinschaftliche Initiative von SAP und Galileo Press. Ziel ist es, Anwendern qualifiziertes SAP-Wissen zur Verfügung zu stellen. SAP PRESS vereint das fachliche Know-how der SAP und die verlegerische Kompetenz von Galileo Press. Die Bücher bieten Expertenwissen zu technischen wie auch zu betriebswirtschaftlichen SAP-Themen.

Horst Keller, Wolf Hagen Thümmel
ABAP-Programmierrichtlinien
407 S., 2009, geb.
ISBN 978-3-8362-1286-1

Hermann Gahm
ABAP Performance Tuning
372 S., 2009, geb.
ISBN 978-3-8362-1211-3

Andreas Blumenthal, Horst Keller
ABAP – Fortgeschrittene Techniken und Tools, Band 2
579 S., 2009, geb.
ISBN 978-3-8362-1151-2

Horst Keller
ABAP-Referenz
1367 S., 3., akt. und erw. Auflage 2010, geb.
ISBN 978-3-8362-1524-4

Thomas Frambach, Simon Hoeg
Floorplan Manager für Web Dynpro ABAP
366 S., 2011, geb.
ISBN 978-3-8362-1530-5

Aktuelle Angaben zum gesamten SAP PRESS-Programm finden Sie unter *www.sap-press.de*.

Randolf Eilenberger, Frank Ruggaber, Reinhard Schilcher

Praxishandbuch SAP® Code Inspector

Galileo Press

Bonn · Boston

Liebe Leserin, lieber Leser,

vielen Dank, dass Sie sich für ein Buch von SAP PRESS entschieden haben.

Sie glauben gar nicht, wie viele Angebote in den Bildagenturen zur Themenwelt »Inspektor« zu finden sind: Polizeimarken, Kommissare in Trenchcoats, qualmende Pfeifen, Handschellen, Schlapphüte, Fingerabdrücke. Für das Cover dieses Buches haben wir uns aber gegen die spektakuläre Krimi-Inszenierung und stattdessen für das Motiv entschieden, das die Verwendung des SAP Code Inspectors am besten beschreibt. Denn mit ihm können Sie Ihren ABAP-Code sprichwörtlich unter die Lupe nehmen, um Ihre Eigenentwicklungen – und auch die von externen Partnern – auf ihre Qualität hin zu überprüfen.

Das ist zwar nicht sonderlich spektakulär, aber vermutlich nicht minder anspruchsvoll als das Lösen eines Kriminalfalls. Wie geht Ihnen nicht erwünschter Code in die Falle? Wie schaffen Sie es, unschuldige Programmzeilen außen vor zu lassen? Welche Ermittlungswege sind einfach nur zeitintensiv, ohne Ihnen wirklich zu Erkenntnissen zu verhelfen? Durch die Kombination des Entwicklerwissens von Randolf Eilenberger mit der Beratungserfahrung von Frank Ruggaber und Reinhard Schilcher bietet Ihnen dieses Buch die bislang »fehlende Dokumentation« zum SAP Code Inspector, angereichert mit Empfehlungen und erprobten Vorgehensweisen aus dem Programmtester-Alltag. Ein echtes Praxishandbuch eben.

Wir freuen uns stets über Lob, aber auch über kritische Anmerkungen, die uns helfen, unsere Bücher zu verbessern. Am Ende dieses Buches finden Sie daher eine Postkarte, mit der Sie uns Ihre Meinung mitteilen können. Als Dankeschön verlosen wir unter den Einsendern regelmäßig Gutscheine für SAP PRESS-Bücher.

Ihr Stefan Proksch
Lektorat SAP PRESS

Galileo Press
Rheinwerkallee 4
53227 Bonn

stefan.proksch@galileo-press.de
www.sap-press.de

Auf einen Blick

1	Einsatz des SAP Code Inspectors	29
2	Konfiguration und Funktionen des SAP Code Inspectors	67
3	Automatisierte Prüfungen mit dem SAP Code Inspector	125
4	Programmierung eigener Prüfungen für den SAP Code Inspector	159
5	Standardprüfungen des SAP Code Inspectors	235
A	Konstanten des SAP Code Inspectors	391
B	Meldungen der SAP-Standardprüfungen	405
C	Glossar	449
D	Die Autoren	453

Der Name Galileo Press geht auf den italienischen Mathematiker und Philosophen Galileo Galilei (1564–1642) zurück. Er gilt als Gründungsfigur der neuzeitlichen Wissenschaft und wurde berühmt als Verfechter des modernen, heliozentrischen Weltbilds. Legendär ist sein Ausspruch *Eppur si muove* (Und sie bewegt sich doch). Das Emblem von Galileo Press ist der Jupiter, umkreist von den vier Galileischen Monden. Galilei entdeckte die nach ihm benannten Monde 1610.

Lektorat Stefan Proksch
Korrektorat Osseline Fenner, Troisdorf
Einbandgestaltung Daniel Kratzke
Titelbild istock: Zmeel Photography, Lise Gagne
Typografie und Layout Vera Brauner
Herstellung Maxi Beithe
Satz III-satz, Husby
Druck und Bindung Kösel GmbH & Co. KG, Altusried-Krugzell

Gerne stehen wir Ihnen mit Rat und Tat zur Seite:
stefan.proksch@galileo-press.de bei Fragen und Anmerkungen zum Inhalt des Buchs
service@galileo-press.de für versandkostenfreie Bestellungen und Reklamationen
thomas.losch@galileo-press.de für Rezensionsexemplare

Bibliografische Information der Deutschen Nationalbibliothek
Die Deutsche Nationalbibliothek verzeichnet diese Publikation in der Deutschen Nationalbibliografie; detaillierte bibliografische Daten sind im Internet über *http://dnb.d-nb.de* abrufbar.

ISBN 978-3-8362-1706-4

© Galileo Press, Bonn 2011
1. Auflage 2011

Das vorliegende Werk ist in all seinen Teilen urheberrechtlich geschützt. Alle Rechte vorbehalten, insbesondere das Recht der Übersetzung, des Vortrags, der Reproduktion, der Vervielfältigung auf fotomechanischen oder anderen Wegen und der Speicherung in elektronischen Medien. Ungeachtet der Sorgfalt, die auf die Erstellung von Text, Abbildungen und Programmen verwendet wurde, können weder Verlag noch Autor, Herausgeber oder Übersetzer für mögliche Fehler und deren Folgen eine juristische Verantwortung oder irgendeine Haftung übernehmen.

Die in diesem Werk wiedergegebenen Gebrauchsnamen, Handelsnamen, Warenbezeichnungen usw. können auch ohne besondere Kennzeichnung Marken sein und als solche den gesetzlichen Bestimmungen unterliegen.

Sämtliche in diesem Werk abgedruckten Bildschirmabzüge unterliegen dem Urheberrecht © der SAP AG, Dietmar-Hopp-Allee 16, D-69190 Walldorf.

SAP, das SAP-Logo, mySAP, mySAP.com, mySAP Business Suite, SAP NetWeaver, SAP R/3, SAP R/2, SAP B2B, SAPtronic, SAPscript, SAP BW, SAP CRM, SAP EarlyWatch, SAP ArchiveLink, SAP GUI, SAP Business Workflow, SAP Business Engineer, SAP Business Navigator, SAP Business Framework, SAP Business Information Warehouse, SAP interenterprise solutions, SAP APO, AcceleratedSAP, InterSAP, SAPoffice, SAPfind, SAPfile, SAPtime, SAPmail, SAPaccess, SAP-EDI, R/3 Retail, Accelerated HR, Accelerated HiTech, Accelerated Consumer Products, ABAP, ABAP/4, ALE/WEB, Alloy, BAPI, Business Framework, BW Explorer, Duet, Enjoy-SAP, mySAP.com e-business platform, mySAP Enterprise Portals, RIVA, SAPPHIRE, TeamSAP, Webflow und SAP PRESS sind Marken oder eingetragene Marken der SAP AG, Walldorf.

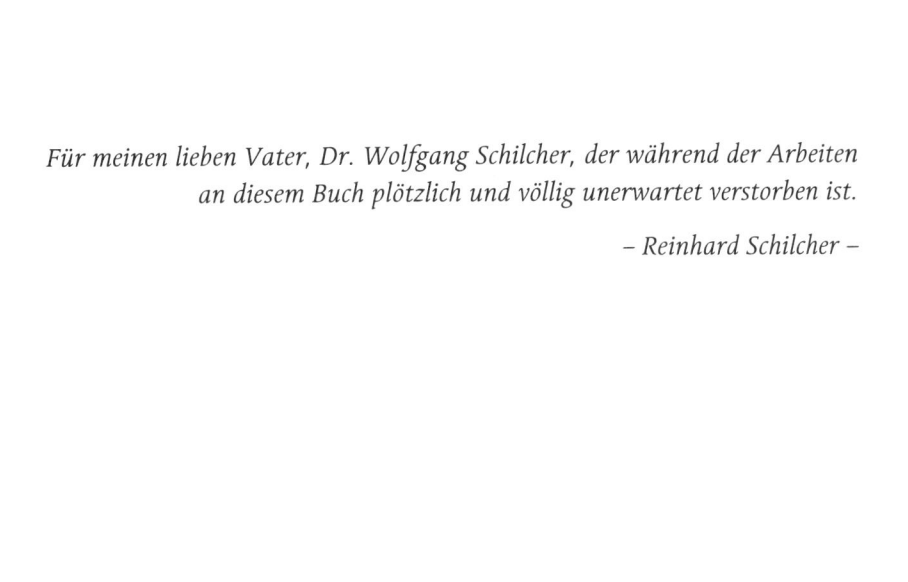

Für meinen lieben Vater, Dr. Wolfgang Schilcher, der während der Arbeiten an diesem Buch plötzlich und völlig unerwartet verstorben ist.

– Reinhard Schilcher –

Inhalt

Geleitwort der SAP AG 17
Geleitwort der inconso AG 19
Einleitung 21

1   Einsatz des SAP Code Inspectors 29

1.1   Einordnung des SAP Code Inspectors 29
1.2   Verwendung des SAP Code Inspectors 34
    1.2.1   Gemeinsamkeiten in verschiedenen Bereichen 35
    1.2.2   Prüfvariante 38
    1.2.3   Objektmenge 43
    1.2.4   Inspektion 55
1.3   Überblick über die SAP-Standardprüfungen 63

2   Konfiguration und Funktionen des SAP Code Inspectors 67

2.1   Einstellmöglichkeiten des SAP Code Inspectors 67
    2.1.1   Verwaltung von Tests 68
    2.1.2   Verwaltung von Objektkollektoren 71
    2.1.3   Verwaltung von Meldungsprioritäten 73
2.2   Objektkollektoren 75
    2.2.1   Programme aus der Laufzeitanalyse 76
    2.2.2   Verwendungsnachweis für Tabellen 78
    2.2.3   Objekte aus Umfeldermittlung 79
    2.2.4   Objekte aus Verwendungsnachweis 80
    2.2.5   Objekte aus Coverage Analyzer 81
    2.2.6   Objekte aus Datei-Upload 82
    2.2.7   Objekte aus Laufzeitfehlern (ab Release 7.0 EHP2).... 83
    2.2.8   Objekte aus cProjects (ab Release 7.0 EHP2) 84
    2.2.9   Objekte aus eingebetteten Paketen (ab Release 7.0 EHP2) 85
    2.2.10 Programme aus Katalog der Report-Sourcen (ab Release 7.0 EHP2) 86
2.3   Ergebnismeldungen unterdrücken 87
    2.3.1   Pseudokommentare 88
    2.3.2   Genehmigungsverfahren 95

	2.4	Verwendungsnachweis für Prüfvarianten und Objektmengen	109
	2.5	Ergebnisse von Inspektionen vergleichen	111
		2.5.1 Vergleich zweier verschiedener Inspektionen	111
		2.5.2 Vergleich zweier Versionen einer Inspektion	114
	2.6	E-Mail versenden	117
		2.6.1 E-Mail aus der Ergebnisliste einer Transaktion	117
		2.6.2 E-Mail über den Report »rs_ci_email«	119
		2.6.3 Fazit	123
	2.7	Hintergrundjob des SAP Code Inspectors	123
		2.7.1 Teilaufgabe Löschung	123
		2.7.2 Teilaufgabe Import	124

3 Automatisierte Prüfungen mit dem SAP Code Inspector ... 125

	3.1	Einsatzszenario für automatisierte Prüfungen	125
	3.2	Inspektion als Job einplanen	126
	3.3	Objektprüfungen bei Auftragsfreigabe	130
	3.4	Objektprüfungen bei Aufgabenfreigabe	135
	3.5	Externe Programmierschnittstelle des SAP Code Inspectors	150
		3.5.1 Inspektion eines einzelnen TADIR-Objektes	151
		3.5.2 Inspektion mit einer bestehenden Objektmenge	152
		3.5.3 Inspektion von Sourcecode	152
		3.5.4 Inspektion einer Selektion von Objekten	153
		3.5.5 Inspektion einer Objektliste	154
	3.6	Erfahrungen aus der Praxis	154
		3.6.1 Planung eines automatisierten Code-Inspector-Einsatzes	155
		3.6.2 Integration des SAP Code Inspectors in eigenen Code	157

4 Programmierung eigener Prüfungen für den SAP Code Inspector ... 159

	4.1	Vorüberlegungen für eine eigene Prüfung	160
		4.1.1 Generelle Planung	161
		4.1.2 Datensammler des Code-Inspector-Frameworks	162
	4.2	Grundlagen für eine eigene Prüfung	164
		4.2.1 Hintergrund für die Grundlagen	164
		4.2.2 Schritt 1: Erstellung von Einträgen im Prüfvariantenbaum	166

	4.2.3	Kategorieneintrag erstellen	167
	4.2.4	Prüfungseintrag erstellen	172
	4.2.5	Schritt 2: Aktivierung der neuen Einträge	177
	4.2.6	Aktivierte Einträge in der Ergebnisanzeige	178
4.3	Prüfvariante (Frontend)		179
	4.3.1	Erweiterung des Prüfvariantenbaums	180
	4.3.2	Parameterauswahlbildschirm	181
	4.3.3	Methode »constructor«	187
	4.3.4	Methode »if_ci_test~query_attributes«	193
	4.3.5	Methode »cl_ci_query_attributes=>generic«	195
	4.3.6	Struktur »sci_attent«	196
	4.3.7	Feld »kind«	197
	4.3.8	Methode »fill_messages«	200
	4.3.9	Struktur »scimessage«	201
	4.3.10	Methode »if_ci_test~navigate«	204
	4.3.11	Methode »if_ci_test~display_documentation«	204
	4.3.12	Methode »if_ci_test~exception«	204
4.4	Aufbau einer eigenen Prüfung (Backend)		205
	4.4.1	Methode »run«	205
	4.4.2	Methode »inform«	209
	4.4.3	Methode »clear«	212
	4.4.4	Methode »get_message_text«	212
	4.4.5	Methode »run_begin«	212
	4.4.6	Methode »run_end«	212
	4.4.7	Methode »get_result_node«	213
	4.4.8	Methode »consolidate_for_display«	213
	4.4.9	Methode »modify_priorities«	214
	4.4.10	Methode »add_obj_type«	215
	4.4.11	Methode »get«	215
	4.4.12	Sonstige Methoden	216
4.5	Tabellen der ABAP-Scan-Engine		216
	4.5.1	Token-Tabelle	218
	4.5.2	Statement-Tabelle	221
	4.5.3	Structure-Tabelle	224
	4.5.4	Level-Tabelle	226
4.6	Mögliche Umsetzungsszenarien		229
	4.6.1	Manipulation bestehender SAP-Standardprüfungen	230
	4.6.2	Integration eigener Prüfungen in den SAP Code Inspector	230
	4.6.3	Fazit	234

5 Standardprüfungen des SAP Code Inspectors 235

- 5.1 Zuverlässigkeit und Relevanz von Prüfungen 237
  - 5.1.1 Zuverlässigkeit 237
  - 5.1.2 Laufzeit 238
- 5.2 Implizite Prüfungen des Code-Inspector-Frameworks 239
- 5.3 Allgemeine Prüfungen 240
  - 5.3.1 Anweisungsstatistik 241
  - 5.3.2 Tabellennamen aus SELECT-Anweisungen 243
  - 5.3.3 Statistik der Tabelleneigenschaften 244
  - 5.3.4 ABAP-Token-Statistik 245
- 5.4 Performanceprüfungen 246
  - 5.4.1 Analyse der WHERE-Bedingung für SELECT 249
  - 5.4.2 Analyse der WHERE-Bedingung für UPDATE und DELETE 254
  - 5.4.3 SELECT-Anweisungen, die am Tabellenpuffer vorbei lesen 255
  - 5.4.4 SELECT-Anweisungen mit anschließendem CHECK.... 260
  - 5.4.5 SELECT in Schleifen 262
  - 5.4.6 Ändernde Datenbankzugriffe in Schleifen 263
  - 5.4.7 Geschachtelte Schleifen 264
  - 5.4.8 Kopieren großer Datenobjekte 265
  - 5.4.9 Inperformante Operationen auf internen Tabellen..... 266
  - 5.4.10 Inperformante Parameterübergaben 269
  - 5.4.11 Kopieren der aktuellen Tabellenzeile bei LOOP AT ... 274
  - 5.4.12 'EXIT' oder keine Anweisung in SELECT-ENDSELECT-Schleife 276
  - 5.4.13 Invalidierung des SAP-Tabellenpuffers 278
  - 5.4.14 Verwendung von Indizes in der SELECT-Anweisung 280
  - 5.4.15 Instanzerzeugung von BAdIs 282
  - 5.4.16 SELECT INTO CORRESPONDING FIELDS bei gepufferten Tabellen 284
  - 5.4.17 Prüfung der Tabelleneigenschaften 284
  - 5.4.18 Performanceprüfungen, die es nicht gibt 294
- 5.5 Sicherheitsprüfungen 295
  - 5.5.1 Kritische Anweisungen 297
  - 5.5.2 Suche nach bestimmten kritischen Anweisungen (ab Release 7.0 EHP2) 300
  - 5.5.3 Dynamische und mandantenabhängige Zugriffe im SELECT 301

	5.5.4	Dynamische und mandantenabhängige Zugriffe mit INSERT, UPDATE, MODIFY, DELETE	303
	5.5.5	Prüfung der SY-SUBRC-Behandlung	304
	5.5.6	Verwendung der ADBC-Schnittstelle (ab Release 7.0 EHP2)	307
	5.5.7	Ändernde Datenbankzugriffe außerhalb von Verbuchungsbausteinen	308
	5.5.8	Mandantenabhängige Shared-Objects-Methoden (ab Release 7.0 EHP2)	309
	5.5.9	Weitere Prüfmöglichkeiten zur Programmsicherheit	310
5.6	Syntaxprüfung/Generierung	310
	5.6.1	Klassen/Interface-Konsistenz	311
	5.6.2	Syntaxprüfung	312
	5.6.3	Erweiterte Programmprüfung	313
	5.6.4	Generieren von ABAP-Programmen	316
	5.6.5	Suspekte Konvertierungen	317
5.7	Robuste Programmierung (ab Release 7.0 EHP2)	321
	5.7.1	Suche nach APPEND und INSERT ... INDEX bei SORTED-Tabellen	322
	5.7.2	Komplexe WHERE-Bedingung in SELECT-Anweisung	323
	5.7.3	Prüfung der SY-SUBRC-Behandlung	326
	5.7.4	Suspekte Konvertierungen	326
	5.7.5	Anmerkungen zu SELECT ... FOR ALL ENTRIES und READ TABLE ... BINARY SEARCH	326
5.8	Programmierkonventionen	327
	5.8.1	Namenskonventionen	328
	5.8.2	Erweiterte Namenskonventionen für Programme	330
	5.8.3	Testkonventionen von ABAP Unit	333
5.9	Metriken und Statistik	334
	5.9.1	Metrik der ausführbaren Anweisungen	335
	5.9.2	Prozedurale Metrik	337
	5.9.3	Fan-out-strukturelle Metrik	341
	5.9.4	Kommentarsprache-Metrik	342
	5.9.5	OO-Größenmetrik	345
	5.9.6	Anweisungsstatistik	347
	5.9.7	ABAP-Web-Dynpro-Metrik (ab Release 7.0 EHP2)	347
	5.9.8	Worthäufigkeit in Kommentaren	350
5.10	Dynamische Tests	351
	5.10.1	ABAP Unit	352

5.11	Oberflächen		355
	5.11.1	GUI-Usability-Prüfung	355
	5.11.2	Standardprüfungen für Web Dynpro	356
	5.11.3	Web-Dynpro-Programmierkonventionen	358
	5.11.4	Dynpro-Prüfungen	360
	5.11.5	Dynpro-Generierung	360
	5.11.6	Dynpro-Prüfung auf Usability und Accessibility	361
5.12	Suchfunktionen		362
	5.12.1	Suche von ABAP-Token	363
	5.12.2	Suche von ABAP-Anweisungsmustern	364
	5.12.3	Suche nach unerwünschten Sprachelementen	365
	5.12.4	Suche WRITE-Anweisungen	367
	5.12.5	Suche Oracle Rule Hints	368
5.13	Anwendungsprüfungen		370
	5.13.1	HR-Entkopplung: Prüfung der Infotypklassen	370
5.14	Interne Performancetests		371
	5.14.1	Prüfung SQL-Trace: Analyse der WHERE-Bedingung für SELECT	373
	5.14.2	Prüfung SQL-Trace: Analyse der WHERE-Bedingung für UPDATE und DELETE	375
	5.14.3	Prüfung SQL-Trace: Zugriffe auf gepufferte Tabellen	376
	5.14.4	Prüfung SQL-Trace: Explain für alle SELECT-Anweisungen	379
5.15	Interne Tests		380
	5.15.1	Tests zu ENHANCEMENT-SECTION	381
	5.15.2	Test zu CL_ABAP_COMPILER	382
	5.15.3	Erkennen von totem Coding	382
	5.15.4	Leerer Test	383
	5.15.5	Überprüfung der Erweiterbarkeit von Tabellen	383
5.16	Proxy-Prüfungen		384
	5.16.1	Proxy-Prüfungen	385

Anhang 389

A	Konstanten des SAP Code Inspectors		391
	A.1	Inspektionsverarbeitung	391
	A.2	Pseudokommentare und Genehmigungsverfahren	393
	A.3	ABAP-Scan-Engine	397

B	Meldungen der SAP-Standardprüfungen		405
	B.1	Allgemeine Prüfungen	407
	B.2	Performanceprüfungen	410
	B.3	Sicherheitsprüfungen	418
	B.4	Syntaxprüfung/Generierung	421
	B.5	Programmierkonventionen	423
	B.6	Metrik und Statistik	428
	B.7	Dynamische Tests	431
	B.8	Oberflächen	435
	B.9	Suchfunktionen	440
	B.10	Anwendungsprüfungen	441
	B.11	Interne Performancetests	442
	B.12	Interne Tests	444
	B.13	Proxy-Prüfungen	446
	B.14	Liste der internen Prüfungen	446
C	Glossar		449
D	Die Autoren		453
Index			455

Geleitwort der SAP AG

Bei SAP gibt es seit den Anfängen der ABAP-Programmierung eine Reihe von Werkzeugen, die Entwicklerinnen und Entwickler dabei unterstützen, effizient zu arbeiten und möglichst fehlerfreien Code zu implementieren. An erster Stelle steht hier der ABAP Editor, der nicht nur den Syntaxcheck anbietet, sondern auch die Übernahme von Aufrufschnittstellen oder Codeauszeichnung und -strukturierung ermöglicht. Der ABAP Editor ist in ein mächtiges Framework integriert: die ABAP Workbench. Außer vielfältigen Möglichkeiten für die Navigation zu Entwicklungsobjekten bietet diese unter anderem Verwendungsnachweise, eine Anbindung an das ABAP Dictionary und die Transport-Workbench sowie die Einbindung von Modellierungstools. Die Analyse des laufenden Codes wird durch den ABAP Debugger unterstützt; dieser ermöglicht neben den üblichen Funktionen wie der Anzeige von Variablen, Aufrufhierarchien und der Verwaltung von Breakpoints beispielsweise auch die Analyse des Speicherverbrauchs oder die Ausführung von Skripten. Als weitere Werkzeuge wären die erweiterte Programmprüfung, die ABAP-Laufzeitanalyse und der Performance-Trace zu nennen.

Im Lauf der Zeit entstand – auch aufgrund des Feedbacks zahlreicher Entwickler – die Anforderung, den Quelltext nicht nur bezüglich funktionaler Korrektheit, sondern auch hinsichtlich anderer Produkteigenschaften wie Performance, Skalierbarkeit, Sicherheit oder Bedienbarkeit prüfen zu können. Die tägliche Arbeit hatte uns ferner gezeigt, dass ein großer Teil der im laufenden Betrieb entdeckten Performanceprobleme ähnlichen Mustern folgte. Daraus ergab sich eine Reihe von Ideen für Prüfungen, um »handwerkliche« Fehler, zum Beispiel beim Zugriff auf Datenbanktabellen, automatisch identifizieren zu können.

Zwar gab es bereits Werkzeuge für Untersuchungen von statischen Objektdefinitionen, doch diese erfüllten nicht die von uns gestellten Anforderungen – wir wünschten uns für alle Entwickler ein leicht zu bedienendes Tool, das in die Arbeitsumgebung integriert und hinsichtlich der Prüfmenge und der Art der Prüfungen einfach und flexibel konfigurierbar sein sollte. Durch die Zusammenarbeit der beiden Teams »ABAP Language« und »Performance & Scalability« entstand daraufhin ein neues Werkzeug, der SAP Code Inspector. Innerhalb kurzer Zeit wurde ein umfassendes Framework für die Konfiguration von Objektmengen und Prüfungen sowie für die Ausführung von Inspektionen in Einzel- und Massentests entwickelt. Der Code Inspector wurde in die Entwicklungs- und in die Transport-Workbench integriert, sodass die Prüfungen den Entwicklern stets direkt zur Verfügung stehen.

Zu den weiteren Vorteilen dieser engen Integration in die Entwicklungsumgebung zählt, dass nicht nur statische ABAP-Quelltexte analysiert werden können, sondern auch Zugriffsmöglichkeiten auf das ABAP Dictionary oder auf die Symboltabellen des ABAP-Compilers bestehen. Dadurch können die Metadaten der Entwicklungsumgebung und der ABAP-Kompilation zur Anreicherung von Prüfungen herangezogen werden. Das Code-Inspector-Framework hat sich als so flexibel erwiesen, dass damit sogar SQL-Traces oder andere Objekte, die sich nicht im Objekt-Repository befinden, untersucht werden können.

Da das Code-Inspector-Framework durch seine offene Architektur einfach erweiterbar ist, kamen im Lauf der Zeit Prüfungen von verschiedenen Autoren hinzu, oft angeregt durch Anfragen von Benutzern. Für besonders bemerkenswert halten wir die Erweiterungen des Code Inspectors durch Kunden oder Partner, beispielsweise durch eigene Prüfungen zu speziellen Programmierrichtlinien oder – wie hier im Buch beschrieben – durch den Aufruf des Code Inspectors aus einem BAdI in der Transport-Workbench. Dies zeigt uns, dass das Werkzeug Code Inspector akzeptiert und genutzt wird und zu einem wichtigen Bestandteil des Softwareerstellungsprozesses geworden ist.

Dieses Buch wurde für Sie als SAP-Anwender geschrieben, um Ihnen zu helfen, die Qualität Ihres selbst entwickelten ABAP-Codes zu überprüfen und zu verbessern. Das Autorenteam besteht aus zwei Mitarbeitern des SAP-Partners inconso AG und einem der Entwickler des Code Inspectors. Wir sind davon überzeugt, dass durch diese Zusammenarbeit ein echtes Praxishandbuch entstanden ist, das Ihnen viele wichtige Tipps für die Arbeit mit dem Code Inspector bietet. Das Streben nach einer hohen Softwarequalität verbindet alle engagierten Entwickler, und wir hoffen, dass dieses Buch und der Code Inspector Sie dabei unterstützen werden.

Dr. Andreas Simon Schmitt	**Dr. Ulrich Marquard**
Development Architect, SAP AG	Senior Vice President, SAP AG
TIP Core ABAP Platform & VM Tech (AG)	Performance & Scalability

Geleitwort der inconso AG

Vorbei sind die Zeiten, in denen Softwareentwicklung das Werk eigenbrötlerischer Genies oder »Programmierkünstler« war. Schon lange hat sich die Softwareherstellung zu einem mehr und mehr ingenieurartig durchgeführten Prozess entwickelt. In Zeiten wachsender Komplexität der Systeme, im Umfeld serviceorientierter Ansätze und verteilter Systeme gewinnt diese ingenieurartige Herangehensweise mehr und mehr an Bedeutung.

Dies gilt umso mehr, da Softwareentwicklung heute häufig »verteilt« stattfindet. Systeme werden von möglicherweise rund um die Welt verteilten Teams gemeinsam entwickelt. Und ist der Entwicklungsprozess einmal abgeschlossen, muss die Wartung und Pflege der Systeme unter gleichen Bedingungen gegebenenfalls von Dritten zuverlässig möglich sein. Dies alles stellt höchste Anforderungen an die Qualität, Fehlerfreiheit, Dokumentation und damit auch an die Wartbarkeit der Systeme.

Nun sind aber trotz aller Professionalität des Entwicklungsprozesses, trotz umfangreich vorhandener Programmierrichtlinien, Dokumentationsvorgaben, Styleguides etc. letztlich Menschen am Werk. Menschen, die mit hohem Sachverstand, technologischem Know-how und eigener Kreativität Lösungen für komplexe Prozesse in Sourcecode gießen. Die dabei ihre Individualität einbringen; und wo sich zum Beispiel bei hohem Projektdruck auch Fehler, Nichtachtung von Richtlinien, Standards oder Dokumentationsvorgaben einschleichen. Die zunehmende Mächtigkeit und Komplexität der eingesetzten Technologien und Werkzeuge erhöht dieses Risiko zusätzlich. Es ist daher von dramatisch zunehmender Bedeutung, im gesamten Softwareherstellungsprozess sicherzustellen, dass die Qualitätsstandards und Programmierrichtlinien, die Dokumentationserfordernisse und Vorgaben zuverlässig und durchgängig eingehalten werden.

Sicherstellen heißt in diesem Zusammenhang, dass neben der klaren Definition der Vorgaben und Richtlinien deren Einhaltung tatsächlich im Projektverlauf kontinuierlich geprüft und kontrolliert werden muss. Dies ist in umfangreichen Entwicklungsprojekten ohne technische Hilfsmittel nicht mehr wirtschaftlich möglich.

Ein solches Hilfsmittel zur Qualitätssicherung stellt der SAP Code Inspector dar. Nun ist die Verfügbarkeit eines mächtigen Werkzeugs allein natürlich noch nicht die Lösung aller Probleme. Es bedarf einer auf den jeweiligen Einsatzzweck hin ausgerichteten »Bedienungsanleitung«, die es erleichtert, das Werkzeug effektiv zum Einsatz zu bringen. Und die praktische Erfahrungen berücksichtigt und einfließen lässt.

Frank Ruggaber und Reinhard Schilcher haben auf Basis ihrer langjährigen Erfahrung in umfangreichen Softwareentwicklungsprojekten bei der inconso AG zusammen mit Dr. Randolf Eilenberger, Mitentwickler des SAP Code Inspectors bei der SAP AG, mit dem vorliegenden Buch eine praxisorientierte Anleitung zum Einsatz des SAP Code Inspectors im Umfeld der ABAP-Entwicklung erstellt.

Ich freue mich, Ihnen mit diesem Buch ein Hilfsmittel an die Hand geben zu können, mit dem Sie von diesen Erfahrungen profitieren können und das Sie bei der Erstellung von Software mit höchster Codequalität unterstützt.

Bertram Salzinger
Vorstandsvorsitzender der inconso AG

Einleitung

Sicherlich haben Sie es selbst auch schon erlebt: Ob im Internet, in Fachzeitschriften oder im Buchhandel, bis auf ein paar kurze Artikel zu einfachen Inspektionseinstellungen und zu einigen Prüfungen im SAP Code Inspector sind zu diesem Thema keine genaueren Informationen zu finden. Uns, Frank Ruggaber und Reinhard Schilcher, erging es ebenfalls so, als wir für diverse Kundenprojekte nähere Informationen zum Code Inspector suchten. Obwohl wir bereits in früheren Projekten etliche Code-Inspector-Standardprüfungen ausgiebig verwendet hatten, gab es einige Bereiche, wie zum Beispiel die Erstellung eigener Prüfungen, die automatisierte Prüfung bei der Transportfreigabe oder das genaue Wissen um die Einsatzmöglichkeiten bestimmter SAP-Standardprüfungen, die wir uns erst im Lauf der Zeit erarbeiten mussten. Nach mehreren Kundenprojekten hatten wir durch Codeanalyse und Debugging bereits so viel an Informationen zusammengetragen und in firmeneigenen Dokumentationen niedergeschrieben, dass allmählich die Idee reifte, dieses umfangreiche Wissen zu einem so wichtigen Thema auch anderen zugänglich zu machen. Und so haben wir im April 2010 beschlossen, ein umfassendes Buch zum SAP Code Inspector zu veröffentlichen.

Um bei diesem Thema auch fachlich eine möglichst kompetente Unterstützung zu erhalten, haben wir bei SAP einen der drei Entwickler des SAP Code Inspectors, Dr. Randolf Eilenberger, um seine Mitwirkung bei unserem Buchprojekt gebeten. Er erklärte sich sofort bereit, uns beim Schreiben des Buches tatkräftig zu unterstützen.

Ein Fachbuch zu einem SAP-Thema, da gibt es nur einen Verlag, der dafür infrage kommt, nämlich SAP PRESS. Schon bei der ersten Kontaktaufnahme zeigte Stefan Proksch aufseiten des Lektorats ein reges Interesse an einer Veröffentlichung dieses wichtigen Themas und riet uns, das Werk als Praxishandbuch zu schreiben.

Zielsetzung

Das Ergebnis liegt nun vor Ihnen: Mit diesem Buch halten Sie ein umfassendes Werk zum Thema SAP Code Inspector in Ihren Händen. Dieses Buch behandelt eines der, unserer Meinung nach, wichtigsten Werkzeuge zur Qualitätssicherung in der Entwicklung. Die Konstellation der Autoren sorgt dafür, dass zum einen extrem wichtiges Hintergrundwissen und zum anderen praxisnahe Erfahrungen aus dem täglichen Projekteinsatz in das Buch mit eingeflossen sind. Im ersten Teil (Kapitel 1 bis 4) finden Sie eine Schritt-für-Schritt-Anleitung zum Einsatz des SAP Code Inspectors als Werkzeug einer automatisierten Qualitätssicherung. Im zweiten Teil (Kapitel 5) finden Sie für den täglichen Gebrauch eine umfassende Referenz aller mit dem SAP Code Inspector ausgelieferten Prüfungen. Und im Gegensatz zu vielen anderen brandneuen Themen können Sie sicher sein, dass dieses Werkzeug auf Ihrem SAP-System inzwischen ausgereift zur Verfügung steht. Denn der SAP Code Inspector wurde bereits mit dem SAP Web Application Server 6.10 ausgeliefert (siehe Abschnitt »Systemvoraussetzungen« in dieser Einleitung).

Ein weiterer Vorteil dieses Werkzeuges besteht darin, dass Sie es bereits zu Anfang einer Entwicklungsphase einsetzen können. Denn die Erfahrung aus der Praxis zeigt, je früher Werkzeuge zur Qualitätssicherung in der Entwicklungsphase eingesetzt werden, desto effizienter wird der Entwicklungsprozess an sich. Letztendlich können dadurch aufwendige Nacharbeiten vermieden werden. Außerdem unterstützt ein automatisierter Einsatz von Werkzeugen zur Qualitätssicherung die Entwickler bei der Einhaltung von Entwicklungsstandards, was wiederum bei der Wartung und bei späteren Programmerweiterungen bares Geld und Entwicklernerven sparen hilft.

Wir möchten Ihnen dies an einem Beispielsszenario verdeutlichen, wie es in den meisten SAP-Projekten tagtägliche Praxis ist: Auf einem SAP-System entwickeln verschiedene Gruppen die unterschiedlichsten Anwendungen. Hierbei gibt es Entwickler aus dem eigenen Unternehmen sowie externe Entwickler von verschiedenen Partnern. In diesem Unternehmen existieren Entwicklungsrichtlinien, in denen zum Beispiel Architekturvorgaben, Namenskonventionen und andere Vorgaben zur SAP-Entwicklung festgehalten sind. Nun soll sichergestellt werden, dass die definierten Entwicklungsrichtlinien von allen beteiligten Entwicklern eingehalten werden. Außerdem sollen alle Entwicklungen, bevor sie das Entwicklungssystem verlassen, auf Aspekte wie Sicherheit, Performance und Robustheit hin geprüft werden, um dadurch das Produktivsystem zu schützen. Im Rahmen dieses Szenarios gibt es verschiedene Gruppen, die den SAP Code Inspector als Werkzeug zur Qualitätssicherung in der Entwicklung nutzen können. Genau für diese haben wir dieses Buch geschrieben.

Zielgruppen

An einem typischen SAP-Projekt mit kundeneigenen Entwicklungen sind normalerweise zwei verschiedene Gruppen mit unterschiedlichen Betrachtungsweisen beteiligt:

- zum einen die Gruppe der Berater und Entwickler, die die vorgegebenen Qualitätsstandards erfüllen sollen
- zum anderen die Gruppe der SAP-Kunden, die die Entwicklungen der verschiedenen Berater und Entwickler auf Einhaltung der Qualitätsstandards hin prüfen möchten

An beide Lesergruppen wendet sich unser Buch. An einer SAP-Entwicklung können hierbei folgende Rollen beteiligt sein:

- Qualitätsmanager überprüfen die realisierten SAP-Entwicklungen auf die Einhaltung von Qualitätsstandards hin, die zum Beispiel in Form von Entwicklungsrichtlinien definiert wurden. Denn letztendlich sollten Entwicklungsrichtlinien kein reiner Selbstzweck sein, sondern dazu dienen, eine performante, wartungsfähige, robuste und sichere Software entwickeln zu helfen. Sollten in Ihrem Unternehmen noch keine Entwicklungsrichtlinien für die SAP-Entwicklung vorhanden sein, bietet das Buch *ABAP-Programmierrichtlinien* (SAP PRESS, 2009) einen guten Ausgangspunkt.

- Projektleiter müssen sich im Verlauf eines Projektes immer einen Überblick über den aktuellen Stand der Entwicklungen verschaffen können. Hierbei stehen zum Beispiel folgende Fragestellungen im Vordergrund:
  - Wie viel des gesamten Entwicklungsumfangs wurde bereits programmiert?
  - Gibt es besonders inperformante oder sicherheitskritische Entwicklungen?
  - Werden die definierten Qualitätsstandards auch eingehalten?

  Der Code Inspector ist das richtige Werkzeug, um all diese Fragen, und noch mehr, beantworten zu können.

- Entwickler sollen die vorgegebenen Entwicklungsstandards einhalten und definierte Best Practices beachten, um bereits von Anfang an Fehler im Coding zu vermeiden. Sie benötigen ein Werkzeug, das möglichst durchgängig und vollständig in ihre Entwicklungsumgebung integriert ist und dessen Benutzung so wenig Mehraufwand wie möglich erzeugt. Bei der Entwicklung des Code Inspectors durch SAP stand die Rolle des Entwicklers als Hauptanwender des Werkzeugs im Vordergrund.

Einleitung

- Administratoren müssen die Infrastruktur rund um die Werkzeuge zur Qualitätssicherung bereitstellen und konfigurieren. Ihr Ziel ist letztendlich, besonders das Produktivsystem gegen alle negativen Auswirkungen von neuen Entwicklungen zu schützen. Aspekte wie Sicherheit, Performance und Robustheit der Software stehen hierbei im Vordergrund.

Inhalt und Aufbau

Der SAP Code Inspector ist ein Werkzeug der Qualitätssicherung in der Entwicklung, das von den beschriebenen Zielgruppen, die an diesem Prozess beteiligt sind, hervorragend eingesetzt werden kann. Der Inhalt dieses Buches ist dabei so gegliedert, dass für jede der Zielgruppen der jeweilige Einstieg in die Nutzung des SAP Code Inspectors mit all seinen Facetten leicht nachvollzogen werden kann.

Das Buch wird von Kapitel zu Kapitel technisch immer anspruchsvoller und das vorausgesetzte Wissen rund um die SAP-Systemwelt wird dabei immer größer. Eine Ausnahme hiervon bildet das Kapitel 5, das sich als Referenz für den täglichen Gebrauch an alle Zielgruppen richtet.

- In **Kapitel 1**, »Einsatz des SAP Code Inspectors«, finden Sie neben einer Einordnung des SAP Code Inspectors in die wichtigsten Testwerkzeuge von SAP eine Schritt-für-Schritt Anleitung für dessen Verwendung. Durch die Abbildung zahlreicher Screenshots können Sie den Inhalt dieses Kapitels auch ohne direkten Systemzugang unterwegs nachvollziehen. Mit dem Wissen aus Kapitel 1 sind Sie in der Lage, Inspektionen gemäß Ihren Wünschen zusammenzustellen und ausführen zu lassen.

- **Kapitel 2**, »Konfiguration und Funktionen des SAP Code Inspectors«, liefert Ihnen verschiedene weiterführende Themen und Werkzeuge rund um den SAP Code Inspector. Administratoren finden hier zum Beispiel einige interessante Einstellmöglichkeiten des SAP Code Inspectors. Darüber hinaus wird in diesem Kapitel näher auf die Benutzung von Objektkollektoren eingegangen und die verschiedenen Möglichkeiten zur Unterdrückung von Prüfungsmeldungen werden beschrieben. Ein Aspekt, der insbesondere auch bei größeren Teams zum Einsatz kommen kann, ist das Versenden der Prüfergebnisse per E-Mail.

- In **Kapitel 3**, »Automatisierte Prüfungen mit dem SAP Code Inspector«, wenden wir uns dann einem sehr wichtigen Themenblock zu, nämlich dem automatisierten Einsatz des SAP Code Inspectors. Als Vorkenntnisse für dieses Kapitel sollten Sie über ein grundlegendes Verständnis der SAP-Jobsteuerung sowie des SAP-Transportwesens verfügen. Um das in

Abschnitt 3.4, »Objektprüfungen bei Aufgabenfreigabe«, behandelte Beispiel nachvollziehen zu können, sollten Sie sich in der ABAP-Entwicklung gut auskennen. Am Ende des Kapitels zeigen wir Ihnen noch Erfahrungen aus der Praxis, die Ihnen dabei helfen, einen automatisierten Einsatz des Code Inspectors in Ihrem Umfeld zu realisieren.

- **Kapitel 4**, »Programmierung eigener Prüfungen für den SAP Code Inspector«, enthält die wichtigsten Informationen, um eine eigene Code-Inspector-Prüfung zu entwickeln, sofern Ihnen die von SAP zusammen mit dem Code Inspector ausgelieferten Standardprüfungen nicht ausreichen. Dieses Kapitel richtet sich an erfahrene Entwickler, die kundeneigene Code-Inspector-Prüfungen programmieren möchten. Es zeigt den Weg zum Einbau einer eigenen Prüfung in den SAP Code Inspector und liefert eine Beschreibung zu den Tabellen der Scan-Engine, die in einer eigenen Prüfung als Datengrundlage verwendet werden können. Kapitel 4 hat daher aus Sicht der Entwicklung eher einen Referenzcharakter.

- In **Kapitel 5**, »Standardprüfungen des SAP Code Inspectors«, beschreiben wir alle von SAP in Release 7.0 des SAP NetWeaver Application Servers zusammen mit dem Code Inspector ausgelieferten Standardprüfungen. Hierbei gehen wir auf die möglichen Prüfungsparameter und die erzeugten Meldungen näher ein und liefern wichtige Zusatzinformationen, die für das entsprechende Umfeld relevant sind. Für den praktischen Gebrauch bewerten wir die Prüfungen nach ihrer Praxisrelevanz und geben Ihnen bei jeder Prüfung Empfehlungen für ihren Einsatz. Kapitel 5 ist eine Referenz für den täglichen Umgang mit den Code-Inspector-Standardprüfungen. Es soll Ihnen insbesondere dabei helfen, die für Sie passenden Prüfungen zu identifizieren und diese mit den jeweils richtigen Einstellungen für die Qualitätssicherung zu nutzen.

- In **Anhang A**, »Konstanten des SAP Code Inspectors«, finden Sie allgemeine Referenzen zu verschiedenen Bereichen des Code Inspectors. **Anhang B**, »Meldungen der SAP-Standardprüfungen«, listet die Meldungen der Code-Inspector-Standardprüfungen auf. Wichtige Begriffe, die im Rahmen dieses Buches genannt, aber im jeweiligen Text nicht näher erklärt werden, sind in **Anhang C**, »Glossar«, beschrieben.

Systemvoraussetzungen

Der SAP Code Inspector wurde ursprünglich mit dem SAP Web Application Server zu Release 6.10 SP22 eingeführt. Viele Prüfungen des SAP Code Inspectors wurden aber erst mit dem Release 6.20 ausgeliefert.

Einleitung

In diesem Buch wird der Stand basierend auf Release 7.0 EHP1 SP7 beschrieben. Nach dem Release 6.20 sind nur vereinzelt Prüfungen hinzugekommen, sodass Sie auch auf einem SAP-System mit einem Release-Stand 6.20 die meisten der in diesem Buch aufgeführten Beispiele nachvollziehen können sollten. Wenn Sie noch auf Release 6.10 arbeiten, können Sie mithilfe des SAP-Hinweises 543359, »Code Inspector für SAP R/3 Release 4.6C«, die in Release 6.20 verfügbaren Code-Inspector-Prüfungen in Release 6.10 einspielen.

Beispiele zu diesem Buch

Alle Beispiele zu diesem Buch sind im Paket Z_SCI_BOOK zusammengefasst. Dieses Paket mit sämtlichen Entwicklungsobjekten finden Sie in Form von Transportdateien auf der Bonus-Seite zu diesem Buch. Den Link zur Bonus-Seite finden Sie unter *http://www.sap-press.de/2525*. Alternativ können Sie auch unter *http://www.sap-press.de/bonus-seite* den vorne im Buch abgedruckten Zugangscode eingeben.

Diese Beispiele wurden unter Release 7.0 EHP1 entwickelt, sind aber entsprechend abwärtskompatibel. Eine Ausnahme hiervon bildet unsere Beispielimplementierung einer eigenen Prüfung, die an einer Stelle mit regulären Ausdrücken arbeitet, die erst ab Release 7.0 des SAP NetWeaver Application Servers zur Verfügung stehen.

Zusatzinformationen

Wichtige Hinweise und Zusatzinformationen werden in Form von grau hinterlegten Kästen gesondert hervorgehoben. Diese Kästen haben unterschiedliche Schwerpunkte und sind mit verschiedenen Symbolen markiert:

[!]   ▸ **Achtung**: Seien Sie bei der Durchführung der Aufgabe oder des Schrittes besonders vorsichtig, der mit einem Ausrufezeichen markiert ist. Eine Erklärung, warum hier Vorsicht geboten ist, ist beigefügt.

[*]   ▸ **Empfehlung**: Nützliche Tipps und Shortcuts, die Ihnen die Arbeit erleichtern, sind mit einem Sternchen gekennzeichnet. Hierunter fallen auch Erfahrungswerte, die wir in der Anwendung des Code Inspectors gesammelt haben.

[+]   ▸ **Hinweis**: Wird das besprochene Thema erläutert und vertieft, macht ein Pluszeichen Sie darauf aufmerksam.

Danksagung

Wir bedanken uns bei allen, die an der Entstehung dieses Buches mitgewirkt haben.

Besonderes möchten Frank Ruggaber und Reinhard Schilcher ihrem Arbeitgeber, der Firma inconso AG, dafür danken, dass sie dieses Projekt realisieren durften. Namentlich erwähnt seien insbesondere Bettina Haug-Weber, Bertram Salzinger, Robin Rösinger, Alberto Medde, Pietro Cimino, Friedgard Wetzel, Britta Lubitz, Patric Mansfeld und Nikola Ruggaber.

Randolf Eilenberger dankt für das Lesen des Manuskriptes besonders Hermann Gahm und Andreas Simon Schmitt. Letzterem gebührt zusammen mit Dana Stegaru auch der Dank für die lehrreiche und interessante Zeit während der Entwicklung des SAP Code Inspectors. Viele Kolleginnen und Kollegen aus dem Performanceteam haben mit Ideen und Diskussionen zu den einzelnen Prüfungen beigetragen, stellvertretend erwähnt sei hier Siegfried Boes.

Bei Galileo Press danken wir insbesondere Florian Zimniak und Stefan Proksch für das uns entgegengebrachte Vertrauen und die professionelle Unterstützung. Zudem danken wir Osseline Fenner für die sprachliche Korrektur des Manuskripts sowie Maxi Beithe für die Herstellung dieses Buches.

Die Autoren möchten außerdem ihren Familien danken.

Dr. Randolf Eilenberger
Entwickler, Performance & Scalability, SAP AG

Frank Ruggaber
Seniorberater, SAP Integration, inconso AG

Reinhard Schilcher
Berater, SAP Integration, inconso AG

Dieses Kapitel enthält einen kurzen Überblick über die verschiedenen SAP-Testwerkzeuge, eine einfach nachzuvollziehende Einführung in die Benutzung des SAP Code Inspectors und eine kleine Übersicht über die vorhandenen SAP-Standardprüfungen. Das Ziel dieses Kapitels ist es, Sie dabei mit den grundlegenden Begriffen und Funktionen des SAP Code Inspectors vertraut zu machen.

1 Einsatz des SAP Code Inspectors

Mit diesem Kapitel geben wir Ihnen eine ausführliche Bedienungsanleitung für den Einsatz des SAP Code Inspectors an die Hand. Zuerst werden wir den SAP Code Inspector in die von SAP zur Verfügung gestellten Testwerkzeuge einordnen. Dann werden wir Ihnen Schritt für Schritt die Grundlagen zu dessen Bedienung näherbringen. Anschließend werden wir Ihnen einen kurzen Überblick über die von SAP ausgelieferten Standardprüfungen geben. Am Ende dieses Kapitels werden Sie in der Lage sein, den SAP Code Inspector als Werkzeug der Qualitätssicherung erfolgreich in der Entwicklung einzusetzen.

1.1 Einordnung des SAP Code Inspectors

Der SAP Code Inspector ist eines von vielen Testwerkzeugen, die von SAP zusammen mit dem SAP NetWeaver Application Server ausgeliefert werden. Aufgrund seiner herausragenden Eigenschaften ist er das ideale Werkzeug zur statischen Prüfung von Sourcecode, insbesondere in der Entwicklungsphase. In Abbildung 1.1 sind die wichtigsten Test- und Analysewerkzeuge sowie deren Einsatzgebiete aufgelistet, die im SAP-Umfeld eingesetzt werden, um fehlerfreie, performante und wartungsfähige Entwicklungskomponenten zu realisieren.

Wie in Abbildung 1.1 zu sehen ist, werden die Test- und Analysewerkzeuge in die einzelnen Phasen von der Entwicklung bis zum produktiven Einsatz einer Software eingeordnet (Pfeile in der obersten Zeile). Hierbei wird auch betrachtet, auf welchen Systemen (Entwicklungs-, Konsolidierungs- und Produktivsystem) sie zum Einsatz kommen (zweite Zeile). In der dritten Zeile sind die Testphasen den jeweiligen Systemen entsprechend zugeordnet. Die Reihenfolge der Einordnung der darunter abgebildeten Testwerkzeuge erfolgt nach deren Einsetzbarkeit in den verschiedenen Phasen einer Softwareentwicklung.

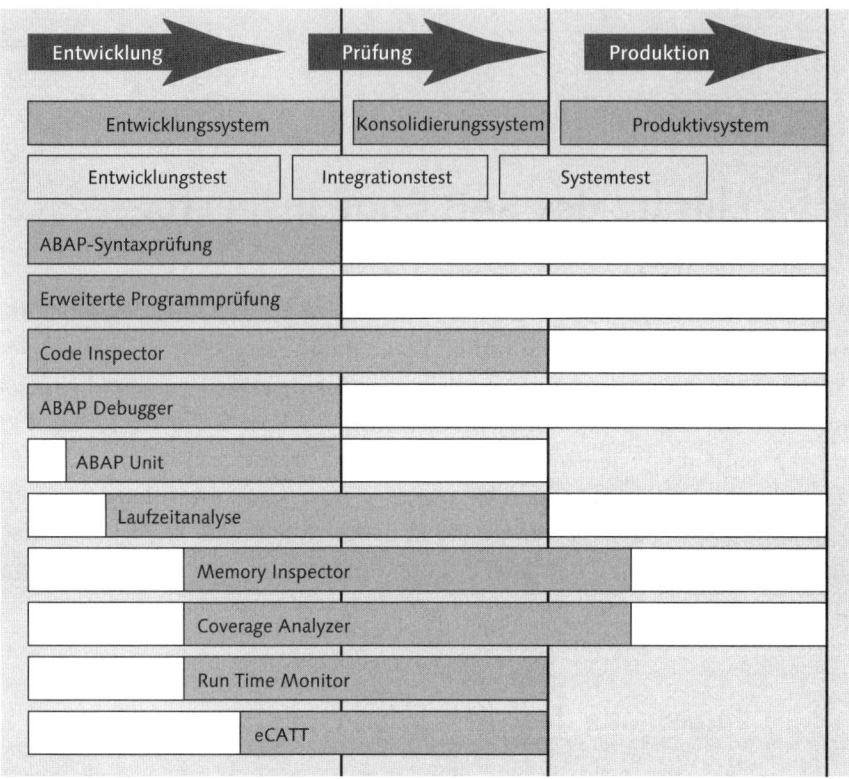

Abbildung 1.1 Einordnung der wichtigsten Analyse- und Testwerkzeuge

Nachfolgend werden die Testwerkzeuge einzeln kurz beschrieben. Diese Aufzählung der einzelnen Testwerkzeuge erfolgt in der Reihenfolge ihrer Erwähnung in Abbildung 1.1. Im Folgenden wird bezüglich der zu testenden Objekte der Einfachheit halber von »Programmen« gesprochen, wobei es sich hierbei aber um Reports, Funktionsbausteine, Klassen oder andere Repository-Objekte handeln kann.

▸ **ABAP-Syntaxprüfung**

Mit der ABAP-Syntaxprüfung (Aufruf in Transaktion SE80 über die Tastenkombination [Strg] + [F2]) lässt sich feststellen, ob ein Programm syntaktisch korrekt ist. Erst nach erfolgreicher Syntaxprüfung sollte das Programm aktiviert werden. Der Einsatz der ABAP-Syntaxprüfung erfolgt somit bereits zu Beginn der Entwicklungsphase und endet in der Regel mit dem Transport in das Konsolidierungssystem. Dies wird in Abbildung 1.1 durch den grauen Bereich der Syntaxprüfung angedeutet.

Allerdings kann es Fälle geben, in denen ein manueller Einsatz der Syntaxprüfung auch in einem Konsolidierungssystem oder sogar in einem Produktivsystem sinnvoll ist. Diese Ausnahmefälle werden durch den weißen Bereich in Abbildung 1.1 dargestellt. So kann es beispielsweise sein, dass bei einem Transport in ein Konsolidierungs- oder Produktivsystem nicht alle abhängigen Repository-Objekte vorhanden sind und es dadurch bei der Aktivierung zu einem Syntaxfehler auf dem Zielsystem kommt. Die Syntaxprüfung wird in diesem Fall vom SAP-Transportwesen vor der Aktivierung der Repository-Objekte automatisch durchlaufen. Hierbei auftretende Fehler werden ins Transportprotokoll geschrieben. In diesem Fall ist es sinnvoll, die fehlgeschlagenen Objekte dann noch einmal manuell mithilfe der Syntaxprüfung zu kontrollieren, um der eigentlichen Fehlerursache auf den Grund zu gehen. Die Syntaxprüfung steht auch im SAP Code Inspector als Prüfung direkt zur Verfügung (siehe hierzu Kapitel 5, »Standardprüfungen des SAP Code Inspectors«).

- **Erweiterte Programmprüfung**
  Die erweiterte Programmprüfung (Transaktion SLIN) bietet verschiedene statische Codeprüfungen an, die über die Möglichkeiten der ABAP-Syntaxprüfung hinausgehen. Diese Prüfungen stehen auch im Rahmen einer Code-Inspector-Prüfung direkt zur Verfügung (siehe hierzu Kapitel 5).

- **Code Inspector**
  Der Code Inspector (Transaktion SCI) ist ein Werkzeug zur Prüfung von Repository-Objekten hinsichtlich verschiedenster statischer Codeaspekte. Dazu wird im SAP-Standard eine Reihe vordefinierter Prüfungen mit ausgeliefert, die in Abschnitt 1.3, »Überblick über die SAP-Standardprüfungen«, in einem kurzen Überblick und in Kapitel 5 im Detail beschrieben werden. Der Code Inspector kann genauso wie die bereits vorgestellten Werkzeuge von Anfang an in der Entwicklung verwendet werden.

- **ABAP Debugger**
  Mit dem ABAP Debugger (Aufruf in Transaktion SE80 zum Beispiel über das Menü PROGRAMM • TESTEN • DEBUGGING) kann die Programmausführung zeilen- oder abschnittsweise durchlaufen werden. Hierbei lassen sich unter anderem Inhalte von Variablen einsehen, um beispielsweise den korrekten Ablauf eines Programms zu testen. Daher kann der ABAP

Debugger von Anfang an im Rahmen einer ABAP-Entwicklung eingesetzt werden. In manchen Situationen ist es erforderlich, Fehlersituationen, die sich aufgrund von komplexen Datenkonstellationen nicht ohne Weiteres auf einem Entwicklungs- oder Konsolidierungssystem nachvollziehen lassen, mithilfe des ABAP Debuggers im produktiven Programmablauf zu beobachten. Daher ist der Einsatz des ABAP Debuggers bis in die produktive Phase einer Software hinein sinnvoll.

▶ **ABAP Unit**
Mit ABAP Unit (Aufruf in Transaktion SE80 zum Beispiel über das Menü PROGRAMM • TESTEN • MODULTEST) lassen sich Modultests für ABAP-Programme durchführen. Und genau hier liegt auch ein entscheidender Unterschied zu den bisher genannten Werkzeugen: Für einen sinnvollen Modultest benötigen Sie nämlich ein bereits in sich abgeschlossenes Modul. Somit kann das Werkzeug ABAP Unit streng genommen (Ausnahme: testgetriebene Entwicklung) auch nicht von Anfang an bei der Entwicklung eingesetzt werden. Und ABAP-Unit-Testklassen werden auf einem Produktivsystem nicht generiert; daher endet der Einsatzbereich von ABAP Unit auf dem Konsolidierungssystem.

▶ **ABAP-Laufzeitanalyse**
Mit der ABAP-Laufzeitanalyse (Transaktion SE30 bzw. SAT) lässt sich die Performance von fertigen Programmen oder Programmeinheiten messen und analysieren. Die Laufzeitanalyse kann auch auf einem Produktivsystem zur Messung und Analyse von Programmen mit produktiven Daten herangezogen werden. Neben den eigentlichen Laufzeitanalyse-Transaktionen SE30 bzw. SAT gibt es noch das Werkzeug des SQL-Trace (Transaktion ST05), das ebenfalls im Zusammenhang mit dem Code Inspector verwendet werden kann (siehe Kapitel 5).

▶ **Memory Inspector**
Ähnlich wie mit der ABAP-Laufzeitanalyse, bei der die Basis meist aus fertigen Programmen oder Programmeinheiten gebildet wird, verhält es sich auch mit dem Memory Inspector (Transaktion S_MEMORY_INSPECTOR), mit dessen Hilfe Speicherabzüge erzeugt und analysiert werden können. Auch hier kann es die Notwendigkeit geben, das Speicherverhalten eines Programms im Zusammenhang mit produktiven Daten zu analysieren.

▶ **Coverage Analyzer**
Mithilfe des Coverage Analyzers (Transaktion SCOV) kann die Anzahl der Aufrufe für einzelne Verarbeitungsblöcke und für ausführbare Programme getrennt nach Zeiträumen, Benutzern oder Sachgebieten erfasst und aus-

gewertet werden. Ein Einsatzszenario in einem produktiven System ist zum Beispiel die Suche nach Codestellen, die mit Produktivdaten überhaupt nicht mehr durchlaufen werden und eventuell gelöscht werden können.

- **Run Time Monitor**
  Der Run Time Monitor (Transaktion SRTM) bietet dem Entwickler die Möglichkeit, benutzerdefinierte Ereignisse zu sammeln und zu analysieren, die zur Laufzeit eines Programms auftreten können. Dazu können Testklassen angelegt werden, die dann im Coding verwendet und mit Texten gefüllt werden können. Über Transaktion SRTM können dann nach der Ausführung eines Programms die Ausgaben ausgewertet werden. Somit kann man beispielsweise feststellen, wie oft ein bestimmtes Ereignis aufgetreten ist.

- **eCATT**
  Mit dem extended Computer Aided Test Tool (kurz eCATT, Transaktion SECATT) können Funktionstests für ganze Geschäftsprozesse geschrieben werden. Die Software muss aber fast vollständig entwickelt sein, bevor sich ein Einsatz des Werkzeuges eCATT lohnt. Somit stellt eCATT die letzte Stufe der hier aufgeführten Testwerkzeuge dar, die bei einer Entwicklung eingesetzt werden können.

Von den aufgeführten Testwerkzeugen bietet der Code Inspector mit seinen Prüfverfahren eine hervorragende Wahl für ein entwicklungsbegleitendes Testwerkzeug, da er ohne großen Aufwand von jedermann sofort von Beginn der Entwicklung an eingesetzt werden kann, schnell und effizient ist und weite Bereiche der Programmierung abdeckt.

Der Code Inspector nutzt hauptsächlich statische Testverfahren zur Programmprüfung. Hierunter verstehen wir Aspekte, die bereits zur Entwicklungs- und nicht erst zur Laufzeit definiert werden. Dies sind im Wesentlichen syntaktische und semantische Prüfungen von Sourcecode-Elementen. Statische Prüfverfahren bilden eine solide Grundlage für alle weiteren Prüfverfahren und sollten daher bei der Entwicklung als erste, selbstverständliche Tests von Programmen angesehen werden.

Dynamische Aspekte von Programmen, das heißt Aspekte, die erst zur Laufzeit bekannt sind, können vom Code Inspector nur bedingt geprüft werden (zum Beispiel in Verbindung mit dem SQL-Trace – siehe hierzu Kapitel 5, »Standardprüfungen des SAP Code Inspectors«). Beispiele hierfür sind Modulabhängigkeiten oder Elemente der dynamischen Programmierung, wie zum Beispiel im Programm dynamisch erzeugter Code. Für deren Überprüfung müssen andere Testwerkzeuge eingesetzt werden, die die jeweils gewünschten Aspekte zur Laufzeit prüfen können. Hierunter fallen zum Beispiel Werkzeuge wie ABAP Unit oder eCATT.

Der SAP Code Inspector ist daher ein unentbehrliches Werkzeug zur Qualitätssicherung bei der Entwicklung in ABAP. Sie können es von Anfang an in der Entwicklung verwenden, und es unterstützt Sie dabei, grundlegende Fehler bereits zu Beginn der Entwicklungsphase zu vermeiden. Wie bei den meisten Entwicklungswerkzeugen sind aber das Wissen um die Möglichkeiten und die richtige Nutzung des Werkzeugs die Voraussetzung für einen erfolgreichen Einsatz. Genau dieses Wissen über den SAP Code Inspector sowie in der Praxis gesammelte Erfahrungen werden wir Ihnen in diesem Buch vermitteln.

1.2 Verwendung des SAP Code Inspectors

Nachdem wir den Code Inspector im Zusammenhang mit den wichtigsten, von SAP zur Verfügung gestellten Test- und Analysewerkzeugen funktional eingeordnet haben, werden wir Sie nun Schritt für Schritt in seine Benutzung einführen.

Der SAP Code Inspector kann auf folgende Weise gestartet werden:

- auf der Startseite SAP EASY ACCESS im Ordner SAP MENÜ und dort im Unterordner WERKZEUGE • ABAP WORKBENCH • TEST • SCI – CODE INSPECTOR
- direkt über Transaktion SCI (bzw. Transaktion SCII für die direkte Ausführung einer Code-Inspector-Inspektion ohne Speicherung)
- In der ABAP Workbench (Transkation SE80) unter dem Eintrag REPOSITORY BROWSER über den Menüpunkt <REPOSITORY-OBJEKT> • PRÜFEN • CODE INSPECTOR. Dazu muss das Repository-Objekt geöffnet und auf der rechten Bildschirmseite sichtbar sein, wie im Beispiel in Abbildung 1.2 zu sehen ist.
- In der ABAP Workbench (Transaktion SE80) unter dem Eintrag REPOSITORY BROWSER über den Kontextmenüpfad des zu prüfenden Elementes (rechte Maustaste). Wählen Sie hier PRÜFEN • CODE INSPECTOR. Dies ist in Abbildung 1.2 das Kontextmenü des markierten Eintrags Z_DEMO_SCI_INSPEKTION.

Darüber hinaus lässt sich der Code Inspector noch aus den nachfolgenden Entwicklungstransaktionen heraus starten:

- ABAP Dictionary für DDIC-Tabellen (Transaktion SE11)
- Class Builder für Klassen und Schnittstellen (Transaktion SE24)
- Function Builder für Funktionsgruppen (Transaktion SE37)
- ABAP Editor für Programme und Reports (Transaktion SE38)

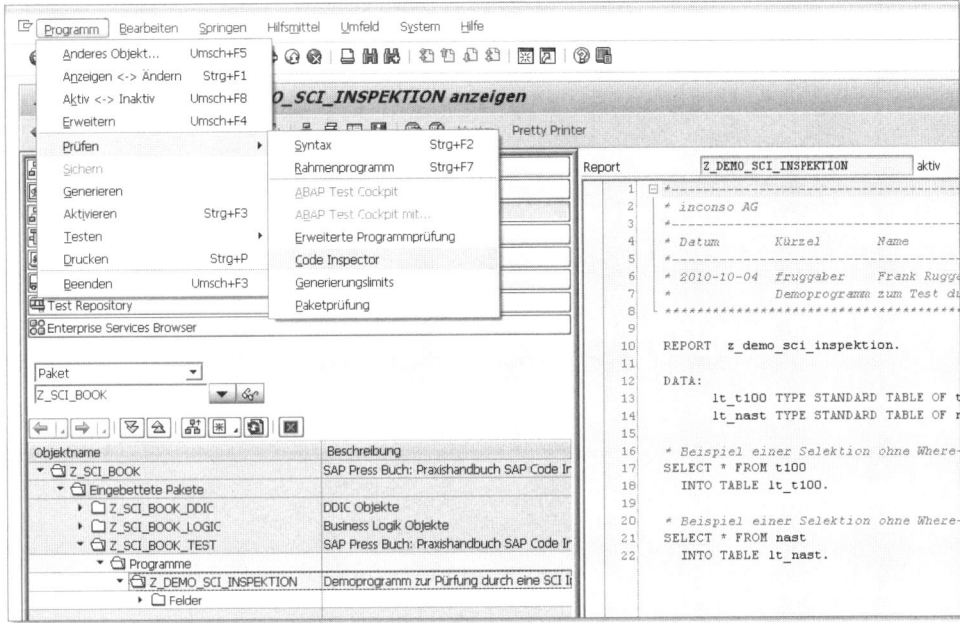

Abbildung 1.2 Menüpfad zur Prüfung eines Programms

In all diesen Transaktionen lässt sich der Code Inspector jeweils über den Menüpunkt <Repository-Objekt> • Prüfen • Code Inspector bzw. <Repository-Objekt> • Code Inspector aufrufen; zum Beispiel im ABAP Editor über den Menüpunkt Programm • Prüfen • Code Inspector.

Kurzum, der Code Inspector ist vollständig in die verschiedenen ABAP-Entwicklungswerkzeuge integriert. Die Hürde ist demnach sehr niedrig, den Code Inspector von Anfang an in der Entwicklungsphase zu nutzen.

1.2.1 Gemeinsamkeiten in verschiedenen Bereichen

> **Hinweis** [+]
>
> Die Beschreibung in diesem Abschnitt bezieht sich auf alle drei Bildschirmbereiche in Transaktion SCI (siehe Abbildung 1.3), das heißt auf die Bereiche Inspektion, Objektmenge und Prüfvariante.

1 | Einsatz des SAP Code Inspectors

Die beschriebenen Elemente sind in allen drei Bereichen vorhanden und haben dort auch die gleichen Auswirkungen, nur ihr Bezug richtet sich nach dem jeweiligen Bereich. So wird zum Beispiel beim Anklicken des LÖSCHEN-Buttons ( ) im Bereich OBJEKTMENGE die aktuelle Objektmenge gelöscht, wohingegen beim Anklicken des LÖSCHEN-Buttons ( ) im Bereich PRÜFVARIANTE die aktuelle Prüfvariante gelöscht wird.

Abbildung 1.3 Startbildschirm der Transaktion SCI

Buttons, die in ihrem Bereich spezielle Aktionen auslösen, werden später an der jeweiligen Stelle genauer vorgestellt.

Beginnen Sie nun mit den ersten beiden Varianten des Code-Inspector-Aufrufs: Starten Sie auf der Seite SAP EASY ACCESS über das SAP MENÜ und den Pfad WERKZEUGE • ABAP WORKBENCH • TEST die Transaktion mit einem Doppelklick auf den Eintrag SCI – CODE INSPECTOR, oder geben Sie im Kommandofeld einfach die Transaktion SCI ein.

Im Startbildschirm der Transaktion SCI (siehe Abbildung 1.3) sehen Sie den grundlegenden Aufbau des Code Inspectors. Für einen Prüfungslauf benötigt der Code Inspector eine INSPEKTION als Container, in dem er die Prüfergebnisse sammeln und ablegen kann. Die Inspektion wiederum benötigt weitere Informationen, damit sie weiß, welche Objekte sie mit welchen Prüfungen testen soll. Die erforderlichen Objekte können Sie im Bereich OBJEKTMENGE einstellen, die gewünschten Prüfungen im Bereich PRÜFVARIANTE auswählen. Und den für die Inspektion Verantwortlichen können Sie im Feld VERANTWORTLICHER eintragen.

Nachfolgend wird die jeweilige Funktionalität der Buttons anhand des Bereichs PRÜFVARIANTE erklärt (siehe Abbildung 1.4), die dann dementsprechend auf die anderen Bereiche übertragen werden kann.

Abbildung 1.4 Weitere Buttons im Bereich »Prüfvariante«

- Über den ANZEIGEN-Button () können Sie eine bereits bestehende Prüfvariante im Lesemodus anzeigen lassen. Dies funktioniert jedoch nur, wenn die Prüfvariante, deren Bezeichnung Sie im Feld NAME eingegeben haben, bereits angelegt wurde.

- Mit dem ANLEGEN-Button () können Sie eine neue Prüfvariante mit der Bezeichnung aus dem Feld NAME anlegen.

- Über den ÄNDERN-Button () können Sie eine bestehende Prüfvariante ändern. Dies funktioniert aber auch hier nur, wenn die Prüfvariante, deren Bezeichnung Sie im Feld NAME eingegeben haben, bereits vorhanden ist. Eine Änderung von bestehenden SAP-Prüfvarianten sollte nur in besonderen Ausnahmefällen vorgenommen werden, da Sie für eine solche Änderung einen Modifikationsschlüssel benötigen.

- Über den KOPIEREN-Button () können Sie eine bestehende Prüfvariante kopieren. Hierzu müssen Sie im Dialogfenster, das sich nach dem Anklicken des KOPIEREN-Buttons öffnet, einen Namen (Feld NEUE PRÜFVARIANTE), die Sichtbarkeit (der Button vor dem Feld NEUE PRÜFVARIANTE) und eine Beschreibung (Feld BESCHREIBUNG) für die neu anzulegende Kopie der Prüfvariante angeben (siehe Abbildung 1.5).

- Über den LÖSCHEN-Button () können Sie eine bestehende Prüfvariante löschen.

In den Bereichen INSPEKTION, OBJEKTMENGE und PRÜFVARIANTE gibt es vor dem Feld NAME einen Button, der für den jeweiligen Bereich definiert, ob die darin enthaltenen Selektionen und Eingaben lokal für den angegebenen Benutzer () oder global für alle Benutzer () sichtbar sind. Beim Einstieg in Transaktion SCI sind die Buttons in allen drei Bereichen auf lokale Sichtbarkeit gesetzt, das heißt, nur der Benutzer, der im Feld VERANTWORTLICHER eingetragen ist, kann die Prüfvariante, Objektmenge und Inspektion sehen und bearbeiten. Diese Buttons sollten Sie insbesondere dann auf global stellen, wenn mehrere Entwickler an Ihrem Projekt beteiligt sind und alle dieselbe Code-Inspector-Testkonstellation nutzen sollen.

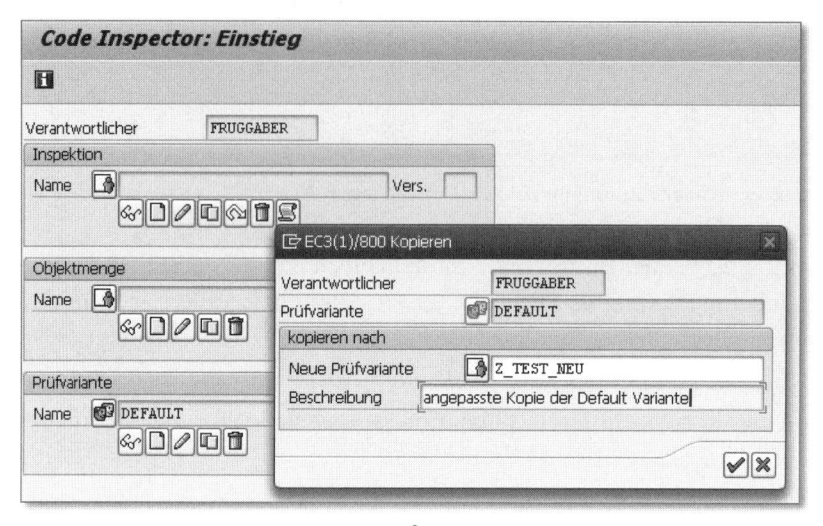

Abbildung 1.5 Kopie einer bestehenden Prüfvariante

Beim Start von Transaktion SCI wird das Feld VERANTWORTLICHER mit Ihrem SAP-Benutzernamen gefüllt. Der Wert in diesem Feld spielt, wie bereits erwähnt, für lokale Prüfvarianten, Objektmengen oder Inspektionen nur insofern eine Rolle, als dass diese dem angegebenen SAP-Benutzernamen zugeordnet werden. Generell sollten Sie hier den vom System vorgeschlagenen Wert übernehmen.

1.2.2 Prüfvariante

Im Folgenden finden Sie eine Beschreibung zur Vorgehensweise bei der Erstellung einer Inspektion. Die Reihenfolge der Abschnitte stellt auch die Abfolge dar, in der Sie die einzelnen Bereiche zur Erstellung einer Inspektion ausfüllen sollten.

Der Code Inspector arbeitet mit einzelnen Prüfungen, die bestimmte statische Codeaspekte testen. In einer Prüfvariante können Sie die vom Code Inspector zur Verfügung gestellten Einzelprüfungen auswählen und zu einer Variante zusammenfassen. Diese kann neben den SAP-Standardprüfungen auch kundeneigene Prüfungen enthalten, sofern diese vorhanden und aktiviert sind (Details hierzu finden Sie in Kapitel 4, »Programmierung eigener Prüfungen für den SAP Code Inspector«).

Erstellen Sie nun Schritt für Schritt eine Prüfvariante. In Transaktion SCI tragen Sie im Bereich PRÜFVARIANTE im Feld NAME einen Namen für die neu anzulegende Variante ein. Zulässige Zeichen hierfür sind Buchstaben (ohne Umlaute), Zahlen und der Unterstrich. Um Ihre eigene Prüfvariante von den von SAP ausgelieferten Prüfvarianten zu unterscheiden, sollten Sie, wie es bei ABAP-Repository-Objekten üblich ist, den Namen mit einem Y oder Z zur Andeutung des Kundennamensraums beginnen lassen. Dann müssen Sie noch festlegen, ob die Prüfvariante nur für Sie selbst lokal (📄) oder für alle Benutzer global (📄) sichtbar sein soll. Dies definieren Sie mit dem Button vor dem Feld NAME – der Tooltip des Buttons zeigt Ihnen die aktuelle Einstellung an.

Anlegen einer Prüfvariante

In Abbildung 1.6 wird eine lokal sichtbare Prüfvariante Z_TEST angelegt. Zur Neuanlage müssen Sie auf den ANLEGEN-Button (📄) klicken.

Abbildung 1.6 Anlage einer Prüfvariante

Im nun folgenden Bildschirm werden alle zur Verfügung stehenden Prüfungen in einer Baumstruktur angezeigt (siehe Abbildung 1.7). Je nachdem, welche Prüfungen auf Ihrem SAP-System freigeschaltet sind (Näheres siehe Abschnitt 2.1.1, »Verwaltung von Tests«), kann der Inhalt Ihres Prüfvariantenbildschirms vom Inhalt in Abbildung 1.7 abweichen.

Im Feld BESCHREIBUNG können Sie einen Beschreibungstext für die neu erstellte Prüfvariante hinterlegen. Dieser erscheint dann in der Wertehilfe des Feldes NAME im Bereich PRÜFVARIANTE in Abbildung 1.6.

Wenn Sie sich bei der Anlage der Prüfvariante für eine global sichtbare Prüfvariante entschieden haben, erscheint unter dem Feld BESCHREIBUNG noch eine Checkbox TRANSPORTIERBAR. Durch Markieren dieser Checkbox können Sie die Prüfvariante später in andere SAP-Systeme (zum Beispiel in ein anderes Entwicklungssystem) transportieren. Wie bei allen transportierbaren SAP-Objekten werden Sie dann beim Speichern nach einem Transportauftrag gefragt.

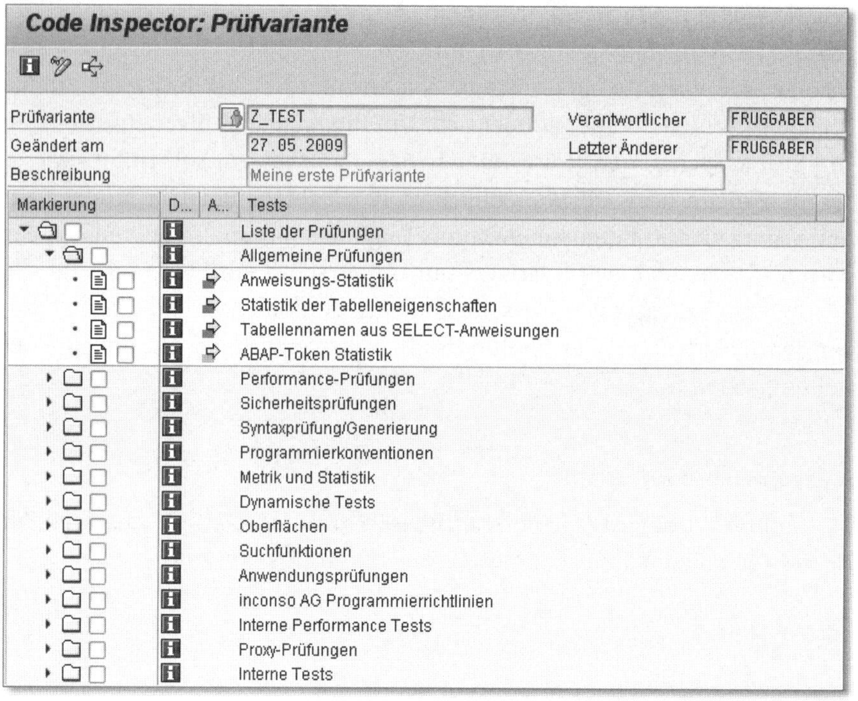

Abbildung 1.7 Auswahl der Prüfungen für eine Prüfvariante

Der Prüfvariantenbaum enthält alle aktivierten Prüfungen, die Ihnen im Code Inspector für eine Prüfvariante zur Verfügung stehen. Die Prüfungen sind gemäß ihrer Einsatzgebiete in Ordnern zusammengefasst. Im Prüfvariantenbaum können Sie durch das Anklicken von Checkboxen einzelne Prüfungen (Checkbox nach dem Blattsymbol), ganze Prüfungsbereiche (Checkbox nach dem Ordnersymbol) oder alle Prüfungen (Checkbox nach dem obersten Ordnersymbol) in Ihre Prüfvariante aufnehmen (hiervon raten wir eher ab – siehe Empfehlungen in Kapitel 5, »Standardprüfungen des SAP Code Inspectors«). Möchten Sie, dass Prüfungen nicht in Ihrer Prüfvariante enthalten sind, entfernen Sie die jeweilige Prüfung aus Ihrer Prüfvariante durch ein erneutes Anklicken der angehakten Checkbox.

Einen ersten Eindruck von den Inhalten der einzelnen Prüfungen erhalten Sie, wenn Sie auf die INFO-Schaltfläche () vor der jeweiligen Prüfung klicken. Hier wird Ihnen eine zur Prüfung gehörige Kurzinformation angezeigt, wobei aber nicht alle Prüfungen über eine solche Dokumentation verfügen. Einen Kurzüberblick über die SAP-Standardprüfungen geben wir Ihnen in Abschnitt 1.3, »Überblick über die SAP-Standardprüfungen«. Eine vollständige Beschreibung der einzelnen Prüfungen, in der wir auch Ratschläge zur Nutzung der jeweiligen Prüfung und zur Bewertung der Prüfungsergebnisse geben, finden Sie in Kapitel 5.

Bietet eine Prüfung weitere Einstellungsmöglichkeiten an, können Sie diese über einen Klick auf die PFEIL-Schaltfläche ( ) in der Spalte ATTRIBUTE öffnen. Im Beispiel in Abbildung 1.8 ist die PFEIL-Schaltfläche der Prüfung »Analyse der WHERE-Bedingung für SELECT« im Ordner PERFORMANCE-PRÜFUNGEN angeklickt.

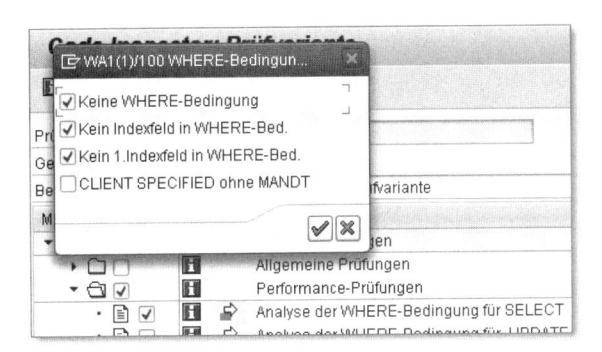

Abbildung 1.8 Einstellungsmöglichkeiten für eine Prüfung

Ein Dialogfenster öffnet sich, in dem Sie die verfügbaren Einstellungen zur Prüfung »Analyse der WHERE-Bedingung für SELECT« sehen. Über diese Prüfeinstellungen können Sie die Prüfung in einem gewissen Maß beeinflussen und Ihren Wünschen entsprechend anpassen.

Haben Sie alle Einstellungen für Ihre Prüfvariante vorgenommen, müssen Sie die Prüfvariante noch über den SICHERN-Button ( ) in der Button-Leiste abspeichern. Achten Sie hierbei darauf, dass in der Statuszeile des SAP GUI auch eine Erfolgsmeldung erscheint, da es bei manchen Konstellationen zu Fehlern kommen kann, die eine erfolgreiche Speicherung verhindern. Dies wird dann durch eine Fehlermeldung in der Statuszeile angezeigt.

Nachdem Sie Ihre Prüfvariante konfiguriert und alle Einstellungen erledigt haben, gelangen Sie über den PFEIL-NACH-LINKS-Button ( ) in der Button-Leiste, über den Menüpunkt SPRINGEN • ZURÜCK oder durch Drücken der Taste F3 zurück zum Startbildschirm der Code-Inspector-Transaktion SCI.

Damit haben Sie nun eine eigene Prüfvariante angelegt, in der Sie festgelegt haben, welche Aspekte Ihrer Entwicklungskomponenten durch den SAP Code Inspector geprüft werden sollen.

Besondere Prüfvarianten

Zusammen mit dem SAP-System wird bereits eine Reihe von Standardprüfvarianten mit ausgeliefert, die zum einen eine besondere Bedeutung haben und zum anderen nicht geändert werden sollten. Die von SAP ausgelieferten Prüfvarianten sind allesamt global, sodass sie transportierbar sind. Die wichtigsten SAP-Prüfvarianten sind die folgenden:

- **DEFAULT**

    Mit dieser Prüfvariante werden Objekte in der ABAP Workbench (Transaktion SE80) geprüft, wenn Sie, wie bereits in diesem Kapitel beschrieben, in Transaktion SE80 mit der rechten Maustaste auf ein Repository-Objekt und dann im Kontextmenü auf PRÜFEN • CODE INSPECTOR klicken. Diese Prüfvariante wird hauptsächlich für sogenannte anonyme Inspektionen durch Entwickler genutzt. Bei dieser besonderen Inspektion wird als Objektmenge das aktuell ausgewählte Objekt verwendet und die Inspektion mit allgemeinen Informationen gefüllt, sodass ein lokaler Prüflauf durchgeführt und das Prüfergebnis angezeigt werden kann; mangels notwendiger Informationen kann das Prüfergebnis der Inspektion aber nicht gespeichert werden und steht nach dem Schließen des Ergebnisbildschirms nicht mehr zur Verfügung.

    Wenn Sie eine lokale (🗔) Prüfvariante mit dem gleichen Namen, DEFAULT, anlegen, wird diese Prüfvariante anstelle der von SAP ausgelieferten globalen (🗔) Prüfvariante bei der Prüfung innerhalb der Entwicklungstransaktionen (SE11, SE24, SE37, SE38 und SE80) herangezogen; die lokale Prüfvariante überdeckt demnach die globale Prüfvariante. Löschen Sie die lokale Prüfvariante, können Sie wieder die von SAP ausgelieferte globale Prüfvariante verwenden.

- **TRANSPORT**

    Diese Prüfvariante wird von der automatisierten Prüfung bei der Freigabe von Transportaufträgen herangezogen. Was Sie tun müssen, um eine automatische Prüfung bei der Freigabe von Transportaufträgen nutzen zu können bzw. welche Optionen Sie hierbei haben, schildern wir detailliert in Kapitel 3, »Automatisierte Prüfungen mit dem SAP Code Inspector«.

- **PERFORMANCE_CHECKLIST**

    Diese Prüfvariante beinhaltet die grundlegenden Performanceprüfungen, die dazu beitragen sollen, essenzielle Performancefehler bereits in der Entwicklungsphase aufzudecken und zu korrigieren (mehr zu den Performanceprüfungen finden Sie in Abschnitt 1.3, »Überblick über die SAP-Standardprüfungen«, und in Kapitel 5, »Standardprüfungen des SAP Code Inspectors«).

1.2.3 Objektmenge

In einer Objektmenge werden Repository-Objekte zusammengefasst, die im Rahmen einer Code-Inspector-Prüfung kontrolliert werden können. Die Vorgehensweise zur Anlage einer Objektmenge ist dabei am Anfang die gleiche wie bei der Anlage einer Prüfvariante. Zuerst bestimmen Sie mit dem Button vor dem Eingabefeld NAME, ob es sich um eine lokal ([icon]) oder global ([icon]) sichtbare Objektmenge handeln soll, geben dann eine Bezeichnung im Kundennamensraum im Feld NAME ein und klicken schließlich auf den ANLEGEN-Button ([icon]).

Hinter dem Feld NAME gibt es noch ein Eingabefeld VERS. Über dieses Feld für die Version, das bei der Anlage leer bleiben kann, ist es möglich, inhaltlich zusammengehörige Objektmengen zusammenzufassen. Wenn Sie Objektmengen mit dem gleichen Namen und der gleichen Sichtbarkeit anlegen und das Feld VERS. leer lassen, wird jede dieser Objektmengen automatisch mit einer höheren Versionsnummer angelegt. Möchten Sie eine bestimmte Objektmenge bearbeiten, müssen Sie die dazugehörige Versionsnummer eintragen.

Anlegen einer Objektmenge

In Abbildung 1.9 wird die lokal sichtbare Objektmenge Z_TEST angelegt. Nach Anklicken des ANLEGEN-Buttons ([icon]) können Sie im nächsten Bildschirm die Auswahl der gewünschten Repository-Objekte für die Prüfung über verschiedene Arten definieren (siehe Abbildung 1.10).

Abbildung 1.9 Anlage einer Objektmenge

Gleich im ersten Eingabefeld der Objektmengenauswahl können Sie ein Löschdatum definieren. Bereits am Anfang ein Datum zu definieren, an dem alles wieder gelöscht wird, kann sinnvoll sein, weil sich je nach Definition einer Objektmenge eine ziemlich große Menge an Objekten ergeben und gespeichert werden kann. Werden für verschiedene Entwicklungen diverse Objektmengen angelegt, kann daraus eine sehr große Datenmenge entstehen. Daher kann man bei einer Objektmenge, wie auch bei einer später beschriebenen Inspektion, ein Löschdatum definieren, an dem die Objektmenge vom Code Inspector automatisch gelöscht werden soll.

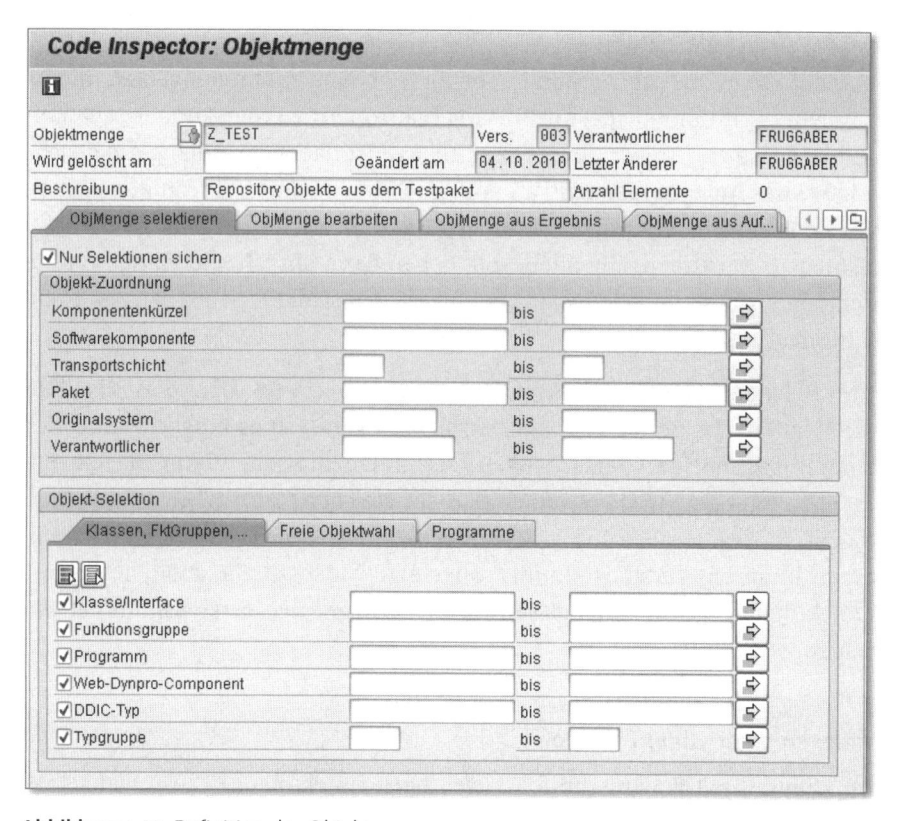

Abbildung 1.10 Definition der Objektmenge

Dieses Löschdatum gibt dem Code Inspector aber nur vor, ab wann es ihm erlaubt ist, die Objektmenge zu löschen; wird die zu löschende Objektmenge von anderen Objektmengen oder Inspektionen verwendet, wird sie trotz erreichten Löschdatums nicht gelöscht. Ist kein Löschdatum eingetragen, schlägt der Code Inspector ein Löschdatum 50 Tage in der Zukunft vor. Der Vorschlag eines Löschdatums erfolgt allerdings nur dann, wenn die Checkbox NUR SELEKTION SICHERN nicht angehakt ist.

Checkbox »Nur Selektion sichern«

Die Checkbox NUR SELEKTION SICHERN befindet sich als erster Eintrag oberhalb der auf Registerkarten befindlichen Bereiche, ist aber bei einigen Registerkarten nicht vorhanden. Diese Checkbox legt fest, ob die Berechnung der Objektmenge statisch oder dynamisch erfolgen soll.

- Ist diese Checkbox angehakt, werden nur die Selektionskriterien gespeichert, und die Objektmenge selbst wird erst zur Laufzeit der Prüfung dynamisch ermittelt.

- Ist diese Checkbox hingegen nicht angehakt, wird die Liste der zu prüfenden Objekte direkt beim Speichern ermittelt und statisch in einer Objektliste für die Prüfung hinterlegt.

Die Vor- und Nachteile dieser Möglichkeiten liegen auf der Hand; die statische Objektmengenermittlung gibt den Stand bei der Erstellung der Objektmenge an, dieser steht der Prüfung immer unverändert zur Verfügung. Die dynamische Objektmengenermittlung berechnet die Objektmenge direkt vor jeder Prüfung neu. Dies kostet zwar Zeit, kann aber bei sich häufig ändernden Objekten und Objektzahlen im Selektionsbereich, zum Beispiel einem Paket, durchaus erforderlich sein; man ist mit der Prüfung somit immer auf dem aktuellen Stand und muss die Objektmenge nicht ständig anpassen.

Ein typischer Anwendungsfall ist ein Entwicklungsprojekt, bei dem im Lauf der Zeit meist immer mehr Repository-Objekte zusammenkommen. Möchten Sie nun diese Entwicklungen durch den Code Inspector vollständig überprüfen lassen, sollten Sie die Checkbox NUR SELEKTION SICHERN auf jeden Fall ankreuzen. Tun Sie dies nicht, werden Repository-Objekte, die nach der Anlage oder Änderung der erstellten Objektmenge neu hinzugekommen sind, bei einer neuerlichen Code-Inspector-Inspektion nicht berücksichtigt. Dies kann zu falschen Ergebnissen und damit zu falschen Rückschlüssen bezüglich des aktuellen Entwicklungsstandes führen.

Um eine Liste der durch die jeweilige Selektion ermittelten Objekte zu erhalten, können Sie einfach die Checkbox NUR SELEKTION SICHERN probehalber deaktivieren und den SICHERN-Button () anklicken. Falls beim Sichern mindestens ein Objekt für die Objektmenge ermittelt wurde und die gespeicherte Objektmenge somit nicht leer ist, erscheint in der Button-Leiste der OBJEKTE ANZEIGEN-Button (), und die Anzahl der ermittelten Objekte wird im Feld ANZAHL ELEMENTE angezeigt. Über diesen Button gelangen Sie zum Bildschirm OBJEKTÜBERSICHT mit einer Liste der durch die aktuell gespeicherte Selektion ausgewählten Objekte. Auch wenn Sie die Checkbox NUR SELEKTION SICHERN letztendlich aktivieren möchten, können Sie über diesen Zwischenschritt prüfen, ob alle gewünschten Objekte über die entsprechende Selektion ausgewählt wurden.

Empfehlung [*]

Probieren Sie die Selektion der Objektmengen aus, indem Sie die Checkbox NUR SELEKTION SICHERN deaktivieren und den SICHERN-Button () anklicken. Über den OBJEKTE ANZEIGEN-Button () können Sie die dabei ermittelten Objekte anzeigen lassen.

Nachfolgend werden wir die Möglichkeiten zur Erstellung einer Objektmenge über die einzelnen Registerkarten genauer erläutern. Beachten Sie, dass die Registerkarten in sich geschlossene Auswahlkriterien darstellen und bei einem Wechsel alle bisher vorgenommenen Selektionen verloren gehen, weil jede Registerkarte eine komplett andere Ausrichtung zur Ermittlung der Objektmenge besitzt und eine inhaltliche Überschneidung der Selektionen somit zu Fehlern führen würde.

Registerkarte »ObjMenge selektieren«

Auf der ersten Registerkarte OBJMENGE SELEKTIEREN können Sie eine Objektmenge aus der Kombination verschiedener Elemente zusammenstellen. Dazu können Sie im oberen Bereich OBJEKT-ZUORDNUNG (siehe Abbildung 1.10) die verschiedenen Elemente der Entwicklungskoordination verwenden und im unteren Bereich OBJEKT-SELEKTION durch die direkte Angabe von Namensbestandteilen einzelner Repository-Objekte die Treffermenge einschränken.

▶ Im oberen Bereich OBJEKT-ZUORDNUNG (siehe Abbildung 1.11) können Sie über das Feld KOMPONENTENKÜRZEL eine komplette Anwendungskomponente eintragen. Die Wertehilfe zu diesem Feld kennen Sie vermutlich aus der SAP-Hilfe oder wenn Sie bereits einmal einen OSS-Call bei SAP geöffnet haben und diesen einer der entsprechenden Komponenten zuordnen sollten. Allerdings können Sie hiermit keine Komponente aus dem SAP-Standardlieferumfang prüfen lassen.

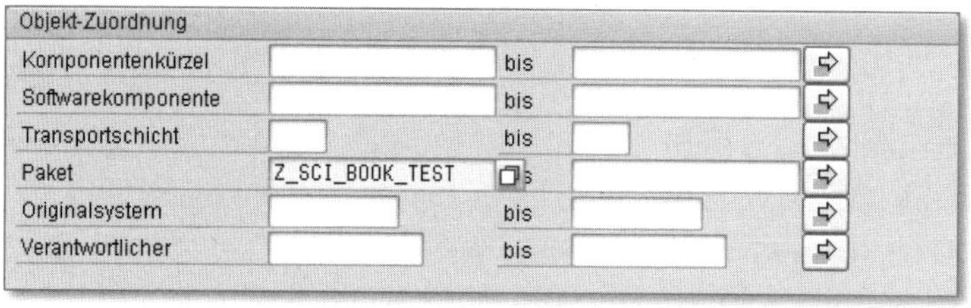

Abbildung 1.11 Objektmenge über die Objektzuordnung selektieren

[+] **Hinweis**

Alle Repository-Objekte, die von SAP ausgeliefert werden (für die als Quellsystem »SAP« eingetragen ist), sind von der Prüfung durch den SAP Code Inspector ausgeschlossen. Als einzige Ausnahme hiervon können von SAP vorgenommene Modifikationen an SAP-Repository-Objekten noch in den ersten sieben Tagen vom Kunden geprüft werden.

- Im Feld SOFTWAREKOMPONENTE können Sie den Komponentennamen von gemeinsam auslieferbaren Objekten eingeben. Dabei ist die Namensgebung aus der Anlage von Entwicklungspaketen beibehalten worden. Auf einem »nackten« (das heißt ohne ERP-Komponenten) SAP NetWeaver Application Server ist die Liste der von SAP ausgelieferten Softwarekomponenten relativ überschaubar. In einem ECC-System hingegen finden sich hier schon deutlich mehr Softwarekomponenten.

- Über das Feld TRANSPORTSCHICHT können Sie eine Transportschicht angeben, sodass alle Pakete dieser Transportschicht der Objektmenge hinzugefügt werden. Auch die Namensgebung und die Inhalte der Felder TRANSPORTSCHICHT, PAKET und VERANTWORTLICHER entsprechen denen aus der Paketanlage.

- Im Feld PAKET können Sie Pakete und Unterpakete angeben, sodass alle darin enthaltenen Objekte in die Objektmenge aufgenommen werden.

- Das Feld ORIGINALSYSTEM kennen Sie vermutlich aus dem Objektkatalogeintrag der ABAP Workbench (Transaktion SE80), der sich meistens unter dem Menüpunkt SPRINGEN • OBJEKTKATALOGEINTRAG befindet (siehe Beispiel in Abbildung 1.12). Hier können Sie das Erstellungssystem von Repository-Objekten angeben. Aber wie bereits erwähnt, können durch den SAP Code Inspector keine Inspektionen von Objekten durchgeführt werden, deren Originalsystem »SAP« lautet.

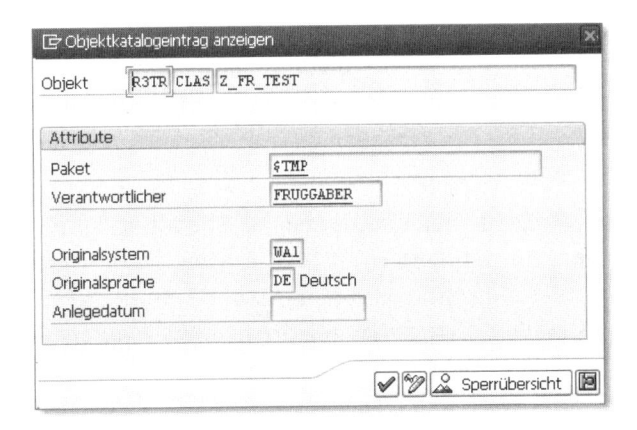

Abbildung 1.12 Beispiel eines Objektkatalogeintrags

- Im Feld VERANTWORTLICHER können Sie über den Benutzernamen die Objektmenge auf den Verantwortlichen für das Entwicklungsobjekt einschränken. Das ist derjenige, der das entsprechende Repository-Objekt angelegt hat.

Die Selektionsfelder im Bereich OBJEKT-ZUORDNUNG sind mit einem logischen Und verknüpft, das heißt, jeder Eintrag schränkt die Ergebnismenge weiter ein.

Auf der Registerkarte OBJMENGE SELEKTIEREN im unteren Bereich OBJEKT-SELEKTION (siehe Abbildung 1.13) kann die Treffermenge weiter eingeschränkt werden. Die Selektionsfelder in diesem Bereich sind mit einem logischen Oder verknüpft, das heißt, jeder Eintrag erweitert die Ergebnismenge. Diese Oder-Verknüpfung gilt auch für die drei nachfolgend beschriebenen Registerkarten dieses Bereiches.

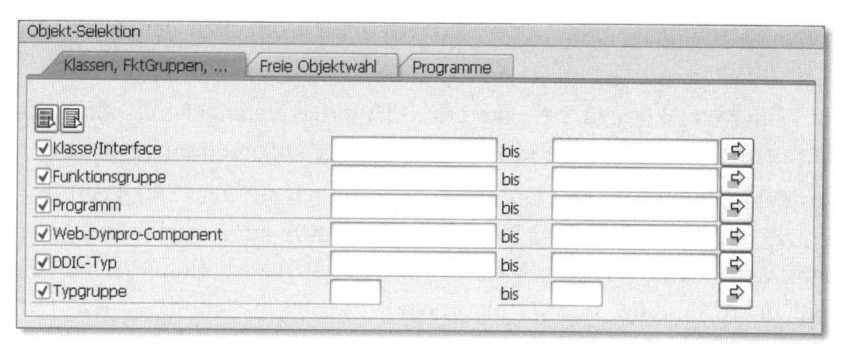

Abbildung 1.13 Objektmenge über die Objektselektion auswählen

- Auf der ersten Registerkarte KLASSEN, FKTGRUPPEN, ... können vordefinierte Objekttypen ausgewählt werden. Hierbei stehen Ihnen alle Möglichkeiten der SAP-Select-Options zur Verfügung. Beispielsweise können Sie über die Selektion Z* und Y* in der Select-Option zum Feld KLASSE/INTERFACE alle kundeneigenen Klassen oder Interfaces selektieren, deren Namen mit Z oder Y beginnen (siehe Abbildung 1.14).

- Die zweite Registerkarte FREIE OBJEKTWAHL (siehe Abbildung 1.15) ermöglicht eine Auswahl von definierten TADIR-Einträgen. Diese werden mit einem logischen Oder verknüpft, das heißt, jeder Eintrag erweitert die Ergebnismenge. Das Feld OBJEKTTYP entspricht dem zweiten Feld hinter OBJEKT im Dialog zum Objektkatalogeintrag (siehe Abbildung 1.12 – in diesem Beispiel wäre der Objekttyp CLAS). Das Feld OBJEKT-NAME entspricht dem dritten Feld hinter OBJEKT im Dialog zum Objektkatalogeintrag (siehe Abbildung 1.12 – in diesem Beispiel wäre der Objektname Z_FR_TEST).

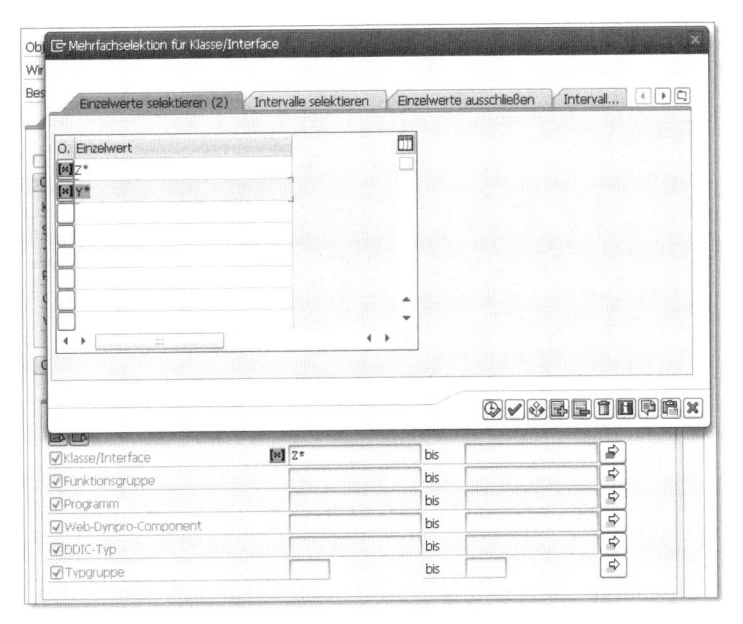

Abbildung 1.14 Beispiel für die Objektmenge über Objektselektion

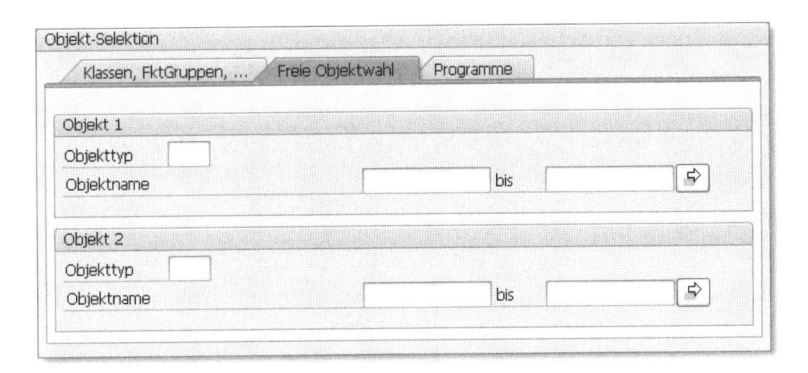

Abbildung 1.15 Objektmenge selektieren – freie Objektwahl

- Die dritte Registerkarte Programme (siehe Abbildung 1.16) ist ab SAP NetWeaver 7.0 EHP2 nicht mehr verfügbar, der Inhalt dieser Registerkarte ist mit diesem Release in den Objektkollektoren aufgegangen. Über diese Registerkarte können Sie vor Release 7.0 EHP2 eine spezielle Programmselektion mit TRDIR-Selektionsbedingungen durchführen. Um eine Selektion über die Registerkarte Programme erstellen zu können, müssen Sie unbedingt die Checkbox Selektion aktivieren ankreuzen. Sollten Sie keine TRDIR-Bedingungen für die Selektion benötigen, verwenden Sie besser das Feld Programm auf der Registerkarte Klassen, FktGruppen, ...

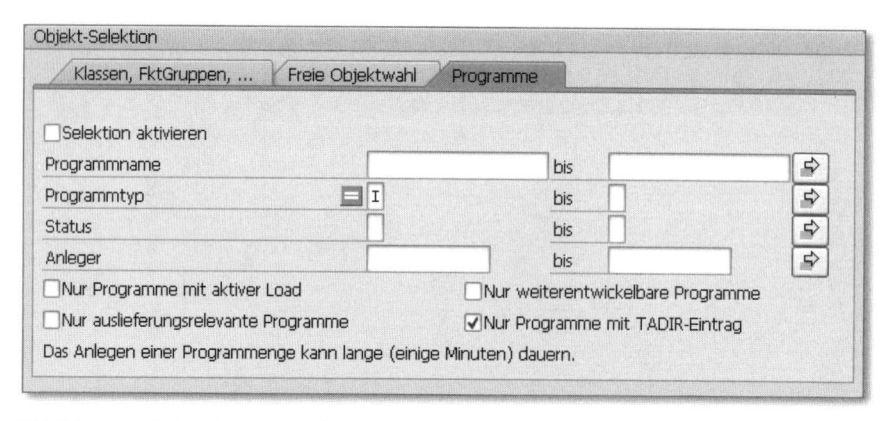

Abbildung 1.16 Objektmenge selektieren – Programme

Die Selektionsergebnisse der beiden Bereiche OBJEKT-ZUORDNUNG (siehe Abbildung 1.11) und OBJEKT-SELEKTION (siehe Abbildung 1.13) sind mit einem logischen Und verknüpft, das heißt, sie schränken die Ergebnismenge weiter ein. Im Beispiel in Abbildung 1.17 würden alle Klassen und Programme im Paket Z_SCI_BOOK, deren Namen mit Z beginnen, in die Objektmenge einfließen.

Abbildung 1.17 Beispiel zu Objektmenge selektieren

Viele Eingabefelder diese Registerkarte, besonders im oberen Bereich OBJEKT-ZUORDNUNG, besitzen eine gute Beschreibung zu den Eingabemöglichkeiten, die im jeweiligen Feld über die ⌈F1⌉-Taste aufgerufen werden kann.

Registerkarte »ObjMenge bearbeiten«

Im Gegensatz zur ersten Registerkarte, bei der Sie eine neue Objektmenge aus einzelnen unabhängigen Entwicklungsobjekten erzeugen können, können Sie auf der Registerkarte OBJMENGE BEARBEITEN (siehe Abbildung 1.18) die neue Objektmenge nur aus bereits bestehenden Objektmengen erstellen lassen. Dazu können Sie aus bestehenden Objektmengen neue Vereinigungs- und Schnittmengen bilden und diese über Filter weiter einschränken.

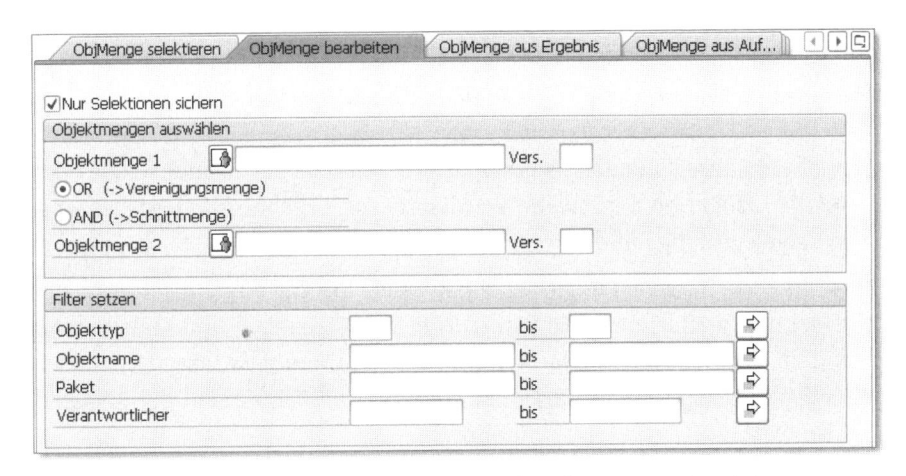

Abbildung 1.18 Objektmenge über Vereinigungs- oder Schnittmengen bearbeiten

- Im oberen Bereich OBJEKTMENGEN AUSWÄHLEN können Sie zwei bereits angelegte Objektmengen selektieren und deren Vereinigungs- (logische Oder-Verknüpfung) oder Schnittmenge (logische Und-Verknüpfung) bilden.

- Im unteren Bereich FILTER SETZEN können Sie die im oberen Bereich OBJEKTMENGEN AUSWÄHLEN definierten Objektmengen weiter einschränken. Die Angaben in diesem Bereich sind durch ein logisches Und verknüpft, jeder Eintrag schränkt demnach die Ergebnismenge weiter ein.

Registerkarte »ObjMenge aus Ergebnis«

Auf der dritten Registerkarte OBJMENGE AUS ERGEBNIS (siehe Abbildung 1.19) können Sie sich eine neue Objektmenge aus dem Ergebnis einer bereits ausgeführten Inspektion erstellen lassen, die Sie durch Filter weiter einschränken lassen können.

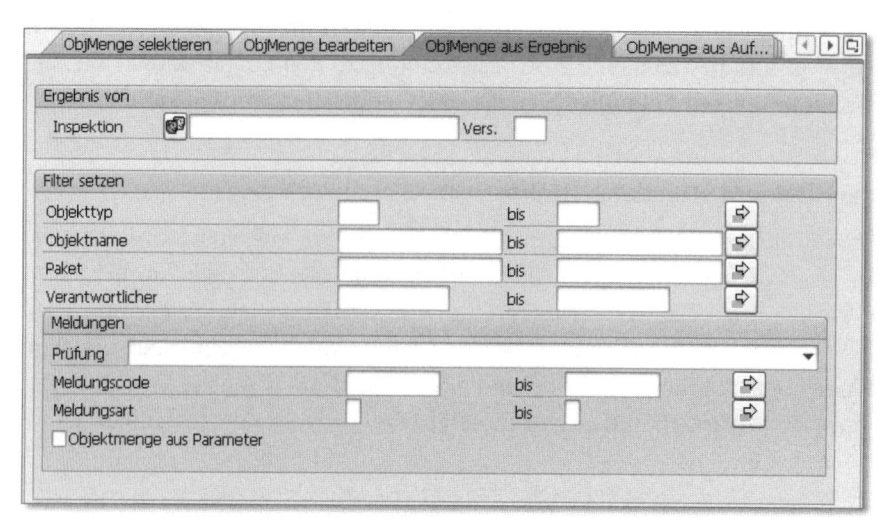

Abbildung 1.19 Objektmenge aus Ergebnis einer Inspektion selektieren

- Im oberen Bereich Ergebnis von kann eine bereits bestehende lokale oder globale Inspektion ausgewählt werden, deren Ergebnis die Basis für eine neue Objektmenge bildet.

- Im unteren Bereich Filter setzen können Sie die Ergebnisobjekte der Inspektion weiter einschränken. Die Felder Objekttyp und Objektname sind die gleichen wie bei der Registerkarte ObjMenge bearbeiten, die Felder Paket und Verantwortlicher sind mit den Feldern auf der Registerkarte ObjMenge selektieren identisch.

- Im Unterbereich Meldungen können Sie Kriterien zu den Meldungen definieren, nach denen die Objekte der Ergebnismenge der Inspektion weiter eingeschränkt werden sollen. Beispielsweise können Sie auf diese Weise Objekte zu bestimmten Prüfungen mit bestimmten Meldungscodes oder bestimmten Meldungstypen filtern:

  - Das Feld Prüfung bietet die Auswahl aller aktuell verfügbaren Code-Inspector-Prüfungen an, das heißt die eingeschaltet und damit sichtbar sind (siehe Abschnitt 2.1.1, »Verwaltung von Tests«). Somit können Sie die neue Objektmenge hier auf eine ganz bestimmte Prüfung einschränken.

  - Im Feld Meldungscode können Sie nach ganz bestimmten Problemmeldungen filtern lassen. Ist im Feld Prüfung eine Prüfung ausgewählt und der Meldungscode stammt nicht von dieser Prüfung, wird die Objektmenge natürlich keine Objekte enthalten.

▶ Über das Feld MELDUNGSART können Sie auf Objekte von bestimmten Meldungstypen einschränken, zum Beispiel auf Objekte, die eine Warnung erzeugt haben.

▶ Über die Checkbox OBJEKTMENGE AUS PARAMETER können Sie bei bestimmten Prüfungen die ermittelten Ergebnisobjekte als neue Objektmenge speichern. Mit dieser Option können Sie zum Beispiel in einer Inspektion sämtliche an einer Entwicklung beteiligten Tabellen über die Prüfung »Allgemeine Prüfungen – Tabellennamen aus SELECT-Anweisungen« ermitteln und dann in einer neuen Objektmenge alle ermittelten Tabellen mit einer weiteren Prüfung, zum Beispiel »Performanceprüfungen – Prüfung der Tabelleneigenschaften«, analysieren.

Registerkarte »ObjMenge aus Auftrag«

Über die vierte Registerkarte OBJMENGE AUS AUFTRAG (siehe Abbildung 1.20) können Sie die Objektmenge aus einem Transportauftrag erstellen lassen. Dazu müssen Sie im Feld AUFTRAG/AUFGABE die Nummer eines bestehenden Transportauftrags bzw. einer vorhandenen Aufgabe eines Transportauftrags eingeben. Da es zu diesem Feld keine Wertehilfe gibt, müssen Sie sich die Nummer des Transportauftrags bzw. der Aufgabe heraussuchen, beispielsweise über Transaktion SE03. Bei Transaktion SE03 finden Sie Transportaufträge und Aufgaben im Baum TRANSPORT ORGANIZER TOOLS im Unterordner AUFTRÄGE/AUFGABEN über den Eintrag AUFTRÄGE SUCHEN.

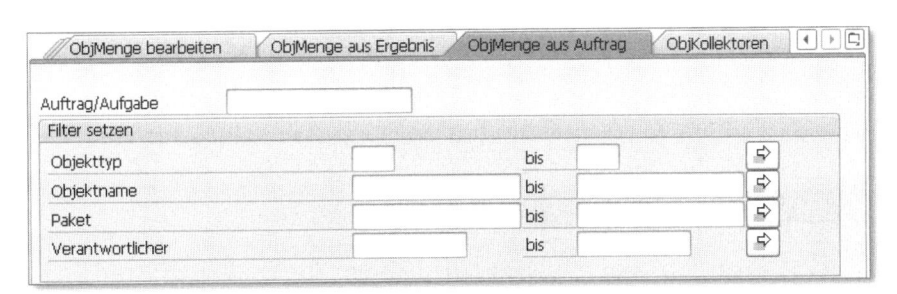

Abbildung 1.20 Objektmenge aus einem Transportauftrag erstellen

Dies kann in der Praxis insbesondere dann sehr hilfreich sein, wenn Entwicklungen vor dem Transport in das Qualitätssicherungssystem manuell zu prüfen sind. In Kapitel 3, »Automatisierte Prüfungen mit dem SAP Code Inspector«, werden wir auf die automatisierte Variante dieser Prüfung näher eingehen.

Im Bereich FILTER SETZEN können die Objekte nach diversen Kriterien weiter eingeschränkt werden. Die Felder in diesem Bereich wurden bereits im Abschnitt »Registerkarte »ObjMenge bearbeiten«« beschrieben.

Registerkarte »ObjKollektoren«

Auf der fünften Registerkarte OBJKOLLEKTOREN (siehe Abbildung 1.21) können Sie eine Objektmenge unter anderem auf der Basis der Ergebnismengen anderer SAP-Tools oder einfach nur aus einem Verwendungsnachweis erzeugen. Objektkollektoren sind gewissermaßen Sammler, die aus verschiedenen Quellen (je nach Objektkollektor) Objektmengen für den SAP Code Inspector erzeugen können.

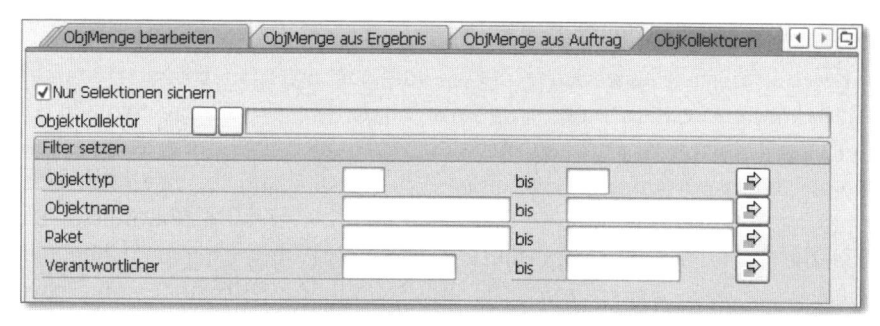

Abbildung 1.21 Objektmenge aus Objektkollektoren erzeugen

Welche Objektkollektoren zur Verfügung stehen, sehen Sie in der Wertehilfe im Auswahlfeld OBJEKTKOLLEKTOR. Klicken Sie dazu in das Feld OBJEKTKOLLEKTOR, und drücken Sie die Taste [F4]. Die Liste der Objektkollektoren beim Release-Stand SAP NetWeaver 7.0 EHP1 SP6 ist in Abbildung 1.22 zu sehen.

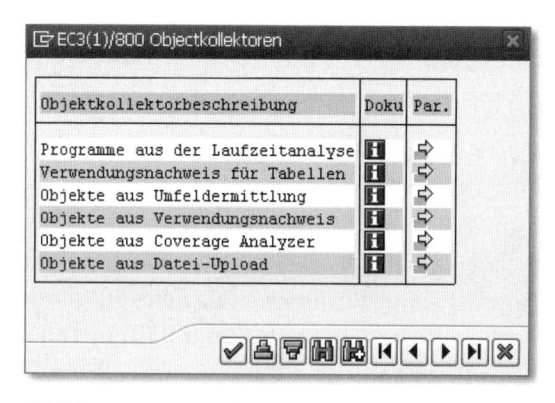

Abbildung 1.22 Wertehilfe zum Feld »Objektkollektor«

Mit SAP NetWeaver 7.0 EHP2 kommen folgende Objektkollektoren hinzu:

- Objekte aus cProjects
- Objekte aus eingebetteten Paketen
- Programme aus dem Katalog der Report-Sourcen
- Objekte aus Laufzeitfehlern

Wie in der Wertehilfe in Abbildung 1.22 zu sehen ist, können Sie eine nähere Beschreibung zum jeweiligen Objektkollektor über den INFO-Button ([i]) erhalten. Die zu einem Objektkollektor vorhandenen Einstellungen können Sie über den SELEKTIONS-Button ([→]) oder direkt mit einem Klick auf den jeweiligen Eintrag in der Spalte OBJEKTKOLLEKTORBESCHREIBUNG aufrufen.

Haben Sie einen Objektkollektor ausgewählt und die dafür notwendigen Einstellungen vorgenommen, wird der Name des Objektkollektors in das Feld OBJEKTKOLLEKTOR eingetragen, und die beiden ehemals leeren Buttons (siehe Abbildung 1.21) werden mit dem INFO-Symbol ([i]) und dem SELEKTIONS-Symbol ([→]) gefüllt. Über den INFO-Button gelangen Sie dann direkt zur Dokumentation und über den SELEKTIONS-Button zu den Einstellungen des ausgewählten Objektkollektors.

Im Bereich FILTER SETZEN können die Objekte nach diversen Kriterien weiter eingeschränkt werden. Die Felder wurden bereits beschrieben. Weitere Details zu den einzelnen Objektkollektoren finden Sie in Abschnitt 2.2.

1.2.4 Inspektion

Um in Transaktion SCI eine Code-Inspector-Prüfung durchführen zu können, benötigen Sie eine Inspektion. Diese kombiniert eine Objektmenge mit einer Prüfvariante und bildet einen Container für die Prüfergebnisse.

Anlegen einer Inspektion

Wie Sie Abbildung 1.23 entnehmen können, müssen Sie bei der Anlage einer Inspektion wie bei einer Objektmenge und einer Prüfvariante über den Button vor dem Feld NAME festlegen, ob es sich um eine lokal ([🗎]) oder global ([🗎]) sichtbare Inspektion handeln soll, und im Feld NAME einen Namen für diese Inspektion vergeben.

Abbildung 1.23 Anlage einer Inspektion

1 | Einsatz des SAP Code Inspectors

Hinter dem Feld NAME gibt es noch das Feld VERS., über das später inhaltlich zusammengehörige Versionen einer Inspektion zusammengefasst oder verglichen werden können. Dazu können Sie einfach Inspektionen mit dem gleichen Namen und der gleichen Sichtbarkeit anlegen und das Feld VERS. leer lassen. Existiert bereits eine Inspektion mit dem gleichen Namen und der gleichen Sichtbarkeit, wird jede weitere neue Inspektion mit einer höheren Versionsnummer angelegt. Diesen Effekt erzielen Sie auch durch einen Klick auf den Button zum Erzeugen einer neuen Version ().

Nachdem Sie auf den ANLEGEN-Button () geklickt haben, müssen Sie im darauffolgenden Dialog (siehe Abbildung 1.24) zuerst ein Löschdatum (Feld WIRD GELÖSCHT AM) angeben, das größer als das Anlagedatum sein muss. Der Code Inspector schlägt ein Löschdatum von 50 Tagen in der Zukunft vor. Bei Erreichen des Löschdatums wird die Inspektion dann vom Code Inspector automatisch gelöscht, um die Datenmenge der gespeicherten Inspektionen zu begrenzen. Im Feld BESCHREIBUNG können Sie einen Text angeben, der später in der Wertehilfe zum Feld NAME angezeigt wird (siehe Abbildung 1.23), in der die bereits angelegten Inspektionen ausgewählt werden können.

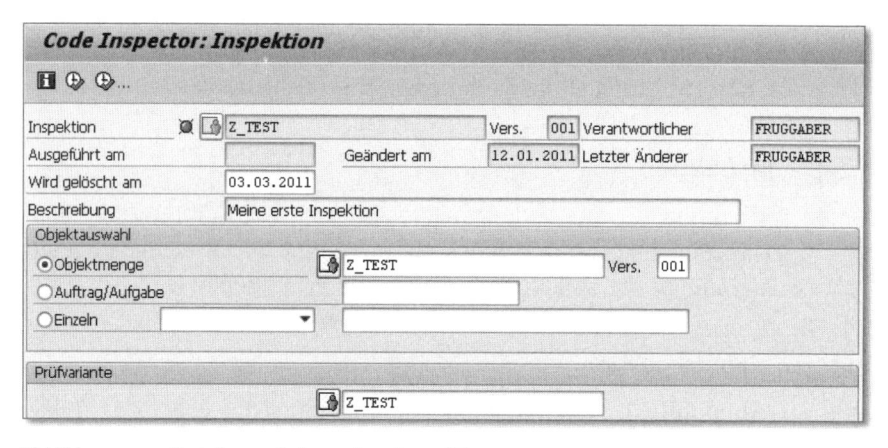

Abbildung 1.24 Details zur Anlage einer Inspektion

Im Bereich OBJEKTAUSWAHL können Sie entweder eine bereits angelegte OBJEKTMENGE, Objekte aus einem/einer bestehenden AUFTRAG/AUFGABE oder bestimmte Objekttypen anhand der Namen über die Felder EINZELN auswählen. Die Auswahl ist exklusiv, das heißt, nur der Eintrag des angewählten Radiobuttons wird ausgeführt. Wenn Sie die Option OBJEKTMENGE auswählen, sollten Sie zwei Dinge beachten:

- Zum einen legen Sie über den Button vor dem Eingabefeld der Objektmenge fest, ob es sich um eine lokale (![]) oder eine globale (![]) Objektmenge handelt.
- Zum anderen gibt es hinter diesem Feld noch ein Feld VERS. Über dieses Versionsfeld kann die Objektmenge einer bestimmten Version geladen werden. Das Feld wird auch über die Wertehilfe des Eingabefeldes der Option OBJEKTMENGE gefüllt. Den Inhalt der ausgewählten Objektmenge können Sie sich durch einen Doppelklick auf das Eingabefeld OBJEKTMENGE anschauen.

Haben Sie die Option AUFTRAG/AUFGABE ausgewählt, können Sie in das dazugehörige Eingabefeld die Kennung des Auftrags bzw. der Aufgabe eintragen. Dies stellt eine Abkürzung dar und hat den gleichen Effekt, als wenn Sie in der Objektmenge über die Registerkarte OBJMENGE AUS AUFTRAG eine Selektion mit der Kennung des Auftrags bzw. der Aufgabe vorgenommen hätten, wobei der zugehörige Filterbereich leer geblieben wäre. Den Inhalt des/der ausgewählten Auftrags/Aufgabe können Sie sich direkt durch einen Doppelklick auf das Eingabefeld AUFTRAG/AUFGABE anschauen.

Bei der dritten Option EINZELN können Sie ein einzelnes Entwicklungsobjekt direkt prüfen lassen. Dazu wählen Sie im ersten Eingabefeld dieser Zeile den Objekttyp des Entwicklungsobjektes aus, das Sie prüfen lassen möchten. Im zweiten Eingabefeld tragen Sie dann den Namen des zu prüfenden Entwicklungsobjektes ein.

> **Hinweis** [+]
>
> Der Code Inspector prüft immer nur die aktivierte Version eines Repository-Objektes. Daher müssen Sie Änderungen an Repository-Objekten zuerst aktivieren, bevor diese durch den Code Inspector geprüft werden können.

Schließlich muss der Code Inspector noch wissen, mit welchen Prüfungen die Objektmenge geprüft werden soll. Diese stellen Sie im Bereich PRÜFVARIANTE ein. Falls Sie noch keine eigene Prüfvariante angelegt haben oder noch nicht genau wissen, welche Prüfungen Sie nutzen möchten, können Sie einfach die global sichtbare Standardprüfvariante DEFAULT (siehe Abschnitt 1.2.2, »Prüfvariante«) verwenden, die von SAP mit ausgeliefert wird. In dieser Prüfvariante sind etliche Prüfungen aus den Bereichen Performanceprüfungen, Sicherheitsprüfungen und Oberflächenprüfungen voreingestellt (siehe Abschnitt 1.3, »Überblick über die SAP-Standardprüfungen«). Die genauen Inhalte können Sie sich anschauen, indem Sie im Feld PRÜFVARI-

ANTE die Prüfvariante DEFAULT über die Wertehilfe auswählen und dann doppelt darauf klicken.

Nachdem Sie die Inspektion gespeichert haben, erscheint vor dem Feld INSPEKTION eine rote Ampel (siehe Abbildung 1.24). Diese zeigt Ihnen an, dass Sie die Inspektion noch nicht ausgeführt haben. Genau dies können Sie nun entweder direkt über den AUSFÜHREN-Button ( ) oder mit verschiedenen Ausführungsoptionen, zum Beispiel als Job, über den entsprechenden Button ( ) tun. Das Ausführen einer Inspektion mit Optionen ist besonders bei größeren Objektmengen oder sehr lang laufenden Prüfungen zu empfehlen (weitere Details hierzu finden Sie in Abschnitt 3.2, »Inspektion als Job einplanen«). Bei direkter Ausführung sehen Sie in der Statusleiste die einzelnen Ausführungsschritte der Inspektion.

Ergebnis einer Inspektion

Nach erfolgreicher Ausführung der Inspektion sind die Eingabefelder der Inspektion nicht mehr änderbar, und in der Button-Leiste sind andere Buttons zu sehen (siehe Abbildung 1.25). Der wichtigste Button in diesem Bildschirm ist der Button für die Ergebnisanzeige ( ). Über diesen Button gelangen Sie zu einer hierarchischen Darstellung (siehe Abbildung 1.26) der Inspektion, die in ihrem Aufbau der Liste der Prüfvarianten entspricht (siehe Abbildung 1.7).

Abbildung 1.25 Inspektion nach der ersten Ausführung

Im linken Bereich der Liste aus Abbildung 1.26 können Sie die Hierarchie über die ORDNERsymbole aufklappen, und zwar ausgehend von der obersten Kategorie LISTE DER PRÜFUNGEN über die verschiedenen Kategorien hinunter bis zu den einzelnen Prüfungen. Über das INFO-Symbol ( ) können Sie sich die Dokumentationen zu den einzelnen Kategorien (zum Beispiel Kategorie SICHERHEITSPRÜFUNGEN) bzw. zu den einzelnen Prüfungen (zum Beispiel Prüfung »Kritische Anweisungen«) anzeigen lassen. Auf der Ebene der Prüfungen können Sie über das PFEIL-Symbol ( ) die Einstellungen der jeweiligen Prüfung anzeigen lassen.

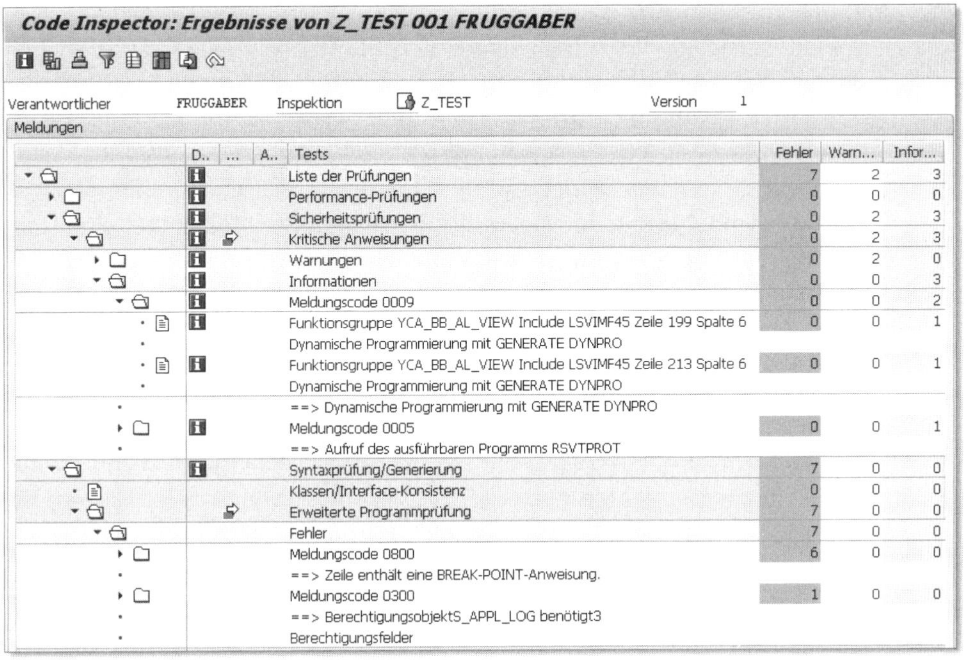

Abbildung 1.26 Ergebnis einer Inspektion

Die Ergebnisse einer Inspektion lassen sich in vier verschiedene Meldungstypen einordnen:

- keine Meldung
- Information
- Warnung
- Fehler

Welchen Meldungstyp ein bestimmter Prüfungsfall zur Folge hat, wird in der entsprechenden Prüfklasse (siehe Kapitel 4, »Programmierung eigener Prüfungen für den SAP Code Inspector«, und Kapitel 5, »Standardprüfungen des SAP Code Inspectors«) bzw. über die Pflege der Meldungsprioritäten (siehe Abschnitt 2.1.3, »Verwaltung von Meldungsprioritäten«) festgelegt. Die einzelnen Meldungstypen sind in der Hierarchie auf der linken Seite der

Liste als Unterknoten der jeweiligen Prüfungen dargestellt. Unter den Meldungstypen finden Sie dann die Einträge zu den einzelnen Meldungscodes (siehe zum Beispiel den Eintrag »==> Dynamische Programmierung mit GENERATE DYNPRO« in Abbildung 1.26). Im rechten Bereich der Ergebnisliste wird die Anzahl der einzelnen Meldungstypen zur jeweiligen Hierarchiestufe der entsprechenden Zeile ausgegeben.

Auf unterster Ebene – mit einem BLATT-Symbol ( ) dargestellt – finden Sie schließlich die einzelnen Fundstellen im Coding. Durch einen Doppelklick auf die Zeile mit einer Problemmeldung gelangen Sie direkt an die zutreffende Stelle des dazugehörigen Codings und können hier Anpassungen vornehmen. Sofern vorhanden, können Sie auf dieser Ebene über das AUSNAHME-Symbol ( ) den Namen des passenden Pseudokommentars (siehe Kapitel 2, »Konfiguration und Funktionen des SAP Code Inspectors« und Kapitel 4, »Programmierung eigener Prüfungen für den SAP Code Inspector«) erhalten oder in das dazugehörige Genehmigungsverfahren gelangen.

Mithilfe eines Pseudokommentars können Sie Prüfungsmeldungen für bestimmte Stellen direkt im Sourcecode ausschalten. Handelt es sich bei der Meldung um ein schwerwiegendes Problem, wird bei einigen Prüfungen das Genehmigungsverfahren herangezogen. Bei diesem gilt das Vieraugenprinzip, sodass ein Entwickler nicht allein eine Problemmeldung mit einem Pseudokommentar direkt ausblenden kann (mehr zu diesem Thema finden Sie in Abschnitt 2.3, »Ergebnismeldungen unterdrücken«).

Die Ergebnissicht der Inspektion ermöglicht Ihnen die direkte Abarbeitung der einzelnen Code-Inspector-Prüfungen. Die Meldungstypen »Fehler« und »Warnung« sollten auf jeden Fall als Erstes geprüft werden, da sie in den meisten Fällen wichtige Änderungen nach sich ziehen. Auch bei dem Meldungstyp »Information« sollte geprüft werden, ob an den entsprechenden Codestellen Optimierungen vorgenommen werden können. Nachdem Sie eine oder mehrere Änderungen am Coding vorgenommen haben, können Sie über den Button ERZEUGE NEUE VERSION ( ) eine neue Inspektion durchführen und prüfen, ob die jeweiligen Meldungen weiterhin in der Ergebnisliste erscheinen.

Im Folgenden beschreiben wir weitere Funktionen in der Ergebnissicht:

- Über den STATISTIK-Button (, siehe Abbildung 1.26) können Sie sich verschiedene Statistiken zu einer erfolgten Inspektion ansehen. Unter anderem gibt es hier Angaben zur Laufzeit der Inspektion und zur Anzahl der Objekte in der ausgewählten Objektmenge (siehe Abbildung 1.27).

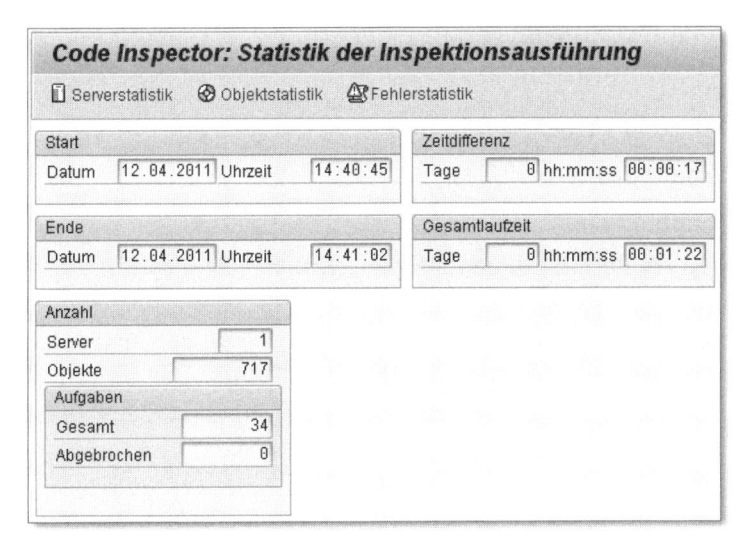

Abbildung 1.27 Statistik der Inspektionsausführung

Über den OBJEKTSTATISTIK-Button (Objektstatistik) gelangen Sie zu einer Liste, die einen Überblick über den Ausführungsstatus der Objekte aus der Objektmenge verdichtet wiedergibt. Die Liste könnte zum Beispiel wie folgt aussehen:

Objekte	Ausführungsstatus
3	nicht geprüft
2	bearbeitet ohne Meldung
3	bearbeitet mit Meldung

In diesem Beispiel sind drei Objekte nicht geprüft worden, weil keine Prüfungen in der entsprechenden Prüfvariante enthalten waren, die diese drei Objekte berücksichtigt haben. Darüber hinaus wurden zwei Objekte geprüft, bei denen der Code Inspector keine Meldungen erzeugt hat, und weitere drei Objekte, bei denen der Code Inspector Meldungen erzeugt hat.

Eine solche Statistik hilft Ihnen insbesondere bei großen Objektmengen, einen Überblick über den Verarbeitungszustand von Objekten in einer Inspektion zu behalten. Bei sehr vielen Objekten würden Sie anderenfalls in der Hierarchie der Ergebnisliste schnell den Überblick verlieren.

▶ Hilfreich sind auch die beiden Buttons zum Sortieren ( ) und Filtern ( ) in der Button-Leiste. Mit dem SORTIER-Button können Sie die Ergebnisliste nach diversen Kriterien auf- oder absteigend sortieren und zwar:

- nach Verantwortlichen
- nach Paket
- nach Objekt
- nach Meldungsanzahl
- nach Meldungsname

Mit dem FILTER-Button können Sie bei sehr langen Ergebnislisten nach diversen Kriterien filtern (siehe Abbildung 1.28). Die Felder OBJEKTTYP, OBJEKTNAME, PAKET und VERANTWORTLICHER entsprechen den Feldern, wie wir sie in Abschnitt 1.2.3 bereits bei der Selektion der Objektmenge beschrieben haben. Mit diesen können Sie zum Beispiel die Ergebnisliste auf Objekte in einem bestimmten Entwicklungspaket filtern. Im Bereich MELDUNGEN in Abbildung 1.28 können Sie die Ergebnisliste nach bestimmten Code-Inspector-Prüfungen und eventuell nach bestimmten Meldungscodes und Meldungsarten filtern. Weitere Informationen zu Meldungscodes und Meldungsarten finden Sie in Abschnitt 2.1.3, »Verwaltung von Meldungsprioritäten«.

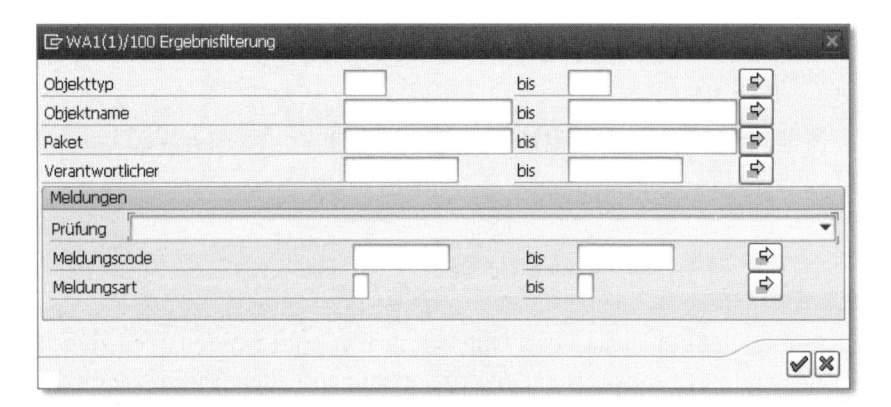

Abbildung 1.28 Inspektion – Ergebnisfilterung

- Neben dem Filtern der Ergebnisliste kann es in bestimmten Fällen hilfreich sein, die Ergebnisliste in einer klassischen Listform auszugeben, wie dies in Abbildung 1.29 dargestellt ist. Diese Liste lässt sich dann nach Excel oder in ein anderes Dateiformat exportieren oder als E-Mail verschicken.

- Über den Button ERZEUGE NEUE VERSION ( ) gelangen Sie zurück zum Eingabebildschirm der Inspektion, über den Sie einen neuen Inspektionslauf (eventuell mit geänderten Daten) auslösen können.

```
Code Inspector: Ergebnisse von Z_TEST 001 FRUGGABER

Tests                                                                                      Fehler  Warn.  Infos
Liste der Prüfungen                                                                           7      2      3
..Sicherheitsprüfungen                                                                               2      3
....Kritische Anweisungen                                                                            2      3
......Warnungen                                                                                      2
........Meldungscode 0013                                                                            2
........==> Schreiben/Löschen eines Dynpros
..........Funktionsgruppe YCA_BB_AL_VIEW Include LSVIMF45 Zeile 198 Spalte 6                         1
..........Schreiben/Löschen eines Dynpros
..........Funktionsgruppe YCA_BB_AL_VIEW Include LSVIMF45 Zeile 212 Spalte 6                         1
..........Schreiben/Löschen eines Dynpros
......Informationen                                                                                         3
........Meldungscode 0009                                                                                   2
........==> Dynamische Programmierung mit GENERATE DYNPRO
..........Funktionsgruppe YCA_BB_AL_VIEW Include LSVIMF45 Zeile 199 Spalte 6                                1
..........Dynamische Programmierung mit GENERATE DYNPRO
..........Funktionsgruppe YCA_BB_AL_VIEW Include LSVIMF45 Zeile 213 Spalte 6                                1
```

Abbildung 1.29 Inspektion – Ergebnisliste als klassische Liste

Mit SAP NetWeaver 7.0 EHP2 sind zwei neue Buttons in der Ergebnisansicht (siehe Abbildung 1.26) hinzugekommen:

- Mit dem ERGEBNISTABELLE-Button (🏛) können Sie das Ergebnis in einer Tabelle ausgeben.

- Mit dem ERGEBNIS ALS DATEI-Button (🗎, hier stimmt der Tooltip nicht mit der dahinterliegenden Funktion überein) können Sie die Ergebnisliste direkt auf einem Drucker ausgeben lassen.

1.3 Überblick über die SAP-Standardprüfungen

In diesem Abschnitt erhalten Sie einen kurzen Überblick über die Standardprüfungen, die von SAP mit dem Release SAP NetWeaver 7.0 EHP1 zusammen mit dem SAP Code Inspector ausgeliefert werden. Mehr Details und wichtige Zusatzinformationen zu den einzelnen Prüfungen finden Sie in Kapitel 5, »Standardprüfungen des SAP Code Inspectors«.

Abbildung 1.30 zeigt eine Übersicht über die einzelnen Prüfungskategorien, die im hierarchischen Baum der Code-Inspector-Prüfungen inhaltlich ähnliche Prüfungen zusammenfassen.

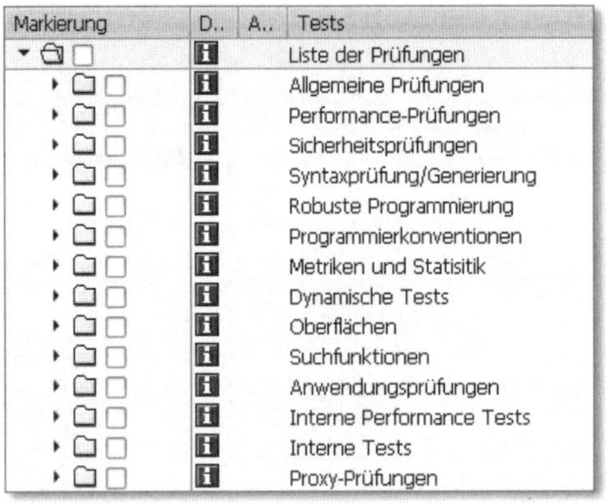

Markierung	D..	A..	Tests
▼ 🗁 ☐		🛈	Liste der Prüfungen
▸ 🗁 ☐		🛈	Allgemeine Prüfungen
▸ 🗁 ☐		🛈	Performance-Prüfungen
▸ 🗁 ☐		🛈	Sicherheitsprüfungen
▸ 🗁 ☐		🛈	Syntaxprüfung/Generierung
▸ 🗁 ☐		🛈	Robuste Programmierung
▸ 🗁 ☐		🛈	Programmierkonventionen
▸ 🗁 ☐		🛈	Metriken und Statisitik
▸ 🗁 ☐		🛈	Dynamische Tests
▸ 🗁 ☐		🛈	Oberflächen
▸ 🗁 ☐		🛈	Suchfunktionen
▸ 🗁 ☐		🛈	Anwendungsprüfungen
▸ 🗁 ☐		🛈	Interne Performance Tests
▸ 🗁 ☐		🛈	Interne Tests
▸ 🗁 ☐		🛈	Proxy-Prüfungen

Abbildung 1.30 Prüfkategorien der SAP-Standardprüfungen

▸ **Allgemeine Prüfungen**
Mit den Prüfungen der Kategorie ALLGEMEINE PRÜFUNGEN können Sie sich einen Überblick über den Aufbau eines Programms verschaffen oder ermitteln, welcher Entwickler für welche Programmteile verantwortlich ist. Zudem können Sie in dieser Kategorie erfahren, auf welche Datenbanktabellen ein Programm zugreift und wie diese Tabellen eingestellt sind.

Die Prüfungen dieser Kategorie eignen sich hervorragend für eine erste Analyse einer Entwicklungskomponente sowie dazu, sich einen kurzen Überblick über den aktuellen Stand eines Entwicklungsprojektes zu verschaffen. Ferner können Sie hiermit eine Einschätzung zur Komplexität einer Entwicklungskomponente vornehmen.

▸ **Performanceprüfungen**
Mit den Prüfungen in der Kategorie PERFORMANCE-PRÜFUNGEN können Sie zahlreiche potenzielle Bremsklötze im Sourcecode erkennen. Diese zu finden ist umso wichtiger, je öfter ein langsamer Sourcecode ausgeführt und je mehr Daten dabei verarbeitet werden sollen. Sicherlich haben Sie schon einmal festgestellt, dass die Ausführung eines Programms mit Datenbankzugriffen nur sehr schleppend vor sich geht, das Programm aber nach dem Erstellen der passenden Indizes in den richtigen Tabellen bedeutend schneller läuft. Mit den Prüfungen in dieser Kategorie können Sie viele derartige Performancesünden ermitteln, die oft in Projekten begangen werden.

▸ **Sicherheitsprüfungen**
In der Kategorie SICHERHEITSPRÜFUNGEN finden Sie Prüfungen, die den Sourcecode auf mögliche Sicherheitslücken hin untersuchen. Mögliche Angriffsszenarien ergeben sich zum Beispiel durch SQL-Injection, Code-

Injection, Cross-Site-Scripting oder versteckte Zugriffe auf das Dateisystem. Darüber hinaus können Sie den Sourcecode nach kritischen Anweisungen und mangelndem Fehler-Handling durchsuchen lassen.

- **Syntaxprüfung/Generierung**
  Die Kategorie SYNTAXPRÜFUNG/GENERIERUNG enthält die wichtigsten Prüfungen für einen generell korrekten, lauffähigen Sourcecode. Da es durchaus vorkommen kann, dass Entwickler keinen Syntaxcheck durchführen oder Objekte durch Transportschiefstände nicht aktiviert werden können, stellt die Verwendung dieser Prüfungen eine Grundabsicherung dar.

- **Robuste Programmierung**
  Die Kategorie ROBUSTE PROGRAMMIERUNG (ab SAP NetWeaver 7.0 EHP2) enthält Prüfungen, die den Sourcecode nach potenziell problematischen Programmierungen absuchen. Die Programmierung der gefundenen Problemfälle kann zwar durchaus syntaktisch richtig sein, aber zu Problemen an anderen Stellen führen. Die Prüfungen in dieser Kategorie versuchen, suspekten Code zu erkennen und auf die gefundenen potenziellen Probleme hinzuweisen.

- **Programmierkonventionen**
  In der Kategorie der PROGRAMMIERKONVENTIONEN können Sie die Prüfungen zur Namensgebung gemäß den Vorgaben in Ihrem Entwicklungsprojekt anpassen. Im Normalfall gibt es in Ihrem Unternehmen Vorschriften für eine einheitliche Benennung von Entwicklungsobjekten wie Paketen, Funktionsbausteinen, Methoden, Variablen etc., oder der Auftraggeber eines Entwicklungsprojektes fordert in seinen Vorgaben eine bestimmte Namensgebung für die Entwicklungsobjekte ein. Aus Wartungssicht ist ein einheitlicher Aufbau im Sourcecode unglaublich wichtig, spart er doch durch eine einfache und damit schnelle Einarbeitung in einen unbekannten, aber sauberen Sourcecode bares Geld und Entwicklernerven.

- **Metriken und Statistik**
  Die Prüfungen in der Kategorie METRIKEN UND STATISTIK liefern Informationen zum generellen Aufbau eines Sourcecodes, zu dessen Modularisierung sowie zur Kommentarsprache. Diese Prüfungen sind besonders dann wertvoll, wenn Sie sich einen ersten Überblick über den Aufbau und die Codequalität einer Entwicklungskomponente verschaffen möchten.

- **Dynamische Tests**
  Die Kategorie DYNAMISCHE TESTS enthält Prüfungen für Modultests, besser bekannt als ABAP Unit (siehe Abschnitt 1.1, »Einordnung des SAP Code Inspectors«). Mit ABAP Unit können Sie ein gewünschtes Programmverhalten verifizieren und über den Code Inspector automatisiert prüfen lassen.

- **Oberflächen**
  Über die Prüfungen in der Kategorie OBERFLÄCHEN können Sie den korrekten Aufbau von Oberflächen wie Dynpros und Views in Web Dynpro überprüfen lassen. Hierbei werden neben dem strukturellen Aufbau einer Oberfläche auch die programmiertechnischen Inhalte der Oberflächenelemente untersucht. Denn gerade bei Web Dynpro widersprechen etliche Anweisungen der Schichtentrennung gemäß dem MVC-Prinzip (Model-View-Controller) und sind somit verboten. Über die Prüfungen in dieser Kategorie lässt sich die Korrektheit der Oberfläche weitestgehend sicherstellen.

- **Suchfunktionen**
  Die Kategorie SUCHFUNKTIONEN enthält Prüfungen, die bestimmte Merkmale in einem Sourcecode ermitteln. So können Sie über die Prüfungen in dieser Kategorie zum Beispiel nach gewissen ABAP-Tokens, ABAP-Anweisungen oder Begriffen im Sourcecode suchen lassen. Ein Beispiel hierfür ist die Suche nach dem Kommentartext »TODO«, das heißt nach Stellen, an denen die Entwickler noch etwas ändern oder ergänzen wollten.

- **Anwendungsprüfungen**
  In der Kategorie ANWENDUNGSPRÜFUNGEN sind Prüfungen zu bestimmten Anwendungen untergebracht. Aktuell können Sie darin Ihre selbst programmierten HR-Infotypen überprüfen lassen.

- **Interne Performancetests**
  Die Kategorie INTERNE PERFORMANCE TESTS enthält Prüfungen zum SQL-Trace, das heißt Einschätzungen zur Performance von Datenbankzugriffen. Da sich diese Prüfungen am Code Inspector eigenen SQL-Parser orientieren müssen, können etliche Datenbankbefehle nicht analysiert werden. Auch bei dynamischen Komponenten in den Datenbankbefehlen ist eine Analyse nicht möglich. Trotzdem helfen diese Tests dabei, eine gute Abschätzung des Zugriffsverhaltens von Datenbankzugriffen zu erhalten.

- **Interne Tests**
  Die Kategorie INTERNE TESTS beinhaltet nur einige spezielle Prüfungen, die dem allgemeinen Benutzer keine sinnvollen Erkenntnisse bringen. Sie können diese Kategorie getrost ignorieren.

- **Proxy-Prüfungen**
  Die Prüfung in der Kategorie PROXY-PRÜFUNGEN ermittelt den korrekten Aufbau von Proxy-Objekten für SAP-Webservices. Zudem werden die dazugehörigen ABAP-Dictionary-Einträge der Proxy-Objekte überprüft.

In diesem Kapitel erhalten Sie weitere Informationen zur Nutzung des SAP Code Inspectors. Hierbei gehen wir auf die Konfiguration, auf weitere Details zu den Objektkollektoren, den Pseudokommentaren, dem Genehmigungsverfahren und auf verschiedene Tools zum SAP Code Inspector ein.

2 Konfiguration und Funktionen des SAP Code Inspectors

Nachdem Sie den SAP Code Inspector in seinen Grundzügen kennengelernt haben, besprechen wir in diesem Kapitel weiterführende Aspekte. Zu Beginn beschreiben wir den Verwaltungsbereich mit seinen Einstellmöglichkeiten zur Prüfvariante, zur Objektmenge und zur Meldungspriorität, gehen dann genauer auf die Objektkollektoren ein, die wir in Kapitel 1, »Einsatz des SAP Code Inspectors«, bereits erwähnt haben, machen Sie danach mit den Pseudokommentaren und dem Genehmigungsverfahren vertraut und liefern Ihnen Informationen zum Vergleich von Inspektionsergebnissen und zum E-Mail-Versand. Abgerundet wird das Kapitel schließlich mit einer Beschreibung des Code-Inspector-Hintergrundjobs.

2.1 Einstellmöglichkeiten des SAP Code Inspectors

In diesem Abschnitt zeigen wir Ihnen die allgemeinen Einstellmöglichkeiten des Code Inspectors. Hierbei geht es nicht darum, Einstellungen für eine konkrete Inspektion vorzunehmen, wie wir sie bereits in Kapitel 1 beschrieben haben, sondern um generelle Einstellungen, die für alle Code-Inspector-Prüfvarianten und -Inspektionen gelten.

Im Wesentlichen verbergen sich die Einstellmöglichkeiten des Code Inspectors unter dem Menüpunkt SPRINGEN • VERWALTUNG VON, der direkt in Transaktion SCI zu erreichen ist (siehe Abbildung 2.1). Um die jeweiligen Einstellmöglichkeiten anzupassen, benötigen Sie das Berechtigungsobjekt s_cov_adm mit dem Berechtigungsfeld `actvt = '37'`. Um die entsprechende Berechtigung zu erhalten, fragen Sie am besten Ihren SAP-Basis-Administrator.

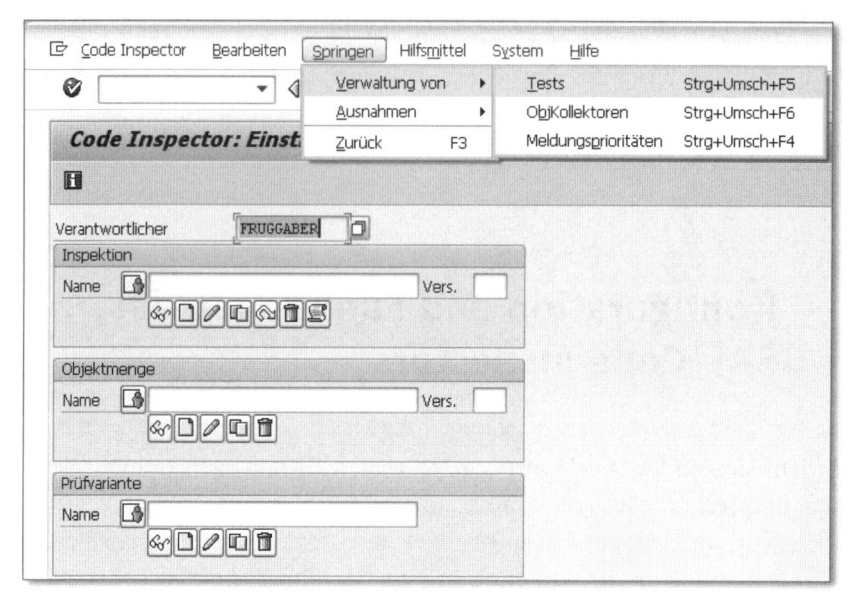

Abbildung 2.1 Einstellmöglichkeiten des Code Inspectors

2.1.1 Verwaltung von Tests

Über den Menüpunkt SPRINGEN • VERWALTUNG VON • TESTS können Sie festlegen, welche Prüfungen (= Tests) bei der Anlage einer Code-Inspector-Prüfvariante im Prüfungsauswahlbaum (siehe Kapitel 1, »Einsatz des SAP Code Inspectors«) überhaupt angezeigt werden sollen.

Alle Prüfungen und deren Prüfkategorien sind mit dem Namen der Klasse, in der die Code-Inspector-Prüfung bzw. die Prüfkategorie realisiert wurde, einer kurzen Beschreibung und dem dafür Verantwortlichen (= erstellender Entwickler der Klasse) in einer Liste aufgeführt (siehe Abbildung 2.2). Über den Klassennamen können Sie feststellen, ob es sich um eine Prüfkategorie oder eine Prüfung handelt. Testkategorien haben in der Regel den Bezeichner CATEGORY im Namen und Prüfungen den Bezeichner TEST. Die Spalte BESCHREIB. enthält die Bezeichnung aus der Hierarchie der Prüfvarianten (siehe Abschnitt 1.2.2).

Einstellmöglichkeiten des SAP Code Inspectors | 2.1

```
Code Inspector: Tests

Test                              Beschreib.                                         Verantw.
☑ CL_CI_CATEGORY_SEARCH           Suchfunktionen                                     SAP
☑ CL_CI_CATEGORY_SECURITY         Sicherheitsprüfungen                               SAP
☑ CL_CI_CATEGORY_STATISTICS       Metrik und Statistik                               SAP
☐ CL_CI_CATEGORY_TEMPLATE         <description>                                      SAP
☑ CL_CI_CATEGORY_TOP              Liste der Prüfungen                                SAP
☑ CL_CI_CATEGORY_UNIVERSAL        Allgemeine Prüfungen                               SAP
☑ CL_CI_CATEGORY_USER_INTERFACE   Oberflächen                                        SAP
☑ CL_CI_TABNAMES_PUBLIC           Tabellennamen aus SELECT-Anweisungen               SAP
☑ CL_CI_TEST_ABAP_COMPILER        Test zu CL_ABAP_COMPILER                           SAP
☑ CL_CI_TEST_ABAP_GENERATE        Generieren von ABAP-Programmen                     SAP
☑ CL_CI_TEST_ABAP_NAMING          Namenskonventionen                                 SAP
☑ CL_CI_TEST_ABAP_NAMING_NEW      Erweiterte Namenskonventionen für Programme        SAP
☐ CL_CI_TEST_ABAP_REFERENCES      Test zu CL_ABAP_COMPILER                           SAP
☑ CL_CI_TEST_CLASS_CONSISTENCE    Klassen/Interface-Konsistenz                       SAP
☑ CL_CI_TEST_CRITICAL_STATEMENTS  Kritische Anweisungen                              SAP
☑ CL_CI_TEST_CROSSREF             Erkennen von totem Coding                          SAP
☑ CL_CI_TEST_DDIC_TABLES          Prüfung der Tabelleneigenschaften                  SAP
☑ CL_CI_TEST_DYNPRO_GENERATE      Dynpro-Generierung                                 SAP
☑ CL_CI_TEST_DYNPRO_USAB_ACC      Dynpro-Prüfung auf Usability und Accessibility     SAP
☑ CL_CI_TEST_EMPTY                Leerer Test                                        SAP
```

Abbildung 2.2 Verwaltung von Tests vor SAP NetWeaver 7.0 EHP2

Eine Dokumentation, sofern vorhanden, zur entsprechenden Klasse können Sie über Transaktion SE61 (Dokumentenpflege) finden, indem Sie dort im Feld DOKUMENTENKLASSE den Wert KLASSEN-ATTRIBUT auswählen, im Feld KLASSEN-ATTRIBUT den Namen der Klasse aus der Verwaltungsliste (siehe Abbildung 2.2) sowie im Feld darunter den Wert 0000 eintragen und dann auf den ANZEIGEN-Button ( ) klicken (siehe Abbildung 2.3).

```
Dokumentenpflege: Einstieg

 Arbeitsvorrat    Berechtigungen

Einstellung
Dokumentenklasse    Klassen-Attribut
Sprache             Deutsch

Dokument
Klassen-Attribut    CL_CI_TEST_ABAP_NAMING
                    0000

   Anzeigen     Ändern     Anlegen
```

Abbildung 2.3 Dokumentation zu den Code-Inspector-Prüfungen

In SAP NetWeaver 7.0 EHP2 wurde die Liste der Prüfungen um zwei Spalten erweitert, sodass Sie nun wesentlich einfacher zur Dokumentation der Klasse gelangen: Mit einem Doppelklick auf das INFO-Symbol ( ) in der Liste der Prüfungen erhalten Sie, soweit vorhanden, direkt die dazugehörige Dokumentation (siehe Abbildung 2.4). Über die zweite hinzugekommene Spalte können Sie nun schnell erkennen, welcher Prüfkategorie eine Prüfung zugeordnet ist.

Prüfklasse	Info	Beschreib.	Verantw.	Prüfungs-Kategorie
☑ CL_CI_CATEGORY_SEARCH		Suchfunktionen	SAP	Liste der Prüfungen
☑ CL_CI_CATEGORY_SECURITY		Sicherheitsprüfungen	SAP	Liste der Prüfungen
☑ CL_CI_CATEGORY_STATISTICS		Metriken und Statisitik	SAP	Liste der Prüfungen
☐ CL_CI_CATEGORY_TEMPLATE		<description>	SAP	
☑ CL_CI_CATEGORY_TOP		Liste der Prüfungen	SAP	
☑ CL_CI_CATEGORY_UNIVERSAL		Allgemeine Prüfungen	SAP	Liste der Prüfungen
☑ CL_CI_CATEGORY_USER_INTERFACE		Oberflächen	SAP	Liste der Prüfungen
☑ CL_CI_TABNAMES_PUBLIC		Tabellennamen aus SELECT-Anweisungen	SAP	Allgemeine Prüfungen
☑ CL_CI_TEST_ABAP_COMPILER		Test zu CL_ABAP_COMPILER	SAP	Interne Tests
☐ CL_CI_TEST_ABAP_COMPILER_INT		Test zum ABAP-Compiler	SAP	Interne Tests
☑ CL_CI_TEST_ABAP_COMPLEXITY		Test der Programmkomplexität	SAP	Metriken und Statisitik
☑ CL_CI_TEST_ABAP_GENERATE		Generieren von ABAP-Programmen	SAP	Syntaxprüfung/Generierung
☑ CL_CI_TEST_ABAP_NAMING		Namenskonventionen	SAP	Programmierkonventionen
☑ CL_CI_TEST_ABAP_NAMING_NEW		Erweiterte Namenskonventionen für Programme	SAP	Programmierkonventionen
☑ CL_CI_TEST_ABAP_REFERENCES		Test zu CL_ABAP_COMPILER	SAP	Interne Tests
☑ CL_CI_TEST_APPEND_TO_SORTED		Suche nach APPEND und INSERT ... INDEX bei SORTED Tabellen	SAP	Robuste Programmierung
☐ CL_CI_TEST_BSP_APPLICATIONS_01		BSP-Anwendung: Verwendung der relativen Pfadnamen für MIME-Objekte	SAP	Oberflächen
☑ CL_CI_TEST_CLASS_CONSISTENCY		Klassen/Interface-Konsistenz	SAP	Syntaxprüfung/Generierung
☑ CL_CI_TEST_COMPLEX_WHERE		Komplexe WHERE-Bedingung in SELECT-Anweisung	SAP	Robuste Programmierung
☑ CL_CI_TEST_CRITICAL_STATEMENTS		Kritische Anweisungen	SAP	Sicherheitsprüfungen
☑ CL_CI_TEST_CROSSREF		Erkennen von totem Coding	SAP	Interne Tests
☐ CL_CI_TEST_DDIC_ACT_CHECK		Aktivierungsprüfung für DDIC-Objekte	SAP	Robuste Programmierung
☑ CL_CI_TEST_DDIC_TABLES		Prüfung der Tabelleneigenschaften	SAP	Performance-Prüfungen
☑ CL_CI_TEST_DYNPRO_GENERATE		Dynpro-Generierung	SAP	Dynpro-Prüfungen
☑ CL_CI_TEST_DYNPRO_USAB_ACC		Dynpro-Prüfung auf Usability und Accessibility	SAP	Dynpro-Prüfungen
☑ CL_CI_TEST_EMPTY		Leerer Test	SAP	Interne Tests

Abbildung 2.4 Verwaltung von Tests ab SAP NetWeaver 7.0 EHP2

Durch einen Doppelklick auf den Namen der Klasse wird der SAP Class Builder mit der entsprechenden Klasse geöffnet, und Sie können sich den Sourcecode direkt anschauen. Durch Anklicken der Spaltenköpfe können Sie die einzelnen Spalten markieren, die Sie dann über die SORTIER-Buttons (,) sortieren oder über den FILTER-Button ( ) filtern können.

Doch nun zum eigentlichen Sinn der Liste der Code-Inspector-Prüfungen: Durch das Aktivieren bzw. Deaktivieren der Checkbox vor der jeweiligen Zeile in der Ausgabeliste können Sie die Prüfung bzw. die Prüfkategorie im Auswahlbaum der Prüfvarianten (siehe Abschnitt 1.2.2) sichtbar oder unsichtbar schalten. Nachdem Sie alle Einträge wie gewünscht eingestellt haben, müssen Sie Ihre Änderung durch den SPEICHERN-Button ( ) in der Button-Leiste sichern. Beim erstmaligen Speichern mit Ihrem Benutzernamen werden Sie nach einem Customizing-Transportauftrag gefragt, unter dem Sie die Änderungen sichern möchten. Über diesen Transportauftrag können Sie dann die Einstellungen mittels des SAP-Transportwesens auf weitere SAP-Systeme verteilen.

Vorsicht ist allerdings beim Deaktivieren von Prüfkategorien geboten, denen noch aktive Code-Inspector-Prüfungen zugeordnet sind. Wenn Sie eine solche Prüfkategorie deaktivieren und zugehörige Prüfungen noch aktiviert sind, erhalten Sie bei Anlage einer Prüfvariante die folgende Fehlermeldung: »Ungültige Kategorie-Klasse … in der Prüfvariante«. Nach Bestätigung der Fehlermeldung bricht die Code-Inspector-Transaktion ab. Ab Release 7.0 EHP2 erscheint in der Verwaltungsliste der Prüfungen bei einer Prüfung das Warn-Symbol (), falls die dazugehörige Prüfkategorie nicht existiert oder ausgeschaltet ist.

Empfehlung	[*]

Bei der Verwaltung von Tests (= Prüfungen) sollten Sie besondere Vorsicht bei der Deaktivierung von Prüfkategorien walten lassen. Denn von dieser Prüfkategorie abhängige, eingeschaltete Prüfungen können zum Abbruch des Code Inspectors bei der Prüfvariantenauswahl führen. Daher sollten Sie die vorgenommenen Änderungen immer sofort durch die Anlage einer entsprechenden Prüfvariante (siehe Abschnitt 1.2.2) verifizieren.

Ab Release 7.0 EHP2 können Sie von Prüfkategorien abhängige Prüfeinträge schon in der Verwaltungsliste der Tests (= Prüfungen) einfach über einen Vergleich der Spalte PRÜFUNGS-KATEGORIE bei Prüfungen mit der Spalte BESCHREIB. bei Prüfkategorien ermitteln.

Darüber hinaus sollten bestimmte Prüfungen und Prüfkategorien nicht markiert werden. Mehr dazu finden Sie in Kapitel 5, »Standardprüfungen des SAP Code Inspectors«.

2.1.2 Verwaltung von Objektkollektoren

In der Verwaltung der OBJEKTKOLLEKTOREN (siehe Kapitel 1, »Einsatz des SAP Code Inspectors«) können Sie die Objektkollektoren markieren, die in der Wertehilfe zum Feld OBJEKTKOLLEKTOR in der Objektmenge angezeigt werden sollen (siehe Abschnitt 2.2). Über das Menü SPRINGEN • VERWALTUNG VON • OBJEKTKOLLEKTOREN in Transaktion SCI gelangen Sie zur Einstellung der Objektkollektoren.

Die Vorgehensweise bei der Verwaltung der Objektkollektoren ist weitgehend identisch mit der Verwaltung der Tests, wie sie in Abschnitt 2.1.1 beschrieben wurde. Wie Sie anhand von Abbildung 2.5 sehen können, befindet sich in der Spalte OBJEKTKOLLEKTOR der Name der ABAP-Klasse, in der der Objektkollektor implementiert wurde. Über einen Doppelklick auf den Klassennamen wird die Klasse im SAP Class Builder geöffnet, und Sie können den dazugehörigen Sourcecode betrachten. Der Text in der Spalte OBJEKTKOLLEKTORBESCHREIBUNG entspricht dem Text aus der Wertehilfe zum Feld OBJEKTKOLLEKTOR in Abschnitt 2.2.

2 | Konfiguration und Funktionen des SAP Code Inspectors

Code Inspector: Objektkollektoren

Objektkollektor	Objektkollektorbeschreibung	Verantw.
☑ CL_CI_COLLECTOR_ABAP_TRACE	Programme aus der Laufzeitanalyse	SAP
☑ CL_CI_COLLECTOR_AKB_TABL	Verwendungsnachweis für Tabellen	SAP
☑ CL_CI_COLLECTOR_ENVIRONMENT	Objekte aus Umfeldermittlung	SAP
☑ CL_CI_COLLECTOR_EU	Objekte aus Verwendungsnachweis	SAP
☑ CL_CI_COLLECTOR_SCOV	Objekte aus Coverage Analyzer	SAP
☑ CL_CI_COLLECTOR_UPLOAD	Objekte aus Datei-Upload	SAP

Abbildung 2.5 Verwaltung von Objektkollektoren vor Release 7.0 EHP2

Wie bei der Verwaltung von Tests ist auch die Dokumentation zum Objektkollektor in Transaktion SE61 über den Namen der Klasse erreichbar (siehe auch Abbildung 2.3). Und ebenso wie bei der Verwaltung der Tests ist die Liste zur Verwaltung der Objektkollektoren ab Release 7.0 EHP2 um eine weitere Spalte mit einem direkten Link zur Dokumentation über den INFO-Button ([i]) erweitert worden (siehe Abbildung 2.6).

Code Inspector: Objektkollektoren

Objektkollektor	Info	Objektkollektorbeschreibung	Verantw.
☑ CL_CI_COLLECTOR_ABAP_TRACE	[i]	Programme aus der Laufzeitanalyse	SAP
☑ CL_CI_COLLECTOR_AKB_TABL	[i]	Verwendungsnachweis für Tabellen	SAP
☑ CL_CI_COLLECTOR_CPRO	[i]	Objekte aus cProjects	SAP
☑ CL_CI_COLLECTOR_ENVIRONMENT	[i]	Objekte aus Umfeldermittlung	SAP
☑ CL_CI_COLLECTOR_EU	[i]	Objekte aus Verwendungsnachweis	SAP
☑ CL_CI_COLLECTOR_PACKAGE_EMBED	[i]	Objekte aus eingebetteten Paketen	SAP
☑ CL_CI_COLLECTOR_SCOV	[i]	Objekte aus Coverage Analyzer	SAP
☐ CL_CI_COLLECTOR_ST22		Objekte aus Laufzeitfehlern	SAP
☑ CL_CI_COLLECTOR_TRDIR_PROGS	[i]	Programme aus Katalog der Report-Sourcen	SAP
☑ CL_CI_COLLECTOR_UPLOAD	[i]	Objekte aus Datei-Upload	SAP

Abbildung 2.6 Verwaltung von Objektkollektoren ab Release 7.0 EHP2

Durch Aktivieren bzw. Deaktivieren der Checkbox vor dem Namen der ABAP-Klasse in der jeweiligen Zeile der Verwaltungsliste kann der Objektkollektor in der Wertehilfe für die Objektkollektoren sichtbar oder unsichtbar gemacht werden. Änderungen müssen ebenso wie bei der Verwaltung von Tests über den SPEICHERN-Button ([💾]) in der Button-Leiste gespeichert und einem Customizing-Transportauftrag zugeordnet werden.

Eine Beschreibung der einzelnen Objektkollektoren finden Sie in Abschnitt 2.2.

2.1.3 Verwaltung von Meldungsprioritäten

Im Zusammenhang mit dem Ergebnis einer Inspektion haben wir bereits in Kapitel 1, »Einsatz des SAP Code Inspectors«, die verschiedenen Meldungstypen des Code Inspectors beschrieben (siehe auch Abbildung 2.7). Je nach zugeordnetem Meldungstyp erscheinen Problemfälle, die durch die jeweilige Code-Inspector-Prüfung in den zu prüfenden Objekten festgestellt werden, in den entsprechenden Spalten (Fehler, Warnung oder Information) des Ergebnisses der Inspektion (siehe Kapitel 1).

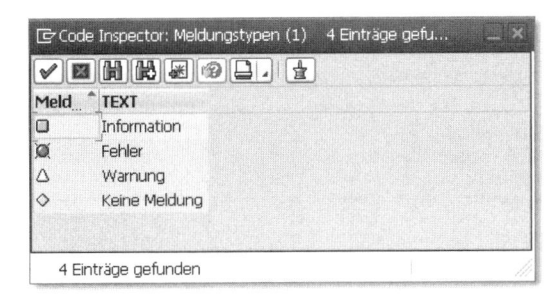

Abbildung 2.7 Meldungstypen des Code Inspectors

In der Praxis kann es in bestimmten Fällen sinnvoll sein, die Meldungstypen der verschiedenen Code-Inspector-Prüfungen anzupassen. Ein Beispiel hierfür könnte die Prüfung auf sequenzielles Lesen aus internen Tabellen vom Typ STANDARD TABLE sein, die Sie von Fehler auf Warnung umstellen möchten. Dies können Sie über den Menüeintrag SPRINGEN • VERWALTUNG VON • MELDUNGSPRIORITÄTEN aus der Transaktion SCI heraus tun. Einen Ausschnitt des entsprechenden Dialogs sehen Sie in Abbildung 2.8.

Die in der Verwaltung von Tests sichtbar geschalteten Prüfungen (siehe Abschnitt 2.1.1) werden in der Einstellung der Meldungsprioritäten ebenfalls in hierarchischer Form angezeigt (siehe Abbildung 2.8). Da die Prüfungen meist Teilprüfungen enthalten, gibt es somit oft auch mehr als nur eine einzige Meldung; diese erscheinen dann als weitere Unterknoten zu den einzelnen Prüfungen in der Spalte CODE-INSPECTOR-PRÜFUNG. Auf der Ebene der einzelnen Meldungen können Sie deren Meldungspriorität einstellen, sofern in der Spalte STANDARDPRIORITÄT ein Symbol angezeigt wird. Wird in dieser Spalte kein Symbol angezeigt, ist die entsprechende Meldungspriorität, die bei der Prüfung ausgegeben wird, im Coding zu der jeweiligen Prüfung (siehe Kapitel 4, »Programmierung eigener Prüfungen für den SAP Code Inspector«) hart verdrahtet und kann nur durch Anpassung des Sourcecodes dieser Prüfung geändert werden.

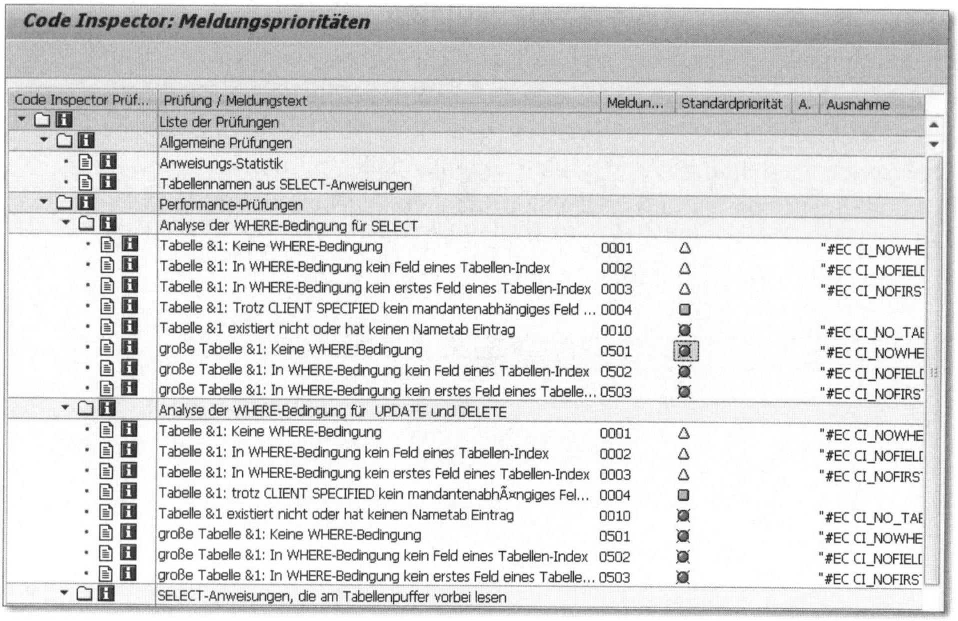

2 | Konfiguration und Funktionen des SAP Code Inspectors

Abbildung 2.8 Meldungsprioritäten verwalten

Die Meldungspriorität einer Prüfung können Sie ändern, indem Sie in der Spalte STANDARDPRIORITÄT auf das passende Symbol in der gewünschten Zeile klicken. In Abbildung 2.9 wurde dies für die Meldung »große Tabelle &1: Keine WHERE-Bedingung« in der Zeile oberhalb der Dialogbox getan. Hier sehen Sie an dem grünen Symbol ([○]) in der Spalte AKTUELLE PRIORITÄT, dass die aktuelle Meldungspriorität für diese Meldung auf INFORMATION steht, die Origninaleinstellung für diese Meldung finden Sie in der Spalte STANDARDPRIORITÄT. Im Dialog zur Änderung der Meldungspriorität sehen Sie im Feld AKTUELL die aktuell eingestellte Priorität sowie im Feld STANDARD die Standardpriorität. Im Feld NEU können Sie eine neue Priorität für die Meldung festlegen. Den letzten Änderer und das Änderungsdatum sehen Sie in den Feldern VERANTWORTLICHER und GEÄNDERT AM.

Die Meldungstexte, die Sie in der Spalte PRÜFUNG / MELDUNGSTEXT angezeigt sehen, sind die Meldungstexte, wie sie in der Ergebnisliste einer Inspektion ausgegeben werden. Über das INFO-Symbol ([i]) in der hierarchischen Spalte CODE-INSPECTOR-PRÜFUNGEN können Sie, sofern vorhanden, die jeweilige Dokumentation der entsprechenden Prüfung öffnen.

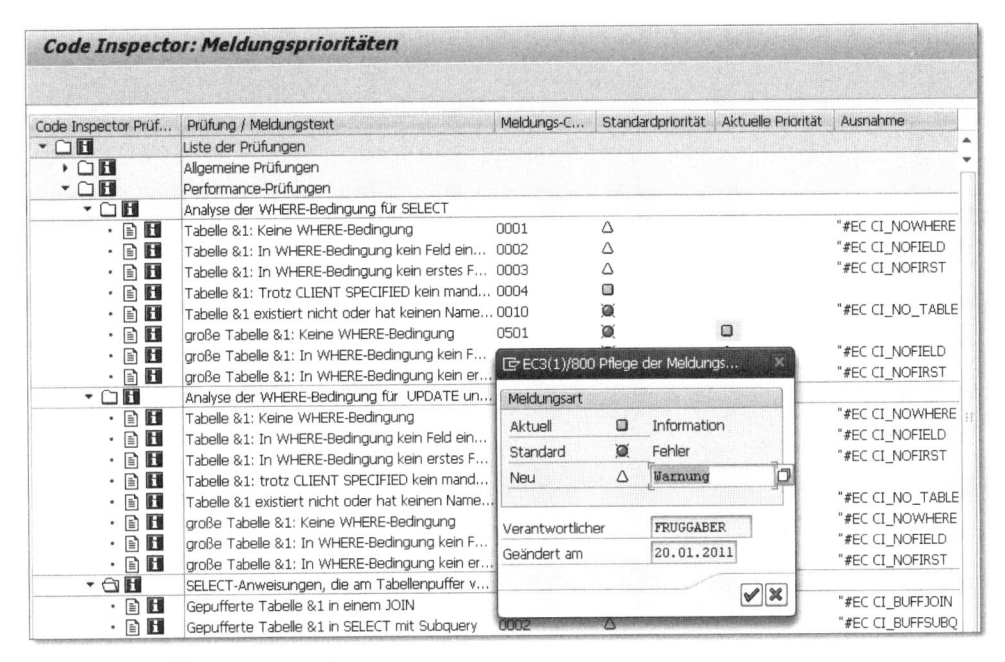

Abbildung 2.9 Ändern einer Meldungspriorität

Sofern in einer Prüfung eine Ausnahme verfügbar ist, können Sie in der letzten Spalte AUSNAHME den jeweiligen sogenannten Pseudokommentar ablesen, mit dem Sie die Meldungsausgabe unterdrücken können. Mehr zu diesem Thema finden Sie in Abschnitt 2.3.1.

> **Hinweis** [+]
>
> An dieser Stelle können Sie weder Meldungstexte noch Pseudokommentare ändern; diese werden hier nur angezeigt. Mehr zur Erstellung und Änderung von Meldungstexten bzw. Pseudokommentaren finden Sie in Kapitel 4, »Programmierung eigener Prüfungen für den SAP Code Inspector«.

2.2 Objektkollektoren

In diesem Abschnitt werden die einzelnen Objektkollektoren genauer vorgestellt. Die Objektkollektoren dienen zum Sammeln von Objekten, die nicht direkt aus Entwicklungskomponenten oder aus bereits erzeugten Objektmengen, sondern aus anderen Quellen ermittelt werden. So stammen diese Objekte zum Beispiel aus Prüfergebnissen anderer SAP-Tools, aus Dateien oder aus einer Umfeldermittlung.

Die Auflistung der nachfolgenden Beschreibungen zu den einzelnen Objektkollektoren erfolgt gemäß ihrer Reihenfolge in der Wertehilfe zum Feld OBJEKTKOLLEKTOR auf der Registerkarte OBJEKTKOLLEKTOREN (siehe Abbildung 2.10).

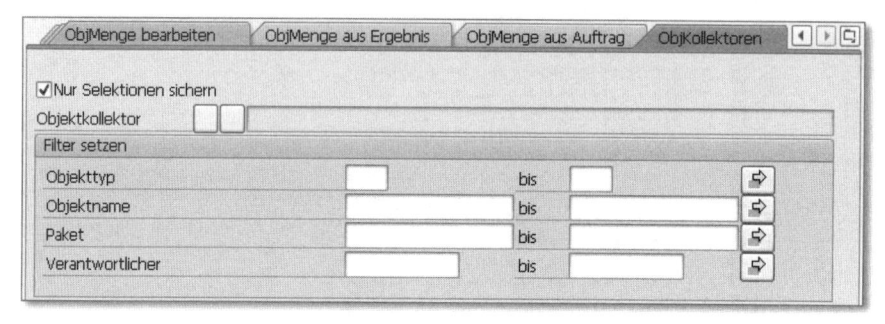

Abbildung 2.10 Objektmenge aus Objektkollektoren erzeugen

[+] **Hinweis**

Ab Release 7.0 EHP2 stehen einige weitere neue Objektkollektoren zur Verfügung. In der nachfolgenden Beschreibung sind diese neuen Objektkollektoren mit einem Hinweis in der jeweiligen Überschrift gekennzeichnet. Diese Beschreibung der neuen Objektkollektoren entspricht der Reihenfolge in der Wertehilfe zum Feld OBJEKTKOLLEKTOR.

Neben diesen neuen Objektkollektoren ist ab Release 7.0 EHP2 auf der Registerkarte OBJKOLLEKTOREN auch die Checkbox NUR SELEKTIONEN SICHERN hinzugekommen. Ist diese Checkbox gesetzt, wird nicht die gesamte Objektmenge, sondern nur die dafür nötige Selektion gespeichert, und die eigentliche Objektliste wird erst zum Zeitpunkt der Ausführung einer Code-Inspector-Inspektion erzeugt.

2.2.1 Programme aus der Laufzeitanalyse

Mit dem Objektkollektor »Programme aus der Laufzeitanalyse« (siehe Abbildung 2.11) können Sie alle Objekte aus dem Ergebnis einer Laufzeitanalyse der Transaktion SE30 sammeln. Ab Release 7.0 EHP2 wird hierbei aber eine Messung mit der neuen Transaktion SAT zur Laufzeitanalyse als Grundlage benötigt. Ausgehend von der Messung, werden alle von der Messung betroffenen Objekte in die zu erstellende Objektmenge mit aufgenommen.

Aus der im Feld MESSDATENDATEI angegebenen Datei (= serverlokale, von der Laufzeitanalyse generierte Datei) extrahiert der Objektkollektor alle von der Laufzeitanalyse vermessenen Objekte. In die Objektmenge werden alle von der Laufzeitanalyse »berührten« Rahmenprogramme aufgenommen. Erscheint beispielsweise ein Funktionsbaustein in der Laufzeitanalyse, wird die gesamte Funktionsgruppe des Funktionsbausteins in die Objektmenge mit aufgenommen.

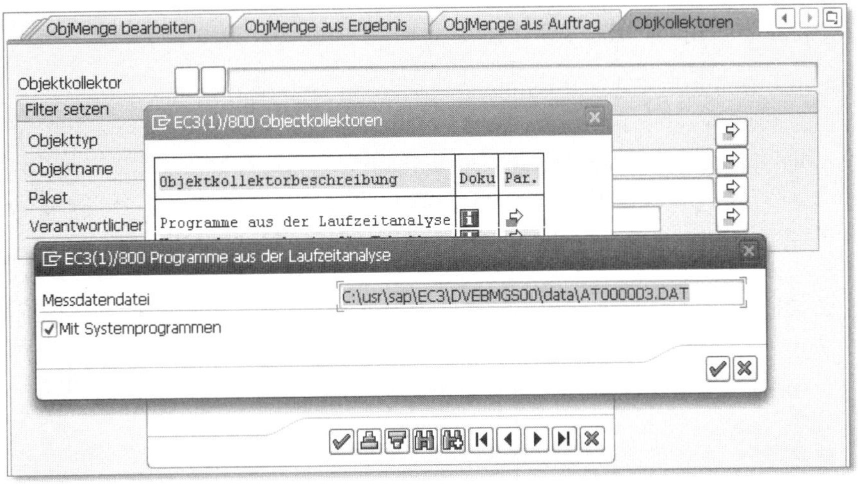

Abbildung 2.11 Objektkollektor – Programme aus der Laufzeitanalyse

Den benötigten Pfad und Dateinamen der Messdatendatei können Sie in Transaktion SE30 nach deren Ausführung über den DATEI-INFOS-Button (Datei-Infos...) ermitteln und per Copy & Paste in das Feld MESSDATENDATEI übernehmen. Beim Schließen des Dialogs wird geprüft, ob die angegebene Datei vorhanden ist; sollte dies nicht der Fall sein, erhalten Sie eine Fehlermeldung in der Statuszeile.

Mit Release 7.0 EHP2 wurde dieser Objektkollektor dahin gehend verändert, dass Sie keine Datei mehr über ihren Dateipfad angeben müssen, sondern nur noch eine Datei einer bereits vorhandenen Messung der Transaktion SAT aus einem automatisch vorgefüllten Dialog auswählen können.

Durch das Setzen eines Häkchens bei der Checkbox MIT SYSTEMPROGRAMMEN werden auch Programme berücksichtigt, die in den Programmattributen (aus Transaktion SE80 im Menü SPRINGEN • EIGENSCHAFTEN, Feld STATUS) als Systemprogramm gekennzeichnet sind. Über dieses Programmattribut werden basis- oder frameworkartige SAP-Programme gekennzeichnet. Die Checkbox MIT SYSTEMPROGRAMMEN ist ab Release 7.0 EHP2 nicht mehr vorhanden.

2.2.2 Verwendungsnachweis für Tabellen

Mit dem Objektkollektor »Verwendungsnachweis für Tabellen« können Sie alle Objekte ermitteln, an denen das angegebene Tabellenobjekt verwendet bzw. aufgerufen wird. Er dient hauptsächlich zur Sammlung derjenigen Objekte, die auf Fehler durch ein mögliches Hinzufügen von Feldern zu Tabellen geprüft werden sollen.

Wie in Abbildung 2.12 zu sehen ist, geben Sie den Namen der Tabellenliste in das Feld BEZEICHNUNG DER TABELLENMENGE ein, sodass die Objektmenge aus der entsprechenden Tabellenliste ermittelt werden kann. Eine Tabellenliste ist eine Liste, bestehend aus Tabellen, Strukturen oder Typgruppen, die nur über Transaktion SAKB5 angelegt bzw. bearbeitet werden kann.

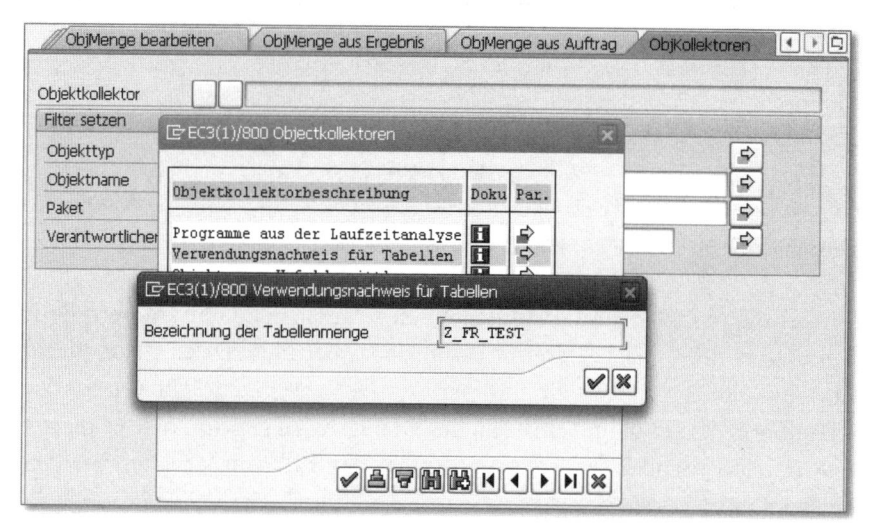

Abbildung 2.12 Objektkollektor – Verwendungsnachweis für Tabellen

Transaktion SAKB5 (SAKB steht für »SAP Abwärtskompatible Basis«) wurde im Rahmen der Unicode-Einführung entwickelt, um die Auswirkungen von Änderungen an der Erweiterungskategorie bei Tabellen, Strukturen und Typgruppen zu überprüfen. Details zur Vorgehensweise finden Sie in Abschnitt 5.15, »Interne Tests«. Die Tabellenliste aus Transaktion SAKB5 wird dann als Input für den Objektkollektor verwendet, der alle Verwendungsstellen der Einträge aus der Tabellenliste in eine Code-Inspector-Objektmenge zusammenfügt. Diese Objektmenge kann dann schließlich in einer Inspektion mit der Prüfung »Überprüfung der Erweiterbarkeit von Tabellen« in der Kategorie INTERNE TESTS (siehe Kapitel 5, »Standardprüfungen des SAP Code Inspectors«) untersucht werden.

2.2.3 Objekte aus Umfeldermittlung

Mit dem Objektkollektor »Objekte aus Umfeldermittlung« (siehe Abbildung 2.13) können Sie all die Objekte erfassen, die in der Selektion vom angegebenen Objekt direkt oder indirekt verwendet werden. Dies sind somit all die Objekte, die das angegebene Objekt aufruft oder nutzt. Der Unterschied zum Objektkollektor »Objekte aus Verwendungsnachweis« besteht darin, dass gewissermaßen ein mehrstufiger Verwendungsnachweis ausgeführt wird.

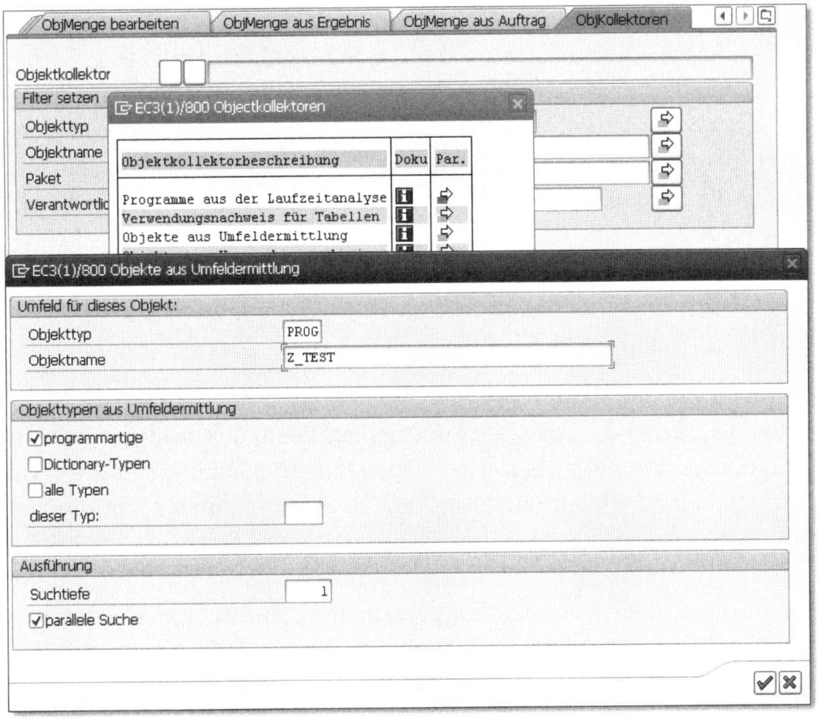

Abbildung 2.13 Objektkollektor – Objekte aus Umfeldermittlung

Im Eingabedialog können Sie über die Felder OBJEKTTYP und OBJEKTNAME das Ausgangsobjekt festlegen, von dem aus alle weiteren Objekte ermittelt werden sollen, die dieses angegebene Ausgangsobjekt verwendet. Beim Feld OBJEKTTYP geben Sie den Typ des gewünschten Objektes ein oder wählen den passenden Eintrag aus der Wertehilfe [F4] aus. Im Feld OBJEKTNAME tragen Sie die Bezeichnung des gewünschten Objektes ein.

Zur Einschränkung der Ergebnismenge können Sie mittels der Checkboxen im Bereich OBJEKTTYPEN AUS UMFELDERMITTLUNG festlegen, ob programmartige Objekte, ABAP-Dictionary-Objekte und/oder alle Objekttypen ermittelt werden sollen, die das angegebene Ausgangsobjekt verwendet. Dazu müssen Sie aber auf jeden Fall eines der Felder in diesem Abschnitt füllen. Ist die Checkbox ALLE TYPEN markiert, sind alle anderen Felder dieses Bereiches bedeutungslos. Ist die Checkbox ALLE TYPEN nicht markiert, können Sie im Feld DIESER TYP einen ganz bestimmten Objekttyp auswählen, sodass zusätzlich zu den Objekten aus den anderen markierten Checkboxen noch Objekte dieses Objekttyps zur Objektsammlung herangezogen werden.

Im Bereich AUSFÜHRUNG können Sie die Suchtiefe zum Sammeln der Objekte einstellen: Wenn Sie die Suchtiefe leer (= 0) lassen, werden alle möglichen Objekte so lange rekursiv ermittelt, bis keine weiteren Objekte gefunden werden können, die das jeweilige Objekt verwenden; dies entspricht dem Aufbau einer kompletten, umgekehrten Baumstruktur. Da eine komplette Suche so extrem lange dauern würde, wird die Eingabe von 0 verhindert. Setzen Sie die Suchtiefe auf 1, werden nur die Objekte ermittelt, die das angegebene Ausgangsobjekt direkt verwendet. Je größer Sie die Suchtiefe setzen, desto länger dauert die Suche nach all den abhängigen Objekten. Eine Suchtiefe größer 4 wird von SAP nicht empfohlen, da diese zu sehr langen Laufzeiten führen kann.

Zur Optimierung der Laufzeit können Sie zwar noch die parallele Verarbeitung über die Checkbox PARALLELE SUCHE einschalten, dies bringt jedoch auf einem Einprozessorsystem bei vielen Objekten trotz allem nicht allzu viel Geschwindigkeitszugewinn (außer es handelt sich um einen Mehrkernprozessor). Bei Mehrprozessorsystemen hingegen kann durch das Aktivieren der Checkbox PARALLELE SUCHE das Sammeln der Objekte erheblich beschleunigt werden, weil bei der parallelen Suche für jedes gefundene Objekt jeweils eine eigene neue Suche mit der Suchtiefe 1 gestartet wird.

2.2.4 Objekte aus Verwendungsnachweis

Beim Objektkollektor »Objekte aus Verwendungsnachweis« können Sie zu einem angegebenen Objekt einen Verwendungsnachweis durchführen lassen. Die neue Objektmenge besteht dann aus all den Objekten, die das angegebene Objekt enthalten bzw. aufrufen. Der hierbei durchgeführte Verwendungsnachweis entspricht dem aus der ABAP Workbench (Transaktion SE80) bekannten Verwendungsnachweis, den Sie dort über den VERWENDUNGSNACHWEIS-Button ( ) aufrufen können.

Im Eingabedialog (siehe Abbildung 2.14) können Sie über die Felder OBJEKTTYP und OBJEKTNAME das Ausgangsobjekt festlegen, von dem aus alle weiteren Objekte ermittelt werden sollen, die dieses Objekt verwenden. Beim Feld OBJEKTTYP geben Sie den Typ des gewünschten Objektes ein oder wählen den passenden Eintrag aus der Wertehilfe [F4] aus. Im Feld OBJEKTNAME tragen Sie die Bezeichnung des gewünschten Objektes ein.

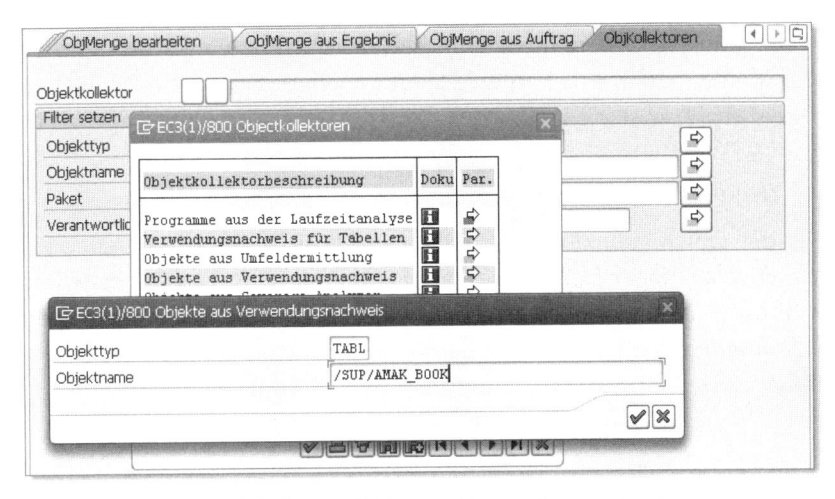

Abbildung 2.14 Objektkollektor – Objekte aus Verwendungsnachweis

2.2.5 Objekte aus Coverage Analyzer

Mit dem Objektkollektor »Objekte aus Coverage Analyzer« können Sie all die Objekte sammeln, die aus dem Ergebnis einer Testgruppe aus dem Coverage Analyzer kommen (Transaktion SCOV, siehe Abschnitt 1.1, »Einordnung des SAP Code Inspectors«). Eine Anleitung zur Vorgehensweise für die Erzeugung einer Objektmenge aus dem Coverage Analyzer erhalten Sie über den zur Prüfung gehörigen INFO-Button ([i]) in der Spalte DOKU der Wertehilfe zum Feld OBJEKTKOLLEKTOR (siehe Abbildung 2.15).

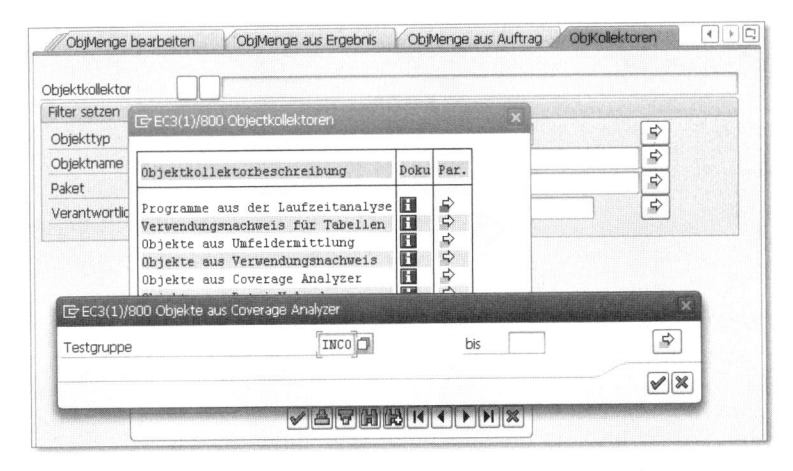

Abbildung 2.15 Objektkollektor – Objekte aus dem Coverage Analyzer

Aus der Ergebnismenge des Coverage Analyzers werden aber nur Objekte in die Objektmenge übernommen, deren Testabdeckung im Coverage Analyzer größer null ist, was bedeutet, dass diese bei den Tests mindestens einmal verwendet wurden. Geben Sie, wie im Beispiel in Abbildung 2.15 zu sehen ist, im Feld TESTGRUPPE den Namen der im Coverage Analyzer verwendeten Testgruppe an.

2.2.6 Objekte aus Datei-Upload

Mithilfe des Objektkollektors »Objekte aus Datei-Upload« können Sie eine Objektmenge aus einer frei definierbaren Liste mit Objektnamen erstellen. Dazu müssen Sie im Dateiauswahldialog eine passende Datei auswählen (siehe Abbildung 2.16). Bei der Datei muss es sich um eine Textdatei handeln, in der zeilenweise die Objektdefinitionen angegeben sind.

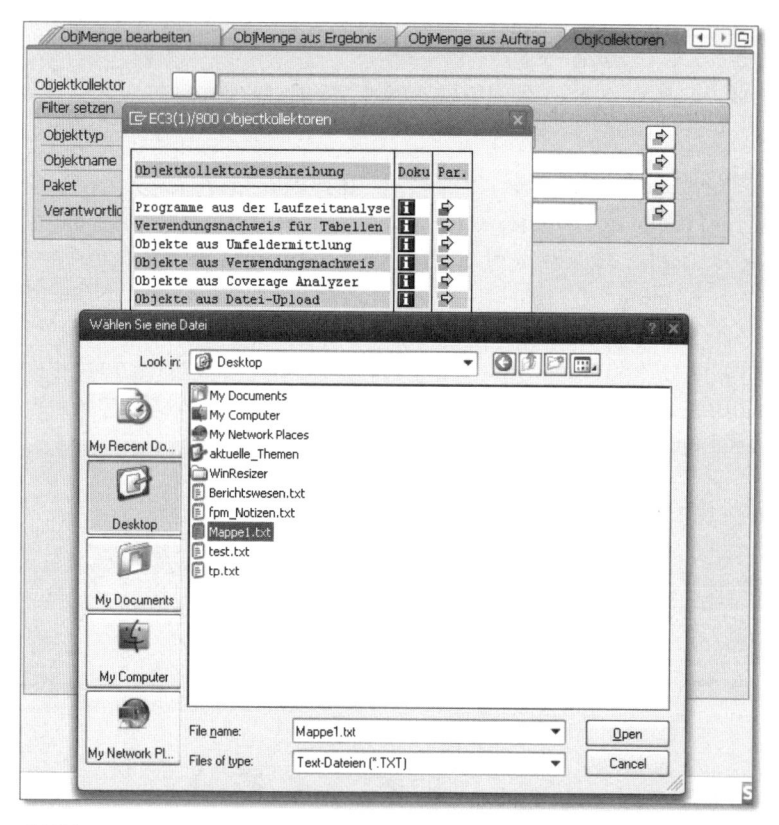

Abbildung 2.16 Objektkollektor – Objekte aus dem Datei-Upload

Jede Objektdefinition muss in einer eigenen Zeile mit zwei durch Tabulator getrennten Spalten stehen. Die erste Spalte muss einen gültigen Objekttyp und die zweite Spalte einen gültigen Objektnamen aus der Tabelle TADIR enthalten. Listing 2.1 zeigt ein kleines Beispiel für den Aufbau in einer solchen Datei:

```
DTEL    Z_SCI_MSG_LEVEL_DSP
CLAS    Z_CL_CI_CATEGORY_INCONSO_BL
```

Listing 2.1 Objektkollektor – Objekte aus Datei-Upload

Nach dem Laden der Datei enthält die neu erzeugte Objektmenge aus dem Beispiel von Listing 2.1 zwei Objekte, nämlich ein Objekt für jede Zeile. Das erste Objekt der Objektmenge wurde aus der ersten Zeile der Datei erstellt und ist ein DDIC-Datenelement (Datentyp: DTEL) mit dem Namen Z_SCI_MSG_LEVEL_DSP. Beim zweiten Objekt handelt es sich um eine Klasse (Datentyp: CLAS) mit dem Namen Z_CL_CI_CATEGORY_INCONSO_BL.

Möchten Sie eine solche Datei neu erstellen, verwenden Sie dazu am besten eine neue Microsoft Excel-Arbeitsmappe, und speichern Sie diese im Format TEXT (TABSTOPP-GETRENNT) ab.

2.2.7 Objekte aus Laufzeitfehlern (ab Release 7.0 EHP2)

Der ab Release 7.0 EHP2 neu eingeführte Objektkollektor »Objekte aus Laufzeitfehlern« bietet Ihnen die Möglichkeit, eine Objektmenge aus den Laufzeitprotokollen von Abbruchmeldungen generieren zu lassen. Diese Abbruchmeldungen können Sie auch in der ABAP-Dump-Analyse (Transaktion ST22) in aufbereiteter Form direkt begutachten.

Für die Erstellung der Objektmenge werden die Einträge der Tabelle SNAP (= Snapshot eines Laufzeitfehlers) ermittelt und daraus die dazugehörigen programmartigen Objekte, auf die sich der jeweilige Laufzeitfehler bezieht, in die Objektmenge übernommen. Im Beispiel in Abbildung 2.17, die eine Liste von Laufzeitfehlern aus Transaktion ST22 zeigt, würde das Programm Z_DEMO_SCI_INSPEKTION (aus der Spalte PROGRAMMNAME) in die Objektmenge einfließen.

Abbildung 2.17 Beispiel eines Laufzeitfehlers aus Transaktion ST22

Je nachdem, welche Laufzeitfehler Sie ermitteln möchten, können Sie den Selektionsbildschirm zu diesem Objektkollektor (siehe Abbildung 2.18) mit den entsprechenden Suchkriterien füllen. Beispielsweise können Sie hiermit Objekte ermitteln, die während eines bestimmten Zeitraums zu einem Laufzeitfehler geführt haben, um diese dann mit einer Code-Inspector-Inspektion auf mögliche Fehlerursachen hin zu überprüfen.

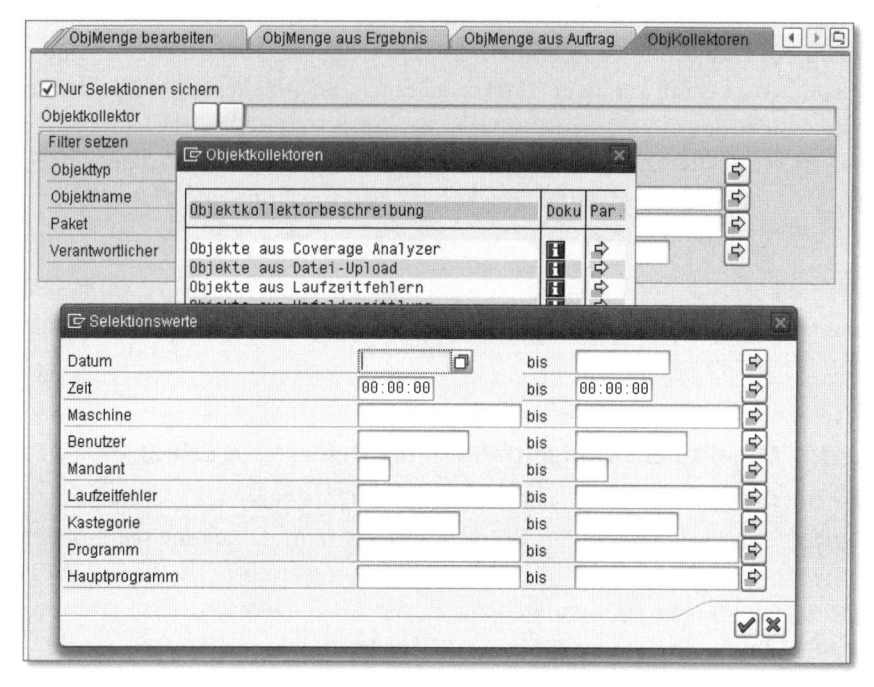

Abbildung 2.18 Objektkollektor – Objekte aus Laufzeitfehlern

2.2.8 Objekte aus cProjects (ab Release 7.0 EHP2)

Die cProject-Suite (Collaboration Projects) unterstützt Sie beim Projektmanagement und bei der Bearbeitung von Aufgaben in verteilten Teams (Collaborative Engineering), indem sie den Austausch von Informationen wie Projektplänen, Dokumenten und Produktstrukturen zwischen virtuellen Projektteams webbasiert ermöglicht.

Ab Release 7.0 EHP2 ermittelt der Objektkollektor »Objekte aus cProjects« die Liste aller Objekte, deren Paket einer bestimmten externen cPro-Projekt-ID zugeordnet ist. Diese Projekt-ID geben Sie, wie im Beispiel in Abbildung 2.19 gezeigt, im Feld EXTERNE CPRO PROJEKT ID an. Eine Vererbung der Projektzuordnung durch ein umgebendes Paket wird dabei berücksichtigt.

Objektkollektoren | **2.2**

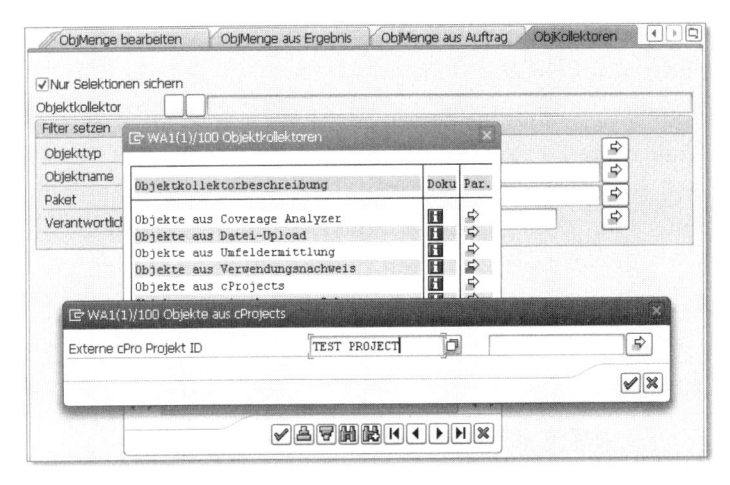

Abbildung 2.19 Objektkollektor – Objekte aus cProjects

2.2.9 Objekte aus eingebetteten Paketen (ab Release 7.0 EHP2)

Mithilfe des Objektkollektors »Objekte aus eingebetteten Paketen« können Sie ab Release 7.0 EHP2 all die Objekte ermitteln, die in einem Unterpaket unterhalb eines angegebenen Paketes enthalten sind. Bei einer hierarchischen Paketstruktur, wie sie in einer modernen ABAP-Entwicklung verwendet werden sollte, werden meist zusammengehörige Komponenten abgegrenzt. Somit können Sie über diesen Objektkollektor die Objekte einer oder mehrerer Komponenten gemeinsam in einer Code-Inspector-Objektmenge zusammenführen. Dazu müssen Sie nur das gewünschte Paket im Eingabefeld PAKETE eintragen (siehe Abbildung 2.20).

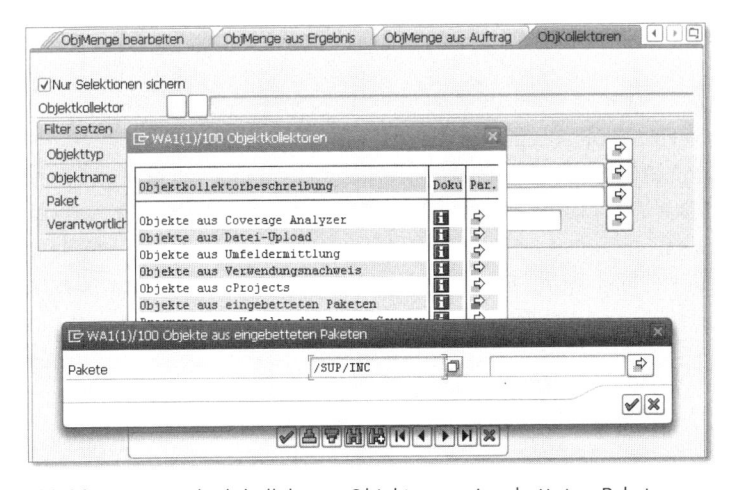

Abbildung 2.20 Objektkollektor – Objekte aus eingebetteten Paketen

2.2.10 Programme aus Katalog der Report-Sourcen (ab Release 7.0 EHP2)

Der Objektkollektor »Programme aus Katalog der Report-Sourcen« ersetzt ab Release 7.0 EHP2 die bisherige Registerkarte PROGRAMME im Bereich OBJEKT-SELEKTION auf der Registerkarte OBJMENGE SELEKTIEREN (siehe Abschnitt 1.2.3, »Objektmenge«). Er ermöglicht somit die Auswahl von Programmobjekten anhand von entwicklungsrelevanten Eigenschaften, die unter anderem im Katalog der Report-Quelltexte (Tabelle REPOSRC bzw. View TRDIR) hinterlegt sind. Die möglichen Selektionskriterien können Sie Abbildung 2.21 entnehmen.

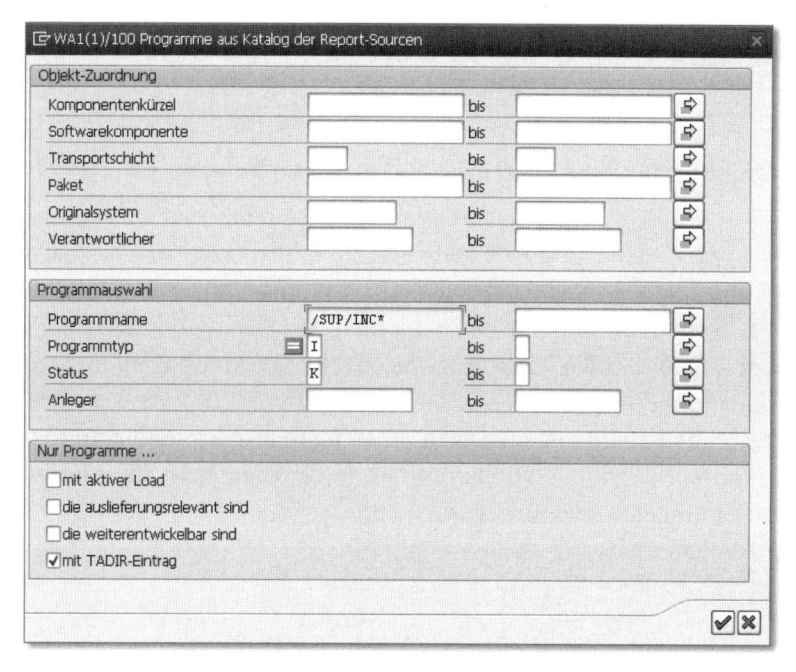

Abbildung 2.21 Objektkollektor – Programme aus Katalog der Report-Sourcen

Der Bereich OBJEKT-ZUORDNUNG entspricht den Selektionskriterien, wie sie auf der Registerkarte OBJMENGE SELEKTIEREN in Abschnitt 1.2.3, »Objektmenge«, auch verfügbar sind. Die Felder im Bereich PROGRAMMAUSWAHL entsprechen der Programmanlage aus der ABAP Workbench (Transaktion SE80). Im Bereich NUR PROGRAMME ... können Sie die Auswahl auf einige Status des Views TRDIR einschränken. Wenn Sie die Checkbox MIT AKTIVER LOAD markieren, werden nur aktivierte Programme berücksichtigt. Mithilfe der Checkbox DIE AUSLIEFERUNGSRELEVANT SIND können Sie einschränken, dass nur die Programme ermittelt werden, die von SAP an die Kunden ausgeliefert werden. Wenn Sie die Checkbox DIE WEITERENTWICKELBAR SIND markieren, werden nur all die Programme ermittelt, die im aktuellen Namensraum weiterentwickelt werden dürfen. Und mit der Checkbox MIT TADIR-EINTRAG können Sie die Selektion auf die Programme eingrenzen, die einen Eintrag im Objektkatalog besitzen.

> **Hinweis** [+]
>
> Das Anlegen einer Objektmenge über diesen Objektkollektor kann bei ungünstigen Selektionskriterien (zum Beispiel bei fehlendem Programmnamen) aufgrund der sehr großen Tabelle REPOSRC ausgesprochen lange dauern.

2.3 Ergebnismeldungen unterdrücken

Nach der Durchführung eines Inspektionslaufs mit dem Code Inspector erhalten Sie eine Übersicht über die Ergebnisse des aktuellen Inspektionslaufs. Dabei werden alle Prüfergebnisse in einer hierarchischen Baumdarstellung abgebildet, wie bereits in Kapitel 1, »Einsatz des SAP Code Inspectors« beschrieben. Oft sind aber gewisse Prüfergebnisse nicht relevant und sollen in der Anzeige unterdrückt oder anders gewichtet werden, oder sie benötigen eine Ausnahmegenehmigung, um als korrekt eingestuft zu werden.

Eine Anpassung oder Unterdrückung von Prüfergebnissen kann aus verschiedenen Gründen erforderlich sein; so kann zum Beispiel das Qualitätsmanagement festlegen, dass bestimmte Prüfungen vom Entwickler nicht direkt unterdrückt werden dürfen und somit einer Genehmigung bedürfen, oder das Transportmanagement leitet nur Transportaufträge in das nächste System weiter, die fehlerfrei sind oder höchstens Warnungen enthalten.

Zu den meisten Code-Inspector-Prüfungen gibt es eine Möglichkeit, die Ausgabe von Meldungen zu unterdrücken. Generell gibt es zwei Alternativen, um Prüfergebnisse zu unterdrücken: zum einen die einfachen Pseudokommentare und zum anderen die Einträge in der Ausnahmetabelle. Diese werden wir in den folgenden Abschnitten besprechen. Es gibt jedoch auch Code-Inspector-Prüfungen, die keinem dieser beiden Typen zugeordnet sind und bei denen die Ergebnisanzeige daher auch nicht unterdrückt werden kann. Dies sind hauptsächlich Systemfehlermeldungen, wie sie beispielsweise in den Syntaxprüfungen oder den internen Tests vorkommen.

Die jeweilige Möglichkeit zum Unterdrücken der Ergebnisausgabe ist in den einzelnen Code-Inspector-Prüfungen fest hinterlegt, sodass Sie sich nicht aussuchen können, welche Variante Sie für das Unterdrücken der jeweiligen Ergebnisausgabe verwenden. Eine Aufstellung der einzelnen Prüfklassen mit ihren jeweiligen Ausnahmemöglichkeiten ist in Anhang B, »Meldungen der SAP-Standardprüfungen«, zu finden.

2.3.1 Pseudokommentare

Mithilfe von Pseudokommentaren können Sie als Entwickler direkt dafür sorgen, dass bestimmte Meldungen in der Ergebnisliste einer Inspektion unterdrückt werden. Dazu müssen Sie nur den passenden Pseudokommentar am Ende der Sourcecode-Zeile einfügen, in der die Problemmeldung erzeugt wird. Ein Pseudokommentar dient dazu, den Code Inspector darauf hinzuweisen, dass Sie sich des in der Ergebnisliste genannten Problems bewusst sind, den ABAP-Code aber trotzdem genauso verwenden möchten, wie er ist.

Wie der Name »Pseudokommentar« schon andeutet, handelt es sich bei diesem Eintrag am Ende einer Sourcecode-Zeile um einen ABAP-Kommentar, sodass dieser mit einem Anführungszeichen oben (") eingeleitet wird. Da es sich hierbei aber nicht um einen »echten« Kommentar mit erklärender Wirkung zum Sourcecode handelt, sondern um eine versteckte Anweisung an den SAP Code Inspector, wird von einem unechten Kommentar gesprochen, einem Pseudokommentar.

Ein Pseudokommentar beim Code Inspector beginnt immer mit folgender Kennung:

```
"#EC CI_ ...
```

Das heißt mit einem Anführungszeichen oben als Zeichen für einen Kommentar, gefolgt von #EC als Zeichen für einen Pseudokommentar (= Exception Comment), sowie einem Leerzeichen (» «), dann gefolgt von der Kennung für eine SAP Code-Inspector-Prüfung CI_ (= Code Inspector) und schließlich dem Kennzeichen für die eigentliche Prüfung, die unterdrückt werden soll. Hinter dem Pseudokommentar kann zusätzlich mit einem Leerzeichen als Abstand noch ein eigener Kommentar hinterlegt werden, mit dem dann der genauere Sachverhalt erklärt werden kann.

Der Pseudokommentar sollte als erster Kommentar nach einer Anweisung stehen, möglichst nach dem Punkt, der das Anweisungsende markiert. Bei Prüfungen von Übergabeparametern muss der Pseudokommentar nach ENDFORM, ENDFUNCTION oder ENDMETHOD stehen. Anderenfalls kann es sein, dass der Pseudokommentar wirkungslos wird.

In Listing 2.2 sehen Sie ein kleines Codebeispiel, in dem die Fehlermeldung zu einer verschachtelten Schleife durch den Pseudokommentar "#EC CI_NESTED in der Ergebnisliste unterdrückt wird.

```
* Warnung für die Prüfung: Geschachtelte Schleifen
LOOP.
  LOOP. "#EC CI_NESTED Schleife zu Demozwecken
    ...
  ENDLOOP.
ENDLOOP.
```

Listing 2.2 Beispiel mit Pseudokommentar

Pseudokommentare blenden die Problemmeldung nur an der Stelle aus, an der sie in den Sourcecode geschrieben wurden, und beeinflussen die Ausgabe von Meldungen mit denselben Problemen an anderen Stellen im Sourcecode nicht.

Empfehlung [*]

Sie sollten auf keinen Fall so vorgehen, dass Sie alle Problemmeldungen einfach mit dem jeweils passenden Pseudokommentar ausblenden. Stattdessen sollten Sie Pseudokommentare nur in Ausnahmefällen verwenden und auch nur nach einer ausgiebigen Prüfung, ob der genannte Problemfall nicht durch das Anpassen des Codings an der entsprechenden Stelle behoben werden kann.

Nachdem Sie sich für den Einsatz eines Pseudokommentars entschieden haben, sollten Sie hinter dem Pseudokommentar einen kurzen Zusatztext schreiben, warum Sie diesen Pseudokommentar hier eingesetzt haben. Dadurch wird der Sourcecode wartungsfreundlicher, und Sie ermöglichen es anderen Personen, nachzuvollziehen, warum Sie das Coding gerade an dieser Stelle nicht abgeändert haben.

Hinweis [+]

Ab Release 7.0 EHP2 werden die Pseudokommentare von SAP durch die flexibleren Pragmas abgelöst. Pragmas sind spezielle Konstrukte im Sourcecode, die vom Compiler ignoriert werden und dazu dienen, Warnungen verschiedener Prüfwerkzeuge auszublenden. Die einzige Ausnahme hierbei bildet der SAP Code Inspector, bei dem die Pseudokommentare weiterhin eingesetzt werden. Nähere Informationen zu diesem Thema finden Sie unter folgender URL: *http://help.sap.com/abapdocu_702/de/abenprogram_directives.htm*

Beispiel für eine unterdrückte Prüfmeldung

Im Folgenden zeigen wir Ihnen anhand eines Beispiels Schritt für Schritt, wie Sie mithilfe eines Pseudokommentars die Warnmeldung einer Code-Inspec-

2 | Konfiguration und Funktionen des SAP Code Inspectors

tor-Prüfung in der Ergebnisliste unterdrücken können. Das Beispiel können Sie auch ganz ohne die Code-Inspector-Transaktion SCI durchführen, indem Sie eine anonyme Inspektion direkt aus der ABAP Workbench (Transaktion SE80) heraus aufrufen (siehe Kapitel 1, »Einsatz des SAP Code Inspectors«). Dazu erstellen Sie einfach ein lokales Programm und klicken dann in Transaktion SE80 im Entwicklungsobjektebaum mit der rechten Maustaste auf den Namen des zu prüfenden Programms. Im Kontextmenü wählen Sie PRÜFEN • CODE INSPECTOR aus (siehe Abbildung 2.22), wodurch eine anonyme Inspektion mit der Prüfungsvariante DEFAULT ausgeführt wird. In dieser Prüfungsvariante sollte die Performanceprüfung »Analyse der WHERE-Bedingung für SELECT« aktiviert sein.

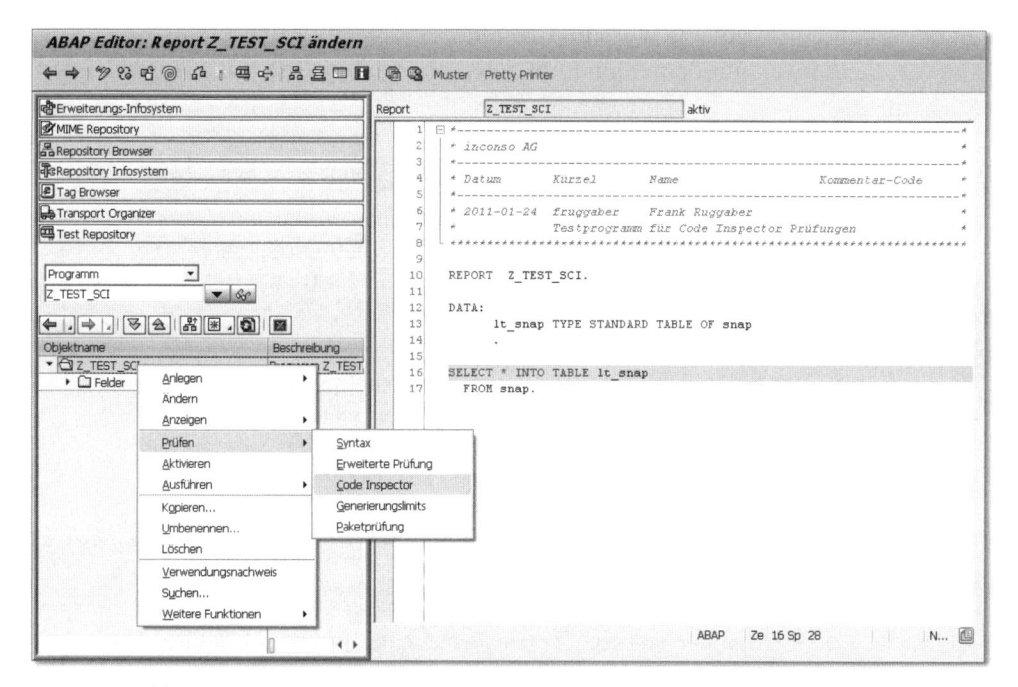

Abbildung 2.22 Code Inspector aus Transaktion SE80 heraus aufrufen

Der Code in Listing 2.3 erzeugt in der Ergebnisanzeige eine Informationsmeldung zur Performanceprüfung »Analyse der WHERE-Bedingung für SELECT«. Das Ergebnis einer Inspektion dieses Beispiels sehen Sie in Abbildung 2.23.

```
DATA: lt_snap TYPE STANDARD TABLE OF snap.
SELECT * INTO TABLE lt_snap FROM snap.
```

Listing 2.3 Beispielcode für das Unterdrücken einer Problemmeldung

Abbildung 2.23 Beispielergebnis einer Inspektion mit Problemmeldung

In der Dokumentation zur Prüfung »Analyse der WHERE-Bedingung für SELECT«, die Sie über das Info-Symbol (🛈) in der Zeile mit der Fundstelle öffnen können, finden Sie den dazu passenden Pseudokommentar, mit dem Sie die Problemmeldung unterdrücken können. Wie bei den meisten Prüfungsdokumentationen finden Sie in Abbildung 2.24 den Hinweis auf den zugehörigen Pseudokommentar in der letzten Zeile: »Meldung ist ausblendbar mit Pseudokommentar "#EC CI_NOWHERE«.

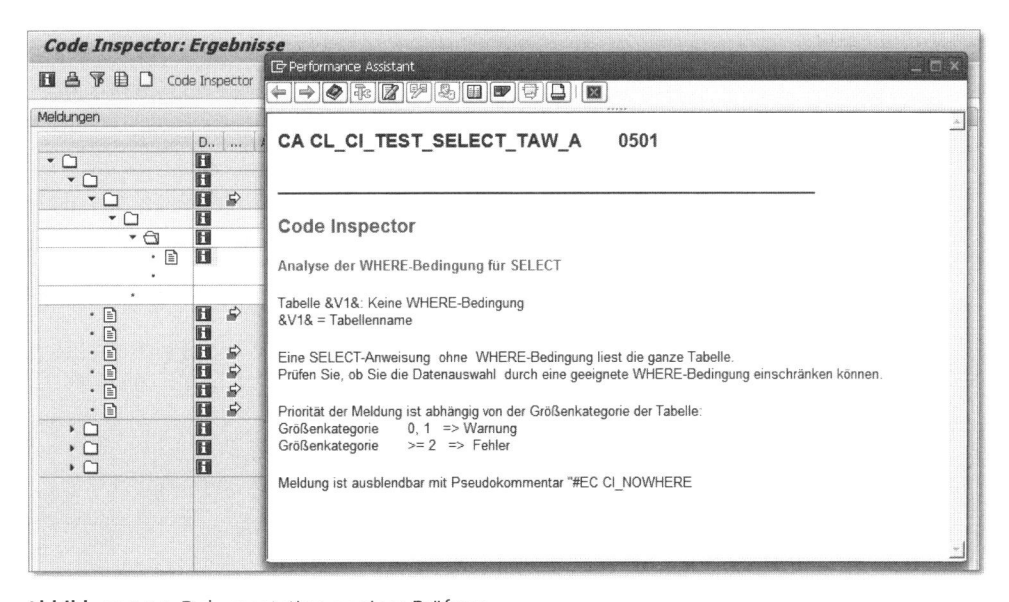

Abbildung 2.24 Dokumentation zu einer Prüfung

Zum Unterdrücken der Problemmeldung können Sie nun einfach den Pseudokommentar aus der Dokumentation markieren und kopieren. Über einen Doppelklick auf die Zeile der Fundstelle (Zeile mit dem Symbol 📄 in der

Ergebnisliste in Abbildung 2.23) können Sie den ABAP Editor mit der Sourcecode-Stelle öffnen, an der die Problemmeldung erzeugt wurde. Hier können Sie den zuvor kopierten Pseudokommentar am Ende der Zeile einfügen und einen passenden Kommentar anhängen (siehe Abbildung 2.25).

Abbildung 2.25 ABAP Editor mit der Fundstelle der Prüfung

Ihr Sourcecode könnte dann zum Beispiel wie in Listing 2.4 aussehen:

```
DATA: lt_snap TYPE STANDARD TABLE OF snap.
SELECT * INTO TABLE lt_snap
  FROM snap. "#EC CI_NOWHERE Test Meldung ausblenden
```
Listing 2.4 Beispielcode mit Pseudokommentar

Nach der Aktivierung des Sourcecodes über den AKTIVIEREN-Button ( ) oder die Tastenkombination [Strg] + [F3] gelangen Sie über den ZURÜCK-Button ( ) in der Button-Leiste oder die [F3]-Taste zum letzten Ergebnis der Inspektion. Denn wie bereits geschildert, muss der Sourcecode aktiviert werden, da der Code Inspector nur den aktivierten Stand eines Repository-Objektes prüft. Aber Achtung, die Ergebnisliste zeigt immer noch den alten Inspektionsstand von vor der Korrektur des Sourcecodes an. Um die Inspektion erneut durchzuführen, müssen Sie noch einmal den ZURÜCK-Button anklicken oder die [F3]-Taste drücken und dann mit der rechten Maustaste auf das Programm und im Kontextmenü auf den Menüpunkt PRÜFEN • CODE INSPECTOR klicken (siehe Abbildung 2.22). Das Ergebnis müsste danach wie in Abbildung 2.26 aussehen; bei der Prüfung »Analyse der WHERE-Bedingung für SELECT« erscheint keine Problemmeldung mehr.

Abbildung 2.26 Beispielergebnis einer Inspektion ohne Problemmeldung

Ergebnismeldungen unterdrücken | **2.3**

> **Empfehlung** [*]
>
> Nach jeder Bearbeitung des Quelltextes sollten Sie immer die folgenden drei Schritte ausführen: den Quelltext zuerst mit dem Pretty Printer formatieren, dann mit dem Syntaxcheck auf Fehler hin prüfen und schließlich aktivieren. Drücken Sie für diesen alltäglichen, immer wiederkehrenden Ablauf einfach die nachfolgenden Tastenkombinationen in der angegebenen Reihenfolge:
>
> ▸ ⇧ + F1 für den Pretty Printer
> ▸ Strg + F2 für den Syntaxcheck
> ▸ Strg + F3 für die Aktivierung

Einen passenden Pseudokommentar ermitteln

Wir haben Ihnen bereits gezeigt, dass Sie den Pseudokommentar zum Ausblenden der Prüfungsmeldung über die Dokumentation (durch Anklicken des INFO-Symbols [i]) in der Ergebnisliste der Inspektion finden können. Bei einigen Code-Inspector-Prüfungen gibt es aber noch einen einfacheren Weg, den passenden Pseudokommentar zu ermitteln. Über das entsprechende AUSNAHME-Symbol ([📋]) in der Spalte AUSNAHMEN erhalten Sie eine kleine Dialogbox mit dem Hinweis auf den jeweiligen Pseudokommentar und haben dort die Möglichkeit, über die darin vorhandenen Buttons zur Dokumentation der Teilprüfung und zur Problemstelle im Sourcecode zu springen (siehe Abbildung 2.27).

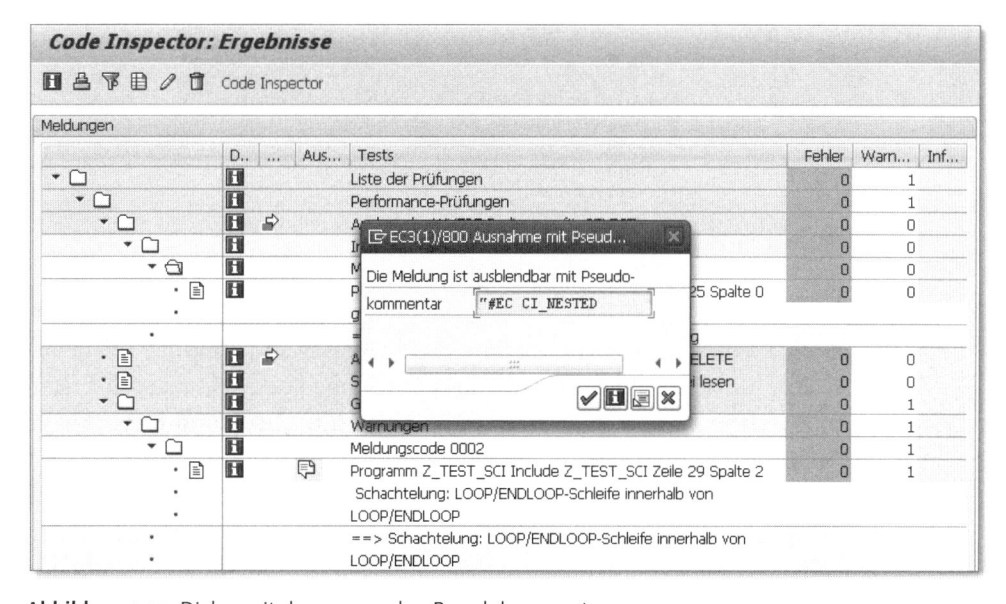

Abbildung 2.27 Dialog mit dem passenden Pseudokommentar

Wie Sie in Abbildung 2.28 bei der Prüfung »Analyse der WHERE-Bedingung für SELECT« sehen können, wird das Ausnahme-Symbol aber nur bei einer Warnung oder einem Fehler angezeigt. Besitzt eine Prüfung statt eines Pseudokommentars ein Genehmigungsverfahren, gelangen Sie über das Ausnahme-Symbol (🗨) in den Genehmigungsantrag. Bei manchen Prüfungen besitzt dieses Symbol aber auch keine Funktion, wenn nämlich bei der Programmierung eine bestimmte Tabelle nicht gefüllt wurde. Mehr Informationen zu diesem Problem finden Sie in Abschnitt 4.3.9, »Struktur ›scimessage‹«. Manchmal haben Prüfungen auch kein Ausnahmesymbol für den Pseudokommentardialog, obwohl sie entsprechende Pseudokommentare besitzen. Dies liegt an dem fehlerhaften bzw. ungefüllten Steuerfeld `p_suppress` (siehe Hinweis in Abschnitt 4.4.2, »Methode ›inform‹«).

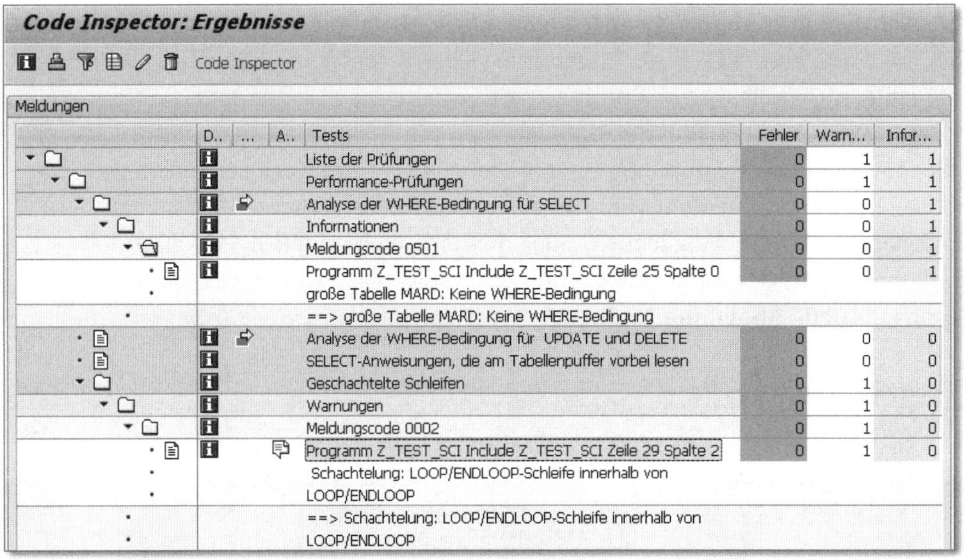

Abbildung 2.28 Pseudokommentare ermitteln

Um sich einen Überblick über die vorhandenen Pseudokommentare zu verschaffen, können Sie mit Transaktion SCI über das Menü Springen • Verwaltung von • Meldungsprioritäten die Verwaltung von Meldungsprioritäten aufrufen (siehe Abschnitt 2.1.3 und Abbildung 2.8). Hier wird in der Spalte Ausnahme der entsprechende Pseudokommentar oder Tabelleneintrag für das Genehmigungsverfahren angezeigt. Aber leider sind auch hier nicht alle Pseudokommentare aufgelistet. Eine vollständige Auflistung der zur Verfügung stehenden Pseudokommentare finden Sie in Anhang B, »Meldungen der SAP-Standardprüfungen«.

Sollte überhaupt kein Pseudokommentar zu einem Problem vorhanden sein, können Sie versuchen, mit dem universellen Pseudokommentar "#EC * (zwischen EC und dem Asterisk muss ein Leerzeichen vorhanden sein) die Ergebnisausgabe zu einer Problemstelle in der jeweiligen Zeile auszuschalten. Dieser allgemeine Pseudokommentar sollte aber nur im Ausnahmefall eingesetzt werden, da dieser lediglich eine allgemeine »Aussage« beinhaltet und man nicht weiß, ob der Entwickler das jeweilige Problem erkannt hat oder einfach nur die Ergebnismeldung unterdrücken wollte, ohne genau zu wissen, was an dieser Stelle geschieht!

> **Empfehlung** [*]
>
> Bei der Suche nach einem passenden Pseudokommentar sollten Sie wie folgt vorgehen:
> - Prüfen Sie als Erstes in der Ergebnisliste, ob in der Zeile der Fundstelle das Ausnahme-Symbol () vorhanden ist. Klicken Sie dieses an, um in dem sich öffnenden Dialog den passenden Pseudokommentar zu erfahren. In manchen Fällen ist dieses Icon zwar vorhanden, aber der Dialog zur Anzeige des Pseudokommentars ist leer. Das bedeutet aber nicht zwangsläufig, dass es für die Prüfung keinen Pseudokommentar gibt.
> - Werfen Sie daher als Nächstes einen Blick in die Dokumentation (mittels des Info-Symbols () in der Zeile der Fundstelle), um hier nach einem passenden Pseudokommentar zu suchen. Meist steht der Pseudokommentar ganz unten in der letzten Zeile der Dokumentation.
> - Eine weitere Möglichkeit ist, den passenden Pseudokommentar in der Verwaltung der Meldungsprioritäten zu ermitteln (siehe Abschnitt 2.1.3).
> - Haben Sie bis hierher noch keinen Pseudokommentar zur Problemstelle gefunden, nehmen Sie am besten dieses Buch zur Hand und suchen in Anhang B, »Meldungen der SAP-Standardprüfungen«, bei der jeweiligen Prüfungsbeschreibung den passenden Pseudokommentar heraus, falls vorhanden.
> - Für die fortgeschrittenen Benutzer bleibt auch die Möglichkeit, direkt im Sourcecode einer Prüfung nachzusehen. Meist sind die Pseudokommentare in der Methode `constructor` oder `get_message_text` der entsprechenden Prüfklasse zu finden.

2.3.2 Genehmigungsverfahren

Die zweite Art, um Meldungen in der Ergebnisanzeige des Code Inspectors zu unterdrücken, ist das Genehmigungsverfahren. Hierbei wird die gewünschte Ergebnisunterdrückung in die Code-Inspector-Ausnahmetabelle (ABAP-Dictionary-Tabelle `SCIEXCEPTN`) eingetragen, sodass dann diese Ergebnismeldung, je nach Einstellung, an bestimmten oder auch an allen

Stellen im Programmcode gleich behandelt wird. Zudem kann die Genehmigung auch auf weitere Prüfungen in derselben Prüfkategorie ausgeweitet werden, sodass dann bei der am weitesten gefassten Einstellung alle Prüfungen einer Prüfkategorie an allen Sourcecode-Stellen gleich behandelt werden. Um für eine Ausnahmegenehmigung überhaupt einen Eintrag in der Ausnahmetabelle zu erhalten, muss zuerst ein Genehmigungsverfahren durchlaufen werden. Der allgemeine Ablauf dieses Genehmigungsverfahrens wird weiter unten näher beschrieben.

Welche Code-Inspector-Prüfungen über ein solches Genehmigungsverfahren verfügen, können Sie zum einen der Liste zur Verwaltung der Meldungsprioritäten und zum anderen der Dokumentation der jeweiligen Prüfung entnehmen. In die Liste zur Verwaltung der Meldungsprioritäten gelangen Sie aus der Transaktion SCI über das Menü SPRINGEN • VERWALTUNG VON • MELDUNGSPRIORITÄTEN. In der Spalte AUSNAHME ist in diesem Fall der Eintrag TABELLENEINTRAG gelistet (siehe markierten Eintrag in Abbildung 2.29). Wie in Abschnitt 2.1.3, »Verwaltung der Meldungsprioritäten«, dargestellt, kann auch bei einer Prüfung mit einem Genehmigungsverfahren die Meldung durch Änderung der Meldungspriorität auf KEINE MELDUNG unterdrückt werden. In diesem Fall wird dann in der Spalte AUSNAHME auch nicht mehr der Wert TABELLENEINTRAG angezeigt (dies wird erst nach einem erneuten Öffnen des Bildschirms aktualisiert).

Abbildung 2.29 Meldungen mit Genehmigungsverfahren

In der Dokumentation zu dieser Meldung, die Sie in Abbildung 2.29 durch Anklicken des Info-Symbols () anzeigen lassen können, erscheint dann in der untersten Zeile der entsprechende Hinweis »Meldung ist nur ausblendbar durch einen Eintrag in der Code-Inspector-Ausnahmetabelle« (siehe Abbildung 2.30).

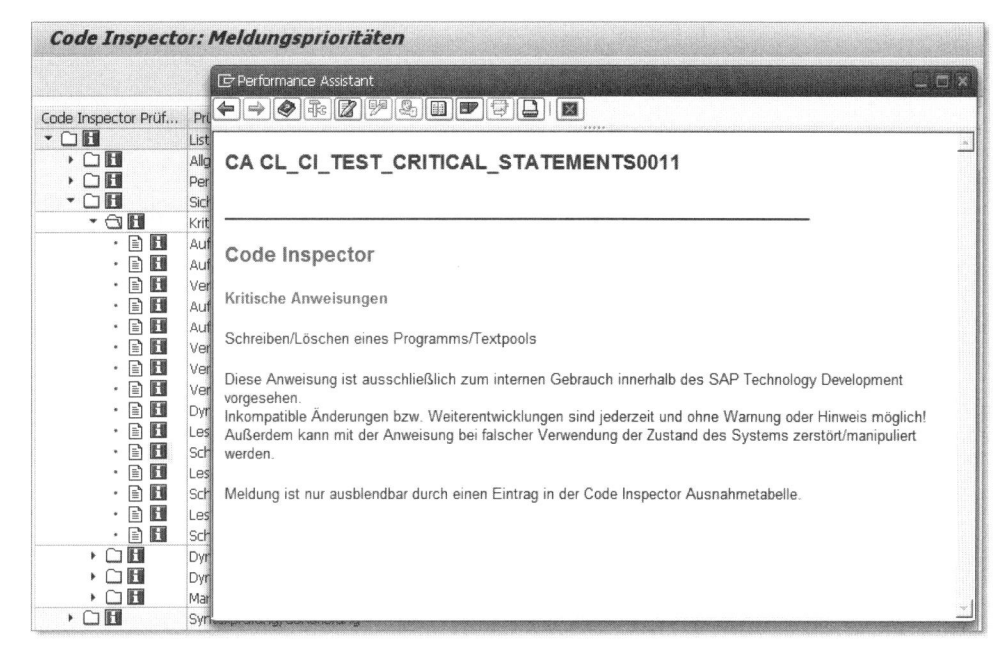

Abbildung 2.30 Dokumentation zu einer Meldung mit Genehmigungsverfahren

Im Gegensatz zu den in Abschnitt 2.3.1 beschriebenen Pseudokommentaren wurde das Genehmigungsverfahren so ausgelegt, dass Entwickler die Problemmeldungen nicht direkt im Code ausblenden können, sondern erst einen Antrag bei einer anderen Person (zum Beispiel einem Qualitätsmanager) stellen müssen. Dieser kann dann die entsprechende Codestelle prüfen und entscheiden, ob eine Ausnahmeregelung gerechtfertigt ist oder nicht, und jeweils eine Ausnahme genehmigen oder auch nicht.

Anders als beim einfachen Pseudokommentar, den ein Entwickler selbst an der jeweils gewünschten Stelle im Code platzieren kann, kann bei der Ausnahmeliste jeder (mit der adäquaten Berechtigung) nach einem Code-Inspector-Lauf eine Unterdrückung der Problemmeldung an beliebigen Stellen im Code beantragen. Dabei kann die Ergebnisunterdrückung für die aktuelle, für mehrere oder für alle Stellen des Auftretens dieses Problems ausgewählt werden; und ebenso können die Meldungen der aktuellen Prüfkategorie generell oder die der Eltern-Kategorie (Objekt) unterdrückt werden, womit auch wiederum die Meldungen aller in dieser Kategorie enthaltenen Kinder (Subobjekte) unterdrückt werden. Darüber hinaus kann auch jeder, außer der Antragsteller selbst, als Genehmigender eingetragen werden, der die erforderlichen Rechte besitzt.

Einen Antrag auf eine Ausnahmegenehmigung kann nur stellen, wer die nötigen Bearbeitungsrechte für den SAP Code Inspector besitzt, nämlich das Berechtigungsobjekt s_cov_adm mit dem Berechtigungsfeld actvt = 'A3' (Status ändern, Ausnahme beantragen). Da der Code Inspector selbst kein eigenes Berechtigungsobjekt besitzt, werden die Berechtigungen beim Berechtigungsobjekt des SAP Coverage Analyzers (s_cov_adm) mit verwaltet.

Ausnahmegenehmigung beantragen

Im Folgenden bringen wir Ihnen anhand eines kleinen Codebeispiels den Prozess des Genehmigungsverfahrens Schritt für Schritt näher. Um eine Meldung mit dem Genehmigungsverfahren zu erhalten, legen Sie über Transaktion SE80 ein lokales Programm an, das den Sourcecode aus Listing 2.5 enthalten sollte.

```
DATA: lt_lines TYPE string_table.
INSERT REPORT 'Z_SCI_DEMO'
  FROM lt_lines UNICODE ENABLING 'X'.
```

Listing 2.5 Codebeispiel für das Genehmigungsverfahren

Als Nächstes prüfen Sie das Programm mit dem Code Inspector, indem Sie in Transaktion SE80 mit der rechten Maustaste auf das Programm klicken. Im Kontextmenü wählen Sie dann den Menüpunkt PRÜFEN • CODE INSPECTOR aus (siehe Abbildung 2.31).

Wenn auf Ihrem SAP-System am Auslieferungszustand der Prüfungsvariante DEFAULT keine Änderungen vorgenommen wurden bzw. in der Kategorie SICHERHEITSPRÜFUNGEN in der Prüfung KRITISCHE ANWEISUNGEN im Abschnitt DYNAMISCHE PROGRAMMBEARBEITUNG die Teilprüfung INSERT/DELETE REPORT aktiviert ist, sollten Sie das in Abbildung 2.32 gezeigte Ergebnis nach einer Code-Inspector-Inspektion sehen, bei dem eine Code-Inspector-Warnmeldung ausgegeben wird: »==> Schreiben/Löschen eines Reports/Textpools«.

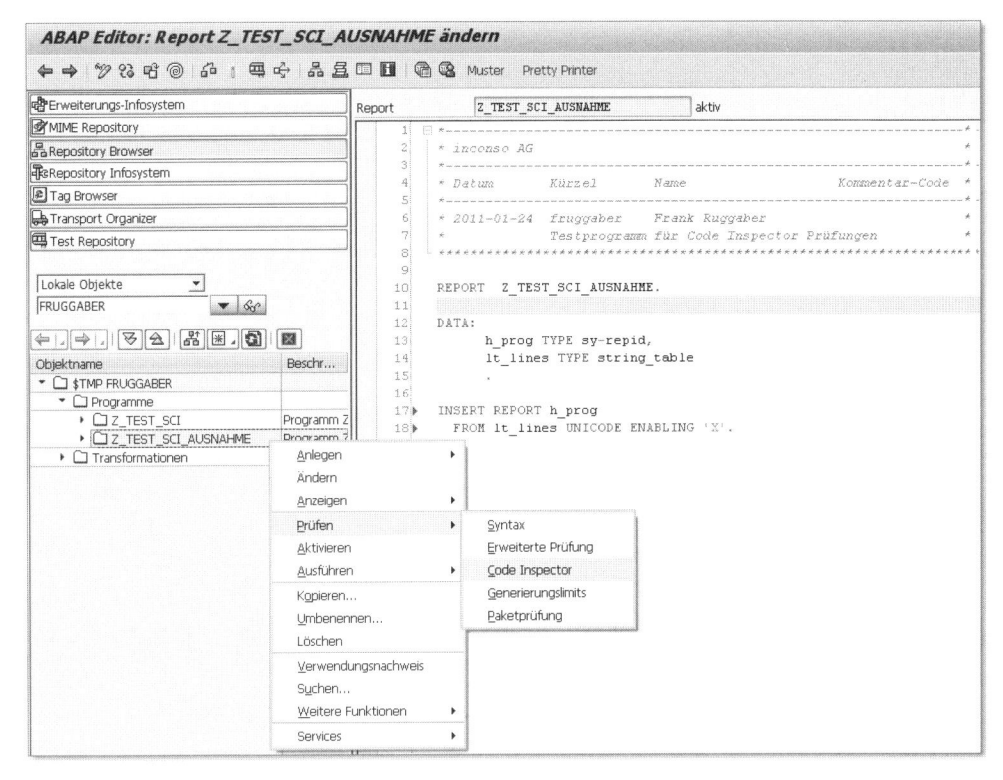

Abbildung 2.31 Code Inspector aus Transaktion SE80 heraus aufrufen

Abbildung 2.32 Ergebnis der Inspektion mit Genehmigungsverfahren

Durch Anklicken des Ausnahme-Symbols ( ) in der Zeile der Fundstelle können Sie eine Dialogbox mit einem Genehmigungsantrag für den aktuellen Eintrag öffnen (siehe Abbildung 2.33). Voraussetzung hierfür ist allerdings, dass Sie die Berechtigung `s_cov_adm` mit dem Berechtigungsfeld `actvt` = 'A3' besitzen.

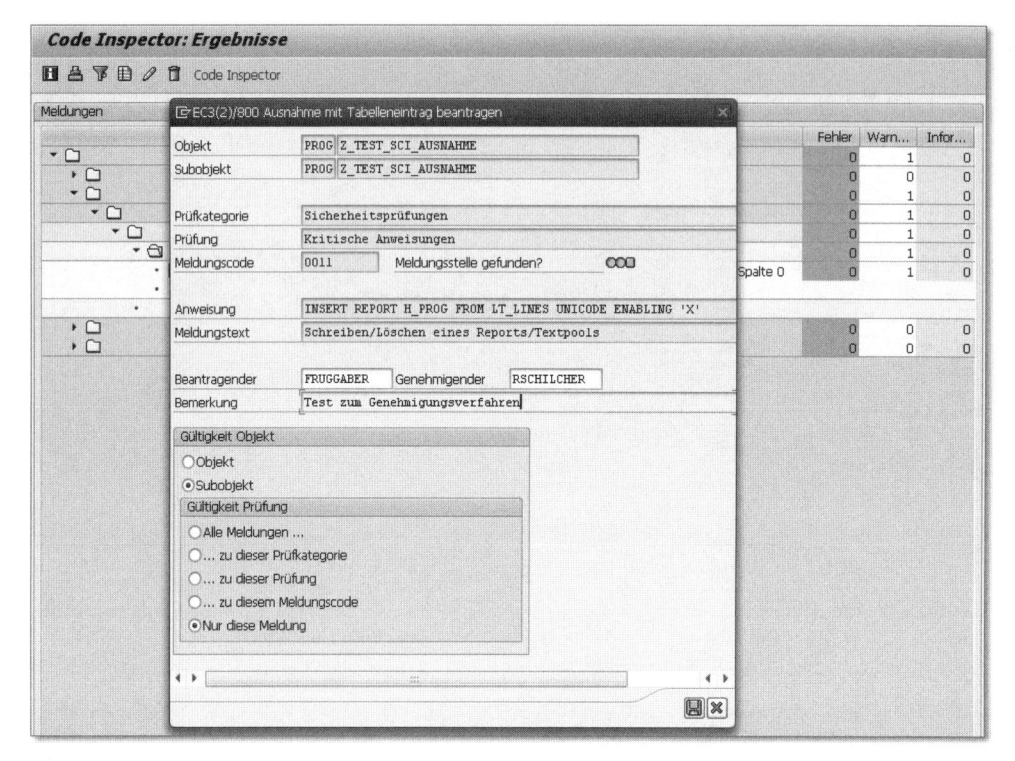

Abbildung 2.33 Dialog zum Antrag auf Eintrag in Ausnahmetabelle

Aus dem Dialog AUSNAHME MIT TABELLENEINTRAG BEANTRAGEN geht hervor, um welches Repository-Objekt es sich handelt, welche Prüfung in welcher Prüfungskategorie die Meldung erzeugt hat, welche Anweisung im Sourcecode die konkrete Meldung ausgelöst hat und welcher Meldungstext ausgegeben wurde. Das AMPEL-Symbol (🟢🟡🔴) hinter »Meldungsstelle gefunden?« liefert weitere Informationen zum Fundort der Anweisung. Ist die Ampel grün, wurde die Anweisung an der angegebenen Stelle gefunden. Ist die Ampel gelb, wurde die Anweisung im Sourcecode mehrfach oder an einer anderen Stelle gefunden, und zeigt die Ampel Rot an, konnte die Anweisung nicht gefunden werden.

Im Genehmigungsantrag müssen Sie nun den Benutzernamen des Genehmigenden im Feld GENEHMIGENDER eintragen. Dieser Benutzername darf aber nicht mit dem Benutzernamen des Antragstellers übereinstimmen; sollte dies der Fall sein, erscheint eine entsprechende Fehlermeldung. Im Feld BEMERKUNG können Sie einen beschreibenden Zusatztext eintragen, in dem Sie dem Genehmigungsantrag zum Beispiel einen Grund für diesen Antrag für den Genehmigenden mitgeben können. Im Abschnitt GÜLTIGKEIT OBJEKT können Sie festlegen, ob sich die Genehmigung auf das aktuelle Unterobjekt oder auf alle Unterobjekte des aktuellen Objektes beziehen soll. Befindet sich zum Beispiel ein Programm P in einer Funktionsgruppe F, kann die Genehmigung nur für das Subobjekt P gelten oder aber für alle Unterobjekte des Objektes F. Im Abschnitt GÜLTIGKEIT PRÜFUNG können Sie angeben, ob sich die Genehmigung nur auf die aktuelle Stelle der Meldung oder auf alle Meldungen zu dieser Prüfkategorie, zu dieser Prüfung oder zu diesem Meldungscode beziehen soll. Somit haben Sie die Möglichkeit, mit einem erfolgreich genehmigten Antrag gleich mehrere Meldungen bei verschiedenen Fundstellen innerhalb eines Objektes bzw. Subobjektes zu unterdrücken.

Nachdem Sie den Genehmigungsantrag wie in Abbildung 2.33 ausgefüllt haben, bestätigen Sie ihn über den SPEICHERN-Button (), sodass das AUSNAHME-Symbol von Weiß () auf Grün () wechselt (siehe Abbildung 2.34). Das grüne Ausnahmesymbol bedeutet, dass ein Genehmigungsantrag an der aktuellen Fundstelle gestellt wurde.

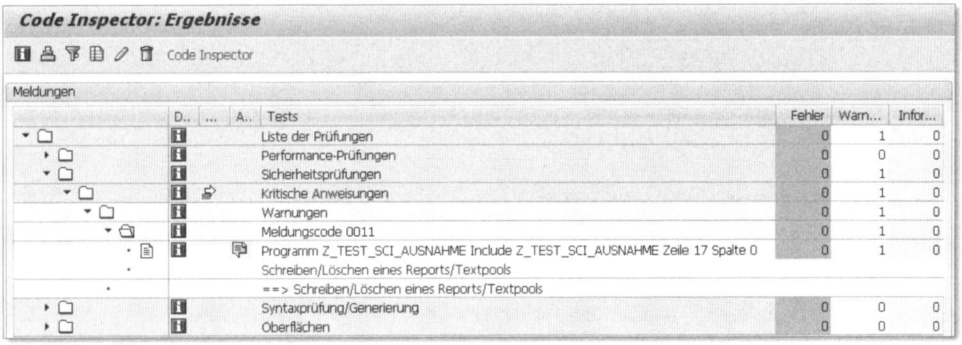

Abbildung 2.34 Ergebnis der Inspektion nach gestelltem Antrag

Beim Speichern wird in der ABAP-Dictionary-Tabelle `SCIEXCEPTN_APPL` ein Eintrag für Ihren Genehmigungsantrag erstellt. Dies sieht dann wie im Beispiel in Abbildung 2.35 aus.

Alle von Ihnen erstellten Genehmigungsanträge für einen Eintrag in die Code-Inspector-Ausnahmetabelle können Sie in der Transaktion SCI über den Menüpunkt SPRINGEN • AUSNAHME • BEANTRAGTE (siehe Abbildung 2.36) direkt einsehen. Durch einen Doppelklick auf eine der Tabellenzeilen können Sie zum jeweiligen Genehmigungsantrag (über den Ergebnisbildschirm) springen. Sie können einen Genehmigungsantrag auch noch so lange ändern, bis er genehmigt oder abgelehnt wurde.

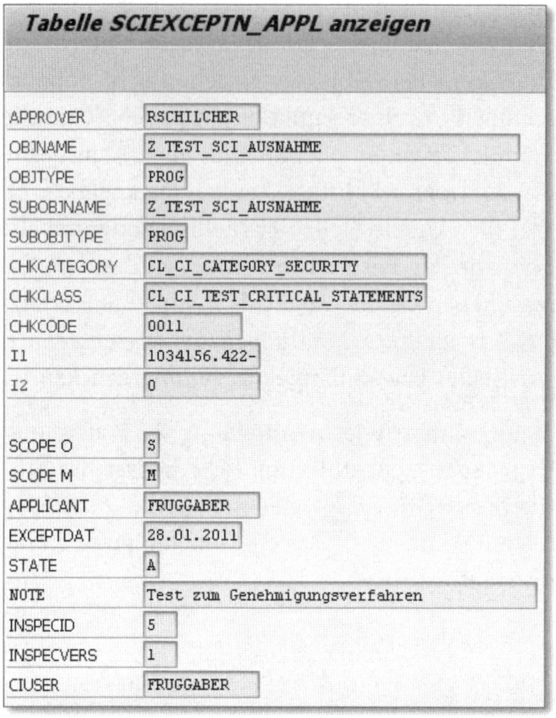

Abbildung 2.35 Beispieleintrag in der ABAP-Dictionary-Tabelle SCIEXCEPTN_APPL

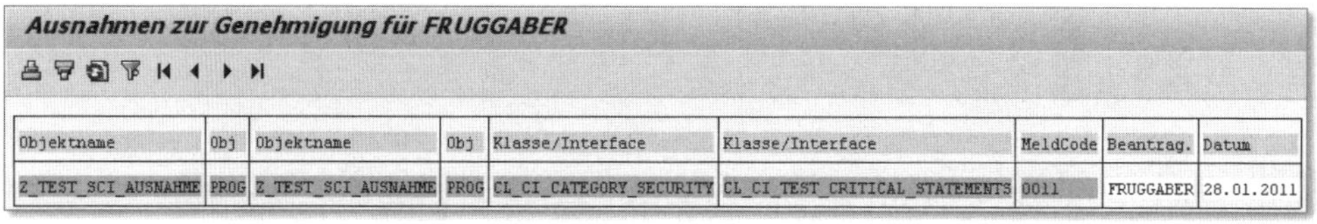

Objektname	Obj	Objektname	Obj	Klasse/Interface	Klasse/Interface	MeldCode	Beantrag.	Datum
Z_TEST_SCI_AUSNAHME	PROG	Z_TEST_SCI_AUSNAHME	PROG	CL_CI_CATEGORY_SECURITY	CL_CI_TEST_CRITICAL_STATEMENTS	0011	FRUGGABER	28.01.2011

Abbildung 2.36 Liste der eigenen Genehmigungsanträge

Eine Ausnahme genehmigen

Beim Genehmigenden – das ist der SAP-Benutzer, den Sie als Genehmigenden in Ihren Genehmigungsantrag eingetragen haben – erscheint Ihr vorher neu angelegter Antrag in seiner Genehmigungsliste. Diese Genehmigungsliste erreicht der Genehmigende in Transaktion SCI über das Menü SPRINGEN • AUSNAHME • GENEHMIGEN. In der Liste für die Genehmigung von Ausnahmeanträgen (siehe Abbildung 2.37) sind alle noch nicht bearbeiteten Anträge aufgeführt. Um eine Ausnahmegenehmigung erteilen zu können, muss der Genehmigende mindestens die Berechtigung `s_cov_adm` mit dem Berechtigungsfeld `actvt = '37'` (akzeptieren, Ausnahme genehmigen, löschen) besitzen, da er sonst den Genehmigungsantrag nicht bearbeiten kann. In dieser Liste kann der Genehmigende durch einen Doppelklick auf eine der Tabellenzeilen direkt zu der Ergebnisanzeige der Code-Inspector-Inspektion springen, die zum Genehmigungsantrag geführt hat (siehe Abbildung 2.38). Im Titel der Ergebnisanzeige steht an letzter Stelle der Antragsteller.

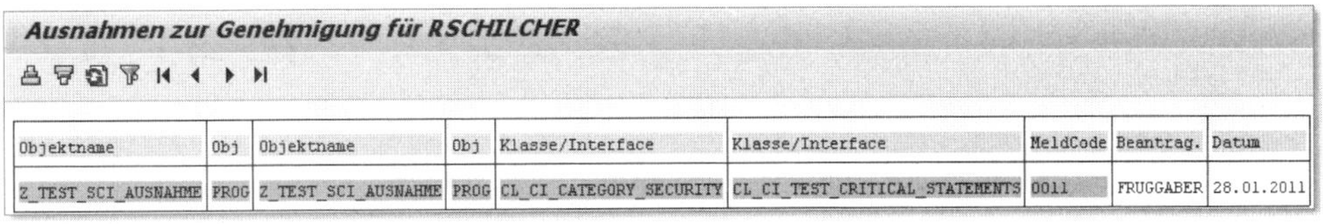

Abbildung 2.37 Liste zur Genehmigung von Anträgen

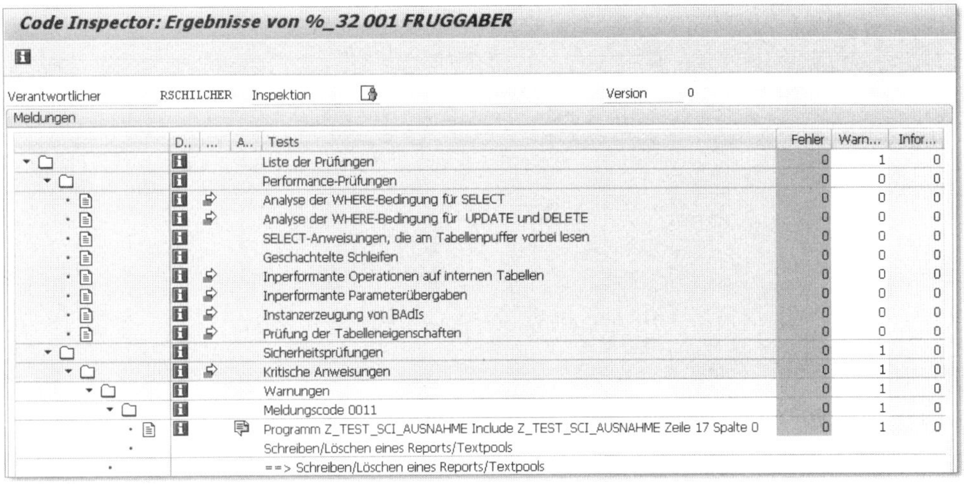

Abbildung 2.38 Ergebnis der Inspektion zur Genehmigung

Durch Anklicken des AUSNAHME-Symbols ( ) in der Zeile der Fundstelle kann der Genehmigende den Dialog mit dem Antrag zur Ausnahme öffnen und bearbeiten (siehe Abbildung 2.39). Sieht der Genehmigende in diesem Dialog nur den ABBRECHEN-Button ( ), fehlt ihm, wie bereits erwähnt, die Berechtigung `s_cov_adm` mit dem Berechtigungsfeld `actvt = '37'`.

Neben dem ABBRECHEN-Button hat der Genehmigende im Dialog noch die folgenden drei Möglichkeiten:

▶ Er kann den Antrag durch Anklicken des ÄNDERN-Buttons ( ) zum Bearbeiten öffnen und alle Felder abändern, die der Antragsteller eingegeben hat.

2 | Konfiguration und Funktionen des SAP Code Inspectors

- Er kann den Antrag durch Anklicken des GENEHMIGEN-Buttons (🖉) genehmigen.
- Er kann den Antrag durch Anklicken des ABLEHNEN-Buttons (🖉) ablehnen.

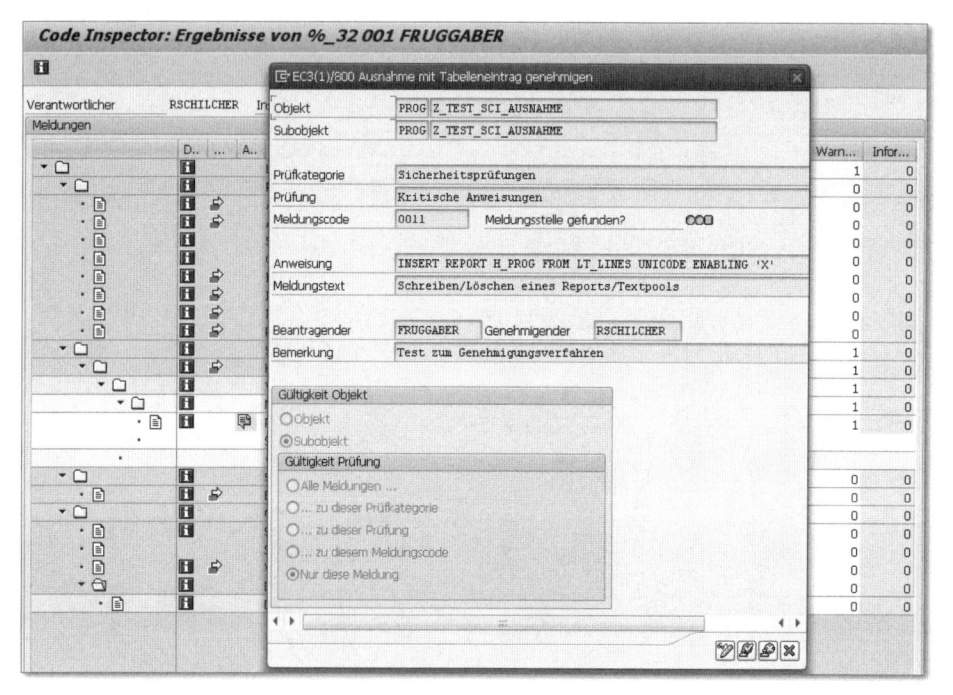

Abbildung 2.39 Popup mit Antrag auf Ausnahme zur Genehmigung

Abbildung 2.40 Ergebnis der Inspektion nach erteilter Genehmigung

2.3 Ergebnismeldungen unterdrücken

Nachdem der Genehmigende den Antrag durch Anklicken des GENEHMIGEN-Buttons genehmigt hat, erscheint in der Ergebnisanzeige das AUSNAHME-Symbol (📎) vor der Zeile mit der Fundstelle (siehe Abbildung 2.40). Außerdem wird bei einer erteilten Genehmigung ein Eintrag in die ABAP-Dictionary-Tabelle `SCIEXCEPTN` geschrieben (siehe Abbildung 2.41).

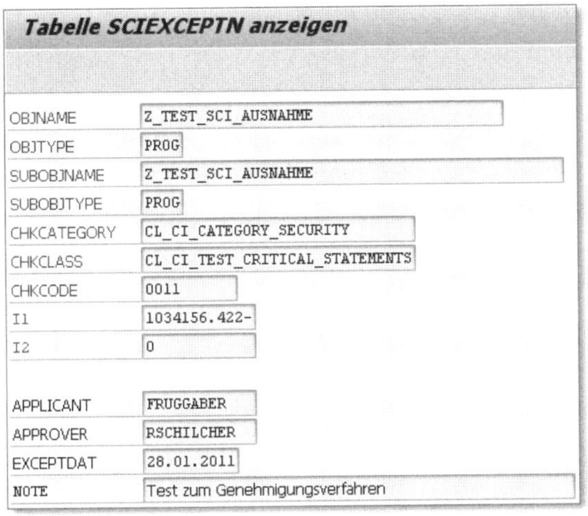

Abbildung 2.41 Beispieleintrag in der ABAP-Dictionary-Tabelle SCIEXCEPTN

Nach erfolgter Genehmigung wird die entsprechende Meldung aus der Ergebnisliste ausgeblendet. Dies können Sie ganz einfach nachvollziehen, indem Sie (wiederum als Antragsteller) in der ABAP Workbench (Transaktion SE80) mit der rechten Maustaste auf das erzeugte Programm und dann noch einmal im Kontextmenü auf den Menüpunkt PRÜFEN • CODE INSPECTOR klicken (siehe Abbildung 2.31), um das Programm prüfen zu lassen. Die Ergebnisliste sieht dann wie in Abbildung 2.42 aus, die Problemmeldung ist verschwunden.

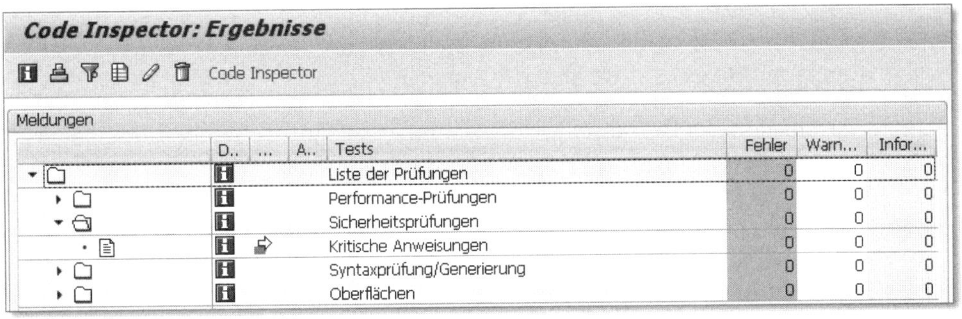

Abbildung 2.42 Ergebnis der Inspektion mit erteilter Genehmigung

105

Bewilligt ein Genehmigender zum ersten Mal einen Antrag, muss er einen Transportauftrag zur Verteilung dieser Genehmigung auf nachfolgende Systeme ausfüllen.

Eine Ausnahme ablehnen

Möchte ein Genehmigender einen Antrag ablehnen, ist die Vorgehensweise fast identisch mit der Genehmigung. Der Unterschied zur Genehmigung liegt nur darin, dass im Dialog mit dem Genehmigungsantrag (siehe Abbildung 2.39) der ABLEHNEN-Button (🗑) zur Ablehnung der Genehmigung angeklickt werden muss und dabei keine Felder des Dialogs geändert werden können. Der abgelehnte Genehmigungsantrag wird beim Genehmigenden durch das AUSNAHME-Symbol (🗑) in der Ergebnisliste dargestellt (siehe Abbildung 2.43).

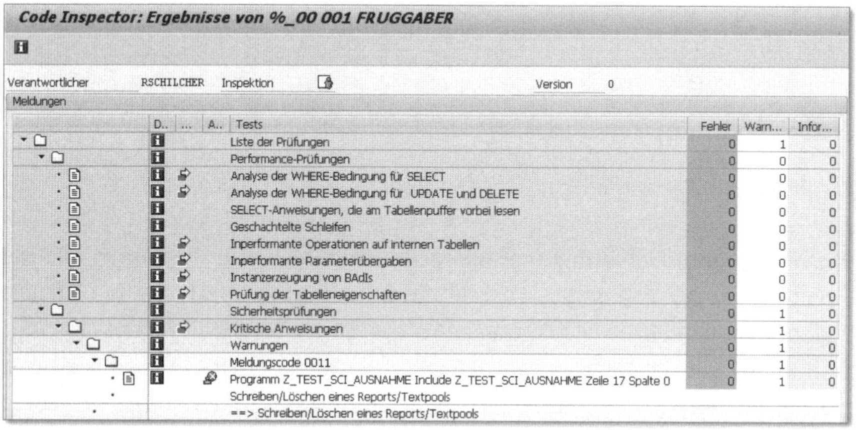

Abbildung 2.43 Ergebnis der Inspektion nach nicht erteilter Genehmigung

Für den Antragsteller (Sie selbst) erhält damit die Prüfungsmeldung wieder den Zustand, den sie vor der Antragstellung hatte (siehe Abbildung 2.44). Durch Anklicken des AUSNAHME-Symbols (📄) kann erneut ein Genehmigungsantrag gestellt werden.

Leider kann der Antragsteller nicht direkt feststellen, dass sein Antrag abgelehnt wurde. Eine Ablehnung kann er nur indirekt daran erkennen, dass die Prüfungsmeldung denselben Zustand wie vor dem Antrag hat und dass eine Statusänderung in der ABAP-Dictionary-Tabelle SCIEXCEPTN_APPL stattgefunden hat.

In der ABAP-Dictionary-Tabelle SCIEXCEPTN_APPL ist ein abgelehnter Antrag durch den Status Z (Spalte STATE) ersichtlich (siehe Abbildung 2.45). Allerdings wird dieser Datensatz bei erneuter Antragstellung zur selben Codestelle und derselben Meldung mit dem neuen Antrag überschrieben.

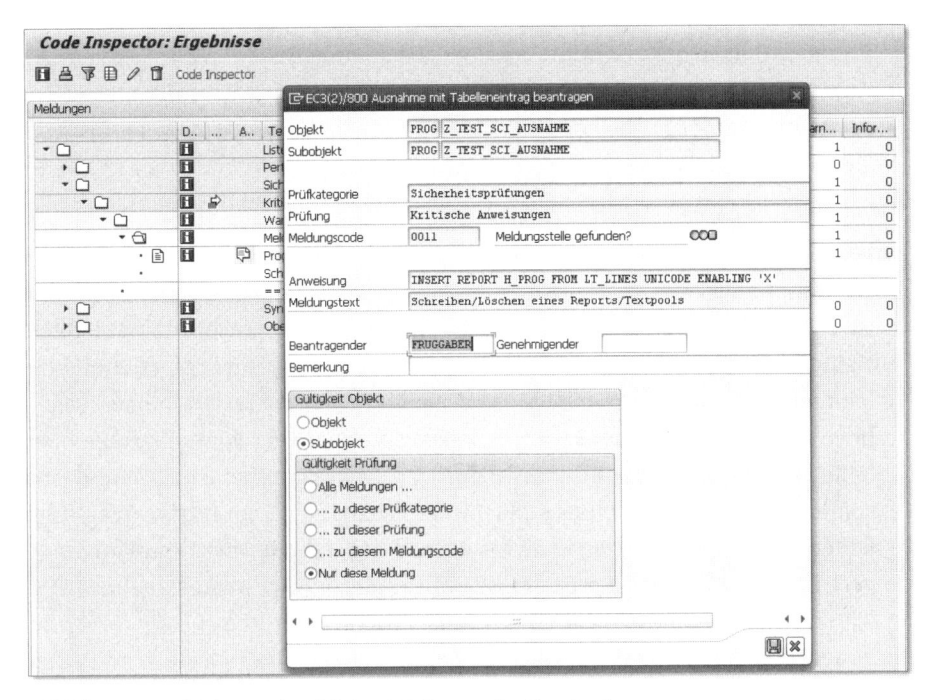

Abbildung 2.44 Dialog nach erfolgter Ablehnung der Genehmigung

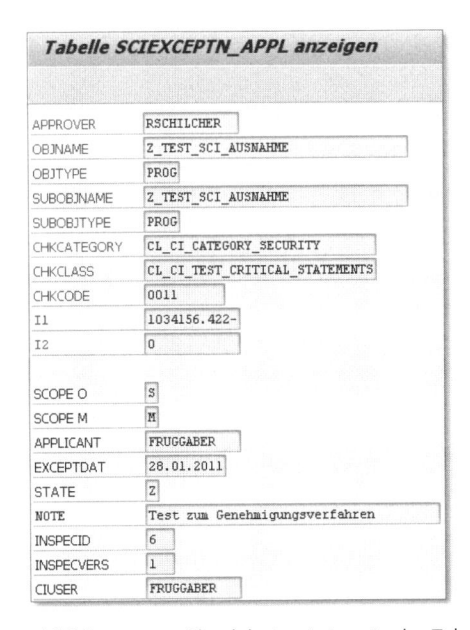

Abbildung 2.45 Abgelehnter Antrag in der Tabelle SCIEXCEPTN_APPL

Eine Ausnahme löschen

Solange ein Genehmigungsantrag noch nicht genehmigt oder abgelehnt wurde, kann der Genehmigungsantrag im Antragsformular über den LÖSCHEN-Button (🗑) entfernt werden. Dazu müssen Sie als Antragsteller den Antrag öffnen und über den ÄNDERN-Button (✏) in den Bearbeitungsmodus springen, um dann über den LÖSCHEN-Button (🗑) den Antrag zu löschen. Dabei wird der Status dieses Eintrags in der Tabelle SCIEXCEPTN_APPL von A (= Application bzw. Antrag) auf D (= Deletion bzw. Löschung) gesetzt.

Wurde ein Genehmigungsantrag versehentlich oder unter falschen Bedingungen genehmigt oder soll eine Genehmigung wieder zurückgezogen werden, ist ein direktes Löschen dieses Genehmigungsantrags nicht mehr möglich. Damit wird aber auch ein erneutes Beantragen einer Ausnahmegenehmigung zum selben Problem verhindert. Denn genehmigte Anträge erscheinen weder beim Antragsteller in der Liste der beantragten Genehmigungsanträge noch beim Genehmigenden in der Liste der zu genehmigenden Anträge und sind somit für keinen Beteiligten mehr direkt zugänglich. Der einzige Weg führt über das manuelle Löschen von Einträgen in den Tabellen des Genehmigungsverfahrens. Wird dazu der passende Eintrag aus der Ausnahmetabelle SCIEX-CEPTN entfernt, kann zu dieser Prüfung immer noch kein neuer Genehmigungsantrag erstellt werden, da die Meldung erscheint, es gebe schon einen Genehmigungsantrag zu dieser Prüfung. Erst nachdem zusätzlich der zugehörige Eintrag aus der Antragstabelle SCIEXCEPTN_APPL entfernt wurde, ist ein erneuter Genehmigungsantrag zu diesem Problemfall möglich.

Fazit

Insgesamt gesehen, besitzt das Genehmigungsverfahren einen guten Ansatz, der aber nur rudimentär umgesetzt wurde; beispielsweise fehlt ein vollständiger Workflow mit Vertreterregelung. Daneben enthält das Genehmigungsverfahren auch noch einige Unzulänglichkeiten, wie zum Beispiel das Problem, dass ein Genehmigender einen Antrag zur Bearbeitung erhält, ihm aber keine automatische Benachrichtigung zugesendet wird. Schaut der Genehmigende nicht jeden Tag mindestens einmal in seine Genehmigungsliste, ist ein zeitnahes Abarbeiten der Genehmigungsanträge nicht möglich. Oder der Antragsteller muss immer direkt auf den Genehmigenden zugehen und ihn um eine Bearbeitung bitten. Damit ist das Genehmigungsverfahren für große Projekte eher hinderlich.

Ein weiteres Problem liegt im Genehmigungsantrag beim Feld GENEHMIGENDER, in das jeder beliebige Benutzer eingetragen werden kann. Wird in den

Genehmigungsantrag ein Benutzer eingetragen, der nicht die nötigen Rechte zum Genehmigen besitzt, taucht der Genehmigungsantrag zwar in dessen Liste für Anträge auf, aber er kann den Antrag weder genehmigen, noch ablehnen, noch zurückweisen, noch den Antrag jemand anderem zuweisen. Und da der Antrag auch nicht in der Antragsliste eines anderen Benutzers vorhanden ist, kann auch kein anderer eben diesen Antrag bearbeiten.

Da es neben den angesprochenen Problemen noch weitere Unzulänglichkeiten wie die Berechtigungsverteilung, das Löschen etc. gibt, erscheint der Einsatz des Genehmigungsverfahrens in der Praxis zurzeit als nur bedingt empfehlenswert.

2.4 Verwendungsnachweis für Prüfvarianten und Objektmengen

Wie Sie bereits in Kapitel 1, »Einsatz des SAP Code Inspectors«, erfahren haben, besteht eine Code-Inspector-Inspektion aus einer Prüfvariante (= Liste an Prüfungen) und einer Objektmenge (= Liste an Objekten, die geprüft werden sollen). Hierbei ist es auch möglich, dieselben Prüfvarianten und Objektmengen in mehreren Inspektionen zu verwenden. Daher sollten Sie wie bei jeder Entwicklung auch hier vor einer Änderung an einer bereits bestehenden Prüfvariante oder Objektmenge darauf achten, wo diese überall verwendet wird. So wie es in den Entwicklungstransaktionen (zum Beispiel Transaktion SE80) hierfür einen Verwendungsnachweis gibt, gibt es diesen auch für Prüfvarianten und Objektmengen.

Einen Verwendungsnachweis für eine bereits bestehende Prüfvariante können Sie folgendermaßen durchführen:

Starten Sie die Transaktion SCI, und wählen Sie dann im Bereich PRÜFVARIANTE im Feld NAME mit der Wertehilfe F4 eine bereits bestehende Prüfvariante aus. Klicken Sie anschließend auf den ANZEIGEN-Button ( ). Im nachfolgenden Bildschirm PRÜFVARIANTE gibt es einen Button für den Verwendungsnachweis ( ). Das Ergebnis des Verwendungsnachweises für die aktuelle Prüfvariante wird dann in einem Dialog angezeigt (siehe Abbildung 2.46).

Mit einem Doppelklick auf eine Zeile im Dialog VERWENDUNGSSTELLEN IN INSPEKTIONEN gelangen Sie zur jeweiligen Inspektion, die diese Prüfvariante verwendet.

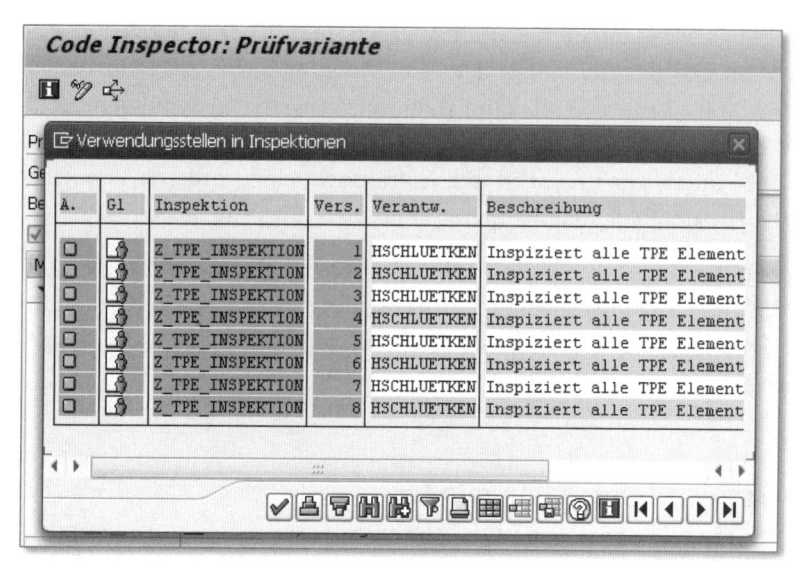

Abbildung 2.46 Verwendungsnachweis für eine Prüfvariante

Der Verwendungsnachweis für Objektmengen funktioniert fast genauso wie bei Prüfvarianten, außer mit der Ergänzung, dass Sie im Fall der Objektmengen nicht nur auf die Verwendung innerhalb von Inspektionen (Button In Inspektionen), sondern auch auf die Verwendung innerhalb von Objektmengen (Button In Objektmengen) hin prüfen können (siehe Abbildung 2.47).

Abbildung 2.47 Verwendungsnachweis für eine Objektmenge

Die Verwendung einer Objektmenge in anderen Objektmengen ist beispielsweise über die Registerkarte OBJMENGE BEARBEITEN möglich, auf der Sie, wie bereits in Abschnitt 1.2.3, »Objektmenge«, gezeigt wurde, die Schnitt- und Vereinigungsmengen anderer Objektmengen definieren können (siehe Abbildung 2.48).

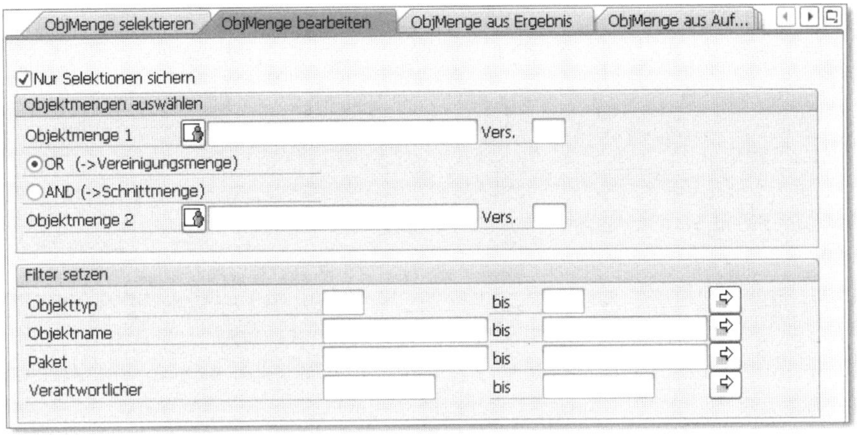

Abbildung 2.48 Schnitt- und Vereinigungsmengen von Objektmengen

2.5 Ergebnisse von Inspektionen vergleichen

Für Qualitätsmanager oder Projektleiter reicht es nicht aus, eine Entwicklung zu einem bestimmten Zeitpunkt zu kontrollieren, sie müssen vielmehr den fortlaufenden Korrekturprozess an den gefundenen Schwachstellen überprüfen. Das bedeutet, dass die Ergebnisse der Code-Inspector-Inspektionen im Lauf der Zeit miteinander verglichen werden müssen. Im Folgenden stellen wir Ihnen hierfür zwei SAP-Programme vor, mit denen Sie einen solchen Vergleich durchführen können.

2.5.1 Vergleich zweier verschiedener Inspektionen

Mit dem SAP-Report `rs_ci_compare` können die Ergebnisse aus zwei verschiedenen Code-Inspector-Inspektionen verglichen werden. Um diesen Report auszuführen, können Sie ihn zum Beispiel über Transaktion SE38 wie folgt starten: Geben Sie im Feld PROGRAMM den Wert `rs_ci_compare` ein, und starten Sie den Report dann über den AUSFÜHREN-Button (), siehe Abbildung 2.49).

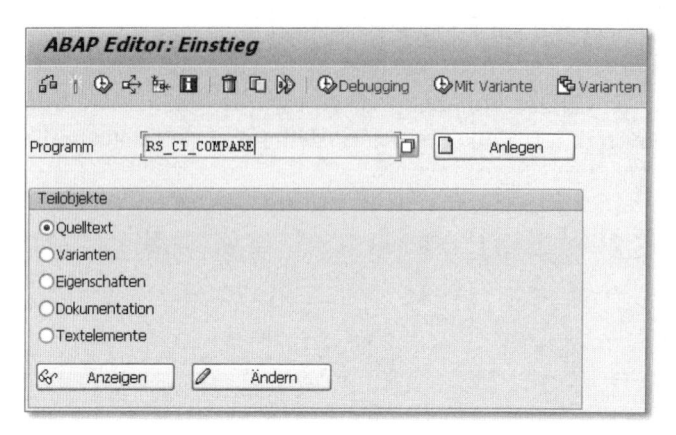

Abbildung 2.49 Starten des Reports »rs_ci_compare«

Im Selektionsbildschirm des Reports (siehe Abbildung 2.50) können Sie nun zwei verschiedene (oder zwei gleiche) Inspektionen angeben, deren Ergebnisse miteinander verglichen werden sollen. Dazu können Sie im Bereich INSPEKTION A im Feld NAME INSPEKTION die Wertehilfe zur Auswahl einer Inspektion und deren Version verwenden. Über das Häkchen bei LOKAL [ ] / GLOBAL [V] können Sie steuern, ob es sich um eine lokale () oder um eine globale () Inspektion handelt. Achten Sie bei einer globalen Inspektion darauf, dass das Häkchen für LOKAL [ ] / GLOBAL [V] in der Checkbox gesetzt ist, da anderenfalls die Fehlermeldung »Die Inspektion existiert nicht« ausgegeben wird. Das Feld BENUTZER ist nur für lokale Inspektionen relevant und wird beim Start des Reports mit Ihrem SAP-Benutzernamen vorgefüllt – diesen Wert sollten Sie auch so belassen.

Im Bereich INSPEKTION A können Sie eine Inspektion mit einer Versionsnummer angeben. Im Bereich INSPEKTION B können Sie eine zweite Inspektion angeben oder auch die gleiche mit einer anderen Versionsnummer. Wie der Vergleich gezogen werden soll, legen Sie im Bereich WIE SOLL DELTA BESTIMMT WERDEN? fest.

- Im Bereich 1. WELCHE DIFFERENZ? können Sie angeben, welche Differenzen Sie sehen möchten; bei der Option A OHNE B erhalten Sie all die Meldungen, die, ausgehend von der Inspektion A, nicht in Inspektion B vorkommen. Umgekehrt erhalten Sie bei der Option B OHNE A all die Meldungen, die nur in Inspektion B vorhanden sind. Mit diesen beiden Optionen können Sie Veränderungen zwischen den zwei Inspektionen ermitteln, zum Beispiel welche Problemmeldungen nach einer Überarbeitung korrigiert wurden. Mit der dritten Option BEIDE erhalten Sie all die Meldungen, die in jeweils einer der beiden Inspektionen aufgetreten sind.

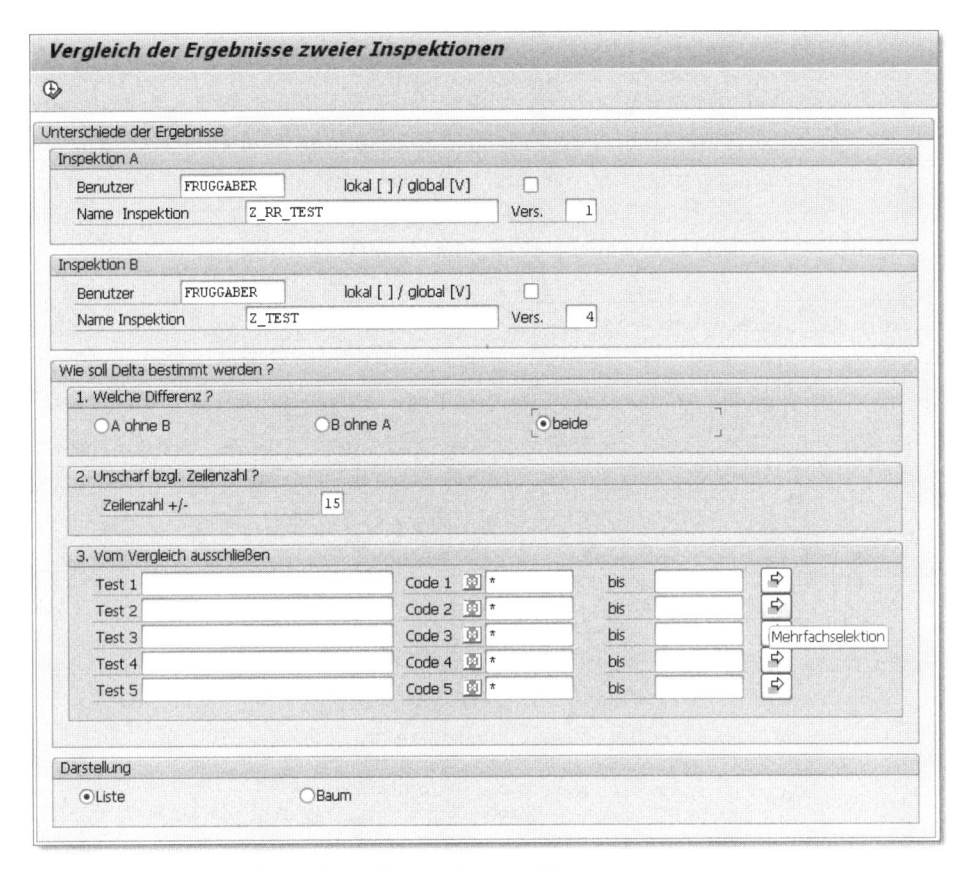

Abbildung 2.50 Vergleich der Ergebnisse zweier Inspektionen

- Der Bereich 2. UNSCHARF BZGL. ZEILENZAHL ist insbesondere nach durchgeführten Korrekturen wichtig, bei denen Zeilen in einem bestehenden Coding hinzugekommen oder herausgenommen wurden und sich somit die Positionen der Code-Inspector-Fundstellen im Sourcecode verschoben haben.

- Im Bereich 3. VOM VERGLEICH AUSSCHLIESSEN können Sie gezielt einzelne Prüfungen und deren Meldungscodes ausschließen. Die Wertehilfe der Felder TEST 1 – TEST 5 bietet Ihnen eine Liste von Prüfungsklassen an. Sie können aber auch beliebige Namen von (zum Beispiel eigenen) Prüfungsklassen hier eingeben, die dann vom Vergleich ausgeschlossen werden. Leider bieten die Felder CODE 1 – CODE 5 keine zur jeweiligen Prüfung passende

Wertehilfe an, sodass Sie die korrekten Meldungscodes selbst ermitteln müssen. Welche Meldungscodes bei den SAP-Standardprüfungen jeweils vorhanden sind, können Sie aus den Tabellen in Anhang B, »Meldungen der SAP-Standardprüfungen«, ersehen.

Im untersten Bereich DARSTELLUNG können Sie wählen, ob die Ausgabe des Vergleichsergebnisses in Form einer Listdarstellung oder in der klassischen Baumdarstellung angezeigt werden soll, wie Sie sie bereits in der Ergebnisliste einer Inspektion kennengelernt haben. Abbildung 2.51 zeigt beispielhaft ein Vergleichsergebnis in Form der klassischen Baumdarstellung.

Tests	Fehler	Warn...	Infor...
Liste der Prüfungen	0	0	44
Allgemeine Prüfungen	0	0	36
Anweisungs-Statistik	0	0	1
Statistik der Tabelleneigenschaften	0	0	35
Informationen	0	0	35
Meldungscode 0001	0	0	7
==> Pufferung aus			
Meldungscode 0114	0	0	7
==> Tabellenerweiterung: beliebig erweiterbar			
Meldungscode 0050	0	0	6
==> Indizes: Tabelle hat nur Primärindex			
Meldungscode 0060	0	0	6
==> Größenkategorie: 0			
Meldungscode 0081	0	0	5
==> Auslieferungsklasse C --- Customizingtabelle, Pflege nur durch Kunden, kein SAP Import			
Meldungscode 0080	0	0	2
==> Auslieferungsklasse A --- Anwendungstab. (Stamm- und Bewegungsdaten)			
Meldungscode 0052	0	0	1
==> 2 Sekundärindizes: LEN STA			
Meldungscode 0066	0	0	1
==> Größenkategorie: 6			
Tabellennamen aus SELECT-Anweisungen	0	0	0
Performance-Prüfungen	0	0	8

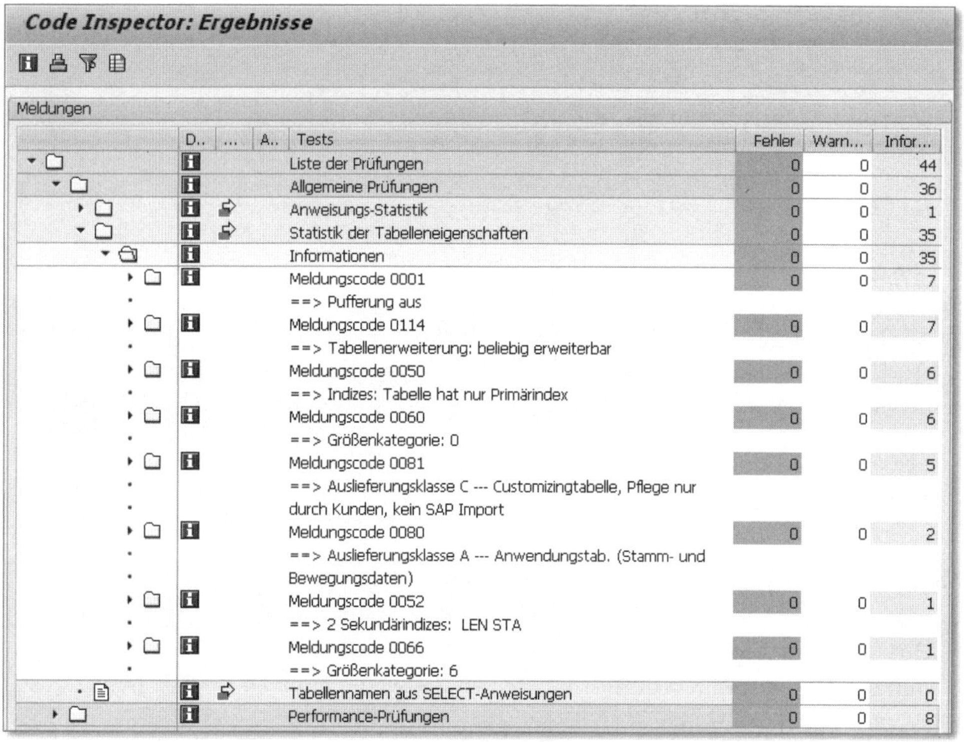

Abbildung 2.51 Vergleich zweier Inspektionsergebnisse

2.5.2 Vergleich zweier Versionen einer Inspektion

Der SAP-Report rs_ci_diff stellt eine spezielle Version des in Abschnitt 2.5.1, »Vergleich zweier verschiedener Inspektionen«, beschriebenen SAP-Reports rs_ci_compare dar, da sich der Vergleich bei diesem Report rs_ci_diff auf eine einzige Ausgangsinspektion beschränkt. Die Einstellmöglichkeiten dieses Reports sind begrenzt, da hierbei ausschließlich die Unterschiede zwischen zwei Versionen einer Inspektion ermittelt werden. Zusätzlich kann mit dem Report `rs_ci_diff` die Ergebnisliste von neu hinzugekommenen Problemmeldungen per E-Mail versendet werden.

Diesen Report können Sie, wie in Abschnitt 2.5.1 beschrieben, über Transaktion SE38 aufrufen. Abbildung 2.52 zeigt den Selektionsbildschirm des Reports `rs_ci_diff`.

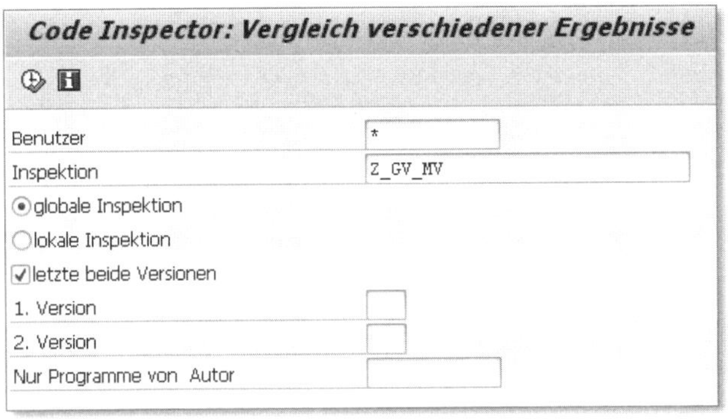

Abbildung 2.52 Vergleich verschiedener Ergebnisse einer Inspektion

Wie beim Report `rs_ci_compare` in Abschnitt 2.5.1 beschrieben, können Sie auch hier die Wertehilfe im Feld INSPEKTION nutzen, um eine bestehende Inspektion auszuwählen. Bei einer lokalen Inspektion (=) müssen Sie das Feld BENUTZER mit Ihrem SAP-Benutzernamen füllen und die Option LOKALE INSPEKTION auswählen, um nicht die Fehlermeldung »Die Inspektion existiert nicht« zu erhalten. Bei der Auswahl der Option GLOBALE INSPEKTION (=) müssen Sie im Feld BENUTZER als Wert ein Sternchen (= *) eingeben, anderenfalls kommt es auch hier zu der Fehlermeldung »Die Inspektion existiert nicht«.

Beim Start des Reports ist die Checkbox LETZTE BEIDE VERSIONEN angehakt, was vermutlich aber auch einer der häufigsten Anwendungsfälle sein dürfte. Möchten Sie nicht die letzten beiden Versionen vergleichen, müssen Sie die Versionsnummern explizit in den Feldern 1. VERSION und 2. VERSION angeben sowie die Checkbox LETZTE BEIDE VERSIONEN deaktivieren. Mit dem Feld NUR PROGRAMME VON AUTOR können Sie die Treffermenge eingrenzen; es werden dann nur die Objekte von diesem angegebenen Autor überprüft.

Das Ergebnis eines Vergleichslaufs zweier Versionen einer Code-Inspector-Inspektion sehen Sie in Abbildung 2.53.

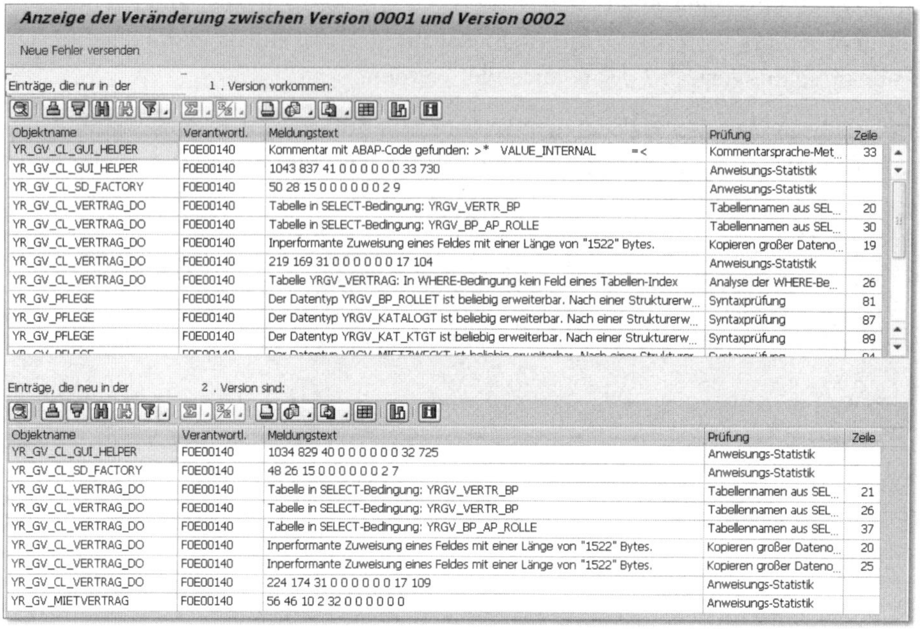

Anzeige der Veränderung zwischen Version 0001 und Version 0002

Neue Fehler versenden

Einträge, die nur in der 1 . Version vorkommen:

Objektname	Verantwortl.	Meldungstext	Prüfung	Zeile
YR_GV_CL_GUI_HELPER	F0E00140	Kommentar mit ABAP-Code gefunden: >* VALUE_INTERNAL =<	Kommentarsprache-Met...	33
YR_GV_CL_GUI_HELPER	F0E00140	1043 837 41 0 0 0 0 0 0 33 730	Anweisungs-Statistik	
YR_GV_CL_SD_FACTORY	F0E00140	50 28 15 0 0 0 0 0 0 2 9	Anweisungs-Statistik	
YR_GV_CL_VERTRAG_DO	F0E00140	Tabelle in SELECT-Bedingung: YRGV_VERTR_BP	Tabellennamen aus SEL...	20
YR_GV_CL_VERTRAG_DO	F0E00140	Tabelle in SELECT-Bedingung: YRGV_BP_AP_ROLLE	Tabellennamen aus SEL...	30
YR_GV_CL_VERTRAG_DO	F0E00140	Inperformante Zuweisung eines Feldes mit einer Länge von "1522" Bytes.	Kopieren großer Dateno...	19
YR_GV_CL_VERTRAG_DO	F0E00140	219 169 31 0 0 0 0 0 0 17 104	Anweisungs-Statistik	
YR_GV_CL_VERTRAG_DO	F0E00140	Tabelle YRGV_VERTRAG: In WHERE-Bedingung kein Feld eines Tabellen-Index	Analyse der WHERE-Be...	26
YR_GV_PFLEGE	F0E00140	Der Datentyp YRGV_BP_ROLLET ist beliebig erweiterbar. Nach einer Strukturerw...	Syntaxprüfung	81
YR_GV_PFLEGE	F0E00140	Der Datentyp YRGV_KATALOGT ist beliebig erweiterbar. Nach einer Strukturerw...	Syntaxprüfung	87
YR_GV_PFLEGE	F0E00140	Der Datentyp YRGV_KAT_KTGT ist beliebig erweiterbar. Nach einer Strukturerw...	Syntaxprüfung	89

Einträge, die neu in der 2 . Version sind:

Objektname	Verantwortl.	Meldungstext	Prüfung	Zeile
YR_GV_CL_GUI_HELPER	F0E00140	1034 829 40 0 0 0 0 0 0 32 725	Anweisungs-Statistik	
YR_GV_CL_SD_FACTORY	F0E00140	48 26 15 0 0 0 0 0 0 2 7	Anweisungs-Statistik	
YR_GV_CL_VERTRAG_DO	F0E00140	Tabelle in SELECT-Bedingung: YRGV_VERTR_BP	Tabellennamen aus SEL...	21
YR_GV_CL_VERTRAG_DO	F0E00140	Tabelle in SELECT-Bedingung: YRGV_VERTR_BP	Tabellennamen aus SEL...	26
YR_GV_CL_VERTRAG_DO	F0E00140	Tabelle in SELECT-Bedingung: YRGV_BP_AP_ROLLE	Tabellennamen aus SEL...	37
YR_GV_CL_VERTRAG_DO	F0E00140	Inperformante Zuweisung eines Feldes mit einer Länge von "1522" Bytes.	Kopieren großer Dateno...	20
YR_GV_CL_VERTRAG_DO	F0E00140	Inperformante Zuweisung eines Feldes mit einer Länge von "1522" Bytes.	Kopieren großer Dateno...	25
YR_GV_CL_VERTRAG_DO	F0E00140	224 174 31 0 0 0 0 0 0 17 109	Anweisungs-Statistik	
YR_GV_MIETVERTRAG	F0E00140	56 46 10 2 32 0 0 0 0 0 0	Anweisungs-Statistik	

Abbildung 2.53 Ergebnis des Vergleichs verschiedener Versionen einer Inspektion

Wie in Abbildung 2.53 zu erkennen ist, sind in der Tabelle im oberen Bereich die Meldungen aufgeführt, die nur in der älteren Version der Inspektion vorkommen. Somit können Sie sehen, welche Problemfälle von der älteren Version zur neueren Version behoben wurden. Im unteren Bereich sind die Meldungen aufgelistet, die in der älteren Version noch nicht bestanden haben und somit in der neueren Version hinzugekommen sind.

Über den Button Neue Fehler versenden können Sie die untere Ergebnistabelle versenden lassen. In diesem Zusammenhang ist zu beachten, dass der Mail-Versender die Berechtigung `s_cov_adm` mit dem Berechtigungsfeld `actvt = '37'` besitzen muss, da sonst keine E-Mail versendet wird. Darüber hinaus muss das SAP-System für den E-Mail-Versand konfiguriert und die E-Mail-Adressen bei den entsprechenden Benutzerstammdaten (Transaktion SU01) gepflegt sein. Schließlich ist noch zu beachten, dass nur die neu hinzugekommenen Problemmeldungen versendet werden, und zwar an den Entwickler, der für das Objekt zuständig ist, bei dem die Meldung aufgetreten ist. Sind mehrere Problemmeldungen zu verschiedenen Entwicklern vorhanden, wird zu jedem Entwickler eine eigene E-Mail mit all »seinen« Meldungen erstellt. Zum Versenden der E-Mails wird der Report `rs_ci_email` (mit dem Template `rs_ci_emaildifftemplate`) gestartet, den wir im folgenden Abschnitt 2.6 näher beschreiben.

2.6 E-Mail versenden

Beim Prozess der Qualitätssicherung in der Entwicklung ist die Kommunikation zwischen dem Qualitätsmanager und dem Entwickler ein äußerst wichtiger Prozess. Im Folgenden zeigen wir Ihnen zwei Möglichkeiten der Kommunikation auf, die SAP im Standard zum Code Inspector mit ausliefert.

> **Empfehlung** [*]
>
> Da es beim Thema »E-Mail aus einem SAP-System heraus« diverse Fallstricke geben kann, warum eine E-Mail nicht versendet wird, hilft meist ein Blick in Transaktion SOST, die die sogenannten SAPconnect-Sendeaufträge anzeigt. In dieser Transaktion können Sie selbst dann, wenn Ihr SAP-System noch nicht für das Versenden von E-Mails richtig konfiguriert wurde, den Inhalt der erzeugten E-Mails anschauen.
>
> Dazu starten Sie die Transaktion SOST, markieren den gewünschten Eintrag im unteren ALV-Grid und klicken auf den ANZEIGEN-Button (). Ebenso können Sie in dieser Transaktion den Sendestatus ablesen und den Sendeprozess für eine noch nicht verschickte E-Mail »manuell« anstoßen.
>
> Für weiterführende Informationen zu diesem Thema suchen Sie in der SAP-Hilfe einfach nach dem Begriff »SOST«.

2.6.1 E-Mail aus der Ergebnisliste einer Transaktion

Der einfachste Weg, eine Ergebnisliste einer Code-Inspector-Inspektion als E-Mail zu verschicken, ist, in der Ergebnisliste (siehe Abschnitt 1.2.4, »Inspektion«) die Darstellung der Ergebnisse über den Button ERGEBNISSE ALS LISTE () von der Baumstruktur zur Listenform zu wechseln. Abbildung 2.54 zeigt die Ergebnisliste in Baumdarstellung.

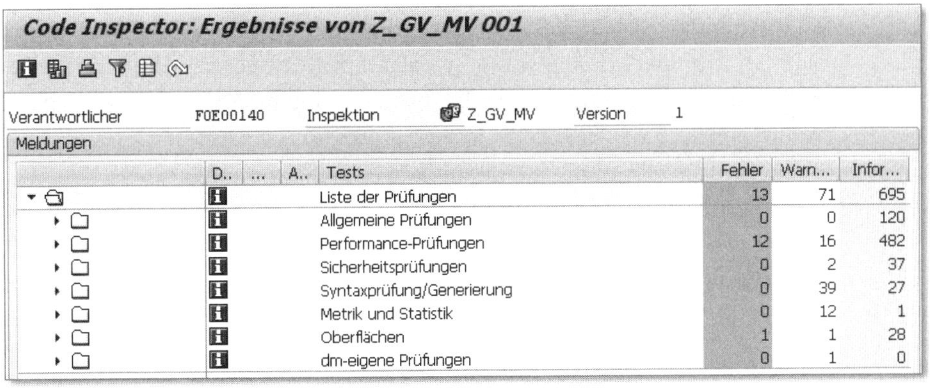

Abbildung 2.54 Ergebnisliste als Hierarchie

Abbildung 2.55 zeigt die Ergebnisliste als flache Liste. In dieser Listendarstellung können Sie über den E-Mail-Button ( ) die Ergebnisliste als E-Mail versenden.

```
Code Inspector: Ergebnisse von Z_GV_MV 001

Tests                                                                                    Fehler    Warn.    Infos
Liste der Prüfungen                                                                         13       71       695  C31
                                                                                                                   C30
..Allgemeine Prüfungen                                                                                       120  C61
....Anweisungs-Statistik                                                                                       1  C60
.....Informationen                                                                                             1  C71
........Meldungscode 0001                                                                                      1  C70
.........==>        36 Objekt(e), Gesamtzahl Anweisungen:                                                         C70
........26.864   Anzahl operativer Anweisungen:           22.013                                                   C70
........Operative Anweisungen in            25 Dialogmodul(en):                                                   C70
........982        281 FORM-Routine(n):       16.719        28                                                    C70
........Funktionsbaustein(en):      469        166 Methode(n):                                                    C70
........2.075   außerhalb von Modularisierungseinheiten:      1.768                                               C70
.........Objekt-Typ OOBJ Objekt-Name gesamte Objektmenge Teil-Objekt-Typ  Teil-Objekt-Name                     1  C20
..........        36 Objekt(e), Gesamtzahl Anweisungen:         26.864                                            C20
.......... Anzahl operativer Anweisungen:         22.013                                                          C20
.......... Operative Anweisungen in                                                                               C20
..........          25 Dialogmodul(en):         982                                                               C20
..........         281 FORM-Routine(n):       16.719                                                              C20
..........          28 Funktionsbaustein(en):    469                                                              C20
..........         166 Methode(n):      2.075                                                                     C20
.......... außerhalb von Modularisierungseinheiten:       1.768                                                   C20
...Statistik der Tabelleneigenschaften                                                                        38  C60
......Informationen                                                                                           38  C71
```

Abbildung 2.55 Ergebnisliste als Liste

Wenn Sie den E-Mail-Button anklicken, gelangen Sie in den Bildschirm Dokument erstellen und senden. Vielleicht kennen Sie diesen Bildschirm bereits aus dem SAP Business Workplace, denn genau dieser verbirgt sich dahinter. Als Titel des neuen Dokumentes wird Ihnen vom System der Titel Ihrer Ergebnisliste vorgeschlagen (siehe Abbildung 2.56).

Damit nun aus diesem Business-Workplace-Dokument eine versandfähige E-Mail wird, müssen Sie in der Liste der Empfänger (auf der Registerkarte Empfänger in der Spalte Empfänger) noch mindestens einen gültigen Empfänger eintragen. In unserem Beispiel haben wir eine Internet-Mail-Adresse gewählt (Spalte Empfängertyp: Internetadresse). Im Umfeld des SAP Business Workplace gibt es noch eine Reihe weiterer Empfängertypen, die Sie in der Dropdown-Box in der Spalte Empfängertyp finden. Auf diese gehen wir an dieser Stelle aber nicht weiter ein. Zudem können Sie im Textfeld auf der Registerkarte Dokumenteninhalt eigene Textzeilen zur E-Mail hinzufügen. Die Ergebnisliste wird als Anhang im HTML-Format an die erzeugte E-Mail angehängt. Sie können das Dateiformat des Anhangs über Transaktion SCOT einstellen (Stichwort: Ausgabeformate für SAP-Dokumente – ABAP-Liste). Die HTML-Version im E-Mail-Anhang sieht aber fast genauso aus wie die Listendarstellung im SAP GUI, sodass eine Änderung des Dateiformats nicht notwendig ist.

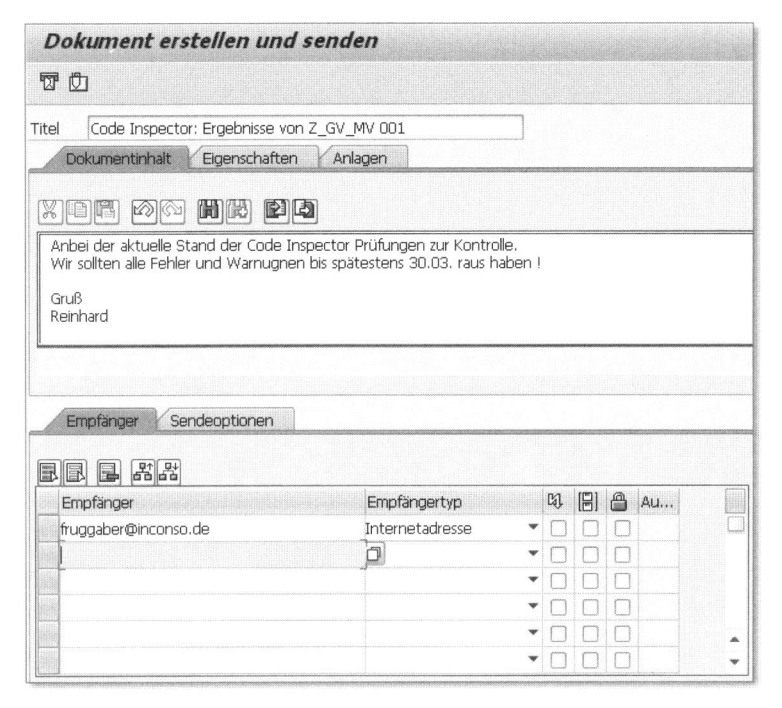

Abbildung 2.56 E-Mail versenden mit Ergebnisliste im Anhang

2.6.2 E-Mail über den Report »rs_ci_email«

Eine weitere Möglichkeit, die Ergebnisse einer Code-Inspector-Inspektion per E-Mail zu versenden, bietet der SAP-Report rs_ci_email. Versendet werden bei diesem Report nur Fehler- und Warnmeldungen aus der Ergebnisliste einer Inspektion. Den Report rs_ci_email können Sie zum Beispiel über Transaktion SE38 starten, wie dies in Abschnitt 2.5.1, »Vergleich zweier verschiedener Inspektionen«, schon für andere Programme beschrieben wurde. Nach dem Starten des Reports sehen Sie einen Selektionsbildschirm wie in Abbildung 2.57.

Im Feld INSPEKTION können Sie die Wertehilfe nutzen, um eine bestehende Inspektion auszuwählen. Bei einer lokalen Inspektion (=) müssen Sie dann noch das Feld BENUTZERNAME mit Ihrem SAP-Benutzernamen füllen und die Option LOKALE INSPEKTION auswählen, um nicht die Fehlermeldung »Die Inspektion existiert nicht« zu erhalten. Bei der Auswahl einer globalen Inspektion (=) müssen Sie im Feld BENUTZERNAME ein Sternchen (= *)

eingeben, anderenfalls kommt es auch hier zur Fehlermeldung »Die Inspektion existiert nicht«.

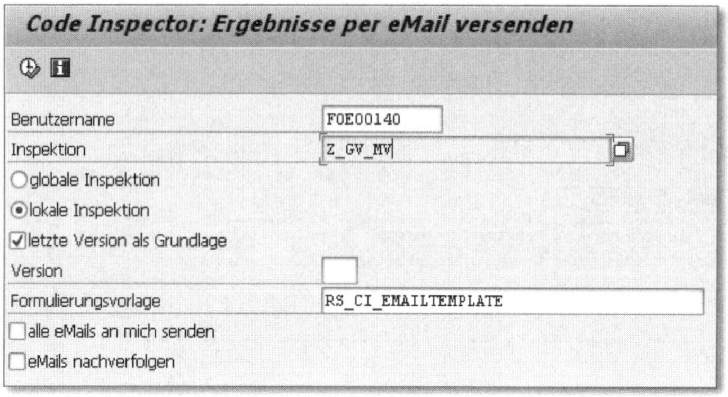

Code Inspector: Ergebnisse per eMail versenden

Benutzername	FOE00140
Inspektion	Z_GV_MV
○ globale Inspektion	
● lokale Inspektion	
☑ letzte Version als Grundlage	
Version	
Formulierungsvorlage	RS_CI_EMAILTEMPLATE
☐ alle eMails an mich senden	
☐ eMails nachverfolgen	

Abbildung 2.57 Ergebnisse per E-Mail versenden

Möchten Sie nicht das Ergebnis der letzten Version der angegebenen Inspektion versenden, deaktivieren Sie die Checkbox LETZTE VERSION ALS GRUNDLAGE, und tragen Sie im Feld VERSION die gewünschte Version ein. Der Inhalt der E-Mail, die versendet werden soll, kann über das Feld FORMULIERUNGSVORLAGE gesteuert werden. Wie genau eine Formulierungsvorlage aufgebaut sein muss, erfahren Sie noch in diesem Abschnitt. Für einen ersten Test können Sie den vom System eingetragenen Wert `rs_ci_emailtemplate` bestehen lassen.

Über die Checkbox ALLE EMAILS AN MICH SENDEN können Sie festlegen, dass die Meldungen aus der Ergebnisliste der Inspektion nicht an den jeweiligen Verantwortlichen des entsprechenden Entwicklungsobjektes, sondern an Ihre E-Mail-Adresse gesendet werden. Ist diese Checkbox nicht angehakt, werden E-Mails an den für eine Problemmeldung jeweils Verantwortlichen geschickt. Um eine E-Mail an sich selbst schicken zu können, benötigt der Mail-Versender die Berechtigung `s_cov_adm` mit dem Berechtigungsfeld `actvt = 'A3'`. Um E-Mails an die für Problemmeldungen verantwortlichen Entwickler zu versenden, muss der Mail-Versender die Berechtigung `s_cov_adm` mit dem Berechtigungsfeld `actvt = '37'` besitzen.

Die Checkbox EMAILS NACHVERFOLGEN dient dazu, eine Empfangsbestätigung und eine Lesebestätigung für die versendeten E-Mails zu erhalten. Dies funktioniert aber nur, wenn der angeschlossene Mail-Server dies unterstützt und demgemäß konfiguriert wurde. Details hierzu finden Sie in der SAP-Hilfe unter dem Stichwort »SAPconnect«.

Wenn nun in der Ergebnisliste der angegebenen Inspektion Problemmeldungen vorhanden sind, werden nach dem Anklicken des AUSFÜHREN-Buttons (⊕) die entsprechenden E-Mails erzeugt und eine Statusmeldung zum E-Mail-Versand wie in Abbildung 2.58 ausgegeben. Dieser Statusmeldung können Sie entnehmen, wie viele E-Mails und wie viele Fehler und Warnungen insgesamt im Ergebnis der Inspektion erzeugt wurden.

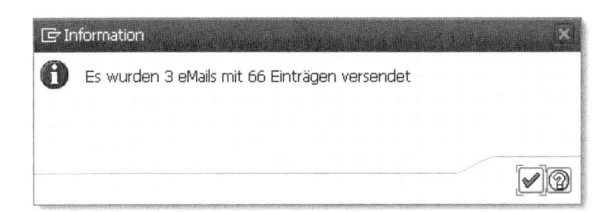

Abbildung 2.58 Meldung nach Versenden der E-Mails

Eine erzeugte E-Mail sieht dann zum Beispiel wie in Abbildung 2.59 aus.

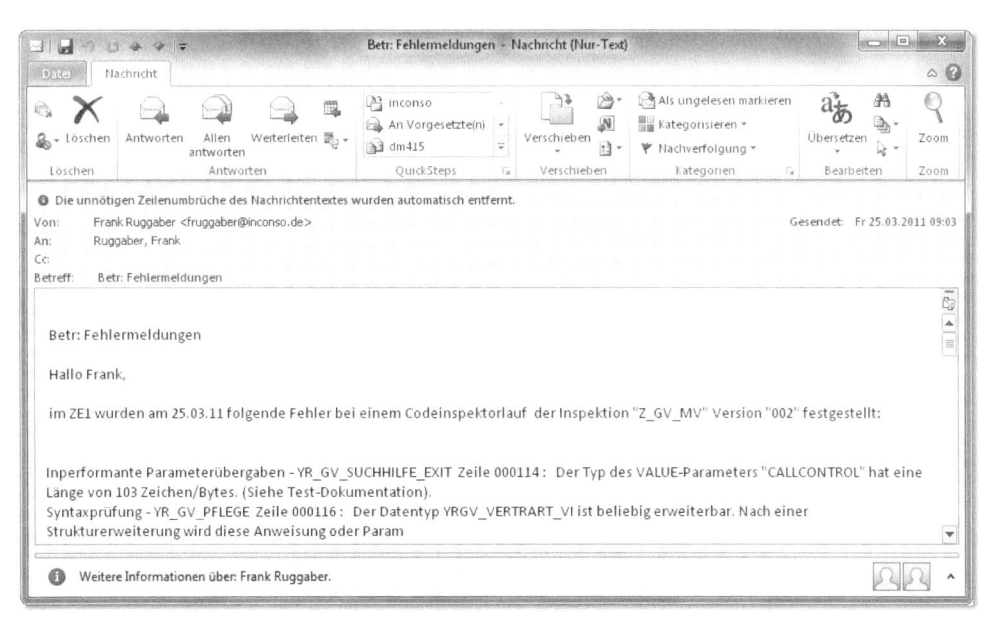

Abbildung 2.59 Beispiel einer durch »rs_ci_email« erzeugten E-Mail

Der Textkörper der E-Mail ist zusammengesetzt aus einem Template, das der Mail-Versender im Selektionsbildschirm des Reports rs_ci_email im Feld FORMULIERUNGSVORLAGE angegeben hat, und aus den einzelnen Meldungen (Fehler und Warnungen) der Ergebnisliste der Inspektion. Letztere werden dann einfach Zeile für Zeile an den Text der E-Mail angehängt und bei zu langen Texten leider auch abgeschnitten.

Formulierungsvorlage

Die Formulierungsvorlage ist nichts anderes als ein ABAP-Report, der Kommentarzeilen mit Platzhaltern enthält, die dann zur Laufzeit mit den entsprechenden Werten ersetzt werden. Abbildung 2.60 zeigt beispielhaft den Inhalt der Formulierungsvorlage `rs_ci_emailtemplate`.

```
Include          RS_CI_EMAILTEMPLATE           aktiv
 1  report RS_CDI_EMAILTEMPLATE.
 2  *====> die ersten 3 Zeilen werden immer gelöscht. Die Platzhalter &FIRST_NAME& &SYSID& &INSPECTION& &VERSION&
 3  *====> werden ersetzt, Danach erfolgt die Ausgabe aus Liste. Das englische Template sollte mit '_E' enden.
 4  * Betr: Fehlermeldungen
 5  *
 6  * Hallo &FIRST_NAME&,
 7  *
 8  * im &SYSID& wurden am &DATE& folgende Fehler bei einem Codeinspektorlauf
 9  * der Inspektion "&INSPECTION&" Version "&VERSION&" festgestellt:
10  *
11  *
```

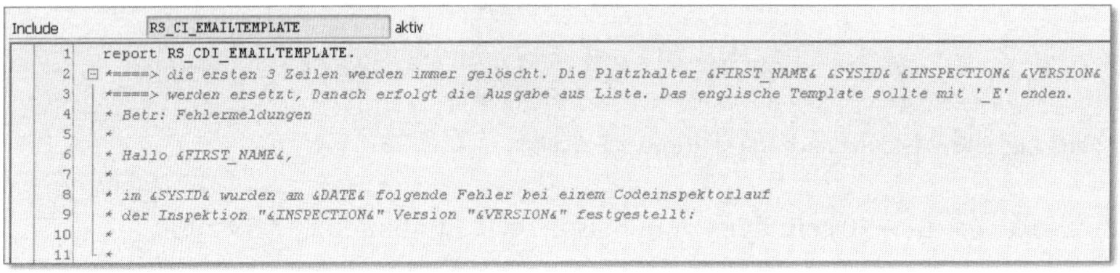

Abbildung 2.60 Formulierungsvorlage »rs_ci_emailtemplate«

Wie in diesem Report zu sehen ist, werden die ersten drei Zeilen der Formulierungsvorlage ignoriert – in Abbildung 2.60 entspricht dies der Zeile mit dem Report-Namen sowie den ersten beiden Kommentarzeilen, die mit *====> beginnen. Als Betreff der E-Mail wird dann die vierte Zeile des Reports herangezogen. In Abbildung 2.60 ist dies Betr: Fehlermeldungen.

Als Platzhalter stehen die folgenden Werte zur Verfügung:

- SYSID = System-ID (Wert: sy-sysid)
- DATE = Tagesdatum
- FIRST_NAME = Vorname des Verantwortlichen
- INSPECTION = Name der Code-Inspector-Inspektion
- VERSION = Version der Code-Inspector-Inspektion

Die Platzhalter werden jeweils durch zwei &-Zeichen (kaufmännisches Und) eingeschlossen, zum Beispiel &SYSID&.

Ist die im Benutzerstamm eingetragene Anmeldesprache auf der Registerkarte FESTWERTE in Transaktion SU01 nicht Deutsch, wird nach einer englischen Formulierungsvorlage gesucht, die den angegebenen Report-Namen mit der Endung _E (nicht, wie von SAP vor Release 7.0 EHP2 mit _EN angegeben) besitzt.

2.6.3 Fazit

Besonders in größeren Projekten mit mehreren Entwicklern bietet die E-Mail-Funktionalität des Code Inspectors eine gute Möglichkeit, die jeweiligen Entwickler automatisch über noch vorhandene Probleme im Programmcode zu informieren. Da es sich bei der Variante in Abschnitt 2.6.2, »E-Mail über den Report ›rs_ci_email‹«, um einen ABAP-Report handelt, kann dieser auch als zeitgesteuerter Job eingeplant werden. Somit wird eine automatisierte Prüfung mit einem anschließenden automatischen Versenden der Ergebnisse per E-Mail ermöglicht. Wie Sie hierfür die Code-Inspector-Prüfung automatisieren können, beschreiben wir in Kapitel 3.

2.7 Hintergrundjob des SAP Code Inspectors

Wird auf einem SAP-System zum ersten Mal eine Inspektion erstellt, wird hierbei automatisch der Hintergrundjob `CODE_INSPECTOR_DELETION` eingeplant. Mit dieser Hintergrundverarbeitung wird die Lebensdauer von Code-Inspector-Objekten sowie die Verfügbarkeit von transportierten Prüfvarianten behandelt. Besteht bei der Neuanlage einer Inspektion dieser Hintergrundjob bereits, wird kein weiterer Hintergrundjob eingeplant, sondern der bestehende ab dem aktuellen Datum um eine Woche verlängert; es gibt demnach immer nur eine einzige Version dieser Hintergrundverarbeitung auf einem System.

2.7.1 Teilaufgabe Löschung

Um ein übermäßiges Ansammeln von nutzlosen Daten zu verhindern, werden nicht mehr benötigte oder veraltete Code-Inspector-Daten (Inspektionen und Objektmengen) automatisch vom System gelöscht. Dazu wird der Hintergrundjob `CODE_INSPECTOR_DELETION` automatisch so angelegt, dass er eine Woche lang jeden Tag (mit niedriger Priorität) überprüft, ob die Lebensdauer von Inspektionen oder Objektmengen abgelaufen ist, sodass diese dann vom System entfernt werden können.

Hierfür wird das Ablaufdatum des Objektes im Feld WIRD GELÖSCHT AM (siehe Kapitel 1, »Einsatz des SAP Code Inspectors«) dahin gehend überprüft, ob das darin enthaltene Datum aktuell bereits überschritten wurde. Sollte dies der Fall sein, wird die Inspektion bzw. die Objektmenge gelöscht. Zudem werden auch die Ergebnisse zu den gelöschten Inspektionen sowie die gesammelten Objekte und Selektionen der Objektkollektoren zu den gelöschten Objektmengen entfernt. Schließlich werden ebenfalls alle Genehmigungen gelöscht, die älter als ein Jahr sind. Dieses Löschen von alten Genehmigungen kann unter Umständen unerwünscht sein, weil man die Genehmigungen erneut anlegen bzw. bestätigen muss. Leider gibt es zurzeit keine direkte Möglichkeit, dieses automatische Löschen von Genehmigungen zu verhindern.

2.7.2 Teilaufgabe Import

Die Einstellungen einer globalen Prüfvariante können über Server hinweg transportiert werden. Somit können Prüfvarianten auf einem Entwicklungssystem erstellt und von dort in andere Systeme, wie zum Beispiel in ein Konsolidierungssystem, ein Produktivsystem oder auch in andere Entwicklungssysteme, weitertransportiert werden, sodass diese Prüfvarianten dann auch dort verwendet werden können. Ist eine neue Prüfvariante auf den aktuellen Server transportiert worden, wird diese über den beschriebenen Hintergrundjob CODE_INSPECTOR_DELETION dem Code Inspector automatisch bekannt gegeben. Damit kann der Benutzer diese Prüfvariante uneingeschränkt für seine Inspektion einsetzen.

Da der Hintergrundjob jedoch nur einmal pro Tag läuft, kann es vorkommen, dass der aktuelle Server nach der Ausführung dieses Hintergrundjobs eine neue Prüfvariante erhält. Um auch auf diesen Fall flexibel reagieren und jederzeit die neu erhaltene Prüfvariante importieren und verwenden zu können, kann die Verarbeitung von transportierten Prüfvarianten auch manuell in Transaktion SCI über den Menüpunkt HILFSMITTEL • PRÜFVARIANTEN IMPORTIEREN angestoßen werden. Ein manuelles Auslösen des Prüfvariantenimports ist auch dann erforderlich, wenn beim aktuellen System noch nie eine Inspektion erstellt wurde, eine transportierte Prüfvariante aber für die erste Inspektion eingesetzt werden soll. Denn der Hintergrundjob wird erst beim Speichern der erstmaligen Erstellung einer Inspektion eingeplant.

[+] **Hinweis**

Aktuell hat der Hintergrundjob CODE_INSPECTOR_DELETION ein Problem mit dem periodischen Lauf, sodass er trotz eines Enddatums immer wieder automatisch verlängert wird. Da er aber nur einmal pro Tag kurz ausgeführt und der Server dabei auch nur wenig belastet wird, ist eine manuelle Änderung des Hintergrundjobs nicht notwendig.

In diesem Kapitel gehen wir auf die Möglichkeiten der automatisierten Nutzung des SAP Code Inspectors ein, beschreiben dessen externe Programmierschnittstelle und vermitteln Ihnen zu diesen Themenstellungen Erfahrungen aus der Praxis.

3 Automatisierte Prüfungen mit dem SAP Code Inspector

In diesem Kapitel zeigen wir Ihnen verschiedene Möglichkeiten eines automatisierten Einsatzes des SAP Code Inspectors auf. Zum Verständnis dieses Kapitels sollten Sie zumindest über grundlegende Kenntnisse im SAP-Änderungs- und Transportwesen (CTS, Change and Transport System) sowie in der SAP-Jobsteuerung verfügen. Wir beginnen dieses Kapitel mit der einfachsten Art der Automatisierung, das heißt, mit der Einplanung von Code-Inspector-Jobs. Im weiteren Verlauf des Kapitels gehen wir dann auf die Integrationsmöglichkeiten in das SAP-Transportwesen ein, wobei wir Ihnen zuerst eine Lösung ohne Coding und dann eine Lösung mit Coding vorstellen werden.

3.1 Einsatzszenario für automatisierte Prüfungen

Stellen Sie sich folgendes Szenario vor: Sie sind für die Entwicklungen im SAP-System eines mittelgroßen Unternehmens verantwortlich, und zu Ihrem Aufgabenfeld gehört unter anderem die Qualitätssicherung der Entwicklung. Auf Ihrem SAP-System werden Entwicklungen von verschiedenen Gruppen durchgeführt. Hierbei gibt es die Gruppe der internen Mitarbeiter sowie die Gruppe der externen SAP-Berater von verschiedenen, externen Partnern. Da im Lauf der Zeit eine Reihe von Entwicklungen anfällt, wird der Aufwand der Qualitätssicherung immer größer, wenn Sie manuell – wie in Kapitel 1, »Einsatz des SAP Code Inspectors«, bereits gezeigt – jede einzelne Entwicklungseinheit berücksichtigen möchten. Außerdem würden Sie relativ schnell den Überblick über die Änderungen in den einzelnen Entwicklungseinheiten verlieren.

Für diesen Fall wäre ein automatisierter Einsatz des SAP Code Inspectors von Vorteil, der, wenn möglich, mit immer denselben Einstellungen prüft und somit die Ergebnisse der Prüfungen miteinander vergleichbar macht. In den folgenden Abschnitten stellen wir Ihnen zur Lösung dieser Aufgabe verschiedene Möglichkeiten vor. Am Ende dieses Kapitels geben wir Erfahrungen aus der Praxis wieder, die Ihnen bei der Planung eines automatisierten Code-Inspector-Einsatzes helfen werden.

3.2 Inspektion als Job einplanen

Der einfachste Weg, um eine automatisierte Prüfung zu erhalten, ist das Einplanen einer Inspektion als Hintergrundjob. Dieser Fall kommt insbesondere dann zum Tragen, wenn die zu prüfende Objektmenge sehr umfangreich ist oder wenn die durchzuführenden Prüfungen extrem lange dauern. Um eine Inspektion als Job einzuplanen, müssen Sie entweder für eine bereits angelegte Inspektion eine neue Version erzeugen oder eine ganz neue Version anlegen. Letzteres zeigen wir Ihnen an einem Beispiel.

Wie wir bereits in Abschnitt 1.2.4 geschildert haben, können Sie eine neue Inspektion über Transaktion SCI anlegen (siehe Abbildung 3.1). Geben Sie hierzu im Bereich INSPEKTION im Feld NAME einen Namen für die neu anzulegende Inspektion ein, und klicken Sie dann auf den ANLEGEN-Button ().

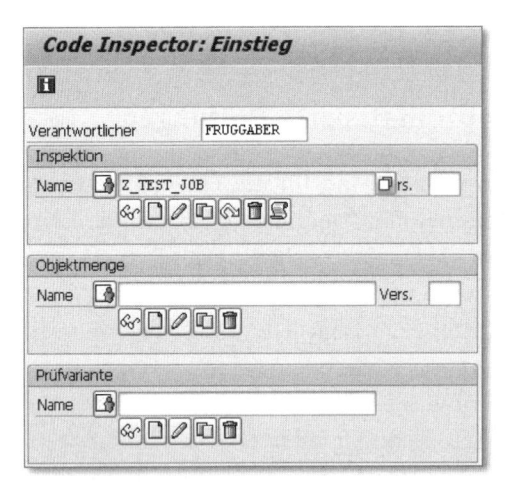

Abbildung 3.1 Inspektion anlegen

Nachdem Sie eine Beschreibung, eine Objektmenge und eine entsprechende Prüfvariante in der Maske zur Anlage der Inspektion (siehe Abbildung 3.2) eingegeben und die Inspektion gespeichert haben, können Sie nun über den AUSFÜHREN-Button mit den drei Punkten am Ende (🕒...) die verschiedenen Ausführungsoptionen festlegen.

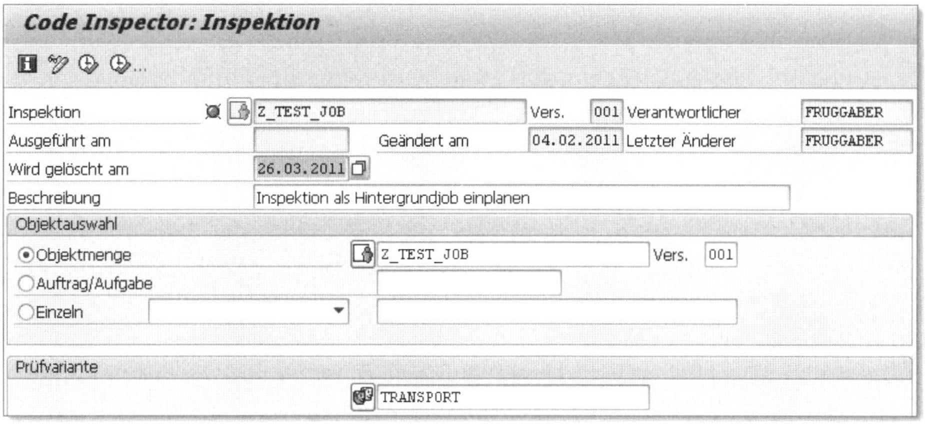

Abbildung 3.2 Details zur Anlage einer Inspektion

Im Dialog zu den Ausführungsoptionen einer Inspektion (siehe Abbildung 3.3) können Sie entweder eine Servergruppe angeben, auf der die Inspektion durchgeführt werden soll, oder den lokalen Server auswählen.

Abbildung 3.3 Ausführungsoptionen einer Inspektion

Da hier eine Inspektion als Hintergrundjob ausgeführt werden soll, sollten Sie die Option SERVERGRUPPE auswählen und im Feld NAME die Bezeichnung einer Servergruppe eingeben, die ausschließlich aus aktiven Servern besteht und die über genügend Ressourcen zur Durchführung der Inspektion verfügt. Über den Button SERVERGRUPPEN PFLEGEN (🔧) können Sie direkt in Transaktion RZ12 zur Pflege der Servergruppen springen.

Über die Checkbox AUCH AUSGEBLENDETE INFO ANZEIGEN können Sie in der Ergebnisliste auch Meldungen ausgeben lassen, die durch Pseudokommentare ausgeblendet werden. Ab SAP NetWeaver 7.0 EHP2 gibt es an dieser Stelle noch zwei weitere Checkboxen: KEINE MELDUNGEN ZU ABAP-UNIT-TESTKLASSEN und IGNORIERE OBJEKTKLASSIFIZIERUNG. Ist die Checkbox KEINE MELDUNGEN ZU ABAP-UNIT-TESTKLASSEN angehakt, werden Meldungen von ABAP-Unit-Tests in der Ergebnisliste unterdrückt. Ist die Checkbox IGNORIERE OBJEKTKLASSIFIZIERUNG angehakt, hat die Klassifizierung eines Repository-Objektes keine Auswirkung auf seine Priorisierung während einer Inspektion. Eine weitere Dokumentation zu dieser Checkbox finden Sie in der F1-Hilfe (dazu in die Checkbox klicken und die F1-Taste drücken).

Nachdem Sie im Dialog von Abbildung 3.3 die Option IM HINTERGRUND (AUCH PERIODISCH) ausgewählt und bestätigt haben, können Sie nun die Ausführungsoptionen für den zu erzeugenden Hintergrundjob angeben (siehe Abbildung 3.4). Im Beispielfall haben wir der Einfachheit halber den Job für ein bestimmtes Datum und eine bestimmte Uhrzeit eingeplant.

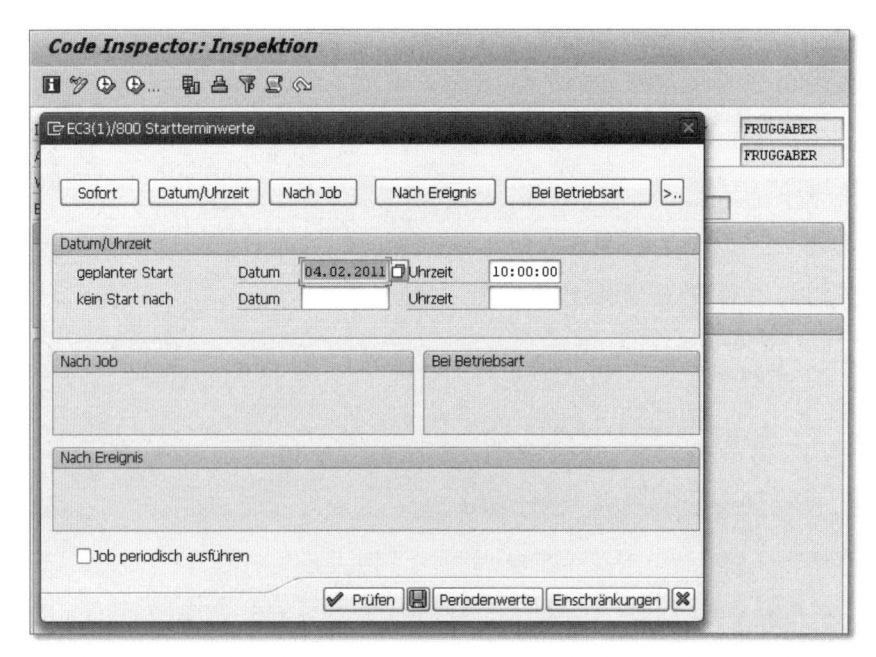

Abbildung 3.4 Ausführungsoptionen für den Hintergrundjob

Die Einstellungen der Ausführungsoptionen für den Hintergrundjob sind sehr umfangreich und bieten Ihnen all die Möglichkeiten, die Sie aus der SAP-Jobsteuerung (zum Beispiel Transaktion SM36) kennen.

> **Hinweis** [+]
>
> Bei der Einplanung einer Inspektion als Job gab es bis vor kurzem einen Fehler, der eine wöchentliche Einplanung verhinderte. Dieser Fehler wird mit SAP-Hinweis 1570378 »Code Inspector – wöchentliche Einplanung nicht möglich« korrigiert.
>
> Generell sind bei der Jobeinplanung insbesondere zwei Aspekte zu berücksichtigen:
>
> - Zum einen laufen die einzelnen Tasks einer parallel ausgeführten Inspektion als Dialogprozesse, das heißt, sie unterliegen der maximalen Ausführungszeit für Dialogprozesse.
> - Zum anderen wird mit jeder Ausführung einer Inspektion eine neue Version erzeugt. Leider ist die Versionsnummer auf drei Stellen beschränkt (maximal 999 Versionen einer Inspektion). Wie in Abschnitt 2.7, »Hintergrundjob des SAP Code Inspectors«, beschrieben, dient hierbei der Hintergrundjob CODE_INSPECTOR_DELETION dazu, nicht mehr benötigte Versionen zu löschen. Sie sollten daher bei der periodischen Einplanung auf zu kurze Zeitabstände (zum Beispiel jede Stunde) zwischen den Läufen verzichten.

Nachdem Sie den Job eingeplant haben, finden Sie diesen in der Liste der eigenen Jobs, die Sie über das Menü SYSTEM • EIGENE JOBS erreichen. Alle Code-Inspector-Jobs erkennen Sie an dem Präfix CODEINSP im Jobnamen. Nachdem der Job abgearbeitet wurde und den Status FERTIG hat (siehe Abbildung 3.5), gelangen Sie leider nicht direkt aus der Jobübersicht zur Ergebnisliste der Inspektion, sondern Sie müssen diese über die Transaktion SCI aufrufen. Hierzu gehen Sie in die Transaktion SCI und geben den Namen und die Version der entsprechenden Inspektion ein. Beide Informationen können Sie dem Jobnamen in Ihrer Jobübersicht entnehmen.

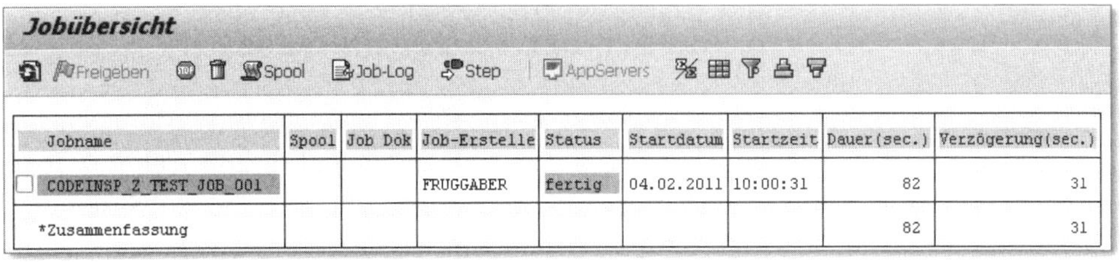

Jobname	Spool	Job Dok	Job-Ersteller	Status	Startdatum	Startzeit	Dauer(sec.)	Verzögerung(sec.)
CODEINSP_Z_TEST_JOB_001			FRUGGABER	fertig	04.02.2011	10:00:31	82	31
*Zusammenfassung							82	31

Abbildung 3.5 Jobübersicht

Der Jobname setzt sich dabei wie folgt zusammen:

```
CODEINSP_<Name der Inspektion>_<Version der Inspektion>
```

Im Beispiel lautet der Jobname `CODEINSP_Z_TEST_JOB_001` – das heißt, die Inspektion hat den Namen `Z_TEST_JOB`, und der Inspektionslauf hat die Version `001`. Wenn Sie diese Informationen in Transaktion SCI im Bereich INSPEKTION eingeben (siehe Abbildung 3.6) und auf den ERGEBNIS-Button (🖼) klicken, gelangen Sie wie gewohnt zur Ergebnisliste der Inspektion.

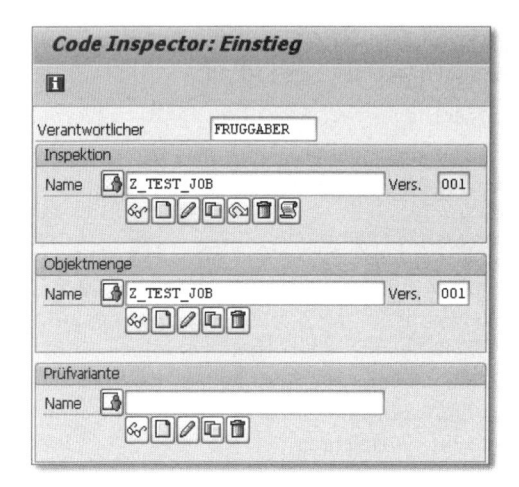

Abbildung 3.6 Aufrufen der Ergebnisliste

[*] **Empfehlung**

Für große Objektmengen empfiehlt es sich, die Inspektion auf einer Servergruppe durchzuführen, um die Verarbeitung zu parallelisieren. Wenn die Objektmengen sehr groß werden oder die Prüfungen der Inspektion sehr lange dauern (siehe hierzu Kapitel 5, »Standardprüfungen des SAP Code Inspectors«), empfiehlt es sich zusätzlich, die Inspektion als Hintergrundjob außerhalb der üblichen Lastzeiten (zum Beispiel nachts oder am Wochenende) einzuplanen.

3.3 Objektprüfungen bei Auftragsfreigabe

Aus Sicht eines Qualitätsmanagers sollte die Prüfung von Entwicklungen spätestens dann stattfinden, wenn die entsprechende Entwicklungseinheit abgeschlossen ist und bevor diese auf das folgende System im SAP-Systemverbund (in der Regel ist dies in einem Dreierverbund das sogenannte Qualitätssicherungs- oder Konsolidierungssystem) transportiert wird. Genau hierfür gibt es eine Möglichkeit im Customizing des SAP-Transportwesens.

Dazu starten Sie die Transport Organizer Tools über Transaktion SE03 (siehe Abbildung 3.7) und wählen dann mit einem Doppelklick den Eintrag GLOBA-

LES CUSTOMIZING TRANSPORT ORGANIZER im Baum im linken Bildschirmbereich aus (hierfür benötigen Sie eine Administrationsberechtigung im Bereich Transport Organizer bzw. das Berechtigungsobjekt `s_cts_admi` mit der Berechtigung `cts_admfct = tabl`).

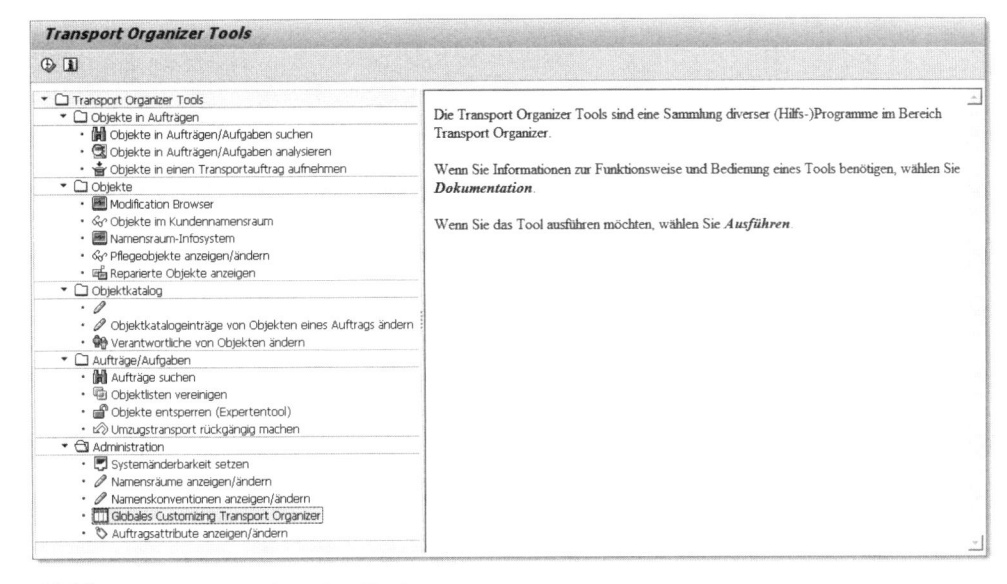

Abbildung 3.7 Transport Organizer Tools

In der darauffolgenden Maske (siehe Abbildung 3.8) können Sie im Bereich OBJEKTPRÜFUNGEN BEI AUFTRAGSFREIGABE drei verschiedene Optionen einstellen:

- **global eingeschaltet**
  GLOBAL EINGESCHALTET bedeutet, dass bei allen Auftragsfreigaben eine Code-Inspector-Inspektion durchgeführt wird.

- **global ausgeschaltet**
  GLOBAL AUSGESCHALTET bedeutet, dass keine automatische Prüfung der Objekte bei Auftragsfreigabe stattfindet.

- **vom Benutzer einstellbar**
  VOM BENUTZER EINSTELLBAR bedeutet, dass jeder Benutzer selbst in seinem Transport Organizer (Transaktion SE09 oder SE10) über das Menü EINSTELLUNGEN • TRANSPORT ORGANIZER im Bereich INDIVIDUELLE EINSTELLUNGEN über die Checkbox OBJEKT BEI AUFTRAGSFREIGABE PRÜFEN festlegen kann, ob bei Auftragsfreigabe eine Code-Inspector-Inspektion durchgeführt werden soll oder nicht (siehe Abbildung 3.9).

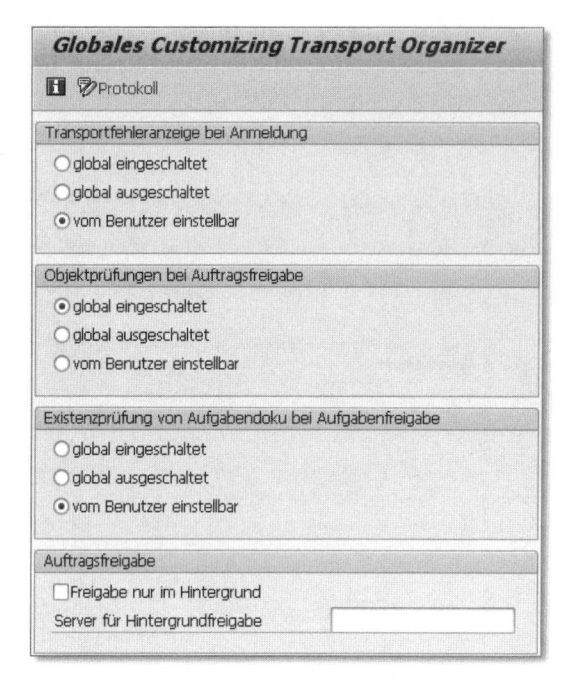

Abbildung 3.8 Transport Organizer – globales Customizing

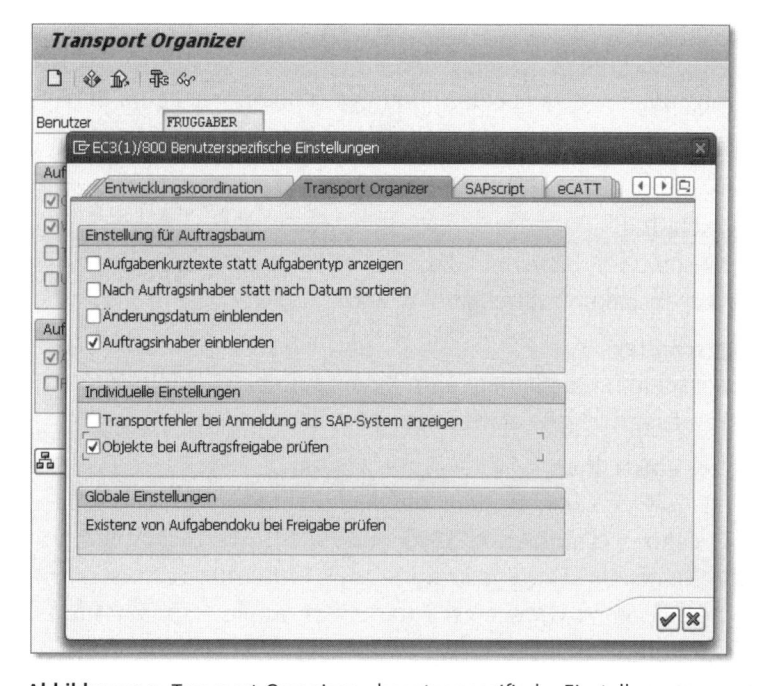

Abbildung 3.9 Transport Organizer – benutzerspezifische Einstellungen

Aus Sicht eines Qualitätsmanagers ist es natürlich nicht unbedingt sinnvoll, wenn er es den Entwicklern selbst überlässt zu entscheiden, ob sie ihre Entwicklungen mit dem Code Inspector prüfen möchten oder nicht. Daher gibt es im globalen Customizing des Transport Organizers noch die Option, die Objektprüfung bei Auftragsfreigabe global einzuschalten (siehe Abbildung 3.8). Dadurch wird bei allen Auftragsfreigaben eine Code-Inspector-Prüfung auf die Objekte des Transportauftrags durchgeführt.

> **Hinweis** [+]
>
> An dieser Stelle müssen wir noch auf zwei Begriffe aus dem Transportwesen eingehen, die im weiteren Verlauf dieses Kapitels eine entscheidende Rolle spielen: der Transportauftrag und die Transportaufgabe (siehe Beispiel in Abbildung 3.10).
>
> - Eine Transportaufgabe (im Beispiel die Nummern WA1K900435 und WA1K900436) beinhaltet die eigentlichen Entwicklungsobjekte und ist direkt dem jeweiligen Entwickler zugeordnet. Diese muss durch den Entwickler freigegeben werden, bevor der übergeordnete Transportauftrag freigegeben werden kann.
> - Der Transportauftrag (im Beispiel WA1K900434) wiederum bildet die Klammer um alle Transportaufgaben und kann erst dann freigegeben werden, wenn alle beteiligten Entwickler ihre darin enthaltenen Transportaufgaben freigegeben haben.

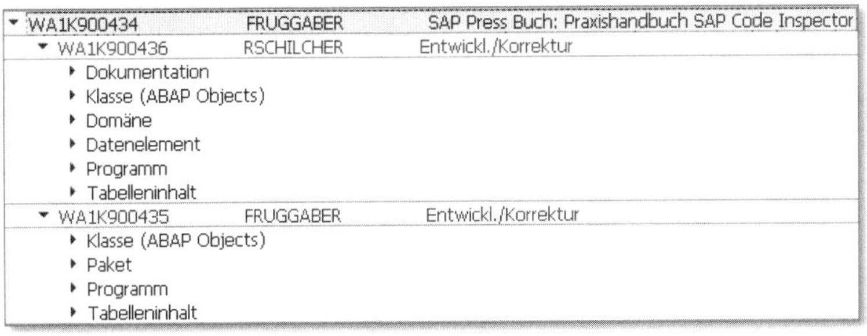

Abbildung 3.10 Transportauftrag und Transportaufgabe

Der Ablauf der Prüfung bei Auftragsfreigabe ist hierbei wie folgt: Bei Freigabe der Transportaufgabe erfolgt noch keine Inspektion. Erst bei Freigabe des Transportauftrags erfolgt für die im Auftrag enthaltenen Objekte eine Inspektion durch den Code Inspector mit der Prüfvariante TRANSPORT. Zu beachten an dieser Stelle ist folgender Aspekt: Geprüft werden beim Transport nur ganze Rahmenprogramme, nicht einzelne Includes. Es wird eventuell auch Code geprüft, der gar nicht im aktuellen Transportauftrag enthalten ist. Beispielsweise wird beim Transport eines Funktionsbausteins die ganze Funktionsgruppe geprüft. Werden bei der Prüfung während der Auftragsfreigabe Meldungen (Warnungen oder Fehler) erzeugt, erscheint ein entsprechender Dialog mit dem Hinweis darauf (siehe Abbildung 3.11, hier wird die Auftragsfreigabe aus Transaktion SE80 heraus gezeigt).

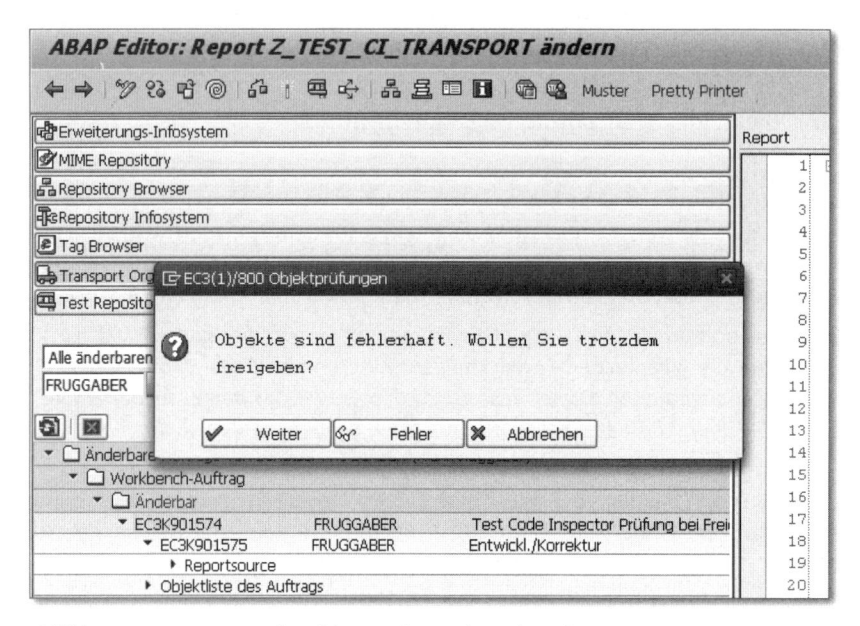

Abbildung 3.11 Hinweis auf Meldungen bei Auftragsfreigabe

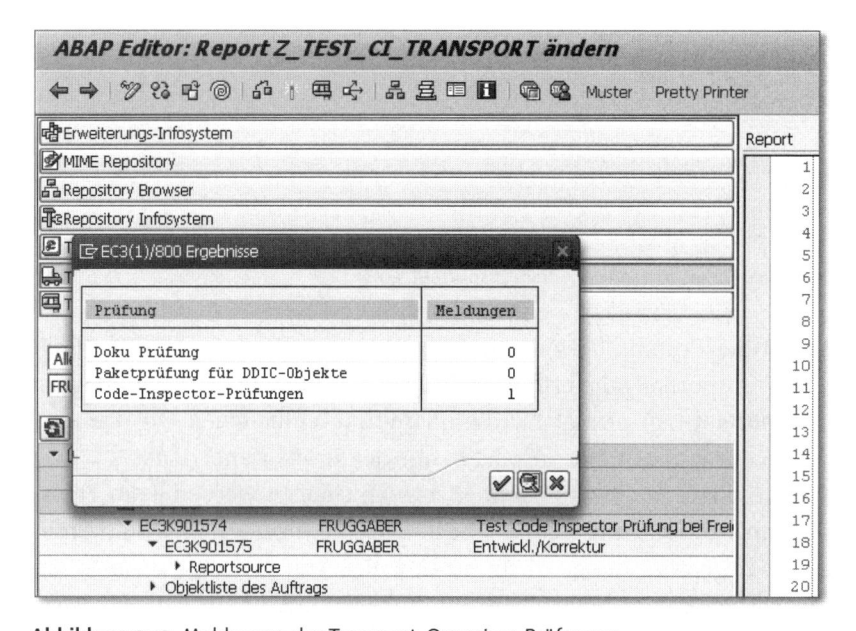

Abbildung 3.12 Meldungen der Transport-Organizer-Prüfungen

Hierbei kann der Benutzer nun selbst entscheiden, ob er sich die Meldungen anschauen (Button FEHLER,) und gegebenenfalls Korrekturen vornehmen oder ob er die Meldungen einfach ignorieren und die Auftragsfreigabe trotzdem fortsetzen (Button WEITER,) möchte. Sofern er auf den Button FEHLER geklickt hat, erscheint ein Dialog mit einer Übersicht über die Meldungen aus den Transport-Organizer-Prüfungen (siehe Abbildung 3.12).

Mit einem Doppelklick auf die Zeile mit den Meldungen der CODE-INSPECTOR-PRÜFUNGEN gelangt der Benutzer in die Ergebnisliste der Code-Inspector-Inspektion. Klickt der Benutzer allerdings in diesem Dialog auf den OK-Button ( ), wird die Freigabe des Transportauftrags direkt fortgesetzt.

> **Hinweis** [+]
>
> Die Möglichkeit, über das Customizing des Transport Organizers eine automatische Prüfung durch den Code Inspector durchführen zu lassen, greift erst zum Zeitpunkt der Auftragsfreigabe. Je nachdem, wie Sie Ihre Entwicklungen bündeln, kann aber dieser Zeitpunkt zu spät sein, und Sie möchten die Prüfung bereits zum Zeitpunkt der Aufgabenfreigabe zu einem Transportauftrag ausführen. Dies erreichen Sie nur, indem Sie vorgehen, wie im folgenden Abschnitt 3.4 beschrieben.
>
> Transportaufträge können mit der in diesem Abschnitt vorgestellten Variante freigegeben werden, auch wenn der Code Inspector bei seiner Inspektion Meldungen erzeugt hat.

3.4 Objektprüfungen bei Aufgabenfreigabe

Sollte Ihnen die in Abschnitt 3.3, »Objektprüfungen bei Auftragsfreigabe«, dargestellte Möglichkeit der Prüfung bei Auftragsfreigabe nicht ausreichen bzw. nicht zu Ihrem Entwicklungsvorgehen passen, zeigen wir Ihnen im Folgenden eine Vorgehensweise, die wesentlich mehr Alternativen zur Verfügung stellt.

Stellen Sie sich folgendes Szenario vor: Ihre Entwicklungen sind so organisiert, dass Sie zusammengehörige Softwarekomponenten von mehreren Entwicklern in einem Transportauftrag bündeln und für jeden Entwickler eine Aufgabe in diesem Transportauftrag anlegen (siehe hierzu auch den Hinweis in Abschnitt 3.3). Sie möchten nun erreichen, dass jeder Entwickler dazu gezwungen wird, nur diejenigen seiner Entwicklungsaufgaben freigeben zu können, die vorher von einer bestimmten Code-Inspector-Prüfvariante ohne Fehler oder Warnungen geprüft worden sind.

Zwei Aspekte sind hierbei nicht durch die in Abschnitt 3.3 beschriebenen Möglichkeiten abzubilden:

- Die Code-Inspector-Prüfung soll bereits bei Freigabe der Aufgabe eines Transportauftrags erfolgen.
- Bei Auftreten von Fehlern oder Warnungen darf die Aufgabe nicht freigegeben werden können.

Zusammen mit dem SAP-Transportwesen wurden von SAP auch einige BAdIs entwickelt, die es Ihnen erlauben, eigene Erweiterungen an bestimmten Stellen des Transportprozesses einzubauen. Und genau diese Erweiterungsmöglichkeiten können dazu genutzt werden, um bei der Freigabe einer Transportaufgabe eine Code-Inspector-Prüfung einzubauen. Das passende BAdI hierfür lautet: CTS_REQUEST_CHECK. Mit dem BAdI-Builder (Transaktion SE18 bzw. SE19) können Sie weitere Details zu diesem BAdI erfahren. Eine Dokumentation zu diesem BAdI können Sie in der Transaktion SE18 aufrufen, indem Sie im Feld BADI-NAME den Wert CTS_REQUEST_CHECK eingeben und dann auf den ANZEIGEN-Button klicken (siehe Abbildung 3.13).

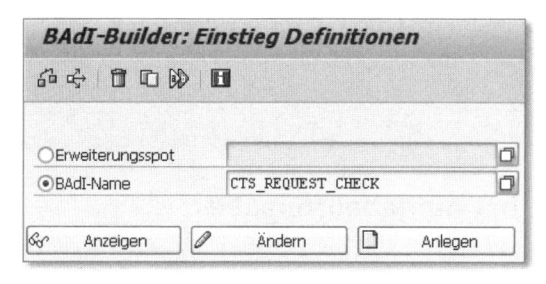

Abbildung 3.13 BAdI-Builder SE18

Im darauffolgenden Bildschirm können Sie die Dokumentation zu den einzelnen Methoden des BAdIs über den Button DOKUMENTATION einsehen. Die Methode, die für unsere Zwecke exakt passt, ist check_before_release. Diese wird entgegen der Dokumentation nicht erst vor der Freigabe eines Transportauftrags, sondern bereits bei der Freigabe einer Transportaufgabe durchlaufen.

Um Ihnen ein konkretes und nachvollziehbares Beispiel zu geben, entwickeln wir im Folgenden Schritt für Schritt eine Beispielimplementierung, die die zwei Aspekte des Szenarios umsetzen wird. Diese beiden Aspekte waren:

- Prüfung durch den Code Inspector bereits bei der Freigabe einer Transportaufgabe

▶ Sofern Fehler- oder Warnmeldungen bei der Prüfung aufgetreten sind, darf die Transportaufgabe nicht freigegeben werden können.

Die Beispielimplementierung können Sie auf der Bonus-Seite zu diesem Buch herunterladen, die Sie unter *http://www.sap-press.de/2525* aufrufen können. Und wie der Name schon sagt, ist es zwar ein voll funktionsfähiges und in sich schlüssiges Beispiel, aber eben nur ein Beispiel. Sie können (und sollen) dieses Beispiel als Ausgangspunkt für Ihre Anforderungen verwenden und entsprechend an Ihre Bedürfnisse anpassen bzw. erweitern.

Als Erstes müssen Sie eine Implementierung für das Transport-BAdI anlegen. Dazu gehen Sie in Transaktion SE19, wählen im Bereich IMPLEMENTIERUNG ANLEGEN die Option KLASSISCHES BADI aus und tragen im Feld BADI-NAME den Wert CTS_REQUEST_CHECK ein (siehe Abbildung 3.14). Dann legen Sie Ihre eigene Implementierung über den Button IMPL. ANLEGEN (🗋) an.

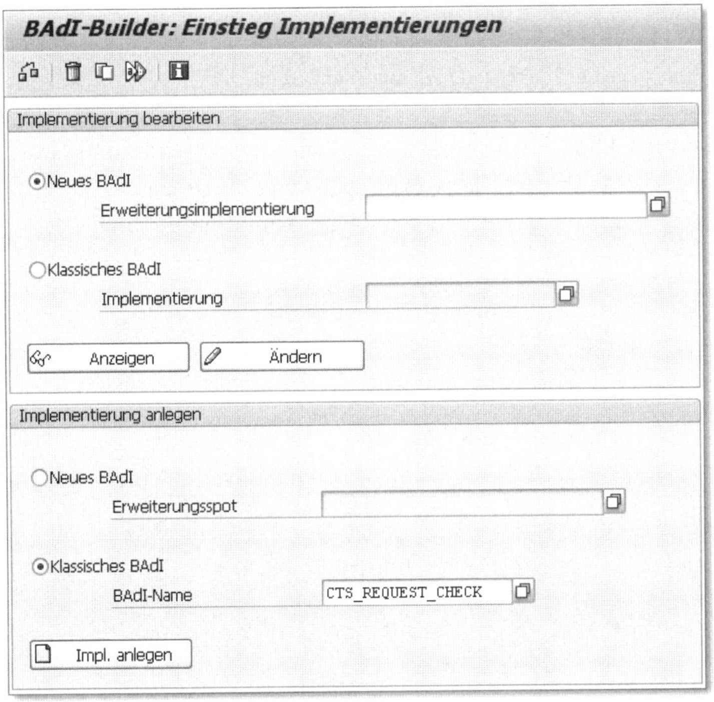

Abbildung 3.14 Implementierung für das Transport-BAdI anlegen

In unserem Beispiel heißt die kundeneigene Implementierung einfach Z_CTS_REQUEST_CHECK (siehe Abbildung 3.15).

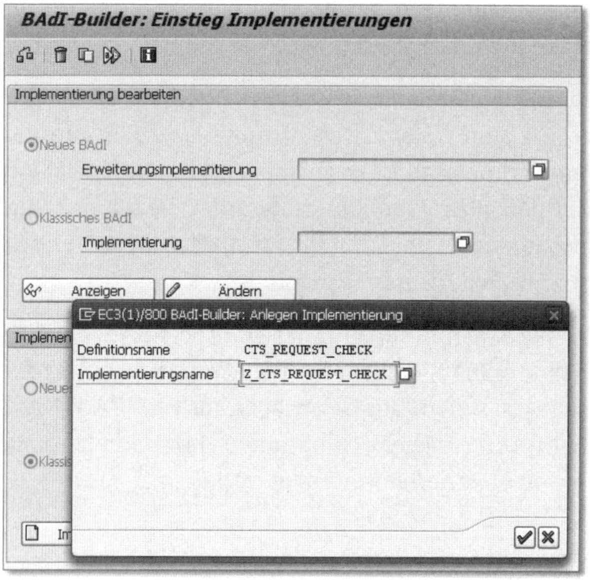

Abbildung 3.15 Anlegen einer kundeneigenen Implementierung

Im darauffolgenden Bildschirm müssen Sie noch eine Beschreibung sowie beim Sichern den Namen des Entwicklungspaketes angeben, in dem die Implementierung gespeichert werden soll (siehe Abbildung 3.16).

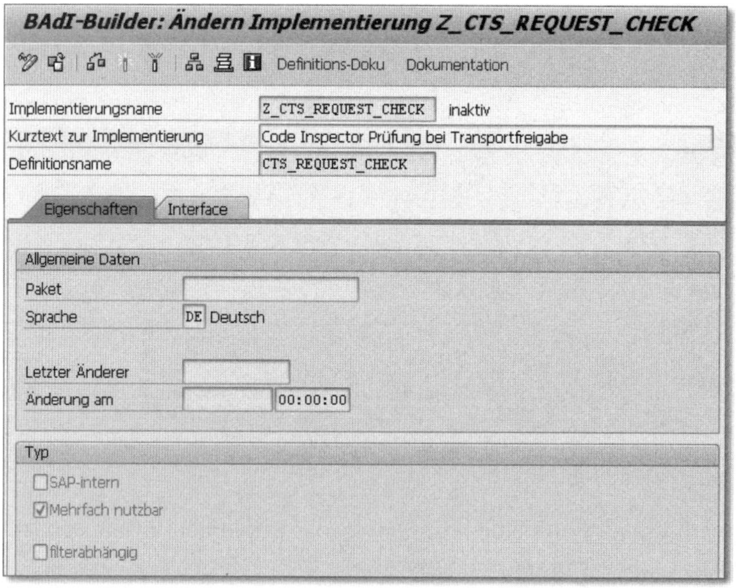

Abbildung 3.16 Kundeneigene Implementierung

Durch einen Doppelklick auf die Methode check_before_release auf der Registerkarte INTERFACE gelangen Sie direkt in die Methodenimplementierung der erzeugten ABAP-Objects-Klasse, die bei der BAdI-Implementierung angelegt wurde (siehe Abbildung 3.17).

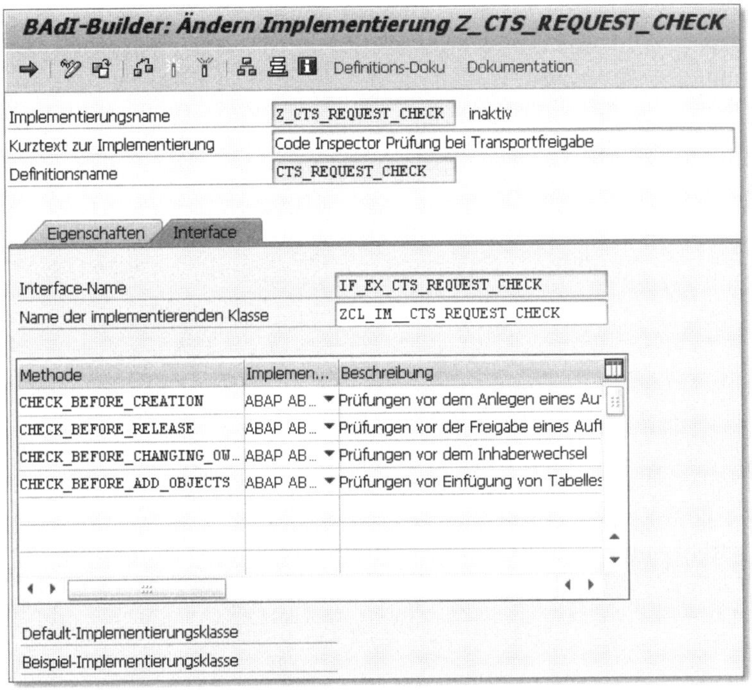

Abbildung 3.17 Interface der kundeneigenen Implementierung

Um zu prüfen, ob Ihre BAdI-Implementierung prinzipiell funktioniert, können Sie über den AKTIVIEREN-Button ( ) in Transaktion SE19 die BAdI-Implementierung und die erzeugte Klasse aktivieren. Öffnen Sie dann mit einem Doppelklick die Methode check_before_release, und setzen Sie hier einen externen Breakpoint auf die Zeile mit der Anweisung ENDMETHOD. Wenn Sie nun eine Transportaufgabe freigeben, sollte der Debugger an genau dieser Stelle stehen bleiben.

Als Nächstes müssen Sie in der Methode check_before_release prüfen, ob es sich bei der aktuellen Freigabe um die Freigabe eines Transportauftrags oder um die Freigabe einer Aufgabe eines Transportauftrags handelt. Dies lässt sich zum Beispiel in der Tabelle E070 herausfinden, die die Header der Transportaufträge beinhaltet. Steht in der Spalte strkorr (= übergeordneter Auftrag) ein Wert, bedeutet dies, dass es sich um eine Aufgabe eines Transportauftrags handelt. Listing 3.1 zeigt die entsprechende Abfrage sowie den Aufruf der beschriebenen Methode `sci_check`.

```abap
METHOD if_ex_cts_request_check~check_before_release.
  DATA: lf_e070 TYPE e070.

* Zuerst müssen wir prüfen, ob es sich um die Freigabe eines
* Transportauftrags oder einer Aufgabe eines
* Transportauftrags handelt.
  SELECT SINGLE * INTO lf_e070
    FROM e070
    WHERE trkorr = request.
  IF sy-subrc <> 0.
*   Fehler-Handling
    MESSAGE i001(zsci) WITH request.
*   Zum TA &1 konnte kein Header gefunden werden!
    RAISE cancel.
  ENDIF.

* Prüfen, ob es sich um eine Aufgabe eines
* Transportauftrags handelt
  IF lf_e070-strkorr IS NOT INITIAL.
*   In diesem Fall möchten wir für alle Objekte der Aufgabe
*   eine Code-Inspector-Inspektion durchführen
    CALL METHOD sci_check
      EXPORTING
        request = request
        objects = objects
      EXCEPTIONS
        cancel  = 1
        OTHERS  = 2.
    IF sy-subrc <> 0.
*     Ein RAISE CANCEL in der Methode SCI_CHECK
*     wird hier direkt weitergereicht, damit die
*     Freigabe des Transportauftrags abgebrochen wird
      RAISE cancel.
    ENDIF.
  ENDIF.

ENDMETHOD.
```

Listing 3.1 Methode »if_ex_cts_request_check~check_before_release«

Für den eigentlichen Aufruf des SAP Code Inspectors legen Sie eine neue private Methode `sci_check` in der Klasse `zcl_im__cts_request_check` an, die die beiden Importing-Parameter `request` und `objects` aus der Methode `if_ex_cts_request_check~check_before_release` übernimmt (siehe Abbildung 3.18).

3.4 | Objektprüfungen bei Aufgabenfreigabe

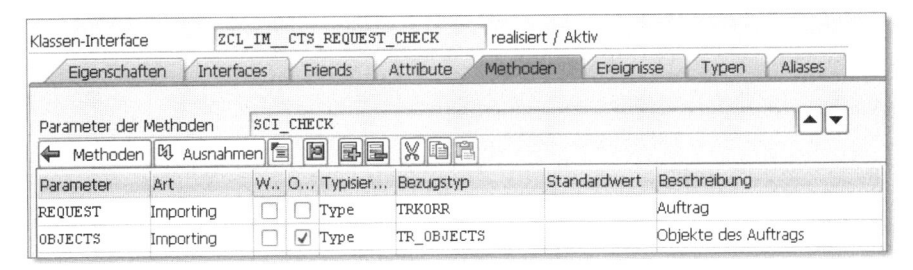

Abbildung 3.18 Parameter der Methode »sci_check«

Um die Beispielimplementierung möglichst simpel und damit nachvollziehbar zu halten, legen Sie genauso wie bei der Methode `if_ex_cts_request_check~check_before_release` eine klassische Ausnahme mit dem Namen `cancel` für die Methode `sci_check` an (siehe Abbildung 3.19).

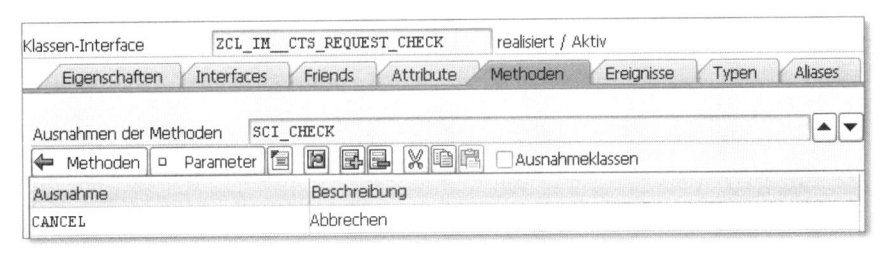

Abbildung 3.19 Ausnahmen der Methode »sci_check«

In der Methode `sci_check` werden wir, wie schon in Kapitel 1, »Einsatz des SAP Code Inspectors«, beschrieben, die einzelnen Schritte zu einer Code-Inspector-Inspektion durchführen. Zuerst werden wir eine Prüfvariante festlegen, dann eine Objektmenge erzeugen und schließlich eine Inspektion anlegen, die die Prüfvariante und die Objektmenge vereint. Glücklicherweise gibt es zu all diesen Bereichen bereits fertige Zugriffsmethoden in den Code-Inspector-Klassen im Entwicklungspaket `s_code_inspector`.

Im Folgenden erklären wir Ihnen Schritt für Schritt den Aufbau der Methode `sci_check`. Das komplette Beispiel inklusive der verwendeten kundeneigenen Objekte finden Sie auf der Bonus-Seite zu diesem Buch unter *http://www.sap-press.de/2525*.

Der erste Schritt in der neu angelegten Methode `sci_check` besteht nun darin, eine Referenz auf eine bereits bestehende Prüfvariante zu erstellen. Hierfür gibt es in der Klasse `cl_ci_checkvariant` die Methode `get_ref`. Über die Parameter `p_name` und `p_user` können wir den Namen der Prüfvariante und – im Fall einer lokalen Prüfvariante – den Benutzernamen mitgeben, unter dem die Prüfvariante angelegt wurde. Das entsprechende Coding dazu sieht dann wie in Listing 3.2 aus.

```abap
  DATA: h_sci_chkv       TYPE sci_chkv,
        h_user           TYPE sci_user,
        lr_ci_checkvariant TYPE REF TO cl_ci_checkvariant.

* In diesem Beispiel verwenden wir die globale Prüfvariante Z_TEST.
* Wenn Sie eine andere Prüfvariante verwenden möchten,
* können Sie diese in der Variablen h_sci_chkv mitgeben
  h_sci_chkv = 'Z_TEST'.

* Der Parameter p_user muss bei lokalen Prüfvarianten
* den SAP-Benutzernamen des Erstellers der Prüfvariante beinhalten.
* Also zum Beispiel h_user = 'FRUGGABER'.
* Bei globalen Prüfvarianten bleibt dieser Parameter leer
  CLEAR h_user

* Instanz der entsprechenden Prüfvariante erzeugen
  CALL METHOD cl_ci_checkvariant=>get_ref
    EXPORTING
      p_user           = h_user      "Name des Erstellers
      p_name           = h_sci_chkv  "Name der Prüfvariante
    RECEIVING
      p_ref            = lr_ci_checkvariant
    EXCEPTIONS
      chkv_not_exists  = 1
      missing_parameter = 2
      OTHERS           = 3.
  IF sy-subrc <> 0.
    IF sy-subrc = 1.
      MESSAGE i003(zsci) WITH h_sci_chkv.
*     Die angegebene Prüfvariante &1 existiert nicht.
    ELSEIF sy-subrc <> 0.
      MESSAGE i004(zsci) WITH h_sci_chkv.
*     Fehler beim Ermitteln der Prüfvariante &1
    ENDIF.
    RAISE cancel.
  ENDIF.
```

Listing 3.2 Erzeugen einer Referenz auf eine Code-Inspector-Prüfvariante

Das Fehler-Handling innerhalb der Methode `sci_check` haben wir überall gleich gestaltet: Da die entsprechenden Code-Inspector-Klassen nur klassische Ausnahmen mit RAISE werfen, erzeugen wir eigene Nachrichten vom Typ Information, damit diese als Dialog bei der Freigabe des Transportauftrags erscheinen. Danach brechen wir die Verarbeitung der Methode sci_ check der Einfachheit halber mit einer klassischen Ausnahme cancel ab, die dann innerhalb der aufrufenden Methode check_before_release der BAdI-Implementierung ebenso geworfen wird und die Freigabe des Transportauftrags abbricht.

Wir haben an dieser Stelle aus Gründen der Übersichtlichkeit auf die Verwendung der wesentlich mächtigeren, klassenbasierten Ausnahmen sowie auf die Auslagerung der Funktionalität der Methode sci_check in eine eigene Klasse verzichtet. In einer produktiven Implementierung sollten Sie dies aber aus Gründen der Erweiterbarkeit und der sauberen Kapselung auf jeden Fall in Betracht ziehen.

Der nächste Schritt in der Methode sci_check besteht darin, eine Referenz auf die Objektmenge zu erzeugen. Wie wir bereits in Abschnitt 1.2.3 gezeigt haben, kann eine Objektmenge auch über die Nummer eines Transportauftrags erstellt werden. Genau diese Vorgehensweise haben wir in unserem Beispiel auch gewählt, wie Listing 3.3 zeigt. Die Nummer der Aufgabe des Transportauftrags, deren Inhalt wir prüfen möchten, erhalten wir aus dem Importing-Parameter request der Methode sci_check, der von der aufrufenden Methode if_ex_cts_request_check~check_before_release gefüllt wird.

```abap
  DATA: lr_ci_objectset TYPE REF TO cl_ci_objectset.

* Referenz auf die Code-Inspector-Objektmenge erzeugen
  CALL METHOD cl_ci_objectset=>get_ref
    EXPORTING
      p_type                  = cl_ci_objectset=>c_0kor
                                "Objekttyp 'Auftrag'
      p_korr                  = request "Nummer des TAs
    RECEIVING
      p_ref                   = lr_ci_objectset
    EXCEPTIONS
      missing_parameter       = 1
      objs_not_exists         = 2
      invalid_request         = 3
      object_not_exists       = 4
      object_may_not_be_checked = 5
      no_main_program         = 6
      OTHERS                  = 7.
  IF sy-subrc <> 0.
    MESSAGE i005(zsci) WITH request.
* Fehler beim Ermitteln der Objektmenge für
* Transportauftrag &1
    RAISE cancel.
  ENDIF.
```

```
* Prüfen, ob es überhaupt Objekte in der SCI-
* Objektmenge gibt
  IF lr_ci_objectset->iobjlst-objects[] IS INITIAL.
*   In diesem Fall kann auch nichts geprüft werden
*   und somit die Freigabe des Transportauftrags fortgesetzt
*   werden
    RETURN.
  ENDIF.
```

Listing 3.3 Erzeugen einer Referenz auf eine Code-Inspector-Objektmenge

Für den Fall, dass die erzeugte Objektmenge keine Objekte enthält (siehe Prüfung am Ende von Listing 3.3), kann die Freigabe des Transportauftrags ohne Fehler fortgeführt werden, da eine Code-Inspector-Inspektion bei einer leeren Objektmenge keine Fehler finden würde.

Nachdem wir jeweils eine Referenz für die Prüfvariante und die Objektmenge erstellt haben, müssen wir nur noch eine Referenz auf die Inspektion erzeugen und dieser die Prüfvariante und die Objektmenge zuordnen. Die Klasse cl_ci_inspection bietet für das Erzeugen einer Referenz auf eine Inspektion die Methode create. Über die Parameter p_user, p_name und p_text können Sie die erzeugte Inspektion auch so speichern, dass Sie diese über Transaktion SCI aufrufen können. Die Zuordnung der Prüfvariante und der Objektmenge erfolgt dann über die Methode set der Klasse cl_ci_inspection (siehe Listing 3.4).

```
  DATA: lr_ci_checkvariant TYPE REF TO cl_ci_checkvariant,
        lr_ci_objectset    TYPE REF TO cl_ci_objectset,
        lr_ci_inspection   TYPE REF TO cl_ci_inspection.

* Referenz auf die SCI-Inspektion
* Die Parameter p_user, p_name und p_text können gefüllt
* werden, wenn Sie die Inspektion auch aus Transaktion
* SCI heraus aufrufen möchten
  CALL METHOD cl_ci_inspection=>create
    EXPORTING
      p_user             = space "Ersteller
      p_name             = space "Name der Inspektion
*     p_text             =       "Beschreibung der Inspektion
    RECEIVING
      p_ref              = lr_ci_inspection
    EXCEPTIONS
      insp_already_exists = 1
      insp_not_exists     = 2
      locked              = 3
      error_in_enqueue    = 4
```

```abap
      not_authorized    = 5
      limit_reached     = 6
      OTHERS            = 7.
  IF sy-subrc <> 0.
    MESSAGE i006(zsci) WITH request.
*   Fehler beim Erzeugen der Inspektion für
*   Transportauftrag &1
    RAISE cancel.
  ENDIF.

* Der Inspektion müssen wir dann noch die Prüfvariante und
* die Objektmenge mitgeben
  CALL METHOD lr_ci_inspection->set
    EXPORTING
      p_chkv     = lr_ci_checkvariant
      p_objs     = lr_ci_objectset
    EXCEPTIONS
      not_enqueued = 1
      OTHERS       = 2.
  IF sy-subrc <> 0.
    MESSAGE i007(zsci) WITH request.
*   Fehler beim Setzen der Prüfv./Objektm. zur Inspektion
*   TA &1
    RAISE cancel.
  ENDIF.
```

Listing 3.4 Erzeugen einer Referenz auf die Code-Inspector-Inspektion

Wie in Transaktion SCI müssen wir, nachdem wir die Inspektion angelegt haben, diese nun auch ausführen (siehe Listing 3.5). Damit eine Inspektion, zum Beispiel nach einer Änderung des Quellcodes, erneut ausgeführt werden kann, müssen wir die Methode `enable_rerun` der Klasse `cl_ci_inspection` für die in Listing 3.4 erzeugte Referenz auf die Inspektion aufrufen. Die eigentliche Ausführung der Inspektion wird dann über die Methode `run` ausgelöst. Weitere Details zur Methode `run` finden Sie in Kapitel 4, »Programmierung eigener Prüfungen für den SAP Code Inspector«, in dem die Vorgehensweise für die Implementierung einer eigenen Code-Inspector-Prüfung beschrieben wird.

```abap
DATA: lr_ci_inspection TYPE REF TO cl_ci_inspection.

* Damit die Inspektion auch erneut ausgeführt werden kann,
* müssen wir die Methode 'ENABLE_RERUN' für die Instanz
* aufrufen
  lr_ci_inspection->enable_rerun( ).
```

```abap
* Und schließlich müssen wir die Inspektion durchführen
  CALL METHOD lr_ci_inspection->run
    EXPORTING
      p_howtorun            = 'D' "für direktes Ausführen
    EXCEPTIONS
      missing_information   = 1
      cancel_popup          = 2
      insp_already_run      = 3
      no_object             = 4
      too_many_objects      = 5
      could_not_read_variant = 6
      locked                = 7
      objs_locked           = 8
      error_in_objs_build   = 9
      invalid_check_version = 10
      just_running          = 11
      error_in_batch        = 12
      not_authorized        = 13
      no_server_found       = 14
      OTHERS                = 15.
  IF sy-subrc <> 0.
    MESSAGE i008(zsci) WITH request.
*   Fehler beim Durchführen der Inspektion für
*   Transportauftrag &1
    RAISE cancel.
  ENDIF.
```

Listing 3.5 Ausführen der Code-Inspector-Inspektion über die Methode »run«

Die Code-Inspector-Inspektion ruft für alle Prüfungen der entsprechenden Prüfvariante jeweils deren run-Methode auf. Über den Parameter p_howtorun können Sie festlegen, wie die Ausführung der Inspektion erfolgen soll. Die Konstanten c_run_... der Klasse cl_ci_inspection geben die möglichen Ausführungsvarianten an (siehe auch Tabelle A.2). Da wir in unserem Beispiel auch direkt das Ergebnis der Prüfung wissen möchten, ist nur eine sofortige Ausführung sinnvoll (leider sind die jeweiligen Konstanten der Klasse cl_ci_inspection alle vom Typ private, daher haben wir hier den zugehörigen Festwert 'D' angegeben).

Die Aufgabenstellung dieses kleinen Beispiels lautete, im Fall von gefundenen Fehlern oder Warnungen bei der Code-Inspector-Inspektion die Freigabe der Transportaufgabe zu verhindern. Um feststellen zu können, ob in unserer Inspektion Fehler oder Warnungen aufgetreten sind, müssen wir die Prüfergebnisse auswerten. Hierfür gibt es in der Klasse cl_ci_tests die Methode get_result_tree, der wir über den Parameter p_insp_ref die in

Listing 3.4 erzeugte Instanz der Inspektion mitgeben können. Als Resultat erhalten wir dann den Ergebnisbaum, wie Sie ihn bereits in Kapitel 1, »Einsatz des SAP Code Inspectors«, in grafisch aufbereiteter Form kennengelernt haben.

Der Ergebnisbaum ist wiederum eine Instanz der Klasse cl_ci_tests. Diese Instanz hat als ein Attribut den obersten Knoten des Ergebnisbaums (Attribut tree), der wiederum als Attribute die Anzahl der Fehler (Attribut err_cnt) und Warnungen (Attribut warn_cnt) zur Verfügung stellt. Letztendlich soll im Fall von gefundenen Fehlern oder Warnungen das Ergebnis der Inspektion angezeigt werden. Hierfür gibt es den Funktionsbaustein sci_show_results, der als Parameter p_ins_ref die Instanz der Inspektion benötigt. Listing 3.6 zeigt die Vorgehensweise in unserem Beispiel.

```abap
  DATA: lr_ci_inspection TYPE REF TO cl_ci_inspection,
        lr_ci_tests TYPE REF TO cl_ci_tests.

* Dazu möchten wir die Ergebnisse auswerten und prüfen, ob
* Meldungen (Fehler oder Warnungen) aufgetreten sind
  CALL METHOD cl_ci_tests=>get_result_tree
    EXPORTING
      p_insp_ref        = lr_ci_inspection
    RECEIVING
      p_tree            = lr_ci_tests
    EXCEPTIONS
      invalid_results   = 1
      invalid_category  = 2
      invalid_class_name = 3
      OTHERS            = 4.
  IF sy-subrc <> 0.
    MESSAGE i009(zsci) WITH request.
*   Fehler beim Ermitteln des Ergebnisses zur Inspektion für
*   TA &1
    RAISE cancel.
  ENDIF.

* Prüfen, ob Fehler oder Warnungen aufgetreten sind
  IF lr_ci_tests IS BOUND.
    IF lr_ci_tests->tree->err_cnt IS NOT INITIAL
      OR lr_ci_tests->tree->warn_cnt IS NOT INITIAL.
*     In diesem Fall eine Infomeldung ...
      MESSAGE i002(zsci).
*   Bei der Code-Inspector-Prüfung sind Warnungen/Fehler
*   aufgetreten!
```

```
*      ...und die Prüfergebnisse ausgeben
       CALL FUNCTION 'SCI_SHOW_RESULTS'
         EXPORTING
           p_insp_ref = lr_ci_inspection.

*      ...und die Freigabe abbrechen
       RAISE cancel.
     ENDIF.
  ENDIF.
```

Listing 3.6 Auswerten der Ergebnisse der Code-Inspector-Inspektion

Aus Sicht eines Entwicklers würde die versuchte Freigabe einer fehlerhaften Transportaufgabe dann wie nachfolgend beschrieben aussehen. Bei der Freigabe einer Transportaufgabe wird im Hintergrund eine Code-Inspector-Inspektion auf die Entwicklungsobjekte der Transportaufgabe ausgeführt. Werden hierbei Fehler- oder Warnmeldungen gefunden, erscheint eine Hinweismeldung, wie sie in Abbildung 3.20 zu sehen ist.

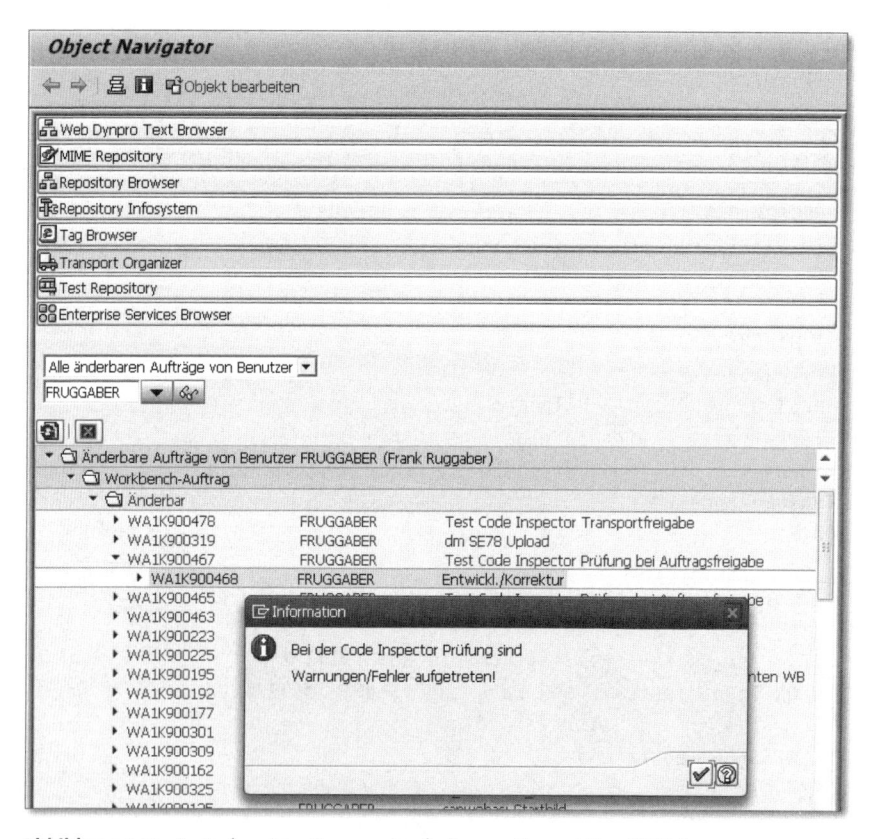

Abbildung 3.20 Freigabe einer Transportaufgabe aus Transaktion SE80 heraus

Bestätigt der Entwickler diese Meldung über den OK-Button (✓), werden ihm die Ergebnisse der Inspektion aufgelistet (siehe Abbildung 3.21).

Code Inspector: Ergebnisse					
Meldungen					
	Tests		Fehler	Warn...	Infor...
	Liste der Prüfungen		0	1	0
	Performance-Prüfungen		0	1	0
	Analyse der WHERE-Bedingung für SELECT		0	0	0
	Analyse der WHERE-Bedingung für UPDATE und DELETE		0	0	0
	SELECT-Anweisungen, die am Tabellenpuffer vorbei lesen		0	1	0
	Warnungen		0	1	0
	Meldungscode 0051		0	1	0
	==> Zugriff auf einzelsatzgepufferte Tabelle TADIR kann				
	Puffer nicht nutzen				
	SELECT-Anweisungen mit anschließendem CHECK		0	0	0
	SELECTs in Schleifen		0	0	0
	Ändernde Datenbank-Zugriffe in Schleifen		0	0	0
	Geschachtelte Schleifen		0	0	0
	Inperformante Operationen auf internen Tabellen		0	0	0
	Kopieren großer Datenobjekte		0	0	0
	Inperformante Parameterübergaben		0	0	0
	Kopieren der aktuellen Tabellenzeile bei LOOP AT ...		0	0	0
	'EXIT' oder keine Anweisung in SELECT...ENDSELECT Schleife		0	0	0
	Invalidierung des SAP-Tabellenpuffers		0	0	0
	Verwendung von Indizes in der SELECT-Anweisung		0	0	0
	Instanzerzeugung von BAdIs		0	0	0
	Prüfung der Tabelleneigenschaften		0	0	0
	SELECT INTO CORRESPONDING FIELDS bei gepufferten Tabellen		0	0	0

Abbildung 3.21 Ergebnisse einer Inspektion mit Fehlern oder Warnungen

Daher kann der Entwickler eine solche Transportaufgabe so lange nicht freigeben, wie er die Fehler oder Warnungen nicht korrigiert hat.

In der Praxis kann es aber auch durchaus den Fall geben, bei dem es möglich sein muss, trotz Warnungen oder sogar Fehlern bei einer Code-Inspector-Inspektion transportieren zu können. Dies wird insbesondere dann der Fall sein, wenn Sie eine solch restriktive Prüfung in Ihrem SAP-Entwicklungssystem neu einführen und scharf schalten. Mit Sicherheit möchten Sie nicht jede bereits bestehende kundeneigene Entwicklungseinheit, die nach Ihrer Prüfvariante für den Transport Fehler oder Warnungen beinhaltet, komplett korrigieren, nur weil Sie im Rahmen eines Bugfixings eine kleine Fehlerkorrektur vorgenommen haben. Denn hier prüft die Code-Inspector-Inspektion nicht nur den Codeausschnitt, der geändert wurde, sondern das vollständige TADIR-Entwicklungsobjekt, zu dem der geänderte Codeausschnitt gehört.

Eine einfache Möglichkeit für eine bedingte Transportfreigabe besteht zum Beispiel darin, über eine kundeneigene Berechtigung, die nur bestimmten Mitarbeitern aus dem Qualitätsmanagement bereitgestellt wird, anstelle eines direkten Abbruchs nach Anzeige des Code-Inspector-Ergebnisses eine Sicherheitsabfrage zur Verfügung zu stellen, ob diese die Transportaufgabe trotz Fehlern oder Warnungen freigeben möchten.

> **Hinweis**
>
> Die in diesem Abschnitt aufgezeigten Möglichkeiten einer automatisierten Code-Inspector-Prüfung im Freigabeprozess des SAP-Transportwesens bieten Ihnen einen viel restriktiveren Ansatz als die aus Abschnitt 3.3, »Objektprüfungen bei Auftragsfreigabe«. Vor der Einführung eines solchen Ansatzes sollten Sie sich aber zuerst einmal genau mit den im täglichen Entwicklungsprozess auftretenden Code-Inspector-Meldungen auseinandersetzen, um nicht am Ende von einer Vielzahl von Ausnahmen »erschlagen« zu werden. Dazu müssen Sie zunächst herausfinden, welche Code-Inspector-Prüfungen in Ihrem SAP-Entwicklungsumfeld sinnvoll sind und welche nicht. Genau diese Informationen finden Sie in Kapitel 5, »Standardprüfungen des SAP Code Inspectors«.

3.5 Externe Programmierschnittstelle des SAP Code Inspectors

In Abschnitt 3.4, »Objektprüfungen bei Aufgabenfreigabe«, haben wir Ihnen bereits ein Beispiel für die Einbindung des SAP Code Inspectors in kundeneigene Programme aufgezeigt. Dabei haben wir die folgenden ABAP-Klassen aus dem Paket s_code_inspector verwendet:

- cl_ci_checkvariant für die Verwaltung von Prüfvarianten
- cl_ci_objectset für die Verwaltung von Objektmengen
- cl_ci_inspection für die Verwaltung von Inspektionen
- cl_ci_tests für die Verwaltung von Prüfungen

Darüber hinaus gibt es die Klasse cl_ci_check, die eine externe Programmierschnittstelle des Code Inspectors darstellt (siehe Abbildung 3.22). Diese bietet für einfache Anwendungsfälle Methoden an, um den Code Inspector in kundeneigene Programme zu integrieren.

Die Methoden der Klasse cl_ci_check verwenden intern wiederum die aufgelisteten Klassen (zum Beispiel cl_ci_objectset), die auch wir in unserem Beispiel verwendet haben. Da wir im Beispiel in Abschnitt 3.4, »Objektprüfungen bei Aufgabenfreigabe«, die Objektmenge aus einem Transportauftrag ermitteln mussten, war es einfacher, dies über die entsprechende Methode der Klasse cl_ci_objectset zu tun, die einen Importing-Parameter für die Nummer des Transportauftrags zur Verfügung stellt, anstatt die Liste der

Objekte im Transportauftrag in die vom Code Inspector prüfbaren Objekte aufzulösen.

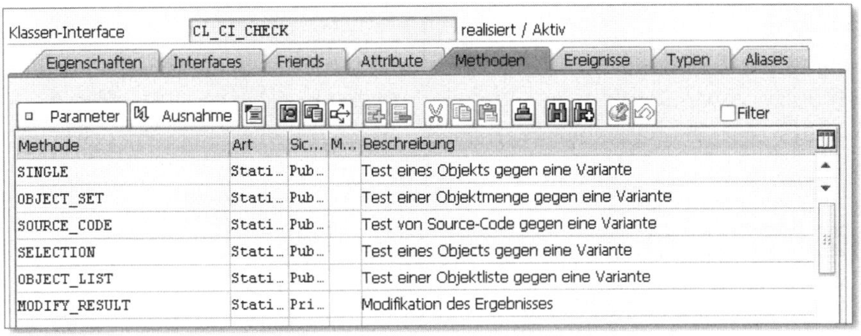

Methode	Art	Sic...	M...	Beschreibung
SINGLE	Stati...	Pub...		Test eines Objekts gegen eine Variante
OBJECT_SET	Stati...	Pub...		Test einer Objektmenge gegen eine Variante
SOURCE_CODE	Stati...	Pub...		Test von Source-Code gegen eine Variante
SELECTION	Stati...	Pub...		Test eines Objects gegen eine Variante
OBJECT_LIST	Stati...	Pub...		Test einer Objektliste gegen eine Variante
MODIFY_RESULT	Stati...	Pri...		Modifikation des Ergebnisses

Abbildung 3.22 Methoden der Klasse »cl_ci_check«

Die Methoden der Klasse cl_ci_check haben prinzipiell alle den gleichen Aufbau und neben anderen auch die folgenden gleichen Parameter:

- p_variant_user: Benutzer zur Variante
- p_variant: Prüfvariante
- p_ok: Ergebnisliste
- p_result: Ergebnis der Prüfung

Der Importing-Parameter p_variant_user wird bei lokalen (🔲) Prüfvarianten mit dem Benutzernamen des Erstellers der lokalen Prüfvariante gefüllt. Bei globalen (🔲) Prüfvarianten muss dieser Parameter leer bleiben. Der Name der Prüfvariante selbst wird über den Importing-Parameter p_variant mitgegeben.

Über den Exporting-Parameter p_ok können Sie feststellen, ob bei der Inspektion Meldungen (Fehler, Warnungen oder Informationen) erzeugt wurden (p_ok = space) oder nicht (p_ok = 'X'). Das Ergebnis der Inspektion können Sie im Exporting-Parameter p_result auswerten. Hier gibt es die Methode display_as_tree, mit der Sie die hierarchische Ergebnisdarstellung (siehe Abschnitt 1.2.4, »Inspektion«) in einem neuen Dynpro anzeigen lassen können.

3.5.1 Inspektion eines einzelnen TADIR-Objektes

Mit der Methode single der Klasse cl_ci_check können Sie für ein einzelnes TADIR-Objekt eine Inspektion durchführen. Hierzu müssen Sie die Parameter `p_obj_type` und `p_obj_name` mit den entsprechenden Werten aus der Tabelle TADIR füllen. Sie erhalten diese Werte auch aus der ABAP Workbench (Transaktion SE80), indem Sie im Menü SPRINGEN • OBJEKTKATALOGEINTRAG die Werte aus dem zweiten und dritten Anzeigefeld hinter OBJEKT eintragen. In dem in Abbildung 3.23 dargestellten Beispiel wäre als Parameter `p_obj_type` der Wert CLAS und als Parameter `p_obj_name` der Wert Z_FR_TEST für den Methodenaufruf zu setzen. In der Tabelle TADIR entspricht dies den Spalten object und obj_name.

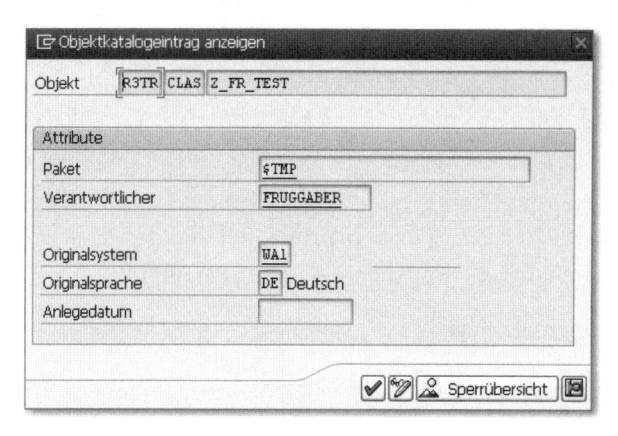

Abbildung 3.23 Beispiel für einen Objektkatalogeintrag

3.5.2 Inspektion mit einer bestehenden Objektmenge

Mit der Methode `object_set` der Klasse `cl_ci_check` können Sie für eine bereits bestehende Code-Inspector-Objektmenge (siehe Kapitel 1, »Einsatz des SAP Code Inspectors«) eine Inspektion durchführen. Die Parameter `p_objectset_user` und `p_objectset` haben hierbei die gleiche Struktur wie die Parameter `p_variant_user` und `p_variant`. Bei einer lokalen (📇) Objektmenge muss der Parameter `p_objectset_user` mit dem Ersteller der Objektmenge gefüllt werden, und bei einer globalen (🌐) Objektmenge muss dieser Wert leer bleiben. Mit dem Parameter `p_objectset` geben Sie dann den Namen der Objektmenge an.

3.5.3 Inspektion von Sourcecode

Mit der Methode `source_code` der Klasse `cl_ci_check` können Sie Sourcecode-Zeilen direkt einer Inspektion unterziehen. Den Sourcecode selbst können Sie beispielsweise mit dem ABAP-Befehl READ REPORT einlesen. Den eingelesenen Sourcecode können Sie dann über den Parameter `p_code` in Form einer String-Tabelle an diese Methode übergeben. Diese Methode legt dann vor der Prüfung über den ABAP-Befehl `INSERT REPORT` temporär einen ABAP-Report an, der am Ende der Methode wieder gelöscht wird. Damit es zu keinen Überschneidungen im Objekt-Repository kommt, wird als Name des Reports ein GUID (Globally Unique Identifier) generiert.

Die beiden optionalen Parameter `p_trdir` und `p_result_modify` sind nur für den SAP-internen Gebrauch gedacht und sollten daher nicht verwendet werden.

3.5.4 Inspektion einer Selektion von Objekten

Mit der Methode `selection` der Klasse `cl_ci_check` können Sie ähnlich wie auf der Registerkarte OBJMENGE SELEKTIEREN zur Anlage einer Objektmenge (siehe Abschnitt 1.2.3 und Abbildung 3.24) jeweils Select-Options für die einzelnen Objekttypen mitgeben.

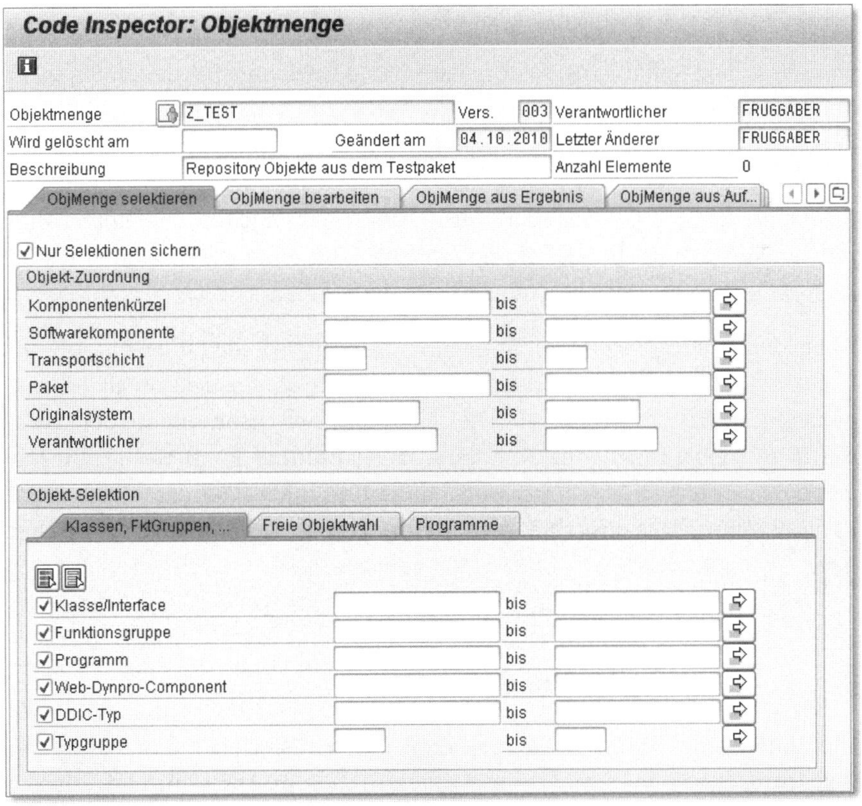

Abbildung 3.24 Anlage einer Objektmenge – Registerkarte »ObjMenge selektieren«

Die Parameter sind hierbei jeweils als Tabellentypen von Select-Options aufgebaut. Folgende Parameter stehen zur Verfügung, deren Felder bzw. Bereiche sich auf der Registerkarte OBJMENGE SELEKTIEREN wiederfinden (siehe Abbildung 3.24):

- p_tadir entspricht dem oberen Bereich OBJEKT-ZUORDNUNG.
- p_function_groups entspricht dem Feld FUNKTIONSGRUPPE.
- p_reports entspricht dem Feld PROGRAMM.
- p_classes entspricht dem Feld KLASSE/INTERFACE.
- p_ddic_types entspricht dem Feld DDIC-TYP.
- p_type_pools entspricht dem Feld TYPGRUPPE.

3.5.5 Inspektion einer Objektliste

Mit der Methode object_list der Klasse cl_ci_check kann für eine Liste von Objekten eine Inspektion durchgeführt werden. Über den Parameter p_objects können Sie eine Liste von TADIR-Objekten mitgeben, die geprüft werden sollen. Soll die Inspektion dauerhaft gespeichert werden, müssen Sie den Parameter p_insp_user mit dem SAP-Benutzernamen des Erstellers und den Parameter p_insp_name mit dem Namen der zu speichernden Inspektion füllen. Das Gleiche gilt für die Speicherung der Objektmenge, wobei Sie hier die Parameter p_objs_user und p_objs_name füllen müssen. In beiden Fällen müssen Sie auch noch den Parameter p_text mit einer Beschreibung für die zu speichernde Inspektion bzw. Objektmenge füllen.

Über den Parameter p_execute_parallel können Sie angeben, ob die Objektliste parallel (siehe hierzu auch Abschnitt 3.2, »Inspektion als Job einplanen«) inspiziert werden soll. Dies empfiehlt sich insbesondere bei größeren (> 50) Objektmengen. Eine verschärfte Prüfung können Sie mit dem Parameter p_ignore_pseudocomments durchführen, bei der dann auch durch Pseudokommentare ausgeblendete Meldungen in der Ergebnisliste erscheinen.

3.6 Erfahrungen aus der Praxis

Um Ihnen eine Hilfestellung für einen automatisierten Einsatz des Code Inspectors zu geben, schildern wir Ihnen in diesem Abschnitt einige in der Praxis gesammelte Erfahrungen.

3.6.1 Planung eines automatisierten Code-Inspector-Einsatzes

Generelles Ziel beim Einsatz des SAP Code Inspectors soll eine Steigerung der Codequalität sein. Damit diese kontinuierlich überwacht wird, empfehlen wir Ihnen, die in den Abschnitten 3.3, »Objektprüfungen bei Auftragsfreigabe«, und 3.4, »Objektprüfungen bei Aufgabenfreigabe«, vorgestellten Varianten für Ihr eigenes SAP-Projektumfeld auf mögliche Einsatzpunkte hin zu überprüfen.

Zuallererst sollten Sie aber grundlegende Fragen rund um den Prozess der Qualitätssicherung in der Entwicklung beantworten. Folgende Fragestellungen sollten unter anderem geklärt werden, um daraufhin den Prozess zu automatisieren:

- Sind die Qualitätsstandards dokumentiert, die Sie prüfen möchten (zum Beispiel in Form von Entwicklungsrichtlinien)? Nur mit dokumentierten Standards können zum Beispiel externe Partner diese einhalten. Und nur klar definierte Standards lassen sich in Code-Inspector-Prüfvarianten transferieren. Sollten in Ihrem SAP-Projektumfeld noch keine Entwicklungsrichtlinien für die SAP-Entwicklung vorhanden sein, bietet das Buch *ABAP-Programmierrichtlinien* (SAP PRESS, 2009) einen guten Ausgangspunkt.

- Gibt es Prozessverantwortliche (Process Owner), die die Qualitätsstandards definieren und deren Einhaltung überwachen können? Die Prozessverantwortlichen müssen beispielsweise auch als Ansprechpartner für Ausnahmeregelungen die letzte Instanz sein.

- Erwarten Sie von Ihren Entwicklern eine proaktive Qualitätssicherung ihres eigenen Codings? Mit dieser Fragestellung können Sie klären, ob es notwendig erscheint, periodische Prüfläufe zu etablieren, oder ob es ausreicht, eine Stichtagskontrolle durchzuführen.

- Welche Entwicklungskomponenten sollen überprüft werden? Zum einen kann es Komponenten geben, auf die ein besonderes Augenmerk gelegt werden soll, da diese zum Beispiel einen Bibliothekscharakter haben. Zum anderen kann es aber auch Komponenten geben, die weitestgehend von der Qualitätssicherung ausgeschlossen werden sollen, da es sich hierbei zum Beispiel um »Altlasten« handelt.

- Welche Ziele verfolgen Sie durch einen automatisierten Prozess der Qualitätssicherung? Diese Ziele können auch von System zu System unterschiedlich sein. So sollten zum Beispiel bei einem System, das eine direkte Verbindung zu externen Netzwerken hat, Sicherheitsaspekte im Vordergrund stehen.

- Welche Rolle spielt der SAP Code Inspector im Rahmen Ihres Prozesses zur Qualitätssicherung der Entwicklung? Wenn Sie im Prozess noch andere Werkzeuge einsetzen, sollten Sie hier klar abgrenzen, für welche Aufgaben der Qualitätssicherung Sie den Code Inspector einsetzen.
- In welchen Systemen werden die Entwicklungskomponenten geprüft? Generell ist hier unsere Empfehlung, den Code Inspector auf jeden Fall im Entwicklungssystem einzusetzen. Es kann aber auch Szenarien geben, bei denen ein mehrstufiger Einsatz sinnvoll sein kann. Hierbei könnten Sie bestimmte Prüfungen auf dem Entwicklungssystem durchführen und weitere Prüfungen auf dem Konsolidierungs- bzw. Qualitätssicherungssystem (siehe Abschnitt 1.1, »Einordnung des SAP Code Inspectors«).
- Wie sieht der Korrekturprozess zu gemeldeten Problemen des Code Inspectors aus? Hier sollte definiert werden, in welchen Fällen Entwickler Rücksprache mit den Qualitätsverantwortlichen halten müssen. Außerdem sollten hier auch Regeln für den Einsatz von Pseudokommentaren definiert werden. Beispielsweise sollte hinter einem Pseudokommentar im Code dokumentiert werden, warum dieser eingesetzt wurde.

Nachdem Sie die Rolle des SAP Code Inspectors in Ihrem Prozess zur Qualitätssicherung der Entwicklung definiert haben, ist ein weiterer entscheidender Schritt vor einem automatisierten Einsatz eine genaue Betrachtung der einzusetzenden Prüfvariante bzw. mehrerer Prüfvarianten, um die beiden nachfolgenden Fragen vorab zu klären:

- Werden mit der entsprechenden Prüfvariante alle gewünschten Aspekte der Qualitätssicherung abgedeckt?
- Wie viele Meldungen werden bei einem typischen Anwendungsfall voraussichtlich erzeugt?

Für die Beantwortung der ersten Frage sollten Sie Kapitel 5, »Standardprüfungen des SAP Code Inspectors«, zu Rate ziehen. Hier finden Sie inhaltliche Beschreibungen und Empfehlungen zum Einsatz der einzelnen SAP-Standardprüfungen. Auf dieser Grundlage können Sie dann festlegen, welche Prüfungen Sie einsetzen möchten.

Insbesondere die zweite Frage ist in der Praxis nicht zu unterschätzen, da zu viele Meldungen für »Entwicklerfrust« sorgen und schlimmstenfalls zu einem Entwicklungsstillstand führen können. Die Vorgehensweise bei der Einführung einer automatisierten Prüfung können Sie mit der Einführung von Entwicklungsstandards in Ihrem Unternehmen vergleichen. Wenn Sie die Entwicklungsstandards von heute auf morgen scharf schalten, müssen

Sie in der Anfangsphase mit einem erheblichen Mehraufwand durch Nacharbeit rechnen. Bis sich die Entwicklungsstandards etabliert haben, wird es außerdem mit Sicherheit zahlreiche Ausnahmen geben, die zum Beispiel aus »historisch gewachsenem« Code entstehen. Genauso verhält es sich bei einer automatisierten Prüfung mit dem SAP Code Inspector.

Wenn Sie den Code Inspector beispielsweise in den Freigabeprozess des Transportwesens integrieren, wie wir es in den Abschnitten 3.3, »Objektprüfungen bei Auftragsfreigabe«, und 3.4, »Objektprüfungen bei Aufgabenfreigabe«, beschrieben haben, und von Anfang an mit einer sehr umfangreichen Prüfvariante arbeiten, kann es vorkommen, dass bei Änderungen an bereits bestehendem Coding die Anzahl der Meldungen extrem hoch wird. In dieser Konstellation müssen Sie dann von Fall zu Fall abwägen, ob es sich lohnt, alle durch den Code Inspector gemeldeten Probleme zu korrigieren. Eine Möglichkeit, die Anzahl der Meldungen einzugrenzen, besteht darin, die Meldungspriorität nach und nach heraufzusetzen (siehe Abschnitt 2.1.3, »Verwaltung von Meldungsprioritäten«) oder aber bestimmte Prüfungen nach und nach überhaupt erst in die Prüfvariante aufzunehmen.

3.6.2 Integration des SAP Code Inspectors in eigenen Code

Möchten Sie den SAP Code Inspector in Ihr eigenes Coding integrieren, stehen Ihnen prinzipiell zwei verschiedene Varianten zur Verfügung:

- die Schnittstellenklasse `cl_ci_check` (siehe Abschnitt 3.5, »Externe Programmierschnittstelle des SAP Code Inspectors«)
- die Klassen `cl_ci_inspection`, `cl_ci_objectset` und `cl_ci_checkvariant` (siehe Abschnitt 3.4, »Objektprüfungen bei Aufgabenfreigabe«)

Generell sollten Sie zuerst prüfen, ob für Ihren Einsatzfall in der Klasse `cl_ci_check` eine passende Methode zur Verfügung steht. Erst wenn dies nicht der Fall ist, sollten Sie direkt mit den Klassen zur Inspektion (`cl_ci_inspection`), zur Objektmenge (`cl_ci_objectset`) und zur Prüfvariante (`cl_ci_checkvariant`) arbeiten.

Der Grund hierfür ist, dass die Klasse `cl_ci_check` von SAP explizit als externe Programmierschnittstelle des SAP Code Inspectors entwickelt wurde. Erst wenn es für Ihren Anwendungsfall keine passende Methode gibt, sollten Sie direkt mit den Klassen zur Inspektion, zur Objektmenge und zur Prüfvariante arbeiten. In Abschnitt 3.4, »Objektprüfungen bei Aufgabenfreigabe«, haben wir diese Vorgehensweise aus zwei Gründen gewählt: Zum einen sollte Ihnen ein Beispiel für diese Art der Nutzung gezeigt werden, und zum andern gibt es in der Klasse zur Objektmenge einen Parameter für die Transportauftragsnummer, anhand derer die Objekte eines Transportauftrags direkt ermittelt werden können, was sehr gut zu unserem Beispiel passt.

In diesem Kapitel erfahren Sie, wie Sie den SAP Code Inspector um eigene Prüfungen erweitern können, welche SAP-Standardmethoden Ihnen dafür zur Verfügung stehen und wie die Daten für Ihre neue Prüfung in den Tabellen der ABAP-Scan-Engine aufgebaut sind. Schließlich geben wir Ihnen noch einen Überblick über die möglichen Umsetzungsszenarien, um Ihre eigene Prüfung in den SAP Code Inspector zu integrieren.

4 Programmierung eigener Prüfungen für den SAP Code Inspector

Im SAP-Standard gibt es bereits eine ganze Reihe von Prüfungen zu den verschiedensten Themenbereichen, und viele Prüfungsaspekte können durch bereits bestehende SAP-Standardprüfungen mit den jeweils angepassten Einstellungen abgedeckt werden. Trotzdem gibt es natürlich immer noch eine Reihe möglicher Prüfungen, die nicht vom Standard übernommen werden können. Beispiele hierfür sind die Prüfung auf Kommentar-Header in Entwicklungsobjekten, auf passende Domänenfestwerte, auf Vorhandensein von Feldhilfen bzw. Wertehilfen bei Feldern, auf Vorhandensein von Events in Selektionsbildschirmen (zum Beispiel Start-of-Selection) oder auf bestimmte SAP-Exits hin (zum Beispiel User-Exits).

Da solche Prüfungen im SAP-Standard zurzeit nicht ausgeliefert werden, müssen diese selbst hinzuprogrammiert werden. Nachfolgend erklären wir, wie eine solche eigene Code-Inspector-Prüfung erstellt werden kann und was dabei zu beachten ist. Neben diesem Vorgehen gibt es noch weitere mögliche Wege zur Erstellung einer eigenen Prüfung, auf die dann in Abschnitt 4.6, »Mögliche Umsetzungsszenarien«, näher eingegangen wird.

Der allgemeine Zusammenhang der Themen dieses Kapitels ist in Abbildung 4.1 dargestellt. Am Anfang der Abschnitte 4.2, »Grundlagen für eine eigene Prüfung«, 4.3, »Prüfvariante (Frontend)«, und 4.4, »Aufbau einer eigenen Prüfung (Backend)«, befindet sich jeweils eine Übersicht zum Zusammenhang der besprochenen Themen.

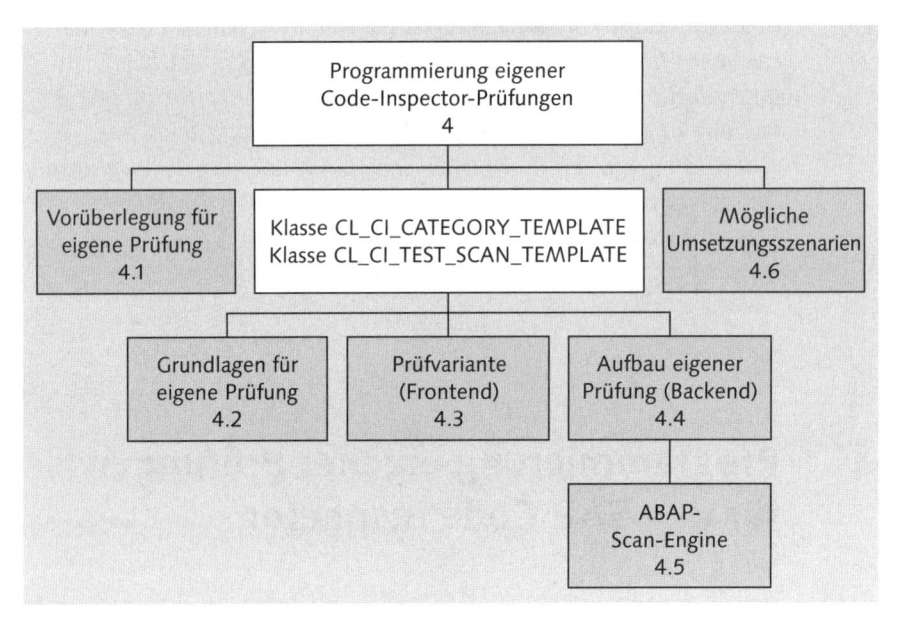

Abbildung 4.1 Gesamtübersicht über Kapitel 4

Im Verlauf dieses Kapitels beschreiben wir die Erstellung einer eigenen Code-Inspector-Prüfung. Als Ausgangspunkt hierfür haben wir ein Beispielprogramm aus der Praxis verwendet und für dieses Kapitel vereinfacht. Daher erscheint in diesem Beispiel der Firmenname »inconso AG«. Betrachten Sie diesen als Platzhalter für Ihren eigenen Firmennamen bzw. das entsprechende Projektumfeld.

[*] **Empfehlung**

Beachten Sie, dass nur kleinere Quelltextausschnitte des Beispielprogramms als Listings in diesem Kapitel wiedergegeben werden können. Um einen besseren Einblick in die Zusammenhänge der einzelnen Listings zu erhalten, empfehlen wir Ihnen, das kapitelbegleitende Beispielprogramm zur Programmierung einer eigenen Code-Inspector-Prüfung von der Bonus-Seite zu diesem Buch (*http://www.sap-press.de/2525*) herunterzuladen und es parallel zum Durcharbeiten dieses Kapitels zu verwenden.

4.1 Vorüberlegungen für eine eigene Prüfung

Die vorhandenen Standardprüfungen decken bereits einen weiten Bereich von Problemfällen ab. Wird aber neben einer bestehenden Standardprüfung eine eigene Prüfung mit identischen Tests neu erstellt, kann ein solch vorschnelles Anlegen einer eigenen Prüfung sogar kontraproduktiv sein. Daher sollten Sie vor der Erstellung einer eigenen Prüfung genau abwägen, ob diese wirklich notwendig ist.

4.1.1 Generelle Planung

Um die Notwendigkeit einer selbst programmierten Prüfung besser einschätzen zu können, sollten Sie zuerst grundlegende Fragen rund um den Prozess der Qualitätssicherung in der Entwicklung klären. Dazu haben wir die wichtigsten Schritte zum Vorgehen bei der Erstellung einer neuen, eigenen Prüfung zusammengefasst.

1. **Problem analysieren**
   Klären Sie als Erstes die grundlegenden Fragen aus Abschnitt 3.6.1, »Planung eines automatisierten Code-Inspector-Einsatzes«. Dabei ergibt sich häufig, dass eine eigene Prüfung gar nicht notwendig ist, weil die Problemstellung zum Beispiel doch anders ist als gedacht. Solange diese Fragen nicht geklärt sind, sollten Sie hier nicht weitermachen!

2. **Problem beschreiben**
   Klären Sie das grundlegende Problem, und definieren Sie es möglichst genau. Beschreiben Sie, was Ihre neue Prüfung bei diesem Problem tun bzw. wie sie sich verhalten soll.

3. **Testobjekte erstellen**
   Analysieren Sie die Problemstellen im vorhandenen Sourcecode Ihrer Entwickler, und erstellen Sie daraus passende Testobjekte. Sind keine Problemstellen verfügbar, denken Sie sich adäquate Testobjekte aus. Sinnvoll ist die Erstellung von mindestens einem Positivfall und mehreren Negativfällen. Dieses Vorgehen ist ähnlich wie bei der Verwendung von ABAP-Unit-Tests.

4. **Standardprüfungen sichten**
   Suchen Sie in Kapitel 5, »Standardprüfungen des SAP Code Inspectors«, zur Problemstellung möglichst passende Standardprüfungen heraus, und überprüfen Sie anhand der Testobjekte, ob nicht eine dieser Standardprüfungen mit einer entsprechenden Einstellung das Problem zufriedenstellend erkennt.

5. **Suchfunktion verwenden**
   Versuchen Sie, mit den Code-Inspector-Suchfunktionen (siehe Abschnitt 5.12) das Problem in den Testobjekten einzukreisen. Sollten Sie die Problemstelle direkt finden, können Sie sich überlegen, ob nicht die Prüfungen der Suchfunktionen bereits für eine Qualitätssicherung ausreichen.

Anderenfalls können Sie dadurch vielleicht ein Suchmuster für Ihre neue Prüfung identifizieren.

6. **Prüfklasse erstellen**
Erstellen Sie eine neue Prüfung. Dabei können Sie Ihre neue Prüfklasse von den im Code-Inspector-Framework bestehenden Datensammlern ableiten bzw. eine bestehende SAP-Standardprüfung kopieren und für Ihre Belange anpassen.

7. **Prüfklasse testen**
Überprüfen Sie den korrekten Lauf Ihrer neu erstellten Prüfung an den Testobjekten. Verfeinern Sie Ihre neue Prüfung möglichst durch einen Massenlauf.

Mit Befolgung dieses Ablaufs können Sie sicherstellen, dass Ihre Prüfung genau das tut, was sie soll, und verhindern, dass Sie eine Prüfung entwickeln, die es bereits im SAP-Standard gibt.

4.1.2 Datensammler des Code-Inspector-Frameworks

Steht nun fest, dass Sie eine eigene Prüfung benötigen, müssen Sie sich einige Gedanken zur Datengrundlage der Prüfung machen. Je nach Ausrichtung Ihrer Prüfung benötigen Sie unterschiedliches Datenmaterial als Basis für die Weiterverarbeitung.

Der Code Inspector bietet bereits verschiedene Möglichkeiten, um Daten zu ermitteln und aufbereiten zu lassen:

- Der DDIC-Datensammler liefert den Bezug zu einem DDIC-Repository-Objekt.
- Der ABAP-Compiler erzeugt Symboltabellen.
- Die ABAP-Scan-Engine bietet Datentabellen mit aufbereitetem Sourcecode.
- Der SELECT-Parser ermittelt die Positionen von Open-SQL-Anweisungen.

Eine schematische Darstellung der Klassenhierarchie zu diesen einzelnen Datensammlern finden Sie in Abbildung 4.2.

In Abbildung 4.2 sind die Datensammler des SAP Code Inspectors grau dargestellt. An diesen grauen Stellen können Sie mit Ihrer Prüfung ansetzen, um die passenden Daten für Ihre Prüfungen zu erhalten. Leiten Sie dazu Ihre eigene Prüfklasse von der entsprechenden Code-Inspector-Klasse ab; dies ist beim DDIC-Datensammler die Klasse `cl_ci_test_ddic`, beim ABAP Compiler die Klasse `cl_ci_test_abap_compiler`, bei der ABAP-Scan-Engine die Klasse `cl_ci_test_scan` und beim SELECT-Parser die Klasse `cl_ci_test_select`. Für die Scan-Engine gibt es eine weiter spezialisierte Klasse `cl_ci_test_scan_template`, die für die Neuanlage einer Prüfung vorbereitet ist.

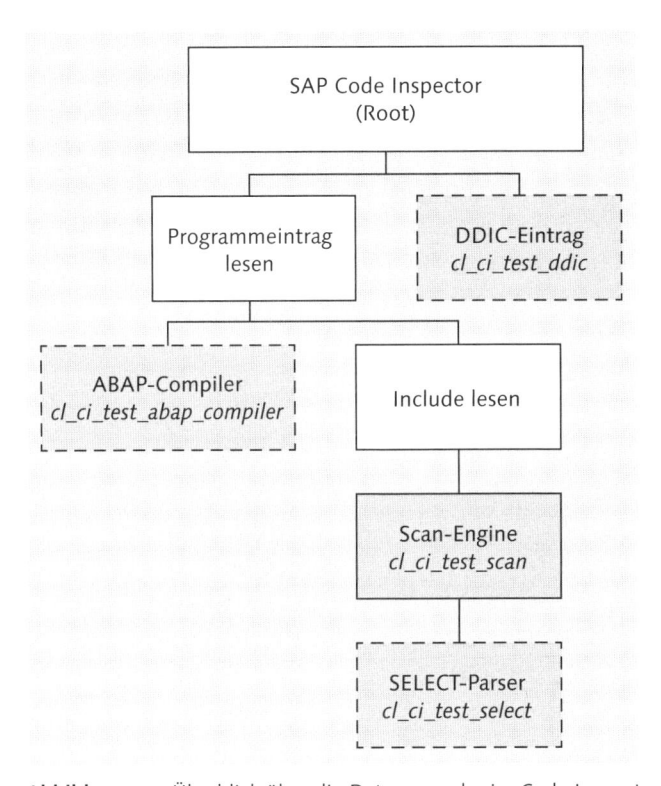

Abbildung 4.2 Überblick über die Datensammler im Code Inspector

Die Praxis hat gezeigt, dass die meisten Problemfälle im Rahmen der Qualitätssicherung der Entwicklung rund um den ABAP-Sourcecode auftreten. Daher basieren die meisten SAP-Standardprüfungen auf den Datentabellen der Scan-Engine (siehe Abschnitt 4.5), die die Basis für die Problemanalyse im ABAP-Sourcecode bereitstellt. Aus diesem Grund gehen wir in diesem Buch auf diesen speziellen Datensammler näher ein. Die anderen Datensammler werden in diesem Buch nicht behandelt und sind daher in der Abbildung mit einem gestrichelten Rand versehen.

Hinweis	[+]

Eine Übersicht über die Datensammler mit weiteren Informationen finden Sie bei SAP PRESS auf der Bonus-Seite zu diesem Buch (*http://www.sap-press.de/2525*).

4.2 Grundlagen für eine eigene Prüfung

Die nachfolgende Anleitung für die Programmierung einer eigenen Code-Inspector-Prüfung beginnt mit den für die Erstellung benötigten Grundlagen und geht dann immer detaillierter auf die jeweils zugrunde liegenden Details ein (Top-down-Verfahren). Das in diesem Abschnitt beschriebene Vorgehen liefert zunächst einmal nur die Basis für die Erstellung einer eigenen Code-Inspector-Prüfung. Mit den beiden Schritten (siehe Abschnitt 4.2.2, »Schritt 1: Erstellung von Einträgen im Prüfvariantenbaum«, und Abschnitt 4.2.5, »Schritt 2: Aktivierung der neuen Einträge«) als Grundlage für die Frontend-Programmierung kann rasch eine einfache Basis für eine eigene Prüfung im Code Inspector geschaffen werden (siehe Abbildung 4.3).

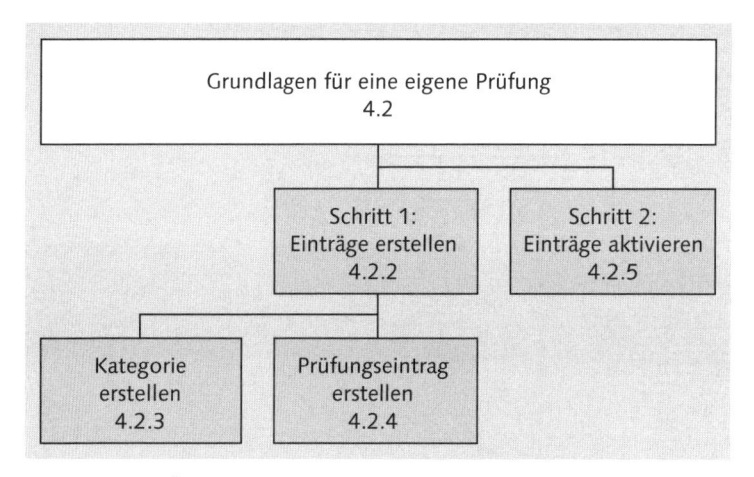

Abbildung 4.3 Übersicht über Abschnitt 4.2 (Grundlagen)

Wie im Gesamtüberblick in Abbildung 4.1 zu sehen ist, liefert dieser Abschnitt damit aber noch keine Informationen zur eigentlichen Programmierung einer eigenen Prüfung und stellt lediglich den minimal notwendigen »Rumpf« für eine eigene Prüfung dar. Er dient somit nur als Ausgangspunkt für die spätere Vertiefung in den nachfolgenden Abschnitten dieses Kapitels (siehe Abschnitt 4.3, »Prüfvariante (Frontend)«, und Abschnitt 4.4, »Aufbau einer eigenen Prüfung (Backend)«).

4.2.1 Hintergrund für die Grundlagen

Über den Prüfvariantenbildschirm (Transaktion SCI, Abschnitt PRÜFVARIANTE) können einzelne Prüfungen für einen Prüflauf ein-/ausgeschaltet sowie verschiedene Einstellungen zu einzelnen Prüfungen vorgenommen werden

Grundlagen für eine eigene Prüfung | **4.2**

(siehe Abschnitt 4.2.2, »Schritt 1: Erstellung von Einträgen im Prüfvariantenbaum«).

Um eine eigene Prüfung verwenden zu können, müssen Sie daher zunächst einmal einen Eintrag im Prüfvariantenbaum (im Frontend) für die gewünschte Prüfung erstellen. Dazu legen Sie eine Klasse für Ihre neue Prüfung (im Backend) an, indem Sie diese von einem später beschriebenen Template kopieren oder ableiten. Diese Klasse bildet die Grundlage für Ihre eigene Prüfung und wird dem Prüfvariantenbaum bekannt gegeben, wodurch die Prüfung im Prüfvariantenbildschirm sichtbar wird. Damit kann die Prüfung dann vom Benutzer eingeschaltet und für Inspektionen verwendet werden.

Erst nachdem Sie die selbst programmierte Prüfung im Frontend zugänglich gemacht haben, wird diese auch bei der Code-Inspector-Ausführung über die Hook-Methode run aufgerufen und ausgeführt. Denn bei der Code-Inspector-Ausführung werden von den durch Benutzer aktivierbaren Prüfungen generell nur diejenigen ausgeführt, die im Prüfvariantenbaum sichtbar sind.

Abbildung 4.4 zeigt einen eigenen Prüfungseintrag mit einer eigenen Kategorie im SAP-Prüfvariantenbaum. In den nachfolgenden Abschnitten erfahren Sie, wie Kategorie- und Prüfungseinträge erstellt und aktiviert werden.

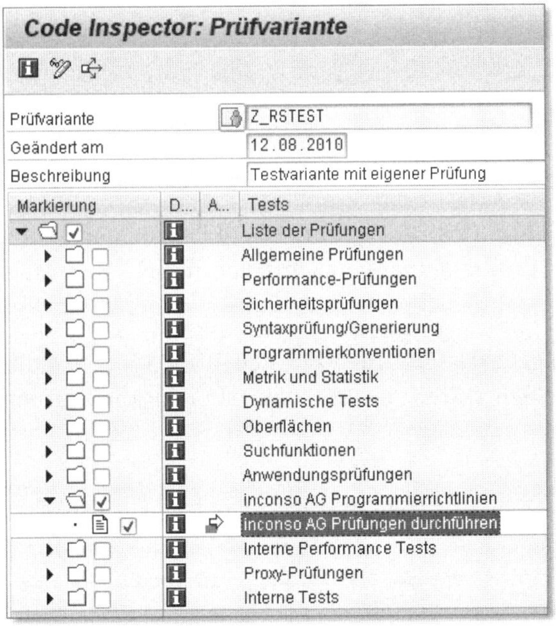

Abbildung 4.4 Eine eigene Prüfung im Prüfvariantenbaum

4.2.2 Schritt 1: Erstellung von Einträgen im Prüfvariantenbaum

Aufgrund unterschiedlicher Erfordernisse Ihres Projektumfeldes werden die verschiedensten Kombinationen an Prüfungen mit all ihren möglichen Einstellungen benötigt. Dazu können im Prüfvariantenbaum die unterschiedlichsten Prüfungen ausgewählt, eingestellt und dann unter einem bestimmten Namen gemeinsam als eine Prüfvariante gespeichert werden.

Der Prüfvariantenbaum für die Aktivierung von Prüfungen besteht aus mehreren Ebenen, Kategorien genannt. Ausgehend von der obersten Kategorie LISTE DER PRÜFUNGEN, können einzelne Prüfkategorien ausgewählt werden. Enthält eine Prüfkategorie weitere Prüfkategorien oder Prüfungen, wird dieser Eintrag mit einem ORDNER-Symbol (□) gekennzeichnet. Ist ein Eintrag hingegen ein Endpunkt, wird er mit einem Blatt Papier (▤) dargestellt.

Die Kategorieneinträge (= Ordner) dienen zur Strukturierung und sollten daher keine Prüffunktionalität besitzen. Die Prüfungseinträge (= Blatt Papier) dienen zur Anwahl und Einstellung von Prüfungen und sollten daher unbedingt immer eine Prüffunktionalität enthalten. Diese Prüffunktionalität erhält bei der Erstellung der zugehörigen Klasse einen Eintrag im Prüfvariantenbaum und zwar abhängig von der Wahl des dazu verwendeten Templates.

Um die beiden Eintragsarten zu erzeugen, gibt es zwei Super-Klassen, die als Templates im Paket `s_code_inspector` liegen. Die Super-Klasse `cl_ci_category_template` dient als Kopiervorlage für eine Kategorie, das heißt einen Baumeintrag *ohne* Prüffunktionalität (□, siehe Abschnitt 4.2.3, »Kategorieneintrag erstellen«). Die Super-Klasse `cl_ci_test_scan_template` ist die Kopiervorlage für eine Prüfung, das heißt einen Baumeintrag *mit* Prüffunktionalität (▤, siehe Abschnitt 4.2.4, »Prüfungseintrag erstellen«).

Je nach gewünschter Anzahl und Tiefe an Kategorien und Prüfungen können die nachfolgenden Abläufe zur Erstellung von Einträgen mittels Templates (siehe Abschnitt 4.2.3 und 4.2.4) beliebig oft ausgeführt werden.

Abbildung 4.4 zeigt beispielhaft das Aussehen der neuen Einträge im Prüfvariantenbaum, wenn Sie einen Ordner und darunter eine eigene Prüfung (= markiert) hinzufügen.

> **[+] Hinweis**
>
> Da das Aussehen eines Eintrags im Prüfvariantenbaum nur von seinen Kind-Einträgen abhängt, ist es durchaus möglich, Ordner *mit* und Blätter *ohne* Prüffunktionalität zu erzeugen.

- Werden alle Kind-Einträge eines bestehenden Kategorieneintrags entfernt, wird dieser kinderlose Kategorieneintrag als Blatt und nicht mehr als Ordner angezeigt. Ein solch neues Blatt besitzt dann aber trotzdem keine Prüffunktionalität.
- Ähnliche Auswirkungen hat es, wenn unter einem Blatt-Eintrag ein weiterer Eintrag hinzugefügt wird. Es ändert sich zwar die Darstellung dieses Blatt-Eintrags automatisch in einen Ordner, aber hatte das Blatt bisher schon eine Prüffunktionalität, besitzt es diese auch weiterhin als Ordner.

SAP empfiehlt, Einträge solcher Art unbedingt zu vermeiden, besonders da sie die Benutzer unnötig in die Irre führen.

4.2.3 Kategorieneintrag erstellen

Um eine Kategorie ohne Prüffunktionalität (🗀) in den Prüfvariantenbaum einpflegen zu können, müssen Sie folgende Schritte ausführen:

1. Kopieren Sie die Klasse `cl_ci_category_template` aus dem Paket `s_code_inspector` in eine neue Klasse in Ihrem kundeneigenen Entwicklungspaket.

   Wie im Beispiel in Abbildung 4.5 zu sehen ist, sollte bei der Namensgebung die spätere Darstellung als Prüfungskategorie (🗀) auch im Klassennamen angedeutet werden. So enthalten die SAP-Standardkategorien im Code Inspector immer das Kennzeichen `_category_` im Klassennamen.

2. Passen Sie nun als Erstes in der kopierten eigenen Klasse die BESCHREIBUNG auf der ersten Registerkarte EIGENSCHAFTEN an, zum Beispiel »Kategorie für inconso AG Programmierrichtlinien«.

3. Ändern Sie dann den `constructor` der Klasse so, dass auf die übergeordnete Kategorie verwiesen wird. So wird im Beispiel (siehe Abbildung 4.4) der Eintrag INCONSO AG PROGRAMMIERRICHTLINIEN unter den obersten Eintrag LISTE DER PRÜFUNGEN gehängt.

   Die Verknüpfung erfolgt immer über den Namen der Klasse des übergeordneten Eintrags. Der oberste Eintrag des Prüfvariantenbaums besitzt den Klassennamen `cl_ci_category_top`. Sollte der zugewiesene Wert der Variablen `category` ein Textsymbol sein, also zum Beispiel das Anhängsel `'(001)'` besitzen, so löschen Sie dieses Anhängsel, da es sonst beim Aufbau des Prüfvariantenbildschirms zu einem Fehler kommen kann.

   Somit sieht die Anpassung des `constructor` zum Beispiel wie in Listing 4.1 aus:

```
METHOD constructor.

* Übergeordnete Methode aufrufen
  super->constructor( ).
```

4 | Programmierung eigener Prüfungen für den SAP Code Inspector

```
    * Name des Eintrags im Auswahlbaum
      description = 'inconso AG Programmierrichtlinien'(000).

    * Kategorie (Klassenname) des übergeordneten Eintrags
      category    = 'CL_CI_CATEGORY_TOP'.

    * Position im Auswahlbaum, an der der Eintrag
    * erscheinen soll
      position    = '991'.

  ENDMETHOD.
```

Listing 4.1 Methode »constructor« im Kategorieneintrag anpassen

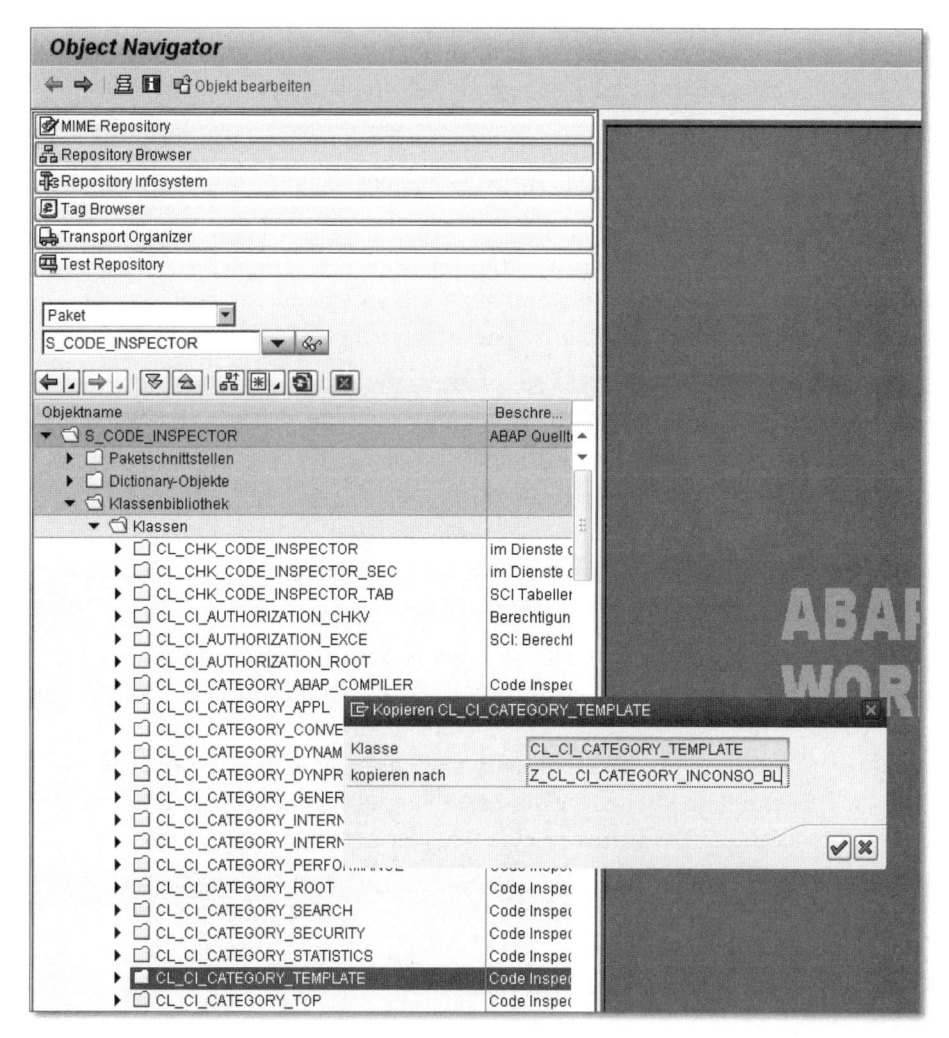

Abbildung 4.5 Kategorieneintrag erstellen

In Listing 4.1 werden die Variablen für die gewünschte Einordnung der neu erstellten Kategorie in den Prüfvariantenbaum gesetzt.

- Bei der Variablen `description` wird die Bezeichnung des Ordners eingetragen, wie sie dem Benutzer im Prüfvariantenbaum angezeigt werden soll.
- Der Variablen `category` wird der Klassenname des übergeordneten Kategorieneintrages zugewiesen. Ist eine Klasse mit diesem Namen nicht vorhanden, bricht der Prüfvariantenbildschirm beim Aufbau mit der Fehlermeldung »Ungültige Kategorie-Klasse in der Prüfvariante« ab und beendet den Code Inspector.
- Der Variablen `position` wird die Positionsnummer übergeben, an der der Ordner im Prüfvariantenbaum erscheinen soll. Die letztmögliche Position ist `'999'` am untersten Ende des Prüfvariantenbaums. Wird keine Position angegeben, wird die Position `'1'` verwendet. Positionen mit identischen Positionsnummern werden untereinander jeweils nach ihrem Klassennamen absteigend sortiert im Prüfvariantenbaum dargestellt.

4. Legen Sie die Textelemente der erzeugten Klasse über den Menüpunkt SPRINGEN • TEXTELEMENTE im Bildschirm ABAP-TEXTELEMENTE an (siehe Abbildung 4.6). Sie können dies auch mit einem Doppelklick auf ein bestehendes Textsymbol (= Textliteral mit einer anschließenden dreistelligen, alphanumerischen Kennung in Klammern, zum Beispiel `'Text'(T01)`) im Sourcecode erreichen.

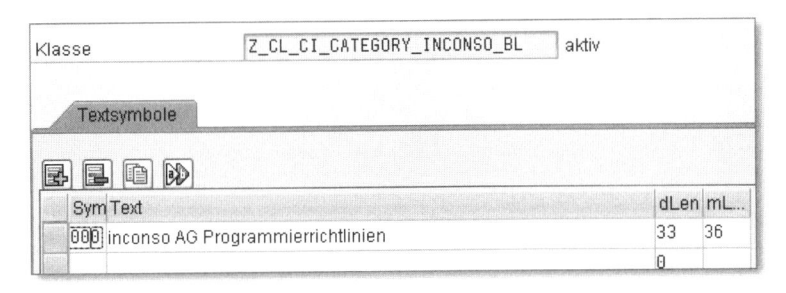

Abbildung 4.6 Anzeigetext des Kategorieneintrags im Prüfvariantenbaum

5. Öffnen Sie über Transaktion SE61 den Bildschirm DOKUMENTENPFLEGE, in dem Sie die Zusatzinformationen zu dieser Klasse hinterlegen können. Stellen Sie den Eintrag im Feld DOKUMENTENKLASSE auf KLASSEN-ATTRIBUT ein, wie in Abbildung 4.7 zu sehen ist. Als SPRACHE tragen Sie die

gewünschte Sprache und als KLASSEN-ATTRIBUT den aktuellen Klassennamen mit der Versionsnummer 0000 ein.

Abbildung 4.7 Zusatzinformationen im Kategorieneintrag anlegen

6. Nach Anklicken des ANLEGEN-Buttons ( ) gelangen Sie in den Editor, in dem der gewünschte Informationstext in SAPscript eingetragen werden kann (siehe Abbildung 4.8).

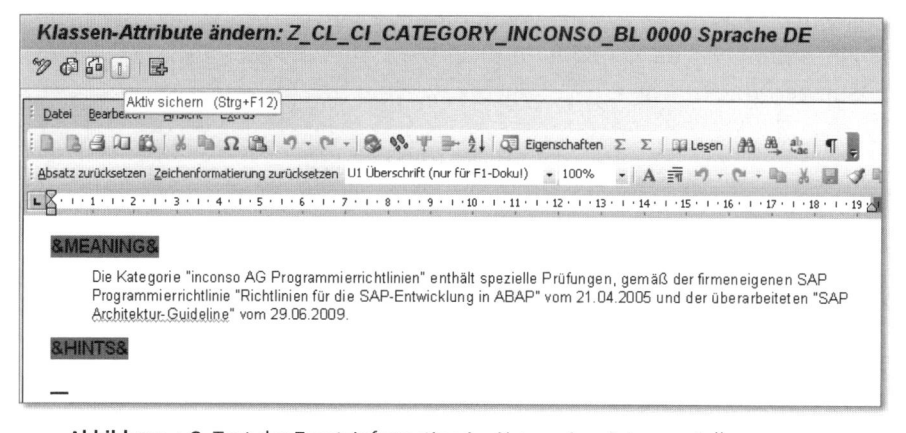

Abbildung 4.8 Text der Zusatzinformation im Kategorieneintrag erstellen

Die erstellte Dokumentation erscheint dann, wenn im Prüfvariantenbaum bei dem entsprechenden Eintrag der INFO-Button ( ) angeklickt wird (siehe Abbildung 4.9). Zudem erscheint diese Dokumentation auch bei Anklicken des INFO-Buttons im Ergebnisbildschirm.

4.2 Grundlagen für eine eigene Prüfung

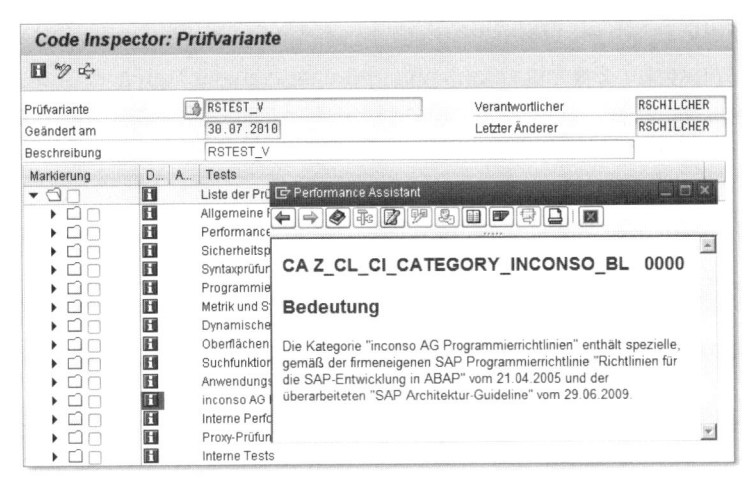

Abbildung 4.9 Informationstext im Kategorieneintrag anzeigen

> **Empfehlung** [*]
>
> Sollte anstelle von Abbildung 4.8 ein Bildschirm mit einem anderen Aussehen erscheinen, wird vermutlich der alte, zeilenbasierte SAPscript-Editor angezeigt. Dies geschieht immer dann, wenn in den Benutzereinstellungen der alte SAPscript-Editor eingestellt ist oder aktuell zu viele SAP-Modi (= Fenster) geöffnet sind.
>
> Um den SAPscript-Editor auf den grafischen Editor umzustellen, können Sie über die Transaktion SE80 mit dem Menüpunkt HILFSMITTEL • EINSTELLUNGEN die BENUTZERSPEZIFISCHEN EINSTELLUNGEN aufrufen. Markieren Sie den Eintrag GRAFISCHER PC-EDITOR auf der Registerkarte SAPSCRIPT im Abschnitt PC-EDITOR (siehe Abbildung 4.10). Über Transaktion I18N können Sie im Ordner I18N CUSTOMIZING einstellen, ob Sie Microsoft Word als Standardeditor verwenden möchten. Sollten die Benutzereinstellungen korrekt, aber die maximale Anzahl an SAP-Fenstern geöffnet sein, schließen Sie das Fenster mit dem alten SAPscript-Editor sowie ein weiteres SAP-Fenster, und starten Sie den SAPscript-Editor mit der Transaktion SE61 erneut.

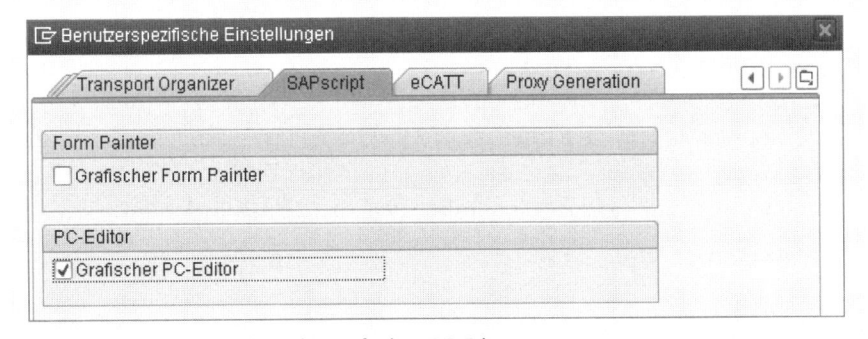

Abbildung 4.10 Einschalten des grafischen PC-Editors

4.2.4 Prüfungseintrag erstellen

Um einen Eintrag im Prüfvariantenbaum mit einer angehängten Prüfung (📄) zu erstellen, über den eine Prüfung ein- bzw. ausgeschaltet werden kann, sind folgende Schritte erforderlich:

1. Kopieren Sie aus dem Paket s_code_inspector die Klasse cl_ci_test_scan_template in eine neue Klasse in Ihrem kundeneigenen Entwicklungspaket. Die SAP-Standardprüfungen im Code Inspector besitzen immer das Kennzeichen _test_ im Namen. Das Kopieren ist beispielhaft in Abbildung 4.11 dargestellt.

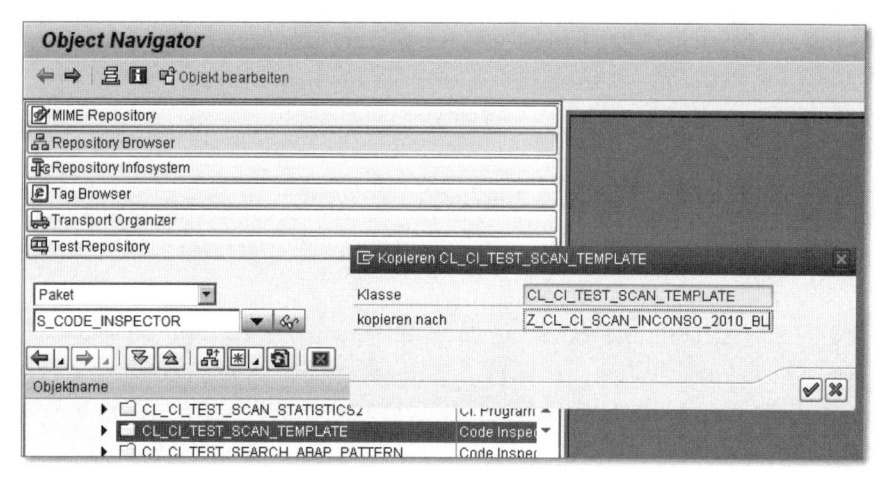

Abbildung 4.11 Prüfungseintrag erstellen

2. Passen Sie nun als Erstes in der kopierten eigenen Klasse die BESCHREIBUNG auf der ersten Registerkarte EIGENSCHAFTEN an, zum Beispiel »Prüfungen der inconso AG Programmierrichtlinien 2010«.

3. Ändern Sie dann den constructor der Klasse so, dass auf die übergeordnete Kategorie verwiesen wird. So wird im Beispiel der Eintrag INCONSO AG PRÜFUNGEN DURCHFÜHREN unter den selbst erstellten Ordner INCONSO AG PROGRAMMIERRICHTLINIEN gehängt. Die Verknüpfung erfolgt immer über den Namen der Klasse des übergeordneten Eintrags. Somit sieht die Anpassung des constructor zum Beispiel wie in Listing 4.2 aus:

```
METHOD constructor.

* Übergeordnete Methode aufrufen
  super->constructor( ).

* Name des Eintrags im Auswahlbaum
  description = 'inconso AG Prüfungen durchführen'(000).
```

```
* Kategorie (Klassenname) des übergeordneten Eintrags
  category = 'Z_CL_CI_CATEGORY_INCONSO_BL'.

* Position in der Kategorie des Auswahlbaumes
  position = '001'.

* Attribute sind vorhanden (Symbol für Auswahlbox anzeigen)
  has_attributes = c_true.

* Attributauswahl ist ok (Symbol für Auswahlbox ist grün)
  attributes_ok = c_true.

* Ergebnistexte füllen
  CALL METHOD fill_messages.

ENDMETHOD.
```

Listing 4.2 Methode »constructor« im Prüfungseintrag anpassen

In Listing 4.2 werden die folgenden Variablen für die gewünschte Einordnung der neu erstellten Prüfung in den Prüfvariantenbaum gesetzt; eine ausführliche Beschreibung zu den verwendeten Variablen finden Sie in Abschnitt 4.3.3, »Methode ›constructor‹«.

- Bei der Variablen `description` wird die Bezeichnung der Prüfung eingetragen, wie sie dem Benutzer im Prüfvariantenbaum angezeigt werden soll.

- Der Variablen `category` wird der Klassenname des übergeordneten Kategorieneintrages zugewiesen, unter dem die Prüfung im Auswahlbaum angezeigt werden soll.

- Der Variablen `position` wird die Positionsnummer übergeben, an der die Prüfung im Prüfvariantenbaum erscheinen soll.

- Die Variable `has_attributes` wird auf 'X' gesetzt, als Zeichen dafür, dass eine Auswahl für den Benutzer zur Verfügung steht. Besitzt eine Prüfung keine für den Benutzer einstellbaren Parameter, sollte diese Variable leer (= ' ') bleiben.

- Die Variable `attributes_ok` wird auf 'X' gesetzt, als Zeichen dafür, dass die Prüfung mit den im `constructor` vorgenommenen Einstellungen für die Attribute lauffähig ist und die Prüfung ausgeführt werden kann.

- Die Methode `fill_messages` füllt die Liste der Meldungsstrukturen für den Ergebnisbildschirm. Diese Methode wird in Abschnitt 4.3.8 näher beschrieben.

4. Legen Sie die Textelemente der erzeugten Klasse über den Menüpunkt SPRINGEN • TEXTELEMENTE im Bildschirm ABAP-TEXTELEMENTE an (siehe Abbildung 4.12). Sie können dies auch mit einem Doppelklick auf ein bestehendes Textsymbol im Sourcecode erreichen.

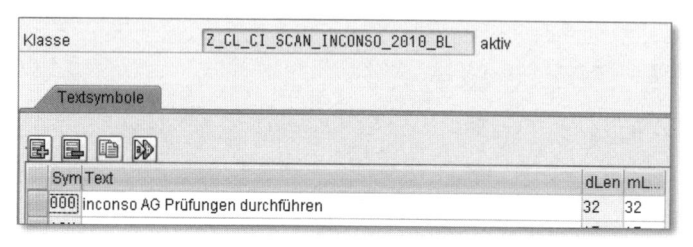

Abbildung 4.12 Anzeigetext des Prüfungseintrags im Prüfvariantenbaum

5. Öffnen Sie über Transaktion SE61 den Bildschirm DOKUMENTENPFLEGE, in dem Sie die Zusatzinformationen zu dieser Klasse in SAPscript hinterlegen können. Stellen Sie den Eintrag im Feld DOKUMENTENKLASSE auf KLASSEN-ATTRIBUT ein, wie in Abbildung 4.13 zu sehen ist. Als SPRACHE tragen Sie die gewünschte Sprache und als KLASSEN-ATTRIBUT den aktuellen Klassennamen mit der Versionsnummer 0000 ein.

Abbildung 4.13 Zusatzinformationen im Prüfungseintrag anlegen

Eine Prüfung kann mehrere Meldungen besitzen, die jeweils durch eine eindeutige ID, den Meldungscode, klar identifiziert werden können. Da jeder dieser Meldungscodes eine eigene Beschreibung erhalten können soll, wurde von SAP die folgende Vorgehensweise gewählt: Der Zusatztext für die Prüfung selbst erhält die Versionsnummer 0000, die Beschreibung zu einem Meldungscode in dieser Prüfung erhält den entsprechenden

Meldungscode als Versionsnummer (siehe Abbildung 4.14). Mehr zu den Meldungscodes erfahren Sie in Abschnitt 4.3.9, »Struktur scimessage«.

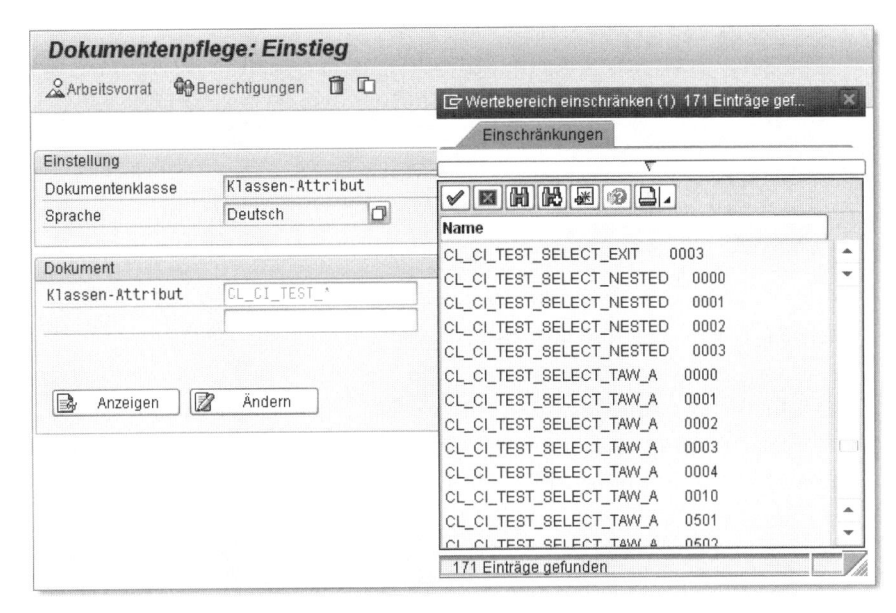

Abbildung 4.14 Mögliche Prüfattribute auswählen

> **Hinweis** [+]
>
> Bei den Klassenattributen handelt es sich streng genommen um Pseudoattribute, da sie nicht in der jeweiligen Prüfklasse vorkommen. Im Beispiel in Abbildung 4.13 gibt es in der Klasse `z_cl_ci_scan_inconso_2010_bl` daher kein Attribut 0000. Damit nicht nur eine einzige Beschreibung für die Prüfung vorhanden ist, sondern jede einzelne Teilprüfung auch eine eigene Zusatzinformation erhalten kann, werden die Texte zu den einzelnen Teilprüfungen über ihren eindeutigen Meldungscode angesprochen, der aber in der dazugehörigen Klasse als Attribut nicht vorhanden ist. Wenn Sie für das Feld KLASSEN-ATTRIBUT die Wertehilfe öffnen, wird ein Dialog mit den möglichen Klassen und Attributen bestehender SAP-Standardprüfungen angezeigt, wie in Abbildung 4.14 zu sehen ist.

6. Nach Anklicken des ANLEGEN-Buttons (📝) gelangen Sie in den Editor, in dem die gewünschte Dokumentation eingetragen werden kann (siehe Abbildung 4.15). Die erstellte Dokumentation erscheint dann, wenn im Prüfvariantenbaum beim betreffenden Eintrag der INFO-Button (ℹ️) angeklickt wird. Zudem erscheint der Text auch beim Anklicken des INFO-Buttons im Ergebnisbildschirm.

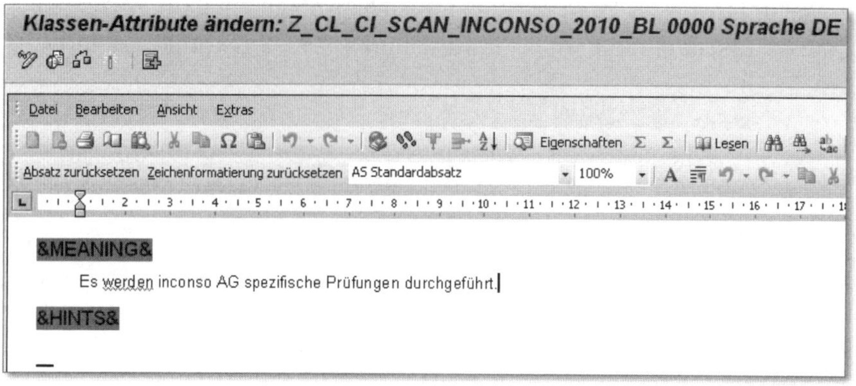

Abbildung 4.15 Text der Zusatzinformation im Prüfungseintrag erstellen

Die Schritte bis hierher entsprechen in etwa den Schritten in Abschnitt 4.2.3, »Kategorieneintrag erstellen«. Um eine vollwertige Prüfung mit Benutzereingaben zu erhalten, müssen nun mindestens noch zusätzlich die Methoden run, put_attributes und get_attributes in der dazugehörigen eigenen Klasse angepasst und die zugehörigen Attribute angelegt werden. Dazu werden diese Methoden mit einem eigenen Programmcode überschrieben (REDEFINIEREN-Button,). Nachfolgend skizzieren wir nur kurz eine Anleitung als Ausblick auf die spätere Programmierung:

1. Tragen Sie den Klassennamen der aktuellen Prüfung in die vorgegebene Konstante c_my_name ein. Diese korrekt gefüllte Konstante wird für Meldungen in der Ergebnisanzeige benötigt; ist diese Variable falsch oder leer, wird keine Meldung zu dieser Prüfung angezeigt.

2. Die beiden Methoden put_attributes und get_attributes müssen überschrieben und mit den verwendeten Parametern gefüllt werden, falls die Prüfung dem Benutzer Prüfungseinstellungen bietet; ebenso müssen die dazugehörigen Attribute für die Benutzereinstellungen angelegt werden (siehe Abschnitt 4.3.2, »Parameterauswahlbildschirm«). Diese beiden Methoden dienen als Verbindung zwischen dem Prüfvariantenbildschirm und der Prüfmethode run, sodass von der eigenen Prüfung aus auf die Werte der Benutzerauswahl zugegriffen werden kann. Ist keine Prüfungseinstellung durch den Benutzer vorgesehen, werden diese beiden Methoden auch nicht benötigt.

3. Dann wird die Prüfmethode run nach Bedarf angepasst, indem diese zum Beispiel eine einfache Prüfung erhält oder von dort zu weiteren komplexen Prüfmethoden abgesprungen wird (siehe Abschnitt 4.4, »Aufbau einer eigenen Prüfung (Backend)«). In der run-Methode können Objekte gemäß

den Benutzereinstellungen geprüft werden. Sie ist aber anfangs leer und muss erst gefüllt werden.

4. Sollten andere überschriebene Methoden vorhanden sein, wie zum Beispiel die Methode `get_message_text`, machen Sie diese Redefinition über den Button REDEFINITION AUFHEBEN ( ) wieder rückgängig.

4.2.5 Schritt 2: Aktivierung der neuen Einträge

Nachdem die grundlegenden Elemente für eine Prüfung angelegt wurden, müssen diese dem Code Inspector noch bekannt gegeben werden, sodass sie im Prüfvariantenbaum angezeigt und damit auch eingesetzt werden können. Verwenden Sie dazu die Transaktion SCI, und wählen Sie den Menüeintrag SPRINGEN • VERWALTUNG VON • TESTS aus (siehe Abschnitt 2.1.1, »Verwaltung von Tests«).

Hier sind alle in der jeweils aktuellen SAP-Version verfügbaren Prüfungen und Prüfkategorien (je nach SAP-Release auch Templates und einige Checkman-Prüfungen) aufgelistet. Die angehakten Prüfszenarien erscheinen als Einträge (Ordner oder Blätter) im Prüfvariantenbaum. Daher ist es notwendig, die neu angelegten Komponenten ebenfalls zu aktivieren, sodass diese dann auch im Prüfvariantenbaum erscheinen (siehe Ausschnitt in Abbildung 4.16). Setzen Sie dazu das Häkchen bei den Einträgen mit den Namen Ihrer neu erstellten Kategorien und Prüfungen, und klicken Sie dann auf den SPEICHERN-Button ( ). Bestätigen Sie die Änderung, und geben Sie dafür einen Transportauftrag an, sodass Ihre Einträge später auch in andere Systeme transportiert werden können und dort sichtbar sind.

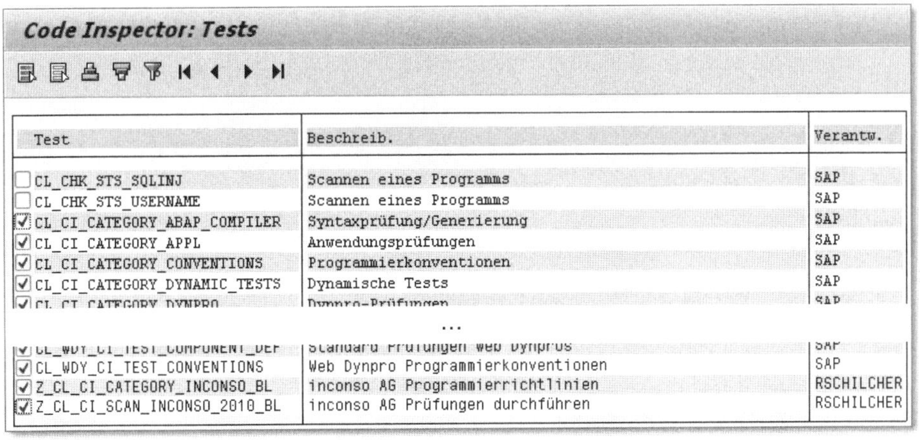

Code Inspector: Tests

Test	Beschreib.	Verantw.
☐ CL_CHK_STS_SQLINJ	Scannen eines Programms	SAP
☐ CL_CHK_STS_USERNAME	Scannen eines Programms	SAP
☑ CL_CI_CATEGORY_ABAP_COMPILER	Syntaxprüfung/Generierung	SAP
☑ CL_CI_CATEGORY_APPL	Anwendungsprüfungen	SAP
☑ CL_CI_CATEGORY_CONVENTIONS	Programmierkonventionen	SAP
☑ CL_CI_CATEGORY_DYNAMIC_TESTS	Dynamische Tests	SAP
☑ CL_CI_CATEGORY_DYNPRO	Dynpro-Prüfungen	SAP
...	...	...
☑ CL_WDY_CI_TEST_COMPONENT_DEF	Standard Prüfungen Web Dynpros	SAP
☑ CL_WDY_CI_TEST_CONVENTIONS	Web Dynpro Programmierkonventionen	SAP
☑ Z_CL_CI_CATEGORY_INCONSO_BL	inconso AG Programmierrichtlinien	RSCHILCHER
☑ Z_CL_CI_SCAN_INCONSO_2010_BL	inconso AG Prüfungen durchführen	RSCHILCHER

Abbildung 4.16 Ausschnitt mit der Aktivierung eigener Einträge in der Prüfungsverwaltung

Die Aktivierung eines neuen Prüfungseintrags kann auch später erfolgen, wenn die Prüfroutine dann wirklich voll ausprogrammiert vorhanden ist. Die Aktivierung folgt dabei dem hier angegebenen Weg.

> **Hinweis**
>
> Da gewisse Einträge bzw. Vorgänge intern gecacht werden, benötigt der Code Inspector manchmal etwas länger, um vorgenommene Änderungen zu erkennen. Bisweilen kann auch ein Verlassen und Neustarten des SAP Code Inspectors nötig sein, um Änderungen im Frontend zu aktualisieren (zum Beispiel bei der Aktivierung von Kategorien und weiteren geöffneten SCI-Fenstern).

4.2.6 Aktivierte Einträge in der Ergebnisanzeige

Um zu kontrollieren, ob die bisher erstellten Prüfvarianteneinträge das gewünschte Aussehen haben, kann die Prüfvariantenanzeige erneut geöffnet und angezeigt und ein Prüflauf mit der noch leeren Prüfung ausgeführt werden, da sich die Einträge auch in der Ergebnisanzeige einer Prüfung wiederfinden. Die Darstellung der Einträge im Prüfvariantenbaum als Ordner und Blätter findet sich nach einem Prüflauf auch in der Ergebnisanzeige wieder; dabei werden die Ergebnisse aller markierten Prüfungen des Prüfvariantenbaums angezeigt.

Je nach Ergebnis der Prüfung werden die Meldungen entsprechend ihrer jeweiligen Priorität (Fehler, Warnung, Information) in einem eigenen Bereich dargestellt. Liefert eine Prüfung kein (relevantes) Ergebnis zurück, wird nur die Prüfung selbst angezeigt, sodass Sie trotzdem noch die Prüfungseinstellungen über das PFEIL-Symbol (🠮) betrachten können.

Nach einem ersten Testlauf der eigenen leeren Prüfung durch den Code Inspector sieht das Prüfergebnis ungefähr wie in Abbildung 4.17 aus.

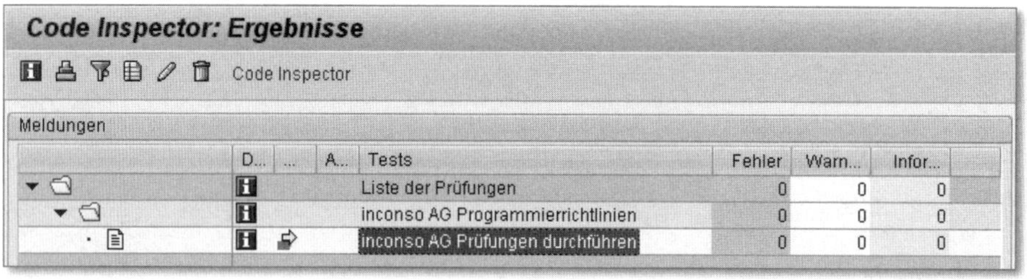

Abbildung 4.17 Einträge in der Ergebnisanzeige

4.3 Prüfvariante (Frontend)

Nachdem in Abschnitt 4.2 die Grundlage für den generellen Aufbau einer eigenen Code-Inspector-Prüfung bereitet wurde, wird in diesem Abschnitt nun auf die Programmierung der Benutzereingabe über das Frontend näher eingegangen. Anhand eines Beispiels erklären wir Ihnen zunächst die einzelnen Schritte zur Erstellung eines eigenen Parameterauswahlbildschirms. Danach vertiefen wir die Informationen zum Aufbau eines Auswahlbildschirms und gehen auf die dafür notwendigen technischen Einzelheiten näher ein. Es werden jedoch nur die hierzu erforderlichen Methoden, die verwendeten Strukturen und die jeweils möglichen Werte ausführlicher vorgestellt. Eine Beschreibung einiger vererbter Methoden in der eigenen Prüfungsklasse erfolgt in Abschnitt 4.4, »Aufbau einer eigenen Prüfung (Backend)«.

Der Zusammenhang der einzelnen Abschnitte wird in Abbildung 4.18 verdeutlicht. Die beiden Methoden mit gestricheltem Rand, `fill_messages` und `fill_attributes`, sind eigene Helfermethoden, die nicht im SAP Code Inspector vorhanden sind. Sie sind im Quelltext des Beispielprogramms enthalten, das Sie auf der Bonus-Seite zu diesem Buch (*http://www.sap-press.de/2525*) herunterladen können.

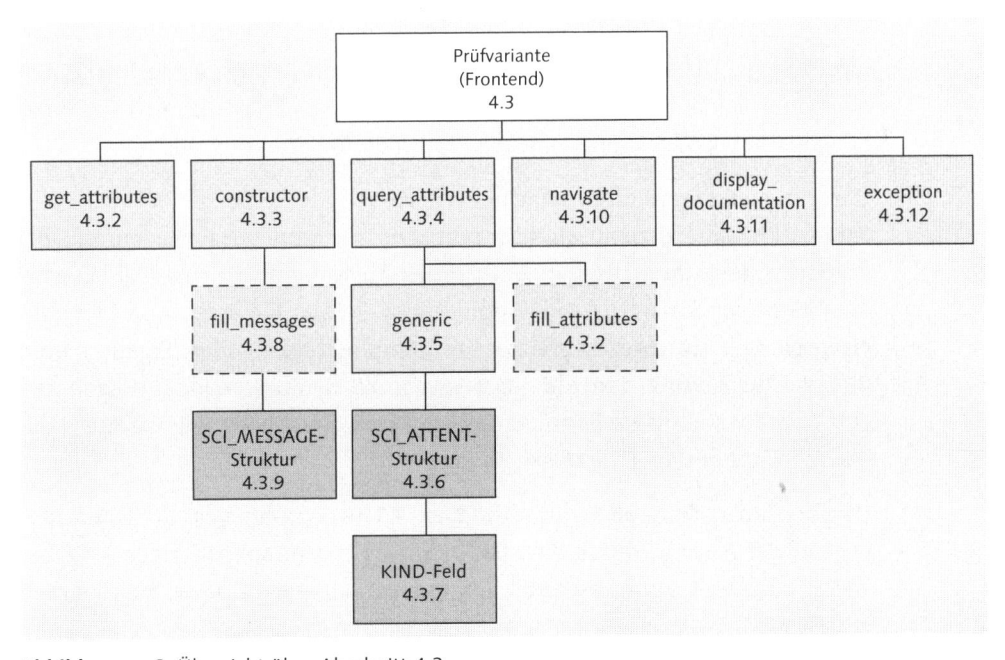

Abbildung 4.18 Übersicht über Abschnitt 4.3

4.3.1 Erweiterung des Prüfvariantenbaums

Durch Markieren eines Prüfungseintrags ist das generelle Ein-/Ausschalten einer Prüfung im Code Inspector nun möglich. Jedoch ist oft eine feinere Einstellung einer Prüfung als nur das reine Ein-/Ausschalten erwünscht. So soll die Prüfung zum Beispiel über weitere Einstellungen gesteuert oder mit Zusatzinformationen ergänzt werden können.

Ein in Abschnitt 4.2.4 angelegter Prüfungseintrag kann durch Parameter für eine genauere Benutzereinstellung im Prüfvariantenbaum und damit zur Steuerung der Prüfung flexibel erweitert werden. Dazu können die Parameter in einem Parameterauswahlbildschirm eingestellt werden, der über das grüne PFEIL-Symbol ( ) erreichbar ist.

Dieses Symbol steht für einen Parameterauswahlbildschirm, mit dessen Einstellungen die Prüfung ausgeführt werden kann, wohingegen das graue PFEIL-Symbol ( ) für einen Auswahlbildschirm mit nicht lauffähigen Einstellungen bei der Prüfung steht und auch nicht gespeichert werden kann. Soweit hier nicht anders angegeben, wird nachfolgend generell nur das Symbol mit dem grünen Pfeil verwendet.

Klickt der Benutzer auf das Symbol für den Parameterauswahlbildschirm, erhält er einen Selektionsbildschirm, der die unterschiedlichsten Eingabeelemente, wie zum Beispiel Checkboxen, Radiobuttons, Eingabefelder etc., enthalten kann. Diese Eingabeelemente entsprechen den gängigen Elementen eines normalen Dynpro-Selektionsbildschirms und besitzen trotz einer dynamischen Codegenerierung auch fast dieselbe Funktionalität.

Der Parameterauswahlbildschirm wird vom Code Inspector anhand einer Parametertabelle dynamisch generiert. Diese Parametertabelle enthält die Daten für den automatischen Aufbau des Auswahlbildschirms. Leider wurden bei dieser dynamischen Generierung nicht alle Elemente und Elementeigenschaften umgesetzt, sodass bestimmte Objekte oder Eigenschaften nicht verfügbar sind. Trotzdem lassen sich mit den bestehenden Elementen gute und übersichtliche Benutzerauswahldialoge erstellen, wie am Auswahldialog in Abbildung 4.19 zu sehen ist.

Darüber hinaus können Sie in Abbildung 4.19 erkennen, dass die Übersichtlichkeit der Anzeige durch eine Gruppierung zusammengehöriger Eingabewerte innerhalb von Abschnitten mit einer eigenen Überschrift deutlich erhöht wird.

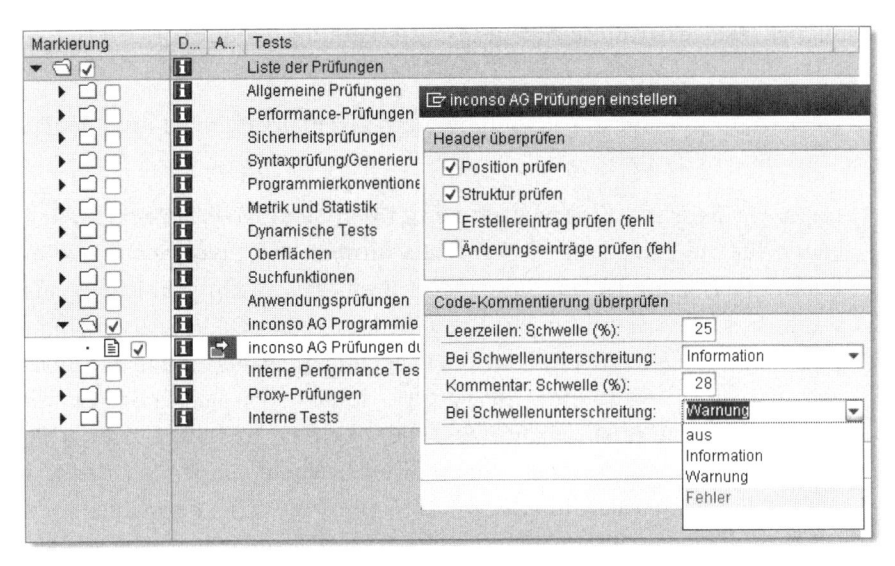

Abbildung 4.19 Beispiel für einen Parameterauswahlbildschirm

> **Hinweis** [+]
>
> Wird eine neue Prüfung mit Parametern erstellt (has_attributes = true, siehe Abschnitt 4.3.3, »Methode ›constructor‹«) und aktiviert, führt das Anklicken des Pfeil-Symbols ( ) ohne Ausprogrammierung der dazu passenden Parameter zu einem Dump, da noch kein Parameterauswahlbildschirm vorhanden ist.

4.3.2 Parameterauswahlbildschirm

Um eine flexible, den Benutzerbedürfnissen angepasste Prüfung ausführen zu können, werden Elemente zur Prüfungssteuerung benötigt, die vom Benutzer gemäß seinen Wünschen eingestellt werden können. Dazu werden Klassenattribute in der Klasse der jeweiligen Prüfung angelegt, die dann im Parameterauswahlbildschirm vom Benutzer eingestellt und später zur Steuerung der Prüfung herangezogen werden können.

Der Parameterauswahlbildschirm (nachfolgend der Einfachheit halber nur noch Auswahlbildschirm genannt) wird vom Code Inspector automatisch durch eine Generierungsmethode erzeugt. Die Informationen für den Aufbau und das Aussehen des Auswahlbildschirms bezieht die Generierungsmethode aus dem Inhalt einer Tabelle. Der für die automatische Generierung nötige Aufbau dieses Tabelleninhalts wird in Abschnitt 4.3.6, »Struktur ›sci_attent‹«, genauer beschrieben. Jeder Eingabeparameter im Frontend muss einem Klassenattribut zugeordnet sein, das die Daten für den jeweiligen

Parameter hält. Über diese Attribute kann dann die Prüfung gesteuert werden.

Es folgt eine Anleitung zur Erstellung eines eigenen Parameterauswahlbildschirms für eine Prüfung:

1. Legen Sie als Erstes Klassenattribute mit den benötigten Einstellmöglichkeiten für die Felder im Auswahlbildschirm in der zuvor neu erstellten Prüfungsklasse an. Geben Sie dabei je nach gewünschter Eingabe-/Auswahlmöglichkeit den dazu passenden Bezugstyp an. Da der Auswahlbildschirm automatisch generiert wird, erfolgt eine Eingabeprüfung in Abhängigkeit vom eingestellten Bezugstyp, sodass beispielsweise in ein Zahlenfeld keine Buchstaben eingegeben werden können. Möchten Sie das Attribut mit einem festen Vorgabewert belegen, können Sie diesen in der Spalte INITIALWERT hinterlegen. Abbildung 4.20 zeigt beispielhaft, wie solche Attribute angelegt sein können.

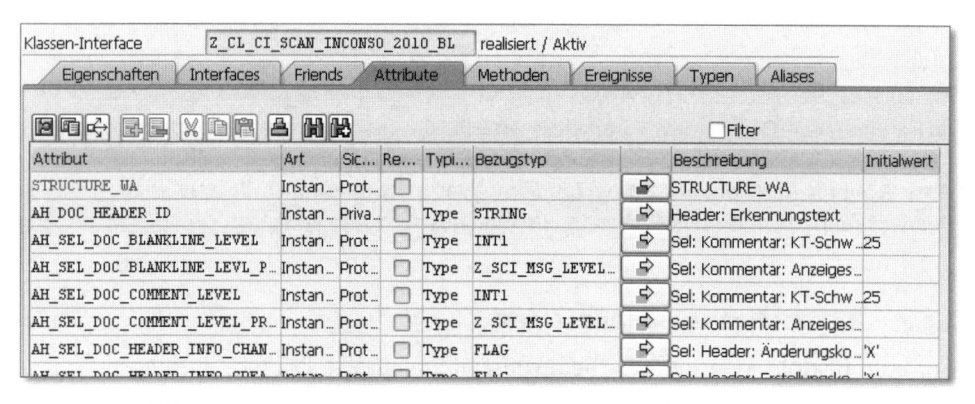

Abbildung 4.20 Attribute zur Steuerung von Anzeige und Prüfung anlegen

▸ Im Beispiel in Abbildung 4.20 werden unter anderem die beiden Attribute `ah_sel_doc_blankline_levl_prio` und `ah_sel_doc_comment_level_prio` mit einem selbst erstellten Datenelement (siehe Spalte BEZUGSTYP) als Listboxen angelegt. Auf diese Art ist es möglich, einer Auswahl nur eigene Werte bereitzustellen. Die Verwendung von (eigenen) Datenelementen bietet auch den Vorteil, dass die regulär dazugehörigen ABAP-Dictionary-Metainformationen, wie zum Beispiel Feldhilfe, Wertehilfe etc., zur Verfügung stehen. Sollen nur einfache Daten in den Auswahlbildschirm eingegeben werden, genügen auch vorhandene Datenelemente wie `int1` für kleine Zahlen bis 255, `flag` für Ankreuzfelder oder `char30` für kurze Texteingaben.

▸ Empfehlenswert beim Anlegen der Attribute ist es, anhand der Namensgebung die Zugehörigkeiten der Attribute zu verdeutlichen. Denn wenn viele Eingabeparameter vorhanden sind, kann später in der Prüfung der Überblick über die Bedeutung der einzelnen Attribute leicht verloren gehen.

So bedeutet zum Beispiel die Namensgebung für das Attribut `ah_sel_doc_blankline_levl_prio` aus Abbildung 4.20, dass es sich hierbei um eine einfache Attribut-Hilfsvariable (`ah_`) für die Selektion durch den Benutzer (`sel_`) handelt, die zum Bereich der Dokumentation (`doc_`) gehört und die für die Leerzeilenprüfung (`blankline_`) bei einer Schwellwertüberschreitung (`levl_`) die gewählte Meldungspriorität (`prio`) enthält. `Level_` wurde in diesem Beispiel zu `levl_` verkürzt, da die Länge von Attributnamen auf 30 Zeichen beschränkt ist.

2. Für die neu angelegten Attribute werden im Parameterauswahlbildschirm noch der Anzeigetext sowie der Typ des dazugehörigen Anzeigefeldes benötigt. Dieser Anzeigetyp steuert das Aussehen des Feldes im Auswahlbildschirm, das heißt, ob es sich dabei beispielsweise um eine Gruppenüberschrift, eine Checkbox, eine Listbox oder ein Eingabefeld handelt.

Diese Daten werden in einer Parametertabelle gesammelt und können direkt in der Methode `if_ci_test~query_attributes` (siehe Abschnitt 4.3.4) oder besser noch in einer eigens dafür vorgesehenen eigenen Methode `fill_attributes` in diese Tabelle gefüllt werden. Hiermit können Sie sich einen Auswahlbildschirm für Ihre eigene Prüfung wie in Listing 4.3 zusammenbauen; eine Beschreibung zum Aufbau des Auswahlbildschirms folgt anschließend.

```
METHOD fill_attributes.
  ...

* Makro zum Füllen eines Attributes
  DEFINE fill_attr.

* Initialisierung
    CLEAR lf_attribute.

* Referenz auf das Klassenattribut
* -> Handle auf das Ausgabefeld bzw. Ausgabetabelle
    GET REFERENCE OF &1 INTO lf_attribute-ref.

* Bezeichnung für das Eingabeelement (= Label)
    lf_attribute-text = &2.
```

```abap
* Ausgabeart des Attributes
* -> C = Checkbox, R = Radiobutton, S = Select-Options, ...
    lf_attribute-kind = &3.

* Obligatorische Eingabe (= Mussfeld)
* -> Nicht leer => Obligatory
    IF ( &4 IS NOT INITIAL ).
       lf_attribute-obligatory = 'X'.
    ENDIF.

* Gruppenbezeichnung für Radiobuttons
    IF ( &5 IS NOT INITIAL ).
       lf_attribute-button_group = &5.
    ENDIF.

* Dieses Attribut zur Attributliste hinzufügen
    APPEND lf_attribute TO pet_attribute.

  END-OF-DEFINITION.

* Attribute für die GUI-Ausgabe füllen (für Benutzerauswahl)
* -> Makroname | Instanzattribut | Beschreibungstext | ...
*    ... Anzeigetyp | Mussfeld-Kennzeichen | Button-Gruppe-ID

* Header-Strukturierung
  fill_attr '' 'Header überprüfen'(agh) 'G' ' ' ' '.
  fill_attr ah_sel_doc_header_position 'Position
    prüfen'(ahp) 'C' ' ' ' '.
  fill_attr ah_sel_doc_header_structure 'Struktur
    prüfen'(ahs) 'C' ' ' ' '.
  ...

* Codedokumentation
  fill_attr '' 'Codekommentierung überprüfen'(agk) 'G' ' '
    ' '.
  fill_attr ah_sel_doc_blankline_level 'Leerzeilen: Schwelle
    (%):'(akl) ' ' ' ' ' '.
  fill_attr ah_sel_doc_blankline_levl_prio 'Bei
    Schwellenunterschreitung:'(aka) 'L' ' ' ' '.
  fill_attr ah_sel_doc_comment_level 'Kommentar: Schwelle
    (%):'(akk) ' ' ' ' ' '.
  fill_attr ah_sel_doc_comment_level_prio 'Bei
    Schwellenunterschreitung:'(aka) 'L' ' ' ' '.

ENDMETHOD.
```

Listing 4.3 Benutzerauswahlfelder über ein Makro erstellen

In Listing 4.3 wird die Parametertabelle für den Auswahlbildschirm über das Makro `fill_attr` mit Beispieldaten zur Darstellung der einzelnen Anzeigeelemente gefüllt. Die Beispieldaten für den Aufbau des Auswahlbildschirms befinden sich im unteren Teil des Listings und erzeugen das inhaltliche Aussehen des Auswahlbildschirms in Abbildung 4.19.

So werden im Listing zum Beispiel unterhalb des Kommentars »Codedokumentation« beim Eintrag »Codekommentierung überprüfen« eine Gruppenüberschrift (`'G'`) sowie darunter vier Parameter mit ihren Texten und Aussehen angelegt. Der Parameter `ah_sel_doc_blankline_levl_prio` soll beispielsweise als Listbox (`'L'`) erscheinen und den Text »Bei Schwellenunterschreitung:« als Label besitzen. Dieser Text ist als Textsymbol `aka` hinterlegt; dieses ist leicht zu erreichen, indem Sie mit einem Doppelklick auf (`aka`) direkt zum Textpflegebildschirm springen oder alternativ den Menüpunkt SPRINGEN • TEXTELEMENTE wählen und dort den Eintrag `aka` anlegen bzw. anpassen.

Der vorletzte Wert des Eintrags »Bei Schwellenunterschreitung:« gibt an, dass dieses Feld kein Mussfeld ist (`' '`); der letzte Wert wird nur für Gruppierungen verwendet (zum Beispiel für Überschriften, Radiobuttons etc.) und ist deshalb hier auch leer (`' '`).

Eine genaue Beschreibung zum Aufbau der Tabellenstruktur finden Sie in Abschnitt 4.3.6, »Struktur ›sci_attent‹«.

3. Damit der Auswahlbildschirm auch angezeigt werden kann, übergeben Sie nun die Parametertabelle in der Methode `if_ci_test~query_attributes` an die Methode `cl_ci_query_attributes=>generic`. Diese automatische Generierungsmethode `generic` sorgt dann dafür, dass die Attribute in einer Dialogbox mit dem gewünschten Aussehen angezeigt werden. Mehr dazu finden Sie in Abschnitt 4.3.4, »Methode ›if_ci_test~query_attributes‹«.

4. Als Nächstes müssen Sie die beiden Methoden `get_attibutes` und `put_attibutes` überschreiben und mit den neuen Attributen füllen. Diese beiden Methoden dienen zur Umwandlung der Benutzereingaben in/aus einen/einem `xstring`. Dieser `xstring` mit den codierten Benutzereinstellungen der Prüfung wird im Feld `clustd` in der Tabelle SCICHKV_PA gespeichert, sodass diese Prüfungseinstellung bei jedem Prüfungslauf zur Verfügung steht. Darüber hinaus wird dieser `xstring` bei einem Transport in ein anderes System mit übernommen, sodass auch dort dieselben Prüfungseinstellungen vorhanden sind.

Listing 4.4 zeigt die Methode `get_attributes`; der Sourcecode der Methode `put_attributes` sieht ähnlich aus, sodass auf ein Listing verzichtet wird. Wichtig ist hierbei, dass diese beiden Methoden für den Code Inspector nur korrekt und funktionsfähig gefüllt werden müssen, damit sie vom Code Inspector automatisch ausgeführt werden können. Davon abgesehen, brauchen diese beiden Methoden bei der weiteren eigenen Programmierung nicht mehr beachtet werden.

```
METHOD get_attributes.

* Benutzereinstellungen exportieren
  EXPORT

* Header
    sci_doc_hdr_inf_chg = ah_sel_doc_header_info_changed
    sci_doc_hdr_inf_crt = ah_sel_doc_header_info_created
    sci_doc_hdr_pos     = ah_sel_doc_header_position
    sci_doc_hdr_str     = ah_sel_doc_header_structure

* Kommentare
    sci_doc_com_lvl_pri = ah_sel_doc_comment_level_prio
    sci_doc_com_lvl     = ah_sel_doc_comment_level

* Leerzeilen
    sci_doc_blk_lvl_prio = ah_sel_doc_blankline_levl_prio
    sci_doc_blk_lvl      = ah_sel_doc_blankline_level

  TO DATA BUFFER p_attributes.

ENDMETHOD.
```

Listing 4.4 Attributübergabe mit der Methode »Get_Attributes«

[+] **Hinweis**

Die Namenswahl der Puffervariablen auf der linken Seite kann beliebig erfolgen (siehe Listing 4.4). Wichtig ist nur, dass der gewählte Name der jeweiligen Puffervariablen eindeutig ist und in beiden Methoden get_... und put_... in den Puffervariablennamen (links) für die entsprechenden Attributnamen (rechts) übereinstimmt. Die Variablennamen der rechten Seite dürfen sich beim Auslesen in einer Prüfung (put_...) aber durchaus von den Attributnamen beim Schreiben der Daten nach dem Schließen des Parameterauswahlbildschirms (get_...) unterscheiden.

Nach diesen Schritten sind die Attribute im Auswahlbildschirm über die Benutzereinstellungen ([icon]) zugänglich und einstellbar. Das Ergebnis war in Abbildung 4.19 zu sehen.

4.3.3 Methode »constructor«

In der Methode constructor einer Prüfung werden einige wichtige Weichenstellungen für die Darstellung und Steuerung des Auswahlbildschirms und der Steuerung des Prüfprogramms festgelegt. Die Angaben im constructor legen relativ früh fest, was im Auswahlbildschirm und der Ergebnisanzeige generell angezeigt werden soll. Die meisten dieser Variablen können zwar auch später noch gesetzt oder geändert werden, dieses Vorgehen ist jedoch nicht zu empfehlen. So kann es bei späteren Änderungen beispielsweise vorkommen, dass Meldungstexte nicht mehr (vollständig) übernommen werden oder Steuervariablen unter Umständen keinen Effekt mehr zeigen. Besser ist es, die Variablen schon im constructor richtig zu setzen und später nicht mehr zu ändern.

Nachfolgend finden Sie eine Beschreibung der verwendbaren Standardeinstellvariablen der Methode constructor, wobei nicht alle Einstellungsvariablen bei jedem constructor-Aufruf sinnvoll einsetzbar sind:

- description
  In die Variable description wird die Bezeichnung des Ordners bzw. Prüfungseintrags eingegeben und zwar so, wie der Eintrag im Prüfvariantenbaum erscheinen soll. Der Text sollte als Textsymbol hinterlegt werden.

  Dieses Attribut ist obligatorisch und muss bei jedem Ordner oder Prüfungseintrag vorhanden sein.

- category
  Bei category wird der Klassenname des übergeordneten Eintrags angegeben, unterhalb dessen der aktuelle Eintrag gelistet werden soll. Ist eine Klasse mit diesem Namen nicht vorhanden, bricht der Auswahlbildschirm beim Aufbau mit einer Fehlermeldung ab. Dies gilt ebenfalls für Ordner, die einen leeren oder gar keinen category-Eintrag besitzen. Wird bei einem Prüfungseintrag nichts eingegeben, ordnet der Code Inspector diesen Eintrag der versteckten Kategorie cl_ci_category_general zu, womit der Eintrag im Prüfvariantenbaum nicht sichtbar ist. Der oberste Eintrag des Prüfvariantenbaums lautet cl_ci_category_top.

  Auch dieses Attribut ist obligatorisch und muss bei jedem Ordner oder Prüfungseintrag vorhanden sein.

- position
  position ist die Position, an der der Ordner bzw. Prüfungseintrag im Prüfvariantenbaum erscheinen soll. Die letzte mögliche Position ist '999' am untersten Ende des Prüfvariantenbaums. Wird dieser Eintrag wegge-

lassen, wird je nach Initialisierung der Wert '0' bzw. '1' (= erste Position) angenommen. Besitzen mehrere Prüfungen eine identische Position, erfolgt die Anzeige untereinander, abhängig vom jeweiligen Klassennamen (absteigend sortiert).

Dieses Attribut ist zwar nicht zwingend erforderlich, sollte aber für eine saubere Darstellung bei jedem Ordner oder Prüfungseintrag angegeben werden.

- version

Über die Variable version wird eine einfache Versionierung für Änderungen an Prüfungen umgesetzt. Werden der Typ oder die Reihenfolge der Übergabeparameter einer Prüfung geändert oder kommen neue nicht optionale Parameter hinzu, muss dies durch eine geänderte Versionsnummer dem Code-Inspector-Framework mitgeteilt werden. Denn durch den erzeugten xstring (siehe in Abschnitt 4.3.2, »Parameterauswahlbildschirm«, zu den Methoden get_attributes und put_attributes) stimmt bei der Ausführung einer geänderten (transportierten) Prüfung die Zuordnung der Parameter zu den Attributen nicht mehr überein. Durch eine neue Versionsnummer kann der Code Inspector dies erkennen.

Diese Variable ist standardmäßig auf '000' gesetzt und muss so lange nicht beachtet werden, bis die Parameter der Prüfung im Typ oder in der Anzahl verändert werden. Bei jeder neuen zum Vorgänger inkompatiblen Version einer Prüfung sollte diese Variable erhöht werden.

- has_documentation

Ist die Variable has_documentation gesetzt (= 'X'), wird im Prüfvariantenbaum und in der Ergebnisanzeige bei diesem Eintrag das INFO-Symbol (🛈) angezeigt. Klickt der Benutzer auf dieses Symbol, erscheint die zugeordnete Dokumentation, sofern diese vorhanden ist. Ist diese Variable gesetzt und keine Dokumentation dazu vorhanden, erscheint folgende Meldung in der Statuszeile, wobei anstelle der Punkte der Name der Prüfung mit der aktuellen Versionsnummer und anstelle DE die jeweilige Benutzersprache steht:

Dokument ... ist in Sprache DE nicht vorhanden

Da diese Variable normalerweise (durch super->constructor) immer auf 'X' gesetzt ist, sollten Sie sie bei fehlender Dokumentation wieder auf leer (= ' ') zurücksetzen.

- has_attributes

Die Variable has_attributes steuert das Erscheinen des grünen (🔽) bzw. des grauen SELEKTIONS-Symbols (🔽) im Prüfvariantenbaum sowie in der

Ergebnisanzeige und damit auch das Vorhandensein eines Parameterauswahlbildschirms. Bei dieser Variablen handelt es sich um ein Flag, bei dem das Symbol eingeblendet wird, je nachdem, ob die Variable den Wert `'X'` besitzt oder leer (= ` `) ist. Diese Variable sagt aber nichts darüber aus, welches dieser beiden Symbole (lauffähig oder nicht) nun wirklich angezeigt wird.

Indirekt steuert diese Variable auch den Aufruf der Interface-Methode `if_ci_test~query_attributes` (siehe Abschnitt 4.3.4); denn ist diese Variable leer (= die Prüfung hat keine Einstellungsparameter), wird diese Interface-Methode nicht aufgerufen. Daher sollte die Variable `has_attributes` direkt am Anfang, am besten im `constructor`, gesetzt werden (= `'X'`), sofern wirklich Parameter für eine Benutzerinteraktion vorhanden sind. Der Default-Wert (im `super->constructor`) ist leer.

Zudem wird hiermit auch die Verwendung von Attributen der Benutzereingabe in der Prüfung selbst gesteuert. Ist dieses Attribut leer, stehen der Prüfung keine Attribute für die Steuerung und Verarbeitung zur Verfügung, selbst wenn ein Parameterauswahlbildschirm bereitstehen würde.

▶ `attributes_ok`

Die Variable `attributes_ok` dient dem Programm zum Erkennen einer korrekten Benutzerauswahl im Parameterauswahlbildschirm des Prüfvariantenbaums. Somit ist eine Validierung und Steuerung der Benutzerauswahl durch das Programm möglich. Nach dem Schließen des Auswahlbildschirms kann eine eigene Überprüfung der Benutzerauswahl stattfinden, und bei einer unzureichenden Auswahl oder einem ermittelten Fehler kann dieses Flag auf leer (= Benutzerauswahl ist nicht in Ordnung) gesetzt werden. Dies könnte zum Beispiel dann der Fall sein, wenn der Benutzer überhaupt nichts ausgewählt hat, alle Einträge leer sind oder Zahlengrenzen überschritten wurden.

Diese Variable `attributes_ok` steuert unter anderem das Aussehen des Selektionssymbols im Prüfvariantenbaum. Ist diese Variable gesetzt (= `'X'`), erscheint das grüne SELEKTIONS-Symbol (▯), und die Prüfvariante kann gespeichert werden; ist diese Variable leer (= ` `), erscheint das graue SELEKTIONS-Symbol (▯) im Prüfvariantenbaum, und die aktuelle Prüfvariante kann nicht gespeichert werden. Beim Speicherversuch erscheint dann eine Statusmeldung mit Angabe der Problemursache (= die Prüfung mit der »problembehafteten« Benutzerauswahl), wie in Abbildung 4.21 zu sehen ist.

> ⓘ Prüfvariante: Attribute nicht vollständig (inconso AG Prüfungen durchführen)

Abbildung 4.21 Fehlermeldung beim Speichern einer Prüfvariante

Standardmäßig ist die Variable attributes_ok leer. Diese Variable kann im constructor bereits vorab mit 'X' vorbelegt werden, wenn die im constructor mit »Default«-Werten gesetzten Klassenattribute für den Code Inspector auch ohne Benutzerbeteiligung als korrekte Parameterwerte erkannt werden und die Prüfung automatisch mit diesen Parameterwerten ausgeführt werden kann.

Die Variable has_attributes übersteuert die Variable attributes_ok; das heißt, ist has_attributes leer, wird auch kein Selektionssymbol angezeigt, gleich, welchen Wert die Variable attributes_ok besitzt.

- has_display_consolidation
Über die Variable has_display_consolidation kann eine Bearbeitung der anzuzeigenden Daten für die Ergebnisanzeige bei der aktuellen Prüfung aufgerufen werden. Dies ist zum Beispiel dann sinnvoll, wenn eine Menge an Statistikdaten die Ergebnisanzeige überfluten und damit unleserlich machen würde. Über diese Bearbeitung könnten die Daten vor der Anzeige noch verdichtet werden, indem bestimmte Daten dann nicht einzeln, sondern als Summe angezeigt werden. Darüber hinaus kann hiermit auch eine Zusammenführung von Ergebnisdaten parallel laufender Prüfungen vorgenommen werden.

Durch das Setzen dieser Variablen wird ein Aufruf der leeren Methode cl_ci_test_root->consolidate_for_display ausgelöst, die für eine eigene Konsolidierung überschrieben werden muss (siehe Abschnitt 4.4.8, »Methode ›consolidate_for_display‹«).

Diese Variable ist standardmäßig leer und wird bisher auch nur für Statistikanzeigen verwendet.

- transport
Das Flag transport gibt an, ob eine Prüfung transportiert werden soll oder nicht. Wenn eine Prüfung transportierbar sein soll, das heißt, von einem Server (zum Beispiel Entwicklungssystem) zum nächsten (zum Beispiel Konsolidierungssystem) weitergegeben werden soll, muss dieses Flag auf 'X' gesetzt werden.

Findet die Entwicklung der Prüfung nicht lokal ($TMP) statt und liegt der Name der Prüfung im Kundennamensraum (Y* oder Z*), legt der Code Inspector beim Speichern zum aktuellen Benutzer im aktuellen Auftrag eine neue Aufgabe mit der Programm-ID R3TR (Programmierobjekt), dem Objekttyp TABU (allgemeiner Tabelleninhalt) und dem Objektnamen SCI-TESTS (SAP-Code-Inspector-Tests) an. Der Name der zu transportierenden Prüfung(en) steht dann in der Bezeichnung oder kann über das Schlüsselsymbol in der Spalte FUNKTION angezeigt werden (siehe 4. Zeile in Abbildung 4.22).

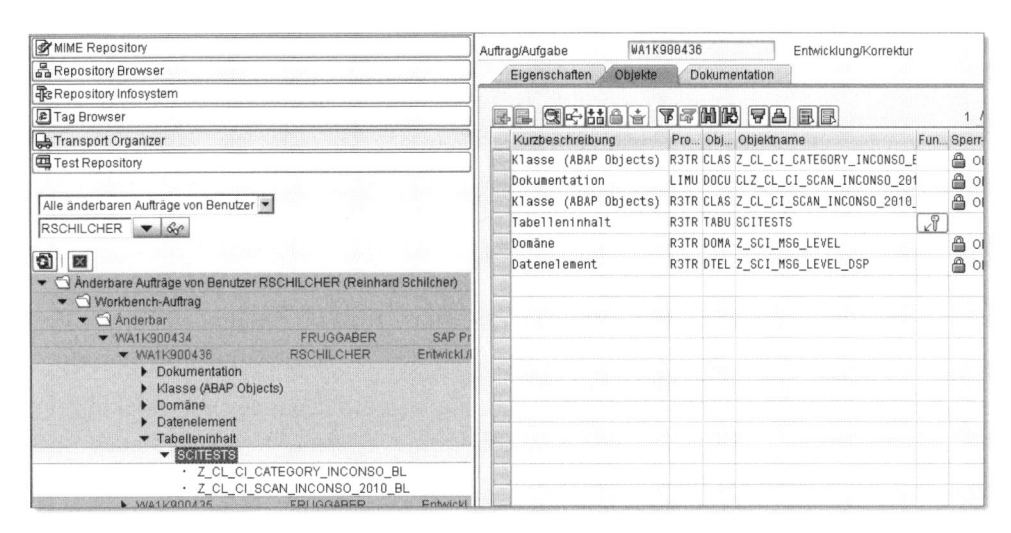

Abbildung 4.22 Transportauftrag von Prüfungen

Nach Freigabe des Transportauftrags wird beim nächsten Transport zum Zielserver dieser Auftrag mitgenommen und die dazugehörige Prüfung auf das Zielsystem übertragen. Damit kann dann auch auf dem Zielsystem mit den aktuellen Prüfungseinstellungen geprüft werden. Allerdings reicht es nicht aus, nur allein das Flag zu setzen. Es gilt auch hier die Einschränkung, dass jeder Entwickler nur die Transportaufträge zu seinen eigenen Prüfungen anlegen bzw. löschen kann und dazu mindestens die Berechtigung s_cov_adm mit dem Wert '37' (akzeptieren, Ausnahme genehmigen, löschen) besitzen muss.

Diese Variable ist standardmäßig auf 'X' gesetzt, sodass die dazugehörige Prüfung automatisch weitertransportiert werden kann.

- typelist

  In der Liste typelist werden die Typen der von der Prüfung testbaren Objekte angegeben. Dabei handelt es sich um eine Range-Liste von Objekttypen mit der Struktur scir_objt. Objekte, deren Typ nicht in dieser Liste enthalten ist, werden von der Prüfung automatisch ausgeschlossen, sie werden in der run-Methode der Prüfung nicht verarbeitet.

Je nach Einstellung der einzelnen Selektionseinträge werden die jeweiligen Objekttypen der Range-Liste bei der Prüfung berücksichtigt oder übergangen. Meist sind die Range-Variablen sign mit 'I' (= inklusive) und option mit 'EQ' (= gleich) belegt, sodass nur genau der eine angegebene Objekttyp überprüft wird. Natürlich sind auch andere Einstellungen möglich, wie zum Beispiel der Ausschluss bestimmter Objekttypen.

Der Objekttyp ist immer vierstellig, und als Werteliste sind die Werte aus dem Feld object der Tabelle TADIR zu verwenden, beispielsweise 'FUGR' für Funktionsgruppen oder 'PROG' für Programme. Einige dieser Werte sind auch als Konstanten in den Attributen der Klasse cl_ci_test_root fest hinterlegt und werden somit vererbt. Zudem sind noch die beiden Sonderobjekttypen '1PRG' und '1INC' verfügbar, die nur im SAP Code Inspector vorkommen. Der Objekttyp '1PRG' ist der Platzhalter für alle programmartigen Objekte, die nicht von anderen Programmen abhängen (müssen); '1INC' kennzeichnet programmartige Objekte, denen die übergeordneten Programme fehlen, das heißt, die für sich allein nicht lauffähig sind.

Wird die Liste typelist leer gelassen, werden auch keine Objekte geprüft, es findet demnach keine Prüfung statt. Diese Liste besitzt standardmäßig einen Eintrag, der mit 'IEQ1PRG' gefüllt ist, sodass alle programmartigen Objekte ohne Abhängigkeiten geprüft werden.

- no_suppress

  Über die Variable no_suppress soll die Unterdrückung von Meldungsausgaben in der Ergebnisanzeige verhindert werden. Diese durch Pseudokommentare oder Genehmigungen unterdrückten Meldungen werden dann bei der Ergebnisanzeige aufgeführt und bei der Fehlerberechnung mitgezählt. Leider hat sich bei der Verarbeitung dieser Variablen ein Fehler eingeschlichen, sodass sie nicht ausgewertet wird. Somit ist die Benutzung dieser Variablen zurzeit relativ sinnlos, sofern Sie nicht die Prüfung »Erweiterte Programmprüfung« (Transaktion SLIN) eingeschaltet haben, da diese Prüfung eine ganz eigene Umsetzungsvariante im Code Inspector verwendet.

  Da die Variable standardmäßig leer ist, muss sie zurzeit auch nicht weiter beachtet werden.

- has_run_consolidation

  Die Variable has_run_consolidation ist zum Ein-/Ausschalten einer etwaigen Verdichtung von Daten vor einem Prüflauf gedacht. Jedoch hat diese Variable aktuell keinerlei Auswirkungen auf Prüfungen und wird auch nirgendwo eingesetzt.

Der Default-Wert dieser Variablen ist leer, sie kann somit ignoriert werden.

- excepted

  Die Variable `excepted` war anfangs vermutlich zum Unterdrücken von Fehlermeldungen vorgesehen. Da sie aber nirgendwo eingesetzt bzw. abgefragt wird, kann sie einfach ignoriert werden.

  Der Default-Wert dieser Variablen ist `'X'`.

Im `constructor` einiger Standardprüfungen werden noch weitere »Einstellvariablen« verwendet, die aber nur lokal definiert und verarbeitet werden.

Somit sind für die Erstellung eines Eintrags im Prüfvariantenbaum (zum Beispiel Ordnereintrag siehe Abschnitt 4.2.3, »Kategorieeintrag erstellen«) mindestens die drei gefüllten, obligatorischen Variablen `description`, `category` und `position` erforderlich. Da alle übrigen benötigten Variablen im Aufruf der Eltern-Methode mit Vorgabewerten gefüllt werden, sollten Sie bei der Erstellung eines Prüfungseintrags sicherheitshalber noch die beiden Variablen `has_documentation` und `has_attributes` korrekt setzen.

4.3.4 Methode »if_ci_test~query_attributes«

Die Methode `if_ci_test~query_attributes` dient zur Aufbereitung und Verarbeitung der Auswahlbildschirmdaten. Sie wird vor der Anzeige des Auswahlbildschirms ausgeführt und wartet dann so lange, bis der Benutzer den Auswahlbildschirm wieder geschlossen hat; somit sind alle Anpassungen oder Änderungen an Parametern, die im Auswahlbildschirm erscheinen sollen, sowie eine Nachbearbeitung der Ergebnisse nach dem Schließen des Auswahlbildschirms hier problemlos möglich.

Durch Überschreiben (REDEFINIEREN-Button,) dieser Methode kann man sich an diese Auswahlbildschirm-Erstellungsmethode hängen und hier seinen eigenen Code ausführen lassen. In dieser Methode sollte die Methode `cl_ci_query_attributes=>generic` aufgerufen und ihr die gefüllte Parametertabelle mit dem Aussehen des Auswahlbildschirms übergeben werden.

Das Überschreiben dieser Methode allein reicht jedoch nicht aus, um einen Auswahlbildschirm zu erhalten, denn die Klassenvariable `has_attributes` steuert dessen Erscheinen. Möchten Sie einen Auswahlbildschirm anzeigen lassen, muss die Variable `has_attributes` auf true (= `'X'`) gesetzt werden. Und dies sollte so früh wie möglich geschehen, am besten bereits im `constructor`, da ohne diese gesetzte Variable `has_attributes` die Interface-

Methode `if_ci_test~query_attributes` überhaupt nicht aufgerufen wird und somit auch kein Aufbau des Auswahlbildschirms erfolgen kann.

[+] **Hinweis**

Dass eine Methode überschrieben wurde, ist daran zu erkennen, dass sich in der Klasse die Farbe der Interface-Methode von Blau in Schwarz geändert hat (hellgrau/dunkelgrau in Abbildung 4.23).

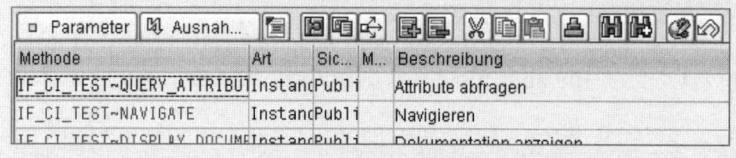

Methode	Art	Sic...	M...	Beschreibung
IF_CI_TEST~QUERY_ATTRIBU	Instanc	Publi		Attribute abfragen
IF_CI_TEST~NAVIGATE	Instanc	Publi		Navigieren
IF_CI_TEST~DISPLAY_DOCUME	Instanc	Publi		Dokumentation anzeigen

Abbildung 4.23 Überschriebene Interface-Methode »if_ci_test~query_attributes«

Benötigen Sie keinen Auswahlbildschirm, weil das eigene Prüfprogramm zum Beispiel keine Einstellungsmöglichkeiten besitzen soll, sollten Sie das Klassenattribut `has_attributes` im `constructor` demonstrativ leer (= ' ') lassen und diese Methode hier auch nicht überschreiben.

Entsprechen die Eingaben des Benutzers nicht den gewünschten Ergebnissen oder sind die Eingaben fehlerhaft, kann durch Setzen des Attributes `attributes_ok` auf leer (= ' ') das Speichern der aktuellen Prüfvariante verhindert werden. Die Prüfvariante zeigt dann beim Speicherversuch eine Fehlermeldung mit dem Fehlergrund unten in der Statusleiste an (siehe Abbildung 4.21).

In dieser Methode ist auch ein Absprung in einen eigenen Selektionsbildschirm möglich (siehe Klasse `cl_ci_test_abap_naming_new`), jedoch liegen der komplette Aufbau, die Verwaltung und die Auswertung in der Eigenverantwortung des Programmierers, sodass sich dieses Vorgehen aufgrund des großen Aufwands normalerweise nicht lohnt.

[+] **Hinweis**

Bei manchen Prüfungen steht am Anfang dieser Interface-Methode der Befehl zum expliziten Laden einer Klassendefinition:

`CLASS cl_ci_query_attributes DEFINITION LOAD.`

In früheren Versionen war dieses explizite Laden von statischen Komponenten wie Attributen, Methoden oder Interfaces manchmal notwendig, um direkt auf bestimmte statische Elemente zugreifen zu können. Ab Release 6.40 des SAP NetWeaver Application Servers ist dies nicht mehr erforderlich und kann somit weggelassen werden.

4.3.5 Methode »cl_ci_query_attributes=>generic«

Die Methode `generic` wird von der zuvor beschriebenen Methode `if_cl_test~query_attributes` aufgerufen und dient der automatischen Generierung eines Auswahlbildschirms für die Auswahl von Prüfbedingungen sowie der Einstellung von Prüfparametern durch den Benutzer. Dazu wird über die Übergabeparameter ein Selektionsbildschirm vom Code Inspector dynamisch aufgebaut und angezeigt. Diese Methode wartet dabei, bis der Selektionsbildschirm vom Benutzer wieder geschlossen wird und liefert dann das Auswahlergebnis zurück. Bei Erfolg (= OK-Button) werden die eingestellten Anzeigedaten automatisch in die jeweiligen Klassenvariablen übernommen.

Die Methode `cl_ci_query_attributes=>generic` besitzt folgende Übergabeparameter:

- `p_name`
  Dies ist der Name der Klasse, in der sich die aufrufende Methode befindet. Es empfiehlt sich, eine Klassenkonstante namens `c_my_name` (Typ `seoclsname`) mit dem entsprechenden Klassennamen anzulegen und zu verwenden.

- `p_title`
  Das ist der Text, der im Titel des neu erzeugten Auswahlbildschirms steht.

- `p_attributes`
  Hierbei handelt es sich um eine Tabelle (Typ `sci_atttab`) mit den Elementen für den Aufbau und das Aussehen des Auswahlbildschirms (siehe Abschnitt 4.3.6, »Struktur ›sci_attent‹«).

- `p_message`
  Dies ist der Ausgabetext, der in der Statuszeile des aufrufenden Fensters angezeigt wird. Dieser Text ist zur Information des Benutzers vorgesehen, falls der Benutzer eine unzureichende oder fehlerhafte Eingabe im Dialog vorgenommen hat und dieser Dialog bei der nachfolgenden Auswertung für eine erneute Eingabe aufgerufen werden muss. Dann kann der Meldungstext dem neuen Eingabedialog mitgegeben und der Benutzer dadurch auf das aktuelle Problem hingewiesen werden. Der Ausgabetext kann bis zu 49 Zeichen lang sein.

- `p_display`
  Mit diesem Flag kann die Bearbeitbarkeit des Auswahlbildschirms gesteuert werden. Ist dieses Flag leer (= ' '), können die Elemente im Auswahlbildschirm vom Benutzer geändert werden. Hat diese Variable einen anderen Wert, wird der Auswahlbildschirm im Anzeigemodus dargestellt,

und Änderungen sind nicht möglich. Diese Einstellung (= 'X', »nur anzeigen«) wird auch beim Aufruf des Parameterauswahlbildschirms aus dem Ergebnisbildschirm heraus verwendet, um die aktuellen Benutzereinstellungen für die jeweilige Prüfung für den Benutzer zwar direkt lesbar, aber nicht änderbar zu machen.

- p_break
  Dieser Rückgabewert liefert ein Flag mit der Information über die Art und Weise, wie der Benutzer den Auswahlbildschirm beendet hat. Ist der Rückgabewert ungleich leer, hat der Benutzer den Auswahlbildschirm über den ABBRUCH-Button oder das FENSTER SCHLIESSEN-Symbol verlassen. Mithilfe dieses Rückgabewertes können Sie demnach feststellen, ob die Eingabedaten in die Klassenvariablen geschrieben (= ' ') oder verworfen (= 'X') wurden, und entsprechend darauf reagieren.

4.3.6 Struktur »sci_attent«

Die Parametertabelle vom Tabellentyp sci_atttab dient zur Erstellung des Auswahlbildschirms und enthält die Liste der gewünschten Anzeigeelemente und deren jeweilige Werte. Die Zeilen dieser Tabelle haben die Struktur sci_attent und enthalten jeweils Informationen zu einem einzigen Anzeigeelement. Anhand dieser Daten erstellt der Code Inspector dann automatisch das gesamte Aussehen des Auswahlbildschirms (mit Ausnahme des Titels). Die Abarbeitung erfolgt von oben nach unten, der erste Tabelleneintrag wird somit auch als erstes Element in der Anzeige erstellt.

Die Struktur sci_attent enthält die nachfolgenden Felder:

- kind
  Dieses Feld gibt die Darstellungsform des gewünschten Elementes in der Anzeige an, wie zum Beispiel Checkbox, Radiobutton, Feld etc. (siehe Abschnitt 4.3.7).

- ref
  Dieses Feld enthält eine Referenz auf die zum Anzeigeelement gehörige Variable. Diese muss zum gewählten Anzeigetyp kind passen, da es anderenfalls zu Fehlern kommen kann oder der Auswahlbildschirm sogar überhaupt nicht mehr angezeigt wird.

- text
  Hier wird der zu diesem Anzeigeelement gehörige Text angegeben, was einem Label entspricht. Zu beachten ist, dass ein zu langer Text in der Anzeige abgeschnitten wird. Die jeweils mögliche Länge ergibt sich aus

der dazugehörigen Feldart `kind` und kann bei dessen Beschreibung nachgelesen werden (siehe Abschnitt 4.3.7).

- `obligatory`

  Dieses Flag definiert das aktuelle Anzeigeelement als Mussfeld bei der Benutzereingabe (= 'X'). Ist das dazugehörige Feld nicht gefüllt, kann der Auswahlbildschirm nicht regulär geschlossen, sondern nur abgebrochen werden.

- `button_group`

  Dieses Feld wird für Gruppierungen und Radiobuttons verwendet und gibt den Namen der Gruppe an, zu dem das Gruppenmitglied bzw. die Radiobuttons gehören.

Wie Sie in der Aufzählung sehen können, wird nur das Flag `obligatory` direkt umgesetzt; andere in einem normalen Dynpro-Selektionsbildschirm vorhandene Einstellungsmöglichkeiten wie VALUE CHECK, VISIBLE LENGTH oder LOWER CASE stehen nicht zur Verfügung.

> **Hinweis** [+]
>
> Leider besteht zurzeit keine Möglichkeit, eine einfache Leerzeile in den Auswahlbildschirm hineingenerieren zu lassen. Ebenso ist es nicht möglich, mehrspaltige Auswahlbereiche oder Registerkarten erstellen zu lassen.
>
> Sollte dies unbedingt nötig sein, können Sie einen eigenen Selektionsbildschirm erstellen. Nur will dies wohlüberlegt sein, da der komplette Aufbau, die Verwaltung und die Auswertung allein beim Programmierer liegen, was natürlich einen ziemlich großen Aufwand bedeutet! Ein Beispiel, wie dies funktionieren kann, finden Sie im Sourcecode der SAP-Standardprüfung »Erweiterte Namenskonventionen für Programme«.

4.3.7 Feld »kind«

In der Struktur `sci_attent` gibt das Feld `kind` die Darstellungsform des Datenelementes in der Anzeige des Auswahlbildschirms an. Dazu kann es die folgenden Werte enthalten:

- ' ' (= leer)

  Ohne die Angabe eines speziellen Typs wird ein einfaches Eingabefeld erzeugt. Es wird vom Selektionsbildtyp `parameters` angelegt und besitzt den Datentyp des referenzierten Datenfeldes. Der dazugehörige Beschreibungstext (aus dem Feld `text`) darf eine maximale Länge von 40 Zeichen besitzen und wird dem Eingabefeld vorangestellt.

- `'C'` (= Checkbox)
  Mit einem `'C'` wird bei der Anzeige eine Checkbox mit der dazugehörigen Beschreibung rechts dahinter erzeugt. Beim Datenelement der Checkbox muss es sich um ein einzelnes Zeichen (`char`) handeln, wobei `'X'` die aktivierte Checkbox symbolisiert. Die Beschreibung hinter der Checkbox (aus dem Feld `text`) darf höchstens 30 Zeichen lang sein.

- `'G'` (= Group)
  Der Wert `'G'` markiert einen Bereich mit zusammengehörigen Anzeigeelementen wie im regulären Dynpro-Selektionsbildschirm etwa die Anweisung `SELECTION-SCREEN ... BLOCK`. Dieser Block erhält den dazugehörigen Beschreibungstext (aus dem Feld `text`) als Titel links oben am Blockanfang mit einer Anzeigelänge von bis zu 40 Zeichen; alle nachfolgenden Anzeigeelemente werden diesem Block zugeordnet, bis ein neuer Gruppierungsblock (`'G'`) erzeugt wird.

  Bei der automatischen Erstellung wird als Erstes das Vorhandensein des Typs `'G'` überprüft, sodass zusammengehörige Anzeigeelemente im selben Bereich angezeigt werden können. Erst danach werden das Datenelement und abhängig davon der Anzeigetyp ermittelt.

- `'L'` (= Listbox)
  Eine Listbox mit vorgegebenen Einträgen für die Anzeige wird erstellt. Diese Einträge der Listbox werden aus dem ABAP-Dictionary-Datenelement (und zwar aus dem Wertebereich der Domäne) gelesen und sind in der Länge auf 20 Zeichen beschränkt. Der dazugehörige vorangestellte Beschreibungstext (aus dem Feld `text`) darf eine Länge von 30 Zeichen nicht überschreiten.

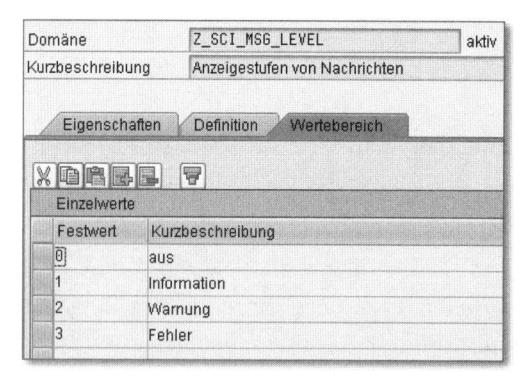

Abbildung 4.24 Werte für eine Listbox aus einer ABAP-Dictionary-Domäne

Die Werte der verwendeten Listboxen im Beispiel in Abbildung 4.19 kommen aus einem ABAP-Dictionary-Datenelement mit der in Abbildung

4.24 gezeigten Domäne. Die Texte (Spalte KURZBESCHREIBUNG) werden im Auswahlbildschirm automatisch angezeigt, und der vom Benutzer selektierte Wert (Spalte FESTWERT) kann dann zur Steuerung der Prüfung verwendet werden.

- `'R'` (= Radiobutton)
  Radiobuttons sind vom Aufbau her den Checkboxen sehr ähnlich. Auch hier wird die dazugehörige maximal 30 Zeichen lange Beschreibung (aus dem Feld `text`) hinter dem Radiobutton angezeigt. Beim referenzierten Datenelement muss es sich ebenso um ein einzelnes Zeichen (`char`) handeln, wobei auch hier `'X'` einen ausgewählten Radiobutton symbolisiert.

  Radiobuttons werden als Gruppen zusammengefasst, und da nur ein Radiobutton gemäß Definition markiert sein darf, benötigen die Radiobuttons daher eine Kennung für ihre Zusammengehörigkeit. Diese Kennung wird im Feld `button_group` der Struktur `sci_attent` hinterlegt und besitzt eine Größe von vier Zeichen. Für die Gruppen der hier erzeugten Radiobuttons gelten dieselben Bedingungen wie bei einem normalen Dynpro-Selektionsbildschirm, das heißt, dass es mindestens zwei Radiobuttons in einer Gruppe geben muss, dass nur ein Radiobutton der Gruppe ausgewählt sein darf, dass die Bezeichnung der Gruppe aus vier Zeichen bestehen muss und dass es nicht mehrere gleichnamige Gruppen innerhalb eines Selektionsbildschirms geben darf.

- `'S'` (= Select-Options)
  Eine Selektion mit einem bzw. zwei Feldern wird angelegt. Die Selektionen werden im referenzierten Datenelement in einer Range-Tabelle hinterlegt. Der dazugehörige Beschreibungstext (aus dem Feld `text`) darf eine maximale Länge von 40 Zeichen besitzen und wird den Selektionsfeldern vorangestellt.

  Ist für einen Eintrag eine Range-Tabelle vorhanden, wird je nach Typ (`kind`) unterschiedlich verfahren: Ist ein `'S'` eingetragen, wird ein Selektionsbereich (= zwei Felder) für die Selektion angelegt; ist ein anderer Buchstabe eingetragen, wird ein Selektionsbereich mit nur einem einzelnen Selektionsfeld (also kein Feld vom Typ `parameter`) angezeigt.

| Hinweis | [+] |

Da bei der Selektionsbildschirm-Generierung zuerst anhand des referenzierten Datenelements und dann erst anhand des Anzeigetyps (`kind`) verzweigt wird, kann bei einer Range-Tabelle der Anzeigetyp durchaus auch ein `'C'` oder sogar beliebig sein (alles außer `'S'` oder `'G'`), sodass trotzdem nur ein Selektionsfeld angezeigt wird und keine Checkbox oder gar ein anderes Anzeigeelement.

4.3.8 Methode »fill_messages«

Findet eine Prüfung ein Problem, muss der Benutzer darüber informiert werden. Dies geschieht im Ergebnisbildschirm durch die Ausgabe eines zum Problem passenden Meldungstextes. Somit ist eine Zuordnung des Problems zum entsprechenden Meldungstext und zu weiteren dazugehörigen Daten notwendig.

All diese Daten zu einem Problemfall einer Prüfung werden in der Meldungsstruktur `scimessage` gesammelt. Neben dem Namen der Prüfungsklasse, dem Meldungscode und dem Meldungstext werden die Meldungspriorität und eventuell vorhandene Pseudokommentare in der Struktur gesammelt. Da die verschiedensten Probleme jeweils eine eigene Meldung erfordern, werden alle Meldungsstrukturen in einer Liste vom Typ `scimessages` für die spätere Verwendung im Ergebnisbildschirm gesammelt.

Aus verschiedenen Gründen sollte die Liste mit den Ergebnismeldungen möglichst früh vorhanden sein, sodass diese Liste am besten bereits im `constructor` gefüllt wird. Gründe für ein frühes Füllen dieser Liste sind zum Beispiel, dass allgemeine Meldungen zu Aufbau und Steuerung der Prüfungseinstellungen schon möglichst früh verfügbar sein müssen und dass später eingefügte Meldungen (zum Beispiel in der Methode `run`) zu massiven Problemen beim Prüfungsablauf führen können. Änderungen an bereits bestehenden Meldungstexten sind aber jederzeit problemlos möglich.

Das Füllen dieser Liste mit Meldungen kann einzeln, über Makros oder über eine eigene Methode `fill_messages` erfolgen. Diese Methode `fill_messages` füllt die Meldungsliste kompakt an einer einzigen Stelle mit allen benötigten Nachrichtentexten und Einstellungen. Einzig das alternative, unnötige Pseudokommentarfeld `pcom_alt` (siehe Abschnitt 4.3.9, »Struktur ›scimessage‹«) wird in dieser Methode nicht berücksichtigt und bleibt deshalb leer. Die Methode `fill_messages` ist im SAP Code Inspector nicht vorhanden, aber im Quelltext des Beispielprogramms enthalten, das Sie auf der Bonus-Seite zu diesem Buch herunterladen können, die Sie unter *http://www.sap-press.de/2525* finden.

Damit der jeweils richtige Meldungstext der entsprechenden Teilprüfung zugeordnet werden kann, werden beide über eine eindeutige ID verknüpft, den Meldungscode. Jede ID wird als Klassenkonstante hinterlegt, sodass eine eindeutige Zuordnung zur Teilprüfung möglich wird. Diese ID wird nicht nur für die Meldungstextzuordnung verwendet, sondern auch im

Ergebnisbildschirm als Meldungscode angezeigt. Zudem wird dieser für die Zuordnung der Dokumentationstexte herangezogen.

4.3.9 Struktur »scimessage«

Die intern verwendete Meldungstabelle `scimessages` dient dazu, alle verfügbaren Meldungen einer Prüfung aufzunehmen, und wird von der Eltern-Klasse vererbt und auch indirekt von Eltern-Methoden gefüllt. Daher ist es ein Leichtes, diese zentrale Tabelle auch mit den passenden eigenen Meldungsdaten zu füllen, damit diese der Prüfung während der kompletten Verarbeitung zentral an einer Stelle zur Verfügung stehen.

Die Meldungstabelle wirkt sich auf verschiedene Stellen im SAP Code Inspector aus. Besitzt eine Prüfung zum Beispiel keine eigenen Einträge in dieser Meldungstabelle, kann der Benutzer diese Meldungen auch nicht im Änderungsbildschirm der Meldungsprioritäten seinen Wünschen entsprechend anpassen (siehe zum Beispiel in Abbildung 4.25 die markierte Zeile KLASSEN/INTERFACE-KONSISTENZ im Vergleich zum Eintrag APPEND AN SORTED TABELLE &1). Darüber hinaus übersteuern die Einträge in der Meldungstabelle die Parameter der Methode `inform`. Der fehlende Eintrag in der Meldungstabelle wirkt sich auch beim Ergebniseintrag auf das AUSNAHME-Symbol () aus, das dadurch keine Dialogbox mit dem passenden Pseudokommentar anzeigen kann. Die erwähnten Effekte durch das Weglassen der Meldungstabelle bei eigenen Prüfungen können natürlich gewünscht sein, stellen aber keinen guten Stil dar und sollten dringend vermieden werden.

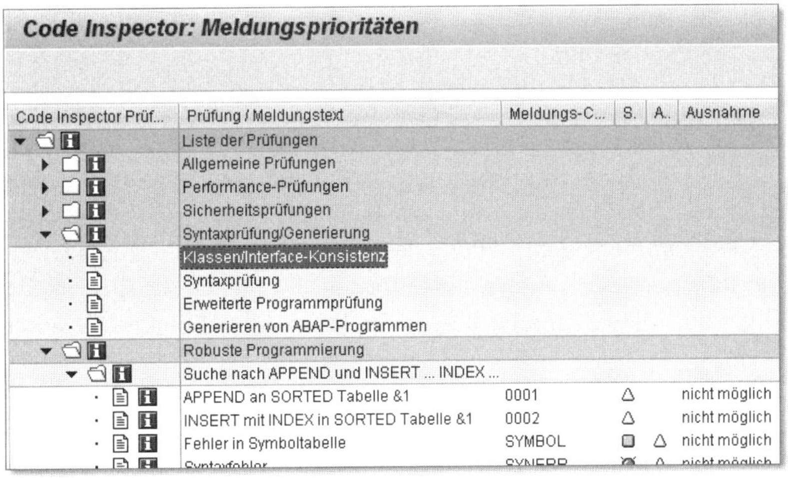

Abbildung 4.25 Meldungspriorität (in markierter Zeile) nicht einstellbar

Eine Zeile in der Meldungstabelle hat die Struktur `scimessage`, in der die Daten für eine Meldung zu einer Prüfung hinterlegt werden können. Dazu besitzt die Struktur folgende Felder:

- `test`
  In dieses Feld wird der Name der Prüfungsklasse eingetragen.

- `code`
  Der Meldungscode stellt die eindeutige Kennung innerhalb einer Prüfungsklasse dar. Zusammen mit dem Klassennamen bildet der Meldungscode eine eindeutige Identifizierung der Prüfungsmeldung innerhalb des SAP Code Inspectors. Die Länge des Meldungscodes ist gemäß ABAP-Dictionary-Definition `sci_errc` zehn Zeichen lang, wobei die IDs von älteren Code-Inspector-Prüfungen meist nur mit einer vierstelligen Nummer belegt sind.

- `kind`
  Die Meldungspriorität gibt an, als wie schwerwiegend diese Prüfungsmeldung im Ergebnisbildschirm angezeigt und bei welchem Statistikzähler sie mitgezählt werden soll (Information, Warnung, Fehler). Neben den drei Meldungsprioritäten Information ('N'), Warnung ('W') und Fehler ('E') gibt es noch den Wert '0', der für eine Unterdrückung der Meldung im Ergebnisbildschirm steht. Die Auswahlwerte werden aus der Tabelle SCIERRTY ermittelt.

- `text`
  Im Feld `text` steht der Meldungstext, der im Ergebnisbildschirm ausgegeben werden soll. Dieser Meldungstext kann wie Nachrichtentexte auch über die Ersetzungssymbole '&1' bis '&4' verfügen. Die Textlänge ist auf 255 Zeichen beschränkt.

- `pcom`
  Um die Meldung einer Prüfung im Ergebnisbildschirm zu unterdrücken, kann in diesem Feld ein sogenannter Pseudokommentar hinterlegt werden. Hat der Entwickler das vom Code Inspector gemeldete Problem analysiert und kommt zu dem Schluss, dass im untersuchten Fall kein wirkliches Problem besteht, kann er mittels Pseudokommentar die Ausgabe der Meldung und deren Zählung bereits direkt im ABAP-Sourcecode unterdrücken.

  Der Eintrag in diesem Feld kann entweder leer (= ' '), die Konstante c_exceptn_imposibl ('NOX'), ein einfacher (eigener) Pseudokommentar ('#EC ...') oder die Konstante c_exceptn_by_table_entry für die Notwendigkeit eines Eintrags in der Ausnahmetabelle sein. Abhängig vom

Eintrag in diesem Feld, wird im Ergebnisbildschirm in die jeweils passende weitere Bearbeitung verzweigt.

Bei einem leeren Feld `pcom` wird die Ergebnisausgabe nicht unterdrückt. `'NOX'` (No Exception) dient als ausdrücklicher Hinweis darauf, dass kein Pseudokommentar vorgesehen ist, wodurch auch keine Ausgabenunterdrückung eines Problems stattfindet. Ist bei `pcom` ein Pseudokommentar eingetragen, wird das Symbol (🗩) in der Spalte AUSNAHME der Ergebnisausgabe angezeigt, über das der Benutzer in einen Dialog mit der Anzeige des dazugehörigen Pseudokommentars gelangen kann. Bei der Konstante `c_exceptn_by_table_entry` erscheint ebenfalls das Symbol (🗩) in der Spalte AUSNAHME, über das Sie dann aber in das Genehmigungsverfahren gelangen.

▶ `pcom_alt`
Zusätzlich zu einem »regulären« Pseudokommentar (Feld `pcom`) kann hier ein weiterer alternativer Pseudokommentar hinterlegt werden. Bisher wird dieses Feld aber nur bei der Prüfung `cl_ci_test_select_taw_bybuf` verwendet. Einige Prüfungen ignorieren den alternativen Pseudokommentar auch komplett.

Beim Füllen der Meldungstabelle ist unbedingt darauf zu achten, dass die Meldungen in der Reihenfolge des Meldungscodes (Feld `code`) von klein (`'0'`/`'a'`) nach groß (`'9999'`/`'ZZZZ'`) angelegt werden. Wird ein kleinerer Meldungscode nach einem größeren Meldungscode eingefügt, kann dies sowohl im Auswahlbildschirm als auch beim Scannen zu einem Dump führen! Da es sich intern um eine sortierte Tabelle handelt, sollte sie über den Befehl `INSERT` gefüllt werden.

> **Empfehlung** [*]
>
> Beim Aufbau eines eigenen einfachen Pseudokommentars sollten Sie möglichst dem SAP-Standard folgen. So sollte der Kommentar mit "#EC (inklusive Leerzeichen nach dem EC) beginnen, um durch diese Kennung einen Pseudokommentar (Exception Comment) zu symbolisieren. Nach dem Leerzeichen sollte ein CI_ folgen, um auf die Prüfung im Code Inspector hinzuweisen. Erst danach sollte das Kürzel für die Problemmeldung selbst folgen. In diesem Kürzel könnte durchaus auch eine Kennung für die eigene Prüfungsklasse enthalten sein.
>
> Intern wird bei der Prüfung mittels `'CS'` (= contains) nach dem passenden Pseudokommentar im ABAP-Sourcecode gesucht. Unabhängig davon, wird zusätzlich nach dem universellen Pseudokommentar "#EC * gesucht, sodass fast jede Problemmeldung immer mit diesem Pseudokommentar ausgeschaltet werden kann.
>
> Aufgrund der Feldgröße in der Meldungsstruktur (Datenelement: `sci_pcom`) ist die Länge eines Pseudokommentars auf 20 Zeichen beschränkt.

4.3.10 Methode »if_ci_test~navigate«

Die Methode `navigate` wird bei einem Doppelklick auf die Kategorie der Prüfung oder den Prüfungsnamen in der Ergebnisanzeige aufgerufen. Mithilfe dieser Methode wird zu der Problemstelle gesprungen, die die Problemmeldung im Ergebnisbildschirm verursacht hat. Diese Methode wird jedoch weder beim Anklicken eines Eintrags der Meldungspriorität noch beim Eintrag einer gelisteten Meldung ausgeführt. Wichtig ist zu beachten, dass die Navigation nur funktionieren kann, wenn der Methode `inform` durch die Prüfung die korrekten Angaben zur Problemstelle mitgegeben werden.

4.3.11 Methode »if_ci_test~display_documentation«

Beim Auslösen der Dokumentationsanzeige über den INFO-Button () wird die Methode `if_ci_test~display_documentation` aufgerufen. Bei dieser vererbten Methode wird im Normalfall automatisch die passende Dokumentation zur Prüfung aktiviert, die in der Dokumentenpflege (Transaktion SE61) für die aktuelle Sprache hinterlegt wurde.

Diese Methode kann überschrieben werden, sodass Sie gezielt auf eine andere Dokumentation zugreifen, vorselektieren oder sie an einem anderen Ort (wie zum Beispiel in der Klasse `cl_ci_test_usab_gui`) aufrufen können. Da diese Methode sowohl beim Auswahlbildschirm als auch bei der Ergebnisanzeige durchlaufen wird, kann somit in beiden Fällen in eine jeweils andere passendere Dokumentation verzweigt werden.

4.3.12 Methode »if_ci_test~exception«

Die Methode `exception` wird beim Anklicken des AUSNAHME-Symbols () in der Spalte AUSNAHME in der Ergebnisanzeige aufgerufen, das zur Erklärung von Pseudokommentaren oder zur Bearbeitung eines Genehmigungsverfahrens dient. Somit kann durch Überschreiben dieser Methode eine Vorabbearbeitung der Anzeige(werte) erfolgen, bevor der Dialog für den Pseudokommentar bzw. das Genehmigungsverfahren erscheint. Ebenso könnte eine komplett eigene Weiterverarbeitung als Reaktion auf das Anklicken des AUSNAHME-Symbols erfolgen.

Weitergehende Informationen zum Thema Pseudokommentare und Genehmigungsverfahren finden Sie in Abschnitt 2.3, »Ergebnismeldungen unterdrücken«.

4.4 Aufbau einer eigenen Prüfung (Backend)

Nachdem in den vorhergehenden Abschnitten die Grundlage für den generellen Aufbau einer eigenen Code-Inspector-Prüfung gelegt und die Erweiterungsmöglichkeiten für die Benutzereingabe (Frontend) aufgezeigt wurden, wird nun näher auf die eigentliche Programmierung einer eigenen Prüfung eingegangen. In Abbildung 4.26 wird der Zusammenhang der Methoden inklusive einer Einordnung der häufig verwendeten ABAP-Scan-Engine (siehe Abschnitt 4.5) gezeigt. Neben der ABAP-Scan-Engine gibt es noch weitere Methoden zur Datenermittlung im Code Inspector; diese werden aber in diesem Buch nicht besprochen und sind deshalb in der Abbildung 4.26 mit einem gestrichelten Rahmen dargestellt.

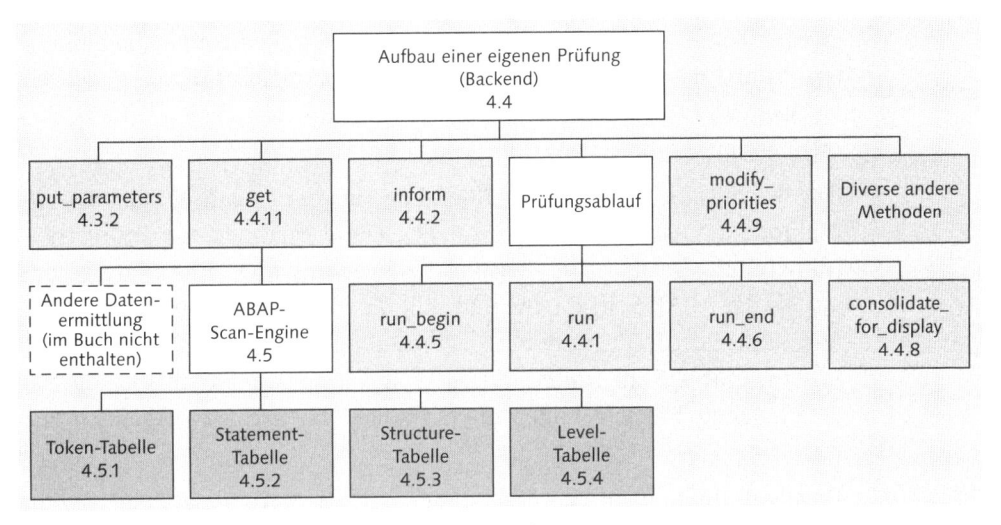

Abbildung 4.26 Übersicht über Abschnitt 4.4 (Backend)

4.4.1 Methode »run«

Um eine eigene Prüfung ausführen lassen zu können, wird eine Methode benötigt, in der Sie direkt den Code Ihrer eigenen Prüfung hinterlegen oder eigene Prüfungsmethoden aufrufen lassen können. Dieser Einstiegspunkt ist normalerweise die run-Methode einer Prüfung, die automatisch vom Code Inspector aufgerufen wird.

Die vererbte run-Methode ist standardmäßig leer und muss mit eigenem Prüfungscode überschrieben werden. Es empfiehlt sich, die Methode run ausschließlich als Startmethode einzusetzen, in der nur die Aufrufe von Initialisierungsmethoden sowie die Absprünge zu den eigentlichen Einzelprüfungen abgelegt sind. Dieses Vorgehen erhöht die Übersichtlichkeit und Wartbarkeit des Programmcodes der Prüfung. Die in der Prüfung ermittelten Probleme werden über die Methode inform oder das Event raise event message an den Sammler der Prüfungsmeldungen geschickt, sodass diese Meldungen automatisch im Ergebnisbildschirm zusammen mit den anderen durchgeführten Prüfungen angezeigt werden. Neben der run-Methode können auch andere Methoden, wie zum Beispiel run_end oder consolidate_for_display, für die Prüfung verwendet werden.

Im Folgenden wird der Aufbau einer solchen Prüfung an einem das Buch begleitenden Beispielprogramm (siehe Zusatzangebot auf der Bonus-Seite unter *http://www.sap-press.de/2525*) beschrieben:

1. Überschreiben Sie als Erstes die Methode run, und füllen Sie sie mit einer eigenen Logik. Erstellen Sie dazu in dieser Methode die einmalig benötigten Prüfungseinstellungen, wie zum Beispiel Initialisierungen, und rufen Sie Methoden zur Datenermittlung auf, wie zum Beispiel den ABAP-Sourcecode-Scanner, die Select-Ermittlung und Ähnliches.

   Die wichtigste Initialisierungsmethode in der run-Methode ist die Methode get (siehe Abschnitt 4.4.11). Diese Methode zur Sourcecode-Aufbereitung scannt zum Beispiel den gewünschten ABAP-Sourcecode mittels der ABAP-Scan-Engine und füllt die benötigten globalen Tabellen. Eine kurze Beschreibung der erzeugten Tabellen der ABAP Scan-Engine ist in Abschnitt 4.5 zu finden. Diese in der globalen Variablen ref_scan gesammelten Tabellen bilden die Grundlage für alle nachfolgenden Prüfungen.

   Da alle Prüfungen auf den Ergebnissen der get-Methode aufbauen, sollte dieser Methodenaufruf zur Sicherheit immer am Anfang jeder run-Methode stehen. Denn die get-Methode wird nur dann ausgeführt, wenn noch keine ABAP-Sourcecode-Aufbereitung in einer der früheren Prüfungen dieses Laufs stattgefunden hat, die Variable ref_scan demnach leer ist. Wie ein solcher get-Aufruf in einer run-Methode aussehen kann, zeigt Listing 4.5.

```
METHOD run.
...

* Es wurde noch keine Codeaufbereitung erzeugt ...
  IF ( ref_scan IS INITIAL ).

* Codeaufbereitung erzeugen lassen
    CALL METHOD get
```

```abap
      RECEIVING
        p_result = h_result.

*   Codeaufbereitung misslungen
      IF ( h_result <> 'X' ) .

*   Fehlermeldung (keine Prüfung möglich)
        CALL METHOD inform
          EXPORTING
            p_test    = c_my_name
            p_code    = c_test_code_no_scan
            p_param_1 = c_my_name
            p_param_2 = 'Run'.

*   Kann nicht prüfen -> Abbruch!
        RETURN.
      ENDIF.
    ENDIF.

*   Sourcecode-Aufbereitung selbst war fehlerhaft ...
    IF ( ref_scan->subrc <> 0 ).

*   Fehlermeldung (Codeaufbereitung fehlerhaft)
      CALL METHOD inform
        EXPORTING
          p_test    = c_my_name
          p_code    = c_test_code_scan_error
          p_param_1 = c_my_name
          p_param_2 = 'Run'.

*   Kann nicht prüfen -> Abbruch!
      RETURN.
    ENDIF.
    ...
```

Listing 4.5 Datenermittlung in der run-Methode

2. Als Nächstes passen Sie die Nachrichten an die gewünschten Benutzereinstellungen an und füllen die diversen Arbeitsvariablen der Teilprüfungen mit Vorgabewerten.

3. Danach erstellen Sie den Code für das Durchlaufen der Tabellen, die den aufgeschlüsselten Programmcode enthalten, mit vorgesehenen Absprüngen zu den jeweils eigenen Prüfmethoden. In Listing 4.6 erfolgt die Weiterverarbeitung beispielhaft anhand der Level-Tabelle der ABAP-Scan-Engine, aber natürlich können auch andere Tabellen oder Objekte für eine eigene Prüfung herangezogen werden.

```
    ...
* Die verschiedenen Hierarchiestufen ablaufen
  LOOP AT ref_scan->levels ASSIGNING <fs_levels>.

* Nur Programmtypen bearbeiten (Reports, Includes, Methoden..)
    IF ( <fs_levels>-type = scan_level_type-program ).

* Es ist (unter anderem) eine Klasse ...
* (Abfrage nur zu Demozwecken)
      IF ( <fs_levels>-name+30(1) = 'C' ).

* Es ist eine Klassenmethode ...
* (Abfrage nur zu Demozwecken)
        IF ( <fs_levels>-name+30(2) = 'CM' ).

* Eigene Prüfung hier aufrufen
          CALL METHOD ...

* Keine Klassenmethode, zum Beispiel Public Section ...
        ELSE.

* Nichts tun!
        ENDIF.

* Es ist keine Klasse (nicht OO) ...
* -> zum Beispiel Report, Includes, Funktionsbaustein etc.
* (Abfrage nur zu Demozwecken)
      ELSE.

* Eigene Prüfung hier aufrufen
        CALL METHOD ...
      ENDIF.
    ENDIF.

  ENDLOOP.

ENDMETHOD.
```

Listing 4.6 Prüfungsaufruf in der run-Methode

4. Schließlich müssen Sie nur noch die Methode für Ihre eigene Prüfung erstellen und deren Aufruf in die run-Methode einfügen. Dies sind im buchbegleitenden Beispielprogramm die eigenen Prüfmethoden check_doc_header und check_doc_comment.

Nach den Vorarbeiten aus Abschnitt 4.2, »Grundlagen für eine eigene Prüfung«, und Abschnitt 4.3, »Prüfvariante (Frontend)«, können Sie mit diesen Schritten der Backend-Programmierung bereits eigene Prüfungen erstellen und ausführen lassen. Nachfolgend werden weitere Standardmethoden des Code Inspectors beschrieben, die Ihnen die Erstellung von Code und die Datenverarbeitung bei Ihrer eigenen Prüfung erleichtern können. Normalerweise ist ein Überschreiben dieser Methoden nicht nötig, da Sie sie so verwenden können, wie sie bereits vorhanden sind. Die Auflistung der Methoden erfolgt gemäß ihrer Abfolge in der vererbten Klasse. In der Darstellung der aufgelisteten Methoden wird auf Token, Statements, Structures oder Level verwiesen, die sich auf die entsprechenden Tabellen der ABAP-Scan-Engine (siehe Abschnitt 4.5) beziehen.

4.4.2 Methode »inform«

Die Methode `inform` ist die Schnittstelle zwischen der Prüfung und der Ergebnisanzeige. Sie prüft für ein gefundenes Problem, ob ein Pseudokommentar im ABAP-Sourcecode oder ein passender Eintrag in der Ausnahmetabelle vorhanden ist. Sollte dies nicht der Fall sein, erzeugt diese Methode das Event `message`, über das alle benötigten Daten zum aktuellen Problem an die Ergebnisanzeige weitergesendet werden. Dort kann der Benutzer durch das Anklicken einer Meldungszeile zum jeweiligen Problem im ABAP-Sourcecode springen (siehe Abschnitt 4.3.10, »Methode ›if_ci_test~navigate‹«).

Die Parameter dieser Methode sind die folgenden:

- `p_sub_obj_type`
  Dies ist der Typ des aktuell bearbeiteten Objektes, zum Beispiel 'PROG'.

- `p_sub_obj_name`
  Dies ist die interne SAP-Bezeichnung des aktuell bearbeiteten Objektes und zwar so, wie sie in der Tabelle TADIR vorhanden ist, zum Beispiel ...CMxxx (= interne SAP-Codierung für eine Methode einer Klasse). Dieser Parameter muss beim Aufruf gefüllt werden und kann zum Beispiel mit dem Befehl `get_include(statement-level)` dynamisch ermittelt werden, wobei `statement-level` gefüllt sein muss, da es sonst zu einer Endlosschleife kommen kann.

- `p_position`
  Dies ist die Nummer des Statements, bei dem das Problem auftritt bzw. auf das sich die Meldung bezieht. Anhand dieses Statements kann der zugehörige Pseudokommentar bzw. die Genehmigung ermittelt werden, um die Meldung gegebenenfalls zu unterdrücken. Wird keine Position angegeben, findet auch keine Prüfung auf Meldungsunterdrückung hin statt; die Meldung wird in diesem Fall immer im Ergebnisbildschirm angezeigt.

- p_line

  Hierbei handelt es sich um die Zeilennummer des Tokens, in der das Problem gefunden wurde. Sie entspricht normalerweise der Zeile im ABAP-Sourcecode.

- p_column

  Dies ist die Spaltennummer des Tokens, in der das Problem gefunden wurde. Sie entspricht normalerweise der Spalte im ABAP-Sourcecode.

- p_errcnt

  Hierbei handelt es sich um den Zähler, der pro aufgetretenem Problem hochgezählt werden muss. Da es sich um einen eindeutigen Zähler für jedes Objekt handelt, muss dieser Zähler für jedes bearbeitete Objekt (p_sub_obj_name) auch neu gestartet werden. Bei einem identischen oder fehlenden Zählerstand bei mehreren Problemstellen desselben Objektes kann es zu einem Dump kommen.

  Ab Release 7.0 EHP1 muss p_errcnt nicht mehr explizit gesetzt werden, da der Code Inspector die Fehleranzahl selbst verwaltet.

- p_kind

  Dies bezeichnet die Meldungspriorität, zum Beispiel c_error (= Fehler; der Text erscheint in der Ergebnisspalte TESTS), unter der der Eintrag im Ergebnisbildschirm gelistet wird. Dieser Übergabeparameter wird jedoch nur dann verwendet, wenn kein vom Benutzer angepasster Eintrag in der Tabelle SCIPRIORITIES (siehe fünfte Spalte AKTUELLE PRIORITÄT in Abbildung 4.27) vorhanden ist und zudem kein passender Eintrag (scimessage-Felder test, code und kind) in der Meldungstabelle (siehe Abschnitt 4.3.9) gefunden wird.

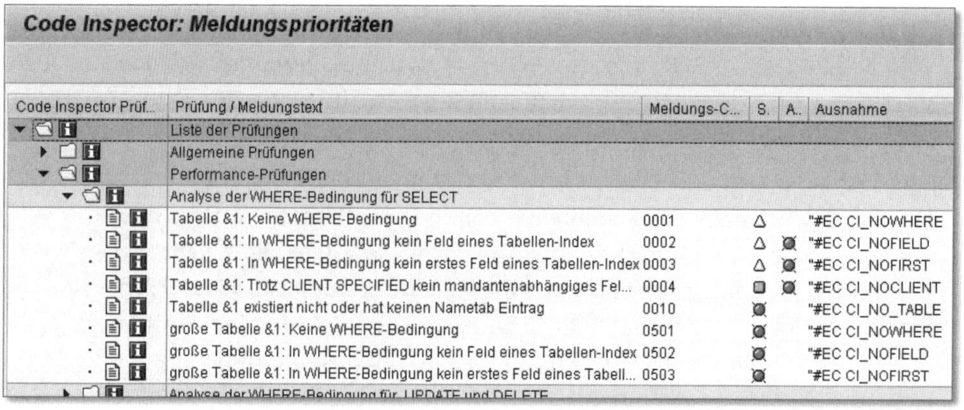

Abbildung 4.27 Einstellungsbildschirm für Meldungsprioritäten

- `p_test`
  Dies ist der Name der aktuellen Prüfungsklasse, zum Beispiel `c_my_name`, unter dem der Eintrag im Ergebnisbildschirm gelistet wird.

- `p_code`
  Hierbei handelt es sich um den Meldungscode (= eindeutiges Kennzeichen für die jeweilige Teilprüfung), unter dem der Eintrag im Ergebnisbildschirm gelistet wird. Dieser Parameter ist obligatorisch und muss bei jedem Aufruf gefüllt werden.

- `p_suppress`
  Dies ist ein Pseudokommentar, mit dem die aktuelle Meldung unterdrückt werden kann. Wird der übergebene Pseudokommentar im Zusammenhang mit der Problemstelle gefunden, erfolgt keine Ausgabe der Meldung im Ergebnisbildschirm. Jedoch wird dieser Parameter durch einen vorhandenen Eintrag in der Meldungstabelle übersteuert, sodass er nur dann verwendet wird, wenn kein passender Eintrag (`scimessage`-Felder `test`, `code` und `pcom`) in der Meldungstabelle vorhanden ist (siehe Abschnitt 4.3.9).

> **Hinweis** [+]
>
> Der Name dieses Parameters ist etwas irreführend, da im weiteren Verlauf, zum Beispiel in der Event-Verarbeitung `message`, der Parameter `p_suppress` eine völlig andere steuernde Wirkung besitzt; wird dieser Parameter nämlich nicht mit einem Wert aus der Tabelle in Anhang A.2.2, »Status einer Ausnahme«, gefüllt, wird zum Beispiel in der Ergebnisanzeige beim betroffenen Eintrag kein AUSNAHME-Symbol (🗗) für die Dialogbox mit der Anzeige eines passenden Pseudokommentars angezeigt.

- `p_param_1`, `p_param_2`, `p_param_3` und `p_param_4`
  Diese vier Parameter sind freie Übergabeparameter.

Die meisten Parameter sind optional, nur die beiden Parameter `p_sub_obj_name` und `p_code` müssen immer gefüllt sein, damit eine genaue Problemzuordnung möglich ist. Je nach Bedarf können die anderen Parameter noch zusätzlich gefüllt werden. Soll zum Beispiel eine Meldung zu einer bestimmten Sourcecode-Stelle in der Ergebnisanzeige aufgeführt werden, sollten die Parameter `p_line` und `p_column` mit einer Zeilen- und Spaltenangabe zur entsprechenden Stelle im ABAP-Sourcecode gefüllt werden. Wichtig ist die Angabe der Position `p_position` für die Benutzung eines Pseudokommentars, da es in einer Programmzeile mit mehreren Statements auch zu mehreren Problemen kommen kann.

Sollen die Ergebnisse einer Inspektion von nachfolgenden Inspektionen weiterverarbeitet werden können, muss als Referenz auf die jeweilige Prüfung der Parameter p_param_1 mit dem Objektnamen (p_test) und p_param_2 mit dem gewünschten Objekttyp gefüllt werden. Dadurch kann eine nachfolgende Inspektion diese Objekte zu weiteren Prüfungen heranziehen.

4.4.3 Methode »clear«

In der Methode clear werden die Arbeitsvariablen einer Prüfung initialisiert. Diese Methode setzt auch die Variable ref_scan mit den dazugehörigen Arbeitstabellen zurück. Dies ist aber nur notwendig, wenn die aufbereiteten Sourcecode-Tabellen neu gefüllt werden sollen.

4.4.4 Methode »get_message_text«

Durch Überschreiben der Methode get_message_text können die Meldungscodes (pcode) der aktuellen Prüfung mit einem jeweils zugehörigen Meldungstext verknüpft werden. Der Aufruf dieser Methode erfolgt erst beim Aufbau des Ergebnisbildschirms, wobei die Meldungstexte dieser Methode den jeweils entsprechenden Texten der Meldungstabelle scimessages vorgezogen werden.

Diese Methode ist nur erforderlich, wenn die Tabelle SCIMESSAGES (im constructor) nicht gefüllt wurde. Daher wird die Benutzung dieser Methode nicht empfohlen (siehe Abschnitt 4.3.9, »Struktur ›scimessage‹«)!

4.4.5 Methode »run_begin«

Die Methode run_begin wird bei einer Prüfung direkt vor der Methode run ausgeführt. Mit ihrer Hilfe kann eine Initialisierung oder auch eine Aufbereitung von Daten vor dem Lauf der run-Methode durchgeführt werden.

Im Gegensatz zur run-Methode wird diese Methode auch dann aufgerufen, wenn die zu bearbeitenden Objekte nicht mit den Objekten in der typelist der aktuellen Prüfung übereinstimmen, das heißt, diese von der aktuellen Prüfung nicht verwendet werden.

4.4.6 Methode »run_end«

Die Methode run_end wird bei einer Prüfung direkt nach der Methode run ausgeführt. Damit können zum Beispiel Altlasten der aktuellen Prüfung bereinigt, gesammelte Daten nachbearbeitet oder Ergebnisse konsolidiert werden.

Da der Code Inspector große Datenmengen in mehrere Arbeitspakete aufteilt, können Sie so zum Beispiel in der `run`-Methode die Ergebnisdaten der einzelnen Datenpakete sammeln, um dann die Ergebnisse aller Datenpakete auf einmal durch die Methode `run_end` prüfen zu lassen.

Wie die meisten Methoden der Prüfung wirkt auch diese Methode nur auf die Daten dieser einen Prüfung, sodass hiermit keine prüfungsübergreifende Bearbeitung möglich ist. Dies kann aber über die Methode `consolidate_for_display` (siehe Abschnitt 4.4.8) erreicht werden.

Ebenso wie die Methode `run_begin` wird diese Methode auch dann ausgeführt, wenn die Objektmenge nicht zur Prüfungsmenge passt.

4.4.7 Methode »get_result_node«

Mit der Methode `get_result_node` kann ein neuer Knoten im Ergebnisbaum angelegt werden. Dieser Knoten wird mit den Ausgabedaten der Prüfung gefüllt und an den Ergebnisbaum angehängt. Somit ist es möglich, die bestehenden Ergebnisdaten zu erweitern oder auch Ergebnisse mit einem eigenen Aussehen in den Ergebnisbaum einzubinden. Normalerweise ist eine Verwendung dieser Methode nicht nötig, da die Ergebnisanzeige automatisch erstellt wird.

4.4.8 Methode »consolidate_for_display«

Die Methode `consolidate_for_display` dient der Aufbereitung und Verdichtung von Daten für die Ergebnisanzeige. Eine Konsolidierung von Daten ist beispielsweise sinnvoll, wenn es sich um Massendaten oder Statistiken handelt, die die Ergebnisanzeige überfrachten oder zahlreiche gleiche Ergebnisse liefern würden. Soll zum Beispiel der Mittelwert einer Kennzahl über alle Einzelobjekte in der Ergebnisanzeige ausgegeben werden, muss nach der Abarbeitung aller Objekte über all diese Objekte bzw. Arbeitspakete verdichtet werden.

Diese Methode ist auch dann hilfreich, wenn eine große Objektmenge auf mehrere Prüfläufe aufgeteilt geprüft werden muss. Der Code Inspector teilt große Objektmengen für jede Prüfung in mehrere gleiche Prüfungspakete von bis zu 50 Objekten pro Prüfung ein, die dann parallel, eventuell auch auf mehreren Servern gleichzeitig, ausgeführt werden können. Sollen die Ergebnisdaten aller parallelen Prüfungsläufe gesammelt werden, greift die Methode run_end zu kurz, da diese Methode nur auf die Prüfungsergebnisse der eigenen 50 Objekte zugreifen kann. Hier schafft die Methode consolidate_for_display Abhilfe, da sie nicht nur auf die Prüfung, sondern auf das Gesamtergebnis aller Prüfungspakete wirkt.

Diese Methode wird durch das Setzen (= 'X') der Variablen has_display_consolidation aktiviert und nach allen Prüfungen, aber vor der Anzeige der Ergebnisse ausgeführt. Finden mehrere Prüfungen statt, wird diese Methode vor der Ergebnisanzeige für jede einzelne dieser (eingeschalteten) Prüfungen ausgeführt.

4.4.9 Methode »modify_priorities«

Die Methode modify_priorities wird durch die Bestätigung (= grüner Haken) der vorgenommenen Änderung einer Meldungspriorität in der Dialogbox PFLEGE DER MELDUNGSPRIORITÄT ausgeführt (siehe Abbildung 4.28). Sie aktualisiert unter anderem die Tabelle SCIPRIORITIES, die die geänderten Benutzereinstellungen für die Meldungsprioritäten dauerhaft hält, und die Tabelle CUST_PRIORITIES für die interne Verarbeitung im Code Inspector. Somit ließe sich an dieser Stelle zum Beispiel die vom Benutzer vorgenommene Auswahl überprüfen oder eine Dialogbox mit passenden Hinweistexten einbauen. Eine Beschreibung des Meldungsprioritäten-Bildschirms finden Sie in Abschnitt 2.1.3, »Verwaltung von Meldungsprioritäten«.

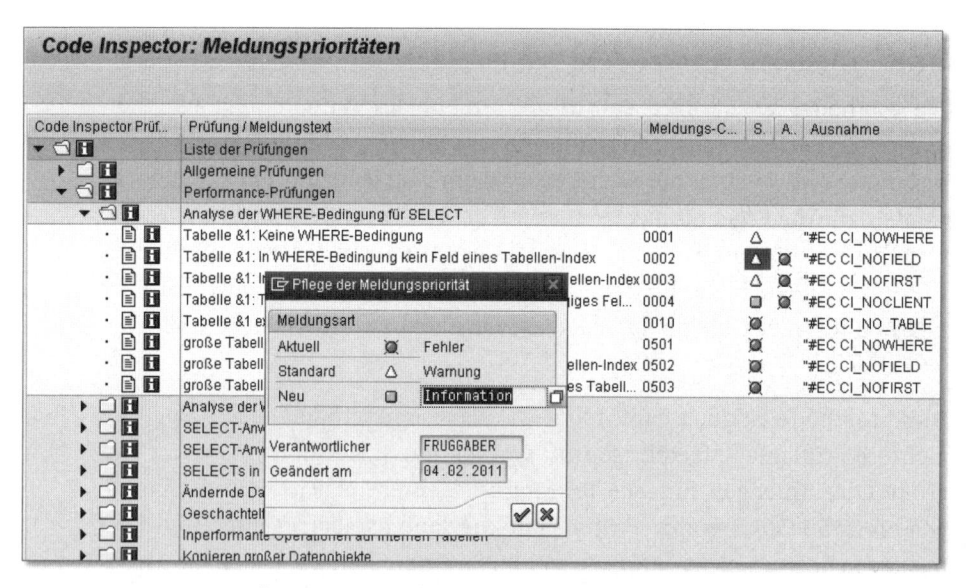

Abbildung 4.28 Änderung einer Meldungspriorität

4.4.10 Methode »add_obj_type«

In der Range-Liste `typelist` (siehe Abschnitt 4.3.3, »Methode ›constructor‹«) werden die zu testenden Objekte für eine Prüfung angegeben. Um diese Liste zu füllen, kann die Methode `add_obj_type` mit einem gewünschten Objekttyp `xxxx` aufgerufen werden, sodass die Range-Liste automatisch um den Eintrag `'IEQxxxx'` ergänzt wird. Somit werden all die Objekte bei der Prüfung verwendet (= `'I'`), die im angegebenen Objekttyp enthalten (= `'EQ'`) sind. Werden andere Selektionsbedingungen benötigt, um zum Beispiel Objekte von der Prüfung auszuschließen, kann diese Methode überschrieben werden.

4.4.11 Methode »get«

Über die Methode `get` (in der Mutter-Klasse) wird der ABAP-Sourcecode für die aktuelle Prüfung ermittelt und gegebenenfalls aufbereitet. Eine Aufbereitung erfolgt zum Beispiel durch die ABAP-Scan-Engine (siehe Abschnitt 4.5), in der der vorhandene Sourcecode automatisch in Einzelteile zerlegt und in Form von Tabellen und Feldern der Prüfung für die Weiterverarbeitung zur Verfügung gestellt wird. Die globalen Tabellen enthalten Token, Statements, Level und Strukturen, die Felder enthalten Angaben zur Art und Position eines aufgetretenen Problems und sind nur im Fehlerfall gefüllt.

Neben der Aufbereitung durch die ABAP-Scan-Engine gibt es noch weitere spezielle Aufbereitungsarten, die je nach benötigten Informationen bei der jeweiligen Prüfung genau die gewünschten Grunddaten liefern. Auf diese speziellen Datenaufbereitungsarten wird in diesem Buch nicht weiter eingegangen.

Da fast jede Prüfung einzeln und für sich allein ablaufen kann und als Datengrundlage meist auf die Daten in diesen Tabellen zugreifen muss, sollte die `get`-Methode zur Sicherheit am Anfang einer jeden `run`-Methode stehen, sodass die jeweilige Prüfung immer mit Daten versorgt ist.

Die aufbereiteten Sourcecode-Tabellen befinden sich in der globalen Variablen `ref_scan`, und sobald diese Variable in einer Prüfung einmal gefüllt wurde, wird in den nachfolgenden Prüfungen nicht mehr erneut auf die Datenermittlung zugegriffen (sofern die Prüfungen auch genau diese Sourcecode-Aufbereitung benötigen). Diese Weiterverwendung der einmal ermittelten Sourcecode-Tabellen in möglichst vielen Prüfungen bringt einen nicht zu unterschätzenden Geschwindigkeitsvorteil.

Soll diese Grundlage für die Prüfungen weiter angereichert oder für die aktuelle Prüfung anders erstellt werden, kann die `get`-Methode überschrieben werden. Somit können eigene Attributvariablen mit den gewünschten Werten gefüllt werden. Sie sollten aber immer bedenken, dass die Originaltabellen mit dem aufbereiteten Sourcecode vom Code Inspector gecacht werden, sodass Änderungen in diesen Tabellen auch Auswirkungen auf die nachfolgenden Prüfungen haben.

4.4.12 Sonstige Methoden

Die übrigen vererbten Methoden sind Helfermethoden, die hauptsächlich zur Ermittlung verschiedener einfacher Arbeitsinformationen dienen. Sie greifen meistens auf Bestandteile der ABAP-Scan-Engine zu, die in Abschnitt 4.5 beschrieben wird.

- So gibt die Methode `keyword` das erste Token im aktuell bearbeiteten Statement wieder, die Methoden `next1` und `next2` suchen das nächste passende Token innerhalb eines Statements, und die Methoden `position_1` und `position_2` berechnen die Position eines Tokens innerhalb eines Statements.
- Die Methode `analyse` ermittelt die einzelnen Teile eines Tokens, das heißt den Wert, den Offset und die Länge, falls diese vorhanden sind.
- Die Methoden `get_line_rel` und `get_column_rel` berechnen die Zeile bzw. die Spalte eines Tokens im Sourcecode relativ zum aktuellen Statement-Startpunkt.
- Die Methode `get_token_abs` liefert das Token einer vorgegebenen Stelle der Token-Tabelle, während die Methode `get_token_rel` das Token relativ zur aktuellen Statement-Startposition berechnet.
- Über die Methode `get_include` wird der Name eines Includes für einen vorgegebenen oder aktuellen Level aus der Level-Tabelle ermittelt.
- Die Methoden `get_line_abs` und `get_column_abs` bestimmen die Zeile bzw. die Spalte eines Tokens im Sourcecode anhand der Token-Tabelle.
- Die Methode `get_line_column_abs` ermittelt die Zeile und Spalte eines Tokens im Sourcecode absolut aus der Token-Tabelle, wohingegen die Methode `get_line_column_rel` die Zeile und Spalte eines Tokens im Sourcecode relativ zur aktuellen Statement-Startposition berechnet.

4.5 Tabellen der ABAP-Scan-Engine

Die Grundlage für eine Reihe von Datenprüfungen im Code Inspector bildet die ABAP-Scan-Engine, die auch unabhängig vom SAP Code Inspector in eigenen Programmen aufgerufen werden kann. Die Scan-Engine zerlegt mit dem Befehl `SCAN ABAP-SOURCE` den übergebenen ABAP-Sourcecode in einzelne Teile und erzeugt dabei verschiedene Tabellen und Felder. Für die Prüfungen werden vom Code Inspector alle vier Ergebnistabellen sowie die Fehlerfelder aus der ABAP-Scan-Engine übernommen.

Diese Tabellen und Felder bilden auch die Basis für andere spezielle Datenaufbereitungen, die für Prüfungen benötigt werden, wie zum Beispiel für die Prüfung von `SELECT`-Anweisungen oder `WHERE`-Anweisungen. Diese anderen Datenaufbereitungen werden in diesem Buch aber nicht beschrieben.

Nachfolgend erhalten Sie einen kurzen Überblick über die einzelnen von der ABAP-Scan-Engine erzeugten Tabellen und Felder.

- **Von der ABAP-Scan-Engine erzeugte Tabellen**
  - Token-Tabelle: Diese Tabelle enthält in jeder Zeile ein Token. Jedes dieser Token repräsentiert einen einzelnen elementaren Teil des ABAP-Sourcecodes.
  - Statement-Tabelle: Um den Zusammenhang zwischen den einzelnen Token zu erhalten, werden die jeweils zusammengehörigen Token zu Statements in der Statement-Tabelle zusammengefasst.
  - Structure-Tabelle: Um nähere Informationen zu den einzelnen Statements zu erhalten, wird eine Structure-Tabelle erzeugt, in der Art und Aufbau der Statements sowie die Referenz auf deren Zugehörigkeiten hinterlegt sind.
  - Level-Tabelle: In der Level-Tabelle ist die hierarchische Struktur des zu prüfenden ABAP-Sourcecodes mit all seinen untergeordneten Codeteilen abgebildet.

- **Von der ABAP-Scan-Engine im Fehlerfall gefüllte Felder**
  - `include`: Tritt ein Fehler in einem Include-Programm auf, wird der entsprechende Include-Name hier eingetragen. Ist dieses Feld leer, beziehen sich die nachfolgenden Angaben auf die für den Scan angegebene Tabelle mit dem zu prüfenden ABAP-Sourcecode.
  - `line`: Das Feld `line` enthält die Zeile, in der der Fehler aufgetreten ist.
  - `word`: Das Feld `word` beinhaltet das Token, das den Fehler verursacht hat.
  - `message`: In diesem Feld ist die Fehlermeldung des ersten aufgetretenen Fehlers hinterlegt.

Im Folgenden werden nur die vier vom Code Inspector für die Prüfungen verwendeten Ergebnistabellen näher beschrieben. Die ABAP-Scan-Engine selbst wird hier nicht weiter behandelt. Informationen zu diesem Thema finden Sie in der SAP-Hilfe (*http://help.sap.com/abapdocu_70/de/*) unter dem Menüpunkt ABAP – INDEX zum Eintrag SCAN.

Der grobe Zusammenhang zwischen den einzelnen Scan-Engine-Datentabellen ist in Abbildung 4.29 dargestellt.

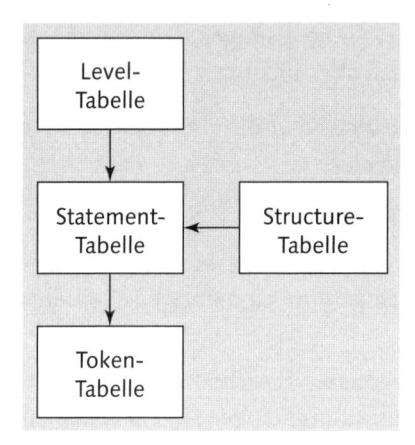

Abbildung 4.29 Zusammenhang der Scan-Engine-Tabellen

Die Token-Tabelle besitzt in etwa das erweiterte Aussehen des entsprechenden ABAP-Sourcecode-Listings. Ein Eintrag in der Token-Tabelle entspricht einem grundlegenden Element des Sourcecodes (siehe dazu den nachfolgenden Abschnitt 4.5.1). In der Statement-Tabelle fasst ein Eintrag alle Token-Tabelleneinträge zusammen, die gemeinsam eine komplette ABAP-Anweisung im Sourcecode ergeben. Die Einträge der Structure-Tabelle bündeln Statement-Einträge zu zusammengehörenden Blöcken, wie sie im Sourcecode semantisch vorhanden sind. Die Level-Tabelle verweist mit ihren Einträgen auf übergeordnete Elemente, die einen Bereich von Anweisungen aus der Statement-Tabelle enthalten.

4.5.1 Token-Tabelle

Die Token-Tabelle enthält alle »kleinsten« Teile des ABAP-Sourcecodes, das heißt alle atomaren Elemente, wie zum Beispiel ABAP-Befehle, Werte, Klammern, Kommentare etc. Diese kleinsten Teile des ABAP-Sourcecodes werden Token genannt. Jedes Token steht in der Token-Tabelle jeweils in einer eigenen Zeile, sodass jedes ABAP-Sourcecode-Element einzeln zugänglich ist. Auch Kettenanweisungen (mehrere ABAP-Befehle in einem zusammenhängenden Sourcecode-Bereich) werden in einzelne Tabellenzeilen aufgeteilt. Eine Kommentarzeile wird wie ein einziges Token behandelt.

Ein Token kann aus bis zu drei zusammengehörigen Teilen bestehen, zum Beispiel bei einer String-Zuweisung aus dem Wert, dem Offset und der Länge (... = y+5(3)). Daher besitzt die Token-Tabelle mehrere Spalten mit Offset- und Längenangaben, nämlich für jeden der drei Teile jeweils eine Spalte für den Offset und eine für die Länge. Da der Offset für den ersten Teil des Tokens immer null ist, entfällt die Spalte OFF1.

Die Zeichen zur Abgrenzung von Ausdrücken (Doppelpunkt, Komma und Punkt) werden in der Token-Tabelle nicht aufgeführt, sondern sind in der Statement-Tabelle beim jeweils zugehörigen Statement, das sie abgrenzen, in der Spalte TERMINATOR gelistet. Ebenso werden Abstandshalter, das heißt Leerzeichen und Tabulatoren, nicht in der Token-Tabelle abgelegt. Diese Zeichen können jedoch einfach durch die Startposition und die Länge eines Tokens sowie der Startposition des nachfolgenden Tokens indirekt ermittelt werden.

Alle vom zu prüfenden ABAP-Sourcecode abhängigen, untergeordneten Programmteile wie Includes, Makros, Class-Pools etc. fließen ebenfalls in die Token-Tabelle mit ein.

Im ABAP-Sourcecode vorhandene bzw. referenzierte TRMAC-Makros (eingeleitet mit DEFINE) können oftmals nicht aufgelöst werden. Kann ein solches Makro aber aufgelöst werden, stehen keine Positionsangaben zur Verfügung. Die entsprechenden Felder in der Token-Tabelle (und der abhängigen Statement-Tabelle) werden daher auf null ('0') gesetzt.

Im Programmcode referenzierte Enhancements werden beim Scannen explizit in den Sourcecode eingefügt und mit analysiert.

Das Beispiel in Abbildung 4.30 zeigt einen Programmausschnitt in der Token-Tabelle, wie er im Debugger zu sehen ist.

Die folgende Auflistung beschreibt die Spalten der Token-Tabelle (Struktur stokesx):

- Die Spalte ZEILE enthält die Nummer der jeweiligen Zeile in der Token-Tabelle. Diese Spalte dient nur zur Anzeige und ist nicht in der Struktur stokesx vorhanden.
- str zeigt das Token bzw. den Kommentartext an.

4 | Programmierung eigener Prüfungen für den SAP Code Inspector

Tabelle	{O:303*\CLASS=CL_CI_SCAN}-TOKE							
Tabellentyp	Standard Table[3158x9(32)]							
Zeile	STR[CString]	RO...	OF...	OF...	CO...	LE...	LE...	LE...	TYP...
258	* 2009-04-08 rschilcher Reinhard Schilcher	6	0	0	0	70	0	0	C
259	* Prüfung für inconso AG Programmierrichtli	7	0	0	0	70	0	0	C
260	**	8	0	0	0	70	0	0	C
261	METHOD	11	0	0	0	6	0	0	I
262	CONSTRUCTOR	11	0	0	7	11	0	0	I
263	**	14	0	0	0	70	0	0	C
264	*** Methode: Constructor	15	0	0	0	70	0	0	C
265	*** -> Initiales Anlegen eines Baum-Eintrages mit Funkt	16	0	0	0	70	0	0	C
266	**	17	0	0	0	70	0	0	C
267	* Übergeordnete aufrufen	19	0	0	0	24	0	0	C
268	SUPER->CONSTRUCTOR(	20	0	0	2	19	0	0	I
269	)	20	0	0	22	0	0	0	I
270	* Namen des Eintrags im Auswahlbaum	22	0	0	0	35	0	0	C
271	DESCRIPTION	23	0	0	2	11	0	0	I
272	=	23	0	0	14	1	0	0	I
273	'inconso AG Prüfungen durchführen' (000)	23	0	35	16	34	0	3	S
274	* Kategorie (Klassenname) des übergeordneten Eintrags	25	0	0	0	53	0	0	C
275	CATEGORY	26	0	0	2	8	0	0	I
276	=	26	0	0	11	1	0	0	I
277	'Z_CL_CI_CATEGORY_INCONSO_BL' (001)	26	0	30	13	29	0	3	S
278	* Versionsnr dieser Klasse	28	0	0	0	26	0	0	C
279	VERSION	29	0	0	2	7	0	0	I

Abbildung 4.30 Beispiel einer Token-Tabelle

- row gibt die Zeile im ABAP-Sourcecode an, in der das Token zu finden ist. Die Zeilennummer ist immer auf das eigene Modul des Sourcecodes bezogen, und die Nummerierung wird bei jedem neuen Modul, zum Beispiel einem abhängigen Include, wieder neu mit dem Wert 1 begonnen.
- off2 ist der Offset des zweiten Teils des Tokens in str bzw. im Overlay-Bereich.
- off3 ist der Offset des dritten Teils des Tokens in str bzw. im Overlay-Bereich.
- col enthält die Startposition des Tokens, das heißt die Spalte im ABAP-Sourcecode, in der das Token steht (>= 0).
- len1 ist die Länge des ersten Teils des Tokens.
- len2 ist die Länge des zweiten Teils des Tokens.
- len3 ist die Länge des dritten Teils des Tokens.
- type enthält den Typ des Tokens, zum Beispiel 'C' = Kommentar, 'I' = Identifier etc. (siehe Tabelle SCAN_TOKEN_TYPE in Anhang A.3.1, »Token-Tabelle«).

Ein Beispiel zur Verwendung der Token-Tabelle finden Sie in der Prüfung `cl_ci_test_free_search` in der Methode `run`. Diese SAP-Standardprüfung bietet eine Suche nach gewünschten Texten im Sourcecode an. In Zeile 26 der `run`-Methode (siehe Abbildung 4.31) werden alle Statements (siehe folgenden Abschnitt 4.5.2) des Sourcecodes durchlaufen. In Zeile 34/35 wird über die Token-Liste für das aktuelle Statement gelaufen, und in Zeile 43 wird das jeweils aktuelle Token auf ein vorgegebenes Such-String-Muster hin untersucht. Enthält das Token das gewünschte Muster, wird in Zeile 51 eine Meldung für die Ergebnisanzeige generiert.

```
26    loop at REF_SCAN->STATEMENTS into STATEMENT_WA.
27      check STATEMENT_WA-FROM <= STATEMENT_WA-TO.
28      L_POSITION = SY-TABIX.
29      if STATEMENT_WA-TYPE = 'S' or
30         STATEMENT_WA-TYPE = 'P'.
31        check COMMENT_MODE = 'X'.
32      endif.
33
34      loop at REF_SCAN->TOKENS into TOKEN_WA
35           from STATEMENT_WA-FROM to STATEMENT_WA-TO.
36        L_TOKENNR = SY-TABIX.
37        if TOKEN_WA-TYPE = 'S'.
38          check LITERAL_MODE = 'X'.
39        endif.
40
41        loop at SEARCH_STRINGS into L_SEARCH_STRING.
42   *-- does ABAP-string contain search-string ?
43          if TOKEN_WA-STR cp L_SEARCH_STRING.
44            unpack SY-TABIX to L_CODE(4).
45            L_INCLUDE = GET_INCLUDE( ).
46
47            L_ROW    = GET_LINE_ABS( L_TOKENNR ).
48            L_COLUMN = GET_COLUMN_ABS( L_TOKENNR ).
49            L_ERRCNT = L_ERRCNT + 1.
50
51            INFORM( P_SUB_OBJ_TYPE = C_TYPE_INCLUDE
52                    P_SUB_OBJ_NAME = L_INCLUDE
53                    P_POSITION     = L_POSITION
54                    P_LINE         = L_ROW
55                    P_COLUMN       = L_COLUMN
56                    P_ERRCNT       = L_ERRCNT
57                    P_KIND         = C_NOTE
58                    P_TEST         = C_MY_NAME
59                    P_CODE         = L_CODE
60                    P_SUPPRESS     = '"#EC CI_NOFIND '
61                    P_PARAM_1      = TOKEN_WA-STR ).
```

Abbildung 4.31 Beispiel für die Verwendung der Statement- und der Token-Tabelle

4.5.2 Statement-Tabelle

Die Statement-Tabelle bündelt alle für eine Anweisung zusammengehörigen Token. Ein Statement entspricht somit einer Klammer um alle Token, die zu einem ABAP-Befehlsausdruck gehören. So besteht zum Beispiel die folgende Anweisung aus den drei Token x, = und 1; der Punkt am Ende der Anweisung

4 | Programmierung eigener Prüfungen für den SAP Code Inspector

ist kein Token, sondern ein Trennzeichen und wird in der Spalte TERMINATOR der Statement-Tabelle vermerkt:

```
x = 1.
```

So bedeutet in Abbildung 4.32 zum Beispiel die markierte Zeile in der Statement-Tabelle (oben), dass die Token der Zeilen 275, 276 und 277 in der Token-Tabelle (unten) zusammengehören, womit sich folgende Anweisung ergibt:

```
CATEGORY = 'Z_CL_CI_CATEGORY_INCONSO_BL'(001).
```

Zeile	LEV...	STRU...	FROM...	TO[I(4)]	NUMB...	COLO...	TROW...	COLO...	TCOL[...	PREFI...	TYPE[...	TER...	ENH...
85	8	23	270	270	16	0	20	0	23	0	P	.	0
86	8	23	271	273	17	0	23	0	55	0	C	.	0
87	8	23	274	274	18	0	23	0	55	0	P	.	0
88	8	23	275	277	19	0	26	0	47	0	C	.	0
89	8	23	278	278	20	0	26	0	47	0	P	.	0
90	8	23	279	281	21	0	29	0	17	0	C	.	0
91	8	23	282	282	22	0	29	0	17	0	P	.	0

Zeile	STR[CString]	RO...	OF...	OF...	CO...	LE...	LE...	LE...	TY...
273	'inconso AG Prüfungen durchführen'(000)	23	0	35	16	34	0	3	S
274	* Kategorie (Klassenname) des übergeordneten Eintrags	25	0	0	0	53	0	0	C
275	CATEGORY	26	0	0	2	8	0	0	I
276	=	26	0	0	11	1	0	0	I
277	'Z_CL_CI_CATEGORY_INCONSO_BL'(001)	26	0	30	13	29	0	3	S
278	* Versionsnr dieser Klasse	28	0	0	0	26	0	0	C
279	VERSION	29	0	0	2	7	0	0	I
280	=	29	0	0	10	1	0	0	I

Abbildung 4.32 Beispiel einer Statement-Tabelle (oben) und dem dazugehörigen Bereich in der Token-Tabelle (unten)

Die folgende Aufzählung beschreibt die Spalten der Statement-Tabelle (Struktur sstmnt):

- Die Spalte ZEILE enthält die Nummer der jeweiligen Zeile in der Statement-Tabelle. Diese Spalte dient nur zur Anzeige und ist nicht in der Struktur sstmnt vorhanden.

- level enthält die Zeilennummer des Statement-Eintrags in der Level-Tabelle (siehe Abschnitt 4.5.4).

- `struc` enthält die Zeilennummer des Statement-Eintrags in der Structure-Tabelle (siehe Abschnitt 4.5.3).
- `from` liefert den Index des ersten Tokens der aktuellen Anweisung in der Token-Tabelle.
- `to` liefert den Index des letzten Tokens der aktuellen Anweisung in der Token-Tabelle.
- `number` gibt die Anzahl der Statements für den jeweiligen Level an. Dazu werden die Statements fortlaufend gezählt, getrennt für jeden Level extra. So kann die Reihenfolge von Statements in einem bestimmten Level durchgängig ermittelt werden.
- `colonrow` enthält die Zeilennummer des Doppelpunktes (Trennzeichen bei Kettensätzen: Wert bei Kettensätzen >= 1, sonst 0).
- `trow` liefert die Zeilennummer des Endkennzeichens (Wert >= 1, sonst 0, wenn die Spalte TERMINATOR leer ist).
- `coloncol` enthält die Spaltenposition des Doppelpunktes (Trennzeichen bei Kettensätzen: Wert bei Kettensätzen >= 1, sonst 0).
- `tcol` liefert die Spaltenposition des Endkennzeichens (Wert >= 1, sonst 0, wenn die Spalte TERMINATOR leer ist).
- `prefixlen` liefert die Anzahl der Token vor dem Doppelpunkt (Trennzeichen bei Kettensätzen: Wert bei Kettensätzen >= 1, sonst 0).
- `type` gibt den Typ einer Anweisung an, zum Beispiel 'C' = »Compute_direct«, 'P' = »Comment« (siehe Tabelle SCAN_STMNT_TYPE in Anhang A.3.2, »Statement-Tabelle«).
- `terminator` enthält das Endkennzeichen einer Anweisung (Native SQL = Leerzeichen, sonst Punkt oder Komma).
- `enhmt` liefert den Index in der Enhancement-Tabelle, falls Erweiterungsimplementierungen im Code vorhanden sind (Erweiterung >=1, sonst 0). Diese Enhancement-Tabelle wird aber für den Code Inspector nicht erstellt, sodass diese Spalte ignoriert werden kann. Soll eine Enhancement-Tabelle für die Auswertung erstellt werden, müssen Sie die vorhandene `get`-Methode überschreiben.

Die Felder `prefixlen`, `colonrow` und `coloncol` gehören zusammen für Kettensätze. Die Felder `terminator`, `trow` und `tcol` gehören zum Endkennzeichen. Sollte eine Anweisung nur aus einem Endkennzeichen (Punkt, Komma) bestehen, wird `from` auf `to` + 1 gesetzt, `to` ist dann kleiner als `from`. Normalerweise ist der Terminator von Anweisungen ein Punkt oder bei Aufzählungen (zum Beispiel DATA:) ein Komma. Bei Embedded Native SQL (EXEC_SQL) und internen Makros (DEFINE_MACRO) kann das Endkennzeichen auch ein Leerzeichen sein.

Ein Beispiel zur Verwendung der Statement-Tabelle finden Sie in der Prüfung cl_ci_test_free_search in der Methode run. Diese SAP-Standardprüfung bietet eine Suche nach gewünschten Texten im Sourcecode. In Zeile 26 der run-Methode (siehe Abbildung 4.31) werden alle Statements des Sourcecodes abgelaufen. In Zeile 29/30 wird überprüft, ob es sich bei dem Statement um einen Kommentar handelt, und in Zeile 31 wird auf die Benutzereingabe reagiert, ob Kommentare bei der Suche beachtet werden sollen oder nicht.

4.5.3 Structure-Tabelle

Die Structure-Tabelle gibt nähere Informationen zum Zusammenhang von einzelnen Statements (Anweisungen). So gehören zum Beispiel alle Statements der verschiedenen Zweige einer IF-Anweisung zu einer Struktur zusammen, nämlich der IF-Struktur (IF, THEN, ELSEIF und ELSE). Abschließende Anweisungen wie ENDIF entfallen, da sie durch die Angabe des letzten enthaltenen Statements indirekt ermittelt werden können.

Die verschiedenen ABAP-Befehle werden in der Structure-Tabelle mit jeweils einem Buchstaben codiert, sodass sofort ersichtlich ist, um welchen Befehl es sich handelt. So ist das Kürzel für IF das 'i', für THEN das 't', für ELSEIF das 'f', und 'e' steht für ELSE.

Wie Sie in Abbildung 4.33 sehen können, handelt es sich in Zeile 45 der Structure-Tabelle (oben) um eine IF-Anweisung (Spalte STMNT_TYPE = 'i'). Die dazugehörige THEN-Anweisung in Zeile 46 erstreckt sich über die Strukturen 47 bis 50 (Spalten STRUC_FROM und STRUC_TO). Die Zuordnung der Struktur zu den Anweisungen erfolgt über die Spalten STMNT_FROM und STMNT_TO.

Die folgende Auflistung beschreibt die Structure-Tabelle (Struktur sstruc):

- Die Spalte ZEILE enthält die Nummer der jeweiligen Zeile in der Structure-Tabelle. Diese Spalte dient nur zur Anzeige und ist nicht in der Struktur sstruc vorhanden.
- type enthält den Typ der Struktur, ob es sich zum Beispiel um eine Iteration, Klasse, Sprung etc. handelt (siehe Tabelle SCAN_STRUC_TYPE in Anhang A.3.3, »Structure-Tabelle«).

Tabellen der ABAP-Scan-Engine | 4.5

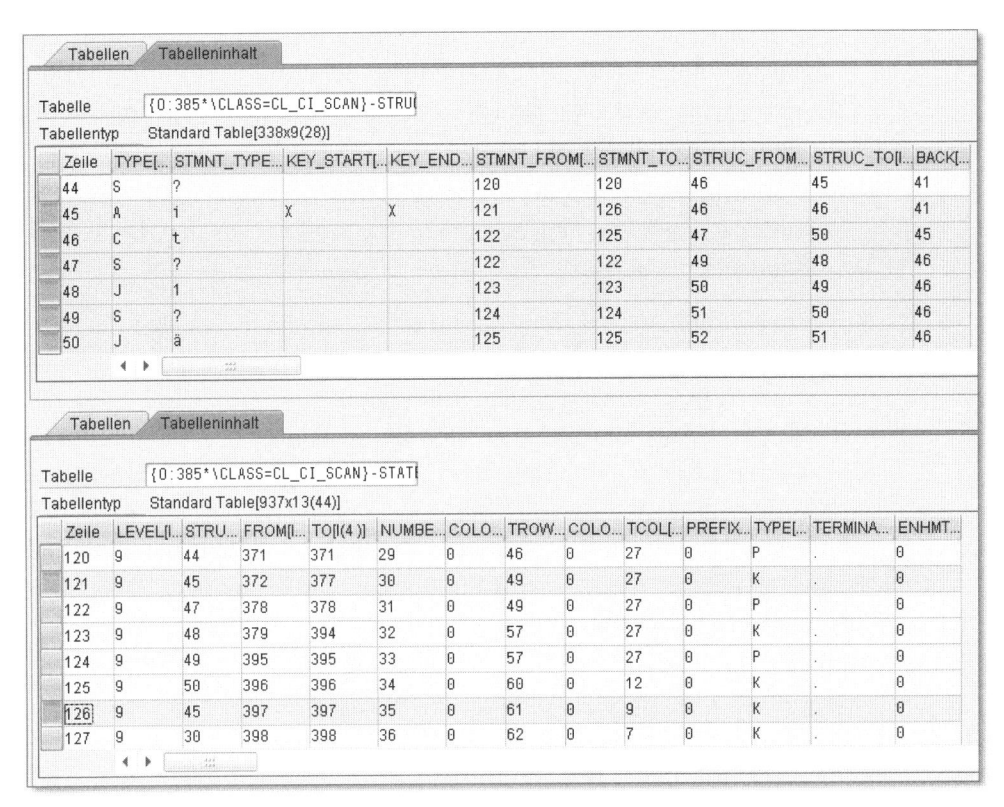

Zeile	TYPE[...	STMNT_TYPE...	KEY_START[...	KEY_END...	STMNT_FROM[...	STMNT_TO...	STRUC_FROM...	STRUC_TO[I...	BACK[...
44	S	?			120	120	46	45	41
45	A	i	X	X	121	126	46	46	41
46	C	t			122	125	47	50	45
47	S	?			122	122	49	48	46
48	J	1			123	123	50	49	46
49	S	?			124	124	51	50	46
50	J	ä			125	125	52	51	46

Zeile	LEVEL[I...	STRU...	FROM[I...	TO[I(4)]	NUMBE...	COLO...	TROW...	COLO...	TCOL[...	PREFIX...	TYPE[...	TERMINA...	ENHMT...
120	9	44	371	371	29	0	46	0	27	0	P	.	0
121	9	45	372	377	30	0	49	0	27	0	K	.	0
122	9	47	378	378	31	0	49	0	27	0	P	.	0
123	9	48	379	394	32	0	57	0	27	0	K	.	0
124	9	49	395	395	33	0	57	0	27	0	P	.	0
125	9	50	396	396	34	0	60	0	12	0	K	.	0
126	9	45	397	397	35	0	61	0	9	0	K	.	0
127	9	30	398	398	36	0	62	0	7	0	K	.	0

Abbildung 4.33 Beispiel einer Structure-Tabelle (oben) und dem dazugehörigen Bereich der Statement-Tabelle (unten)

- stmnt_type gibt den Typ des Statements in dieser Struktur an, ob es sich zum Beispiel um eine IF-Anweisung handelt (siehe Tabelle SCAN_STRUC_STMNT_TYPE in Anhang A.3.3).
- key_start kennzeichnet den Beginn einer dynamischen indirekten Programmierung (semantische Strukturbeschreibung 'X', sonst ' ').
- key_end kennzeichnet das Ende einer dynamischen indirekten Programmierung (semantische Strukturbeschreibung 'X', sonst ' ').
- stmnt_from gibt den Index der ersten Anweisung in der Statement-Tabelle an, bei dem die Struktur startet.
- stmnt_to gibt den Index der letzten Anweisung in der Statement-Tabelle an, bei dem die Struktur endet.
- struc_from enthält den Index des Struktureintrags in der Structure-Tabelle, der als Erster zu der aktuellen Struktur gehört.

- `struc_to` enthält den Index des letzten Struktureintrags in der Structure-Tabelle, der noch zur aktuellen Struktur gehört. Ist dieser Eintrag kleiner als `struc_from`, besitzt der aktuelle Struktureintrag keine eigene Struktur, wie zum Beispiel der Befehl `RETURN`.
- `back` enthält den Index des übergeordneten Eintrags in der Structure-Tabelle, das heißt die Zeilennummer der Struktur, zu der die aktuelle Struktur gehört (Root = 0).

Ein Beispiel für die Verwendung der Structure-Tabelle finden Sie in der Prüfung `cl_ci_test_scan_nested` in der Methode `run`. Diese SAP-Standardprüfung ermittelt geschachtelte Schleifen im Sourcecode. In Zeile 20 der `run`-Methode (siehe Abbildung 4.34) werden alle Strukturen des Sourcecodes für die Weiterverarbeitung ermittelt, die vom Typ »Iteration« und dabei keine `SELECT`-Anweisung sind und sich nicht auf der obersten Ebene (`back > 1`) befinden. Die ermittelten Schleifenstrukturen haben somit das Potenzial, sich innerhalb einer anderen Schleife einer höheren Ebene zu befinden. Dies wird ab Zeile 31 überprüft.

```
20    loop at REF_SCAN->STRUCTURES into STRUCTURE_WA
21         where TYPE        = 'I' and
22              ( STMNT_TYPE = 'D' or
23                STMNT_TYPE = 'W' or
24                STMNT_TYPE = 'L' or
25                STMNT_TYPE = 'V'
26  *--         or STMNT_TYPE = 'S'
27              )
28         and BACK          > 1.
29
30      WA_BACK = STRUCTURE_WA-BACK.
31      while WA_BACK > 1.
32        read table REF_SCAN->STRUCTURES into STRUCTURE_WB index WA_BACK.
33
34        if STRUCTURE_WB-TYPE = 'I' and
35           ( STRUCTURE_WB-STMNT_TYPE = 'D' or
36             STRUCTURE_WB-STMNT_TYPE = 'W' or
37             STRUCTURE_WB-STMNT_TYPE = 'L' or
38             STRUCTURE_WB-STMNT_TYPE = 'V' or
39             STRUCTURE_WB-STMNT_TYPE = 'S' ).
40          read table REF_SCAN->STATEMENTS into STATEMENT_WA
41               index STRUCTURE_WA-STMNT_FROM.
```

Abbildung 4.34 Beispiel für die Verwendung der Structure-Tabelle

4.5.4 Level-Tabelle

Die Level-Tabelle enthält die Zuordnung der verschiedenen abhängigen ABAP-Sourcecode-Einheiten (Programme, Makros, Enhancements, Klassen etc.) zu der zu prüfenden Sourcecode-Einheit. Damit wird die Abhängigkeitsstruktur aller Statements abgebildet, die für den zu prüfenden Sourcecode benötigt werden.

Wie Sie in Abbildung 4.35 sehen können, beziehen sich in der oberen Level-Tabelle die Zeilen unterhalb der markierten Zeile (das sind die Zeilen der Spalten NAME: FILL_ATTR, LEVEL: 13 und TYPE: D) auf die markierte Zeile mit der Zeilennummer 13 in derselben Tabelle.

Die Methode fill_attributes (Spalte NAME: Z_CL_CI_...==CM00C) in der markierten Zeile (oben) bezieht sich auf das übergeordnete Statement in Zeile 80, das den Methodenbereich des Hauptprogramms mit den beiden Token INCLUDE und METHODS (Spalte FROM: 251 und TO: 252) beinhaltet (unten). Die zur Methode fill_attributes gehörigen Statements selbst (Spalte FROM: 231 und TO: 435) enthalten dann die jeweiligen Verweise auf die zugehörigen Token dieser Methode.

Tabelle {O:385*\CLASS=CL_CI_SCAN}-LEVEL
Tabellentyp Standard Table[38x7(104)]

Zeile	DEPTH...	LEVEL[I...	STMNT[...	FROM[I...	TO[I(4)]	NAME[C(40)]	TYPE[...
10	2	1	80	189	218	Z_CL_CI_SCAN_INCONSO_2010_BL==CM004	P
11	2	1	80	219	224	Z_CL_CI_SCAN_INCONSO_2010_BL==CM005	P
12	2	1	80	225	230	Z_CL_CI_SCAN_INCONSO_2010_BL==CM006	P
13	2	1	80	231	435	Z_CL_CI_SCAN_INCONSO_2010_BL==CM00C	P
14	3	13	244	245	262	FILL_ATTR	D
15	3	13	263	264	281	FILL_ATTR	D
16	3	13	282	283	300	FILL_ATTR	D

Tabelle {O:385*\CLASS=CL_CI_SCAN}-STATE
Tabellentyp Standard Table[937x13(44)]

Zeile	LEVEL[I...	STRUC...	FROM...	TO[I(4)]	NUMB...	COL...	TRO...	COL...	TCOL[...	PRE...	TYP...	TERMIN...	ENHM...
75	1	2	240	240	16	0	17	0	43	0	P	.	0
76	1	2	241	242	17	0	19	0	43	0	I	.	0
77	7	2	243	246	1	0	19	0	43	0	P	.	0
78	1	2	247	249	18	0	21	0	49	0	K	.	0
79	1	2	250	250	19	0	21	0	49	0	P	.	0
80	1	2	251	252	20	0	23	0	17	0	I	.	0
81	8	2	253	260	1	0	23	0	17	0	P	.	0
82	8	3	261	262	9	0	11	0	18	0	K	.	0

Abbildung 4.35 Beispiel einer Level-Tabelle (oben) und dem dazugehörigen Bereich der Statement-Tabelle (unten)

Die folgende Aufzählung beschreibt die Spalten der Level-Tabelle (Struktur `slevel`):

- Die Spalte ZEILE enthält die Nummer der jeweiligen Zeile in der Level-Tabelle. Diese Spalte dient nur zur Anzeige und ist nicht in der Struktur `slevel` vorhanden.
- `depth` gibt die aktuelle Schachtelungstiefe der Sourcecode-Einheit bezüglich des Hauptprogramms an. Das Hauptprogramm besitzt die Tiefe 1, direkt abhängige Programmeinheiten die Tiefe 2, davon wiederum abhängige Codeteile die Tiefe 3 etc.
- In `level` steht der Index der übergeordneten Sourcecode-Einheit in der Level-Tabelle, das heißt, aus welcher Einheit der aktuelle Code der Zeile aufgerufen wird bzw. worin er enthalten ist.
- `stmnt` gibt die Zeilennummer der Zugehörigkeitsanweisung in der Statement-Tabelle an, das heißt, welchem Statement der Code dieses Levels zugeordnet ist (zum Beispiel welchem Programm).
- `from` enthält den Index des ersten Statements des Levels in der Statement-Tabelle, das heißt, mit welchem Statement der aktuelle Level beginnt.
- `to` enthält den Index des letzten Statements des Levels in der Statement-Tabelle.
- Die Spalte `name` enthält den SAP-Namen der Sourcecode-Einheit. Die Namensgebung stellt die interne SAP-Bezeichnung dar, wie sie in der Tabelle TADIR vorhanden ist. Reports und interne Makros besitzen ihre »korrekten« Namen, Klassen werden je nach Verwendungszweck mit einem bis zu fünfstelligen Suffix im Format Cxxxx versehen; so steht zum Beispiel CP für ein Hauptprogramm, CMxxx für eine Methode (xxx ist ein interner Index), CU für die »Public Section« und CI für die »Private Section«. Je nach Länge der Namen werden die dazwischenliegenden Plätze mit Gleichheitszeichen (=) aufgefüllt, zum Beispiel ...====CM002.
- `type` enthält den Typ der Sourcecode-Einheit, zum Beispiel 'P' für ein Programm oder 'D' für ein Define-Makro (siehe Tabelle SCAN_LEVEL_TYPE in Anhang A.3.4, »Level-Tabelle«).

Ein Beispiel für die Verwendung der Level-Tabelle finden Sie in der Prüfung `cl_ci_test_scan_statistics2` in der Methode `run`. Diese SAP-Standardprüfung berechnet, wie viele Anweisungen oder Kommentare im Sourcecode enthalten sind. In Zeile 68 der `run`-Methode (siehe Abbildung 4.36) werden alle im Sourcecode enthaltenen programmartigen Elemente durchlaufen, wie zum Beispiel Klassen, Includes, Funktionsbausteine etc. In Zeile 70/71 wird überprüft, ob das aktuelle Element ein Include ist. Danach wird überprüft, ob das Include nur in diesem Programm oder auch in weiteren Programmen eingesetzt wird.

```
67         WA_INCL_RANGE = 'EQ'.
68         loop at REF_SCAN->LEVELS assigning <L_LEVEL>.
69           L_TABIX = SY-TABIX.
70           read table GT_INCLUDES transporting no fields
71                    with table key TABLE_LINE = <L_LEVEL>-NAME.
72           if SY-SUBRC = 0.
73   *-------INCLUDE also used in other MASTER programs
74             WA_INCL_RANGE-LOW = L_TABIX.
75             append WA_INCL_RANGE to LT_INCL_RANGE.
76           else.
77             select INCLUDE from D010INC up to 1 rows
78                    into WA_INCLUDE
79                    where INCLUDE = <L_LEVEL>-NAME
80                      and MASTER  ne PROGRAM_NAME.
81             endselect.
82             if SY-SUBRC = 0.
83   *---------INCLUDE also used in other MASTER programs
84               insert WA_INCLUDE into table GT_INCLUDES.
85               WA_INCL_RANGE-LOW = L_TABIX.
86               append WA_INCL_RANGE to LT_INCL_RANGE.
87             endif.
88           endif.
89         endloop.
```

Abbildung 4.36 Beispiel für die Verwendung der Level-Tabelle

Empfehlung [*]

In der Level-Tabelle werden die Methoden gemäß ihrer Bezeichnung aus der Tabelle TADIR aufgelistet. Um die Verbindung zwischen dem Namen einer Klassenmethode und ihrer TADIR-Bezeichnung zu erhalten, können Sie die Klasse cl_oo_classname_service verwenden. Wählen Sie dazu in der ABAP Workbench (Transaktion SE80) im Abschnitt REPOSITORY BROWSER als Objekttyp KLASSE/INTERFACE aus, und geben Sie als Objektnamen cl_oo_classname_service ein; öffnen Sie die Klasse, und führen Sie sie mit dem TEST-Button (🖳) aus. Wählen Sie die Methode get_all_method_includes, und führen Sie sie über den AUSFÜHREN-Button (🕒) aus. Geben Sie im Feld clsname den Namen der Klasse ein, in der sich die gesuchte Methode befindet, und klicken Sie dann erneut auf den AUSFÜHREN-Button. Die Auflistung aller Methoden der Klasse mit ihrer jeweils entsprechenden TADIR-Bezeichnung ist dann in der Tabelle RESULT zu finden.

4.6 Mögliche Umsetzungsszenarien

Um gewünschte Prüfungen im SAP Code Inspector umzusetzen, sind verschiedene Herangehensweisen denkbar. So könnten zum Beispiel bestehende SAP-Standardprüfungen angepasst oder erweitert oder neue eigene

Prüfungen parallel zu den bestehenden SAP-Standardprüfungen hinzugefügt werden. Auch ein gemischter Aufbau mit eigenen Prüfungen, die SAP-Standardprüfungsmethoden aufrufen, wäre eine Möglichkeit. Nachfolgend wird nur noch von »einer« eigenen Prüfung gesprochen, da diese Prüfung als Verteiler für alle weiteren eigenen Prüfungen eingesetzt werden kann.

4.6.1 Manipulation bestehender SAP-Standardprüfungen

SAP bietet seit Release 7.0 EHP1 generell die Möglichkeit, bestehenden ABAP-Sourcecode, wie zum Beispiel Programme, Funktionsbausteine oder Methoden, durch externe Codeergänzung den eigenen Bedürfnissen in gewissen Maßen anzupassen. Solche Anpassungen sind über implizite oder explizite Enhancements sowie über BAdIs möglich.

Die Anpassung von SAP-Standardprüfungsmethoden mittels Enhancements stellt allerdings aus verschiedenen Gründen keine adäquate Lösung dar; ein solches Vorgehen wurde sogar von SAP intern verworfen. Inaktive Teile von Enhancements sind zum Beispiel noch bei der alten Prüfung der Namenskonventionen `cl_ci_test_abap_naming` zu finden.

Ebenso werden von SAP bis zum aktuell besprochenen Release 7.0 EHP1 SP7 auch keine BAdI-Definitionen zum Code Inspector zur Verfügung gestellt. Somit ist eine Anpassung der vorhandenen SAP-Standardprüfungsmethoden nicht sinnvoll möglich, und vonseiten SAP wird dringend davon abgeraten.

4.6.2 Integration eigener Prüfungen in den SAP Code Inspector

Nachdem sich das Anpassen der SAP-Standardprüfungen als nicht sinnvoll erwiesen hat, bleibt noch der Weg über das Hinzufügen eigener Prüfungen zu den SAP-Standardprüfungen.

Nachfolgend geben wir Ihnen einen kurzen Überblick über drei mögliche Wege, eine eigene Prüfung im SAP Code Inspector zu erstellen und einzubinden.

Eine eigene Prüfung neben den SAP-Standardprüfungen

Bei der Erstellung einer eigenen Prüfung neben den bestehenden SAP-Standardprüfungen werden so viele benötigte Prüfungen wie möglich mit den SAP-Standardprüfungen abgedeckt, und nur die verbleibenden, von den SAP-Standardprüfungen nicht abgedeckten Prüfungen werden über eine Eigenprogrammierung hinzugefügt. Diese Herangehensweise scheint sinn-

4.6 Mögliche Umsetzungsszenarien

voll, da sie sich vollständig am SAP-Standard orientiert und dem Programmierer viel Entwicklungsarbeit und -zeit erspart. Dieses Vorgehen entspricht dem aufgezeigten Weg zur Programmierung einer eigenen Prüfung (siehe Abschnitt 4.1, »Vorüberlegungen für eine eigene Prüfung«, bis Abschnitt 4.4, »Aufbau einer eigenen Prüfung (Backend)«).

Um dieses Vorgehen umzusetzen, legen Sie eine Prüfvariante an, in der die benötigten SAP-Standardprüfungen gemäß den gewünschten Einstellungen konfiguriert und aktiviert sind. Zusätzlich wird noch die eigene Prüfung ausgewählt und aktiviert, wie in Abbildung 4.37 zu sehen ist.

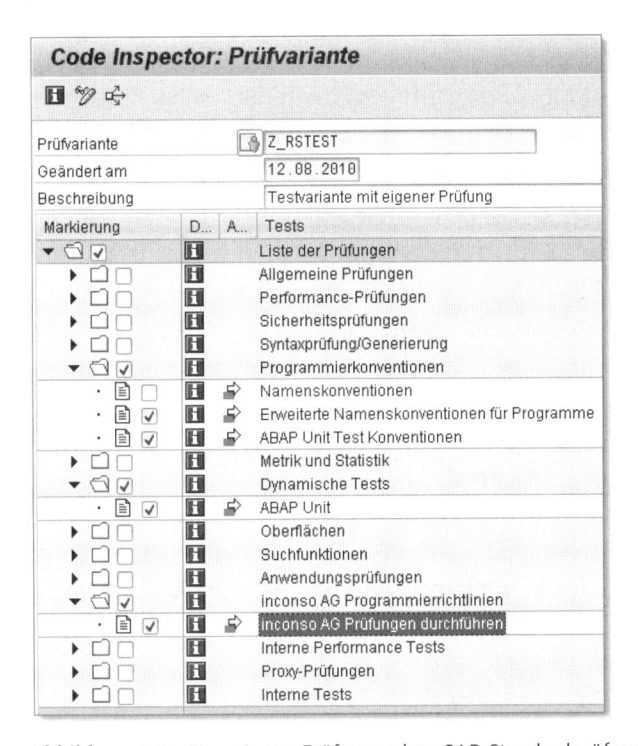

Abbildung 4.37 Eine eigene Prüfung neben SAP-Standardprüfungen

Diese Vorgehensweise kann bei vielen und insbesondere bei großen Daten(-mengen) durch die mehrfache Prüfung derselben Daten zu deutlich längeren Laufzeiten des Code Inspectors führen, obwohl die Codeanalyse selbst nur ein einziges Mal stattfindet. Dies ist besonders dann ärgerlich, wenn die SAP-Standardprüfungen für einen Bereich gerade nicht ausreichend sind und Sie ähnliche oder (fast) gleiche Prüfungen noch einmal mit anderen Einstellungen vornehmen müssen.

Eine eigene Prüfung mit Aufrufen von SAP-Standardprüfungen

Bei diesem Ansatz erstellen Sie eine selbst programmierte Prüfung, in der neben den eigenen Tests auch die bestehenden SAP-Standardprüfungsmethoden mit den jeweils gewünschten Einstellungen aufgerufen werden. Dann legen Sie eine Prüfvariante an, in der nur die eigene Prüfung aktiviert ist, da alle anderen Prüfungen von dieser einen eigenen übergeordneten Prüfung direkt aufgerufen werden.

Dieses Vorgehen würde der eigenen Prüfung die volle Kontrolle über alle Prüfungen geben, nicht nur über die eigenen Tests, sondern auch über die SAP-Standardprüfungen. Dadurch könnte sich ein Programmierer viel Entwicklungsarbeit und -zeit ersparen, indem er die bestehenden SAP-Standardprüfungen nur mit den richtigen Einstellungswerten füllen müsste. Darüber hinaus könnten die abhängigen Prüfungen von Benutzern auch nicht »versehentlich« verstellt werden, da die Einstellungen der Prüfungen über die eigene Prüfung fest vorgegeben werden. Und auch hier wäre die Prüfung nahe am SAP-Standard, da die SAP-Standardprüfungen nur mit veränderten Einstellungen verwendet würden.

Leider ist ein solches Vorgehen mit einem vertretbaren Aufwand aktuell nicht möglich, da eine derartige Programmierung an zu vielen Hindernissen scheitert. So ist es zum Beispiel zurzeit nicht möglich, eine SAP-Standardprüfung mit eigenen Einstellungen direkt aufzurufen. Die Parameter des Auswahlbildschirms sind in den SAP-Prüfmethoden nur als private hinterlegt, es sind aber keine Methoden zur direkten Manipulation dieser Parameter (Getter-/Setter-Methoden) vorhanden. Daher sind sie von »außen« nicht zugänglich, sodass bei einem Methodenaufruf von SAP-Standardprüfungen höchstens mit den aktuell vorhandenen Einstellungswerten der letzten Benutzereingabe gearbeitet werden kann.

Dies könnte zwar durch indirektes Ändern der gewählten Benutzereinstellungen für die aufzurufende SAP-Standardprüfung umgangen werden, indem Sie beispielsweise vor dem Aufruf der jeweiligen SAP-Standardprüfung die aktuellen Einstellungswerte über die Methode put_attributes auslesen und sich merken, danach die eigenen Einstellungswerte mit der Methode get_attributes in die Parametertabelle scichkv_pa schreiben und schließlich die gewünschte SAP-Standardprüfung aufrufen. Nach Beendigung der SAP-Standardprüfung würden Sie die zuvor ermittelten Originaleinstellungswerte mittels der Methode get_attributes wieder in die Parametertabelle zurückschreiben.

Doch leider macht Ihnen der Code Inspector auch hier einen Strich durch die Rechnung, da nur angehakte Prüfvariantenbaumeinträge bei der Bearbeitung berücksichtigt werden. Da nur bearbeitet wird, was im Prüfvariantenbaum angehakt ist und Sie außer Ihrer eigenen Prüfung nichts ausgewählt haben, werden die geänderten Parameter bei der jeweiligen Prüfung überhaupt nicht berücksichtigt. Selbst der Versuch des dynamischen Aktivierens von Prüfvariantenbaumeinträgen wird durch andere »Problemstellen« verhindert.

Da zusätzlich noch weitere »Widrigkeiten« hinzukommen, ist eine Programmierung von Prüfungen mit direkten Aufrufen von SAP-Standardprüfungen zurzeit nicht sinnvoll. Leider ist damit auch das Aufrufen von SAP-Standardprüfungen mit benutzerunabhängigen Einstellungen durch andere Programme so gut wie unmöglich.

Eine eigene Prüfung unter Nutzung von SAP-Standardprüfungen

Bei dieser Vorgehensweise erstellen Sie eine selbst programmierte Prüfung. Dann legen Sie für jede benötigte SAP-Standardprüfung eine eigene Kopie der dazugehörigen SAP-Standardprüfungsmethode an, passen nur die Hauptmethode der jeweiligen Prüfungen an und rufen diese Hauptmethoden mit den gewünschten Einstellungen direkt aus der eigenen Prüfung heraus auf. Alternativ könnte diese SAP-Standardprüfungsmethode auch vererbt und angepasst werden. Danach legen Sie eine Prüfvariante an, in der nur die eigene Prüfung aktiviert ist, da alle anderen Prüfungen von dieser einen eigenen Prüfung aufgerufen werden.

Dieses Vorgehen gibt der eigenen Prüfung die volle Kontrolle über alle eingesetzten Prüfungen. Die abhängigen Prüfungen können von Benutzern auch nicht »versehentlich« verstellt werden, da die Einstellungen der Prüfungen fest über die eigene Prüfung vorgegeben werden.

Leider ist dieses Vorgehen nicht mehr allzu nahe am SAP-Standard, da eine Änderung einer SAP-Standardprüfung durch SAP keine Anpassung der kopierten SAP-Standardprüfung in der eigenen Prüfung mit sich bringen würde; die Prüfungen wären somit vom SAP-Standard abgekoppelt. Selbst bei einer Vererbung würden die Prüfungen durch angepasste Methoden nicht mehr mit dem SAP-Standard übereinstimmen. Und SAP überarbeitet immer mal wieder einzelne Standardprüfungen.

4.6.3 Fazit

Abschließend ist festzustellen, dass das Vorgehen mit den »gemischten« Prüfungen aufgrund der Kapselung, der Kontrollierbarkeit und der Benutzung der SAP-Standardprüfungen der bei weitem beste Weg wäre, jedoch zurzeit leider nicht mit einem annehmbaren Aufwand umzusetzen ist.

Je nachdem, ob Sie nahe am SAP-Standard bleiben und somit weniger Programmieraufwand haben und die SAP-Standardprüfungen verwenden möchten, oder aber eine Kapselung und die volle Kontrolle über die Einstellungen und Programmierung behalten möchten, wählen Sie als Vorgehensweise entweder eine eigene Prüfung neben den SAP-Standardprüfungen oder eine eigene Prüfung unter Nutzung von SAP-Standardprüfungen aus (siehe letzte Abschnitte). Wir haben uns in diesem Buch für die erste Variante (SAP-Standardprüfungen) entschieden.

In diesem Kapitel finden Sie eine Beschreibung aller von SAP ausgelieferten Prüfungen der verschiedenen Kategorien wie Performance, Sicherheit, Metriken etc. Besitzt eine Prüfung Parameter, wird deren Einfluss auf die Ausführung der Prüfung vorgestellt. Zu komplexen Prüfungen finden Sie weitere Details und Hilfestellung bei der Analyse der Meldungen.

5   Standardprüfungen des SAP Code Inspectors

In diesem Kapitel stellen wir die Standardprüfungen des Code-Inspector-Frameworks vor, die SAP ausliefert. Die Anzahl der Prüfungen und Prüfkategorien, die Sie in Ihrem SAP-System vorfinden werden, hängt vom jeweiligen Stand des SAP-Basis-Releases ab. Im Lauf der Zeit sind immer wieder Prüfungen hinzugekommen, manche wechseln die Prüfkategorie, einige wenige wurden im Standardprofil wieder deaktiviert.

Die im Folgenden beschriebenen Prüfungen stellen den Stand von Release 7.0 EHP1 und Release 7.0 EHP2 des SAP NetWeaver Application Servers dar. Wo eine Prüfung erst im späteren Release zur Verfügung steht, ist dies explizit vermerkt.

Wie in Kapitel 4, »Programmierung eigener Prüfungen für den SAP Code Inspector«, geschildert, können Sie das Code-Inspector-Framework selbst um neue Prüfungen und Prüfkategorien erweitern. Dies kann in vielen Fällen, wie zum Beispiel bei speziellen Regeln für Kommentare im Code, durchaus sinnvoll sein. In diesem Kapitel legen wir aber auch Fälle dar, in denen es aus gutem Grund keine spezielle Prüfung im Code Inspector gibt. Manchmal liefern bereits die Suchfunktionen im Code Inspector genug Informationen zu bestimmten Fragestellungen, um auf selbst implementierte Prüfungen verzichten zu können.

Jede Prüfung des Code Inspectors ist genau einer Prüfkategorie zugeordnet. Damit werden inhaltlich verwandte Prüfungen zusammengefasst, was für Sie als Benutzer die Auswahl erleichtert. Die Prüfkategorien sind entsprechend den verschiedenen Produktstandards wie Performance, Sicherheit oder Usability organisiert; zusätzlich gibt es aber auch spezielle Prüfkategorien, beispielsweise für die Softwaremetriken oder die Suchfunktionen des Code Inspectors.

Neben den Prüfungen, die von Ihnen explizit für eine Prüfvariante ausgewählt werden können, gibt es auch einige Prüfungen, die implizit ablaufen. Dabei handelt es sich um technische Klassen der Datenerlegung und -aufbereitung, wie sie in Kapitel 4 beschrieben wurden. Nach einigen kurzen generellen Bemerkungen zur Verlässlichkeit und »Relevanz« von Prüfungen setzen wir dieses Kapitel mit eben diesen impliziten Prüfungen fort. Danach stellen wir die einzelnen Prüfkategorien mit ihren Prüfungen vor.

Bei jeder Prüfung sind die Prüfklasse (ABAP-OO-Klasse) und die Objekttypen aufgeführt, die von der Prüfung untersucht werden können. In Abschnitt 4.3.3, »Methode ›constructor‹«, bei der Einstellvariablen `typelist` finden Sie eine Beschreibung der unterschiedlichen Objekttypen, insbesondere auch des Pseudotyps `1PRG`, der für programmartige Objekte steht. Bei jeder Prüfung folgen auf diese eher technischen Daten eine Kurzbeschreibung sowie – falls vorhanden – die Prüfparameter und ihre Bedeutung. Bei komplexeren Prüfungen gibt es noch weitere Details sowie Kommentare zu einzelnen Meldungen, in manchen Fällen mit unseren Empfehlungen, was ein Entwickler tun sollte, um diese Meldung sinnvoll zu bearbeiten.

Einige der in diesem Kapitel beschriebenen Prüfungen sind in der SAP-Standardauslieferung nicht im Baum der Prüfungen sichtbar, da sie von SAP ausgeblendet wurden. Wir weisen jeweils darauf hin, dass Sie eine solche Prüfung erst einblenden müssen, um sie verwenden zu können. Dazu wählen Sie die jeweilige Prüfung mithilfe des Code-Inspector-Menüs SPRINGEN • VERWALTUNG VON • TESTS in der Einstellungstabelle aus und sichern die Einstellung (siehe Abschnitt 2.1.1, »Verwaltung von Tests«).

Eine vollständige Auflistung aller Meldungen mit den einzelnen Meldungscodes, -texten, -prioritäten und zugehörigen Pseudokommentaren finden Sie in Anhang B, »Meldungen der SAP-Standardprüfungen«.

[+] **Hinweis**

In diesem Kapitel werden die Prüfungen des Code Inspectors und ihre Parameter detailliert dargestellt. Bei einigen wenigen Prüfungen haben wir den Namen gegenüber dem Original im SAP-System korrigiert. So heißt es in diesem Buch »Prozedurale Metrik«, während Sie in manchen Releases die falsche Übersetzung »Verfahrenstechnische Metrik« in Ihrem SAP-System vorfinden werden.

Bei vielen Texten von Prüfparametern besteht im Code Inspector eine Beschränkung auf 30 Zeichen. Dies führt in manchen Fällen, insbesondere bei übersetzten Texten, zu stark abgekürzten oder gar abgeschnittenen Texten. Auch in diesen Fällen haben wir eine behutsame Korrektur vorgenommen oder zum Verständnis notwendige Textteile hinzugefügt.

5.1 Zuverlässigkeit und Relevanz von Prüfungen

Für die Bewertung einer Prüfung in diesem Kapitel haben wir eine recht subjektive Kennzahl geschaffen, die wir Relevanz nennen. Eine Prüfung, die die Einhaltung eines wichtigen Aspektes eines Produktstandards überprüfen kann oder die für die Programmentwicklung sehr nützlich ist, bewerten wir mit fünf Relevanzsternen (★★★★★). Prüfungen mit weniger Sternen halten wir entsprechend für weniger wichtig, solche mit nur einem oder zwei Sternen sollten in einer Standardinspektion nicht mitlaufen. Solche weniger relevanten Prüfungen können aber bei speziellen Fragestellungen durchaus interessant sein.

Wir haben davon abgesehen, andere – vermeintlich exaktere – Einschätzungen zu den einzelnen Prüfungen abzugeben, beispielsweise bezüglich ihrer Zuverlässigkeit oder Laufzeit. Wir möchten diese beiden Aspekte aber hier kurz diskutieren.

5.1.1 Zuverlässigkeit

Die Zuverlässigkeit einer Prüfung kann durch einen Stichprobenabgleich ihrer berechtigten und unberechtigten Meldungen mit den tatsächlich im Quellcode vorhandenen Defekten bestimmt und mit den folgenden Kennzahlen beschrieben werden:

- Anzahl der »richtig positiv« gemeldeten Fälle (true positives, TP):
  Ein Fehler wird gemeldet, und der bemängelte Code ist wirklich defekt.
- Anzahl der »falsch positiv« gemeldeten Fälle (false positives, FP):
  Ein Fehler wird gemeldet, der bemängelte Code ist aber korrekt.
- Anzahl der »falsch negativ« gemeldeten Fälle (false negatives, FN):
  Es wird kein Fehler gemeldet, obwohl der Code defekt ist.
- Anzahl der »richtig negativ« gemeldeten Fälle (true negatives, TN):
  Es wird kein Fehler gemeldet, und der Code ist tatsächlich korrekt.

Die Zuverlässigkeit Z einer Prüfung könnte nun mit folgender Formel berechnet werden:

$Z = (TP + TN) / (TP + FP + FN + TN)$

Dies beschreibt das Verhältnis der richtig eingestuften Fälle im Verhältnis zur Summe aller untersuchten Fälle.

Wir geben für die Prüfungen keinen Wert für die Zuverlässigkeit an, da bei manchen Prüfungen nicht eindeutig gesagt werden kann, was zum Beispiel eine »falsch positive« oder eine »falsch negative« Meldung ist. Hat etwa die Prüfung »Analyse der WHERE-Bedingung für SELECT« (siehe Abschnitt 5.4.1) eine »falsch negative« Meldung, wenn sie Probleme bei dynamischen SELECT-Anweisungen nicht meldet? Dies ist für eine statische Prüfung gar nicht möglich, könnte aber vom Benutzer durchaus erwartet werden. Handelt es sich andererseits um eine »falsch positive« Meldung, wenn Datenbankzugriffe bemängelt werden, diese sich jedoch in Test-Reports befinden, die demnach für den produktiven Betrieb nicht relevant sind?

Bei gewissen Problemen kann es zudem gerechtfertigt sein, auch eine Prüfung mit einer hohen Rate »falsch positiv« gemeldeter Fälle – das heißt mit geringer Zuverlässigkeit – durchzuführen, falls bereits ein geringer Prozentsatz von tatsächlich berechtigten Meldungen sehr kritisch sein kann. Dies ist beispielsweise bei Prüfungen zur Programmsicherheit der Fall.

5.1.2 Laufzeit

Die Laufzeit einer Prüfung kann von vielen Parametern abhängen, beispielsweise von der eingesetzten Hardware, von der Größe des zu untersuchenden Objektes oder ob sich bestimmte, für die Analyse benötigte Daten bereits in einem Cache (Datenbank-Cache oder Cache auf dem Applikationsserver) befinden oder erst noch aufwendig von der Festplatte der Datenbank gelesen und aufbereitet werden müssen. In erster Näherung lassen sich die Prüfungen im Code Inspector in drei Gruppen einteilen:

- Die Prüfung basiert auf der ABAP-Anweisung SCAN ABAP-SOURCE, mit der der Quelltext des Objektes in einzelne ABAP-Worte (Token) und Strukturen zerlegt wird. Ein Beispiel dafür sind die Suchen im Code Inspector. Solche Prüfungen sind in der Regel schnell.

- Die Prüfung basiert auf Compiler-Informationen und der Syntaxprüfung (zum Beispiel die Prüfungen »Erweiterte Programmprüfung« oder »Inperformante Operationen auf internen Tabellen«). Diese Prüfungen sind bereits relativ aufwendig.

- Die Prüfung benötigt Informationen über die Beziehungen der untersuchten Objekte zu anderen Objekten. Dies ist beispielsweise bei der Paketprüfung der Fall.

Die meisten Code-Inspector-Prüfungen gehören zu den ersten beiden Kategorien und sollten daher von der Laufzeit her unkritisch sein. Bei großen Objektmengen (mehr als 50 Einzelobjekte) empfehlen wir aber auf jeden Fall die parallele Bearbeitung der Inspektion (siehe Abschnitt 3.2, »Inspektion als Job einplanen«). Eine Inspektion mit einer sehr großen Objektmenge sollten Sie in Ihrem System zu einer Zeit einplanen, zu der möglichst wenige Benutzer durch erhöhte Antwortzeiten bei ihrer Arbeit gestört werden.

5.2 Implizite Prüfungen des Code-Inspector-Frameworks

Alle Prüfungen, die auf dem »gescannten«, das heißt mit der ABAP-Anweisung SCAN ABAP-SOURCE eingelesenen und in Token, Statements, Structures und Levels aufbereiteten, ABAP-Quellcode aufbauen, durchlaufen für jedes zu prüfende Objekt eine Kette von Datenaufbereitungsklassen im Code-Inspector-Framework. Einige dieser Klassen sind selbst in der Lage, Fehlermeldungen auszugeben; das ist dann der Fall, wenn bereits beim Lesen oder Zerlegen des zu prüfenden Objektes ein Fehler auftritt.

Die folgenden Klassen (genauer: die GET-Methoden dieser Klassen) werden der Reihe nach durchlaufen:

- cl_ci_test_program: Test der Existenz eines Programms
  Diese Klasse prüft, ob für den zu einem bestimmten Objekt ermittelten Programmnamen tatsächlich ein ABAP-Quellcode-Objekt vorliegt (technisch: ob ein Eintrag im Datenbankview TRDIR der Report-Quelltexte existiert). Dies ist zum Beispiel nicht der Fall, wenn ein Programm nicht mehr existiert oder wenn der Programmname falsch ermittelt wurde. In einem solchen Fall meldet die Prüfung: »Programm prog_name existiert nicht« (Meldungscode 0001).

- cl_ci_test_include: Lesen von Includes
  Diese Klasse liest den Quelltext des zuvor geprüften Programms aus dem Repository und fügt dessen Programmzeilen in eine interne Tabelle ein. Dabei kann es zu Fehlern kommen, wenn das Programm nicht im Repository existiert bzw. wenn das Programm von SAP gegen Lesen geschützt wurde: »Programm prog_name existiert nicht« (Meldungscode 0001) bzw. »Programm prog_name ist gegen Lesen geschützt« (Meldungscode 0002).

► `cl_ci_test_scan`: Scannen eines Programms
Diese Prüfung stößt die eigentliche Zerlegung und Strukturanalyse des zuvor in eine interne Tabelle eingelesenen ABAP-Quellcodes an; technisch wird dabei die ABAP-Anweisung `SCAN ABAP-SOURCE` ausgeführt. Entdeckt der Scanner einen Fehler in der Quelltext-Datei oder gibt es einen Fehler, der die Zerlegung des Quelltextes verhindert, wird eine Meldung »SCAN-Fehler: meldungs_text« (Meldungscode 0010) ausgegeben, wobei der Text meldungs_text von der Anweisung `SCAN ABAP-SOURCE` geliefert wird.

Eine weitere Fehlermeldung wird durch gelegentlich auftretende Schiefstände im Class Builder (Transaktion SE24) der ABAP Workbench ausgelöst. Dabei werden Phantome von lokalen Implementierungen, Makro- oder Testklassen-Includes in ABAP-OO-Klassen von der Prüfung `cl_ci_test_scan` als »Fehlendes Include include_name« (Meldungscode 0011) gemeldet. Sie können diese Meldung aber in der Regel ignorieren, da es sich hierbei um kein ernstes Problem handelt.

5.3 Allgemeine Prüfungen

Die Kategorie ALLGEMEINE PRÜFUNGEN (siehe Abbildung 5.1) ist ursprünglich als Sammelkategorie für Prüfungen angelegt worden, die keiner anderen Prüfkategorien zugeordnet werden konnten. In Release 7.0 EHP1 befinden sich darin einige wenige Prüfungen, die eher den Charakter von Codemetriken haben und keine echten Fehler oder Warnungen melden. Für die Qualitätsanalyse von ABAP-Code können Sie diese Kategorie und ihre Prüfungen deshalb zunächst ignorieren. Mit der Einführung der neuen Kategorie METRIK UND STATISTIK wandert in späteren Releases die Prüfung ANWEISUNGS-STATISTIK aus den ALLGEMEINEN PRÜFUNGEN ab. Die anderen Prüfungen dieser Kategorie werden teilweise deaktiviert (das heißt, sie sind im Baum der Prüfungen nicht mehr sichtbar), sodass diese Kategorie in manchen Releases leer ist.

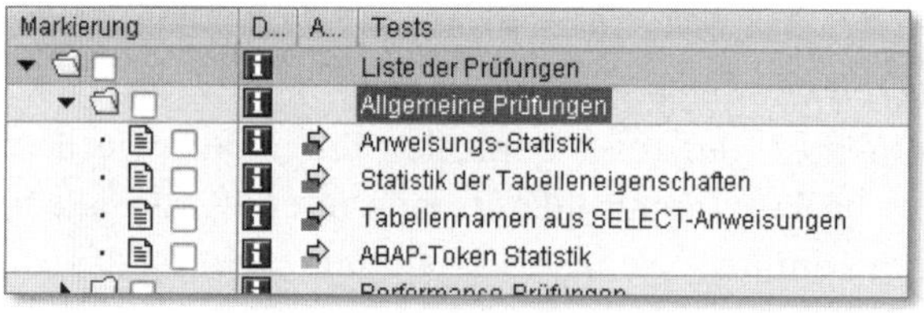

Abbildung 5.1 Prüfungen der Kategorie »Allgemeine Prüfungen«

5.3.1 Anweisungsstatistik

- Relevanz: ★★★
- Prüfklasse: `cl_ci_test_scan_statistics2`
- Objekttypen: 1PRG

Kurzbeschreibung

Diese Prüfung war die erste im Code Inspector implementierte Metrik für ABAP-Quellcode. Später kamen weitere Metrikprüfungen hinzu, die sich in der Kategorie »Metriken und Statistik« (siehe Abschnitt 5.9) befinden und zum Teil eine etwas übersichtlichere Darstellung der Ergebnisse bieten.

Die Anweisungsstatistik zählt die in Rahmenprogrammen enthaltenen ABAP-Anweisungen und unterscheidet dabei zwischen operativen und deklarativen Anweisungen. Kommentare werden als operative Anweisungen gewertet und mitgezählt, Makrodefinitionen dagegen nicht.

Parameter

- **Nur operative Anweisungen**
  Die Zahl der operativen Anweisungen wird bestimmt, das heißt, deklarative Anweisungen wie Daten- oder Objektdeklarationen werden nicht mitgezählt.

- **Pro Modularisierungseinheit**
  Die Statistik wird aufgeschlüsselt nach Anweisungen in Modularisierungseinheiten (Dialogmodul, FORM-Routine, Funktionsbaustein, Methode) und nach Anweisungen außerhalb solcher Einheiten.

- **Ohne mehrfach verwendete Includes**
  Ist dieser Parameter nicht gesetzt, werden die Anweisungen aller in einem Rahmenprogramm verwendeten Include-Programme mitgezählt. Da Includes beliebig oft verwendet werden können (aber nicht sollten), kann es dadurch zu Mehrfachzählungen kommen.

  Ist dieser Parameter gesetzt, werden die Anweisungen von Includes, die systemweit in mehr als einem Rahmenprogramm inkludiert sind, nicht mitgezählt.

> **Hinweis** [+]
>
> Nach den Empfehlungen der *ABAP-Programmierrichtlinien* (SAP PRESS, 2009) sollten Includes nicht in mehrere Rahmenprogramme, sondern nur in genau eines aufgenommen werden. Includes sind ein Mittel zur Quelltext-Strukturierung und sollten nicht zur Modularisierung von Programmlogik verwendet werden.

Details

Eine interessante Möglichkeit bei dieser Prüfung bietet die Gruppierung der Ergebnisse nach »Verantwortlichem«, »Paket« oder nach »Objekt«. Damit erhalten Sie Einzelstatistiken für den von einem Entwickler in der untersuchten Objektmenge implementierten ABAP-Quellcode bzw. für die einzelnen Objekte selbst.

Meldungen

Als Beispiel sehen Sie in Abbildung 5.2 das Ergebnis der Prüfung für das Paket s_code_inspector, das die Objekte des Code-Inspector-Frameworks sowie viele der Prüfungen enthält. Wir haben das Ergebnis nach »Verantwortlichem« gruppiert und diskutieren hier die Zahlen für Benutzer »EILENBERGER«, Meldungscode 0001.

Meldungen				Fehler	Warn...	Infor...
	D...	...	A...	Objekte		
					0	0	9
				EILENBERGER	0	0	1
				Allgemeine Prüfungen	0	0	1
				Anweisungs-Statistik	0	0	1
				Informationen	0	0	1
				Meldungscode 0001	0	0	1
				Objekt-Typ 0USR Objekt-Name EILENBERGER Teil-Objekt-Typ Teil-Objekt-Name	0	0	1
				81 Objekt(e), Gesamtzahl Anweisungen: 22.273			
				Anzahl operativer Anweisungen: 17.569			
				Operative Anweisungen in			
				27 FORM-Routine(n): 639			
				396 Methode(n): 14.516			
				außerhalb von Modularisierungseinheiten: 2.414			
				==> ... Objekt(e), Gesamtzahl Anweisungen: ...			
				... Anzahl ... ... operativer Anweisungen: ...			
				Anweisungen			
				XXXXXXXX	0	0	1
				XXXXXXXX	0	0	1
				XXXXXXXX	0	0	1

Abbildung 5.2 Gruppierung der Ergebnisse der Prüfung »Anweisungsstatistik« nach Verantwortlichem

Aus der Meldung geht hervor, dass der Benutzer im untersuchten Paket für 81 programmartige Objekte verantwortlich ist, in denen es insgesamt 22.273 Anweisungen gibt. Davon sind 17.569 Anweisungen ausführbar, der Rest, etwa 4.700, sind deklarative Anweisungen. Von den operativen Anweisungen befindet sich die überwiegende Mehrzahl, nämlich 14.516, in insgesamt 396 verschiedenen Klassenmethoden. Für diesen Benutzer werden keine Anweisungen aus Dialogmodulen oder Funktionsbausteinen ausgewiesen. Es könnte allerdings sein, dass er Funktionsbausteine implementiert hat, die zu einer Funktionsgruppe gehören, für die ein anderer Entwickler verantwortlich ist. Die »Anweisungsstatistik« kennt nur für ganze Rahmenprogramme den Verantwortlichen.

> **Empfehlung** [*]
> Verwenden Sie diese Prüfung, um sich einen Überblick über die Komplexität und die Modularisierung eines Paketes oder einer Entwicklungskomponente zu verschaffen. Außerdem erfahren Sie, wie sich die Anzahl der ABAP-Anweisungen auf mehrere beteiligte Entwickler verteilt.

5.3.2 Tabellennamen aus SELECT-Anweisungen

- Relevanz: ★
- Prüfklasse: `cl_ci_tabnames_public`
- Objekttypen: 1PRG
- Anmerkung: Diese Prüfung ist in Ihrem System eventuell nicht im Baum der Prüfungen sichtbar. Um sie verwenden zu können, wählen Sie die Prüfung mithilfe des Code-Inspector-Menüs SPRINGEN • VERWALTUNG VON • TESTS aus, und sichern Sie die Einstellung.

Kurzbeschreibung

Diese Prüfung listet lesende Datenbankanweisungen (`SELECT`-Anweisungen) sowie die Namen der Tabellen auf, auf die dabei zugegriffen wird. Durch die Gruppierung des Ergebnisses »Nach Objekt« erhalten Sie eine Übersicht über alle Einzelzugriffe pro Entwicklungsobjekt bzw. – bei summarischer Sicht – über alle gelesenen Tabellen. Wurde ein Tabellenname im Quellcode mit `SELECT ... FROM (tabname)` dynamisch angegeben, wird der Variablenname `tabname` als Name der Tabelle ausgewiesen.

Parameter

- **Nur summarische Sicht**
  Ist dieser Parameter gesetzt, werden innerhalb eines Rahmenprogramms alle lesenden Zugriffe pro Tabelle aufaddiert; aus dem Ergebnis ist dann keine Navigation zu einem bestimmten Zugriff mehr möglich. Ist der Parameter dagegen nicht gesetzt, werden alle lesenden Zugriffe einzeln im Ergebnis aufgeführt und durch einen Doppelklick können Sie zur entsprechenden Position im Quellcode navigieren.

Meldungen

Siehe Anhang B, »Meldungen der SAP-Standardprüfungen«.

[*] **Empfehlung**

Verwenden Sie diese Prüfung, wenn Sie wissen möchten, auf welche Tabellen innerhalb einer Entwicklungskomponente lesend zugegriffen wird.

5.3.3 Statistik der Tabelleneigenschaften

- Relevanz: ★★
- Prüfklasse: `cl_ci_test_table_settings`
- Objekttypen: `TABL`
- Hinweis: In späteren Releases ist diese Prüfung der Kategorie »Metriken und Statistik« zugeordnet.
- Anmerkung: Diese Prüfung ist in Ihrem System eventuell nicht im Baum der Prüfungen sichtbar. Um sie verwenden zu können, wählen Sie die Prüfung mithilfe des Code-Inspector-Menüs SPRINGEN • VERWALTUNG VON • TESTS aus, und sichern Sie die Einstellung.

Kurzbeschreibung

Diese Prüfung liefert verdichtete Informationen zu den technischen Einstellungen und Indizes der untersuchten Tabellen. Damit können Sie sich für alle Tabellen einer Objektmenge schnell einen Überblick darüber verschaffen, wie viele der Tabellen beispielsweise vollständig gepuffert sind oder welche Tabellen eine Größenkategorie größer als 2 aufweisen. Mehr Details zu den technischen Eigenschaften von Tabellen finden Sie in Abschnitt 5.4.17, »Prüfung der Tabelleneigenschaften«.

Parameter

- **Pufferungs-Einstellungen**
  Haben Sie diese Option gewählt, werden für alle Tabellen der Objektmenge sowohl Informationen zur Pufferung (Pufferung nicht erlaubt/Pufferung erlaubt, aber ausgeschaltet/Pufferung eingeschaltet) als auch zu den Pufferungsarten (Einzelsätze gepuffert/generischer Bereich gepuffert/vollständig gepuffert) angezeigt.

- **Indizes**
  Für jede untersuchte Tabelle wird angegeben, ob sie lediglich über einen Primärindex verfügt oder auch über Sekundärindizes.

- **Größenkategorie**
  Die in den technischen Eigenschaften der Tabelle gepflegte Größenkategorie wird ausgegeben. Diese hat standardmäßig die Werte 0 bis 4 (kann aber bis Größe 9 bzw. 14 erweitert werden, siehe SAP-Hinweis 123546). Eine nicht gepflegte Größenkategorie wird ebenfalls gemeldet.

- **Auslieferungsklasse**
  Die Auslieferungsklassen der Tabellen (A/C/L/G/E/S/W) werden ausgegeben.

- **Tabellenerweiterung**
  Diese Option führt zur Ausgabe der gewählten Tabellenerweiterungskategorie (nicht klassifiziert/nicht erweiterbar/erweiterbar und zeichenartig/erweiterbar und zeichenartig oder numerisch/beliebig erweiterbar). Wenn laut ABAP Dictionary ein Fehler bei der Klassifizierung vorliegt, wird eine Fehlermeldung ausgegeben.

Meldungen

Siehe Anhang B, »Meldungen der SAP-Standardprüfungen«.

> **Empfehlung** [*]
> Diese Prüfung kann interessant für Sie sein, wenn Sie sich einen Überblick über die technischen Eigenschaften, wie zum Beispiel die Pufferungseinstellungen der verwendeten Tabellen, verschaffen möchten. Nur in diesem Fall sollte die Prüfung ausgewählt werden.

5.3.4 ABAP-Token-Statistik

- Relevanz: ★
- Prüfklasse: `cl_ci_test_scan_statistics`
- Objekttypen: `1PRG`
- Anmerkung: Diese Prüfung ist in Ihrem System vermutlich nicht im Baum der Prüfungen sichtbar. Um sie verwenden zu können, wählen Sie die Prüfung mithilfe des Code-Inspector-Menüs SPRINGEN • VERWALTUNG VON • TESTS aus, und sichern Sie die Einstellung.

Kurzbeschreibung

Diese Prüfung zählt die ABAP-Token und teilt diese in die Kategorien »Identifier«, (ABAP-Schlüsselwörter und Variablen), »String/Characterliteral«, »Liste« (in Klammern stehende Aufzählungen, zum Beispiel IN-Listen) und »Kommentar« ein.

[!] **Achtung**
Diese Prüfung hat in vielen Release-Ständen einen Defekt, der mit SAP-Hinweis 1577509 behoben wurde. Ohne diese Korrektur kann die Prüfung nicht eingesetzt werden!

Parameter

- **ABAP-Token (total)**
  Mit dieser Option erhalten Sie eine Ergebniszeile mit der Summe aller Token in der untersuchten Objektmenge.

- **ABAP-Token (nach Typen)**
  Mit dieser Option erhalten Sie vier Ergebniszeilen mit einer Aufschlüsselung der Token nach den erwähnten Kategorien.

Details

Die Prüfung ist erst lauffähig, wenn einer der Parameter nochmals explizit vom Benutzer gesetzt wird.

Meldungen

Siehe Anhang B, »Meldungen der SAP-Standardprüfungen«.

[*] **Empfehlung**
Diese Prüfung listet die Anzahl der ABAP-Token in der untersuchten Entwicklungskomponente auf. In der Regel ist aber die Anzahl der ausführbaren ABAP-Anweisungen die relevantere Größe. Um diese zu bestimmen, verwenden Sie die Prüfung »Metrik der ausführbaren Anweisungen« (siehe Abschnitt 5.9.1).

5.4 Performanceprüfungen

Der Code Inspector entstand als Kooperation zwischen der damaligen ABAP-Sprachgruppe mit dem zentralen Team »Performance & Scalability« von SAP. Deshalb liegt ein Schwerpunkt dieses Werkzeugs auf den statischen Performanceprüfungen. Alle Einschränkungen, die generell für die statische Analyse von Code gelten, treffen natürlich auch auf die Performanceprüfungen zu. Hier sind insbesondere zu nennen:

- **Handwerkliche Fehler**
  Statische Prüfungen helfen, handwerkliche Fehler in der Implementierung zu finden. Fehler auf einer höheren Ebene, die die Performance eines Programms oft noch mehr in Mitleidenschaft ziehen können – das heißt Fehler bei der Spezifikation, beim Softwaredesign oder in der Architektur einer Anwendung –, können durch statische Prüfungen höchstens indirekt identifiziert werden.

- **Dynamische Anweisungen**
  Anweisungen mit dynamisch formulierten, das heißt erst zur Laufzeit bekannten, Bestandteilen (zum Beispiel eine SELECT-Anweisung mit einer dynamischen WHERE-Bedingung) können meist gar nicht analysiert werden.

- **Bedeutungen**
  Die Bedeutung des untersuchten Quellcodes für den späteren Produktivbetrieb ist meist nicht bekannt. Ein selten ausgeführter Report muss in der Regel nicht die gleichen Anforderungen an die Performance erfüllen wie eine häufig produktiv verwendete Funktion.

- **Datenmenge**
  Die Menge der zur Laufzeit verarbeiteten Daten (zum Beispiel die Anzahl der Zeilen in einer internen Tabelle) ist der statischen Prüfung nicht bekannt. Das sequenzielle Lesen von Daten aus einer internen Tabelle kann bei wenigen Einträgen in der Tabelle unkritisch sein, bei einer großen Datenmenge aber zu einem Performanceproblem führen.

Trotz dieser Einschränkungen bieten Ihnen die statischen Performanceprüfungen des Code Inspectors eine gute Unterstützung, um die drei größten Performancefallen zu vermeiden, in die man als ABAP-Programmierer tappen kann:

- **Inperformante Datenbankzugriffe**
  Fehlende Datenbankindizes oder unzureichend formulierte WHERE-Bedingungen führen zu langsamen Suchen in der Datenbank (Full Table Scans, Full Index Scans).

- **Umgehung des SAP-Tabellenpuffers**
  Der Vorteil der Pufferung von häufig gelesenen Daten (in der Regel Konfigurationsdaten) sollte nicht aufs Spiel gesetzt werden. Eine Reihe von ABAP-Anweisungen führt implizit zum Umgehen des SAP-Tabellenpuffers.

▶ **Sequenzielle Zugriffe auf interne Tabellen**
Die größte Bedrohung für die Skalierbarkeit einer Anwendung entsteht durch sequenzielle Zugriffe auf interne Tabellen. Genauer gesagt, durch geschachtelte sequenzielle Zugriffe auf interne Tabellen, deren Größe proportional zur Menge der in einem Programm zu verarbeitenden Daten steigt.

Im Folgenden stellen wir Ihnen die Performanceprüfungen des Code Inspectors vor (siehe Abbildung 5.3). Natürlich gehört zu einem umfassenden Testkonzept für die Performance und Skalierbarkeit von ABAP-Programmen noch einiges mehr als die Ausführung von statischen Prüfungen. Wichtige Anwendungsszenarien sollten Sie regelmäßig ausführen und mit den Transaktionen STAD (statistischer Monitor), ST05 (Performance-Trace), SE30 (ABAP-Laufzeitanalyse, ab Release 7.0 EHP2 neue Transaktion SAT) und zur Memory-Analyse mit dem Debugger und dem Memory Inspector (S_MEMORY_INSPECTOR) analysieren.

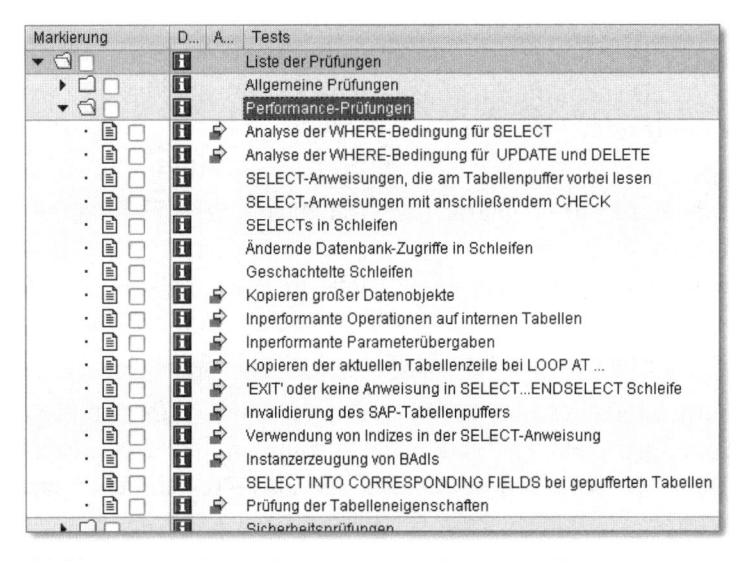

Markierung	D...	A...	Tests
▼ 📁 ☐	ℹ		Liste der Prüfungen
▶ 📁 ☐	ℹ		Allgemeine Prüfungen
▼ 📁 ☐	ℹ		**Performance-Prüfungen**
· 📄 ☐	ℹ	⇨	Analyse der WHERE-Bedingung für SELECT
· 📄 ☐	ℹ	⇨	Analyse der WHERE-Bedingung für UPDATE und DELETE
· 📄 ☐	ℹ		SELECT-Anweisungen, die am Tabellenpuffer vorbei lesen
· 📄 ☐	ℹ		SELECT-Anweisungen mit anschließendem CHECK
· 📄 ☐	ℹ		SELECTs in Schleifen
· 📄 ☐	ℹ		Ändernde Datenbank-Zugriffe in Schleifen
· 📄 ☐	ℹ		Geschachtelte Schleifen
· 📄 ☐	ℹ	⇨	Kopieren großer Datenobjekte
· 📄 ☐	ℹ	⇨	Inperformante Operationen auf internen Tabellen
· 📄 ☐	ℹ	⇨	Inperformante Parameterübergaben
· 📄 ☐	ℹ	⇨	Kopieren der aktuellen Tabellenzeile bei LOOP AT ...
· 📄 ☐	ℹ	⇨	'EXIT' oder keine Anweisung in SELECT...ENDSELECT Schleife
· 📄 ☐	ℹ		Invalidierung des SAP-Tabellenpuffers
· 📄 ☐	ℹ	⇨	Verwendung von Indizes in der SELECT-Anweisung
· 📄 ☐	ℹ	⇨	Instanzerzeugung von BAdIs
· 📄 ☐	ℹ		SELECT INTO CORRESPONDING FIELDS bei gepufferten Tabellen
· 📄 ☐	ℹ	⇨	Prüfung der Tabelleneigenschaften
▶ 📁 ☐	ℹ		Sicherheitsprüfungen

Abbildung 5.3 Prüfungen der Kategorie »Performanceprüfungen«

[*] **Empfehlung**

Falls Sie mehr zum Thema ABAP-Performance erfahren möchten, empfehlen wir Ihnen folgende Bücher von SAP-Mitarbeitern:

▶ *Performance-Optimierung von ABAP-Programmen* (dpunkt Verlag, 2010)
▶ *ABAP Performance Tuning* (SAP PRESS, 2009)

5.4.1 Analyse der WHERE-Bedingung für SELECT

- Relevanz: ★★★★★
- Prüfklasse: `cl_ci_test_select_taw_a`
- Objekttypen: `1PRG`

Kurzbeschreibung

Diese Prüfung untersucht, ob die `WHERE`-Bedingung in einer `SELECT`-Anweisung so spezifiziert wurde, dass ein bestehender Datenbankindex für die schnelle Suche der gewünschten Sätze in der Datenbank verwendet werden kann. Zugriffe auf gepufferte Tabellen und Open-SQL-Joins werden nicht analysiert.

Parameter

Wir empfehlen, für Performanceprüfungen die ersten drei der folgenden Parameter auszuwählen:

- **Keine WHERE-Bedingung**
  Dieser Parameter sucht nach lesenden Zugriffen auf ungepufferte Tabellen, bei denen es keine `WHERE`-Bedingung gibt. Nicht gemeldet werden die Anweisungen `SELECT SINGLE ...` und `SELECT ... UP TO 1 ROWS`, da diese nur einen Eintrag von der Datenbank zurückliefern.

- **Kein Indexfeld in WHERE-Bedingung**
  Dieser Parameter sucht nach lesenden Zugriffen auf ungepufferte Tabellen, bei denen die `WHERE`-Bedingung kein Feld eines für diese Tabelle definierten Datenbankindizes enthält. Ist die Tabelle mandantenabhängig, wird das von der Datenbankschnittstelle implizit in die `WHERE`-Bedingung generierte bzw. explizit vom Programmierer hinzugefügte Mandantenfeld von der Prüfung nicht als spezifiziertes Indexfeld gewertet, da es meist nicht selektiv ist.

  Wir empfehlen dennoch, den Mandanten als erstes Feld in jeden Sekundärindex aufzunehmen. Durch die automatische Mandantenbehandlung ist der Mandant praktisch bei jedem Zugriff mit einer Gleichheitsbedingung bekannt. Weitere Gründe für das Mandantenfeld sind Index-only-Zugriffe oder eine mögliche Partitionierung der Tabelle.

- **Kein führendes Indexfeld in WHERE-Bedingung**
  Dieser Parameter sucht nach lesenden Zugriffen auf ungepufferte Tabellen, bei denen die `WHERE`-Bedingung kein führendes Feld eines für diese

Tabelle definierten Datenbankindizes enthält. Ist die Tabelle mandantenabhängig, wird das von der Datenbankschnittstelle implizit in die WHERE-Bedingung generierte bzw. explizit vom Programmierer hinzugefügte Mandantenfeld von der Prüfung nicht als spezifiziertes Indexfeld gewertet, da es meist nicht selektiv ist.

- **CLIENT SPECIFIED ohne MANDT**
  Es wird geprüft, ob bei einem lesenden Datenbankzugriff zwar die Option CLIENT SPECIFIED verwendet wurde, die WHERE-Bedingung jedoch kein Mandantenfeld enthält. Dies ist keine Performanceprüfung, sondern fällt eher in den Bereich Sicherheit. Fehlt der Mandant in der WHERE-Bedingung bei Verwendung der Option CLIENT SPECIFIED, fehlt damit meist das erste Indexfeld, was ebenfalls zu einer Meldung durch diese Prüfung führt.

Details

Hat eine Datenbankanweisung keine WHERE-Bedingung, müssen zur Bestimmung der Ergebnismenge alle Datensätze der Datenbanktabelle durchsucht werden (falls es keine Beschränkung der Zeilenzahl durch die Zusätze SINGLE oder UP TO n ROWS gibt). Bei einer mandantenabhängigen Tabelle wird im SAP-System – wenn nicht der Zusatz CLIENT SPECIFIED spezifiziert wurde – der aktuelle Mandant von der Datenbankschnittstelle automatisch zur Datenbankanweisung hinzugefügt. Da das Mandantenfeld im Primärschlüssel einer Tabelle fast immer und in einem Sekundärschlüssel in der Regel als erstes Feld im Schlüssel steht, kann die Datenbank für die Suche auch bei fehlender WHERE-Bedingung zumindest das Mandantenfeld aus einem Index nutzen. Da der Mandant aber nicht sonderlich selektiv ist, ist ein Full Index Scan, das heißt eine Suche über alle Sätze eines Indizes, allein über das Mandantenfeld meist nicht viel besser als ein Full Table Scan über den gesamten Tabelleninhalt.

Gibt es in einer Datenbankanweisung zwar eine WHERE-Bedingung, die jedoch kein Feld eines Datenbankindizes enthält, hat die Datenbank keine Unterstützung für eine schnelle Suche und muss wieder alle Tabellensätze (bei einer mandantenabhängigen Tabelle alle Sätze eines Mandanten) durchsuchen. Selbst wenn ein Indexfeld in der WHERE-Bedingung enthalten ist, dieses Feld aber nicht an der ersten Position im Index steht, kann die Datenbank damit in der Regel nichts anfangen. Es kann zwar Situationen geben, in denen eine Datenbank eine »Indexlücke« für ein wenig selektives Feld überbrückt – das heißt die wenigen vorhandenen Ausprägungen (zum Beispiel für das Geschlecht mit zwei Ausprägungen für männlich oder weiblich)

»eigenhändig« für eine Suche auf dem Index ergänzt –, aber verlassen dürfen Sie sich darauf nicht.

Dazu ein Beispiel: Eine Datenbanktabelle `dbtab` hat folgende Felder: `mandt`, `keyfld_02`, `keyfld_03`, `datafld_01`, `datafld_02`. Der Primärschlüssel der Tabelle ist `mandt`, `keyfld_02`, `keyfld_03`. Ein Sekundärschlüssel mit den Feldern `mandt`, `datafld_02` wurde für die Tabelle definiert. Folgende Anweisungen befinden sich im ABAP-Quellcode:

```
10    SELECT * FROM dbtab INTO TABLE lt.
20    SELECT * FROM dbtab INTO TABLE lt
22      WHERE datafld_01 = val_01.
30    SELECT * FROM dbtab INTO TABLE lt
32      WHERE keyfld_03 = val_03 AND
34            datafld_01 = val_01.
40    SELECT * FROM dbtab INTO TABLE lt
42      WHERE keyfld_02 = val_02.
50    SELECT * FROM dbtab INTO TABLE lt
52      WHERE datafld_01 = val_01 AND
54            datafld_02 = val_02.
```

Bei der Ausführung dieser Anweisungen durch die Datenbank wird es voraussichtlich zu den folgenden Zugriffsarten kommen:

- Die Anweisung in Zeile 10 weist keine WHERE-Bedingung auf, zur Laufzeit werden alle Einträge der Tabelle `dbtab` aus dem aktuellen Mandanten gelesen.

- Die Anweisung in den Zeilen 20 und 22 hat zwar eine WHERE-Bedingung, doch das Feld `datafld_01` ist in keinem Index enthalten. Daher müssen hier zur Bestimmung der Ergebnismenge alle Tabellensätze des aktuellen Mandanten von der Datenbank analysiert werden.

- Die Anweisung in den Zeilen 30 bis 34 enthält zwar ein Indexfeld, nämlich `keyfld_03` aus dem Primärindex. Dieses ist aber nicht das erste (bzw. da die Tabelle mandantenabhängig ist, das zweite) Feld des Indizes und kann daher vermutlich nicht zur schellen Suche verwendet werden.

- Die WHERE-Bedingung der Anweisung in den Zeilen 40 und 42 enthält das erste und zweite Feld des Primärindizes, nämlich (implizit) den Mandanten und das Feld `keyfld_02`. Diese Anweisung unterstützt daher die Indexsuche.

- Auch die Anweisung in den Zeilen 50 bis 54 ist indexunterstützt: Die WHERE-Bedingung enthält den vollen Sekundärschlüssel mit den Feldern `mandt` und `datafld_02`.

Meldungen

Sie sollten die Meldungen dieser Prüfung ernst nehmen und in jedem Fall eine genaue Analyse des Quellcodes durchführen. Häufig ausgeführte Datenbankzugriffe müssen durch einen Index unterstützt sein. Dagegen lohnt es sich meist nicht, auch für selten durchgeführte Zugriffe einen eigenen Index anzulegen. Doch selbst für ein Programm, das nur einmalig, zum Beispiel bei einer Datenmigration, zum Einsatz kommt, kann es angemessen sein, temporär einen Index anzulegen. Wenn Sie erwägen, einen bestehenden Tabellenindex zu ändern, um einen bestimmten Zugriff zu optimieren, sollten Sie alle Anweisungen, die diesen Index bislang verwendet haben, genau kennen. Sie sehen, dass es einer genauen, über die eigentliche Datenbankanweisung weit hinausgehenden Analyse bedarf, um die Meldungen dieser Prüfung zu bearbeiten.

Die Meldungspriorität für einige der Meldungen dieser Prüfung richtet sich nach der Größenkategorie der Tabelle, auf die zugegriffen wird. Die Größenkategorie wird in den technischen Eigenschaften (Transaktion SE11) für eine Datenbanktabelle gepflegt. Zugriffe auf kleine Tabellen (Größenkategorie 0 oder 1) werden in mehreren Prüfungen milder behandelt als Zugriffe auf große Tabellen (Größenkategorie 2 oder höher). Es ist ganz einfach ein Unterschied, ob für eine Suche auf der Datenbank 300 oder 300.000 Einträge ausgewertet werden müssen. Beachten Sie, dass die Größenkategorie einer Tabelle in den technischen Eigenschaften nicht etwa automatisch ermittelt wird, sondern von Ihnen dort korrekt gepflegt werden muss. Nur dann können die Performanceprüfungen des Code Inspectors die Zugriffe auf diese Tabelle angemessen bewerten.

Hier nun die einzelnen Meldungen der Prüfung:

- **Meldungen 0001/0501**

    »(Große) Tabelle dbtab: keine WHERE-Bedingung«

    Hier führt die Datenbank einen Full Table Scan über alle Einträge der Tabelle aus. Falls tatsächlich alle Einträge gelesen werden sollen, ist dies die schnellste Zugriffsmethode. In produktiv genutztem und wiederholt ausgeführtem Code ergibt ein Full Table Scan auf eine große Tabelle in der Regel keinen Sinn; es stellt sich die Frage, warum die Anwendung immer wieder so viele Daten lesen muss.

- **Meldungen 0002/0502**

    »(Große) Tabelle dbtab: In WHERE-Bedingung kein Feld eines Tabellen-Index«

    Keines der Felder in der WHERE-Bedingung gehört zum Primärindex oder einem Sekundärindex der Tabelle. Die Suche nach den gewünschten Sätzen kann daher nicht optimiert werden; es müssen alle Sätze »angefasst« und mit den Suchwerten der WHERE-Bedingung abgeglichen werden. Dies führt bei Tabellen mit vielen Sätzen zu sehr hohen Laufzeiten. Häufig ausgeführte Datenbankanweisungen müssen indexunterstützt sein. Untersuchen Sie, ob Sie die WHERE-Bedingung um zusätzliche Felder erweitern können, zum Beispiel durch eine Information, die performant aus gepufferten Tabellen gelesen werden kann. Generell sollte die WHERE-Bedingung immer möglichst vollständig sein, das heißt, alle zur Laufzeit bekannten Informationen zu den gesuchten Sätzen sollten auch zur Suche verwendet werden.

Übrigens kann die Datenbank in der Regel Felder, die mit <> bzw. NE-Bedingungen in der WHERE-Klausel aufgeführt sind, nicht für die schnelle Indexsuche verwenden. Diese Felder werden deshalb auch vom Code Inspector ignoriert und so gewertet, als gehörten sie der WHERE-Bedingung nicht an.

Falls kein (erstes) Indexfeld für den Datenbankzugriff bekannt ist und dieser häufig ausgeführt wird, müssen Sie überlegen, ob ein zusätzlicher Index angelegt werden sollte. Beachten Sie dabei, dass ein zusätzlicher Index die Performance der Datenbank bei Einfüge-Operationen verschlechtern kann und dass der Datenbankoptimierer bei zu vielen Indizes fehlgeleitet werden kann. Hier ist eine Abwägung für und wider von zusätzlichen Indizes zu treffen. In manchen Fällen kann ein bestehender Index so geändert werden, dass er den gemeldeten Datenbankzugriff unterstützt. Hierbei ist aber größte Vorsicht geboten: Nur wenn Sie alle wichtigen Zugriffe auf eine Datenbanktabelle kennen und analysiert haben, sollten Sie einen bestehenden Index ändern. Im schlechtesten Fall optimieren Sie sonst einen bestimmten Zugriff, erhalten aber bei vielen anderen Anweisungen eine Verschlechterung der Antwortzeit.

▸ **Meldungen 0003/0503**
»(Große) Tabelle dbtab: In WHERE-Bedingung kein erstes Feld eines Tabellen-Index«

Hier gilt prinzipiell das zuvor Gesagte. Selbst wenn die WHERE-Bedingung einzelne Felder eines Indizes enthält, hilft dies in den meisten Fällen nicht, den Zugriff zu optimieren, solange es nicht das erste Feld eines Indizes ist – wobei der Mandant als relativ wenig selektives Feld vom Code Inspector wieder nicht gewertet wird. Wenn Sie die WHERE-Bedingung nicht durch zusätzliche Felder anreichern können, benötigen Sie bei häufig ausgeführten Anweisungen eventuell einen zusätzlichen Index.

▶ **Meldung 0004**

»*Tabelle dbtab: Trotz CLIENT SPECIFIED kein mandantenabhängiges Feld in WHERE-Bedingung*«

Dies ist eher ein sicherheitsrelevantes Problem, da an dieser Stelle mandantenübergreifend Daten gelesen werden. Prüfen Sie, ob das wirklich erwünscht ist.

▶ **Meldung 0010**

»*Tabelle dbtab existiert nicht oder hat keinen Nametab Eintrag*«

Hier findet der Code Inspector in der SELECT-Anweisung zwar einen Tabellennamen, aber die Tabelle existiert im System gar nicht. Es könnte zum Beispiel sein, dass die Tabelle erst in einem nachfolgenden System der Systemlandschaft angelegt wurde.

[*] | **Empfehlung**
Da diese Prüfung sehr wichtige Aspekte bei Zugriffen auf Datenbanktabellen analysiert, sollte sie für alle Inspektionen zur Programmqualität ausgewählt werden.

5.4.2 Analyse der WHERE-Bedingung für UPDATE und DELETE

▶ Relevanz: ★★★★★
▶ Prüfklasse: cl_ci_test_imud_taw_a
▶ Objekttypen: 1PRG

Kurzbeschreibung

Diese Prüfung untersucht, ob die WHERE-Bedingung in einer ändernden Datenbankanweisung (MODIFY, UPDATE oder DELETE) so spezifiziert wurde, dass ein bestehender Datenbankindex für die schnelle Suche der gewünschten Sätze in der Datenbank verwendet werden kann.

Parameter

Die Bedeutung der folgenden Parameter ist identisch mit der vorhergehenden Prüfung »Analyse der WHERE-Bedingung für SELECT«.

▶ Keine WHERE-Bedingung
▶ Kein Indexfeld in WHERE-Bedingung
▶ Kein führendes Indexfeld in WHERE-Bedingung
▶ CLIENT SPECIFIED ohne MANDT

Details

Siehe vorhergehende Prüfung »Analyse der WHERE-Bedingung für SELECT«.

Meldungen

Siehe vorhergehende Prüfung »Analyse der WHERE-Bedingung für SELECT«.

> **Empfehlung** [*]
>
> Da diese Prüfung sehr wichtige Aspekte bei Zugriffen auf Datenbanktabellen analysiert, sollte sie für alle Inspektionen zur Programmqualität ausgewählt werden.

5.4.3 SELECT-Anweisungen, die am Tabellenpuffer vorbei lesen

- Relevanz: ★★★★★
- Prüfklasse: `cl_ci_test_select_taw_bybuf`
- Objekttypen: `1PRG`

Kurzbeschreibung

Daten aus Datenbanktabellen, die im produktiven Betrieb selten geändert, aber häufig gelesen werden, sollten im SAP-Tabellenpuffer auf dem Applikationsserver gepuffert werden. Dadurch werden mindestens zehnfach schnellere Zugriffe auf die Daten möglich. Dieser Performancevorteil geht verloren, wenn ABAP-Anweisungen verwendet werden, die am Tabellenpuffer vorbei von der Datenbank lesen. Diese Prüfung findet Anweisungen, die implizit zur Umgehung des SAP-Tabellenpuffers führen.

Details

Der SAP-Tabellenpuffer puffert Daten aus bestimmten Datenbanktabellen im Memory des Applikationsservers. Es handelt sich eigentlich um zwei Puffer, einen für generisch und vollständig gepufferte Tabellen und um einen für einzelsatzgepufferte Tabellen.

Da der Puffer eine beschränkte Größe hat und die Änderung von Tabellensätzen in gepufferten Tabellen auf einem Applikationsserver zu Pufferinvalidierungen und Wiederladevorgängen auf den anderen Servern eines SAP-Systems führt, sollten nur bestimmte Tabellen gepuffert werden (siehe auch die »Prüfung der Tabelleneigenschaften« in Abschnitt 5.4.17). Das sind Tabellen mit wenigen Einträgen, die häufig gelesen, aber nur selten geändert werden – das heißt insbesondere Tabellen mit Konfigurationsdaten (Customizing-Tabellen) und eventuell kleine Stammdatentabellen. Tabellen mit transaktionalen Daten sind in der Regel nicht für die Pufferung geeignet.

Da das Lesen eines Tabelleneintrags aus dem SAP-Tabellenpuffer bei Verwendung des Primärschlüssels einen Performancevorteil von mindestens einem Faktor 10 gegenüber dem Lesen eines im Datenbank-Cache befindlichen Eintrags hat (ca. 5-25 μs pro Satz gegenüber 50-250 μs), sollte der Puffer für möglichst alle Zugriffe auf eine gepufferte Tabelle verwendet werden.

In Zukunft wird es eine engere Verbindung zwischen dem SAP-Tabellenpuffer und den internen Tabellen mit ihren (in Release 7.0 EHP2 neu eingeführten) Sekundärschlüsseln geben. Dann werden schnelle Pufferzugriffe auch über einen Sekundärschlüssel und bestimmte kompliziertere Zugriffe vom Tabellenpuffer unterstützt werden. Momentan gibt es aber in allen Releases von SAP NetWeaver eine Reihe von ABAP-Anweisungen, die nicht auf dem Tabellenpuffer abgebildet werden und somit zu einer Umgehung des Puffers, das heißt zu einem Datenbankzugriff führen. Dies sind die folgenden Anweisungen:

- Open-SQL-Joins
- Subquerys
- Aggregatfunktionen COUNT, MAX, MIN, SUM, AVG
- SELECT DISTINCT ...
- ... GROUP BY ...
- ... ORDER BY ..., wenn die Reihenfolge der Sortierfelder von der des Primärschlüssels abweicht. Sowohl ... ORDER BY PRIMARY KEY als auch ... ORDER BY keyfield1 keyfield2 ... können den Puffer nutzen.
- ... IS [NOT] NULL in der WHERE-Bedingung
- generischer Schlüssel nicht voll spezifiziert bei generischer Pufferung
- Primärschlüssel nicht vollständig spezifiziert bei Einzelsatzpufferung
- In den Releases bis einschließlich Release 7.0 EHP1 führt das Fehlen des Schlüsselwortes SELECT SINGLE bei einzelsatzgepufferten Tabellen zum Umgehen des Tabellenpuffers.
- Die Verwendung des Zusatzes FOR ALL ENTRIES führt bei einzelsatzgepufferten Tabellen generell in allen Releases, die Verwendung des Zusatzes INTO TABLE bis Release 7.0 EHP1 SP1 zum Umgehen des Puffers.
- Bei einzelsatzgepufferten Tabellen führt die Verwendung von OR-Verknüpfungen in der WHERE-Bedingung zum Umgehen des Puffers. Das Gleiche gilt bei gepufferten Schlüsselfeldern, die nicht mit = bzw. EQ in der

WHERE-Bedingung angegeben sind. Eine Ausnahme, deren Zulässigkeit allerdings nicht vom Code Inspector erkannt werden kann, ist eine IN-Liste, die zur Laufzeit genau ein Element mit = bzw. EQ enthält.

- Der Tabellenschlüssel ist bei einer gepufferten, mandantenabhängigen Tabelle ebenfalls nicht voll spezifiziert, wenn mit CLIENT SPECIFIED gelesen wird, in der WHERE-Bedingung aber kein Mandant angegeben wird.

- Eine weitere Möglichkeit, implizit am Puffer vorbei zu lesen, besteht bei der Verwendung eines Konstruktes wie dem folgenden, dem Vergleich von verschiedenen Spalten einer Datenbanktabelle:

  SELECT * **FROM** dbtab **AS** db **WHERE** db~field1 > db~field2.

  Dies wird vom Code Inspector allerdings momentan nicht erkannt.

- Auch Native SQL umgeht generell den SAP-Tabellenpuffer. Native SQL kann zum Beispiel mit der Prüfung »Kritische Anweisungen« (siehe Abschnitt 5.5.1) gefunden werden und sollte generell vermieden werden. Insbesondere ändernde Anweisungen auf gepufferte Tabellen sind sehr kritisch, da Anweisungen, die mit Native SQL abgesetzt werden, nicht zur Invalidierung der geänderten Tabelleneinträge im Tabellenpuffer führen und somit zu Datenschiefständen zwischen den einzelnen Applikationsservern eines SAP-Systems führen können.

Zwei Möglichkeiten zur *expliziten* Umgehung des Tabellenpuffers sind die Anweisungen SELECT ... FOR UPDATE und SELECT ... BYPASSING BUFFER. Diese werden von der vorliegenden Prüfung nicht gemeldet, da davon ausgegangen wird, dass der Entwickler den Tabellenpuffer bewusst umgehen möchte. Wie Sie vielleicht wissen, kann die Synchronisation der Applikationsserver eines SAP-Systems nach einer Pufferinvalidierung bis zu zwei Minuten dauern. Nach einer Datenänderung auf einem Server A ist es möglich, dass ein Programm auf Server B in diesem Zeitraum noch die alten – noch nicht invalidierten – Daten aus der gepufferten Tabelle liest. In den meisten Fällen ist dies beim Lesen von Konfigurationsdaten kein Problem; es kann aber Programme geben, bei denen selbst ein solch kurzzeitiger Schiefstand nicht akzeptabel ist.

Dann sollte im Quellcode immer mit dem Zusatz BYPASSING BUFFER auf die gepufferte Tabelle zugegriffen werden, um den aktuellen Stand der Daten von der Datenbank zu lesen. Verlassen Sie sich in einem solchen Fall nicht auf eine der den Puffer implizit umgehenden Anweisungen – diese könnte durch eine Änderung des Pufferverhaltens durch SAP in einem späteren Release eines Tages dann doch unter Ausnutzung des Puffers ausgeführt werden können.

Meldungen

▶ **0001**

»Gepufferte Tabelle in einem JOIN«

Ein Open-SQL-Join bietet in der Regel eine effiziente und elegante Möglichkeit, Daten aus mehreren Datenbanktabellen zu lesen. Da die Abmischung der Daten in der Datenbank erfolgt, gibt es gegenüber dem Lesen mit mehreren Einzelanweisungen weniger Roundtrips zwischen Datenbank und Applikationsserver, und die übertragene Datenmenge ist geringer.

Das Bild ändert sich, wenn eine oder mehrere der am Join beteiligten Tabellen gepuffert sind. Anstatt die Daten auf dem Applikationsserver zu lesen, müssen sie von der Datenbank übertragen werden. Ob der Join durch einen effizienteren Zugriff ersetzt werden kann, hängt von der Art der Pufferung der beteiligten Tabellen (vollständig, generisch, einzelsatzgepuffert) und von den benötigten Daten ab. Prüfen Sie daher die WHERE-Bedingung und die Verknüpfung der Tabellen in den ON-Klauseln des Joins.

Nehmen Sie als einfaches Beispiel einen Join über zwei Tabellen, von denen die eine generisch, die andere nicht gepuffert ist. Abhängig von der WHERE-Bedingung, sollten Sie statt des Joins entweder zuerst die Daten der gepufferten Tabelle unter Ausnutzung des Puffers in eine interne Tabelle oder aber die Daten aus der nicht gepufferten Tabelle unter Verwendung eines Tabellenindizes lesen. Im zweiten Schritt lesen Sie dann mit folgendem Aufruf die Daten der jeweils anderen Tabelle unter Verwendung des Primärschlüssels:

`SELECT ... FOR ALL ENTRIES IN itab.`

Oft werden Tabellen in einem Join über ihre Primärschlüsselfelder verknüpft, sodass die soeben beschriebene Vorgehensweise zum Erfolg führen sollte. Doch nicht jeder Join über gepufferte Tabellen lässt sich so ersetzen, dass die Daten unter Ausnutzung des Puffers gelesen werden können – dies gilt insbesondere bei der Beteiligung von einzelsatzgepufferten Tabellen. Dann ist zu prüfen, ob der Join häufig ausgeführt wird und ob die gewählten Puffereinstellungen sinnvoll sind.

▶ **0002**

»Gepufferte Tabelle in SELECT mit Subquery«

Hier gilt das Gleiche wie für einen Join: Prüfen Sie, ob die Anweisung durch eine Aufteilung in zwei einzelne SELECT-Anweisungen so umgebaut werden kann, dass die Daten der gepufferten Tabelle aus dem Tabellenpuffer gelesen werden können.

- **0003**

  »Zugriff auf Tabelle dbtab liest am Tabellenpuffer vorbei: ...«

  Für die Aggregatfunktionen, den SELECT DISTINCT und die Option GROUP BY, gilt: Prüfen Sie, ob Sie das gewünschte Ergebnis nicht auch unter Ausnutzung des Puffers erhalten können. Bei einer vollständig gepufferten Tabelle kann ein COUNT(*) durch das Einlesen der Sätze in eine interne Tabelle und das Zählen der Einträge in ABAP ersetzt werden. Bei einer generisch gepufferten Tabelle ist dies nur möglich, wenn innerhalb eines generisch gepufferten Bereichs gezählt werden soll. Bei einer einzelsatzgepufferten Tabelle kann ein COUNT(*) über einen generischen Bereich nicht durch Einlesen der Sätze in eine interne Tabelle und Zählen in ABAP ersetzt werden.

  Bei der Option ORDER BY kann der Puffer nur genutzt werden, wenn die Sortierreihenfolge dem Primärschlüssel entspricht, das heißt bei ORDER BY PRIMARY KEY oder bei ORDER BY keyfield1 keyfield2 ... mit der Angabe der Schlüsselfelder in der Reihenfolge des Primärschlüssels. Wünschen Sie eine andere Sortierreihenfolge, sollten Sie die Daten unter Nutzung des Puffers lesen und dann in ABAP mit folgender Anweisung sortieren:

  ```
  SORT itab BY field1 field2 ...
  ```

- **0004**

  »Zugriff auf einzelsatzgepufferte Tabelle dbtab ohne SELECT SINGLE«

  Bis einschließlich Release 7.0 EHP1 war der Zusatz SINGLE notwendig, um den Einzelsatzpuffer nutzen zu können. Falls Sie einen Zugriff auf einen Einzelsatz mit voll spezifiziertem Primärschlüssel beabsichtigen, ergänzen Sie bei dem gemeldeten Datenbankzugriff das Schlüsselwort SINGLE.

- **0005**

  »Generisch gepufferter Schlüsselbereich bei Tabelle dbtab nicht voll spezifiziert«

  0051

  »Felder des Primärschlüssels nicht voll spezifiziert«

  »Zugriff auf Einzelsatz-gepufferte Tabelle kann Puffer nicht nutzen«

  Um den generischen bzw. den Einzelsatzpuffer nutzen zu können, muss der generisch gepufferte Teilschlüssel bzw. der volle Primärschlüssel in der WHERE-Bedingung angegeben werden. Dabei können nur Felder in der WHERE-Bedingung verwendet werden, die einen Vergleich mit = oder EQ aufweisen und mit AND verknüpft sind. OR-Bedingungen oder >, <, BT etc. können nicht für einen Pufferzugriff verwendet werden. Eine Ausnahme stellt eine IN-Liste dar, die zur Laufzeit genau ein Feld mit einer =- oder EQ-Bedingung enthält. Eine SELECT-Anweisung mit solch einer IN-Liste in der

WHERE-Bedingung kann den Puffer nutzen. Der Code Inspector kennt allerdings den Inhalt der IN-Liste zur Laufzeit nicht; hier verhält er sich etwas pingelig und mahnt die IN-Liste in jedem Fall an.

Prüfen Sie, warum der generische Bereich in der WHERE-Bedingung nicht voll angegeben ist. Eventuell wurde die Angabe eines Feldes vergessen, und es kann einfach eingefügt oder performant nachgelesen werden. Unter Umständen muss die Art der Pufferung angepasst und ein gröber granularer Bereich gepuffert werden. Beispielsweise kann eine Tabelle mit vier Schlüsselfeldern von Einzelsatzpufferung auf eine generische Pufferung bezüglich ihrer ersten drei Felder umgestellt werden. Änderungen an den Pufferungseinstellungen sollten Sie aber erst vornehmen, nachdem Sie alle häufig ausgeführten Zugriffe auf diese Tabelle analysiert haben, und wenn Sie sicher sind, dass die Tabelle nicht zu viele Sätze für eine gröbere Pufferung enthält.

Ein weiterer Grund für die Umgehung des Tabellenpuffers bei einer einzelsatzgepufferten Tabelle kann die Verwendung der Option INTO TABLE (bis Release 7.0 EHP1 SP1) bzw. der Option FOR ALL ENTRIES sein. Hier sollten Sie prüfen, ob eine einzelsatzweise Verarbeitung der zu lesenden Daten möglich und sinnvoll ist.

▶ 0006
»SELECT auf mandantenabhängige Tabelle mit CLIENT SPECIFIED und kein Mandantenfeld in der WHERE-Bedingung«

Ein solcher Zugriff hat auch aus Sicherheitsgründen nichts in produktiv ausgeführtem Code zu suchen. Bei einer mandantenabhängigen, gepufferten Tabelle führt das Fehlen des Mandanten immer zu einem Umgehen des Tabellenpuffers. Dies gilt übrigens auch für vollständig gepufferte Tabellen, denn diese werden, wenn sie mandantenabhängig sind, implizit immer generisch bezüglich des Mandanten gepuffert.

[*] **Empfehlung**
Da diese Prüfung sehr wichtige Aspekte bei Zugriffen auf gepufferte Tabellen analysiert, sollte sie für alle Inspektionen zur Programmqualität ausgewählt werden.

5.4.4 SELECT-Anweisungen mit anschließendem CHECK

▶ Relevanz: ★★
▶ Prüfklasse: `cl_ci_test_select_then_check`
▶ Objekttypen: `1PRG`

Kurzbeschreibung

Die `WHERE`-Bedingung in einer `SELECT`-Anweisung sollte möglichst vollständig angegeben werden, sodass auf der Datenbank weder ein zu großer Bereich durchsucht werden muss noch zu viele Daten von der Datenbank auf den Applikationsserver übertragen werden müssen. Eine `CHECK`-Anweisung innerhalb einer `SELECT-ENDSELECT`-Schleife deutet darauf hin, dass zu viele Daten gelesen werden.

Eine kurze Bemerkung zum Konstrukt `SELECT...ENDSELECT` finden Sie in Abschnitt 5.4.18, »Performanceprüfungen, die es nicht gibt«.

Details

Mit dieser Prüfung wird kontrolliert, ob innerhalb einer `SELECT-ENDSELECT`-Schleife die Verarbeitung abhängig von den gelesenen Daten mit einer `CHECK`-Bedingung abgebrochen und das Lesen beim nächsten Satz fortgesetzt wird. Dies ist ein Hinweis darauf, dass die `WHERE`-Bedingung nicht vollständig formuliert wurde. Es sollte daher geprüft werden, ob die `CHECK`-Bedingung in die `WHERE`-Bedingung integriert werden kann. Dies ist oft möglich; eine Ausnahme bilden kompliziertere String-Vergleiche, die sich nicht immer in der `WHERE`-Bedingung abbilden lassen.

Dazu ein Beispiel: Folgende Codezeilen zeigen, wie die `CHECK`-Anweisung verwendet wird, um die zu verarbeitende Datenmenge nach dem Lesen der Daten von der Datenbank weiter einzuschränken:

```
10    SELECT * FROM dbtab INTO wa
20      WHERE keyfld_01 = val_01 AND keyfld_02 = val_02.
30      CHECK wa-datafld_01 > 300.
40      CHECK wa-datafld_02(2)+4 = 'HUGO'.
50      ...
60    ENDSELECT.
```

Anstatt nicht benötigte Daten von der Datenbank zu lesen, sollten Sie die Einschränkung der Datenmenge aber bereits in der `WHERE`-Bedingung vornehmen, wie hier im zweiten Beispiel gezeigt:

```
10    SELECT * FROM dbtab INTO wa
20      WHERE keyfld_01 = val_01 AND keyfld_02 = val_02 AND
30            datafld_01 > 300 AND
40            datafld_02 LIKE '__HUGO%'.
50      ...
60    ENDSELECT.
```

Falls noch komplexere Vergleichsoperationen benötigt werden, die nicht mehr mit der WHERE-Bedingung, sondern nur noch mittels einer CHECK-Anweisung abbildbar sind, sollten Sie das zugrunde liegende Datenmodell überprüfen. Vielleicht wäre es besser, den Inhalt eines Tabellenfeldes auf mehrere einzelne Felder aufzuteilen.

Meldungen

Siehe Anhang B, »Meldungen der SAP-Standardprüfungen«.

[*] **Empfehlung**

Eine CHECK-Anweisung in einer SELECT-Schleife kann ein Zeichen dafür sein, dass zu viele Daten von der Datenbank gelesen werden. Schalten Sie diese Prüfung daher bei Untersuchungen zur Programmperformance ein.

5.4.5 SELECT in Schleifen

- Relevanz: ★★
- Prüfklasse: cl_ci_test_select_nested
- Objekttypen: 1PRG

Kurzbeschreibung

Diese Prüfung meldet SELECT-Anweisungen innerhalb von Schleifen (LOOP, DO, WHILE etc.). Anstelle der wiederholten Ausführung von Einzelzugriffen sollte besser mit einem Massen-(Array-)Zugriff gelesen werden.

Details

Ist in einem Programm bekannt, dass mehrere Sätze aus einer Datenbanktabelle benötigt werden, sollten diese nicht in vielen Einzelzugriffen, sondern mit einer einzigen Anweisung gelesen werden (Array-Zugriff). Sollen sehr viele Sätze gelesen werden, kann es allerdings besser sein, dies paketweise zu tun, beispielsweise mit folgender Anweisung:

OPEN CURSOR ... PACKAGE SIZE.

Diese Prüfung sucht nach SELECT-Anweisungen innerhalb von Schleifen, da dies auf eine Einzelsatzverarbeitung hindeutet. Dabei wird nicht zwischen gepufferten und nicht gepufferten Tabellen unterschieden, obwohl die Schleifenverarbeitung bei gepufferten Tabellen – falls der Puffer beim Lesen genutzt wird – meist unkritisch ist. Es ist sogar besser, auf eine einzelsatzgepufferte Tabelle in einem `LOOP` mit voll spezifiziertem Primärschlüssel zuzugreifen, als einen `SELECT ... FOR ALL ENTRIES` zu verwenden, der für einzelsatzgepufferte Tabellen den Tabellenpuffer umgeht.

Leider meldet diese Prüfung natürlich nur `SELECT`-Anweisungen innerhalb lokaler Schleifen, das heißt, wenn sich `LOOP`- und `SELECT`-Anweisung innerhalb derselben Modularisierungseinheit befinden. Häufig liegt aber der `LOOP` in einer rufenden Methode oder Funktion, die vereinzelte `SELECT`-Anweisung aber eventuell mehrere Stufen in der Aufrufhierarchie tiefer in einer gerufenen Funktion. Solche Probleme finden Sie nur bei der Ausführung des ABAP-Codes mithilfe der SQL-Trace- (Transaktion ST05) bzw. mit der ABAP-Laufzeitmessung (Transaktion SE30/SAT).

Meldungen

Siehe Anhang B, »Meldungen der SAP-Standardprüfungen«.

> **Empfehlung** [*]
>
> `SELECT`-Anweisungen in Schleifen können zu einem Performanceproblem führen, insbesondere wenn auf nicht gepufferte Tabellen zugegriffen wird. Daher sollten Sie diese Prüfung bei Untersuchungen zur Performance einschalten.

5.4.6 Ändernde Datenbankzugriffe in Schleifen

- Relevanz: ★★
- Prüfklasse: `cl_ci_test_imud_nested`
- Objekttypen: `1PRG`

Kurzbeschreibung

Wie bei den lesenden Zugriffen gilt auch für die ändernden Datenbankzugriffe, dass diese besser »gesammelt«, das heißt, in einer einzigen Anweisung ausgeführt werden sollten.

Details

Siehe Prüfung »SELECT in Schleifen« im vorhergehenden Abschnitt.

Meldungen

Siehe Anhang B, »Meldungen der SAP-Standardprüfungen«.

[*] **Empfehlung**
Siehe Prüfung »SELECT in Schleifen« im vorhergehenden Abschnitt.

5.4.7 Geschachtelte Schleifen

- Relevanz: ★★
- Prüfklasse: `cl_ci_test_scan_nested`
- Objekttypen: `1PRG`

Kurzbeschreibung

Geschachtelte Schleifen (Nested Loops) über interne Tabellen, deren Größe mit der Anzahl der in einem Programm zu verarbeitenden Daten zunimmt, können zu quadratischem Laufzeitverhalten führen. Diese Prüfung analysiert allerdings nicht, ob tatsächlich sequenzielle Suchen vorliegen (siehe hierzu die Prüfung »Inperformante Operationen auf internen Tabellen« in Abschnitt 5.4.9).

Details

Die Prüfung zeigt für die in ABAP möglichen Typen der Schleifenverarbeitung an, ob diese ineinander geschachtelt vorkommen. Dies sind folgende Anweisungen:

- `LOOP ... ENDLOOP`
- `DO ... ENDDO`
- `WHILE ... ENDWHILE`
- `SELECT ... ENDSELECT`
- `PROVIDE ... ENDPROVIDE`

Meldungen

Siehe Anhang B, »Meldungen der SAP-Standardprüfungen«.

[*] **Empfehlung**
Geschachtelte Schleifen über große Tabellen können zu Performanceproblemen führen. Diese Prüfung unterstützt Sie zwar nicht optimal beim Auffinden der kritischen Codestellen, da sie sequenzielle Zugriffe nicht erkennt, Sie können sie jedoch für eine Stichprobenanalyse einsetzen.

5.4.8 Kopieren großer Datenobjekte

- Relevanz: ★★★★
- Prüfklasse: `cl_ci_test_move_performance`
- Objekttypen: 1PRG

Kurzbeschreibung

Wird der Inhalt eines Datenobjektes einem anderen Datenobjekt mit = oder `MOVE` bzw. `MOVE-CORRESPONDING` zugewiesen, muss bei den meisten Datentypen der Inhalt im Hauptspeicher physisch kopiert werden. Das Kopieren ist besonders aufwendig bei breiten Strukturen und bei tiefen internen Tabellen, das heißt bei internen Tabellen, deren Zeilenstruktur selbst wieder eine oder mehrere interne Tabellen enthält.

Parameter

- **Geschachtelte Tabellen**
  Es wird nach Zuweisungen von Tabellen mit tiefen Zeilentypen gesucht, das heißt nach Tabellen, deren Zeilen selbst wieder Tabellen enthalten.

- **Breite Strukturen (>1.000 Bytes)**
  Es wird nach Zuweisungen von Variablen gesucht, deren Zeilentyp eine Breite von mehr als 1.000 Bytes hat.

Details

Diese Prüfung zeigt an, an welchen Stellen in einem Programm ein potenziell langsames Kopieren von Daten stattfindet. Interne Tabellen werden ABAP-intern über Referenzen angesprochen. Flache interne Tabellen werden bei einer Zuweisung nicht sofort kopiert, vielmehr referenzieren nach der Zuweisung beide Datenobjekte auf denselben Tabellenkörper. Erst wenn eine der beiden Tabellen verändert wird, zum Beispiel durch eine `SORT`-, `INSERT`-, `APPEND`-, `DELETE`- oder `MODIFY`-Anweisung, wird dieses sogenannte Table-Sharing von der ABAP-Laufzeit aufgehoben und der Tabellenkörper physisch kopiert. Dies funktioniert jedoch nicht bzw. nur eingeschränkt bei der Zuweisung von geschachtelten internen Tabellen, das heißt Tabellen, deren Zeilen selbst wieder Tabellen enthalten. Stellt man sich diese Tabellen als einen Baum vor, können nur die Blätter nach einer Zuweisung das Table-Sharing nutzen; der restliche Inhalt der Tabelle (Stamm und Äste) wird sofort kopiert.

In Funktionen und Methoden, die häufig ausgeführt werden, sollten Sie das Kopieren von tiefen Tabellen oder breiten Feldern vermeiden. Manchmal ist eine tiefe Tabelle das geschützte oder private Attribut einer Klasse. Soll dieses an die Außenwelt gegeben werden, muss es nach der reinen objektorientierten Lehre in einer GET-Methode an einen Ausgabeparameter übergeben werden. Dabei wird die tiefe Tabelle kopiert – abgesehen von ihren Blättern, für die das Table-Sharing wirkt. Durch die Wertübergabe des Ausgabeparameters kann es sogar zu einem zweiten Kopiervorgang kommen (siehe Abschnitt 5.4.10, »Inperformante Parameterübergaben«).

Abhilfe schafft hier in ABAP Objects die Möglichkeit, ein Klassenattribut zwar als »öffentlich« zu kennzeichnen, aber mit dem Zusatz »read only« zu versehen. Das Attribut kann dann von außen mit einem Direktzugriff auf das Attribut gelesen, aber nicht modifiziert werden.

Meldungen

Siehe Anhang B, »Meldungen der SAP-Standardprüfungen«.

[*] **Empfehlung**

Das Kopieren von bestimmten Datenobjekten wie tiefen internen Tabellen ist relativ aufwendig. Führen Sie diese Prüfung aus, wenn Sie solche teuren Zuweisungen identifizieren möchten.

5.4.9 Inperformante Operationen auf internen Tabellen

- Relevanz: ★★★★★
- Prüfklasse: cl_ci_test_itab_performance
- Objekttypen: 1PRG

Kurzbeschreibung

Beim Lesen von Daten aus einer internen Tabelle erfolgt die Suche nach einem bestimmten Satz entweder optimiert oder nicht optimiert. Im zweiten Fall muss die ABAP-Laufzeit die Einträge der internen Tabelle sequenziell, das heißt in Einzelschritten, durchsuchen, bis der zum Suchschlüssel passende Eintrag gefunden wird. Dies kann bei internen Tabellen mit vielen Einträgen zu hohen Laufzeiten führen; bei geschachtelten Zugriffen kann es zu nicht linearem Laufzeitverhalten kommen.

Parameter

- Standard-Tabellen
- Sorted-Tabellen
- Hashed-Tabellen
- Generische Tabellen

Die Parameter bestimmen, welche Typen von Tabellen auf nicht optimierte Zugriffe hin untersucht werden. Tabellen von generischem Typ sind zum Beispiel solche, die in einer Schnittstelle mit TYPE ANY TABLE oder TYPE INDEX TABLE definiert wurden.

Bei SORTED- und HASHED-Tabellen hat sich der Entwickler die Mühe gemacht, einen Tabellenschlüssel zur schnellen Suche zu definieren, erwartet daher, dass die Tabellen groß werden können. Sequenzielle Zugriffe sind für solche Tabellen besonders schmerzhaft. Es zeigt sich aber, dass es oft auch STANDARD-Tabellen gibt, die zur Laufzeit viele Einträge haben. Aus diesem Grund empfehlen wir, alle Parameter der Prüfung auszuwählen.

Sequenzielle Zugriffe auf STANDARD-Tabellen, die zur Laufzeit weniger als 50 Einträge aufweisen, sind unproblematisch. Der verantwortliche Entwickler sollte wissen, wie groß eine interne Tabelle zur Laufzeit werden kann, und eine Meldung durch den Code Inspector entsprechend bewerten können.

Details

Neben der Antwortzeit der einzelnen Benutzerinteraktionsschritte spielt die Skalierbarkeit einer Anwendung die wichtigste Rolle für die Performance. Ein Programm, das bei linear steigender Datenmenge nicht auch eine höchstens linear steigende Verarbeitungszeit aufweist, sondern vielleicht ein quadratisches oder gar noch schlechteres Laufzeitverhalten, ist schlichtweg nicht verwendbar. Es mag zwar in einem Testsystem, in dem nur wenige »Spieldaten« zur Verfügung stehen, eine akzeptable Antwortzeit aufweisen. Sobald aber größere Datenmengen verarbeitet werden müssen, schnellt die Verarbeitungsdauer bei einem nicht skalierenden Programm in die Höhe.

Die größte Bedrohung für die Skalierbarkeit eines Programms sind in der Regel geschachtelte Zugriffe auf interne Tabellen, bei denen die Größe der beteiligten Tabellen linear mit der zu verarbeitenden Datenmenge wächst. Sind dann die Zugriffe insbesondere auf die innere Tabelle nicht optimiert – das heißt sequenziell anstelle von indexunterstützt –, kommt es schnell zu einer quadratischen Abhängigkeit der Laufzeit von der Datenmenge. Dazu folgender Codeausschnitt als Beispiel:

```
10    DATA: itab_m TYPE STANDARD TABLE OF struc_1.
20    DATA: lwa_m TYPE struc_1.
30    DATA: itab_n TYPE STANDARD TABLE OF struc_2.
40    DATA: lwa_n TYPE struc_2.
50    ...
60    LOOP AT itab_m INTO lwa_m.
70      READ TABLE itab_n INTO lwa_n
80        WITH KEY keyfield_1 = lwa_m-fld_1.
85      ...
90    ENDLOOP.
```

Hängt in diesem Beispiel die Anzahl der Einträge in den beiden internen Tabellen itab_m und itab_n linear von der im Programm zu verarbeitenden Datenmenge ab, wird die Anzahl der auszuführenden READ TABLE-Anweisungen linear mit zunehmender Datenmenge ansteigen. Bei einem sequenziellen READ TABLE wiederum muss die ABAP-Laufzeit die interne Tabelle itab_n Eintrag für Eintrag auswerten, bis der zum Suchschlüssel passende Eintrag gefunden wird. Dies hat ebenfalls ein lineares Laufzeitverhalten, sodass sich für so einen geschachtelten LOOP mit READ (ebenso wie für einen LOOP mit LOOP) ein quadratisches Laufzeitverhalten ergibt. Die Verarbeitung der zehnfachen Datenmenge benötigt demnach 100-mal so viel Zeit.

Im Gegensatz zu einem nicht optimierten, sequenziellen Zugriff weist ein optimierter Zugriff bei Tabellen vom Typ SORTED TABLE (bzw. beim Zugriff mit READ TABLE ... BINARY SEARCH auf eine Standardtabelle) nur eine logarithmische Abhängigkeit der »Suchzeit« von der Datenmenge auf. Bei einer internen Tabelle vom Typ HASHED TABLE und bei einem Zugriff mit INDEX auf eine Standard- oder Sorted-Tabelle ist die Zugriffszeit sogar weitgehend unabhängig von der Datenmenge in der internen Tabelle.

Die Prüfung »Inperformante Operationen auf internen Tabellen« zeigt Ihnen alle sequenziellen, das heißt nicht optimierten Tabellenzugriffe bei LOOP-, READ-, MODIFY- und DELETE-Anweisungen an. Nicht angezeigt werden INSERT- und SORT-Anweisungen, die ebenfalls ein lineares bzw. bei SORT sogar ein »linear mal logarithmisches« Laufzeitverhalten aufweisen können.

In der Standardeinstellung der Meldungsprioritäten wird ein sequenzieller Zugriff auf eine Standardtabelle nur mit einer Informationsmeldung bewertet, Zugriffe auf Sorted- und Hashed-Tabellen dagegen mit einer Warnung. Der Grund ist, dass bei kleinen internen Tabellen, die auch bei produktiver Nutzung eines Programms immer weniger als etwa 50 Einträge haben, sequenzielle Zugriffe kein Problem darstellen. Bei Sorted- und Hashed-Tabellen wird dagegen davon ausgegangen, dass diese zur Laufzeit viele Einträge enthalten werden – sonst hätte der Entwickler sich nicht die Mühe gemacht, einen Tabellenschlüssel für schnellere Zugriffe zu definieren. Auch hier gibt es natürlich wieder Ausnahmen; zum Beispiel definieren manche Entwickler einen eindeutigen sortierten Tabellenschlüssel (SORTED TABLE ... WITH UNIQUE KEY) auch für kleine interne Tabellen, um doppelte Einträge in der Tabelle auszuschließen. Noch häufiger sind allerdings Standardtabellen, auf die sequenziell zugegriffen wird, die aber zur Laufzeit sehr viele Einträge aufweisen.

Meldungen

Die Prüfung warnt vor »möglichen sequenziellen Zugriffen« auf Standard-, Sorted-, Hashed- und generisch typisierte Tabellen. Prüfen Sie, ob die interne Tabelle zur Laufzeit groß werden kann, das heißt, ob sie bei produktiver Nutzung mehr als 50 Einträge haben kann. In so einem Fall sollten Sie – insbesondere wenn der Zugriff auf die große interne Tabelle zur Laufzeit wiederholt geschieht – den Zugriff optimieren. Dazu steht Ihnen bei einer Standardtabelle die Option READ TABLE ... BINARY SEARCH zur Verfügung. Beachten Sie, dass die interne Tabelle bei der Verwendung der Option BINARY SEARCH korrekt sortiert sein sollte, nämlich in der Ordnung des Zugriffsschlüssels in der READ TABLE-Anweisung. Natürlich lohnt sich READ TABLE ... BINARY SEARCH nicht, wenn Sie die interne Tabelle zuvor jedes Mal mit SORT sortieren! Das Sortieren einer internen Tabelle ist so aufwendig, dass erst etwa 30 optimierte lesende Zugriffe mit BINARY SEARCH eine einzige SORT-Anweisung rechtfertigen.

Ab Release 7.0 EHP2 empfehlen wir, dass Sie Sekundärschlüssel für interne Tabellen anlegen. Damit lassen sich auch nachträglich, ohne gefährliche Seiteneffekte befürchten zu müssen, lokale Optimierungen für die Anweisungen READ TABLE und LOOP AT itab WHERE ... vornehmen.

Empfehlung [*]

Diese Prüfung sollte zumindest mit den Optionen SORTED TABLE und HASHED TABLE bei jeder Analyse der Performance angeschaltet sein. Oft lohnt es sich auch, die Standardtabellen und die generisch typisierten Tabellen zu untersuchen.

5.4.10 Inperformante Parameterübergaben

- Relevanz: ★★★★
- Prüfklasse: cl_ci_test_value_parameter
- Objekttypen: 1PRG

Kurzbeschreibung

Für die meisten Arten von Parametern in den Schnittstellen von FORM-Routinen, Funktionen oder Methoden besteht in ABAP für alle Datentypen die Möglichkeit, zwischen der Referenzübergabe (Call-By-Reference) und der Wertübergabe (Call-By-Value) zu wählen. Eine Ausnahme bilden lediglich RETURNING-Parameter von funktionalen Methoden und die Parameter von ABAP-OO-Ereignissen, die immer als Wert übergeben werden müssen.

Aus Performancegesichtspunkten ist die Option »Call-By-Reference« stets vorzuziehen, denn selbst die Übergabe eines schmalen Feldes mittels Wertübergabe ist in ABAP stets aufwendiger als die Referenzübergabe, da in der Schnittstelle immer ein sogenannter Datenkontrollblock angelegt werden muss.

Parameter

- **Geschachtelte Tabellen**
  Die Wertübergabe (»Call-By-Value«) für Tabellen mit tiefer Zeilenstruktur wird gemeldet.

- **Tabellen**
  Dieser Parameter meldet die Wertübergabe für Tabellen mit flacher Zeilenstruktur.

- **Strings**
  Dies bezeichnet die Wertübergabe für Strings.

- **Lange Felder**
  Dies bezeichnet die Wertübergabe für ein Feld mit einer Zeilenstruktur von mehr als 100 Bytes Breite.

- **RETURNING-Parameter**
  RETURNING-Parameter werden immer als Wert übergeben. Es wird untersucht, ob es sich bei einem RETURNING-Parameter um eine Tabelle, einen String oder ein breites Feld handelt.

- **EVENT-Parameter**
  Ab Release 7.0 EHP2 kann auch nach Event-Parametern gesucht werden, die Tabellen, Strings oder breite Felder enthalten.

- **Unveränderte Eingangsparameter**
  Diese Einstellung sucht nach IMPORTING- oder USING-Parametern, die in der Prozedur nicht verändert (geschrieben) werden. Diese können in der Regel auf Referenzübergabe umgestellt werden (siehe unter »Meldungen«).

Details

Wertübergabe bedeutet, dass ein Parameter in der Schnittstelle kopiert wird. Flache interne Tabellen und Strings, die als Wert übergeben werden, werden zunächst nicht kopiert (Tabellen- bzw. String-Sharing). Erst wenn die interne Tabelle oder der String auf der Seite des Aufrufers bzw. der gerufenen Routine verändert wird, kommt es zum Kopieren. Aber auch wenn das Sharing nicht aufgehoben wird, ist in ABAP die Wertübergabe von flachen internen Tabellen und Strings aufwendiger als die Referenzübergabe. Bei einfachen Datentypen und bei tiefen internen Tabellen (bei denen das Table-Sharing nicht seine volle Wirkung entfalten kann) kommt es direkt bei der Wertübergabe zum Kopieren von Daten.

Ein Vorteil der Wertübergabe ist die Entkopplung von Aufrufer und gerufener Funktion bezüglich des Übergabeparameters. Da dieser auf beiden Seiten als eigenständiges Datenobjekt existiert, kann es nicht zu unerwünschten Rückkopplungen von der gerufenen Funktion zum Aufrufer kommen, wenn der Parameter von der gerufenen Funktion verändert wird. Wir empfehlen aber, nur in Ausnahmefällen zur Wertübergabe überzugehen.

Meldungen

Die Meldungscodes dieser Prüfung setzen sich aus dem (Teil-)Typ des übergebenen Parameters und einem Zusatz zur Art der Übergabe zusammen. Die verschiedenen (Teil-)Typen sind:

- **FLD**
  Der Typ des `VALUE`-Parameters ist ein flaches Feld mit einer Breite von bis zu 100 Bytes. Dieser Typ wird nur reklamiert, wenn es sich um einen Eingabeparameter handelt, der nicht geändert wird (Meldungscode `FLD_INNOWR`).

- **LEN**
  Der Typ des `VALUE`-Parameters ist ein Feld mit einer Breite von mehr als 100 Bytes.

- **STR**
  Der Typ des `VALUE`-Parameters enthält keine Tabellen, aber mindestens einen String.

- **TAB**
  Der Typ des `VALUE`-Parameters enthält mindestens eine flache interne Tabelle, aber keine tiefe interne Tabelle.

- **DEEP_TAB**
  Der Typ des `VALUE`-Parameters enthält mindestens eine tiefe interne Tabelle.

Für die Art der Übergabe gibt es folgende Zusätze:

- **EV**
  Es handelt sich um einen `EVENT`-Parameter.
- **RET**
  Es handelt sich um einen `RETURNING`-Parameter.
- **INNOWR**
  Der Parameter wird an die Modularisierungseinheit übergeben, und es wird bei der statischen Analyse kein Schreibzugriff gefunden (»in, no write«).
- **INWR**
  Der Parameter wird an die Modularisierungseinheit übergeben, und innerhalb der Routine wurden Schreibzugriffe auf den Parameter gefunden (»in, write«).
- **Keine Zusatzangabe**
  Es konnte nicht sicher festgestellt werden, ob Schreibzugriffe auf den Parameter existieren oder nicht.

Ein Meldungscode `TAB_INNOWR` bedeutet beispielsweise, dass:

- ein Parameter per Wertübergabe an eine Modularisierungseinheit übergeben wird (`IMPORTING` oder `USING`-Parameter ist)
- der Typ des Parameters mindestens eine flache interne Tabelle enthält
- in der Modularisierungseinheit kein ändernder Zugriff auf diesen Parameter gefunden werden konnte

Vorgehen
Das Vorgehen bei einer Meldung dieser Prüfung richtet sich nach der Art des Parameters, und danach, ob dieser in der Modularisierungseinheit verändert wird oder nicht.

1. Eingabeparameter (`IMPORTING` oder `USING`), der in der Modularisierungseinheit nicht verändert wird (mit Meldungszusatz `INNOWR`)
   Hier können Sie in der Regel einfach auf Referenzübergabe umstellen – siehe aber unter »Mögliche Probleme«.
2. Eingabeparameter, der in der Modularisierungseinheit verändert wird (Meldungszusatz `INWR`)

Hier ist keine einfache Umstellung auf Referenzübergabe möglich. Oft wird aber beispielsweise eine interne Tabelle mit vielen Einträgen als Parameter übergeben, in der gerufenen Funktion oder Methode werden aber nur wenige Einträge aus dieser Tabelle tatsächlich durch Schreibzugriffe modifiziert. Sie können dann unter Umständen die zu ändernden Einträge am Beginn der Verarbeitung in eine lokale Variable kopieren und auf dieser Kopie arbeiten. Die übergebene Tabelle kann dann auf Referenzübergabe umgestellt werden, da es durch das Arbeiten auf den kopierten (Teil-)Daten nicht mehr zu einer Rückkopplung zum Aufrufer kommen kann.

3. Ausgabeparameter (`EXPORTING` oder `CHANGING`)
   Ausgabeparameter lassen sich meist problemlos in Referenzparameter umwandeln, beachten Sie aber den Abschnitt »Mögliche Probleme«.

4. Rückgabeparameter (`RETURNING`)
   Da `RETURNING`-Parameter immer als Wert übergeben werden, hilft hier nur eine Umstellung des Parametertyps beispielsweise auf einen `EXPORTING`-Parameter.

5. Parameter eines Ereignisses (`EVENT`)
   Da `EVENT`-Parameter immer als Wert übergeben werden, kann hier die Performance der Übergabe nur dadurch verbessert werden, dass Sie den Typ des Parameters in `REF TO <ursprünglicher_Typ>` umwandeln, das heißt, mit Datenreferenzen arbeiten. Die entsprechenden `RAISE EVENT`-Aufrufe müssen Sie natürlich ebenfalls anpassen.

Mögliche Probleme
Liegt eine der folgenden Situationen vor, kann die Umstellung auf Referenzübergabe zu funktionalen Fehlern führen:

- Übergabe derselben Variablen an eine Routine sowohl zum Lesen (als `IMPORTING`-Parameter) als auch zum Schreiben (als `EXPORTING`- oder `CHANGING`-Parameter). Dies sollte generell vermieden werden.

- Übergabe einer *globalen* Variablen an eine Routine zum Lesen (`IMPORTING`), wenn diese Variable innerhalb der Routine auch noch direkt geschrieben wird. Generell sollten globale Variablen nicht als Parameter für Aufrufe von Modularisierungseinheiten verwendet werden.

- Lesender Zugriff in einer Routine auf einen `EXPORTING`-Parameter, bevor dieser in der betreffenden Routine zum ersten Mal geschrieben wurde.

- Beim Abbruch einer Routine durch eine `MESSAGE` vom Typ `E` oder `W` werden bei Wertübergabe `EXPORTING`- und `CHANGING`-Parameter nicht an den Aufrufer zurückgegeben. Die Änderungen von Referenzparametern bleiben aber bestehen. Dadurch ergibt sich nach der Umstellung auf Referenzübergabe im Fehlerfall möglicherweise ein anderes Verhalten.

Falls eine Modularisierungseinheit nur selten aufgerufen wird, ist eine Wertübergabe natürlich vertretbar. In einem solchen Fall können Sie die Meldung unterdrücken, indem Sie den entsprechenden Pseudokommentar *am Ende der Prozedur* einfügen, beispielsweise nach der Anweisung `ENDMETHOD`. Bei häufig ausgeführten Prozeduren empfehlen wir aber, auf Referenzübergabe umzustellen.

> [*] **Empfehlung**
>
> Das Kopieren des Inhalts von Übergabevariablen in der Schnittstelle verursacht gegenüber der Referenzübergabe zusätzlichen Aufwand. Bei häufig aufgerufenen Modularisierungseinheiten sollten Sie die Art der Parameterübergabe auf jeden Fall optimieren. Schalten Sie diese Prüfung daher für alle Performanceuntersuchungen ein.

5.4.11 Kopieren der aktuellen Tabellenzeile bei LOOP AT ...

- Relevanz: ★★★
- Prüfklasse: `cl_ci_test_loop_at`
- Objekttypen: `1PRG`
- Anmerkung: Diese Prüfung ist in Ihrem System vermutlich nicht im Baum der Prüfungen sichtbar. Um sie verwenden zu können, wählen Sie die Prüfung mithilfe des Code-Inspector-Menüs SPRINGEN • VERWALTUNG VON • TESTS aus, und sichern Sie die Einstellung.

Kurzbeschreibung

Diese Prüfung untersucht, ob in einer Schleife `LOOP AT itab` der Tabelleninhalt bei jedem Schleifendurchlauf in einen Arbeitsbereich kopiert wird. Insbesondere bei breiten Tabellenstrukturen, bei tiefen Tabellen oder wenn der Tabelleninhalt im `LOOP` geändert werden soll, ist es besser, direkt auf dem Tabelleninhalt zu arbeiten und die Anweisung `LOOP AT itab ASSIGNING <fs>` zu verwenden.

Parameter

- **LOOP AT ITAB**

  Steht die Anweisung `LOOP AT itab` ohne einen weiteren Zusatz, wird eine interne Tabelle mit Kopfzeile verwendet. Die Kopfzeile bildet den impliziten Arbeitsbereich der Tabelle. Diese Sprachoption sollte generell nicht mehr verwendet werden, da der ABAP-Quellcode dadurch schwer lesbar ist. Die Anweisung bewirkt das Kopieren der Tabelleneinträge in die Kopfzeile und wird daher von der Prüfung bemängelt.

- **LOOP AT ITAB INTO WA**
  Diese Einstellung sucht nach Anweisungen, bei denen die aktuelle Tabellenzeile in einen expliziten Arbeitsbereich kopiert wird.

- **LOOP AT ITAB INTO <fs>**
  Auch das Einlesen einer Tabellenzeile in ein Feldsymbol ist möglich, dabei muss aber ebenfalls kopiert werden.

- **MODIFY auf interne Tabelle**
  Ist diese Option ausgewählt, werden nur solche kopierenden LOOP-Anweisungen bemängelt, innerhalb derer auch ein MODIFY auf diejenige interne Tabelle erfolgt, über die der LOOP läuft.

Details

Bei einer Schleife mit LOOP AT itab ... kann die aktuelle Tabellenzeile entweder in einen Arbeitsbereich (Workarea) kopiert werden, oder aber es kann direkt auf den Daten der Tabellenzeile gearbeitet werden. Letzteres ist mit den Anweisungen LOOP AT itab ASSIGNING <fs> und LOOP AT itab REFERENCE INTO dref möglich.

Es zeigt sich, dass das Kopieren in den Arbeitsbereich nicht immer langsamer sein muss: Bei einer schmalen Tabelle (Zeilenbreite < 1.000 Bytes), die selbst keine weiteren internen Tabellen enthält, ist der LOOP AT itab INTO wa durchaus ebenbürtig. Sobald aber eine tiefe Tabelle durchlaufen wird, oder wenn einzelne Tabellenzeilen innerhalb des LOOP verändert werden sollen, sollten Sie mit Feldsymbolen arbeiten. Leider untersucht diese Prüfung nicht den Zeilentyp der internen Tabelle, sonst könnten noch detailliertere Meldungen erfolgen.

Meldungen

Siehe Anhang B, »Meldungen der SAP-Standardprüfungen«.

> **Empfehlung** [*]
>
> Das Kopieren einer Tabellenzeile in einen Arbeitsbereich ist in der Schleifenverarbeitung meist aufwendiger als die Zuweisung an ein Feldsymbol. Daher sollten Sie diese Prüfung verwenden, um gezielt LOOP-Anweisungen zu optimieren.

5.4.12 'EXIT' oder keine Anweisung in SELECT-ENDSELECT-Schleife

- Relevanz: ★★
- Prüfklasse: `cl_ci_test_select_exit`
- Objekttypen: 1PRG

Kurzbeschreibung

Eine leere `SELECT-ENDSELECT`-Schleife oder eine, die eine `EXIT`-Anweisung enthält, deutet auf eine schlecht implementierte Prüfung auf Vorhandensein eines Datensatzes (»Existenznachweis«) hin und sollte analysiert werden.

Parameter

- **EXIT in SELECT...ENDSELECT**
  Diese Einstellung sucht nach `EXIT`- oder `RETURN`-Anweisungen in `SELECT-ENDSELECT`-Schleifen. `SELECT`-Anweisungen mit dem Zusatz `UP TO 1 ROWS` werden nicht gemeldet.

- **Leere SELECT-ENDSELECT-Anweisung**
  Dieser Parameter sucht nach leeren `SELECT-ENDSELECT`-Anweisungen. `SELECT`-Anweisungen mit dem Zusatz `UP TO 1 ROWS` werden nicht gemeldet.

- **Gepufferte Zugriffe weglassen**
  Es werden nur Zugriffe auf nicht gepufferte oder einzelsatzgepufferte Tabellen untersucht. Eine implizite Umgehung des SAP-Tabellenpuffers bei Zugriffen auf vollständig oder generisch gepufferte Tabellen wird nicht berücksichtigt.

- **Einzelsatzzugriffe weglassen**
  Wenn in der `WHERE`-Bedingung der `SELECT`-Anweisung ein eindeutiger Tabellenindex der zu lesenden Tabelle voll spezifiziert ist und daher maximal ein Satz von der Datenbanktabelle gelesen würde, wird von der Prüfung keine Meldung erzeugt. Dies gilt nicht bei der Verwendung des Zusatzes `FOR ALL ENTRIES` in der `SELECT`-Anweisung.

- **Melde: Einzelsatzzugriffe**
  Mit dieser Option gibt es eine gesonderte Meldung, wenn in der `WHERE`-Bedingung des `SELECT` ein eindeutiger Tabellenindex der zu lesenden Tabelle voll spezifiziert wird. In einem solchen Fall könnte die `SELECT-ENDSELECT`-Anweisung durch `SELECT SINGLE` ersetzt werden.

Details

Manchmal soll in einem Programm die Frage beantwortet werden, ob in einer Datenbanktabelle zu einem bestimmten (Teil-)Schlüssel mindestens ein Eintrag existiert. Um so einen »Existenznachweis« zu implementieren, gibt es mehrere Möglichkeiten – diese Prüfung sucht nach den weniger guten Lösungen.

Die Suche nach einem Satz in der Datenbank mit der leeren oder durch eine EXIT-Anweisung beendeten SELECT-ENDSELECT-Anweisung durchzuführen ist nachteilig, da das ABAP-Konstrukt SELECT...ENDSELECT eben keinen Einzelzugriff, sondern einen Massenzugriff (Array-Zugriff) durchführt. Es wird nicht, wie vielfach angenommen, mit jedem Schleifendurchlauf ein neuer Satz von der Datenbank gelesen; vielmehr holt die Datenbankschnittstelle gleich mehrere Sätze auf einmal von der Datenbank und arbeitet diesen Vorrat dann in der Schleife ab. Damit ist klar, dass für den Nachweis der Existenz eines Satzes, der zu einem gegebenen Schlüssel passt, unter Umständen viel zu viele Daten von der Datenbank gelesen werden. Und selbst wenn der Primärschlüssel in der WHERE-Bedingung voll spezifiziert ist, ist die SELECT-ENDSELECT-Schleife nicht optimal: Manche Datenbanken haben den Einzelsatzzugriff, wie er mit SELECT SINGLE bzw. SELECT ... UP TO 1 ROWS erfolgt, zusätzlich optimiert. Es fallen dann zum Beispiel weniger Roundtrips (Rückverbindungen) vom Applikationsserver zur Datenbank an, um die gewünschte Information zu lesen.

Aber es geht noch schlechter: Immer wieder findet man den Existenznachweis mit SELECT COUNT(*) implementiert, manchmal noch mit dem Zusatz UP TO 1 ROWS versehen – in manchen Fällen sogar auf gepufferte Tabellen angewendet. Doch der Zusatz COUNT(*) liest am SAP-Tabellenpuffer vorbei (siehe Prüfung »Inperformante Operationen auf internen Tabellen« in Abschnitt 5.4.9), und auf manchen Datenbankplattformen wird die Anweisung UP TO 1 ROWS nach dem COUNT(*) ausgeführt. Das führt dazu, dass die Datenbank nicht etwa wie gewünscht auf 1 zählt, wenn sie einen passenden Eintrag gefunden hat, und dann abbricht, sondern dass alle zum Schlüssel der WHERE-Bedingung passenden Einträge zusammengezählt werden und dann das Ergebnis (1) zurückgegeben wird. Im schlimmsten Fall kann es sein, dass die Datenbank Tausende von Einträgen zählt.

Aus diesen Gründen sollte ein Existenznachweis folgendermaßen implementiert werden:

```
10    SELECT SINGLE first_key_field
20          FROM dbtab INTO dummyfield
30          WHERE first_key_field = search_field_1 AND
40                next_field      = search_field_2.
```

Dabei ist `first_key_field` das erste Feld des Indizes, der für die Suche des Eintrags verwendet wird, bei einer Suche mit dem Primärindex in einer mandantenabhängigen Tabelle demnach der Mandant.

Meldungen

Siehe Anhang B, »Meldungen der SAP-Standardprüfungen«.

[*] **Empfehlung**
Diese Prüfung muss nicht bei jeder Performanceuntersuchung ausgeführt werden, sondern nur, wenn Sie gezielt nach den beschriebenen Konstrukten suchen möchten.

5.4.13 Invalidierung des SAP-Tabellenpuffers

- Relevanz: ★
- Prüfklasse: `cl_ci_test_invalidate_buffer`
- Objekttypen: 1PRG
- Anmerkung: Diese Prüfung ist in Ihrem System vermutlich nicht im Baum der Prüfungen sichtbar. Um sie verwenden zu können, wählen Sie die Prüfung mithilfe des Code-Inspector-Menüs SPRINGEN • VERWALTUNG VON • TESTS aus, und sichern Sie die Einstellung.

Kurzbeschreibung

Diese Prüfung zeigt die Anweisungen an, die bei gepufferten Tabellen zur Invalidierung von großen Bereichen des Puffers führen, das heißt UPDATE ...WHERE und DELETE...WHERE sowie zusätzlich INSERT bei vollständig gepufferten Tabellen. Die Prüfung weist aber bei der Bewertung des Konstruktes UPDATE...SET...WHERE eine Lücke auf (siehe unter »Meldungen«).

Parameter

- **... einzelsatzgepufferten**
  Diese Option sucht nach der Pufferinvalidierung bei einzelsatzgepufferten Tabellen.
- **... generisch gepufferten**
  Diese Option sucht nach der Pufferinvalidierung bei generisch gepufferten Tabellen.

- **... vollständig gepufferten**
  Diese Option sucht nach der Pufferinvalidierung bei vollständig gepufferten Tabellen.

- **Nur 'Pufferung eingeschaltet'**
  Ist diese Option gewählt, werden Zugriffe auf Tabellen, die in ihren technischen Eigenschaften die Option »Pufferung erlaubt, aber ausgeschaltet« gesetzt haben, nicht untersucht.

Details

Im SAP-Tabellenpuffer gepufferte Tabellen sollten so selten wie möglich geändert werden. Wird ein Satz einer gepufferten Tabelle geändert, wird diese Änderung auf dem lokalen Applikationsserver sofort auch im Puffer sichtbar, ohne dass dieser invalidiert wird. Auf den übrigen Applikationsservern eines SAP-Systems kommt es aber zu Pufferinvalidierungen – bei manchen Anweisungen sogar zur vollständigen Invalidierung der Tabelle im Puffer. Auf diesen Applikationsservern stehen die invalidierten Einträge dann nicht mehr gepuffert zur Verfügung und müssen bei Bedarf erst wieder von der Datenbank eingelesen werden. Dies geschieht in der Regel nicht gleich beim ersten Zugriff auf einen Pufferbereich der Tabelle, sondern erst nach mehreren Zugriffen. Daher führen Pufferinvalidierungen auf einem Applikationsserver zu vermehrten Datenbankzugriffen auf den anderen Servern.

Da sich Änderungen von gepufferten Tabellen natürlich nicht gänzlich vermeiden lassen, hat diese Prüfung eher informativen Charakter. Mitunter erfolgen Tabellenänderungen in Programmen, die dazu gar nicht »befugt« sind, oder Tabellen wurden fälschlicherweise gepuffert, obwohl es zahlreiche ändernde Anweisungen gibt.

Meldungen

- **0001**
  »*Puffer invalidiert bei einzelsatzgepufferter Tabelle dbtab durch DELETE/UPDATE .. WHERE*«

  Während die Anweisungen UPDATE/DELETE dbtab, UPDATE/DELETE dbtab FROM wa und UPDATE/DELETE dbtab FROM itab jeweils nur die spezifizierten Sätze invalidieren, wird durch UPDATE/DELETE ... WHERE bei Einzelsatzpufferung die gesamte Tabelle im Puffer invalidiert. Dies geschieht allerdings nicht bei UPDATE dbtab SET ... WHERE, wenn in der WHERE-Bedingung der Primärschlüssel der Tabelle voll spezifiziert ist. Dann wird nur genau der spezifizierte Satz invalidiert. Dies erkennt die Prüfung nicht und meldet in solch einem Fall daher fälschlich eine Pufferinvalidierung.

- **0002**

  »*Puffer invalidiert bei generisch gepufferter Tabelle dbtab durch DELETE/UPDATE .. WHERE - generischer Schlüssel nicht voll spezifiziert*«

  Wird bei der Anweisung UPDATE/DELETE ... WHERE der generische Schlüssel in der WHERE-Bedingung nicht voll spezifiziert, werden alle generischen Bereiche des Puffers invalidiert.

- **0003**

  »*Puffer invalidiert bei vollständig gepufferter Tabelle durch INSERT/UPDATE/DELETE*«

  Jede Änderung einer vollständig gepufferten Tabelle invalidiert die Tabelle in den Puffern der übrigen Applikationsserver des Systems.

[*] **Empfehlung**
Verwenden Sie diese Prüfung nur, wenn Sie gezielt Anweisungen untersuchen möchten, die zu einer Pufferinvalidierung führen.

5.4.14 Verwendung von Indizes in der SELECT-Anweisung

- Relevanz: ★
- Prüfklasse: cl_ci_test_index_usage
- Objekttypen: 1PRG
- Anmerkung: Diese Prüfung ist in Ihrem System vermutlich nicht im Baum der Prüfungen sichtbar. Um sie verwenden zu können, wählen Sie die Prüfung mithilfe des Code-Inspector-Menüs SPRINGEN • VERWALTUNG VON • TESTS aus, und sichern Sie die Einstellung.

Kurzbeschreibung

Die Prüfung versucht herauszufinden, welche Tabellenindizes für die SELECT-Anweisungen (ohne JOIN) in den Programmen einer Objektmenge verwendet werden. Dazu wird die WHERE-Bedingung in der Art eines regelbasierten Datenbankoptimierers analysiert und für alle Programme der Objektmenge gezählt, wie oft ein bestimmter Index verwendet werden könnte. Damit lässt sich grob erkennen, ob und wie häufig ein bestimmter Index zum Einsatz kommen kann.

Die Prüfung hat aber natürlich viele Unwägbarkeiten, da sich beispielsweise die Datenbank erst zur Ausführungszeit für den bezüglich der Ausführungskosten besten Index entscheidet. Dynamische Datenbankzugriffe, Joins oder die Nutzung eines Indizes in ändernden Anweisungen fallen ebenfalls unter den Tisch.

> **Achtung** [!]
>
> Diese Prüfung sollte nicht parallelisiert ausgeführt werden, da sie über keine Konsolidierung der Ergebnisse über mehrere Arbeitspakete hinweg verfügt. Bei paralleler Ausführung kann es daher dazu kommen, dass für eine Tabelle mehrere (Teil-)Ergebnisse erzeugt werden.

Parameter

- **Nur Tabellen der Objektmenge**
  Mit dieser Option wird nur für Datenbanktabellen, die selbst als Objekte in der untersuchten Objektmenge enthalten sind, ein Ergebnis bezüglich der Indexnutzung ausgegeben. Dies hat den Vorteil, dass die Prüfung dann die jeweiligen Ergebnisse den einzelnen Tabellen zuordnen kann. Ist diese Option nicht ausgewählt, werden Ergebnisse für alle Tabellen angezeigt, auf die Programme der Objektmenge zugreifen. Leider werden diese Ergebnisse aber unter dem Namen des zuletzt analysierten Programmes aufgeführt, wobei der Tabellenname als der »Teil-Objekt-Name« angegeben wird. Der Grund hierfür ist, dass die Prüfung in der Objektmenge keine neuen Kopfeinträge für Tabellen erzeugen kann, die nicht der Objektmenge angehören. Die Navigation aus dem Ergebnis erfolgt aber bei einem Doppelklick korrekt zur Tabelle.

- **Nur Zugriffe auf Tabellen**
  Mit dieser Option kann die Analyse auf bestimmte Tabellen eingeschränkt werden.

- **Nur ungepufferte Tabellen**
  Hiermit werden nur Zugriffe auf nicht gepufferte Tabellen für die Indexanalyse betrachtet. Dieser Parameter sollte gesetzt sein, da Zugriffe auf gepufferte Tabellen nicht von der Datenbank lesen sollten und damit für eine Indexanalyse nicht relevant sind.

Details

Die Ausgabe der Ergebnisse erfolgt pro Tabelle in folgender Form:

```
DBTAB~0..........12
DBTAB~SEK.........8
DBTAB~w/o.........2
DBTAB~_dy.........1
```

Das bedeutet, dass zwölf der untersuchten SELECT-Anweisungen durch den Primärindex (dieser heißt immer ~0) und acht Anweisungen durch den Sekundärindex ~SEK der Tabelle dbtab unterstützt werden. Zwei Anweisungen können vermutlich nicht durch einen Index unterstützt werden (Kennung w/o), ein Zugriff erfolgt mit einer dynamischen WHERE-Bedingung (Kennung _dy).

Meldungen

Siehe unter »Details«.

[*] **Empfehlung**

Verwenden Sie diese Prüfung nur ausnahmsweise, wenn Sie sich einen Überblick über die Nutzung bestimmter Tabellenindizes verschaffen möchten. Bedenken Sie die genannten Ungenauigkeiten der Prüfung, bevor Sie voreilige Schlüsse ziehen. Welchen Index die Datenbank zur Laufzeit tatsächlich für eine bestimmte Anweisung verwendet, kann Ihnen der SQL-Trace in Transaktion ST05 sagen.

5.4.15 Instanzerzeugung von BAdIs

- Relevanz: ★★★
- Prüfklasse: cl_ci_test_find_badi_call
- Objekttypen: 1PRG

Kurzbeschreibung

Die Laufzeit für die Instanzierung eines BAdIs (Business Add-in zur Erweiterung von SAP-Standardfunktionen) kann bei der »alten« Art der Instanzierung vor Release 7.0 deutlich verbessert werden, wenn beim Aufruf zwei optionale Zusatzparameter übergeben werden. Ab Release 7.0 sollte nur noch die Instanzierung mit der ABAP-Anweisung GET BADI verwendet werden.

Parameter

- [Neue BAdI-Instanzierung] ... wird nicht benutzt
  Diese Option sucht nach allen »alten« Instanzerzeugungen mit dem Aufruf CALL METHOD cl_exithandler=>get_instance.

- **Nur melden, wenn geändert nach**
  Es werden nur Verwendungen der veralteten Instanzerzeugung gemeldet, wenn das entsprechende Include nach dem hier spezifizierten Datum geändert wurde.

- **[Alte BAdI-Instanzierung prüfen] ... optionale Parameter**
  Diese Einstellung prüft, ob bei der »alten« Instanzierung die optionalen Parameter EXIT_NAME und NULL_INSTANCE_ACCEPTED versorgt werden.

Details

Um ein BAdI zu instanzieren, wurde vor Release 7.0 der Aufruf CALL METHOD cl_exithandler=>get_instance verwendet. Um diesen Aufruf zu beschleunigen, wurden mit Support Package 7 des SAP NetWeaver Application Servers in Release 6.20 zwei zusätzliche, optionale Parameter eingeführt (siehe SAP-Hinweis 537844):

- EXIT_NAME
  Dieser Parameter sollte mit dem Namen der BAdI-Definition versorgt werden.

- NULL_INSTANCE_ACCEPTED
  Wird hier ein 'X' übergeben, wird nur dann eine BAdI-Instanz erzeugt, falls es auch eine aktive Implementierung für die BAdI-Definition gibt. Ab Support Package 9 von Release 6.20 wird, wenn zwar eine aktive Implementierung der BAdI-Definition fehlt, aber eine DEFAULT-Implementierung existiert, auch bei NULL_INSTANCE_ACCEPTED = 'X' eine Instanz zurückgegeben.

  Ab Release 7.0 sollten Sie aus Performancegründen nur noch die BAdI-Instanzierung mit der ABAP-Anweisung GET BADI verwenden. Dazu müssen bereits existierende BAdIs migriert und der aufrufende Code entsprechend angepasst werden.

Meldungen

Siehe Anhang B, »Meldungen der SAP-Standardprüfungen«.

> **Empfehlung** [*]
>
> Falls Sie BAdI-Aufrufe in Ihren Programmen vornehmen, sollten Sie mit dieser Prüfung die Art der BAdI-Instanzierung kontrollieren. Ab Release 7.0 sollten Sie die neuen BAdI-Aufrufe mit GET BADI verwenden.

5.4.16 SELECT INTO CORRESPONDING FIELDS bei gepufferten Tabellen

- Relevanz: ★
- Prüfklasse: `cl_ci_test_select_correspond`
- Objekttypen: 1PRG
- Anmerkung: Diese Prüfung ist in Ihrem System vermutlich nicht im Baum der Prüfungen sichtbar. Um sie verwenden zu können, wählen Sie die Prüfung mithilfe des Code-Inspector-Menüs SPRINGEN • VERWALTUNG VON • TESTS aus, und sichern Sie die Einstellung.

Kurzbeschreibung

Diese Prüfung untersucht, ob ein lesender Zugriff auf eine gepufferte Tabelle mit dem Zusatz INTO CORRESPONDING FIELDS erfolgt. Dies ist nicht sonderlich kritisch, kann aber doch einen gewissen Mehraufwand bedeuten.

Details

Sind bei einer SELECT-Anweisung die Struktur der Datenbanktabelle und die Zielstruktur in ABAP nicht identisch, kann mit dem Zusatz INTO CORRESPONDING FIELDS ein Mapping der Felder vorgenommen werden. Dies ist bei Weitem nicht so teuer, wie oft behauptet wird, und spielt deshalb bei Zugriffen auf nicht gepufferte Tabellen praktisch keine Rolle. Selbst bei gepufferten Tabellen halten sich die relativen Mehrkosten in Grenzen. Dennoch sollten Sie, wo immer möglich, mit identischen Strukturen in Datenbank und in ABAP arbeiten, um die Zuordnungskosten gering zu halten.

Meldungen

Siehe Anhang B, »Meldungen der SAP-Standardprüfungen«.

[*] **Empfehlung**

Führen Sie diese Prüfung nur aus, wenn Sie gezielt nach der Verwendung der Option INTO CORRESPONDING FIELDS bei Zugriffen auf gepufferte Tabellen suchen möchten. Das direkte Einlesen gepufferter Daten in eine kompatible ABAP-Datenstruktur, das ohne diese Option auskommt, ist schneller.

5.4.17 Prüfung der Tabelleneigenschaften

- Relevanz: ★★★★
- Prüfklasse: `cl_ci_test_ddic_tables`
- Objekttypen: TABL, VIEW

Kurzbeschreibung

Diese Prüfung analysiert die Konsistenz der technischen Einstellungen von Datenbanktabellen und -Views im ABAP Dictionary, insbesondere die Puffereinstellungen und die für diese Objekte angelegten Sekundärindizes.

Parameter

Die ersten beiden Parameter aktivieren die wichtigsten Teilprüfungen, die beiden anderen Parameter später hinzugekommene Zusatzprüfungen:

- **Technische Einstellungen**
  Dieser Parameter dient der Überprüfung von technischen Einstellungen wie Auslieferungsklasse, Datenart und Größenkategorie.

- **Tabellenindizes**
  Dieser Parameter dient der Überprüfung einiger einfacher Regeln für Tabellenindizes.

- **Pufferung INDX-artige Tabelle**
  Diese Option sucht nach gepufferten, INDX-artigen Tabellen. Da auf solche Tabellen in der Regel mit der Anweisung IMPORT FROM DATABASE zugegriffen wird, ergibt eine Pufferung selten Sinn.

- **View ignoriert Mandantenabhängigkeit**
  Diese Einstellung untersucht Datenbank-Views, bei denen mindestens eine der im View vereinigten Tabellen mandantenabhängig ist, aber das Mandantenfeld nicht in der JOIN-Bedingung enthalten oder der Mandant nicht das erste Feld im Datenbank-View ist.

Details

Die Eigenschaften einer Datenbanktabelle bzw. eines Datenbank-Views werden in Transaktion SE11 gepflegt. Leider bietet das ABAP Dictionary keine tatkräftige Unterstützung bei der Auswahl von konsistenten und unter Performanceaspekten sinnvollen Einstellungen. Die vorliegende Prüfung mahnt im Nachhinein unstimmige Parameterkombinationen an, sagt aber nicht immer ganz genau, wie die Einstellungen sein sollten. Als Hilfe finden Sie hier in Abbildung 5.4 eine Übersicht über konsistente Einstellungen für die Pufferung in Abhängigkeit von der Auslieferungs- und Datenklasse.

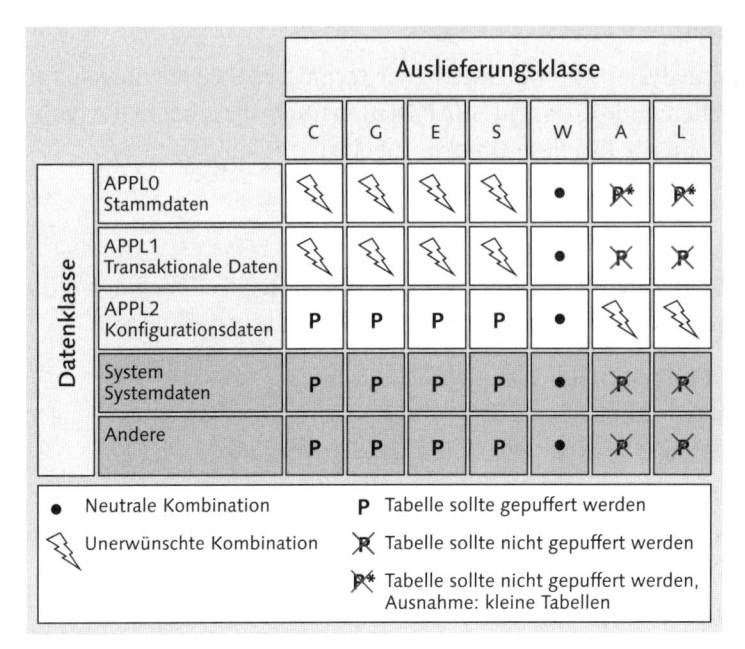

		Auslieferungsklasse						
		C	G	E	S	W	A	L
Datenklasse	APPL0 Stammdaten	⚡	⚡	⚡	⚡	•	ⓅR*	ⓅR*
	APPL1 Transaktionale Daten	⚡	⚡	⚡	⚡	•	ⓇR	ⓇR
	APPL2 Konfigurationsdaten	P	P	P	P	•	⚡	⚡
	System Systemdaten	P	P	P	P	•	ⓇR	ⓇR
	Andere	P	P	P	P	•	ⓇR	ⓇR

- • Neutrale Kombination
- ⚡ Unerwünschte Kombination
- P Tabelle sollte gepuffert werden
- ⓇR Tabelle sollte nicht gepuffert werden
- ⓇR* Tabelle sollte nicht gepuffert werden, Ausnahme: kleine Tabellen

Abbildung 5.4 Empfohlene Einstellungen für die Tabellenpufferung in Abhängigkeit von der Datenklasse und der Auslieferungsklasse

Im Folgenden gehen wir kurz auf die wichtigsten technischen Eigenschaften einer Tabelle und deren Bedeutung ein:

▶ **Auslieferungsklasse**
Dieser Parameter wird auf der Registerkarte AUSLIEFERUNG UND PFLEGE gepflegt und legt fest, wie sich die Daten einer Tabelle bei Systeminstallation und -Upgrade, Mandantenkopie und beim Transport zwischen Systemen verhalten. Die wichtigsten Auslieferungsklassen sind A für Anwendungsdaten (Stammdaten und transaktionale Daten) sowie C für Konfigurationsdaten. Daneben gibt es noch die Klassen L, G, E, S und W. Genaueres erfahren Sie in der F1-Hilfe für das Feld AUSLIEFERUNGSKLASSE.

▶ **Datenklasse**
Dieser Wert wird unter den TECHNISCHEN EIGENSCHAFTEN in Transaktion SE11 eingestellt. Für manche der von SAP unterstützten Datenbankplattformen legt dieser Wert fest, in welchem physischen Bereich der Datenbank eine Tabelle abgelegt wird. Die Datenklasse wird vom Code Inspector herangezogen, um eine Tabelle bezüglich der in ihr enthaltenen Daten einstufen zu können, und wirkt sich auf einige der Prüfergebnisse aus. Sie sollten daher korrekt pflegen, ob eine Tabelle der Datenklasse APPL0 (Stammdaten), APPL1 (transaktionale Daten) oder APPL2 (Konfigurationsdaten) angehört.

- **Größenkategorie**
  Die Größenkategorie einer Tabelle wird ebenfalls in den TECHNISCHEN EIGENSCHAFTEN gepflegt und ist dazu gedacht, den initialen Platzbedarf für eine Tabelle abzuleiten und auf der Datenbank zu reservieren. Diese Größe wird vom Code Inspector genutzt, um einen Hinweis auf die Größe einer Tabelle im produktiven Gebrauch zu erhalten. Das Zählen der Einträge in einer Tabelle während einer Prüfung verbietet sich aus Performancegründen; außerdem kann das Prüfwerkzeug in einem Testsystem laufen, in dem die Tabelle nur wenige Einträge hat. Da ist die vom Entwickler nach bestem Wissen gepflegte Größenkategorie schon aussagekräftiger.

- **Pufferung und Pufferungstyp**
  Tabellen, die im produktiven Betrieb häufig gelesen, aber selten geändert werden (in der Regel Konfigurationstabellen) sollten gepuffert werden. Bei den TECHNISCHEN EINSTELLUNGEN kann hierzu die Pufferung eingeschaltet und die Art der Pufferung definiert werden. Das Einschalten der Pufferung kann im Widerspruch zur gewählten Auslieferungs- oder Datenklasse oder auch zur Größenkategorie stehen – sehr große Tabellen sollten zum Beispiel nicht gepuffert werden.

- **Indizes**
  Häufig ausgeführte Datenbankanweisungen sollten durch einen Datenbankindex unterstützt werden, der eine schnelle Suche nach den gewünschten Datenbanksätzen ermöglicht. Es gibt einige Faustregeln für Indizes: So sollte es für eine Tabelle nicht zu viele Indizes geben, ein Index sollte nicht zu viele Felder enthalten, verschiedene Indizes einer Tabelle sollten möglichst wenige Felder redundant aufweisen etc. Gerade hier gilt aber wie bei allen Performanceregeln: Ein statisches Werkzeug wie der Code Inspector kann nur »Fragen« an den Entwickler stellen. Dieser muss dann den Sachverhalt prüfen und kann zu einem anderen Ergebnis kommen als das Tool. Manchmal kann zum Beispiel ein zusätzlicher Index oder ein Index mit »zu vielen« Feldern durchaus berechtigt sein.

Meldungen

- **0001, 0002**
  »Keine Tabellen- oder Auslieferungsklasse ausgewählt«
  »Keine Datenklasse oder Größenkategorie ausgewählt«
  Pflegen Sie diese Einstellungen, da diese vom Code Inspector zum Beispiel bei der Analyse von Datenbankzugriffen verwendet werden.

▶ 0003, 0004

»›Pufferung erlaubt, aber ausgeschaltet‹ ausgewählt«

Diese Einstellung für die Tabellenpufferung ergibt aus Performancesicht keinen Sinn. Der Entwickler sollte wissen, ob sich eine Tabelle für die Pufferung eignet oder nicht – später kann diese Entscheidung kaum noch jemand treffen. Einzig bei Tabellen, die im produktiven Betrieb abhängig vom Kunden sowohl sehr klein als auch sehr groß sein können, kann es angebracht sein, die Pufferung zu erlauben, aber das Ein- bzw. Ausschalten von den Gegebenheiten beim Kunden abhängig zu machen. Sonst gilt: Entscheiden Sie sich für oder gegen die Pufferung.

▶ 0010

»Pufferungstyp ist initial, aber Auslieferungsklasse ist ›C‹, ›G‹, ›E‹ oder ›S‹«

Die Auslieferungsklasse der gemeldeten Tabelle deutet darauf hin, dass es sich um eine Konfigurations- (Auslieferungsklasse C oder G) oder Systemtabelle (Auslieferungsklasse E oder S) handelt. Solche Tabellen sind in der Regel klein und werden selten geändert, eignen sich daher zur Pufferung. Für eine konsistente Einstellung sollten diese Tabellen der Datenklasse APPL2 (Konfigurationsdaten) zugeordnet sein.

Sollte die Tabelle keine Konfigurations- oder Systemdaten enthalten, haben Sie vielleicht eine falsche Auslieferungsklasse gewählt.

▶ 0011

»Pufferung ist aktiviert, aber Auslieferungsklasse ist ›A‹ oder ›L‹«

Die Auslieferungsklasse der gemeldeten Tabelle deutet darauf hin, dass es sich um eine Anwendungstabelle (A) mit Stamm- oder Bewegungsdaten oder um eine Tabelle mit temporären Daten (L) handelt. Eine solche Tabelle hat in der Regel viele Daten und wird häufig geändert. Im Allgemeinen sollte eine solche Tabelle nicht gepuffert werden – eine Ausnahme können kleine Stammdatentabellen bilden. Für eine konsistente Einstellung sollten diese Tabellen der Datenklasse APPL0 (Stammdaten) oder APPL1 (Bewegungsdaten) zugeordnet sein.

Enthält die Tabelle nicht die beschriebene Art von Daten, ist vermutlich die Auslieferungsklasse falsch gewählt.

▶ 0012

»Pufferung ist aktiviert, aber Größenkategorie ist > 2«

Sehr große Tabellen sollten, auch wenn die anderen Bedingungen für eine Pufferung gegeben sind, nicht gepuffert werden. Dies kann nämlich zur Folge haben, dass zahlreiche kleinere gepufferte Tabellen aus dem Puffer verdrängt werden. Werden in einem Programm immer nur wenige Einträge aus der großen Tabelle benötigt, kann eine Einzelsatzpufferung oder eine feingranulare generische Pufferung der Tabelle angemessen sein.

Falls die Tabelle nur wenige Einträge hat und die Pufferung daher vernünftig ist, haben Sie wahrscheinlich die Größenkategorie der Tabelle falsch gepflegt.

- **0013, 0014**

»*Pufferung ist initial, aber Datenklasse ist "APPL2"*«
»*Pufferung ist aktiviert, aber Datenklasse ist "APPL0"/"APPL1"*«

Datenklasse und Pufferung müssen zusammenpassen. In der Regel sollten Tabellen der Datenklasse APPL2, das heißt Konfigurationstabellen, gepuffert sein. Tabellen der Datenklassen APPL0 bzw. APPL1, das heißt solche mit Stamm- oder Bewegungsdaten, sollten dagegen nicht gepuffert werden. Eine Ausnahme bilden wie gesagt kleine Stammdatentabellen, die ebenfalls gepuffert werden können.

- **0015**

»*Pufferung ist aktiviert, aber kein Pufferungstyp ausgewählt*«

Wählen Sie einen geeigneten Pufferungstyp aus. Wenn sich ein Entwickler für die Pufferung einer Tabelle entscheidet, dann sollte er auch den Typ der Pufferung (einzelsatz-, generisch, vollständig gepuffert) anhand der beabsichtigten Zugriffe festlegen.

- **0016, 0017**

»*Pufferung ist erlaubt, aber Tabelle ist im DB-View dbview enthalten*«
»*Pufferung ist erlaubt, aber Tabelle kann über DB-View geändert werden*«

Zunächst zur zweiten Meldung: Ein Datenbank-View auf eine gepufferte Tabelle, mit dem Einträge der Tabelle geändert werden können, war zumindest bis einschließlich Release 6.40 sehr kritisch. Es kam nämlich bei Datenänderungen über den View nicht zu einer Invalidierung des Tabellenpuffers, was zu Inkonsistenzen beim Lesen der gepufferten Tabelle führen konnte. Ab Release 7.0 wird auch bei Änderungen der Daten über den Datenbank-View der Puffer invalidiert.

Die Meldung 0016 ist eine der umstrittensten Code-Inspector-Meldungen: Was soll schlecht daran sein, einen nicht gepufferten Datenbank-View für eine gepufferte Tabelle zu definieren – und warum gibt es eine Meldung für die Tabelle, und nicht für den Datenbank-View? Die Argumente der Prüfung sind: Wenn man sich schon die Mühe macht, Daten im SAP-Tabellenpuffer zu puffern, dann sollten die Daten auch in den allermeisten Fällen aus dem Puffer gelesen werden und nicht doch von der Datenbank. Die Existenz eines Datenbank-Views auf den Daten zeigt aber an, dass der Entwickler auch noch andere Zugriffe beabsichtigt, die nicht durch einen Puffer optimiert sind (ist der Datenbank-View zu einer gepufferten Tabelle selbst ebenfalls gepuffert, wird keine Meldung erzeugt). Der »Besitzer« der gepufferten Tabelle erhält eine Meldung, da er in der Regel der Verantwortliche für die Daten ist und daher wissen sollte, wenn ein anderer Entwickler ein eigenes »Datenzugriffskonzept« – den Datenbank-View eben – für diese Daten implementiert.

▶ **0020, 0021**
»Tabelle hat mehr als 100/700 Felder«

Eine Tabelle sollte nicht zu viele Felder aufweisen, einerseits weil es technische Grenzen gibt, hauptsächlich aber der Übersichtlichkeit wegen. Für SAP Business ByDesign gilt hier die strengere Prüfung auf maximal 100 Felder hin, sonst gilt die Grenze von 700 Feldern.

▶ **0022, 0023**
»Änderungsprotokoll aktiv trotz Datenklasse "APPL0" oder "APPL1"«
»Änderungsprotokoll aktiv bei großer Tabelle«

Das Änderungsprotokoll für eine Tabelle wird in den TECHNISCHEN EIGENSCHAFTEN durch Setzen des Flags DATENÄNDERUNGEN PROTOKOLLIEREN aktiviert. Wurde zusätzlich der Systemparameter `rec/client` für den Mandanten gesetzt, wird für jede Änderung der Tabelle ein Protokolleintrag geschrieben, der mit Transaktion SCU3 angezeigt werden kann. Es versteht sich, dass für Stamm- und Bewegungsdaten (Datenklassen `APPL0` und `APPL1`) sowie generell für große Tabellen (Größenkategorie > 2) kein Änderungsprotokoll geschrieben werden sollte. Hier fallen einfach zu viele Daten an, deren Protokollierung zudem den Produktivbetrieb des SAP-Systems ausbremsen kann.

▶ **0030**
»Tabelle hat einen eindeutigen Sekundärindex«

Dies ist eine Informationsmeldung von geringer (Performance-)Relevanz. Jeder Entwickler, der in eine solche Tabelle Daten einfügt, sollte sich aber des eindeutigen Indizes bewusst sein: Wird versucht, zur Laufzeit Sätze in die Datenbank einzufügen, die bezüglich des Sekundärindizes identisch sind, kommt es zu einem Laufzeitfehler »Insert Duplicate Keys«.

▶ **0031, 0034, 0131, 0134**
»Tabelle hat mehr als 4 (7) Sekundärindizes, obwohl die Datenklasse "APPL0" ist«

*»Tabelle hat mehr als 2 (5) Sekundärindizes, obwohl die
Datenklasse "APPL1" ist«*

Es sollte pro Datenbanktabelle nicht zu viele Sekundärindizes geben.
Denn einerseits erhöht jeder Index die Kosten für Einfüge- und Änderungsoperationen für die Datenbanktabelle (Letztere nur, wenn bei einer Änderung auch Felder des Sekundärindizes betroffen sind). Andererseits kann es sein, dass der kostenbasierte Optimierer der Datenbank, der die Strategien für einen Datenbankzugriff berechnet, bei zu vielen Indizes den Überblick verliert.

Abhängig von der Datenklasse, informiert diese Prüfung bei mehr als vier Sekundärindizes (APPL0 = Stammdaten) bzw. bei mehr als zwei Sekundärindizes (APPL1 = Bewegungsdaten). Eine Warnung gibt es bei mehr als sieben (APPL0) bzw. bei mehr als fünf Sekundärindizes (APPL1).

▶ 0032

»Sekundärindex sec_index: mehr als 4 Felder«

»Fasse Dich kurz« gilt auch bei Indizes. Mehr als vier Felder können ausnahmsweise, zum Beispiel bei einem beabsichtigten Index-only-Zugriff, vernünftig sein. In der Regel sollten Sie aber mit vier oder weniger Feldern auskommen. Die Prüfung zählt das Mandantenfeld nicht zu den Indexfeldern hinzu.

▶ 0033

»Tabelle hat nicht-eindeutigen Sekundärindex, ist aber gepuffert«

Hier gilt Ähnliches wie bei einem Datenbank-View auf einer gepufferten Tabelle: Ein Sekundärindex deutet darauf hin, dass neben den gepufferten Zugriffen auch Zugriffe via Sekundärschlüssel beabsichtigt sind. Es muss sichergestellt sein, dass der doppelte Aufwand sich lohnt und im Produktivbetrieb tatsächlich sowohl Puffer- als auch Indexzugriffe stattfinden. Die Einschränkung auf »nicht eindeutige« Sekundärindizes wurde vorgenommen, da einige Entwickler einen eindeutigen Sekundärindex verwenden, um in einer Tabelle Duplikate bezüglich bestimmter Schlüsselfelder auszuschließen.

▶ 0035

*»Mindestens 2 Felder ("dbfld_1" und "dbfld_2") sind in
zwei Indizes enthalten«*

Eine weitere umstrittene Prüfung! Mit ihr sollen Indizes gefunden werden, die bloße Permutationen anderer Indizes sind. Zum Beispiel ergibt es kaum Sinn, für eine Tabelle mit einem (Primär- oder Sekundär-)Index A für die Felder `dbfld_1 dbfld_2` noch einen weiteren Index B mit `dbfld_2 dbfld_1` zu definieren. Anders sieht es bei einem Index `dbfld_1 dbfld_2 dbfld_3` aus: Hier kann ein weiterer Index mit den Feldern `dbfld_3 dbfld_2` unter Umständen berechtigt sein. Eine Prüfung, die wieder den ganzen Entwickler fordert!

- **0036**

  »*Index "idx_1" ist linksbündig in Index "idx_2" enthalten*«

  Hier liegt der Fall einfacher als in der vorhergehenden Meldung: Bei einem Index `dbfld_1 dbfld_2 dbfld_3` ergibt ein weiterer Index mit den Feldern `dbfld_1 dbfld_2` keinen Sinn.

- **0037, 0137**

  »*Tabelle dbtab: Feld fld in Primär / Sekundärindex idx ist vom Typ FLOAT*«

  Beim Lesen von Feldern vom Typ `FLOAT` von der Datenbank kann es zu Rundungsdifferenzen bei der Zuweisung an eine ABAP-Variable kommen. Ein `FLOAT`-Feld im Primärschlüssel bedeutet damit, dass ein bestimmter Tabellenschlüssel unter Umständen aus ABAP heraus nicht mehr angesprochen werden kann, und führt daher zu einer Warnung durch den Code Inspector. Mit einem `FLOAT`-Feld im Sekundärindex lässt sich nur vernünftig arbeiten, wenn in der `WHERE`-Bedingung des Datenbankzugriffs immer mit einem Wertebereich und nicht mit Gleichheitsbedingungen auf das Feld zugegriffen wird.

- **0038, 0039**

  »*Mandantenabhängige Tabelle dbtab: Sekundärindex idx ohne Mandantenfeld*«
  »*... Sekundärindex idx hat Mandant nicht als erstes Feld*«

  In der Regel sollte bei mandantenabhängigen Tabellen der Mandant als erstes Feld in jedem Sekundärindex enthalten sein. Der Mandant ist zwar kein selektives Feld (und Indizes sollten möglichst selektive Felder enthalten), aber er ist beim Zugriff praktisch immer bekannt. Bei Tabellenschlüsseln, die aus GUIDs (Globally Unique Identifier) bestehen, die auch mandantenübergreifend garantiert nur einmal existieren, kann auf den Mandanten im Sekundärschlüssel verzichtet werden.

- **0041**

  »*INDX-artige Tabelle dbtab ist gepuffert*«

  Sogenannte `INDX`-artige Tabellen ähneln in ihrer Struktur der SAP-Systemtabelle `INDX`. Diese Tabellen werden in der Regel nicht durch `SELECT`-Anweisungen, sondern mit dem Befehl `IMPORT FROM DATABASE` gelesen. Dieser Befehl nutzt die SAP-Tabellenpufferung nicht; daher ist es selten sinnvoll, eine `INDX`-artige Tabelle zu puffern.

- **0042, 0043**

  »*View dbview: erstes Feld nicht Mandant, obwohl Basistabelle dbtab mandantenabhängig ist*«

  »*View dbview: Mandantenfeld der Basistabelle(n) dbtabs nicht über Join-Bedingung verknüpft*«

  Datenbank-Views über mandantenabhängige Tabellen sollten das Mandantenfeld in der JOIN-Bedingung enthalten, und das erste Feld des Datenbank-Views sollte der Mandant sein. Anderenfalls können mit dem Datenbank-View Daten mandantenübergreifend gelesen werden, was schon aus funktionalen und Sicherheitsgründen suspekt ist. Der Performanceaspekt dabei ist, dass ohne Mandant möglicherweise Indizes der dem Datenbank-View zugrunde liegenden Tabellen (die alle den Mandanten als erstes Feld enthalten sollten) nicht verwendet werden können, um den Datenbankzugriff zu optimieren.

- **0050, 0051**

  »*Sprachabhängige Tabelle dbtab: Sprache ist nicht erstes Feld (oder zweites nach dem Mandanten)*«

  »*Sprachabhängige Tabelle dbtab ist nicht generisch bezüglich der Sprache gepuffert*«

  Auf sprachabhängige Tabellen wird in den meisten Fällen mit einer bestimmten Sprache in der WHERE-Bedingung zugegriffen, da der Benutzer nur Texte in seiner Anmeldesprache lesen möchte. Daher ist es eine gute Idee, die Sprache als das erste Feld (bzw. als das zweite nach dem Mandanten) zu definieren, um einen Indexzugriff mit Sprache und Schlüssel zu ermöglichen. Meist werden solche Texttabellen Konfigurationstabellen sein und daher gepuffert. Aufgrund der Zugriffe mit dem Sprachfeld sollten die Tabellen nicht vollständig, sondern generisch bezüglich der Sprache gepuffert sein.

- **0060**

  »*Tabelle dbtab enthält lob_cnt STRING bzw. RAWSTRING Felder*«

  STRING- oder RAWSTRING-Felder werden in der Datenbank nicht zusammen mit den anderen Feldern einer Tabelle abgelegt, sondern aufgrund ihrer veränderlichen Länge als BLOB oder CLOB (Binary oder Character; Large Object, LOB). Daher müssen Sie sich jeden Zugriff auf eine Tabelle mit einem LOB wie einen Zugriff auf mehrere Tabellen vorstellen: Für jeden LOB in der Tabellenstruktur muss auf eine extra Tabelle zugegriffen werden, was natürlich die Lese- und Einfüge-Zeiten entsprechend erhöht. Als Abhilfe sollten Sie beim Lesen die (RAW)STRING-Felder nur dann mitlesen, wenn diese unbedingt benötigt werden. Es kann auch vorteilhaft sein, mehrere LOB-Felder zu einem einzigen zusammenzufassen und die benötigte Information bei Bedarf durch String-Operationen zu extrahieren.

> [*] **Empfehlung**
>
> Da diese Prüfung wichtige Aspekte der Eigenschaften von Datenbanktabellen untersucht, sollte sie bei allen Performanceuntersuchungen eingeschaltet sein.

5.4.18 Performanceprüfungen, die es nicht gibt

In vielen Foren stößt man immer wieder auf Gruselmärchen bezüglich der Performance, bei denen bestimmte ABAP-Anweisungen – insbesondere einige Varianten der SELECT-Anweisung – zu Unrecht die Rolle der bösen Hexe übernehmen müssen. Es gibt sogar Kundenentwicklungen von Code-Inspector-Prüfungen, die nach diesen vermeintlichen Performanceproblemen suchen. Damit Sie nicht ebenfalls beginnen, solche Prüfungen zu implementieren, begründen wir hier, warum es für die folgenden Varianten der SELECT-Anweisung im Code Inspector *keine* Prüfungen gibt.

- **Suche nach SELECT ... ENDSELECT**
  Oft wird behauptet, die Verwendung der SELECT-ENDSELECT-Schleife sei generell zu vermeiden, da hier Einzelsätze von der Datenbank gelesen würden. Das ist aber falsch: SELECT ... ENDSELECT ist ein Array-Zugriff, es werden demnach mit einem Roundtrip gleich mehrere Sätze von der Datenbank gelesen. Damit ist die SELECT-ENDSELECT-Schleife für Verarbeitungen geeignet, bei denen die gelesenen Daten gleich in der Schleife weiterverarbeitet werden. Sollen die Daten dagegen in eine interne Tabelle eingestellt und später weiterverwendet werden, ist ein Array-Select mit SELECT ... INTO TABLE vorzuziehen.

- **Verwendung von SELECT * FROM dbtab ...**
  Diese Anweisung liest für jeden Satz in der Treffermenge einer Datenbankselektion alle Felder von der Datenbanktabelle. Manchmal findet man den Hinweis, dass immer Feldlisten anstelle des * verwendet werden sollten, das heißt die Anweisung SELECT fld_1 fld_2 fld_3 ... FROM dbtab. Eine solche explizite Feldliste lohnt sich aber erst, wenn diese zu einer deutlichen Reduktion der zu übertragenden Datenmenge führt. Die Felder der Feldliste sollten daher einige Hundert Bytes weniger Daten umfassen als die komplette Tabellenzeile.

  Einen deutlichen Performancevorteil kann allerdings ein Zugriff erzielen, bei dem nur Felder des zur Suche verwendeten Datenbankindizes gelesen werden (Index-only-Zugriff). Dann müssen in der Datenbank nur Indexblöcke durchsucht und gelesen werden; teure Absprünge in die

Datenblöcke, die mit höherer Wahrscheinlichkeit mit Disk-I/O verbunden sind, sind nicht notwendig.

- **Verwendung von SELECT ... FOR ALL ENTRIES IN itab**
  Diese Anweisung bildet einen Join zwischen einer Datenbanktabelle und einer internen Tabelle ab. Sie ist zum Beispiel dazu geeignet, einen Datenbank-Join über zwei Tabellen zu ersetzen, bei dem eine oder beide Tabellen gepuffert sind.

  Beachten Sie, dass die Option FOR ALL ENTRIES bei einzelsatzgepufferten Tabellen zum Umgehen des Tabellenpuffers führt, auch wenn der Primärschlüssel in der WHERE-Bedingung vollständig gegeben ist. In einem solchen Fall kann es angebracht sein, den Aufruf SELECT ... FOR ALL ENTRIES IN itab auf einzelne SELECT SINGLE-Aufrufe innerhalb einer Schleife über die interne Tabelle itab umzustellen.

  Bezüglich der Performanceaspekte der Anweisung FOR ALL ENTRIES möchten wir noch erwähnen, dass diese Anweisung nicht zum SQL-Standard gehört und daher abhängig von der jeweiligen Datenbankplattform unterschiedlich umgesetzt wird. Eine Beschreibung der Profilparameter, die die Art und Weise dieser Umsetzung regeln, finden Sie in SAP-Hinweis 48230. Falsch gewählte Profilparameter können dazu führen, dass die Anweisung SELECT ... FOR ALL ENTRIES von der Datenbank nicht optimal ausgeführt wird.

  Ein weiterer kritischer Punkt beim SELECT ... FOR ALL ENTRIES IN itab ist eine zur Laufzeit leere interne Tabelle itab. Wir besprechen dieses Problem in Abschnitt 5.7, »Robuste Programmierung (ab Release 7.0 EHP2)«.

5.5 Sicherheitsprüfungen

Wie bei anderen Produktstandards gilt auch für den Sicherheitsstandard, dass statische Prüfungen nur einen Teilaspekt innerhalb eines umfassenden Testkonzeptes sein können. Um die Sicherheit Ihrer ABAP-Anwendungen zu überprüfen, empfehlen wir Ihnen ein dreistufiges Vorgehen:

- manuelle Design- und Codeanalysen, bei denen als sicherheitskritisch erkannte Programme im Zentrum stehen
- automatisierte statische Prüfungen mit dem Code Inspector
- Hacker-Tests, bei denen versucht wird, den ausgeführten Code durch Benutzereingaben so zu manipulieren, dass dadurch unerwünschte, sicherheitskritische Effekte erzielt werden

Als sicherheitskritische Effekte sind hierbei insbesondere zu nennen:

- **Cross-Site-Scripting (XSS)**
  Dabei wird zum Beispiel versucht, durch Benutzereingaben auf einer HTML-Seite JavaScript-Code einzuschleusen, der dann unerwünschte Aktionen ausführt. Potenziell anfällig für solche Attacken sind Business Server Pages (BSP), die sowohl ABAP- als auch HTML-Code enthalten.

- **SQL-Injection**
  Auch hier versucht ein Angreifer, durch Benutzereingaben bösartige ausführbare Anweisungen einzuschleusen, diesmal Datenbankanweisungen.

- **Code-Injection**
  Falls entsprechende Hintertüren (Backdoors) in ABAP vorhanden sind, kann ausführbarer ABAP-Code in ein System eingeschleust werden.

- **Directory Traversal**
  Manche ABAP-Anweisungen ermöglichen den Zugriff auf das Dateisystem eines Rechners, was bei böswilliger Verwendung gefährliche Folgen haben kann.

- **Ausführen sonstiger kritischer Anweisungen**
  In ABAP gibt es einige weitere Anweisungen, die zwar in einem SAP-Basis-Programm verwendet werden können, deren Einsatz in einem Anwendungsprogramm aber fragwürdig ist.

Mittels einer Suche nach statischen Verwendungsstellen bestimmter sicherheitsrelevanter Anweisungen können zwar potenzielle Angriffspunkte identifiziert werden, aber keine dauerhafte oder vollkommene Sicherheit für eine Anwendung erreicht werden. Betrachten Sie als Beispiel einen Funktionsbaustein, dem in seiner Schnittstelle ein String übergeben wird, der in der dynamischen WHERE-Bedingung eines Datenbankzugriffs verwendet wird – und damit prinzipiell SQL-Injection ermöglicht. Der Funktionsbaustein kann notwendig und bei der Überprüfung durch den Tester als unkritisch eingestuft worden sein. In einer bislang nicht untersuchten Entwicklungsklasse, in einem nachgelagerten System oder in einem späteren Release kann ein neuer Aufruf für diesen Funktionsbaustein implementiert werden. Werden durch diesen Aufruf Benutzereingaben aus einem User-Interface direkt an die Funktion übergeben, wird aus dem bis dahin unkritischen Baustein eine potenzielle Sicherheitslücke. Ein solcher Aufruf kann auch dynamisch erfolgen, sodass selbst ein Verwendungsnachweis oder eine globale Datenflussanalyse die Sicherheit der Funktion nicht nachweisen kann – höchstens den Grad ihrer Unsicherheit. Sicherheit von Software ist daher kein Zustand, sondern ein Ziel, das ständig neu angestrebt werden muss.

Die Sicherheitsprüfungen im Code Inspector (siehe Abbildung 5.5) sind rudimentär (was den Vorteil hat, dass kein falsches Sicherheitsgefühl aufkommen kann). So fehlt bislang zum Beispiel ein Parser für BSP-Code und damit auch eine Analysemöglichkeit für XSS-Verwundbarkeit (beachten Sie zur Sicherheit von BSP-Anwendungen den SAP-Hinweis 1525427). Darüber hinaus verfügen die vorhandenen Prüfungen über keine Datenflussanalyse. So kann beispielsweise nicht unterschieden werden, ob eine dynamische `WHERE`-Bedingung lokal in der Modularisierungseinheit »zusammengebaut« wurde oder von außen – möglicherweise durch eine Benutzereingabe – an die Modularisierungseinheit übergeben wurde.

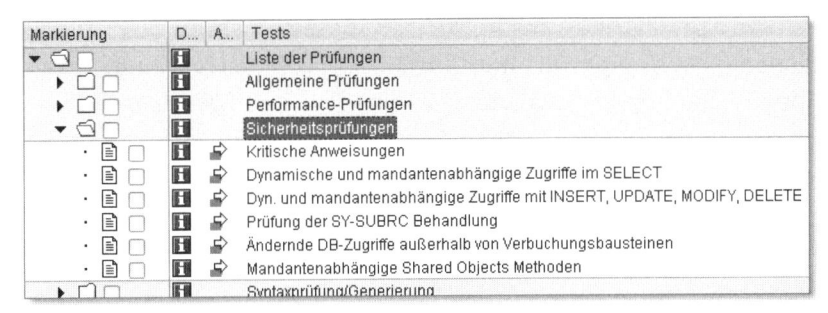

Abbildung 5.5 Prüfungen der Kategorie »Sicherheitsprüfungen« in Release 7.0 EHP2

> **Hinweis** [+]
>
> Zum Zeitpunkt der Drucklegung dieses Buches entstehen in neuen Releases von SAP NetWeaver in der ERWEITERTEN PROGRAMMPRÜFUNG neue Sicherheitsprüfungen, die eine lokale Datenflussanalyse ermöglichen. Eine Portierung bis zum Release 7.0 ist zum heutigen Zeitpunkt geplant. Damit kann die potenzielle Gefährlichkeit von dynamischen Datenbankanweisungen und einigen anderen kritischen Anweisungen mit höherer Relevanz beurteilt werden, als dies mit den hier beschriebenen Code-Inspector-Prüfungen auf Basis eines einfachen Code-Scans möglich ist.

5.5.1 Kritische Anweisungen

- Relevanz: ★★★★
- Prüfklasse: `cl_ci_test_critical_statements`
- Objekttypen: `1PRG`

Kurzbeschreibung

Diese Prüfung sucht nach ABAP-Anweisungen, die in normalem Anwendungscode nicht verwendet werden sollten. Insbesondere zu nennen sind dabei die

Anweisungen INSERT REPORT und GENERATE SUBROUTINE POOL, die aus einem ABAP-Programm heraus zur Erzeugung von neuem Programmcode führen, das heißt, potenziell Code-Injection ermöglichen. Die Meldungen zu diesen Anweisungen lassen sich nicht durch einen Pseudokommentar unterdrücken, sondern nur mittels einer tabellenbasierten Ausnahme (Vieraugenprinzip).

Parameter

- **Aufrufe**
  - **C-Calls**
    Diese Option sucht nach der Verwendung von Systemfunktionen CALL 'cfunc'. Diese Anweisung ist nur zum internen Gebrauch in SAP-Programmen bestimmt. Inkompatible Änderungen bzw. Weiterentwicklungen sind jederzeit und ohne Warnung oder Hinweis möglich.
  - **SYSTEM-CALL**
    Auch dies ist eine interne Anweisung, die nicht zur Verwendung in Anwendungsprogrammen geeignet ist.
  - **EDITOR-CALL FOR REPORT**
    Diese Anweisung startet direkt den Editor für ein Programm, ohne zuvor eine Berechtigungsprüfung vorzunehmen.
  - **SUBMIT**
    Mit SUBMIT wird direkt ein ausführbares Programm gestartet.
  - **CALL TRANSACTION**
    Diese Anweisung ruft eine Transaktion auf, wobei die Berechtigung des aktuellen Benutzers für die gerufene Transaktion nicht automatisch überprüft wird.
- **Datenbank**
  - **ROLLBACK WORK**
    Diese Option macht alle Änderungen der aktuellen Datenbanktransaktion rückgängig, das heißt seit dem letzten COMMIT WORK oder Datenbank-Commit. Diese Anweisung ist nicht sicherheitskritisch, sondern weist eher auf eine zweifelhafte transaktionale Programmierung hin.
  - **Native SQL**
    Zwischen den Anweisungen EXEC SQL und ENDEXEC können eine oder mehrere Native-SQL-Anweisungen ausgeführt werden. Da diese in der Regel datenbankspezifisch sind und auch die SAP-Puffersynchronisation umgehen, ist die Verwendung von Native SQL als kritisch anzusehen. Da die Datenbankschnittstelle die Anweisung nicht prüft,

bestehen bei Native SQL weit gefährlichere Möglichkeiten der SQL-Injection als bei der Verwendung von Open SQL.

- **DB-Hints**
  Datenbank-Hints sind Kommentare in Datenbankzugriffen, die dem Datenbankoptimierer eine Empfehlung geben, wie die Suche nach Daten vorzunehmen ist. Da es sich bei einem Hint um einen datenbankspezifischen Kommentar handelt, wird dieser auf einer anderen Datenbankplattform ignoriert.

- **Dynamische Programmbearbeitung**

  - **GENERATE ...**
    Die Anweisungen GENERATE REPORT und GENERATE DYNPRO sind nur zum internen Gebrauch in SAP-Programmen bestimmt. Mit ihnen werden schon vorhandene Objekte generiert, das heißt, vom ABAP-Compiler in Bytecode übersetzt. Weit kritischer dagegen ist die Anweisung GENERATE SUBROUTINE POOL, da hier zur Laufzeit dynamisch ABAP-Code erzeugt wird und damit die Möglichkeit zur Code-Injection besteht. Diese Anweisung sollte nur in Ausnahmefällen verwendet werden.

  - **READ REPORT**
    Diese Anweisung liest den Quelltext eines Programms aus dem Repository und stellt dessen Zeilen in eine interne Tabelle. Wie die meisten anderen Anweisungen dieser Kategorie ist sie nur zum internen Gebrauch in SAP-Programmen bestimmt.

  - **INSERT/DELETE REPORT**
    Die Anweisung INSERT REPORT fügt den in einer internen Tabelle gegebenen Quelltext als ein Programm in das Repository ein. Erhält eine Funktion oder eine Methode mit dieser Anweisung Teile des Quelltextes über eine Schnittstelle, besteht die Gefahr von Code-Injection. DELETE REPORT löscht ein Programm; bei einer unsachgemäßen Implementierung kann es zur unbeabsichtigten Löschung von noch benötigten Programmen kommen.

  - **IMPORT DYNPRO**
    Diese Anweisung ist nur zum internen Gebrauch in SAP-Programmen bestimmt.

  - **EXPORT/DELETE DYNPRO**
    Diese Anweisung ist nur zum internen Gebrauch in SAP-Programmen bestimmt.

  - **IMPORT NAMETAB**
    Diese Anweisung ist nur zum internen Gebrauch in SAP-Programmen bestimmt.

▶ **EXPORT NAMETAB**
Diese Anweisung ist nur zum internen Gebrauch in SAP-Programmen bestimmt.

Details

Falls in Ihren Programmen eine dieser kritischen Anweisungen verwendet wird, sollten Sie in jedem Fall prüfen, ob diese tatsächlich notwendig ist. Falls ja, sollten Sie bei den Anweisungen zur dynamischen Programmbearbeitung und bei der Verwendung von Native SQL untersuchen, ob Teile dieser Anweisungen, wie beispielsweise Quelltext-Bestandteile oder Programm- bzw. Tabellennamen, von außen durch eine Funktions- oder Methodenschnittstelle in die Anweisung »fließen«. Dann besteht prinzipiell die Gefahr von Code-Injection bzw. SQL-Injection, da die Schnittstelle mit den Benutzereingaben aus einem User-Interface gefüttert werden könnte.

Grundsätzlich sollten Benutzereingaben, die in Datenbankanweisungen verwendet werden sollen (zum Beispiel Werte für eine Suche) oder die Pfadnamen für Zugriffe auf das Dateisystem eines Rechners beinhalten, immer innerhalb des Programms geprüft werden. Lesen Sie hierzu auch die Dokumentation der Klasse `cl_abap_dyn_prg`, die mit SAP-Hinweis 1487337 bis zum Release 6.20 portiert werden kann, bzw. den SAP-Hinweis 1502272.

Meldungen

Siehe Anhang B, »Meldungen der SAP-Standardprüfungen«.

[*] **Empfehlung**
Diese Prüfung sucht nach potenziell kritischen Anweisungen. Ob diese wirklich eine Gefahr für die Programmsicherheit darstellen, muss im jeweiligen Kontext überprüft werden. Die Prüfung sollte bei Untersuchungen zur Programmsicherheit immer ausgewählt werden.

5.5.2 Suche nach bestimmten kritischen Anweisungen (ab Release 7.0 EHP2)

▶ Relevanz: ★★★
▶ Prüfklasse: `cl_ci_test_spec_crit_stmnts`
▶ Objekttypen: 1PRG

Kurzbeschreibung

Diese Prüfung stellt eine Ergänzung zur Prüfung »Kritische Anweisungen« aus Abschnitt 5.5.1 dar. Sie erlaubt es, gezielt nach bestimmten kritischen Konstrukten zu suchen, zum Beispiel nach ganz bestimmten C-Calls.

Parameter

Diese Prüfung hat im Wesentlichen die gleichen Parameter wie die Prüfung »Kritische Anweisungen«, allerdings können hier in den meisten Fällen Werte für die Suche mitgegeben werden. Es ist beispielsweise nicht nur die generelle Suche nach der Anweisung SUBMIT möglich, sondern Sie können auch die Suche nach SUBMIT <report_name> spezifizieren.

Ein zusätzlicher Parameter, DYNAMISCHE VERWENDUNGEN MELDEN, erweitert die Suche um dynamisch (zur Laufzeit) gesetzte Namen, in unserem Beispiel: SUBMIT (var_name).

Meldungen

Siehe Anhang B, »Meldungen der SAP-Standardprüfungen«.

> **Empfehlung** [*]
> Verwenden Sie diese Prüfung alternativ oder als Ergänzung zur Prüfung »Kritische Anweisungen«.

5.5.3 Dynamische und mandantenabhängige Zugriffe im SELECT

- Relevanz: ★★★★
- Prüfklasse: cl_ci_test_select_taw_sec01
- Objekttypen: 1PRG

Kurzbeschreibung

Die Prüfung untersucht, ob mit SELECT oder OPEN CURSOR c FOR SELECT ... sicherheitsrelevante lesende Zugriffe auf Datenbanktabellen vorgenommen werden.

Parameter

- **Dynamische Tabellenzugriffe**
  Es wird nach lesenden Datenbankzugriffen gesucht, bei denen der Tabellenname dynamisch angegeben wird, das heißt als Variable oder Literal.

- **Dynamische WHERE-Bedingungen**
  Diese Option sucht nach dynamisch angegebenen WHERE-Bedingungen.
- **Zugriffe auf Tabelle**
  Diese Option sucht nach statischen Zugriffen auf bestimmte Tabellen.
- **Mandantenabhängige SELECT-Zugriffe**
  Diese Option sucht nach mandantenübergreifenden lesenden Zugriffen.

Details

In der Regel erwartet man von einem Anwendungsprogramm, dass es nur auf eine bestimmte Gruppe von Datenbanktabellen zugreift, nur Daten aus dem Mandanten liest, in dem es ausgeführt wird, und dass die für den Zugriff verwendete WHERE-Bedingung in Klartext im Programm steht. Die statische Angabe von Tabellenname und WHERE-Bedingung ist auch die Voraussetzung dafür, dass die Performanceprüfungen des Code Inspectors Probleme wie eine unzureichende WHERE-Bedingung oder ein Umgehen des Tabellenpuffers entdecken können.

Aus diesen Gründen werden hier für einen lesenden Datenbankzugriff folgende Aspekte geprüft:

- **Ist der Tabellenname dynamisch formuliert?**
  Mit der Verwendung eines dynamischen Tabellennamens kann die Anwendung kaschieren, dass auf eine Tabelle zugegriffen werden soll, für die gar keine Verwendungsberechtigung besteht. Mit dem in Release 7.0 EHP1 eingeführten erweiterten Paketkonzept ist es möglich, Zugriffe auf Objekte aus anderen Paketen zu kontrollieren. Damit soll die Entkopplung von unterschiedlichen Anwendungsbereichen erreicht und die Verwendung klar definierter Paketschnittstellen erzwungen werden. Bei der statischen Angabe des Tabellennamens würde die statische Paketprüfung gegebenenfalls eine Verletzung des Paketkonzeptes erkennen. Die dynamische Paketprüfung, das heißt die Überwachung der Einhaltung des Paketkonzeptes zur ABAP-Laufzeit, ist leider noch nicht produktiv nutzbar.
- **Ist die WHERE-Bedingung dynamisch formuliert?**
  In ABAP-Open-SQL steht die Datenbankschnittstelle schützend zwischen ABAP und Datenbank. Dadurch ist es – anders als bei der Verwendung von Native SQL – nicht möglich, bösartige Datenbankbefehle, wie zum Beispiel ein DROP TABLE, über eine manipulierte WHERE-Bedingung einzuschleusen. Es ist jedoch prinzipiell möglich, sich den Zugriff auf Daten aus einer Datenbanktabelle zu erschleichen, die für den Benutzer nicht bestimmt sind (SQL-Injection). Besonders kritisch sind dynamische

Bestandteile der `WHERE`-Bedingung, die an der Schnittstelle an eine Funktion oder Methode übergeben und durch Benutzereingaben erzeugt werden. Die vorliegende Code-Inspector-Prüfung kann aber nur generell nach dynamischen `WHERE`-Bedingungen suchen; sie verfügt nicht über eine Datenflussanalyse, mit der der Weg von den eingegebenen Daten bis zur Datenbankanweisung verfolgt werden könnte.

- **Wird auf eine bestimmte Tabelle zugegriffen?**
  Mit dieser Prüfung kann nach statischen Zugriffen auf bestimmte Tabellen gesucht werden, falls Sie dem Verwendungsnachweis nicht vertrauen bzw. gezielt lesende Datenbankzugriffe sehen möchten.

- **Erfolgt ein mandantenübergreifender Zugriff?**
  Ein solcher Zugriff hat in einem Anwendungsprogramm nichts zu suchen. Unterschiedliche Mandanten können die Daten verschiedener Kunden enthalten – und was gehen den einen Kunden die Daten des anderen an?

In einer Datenbankanweisung können noch weitere Bestandteile dynamisch formuliert werden: die Feldliste, die `GROUP BY`-, die `HAVING`- und die `ORDER BY`-Klausel. Diese Dynamik wird mit der vorliegenden Prüfung nicht analysiert. Diese Bestandteile werden jedoch in der Regel nur selten von Benutzereingaben abhängig und damit manipulierbar sein.

Meldungen

Siehe Anhang B, »Meldungen der SAP-Standardprüfungen«.

> **Empfehlung** [*]
>
> Diese Prüfung untersucht Aspekte der Datenintegrität beim Lesen von Datenbanktabellen und sollte bei Untersuchungen zur Programmsicherheit ausgewählt werden.

5.5.4 Dynamische und mandantenabhängige Zugriffe mit INSERT, UPDATE, MODIFY, DELETE

- Relevanz: ★★★★
- Prüfklasse: `cl_ci_test_imud_taw_sec01`
- Objekttypen: `1PRG`

Kurzbeschreibung

Siehe Prüfung »Dynamische und mandantenabhängige Zugriffe im SELECT« in Abschnitt 5.5.3, hier aber entsprechend für ändernde Datenbankzugriffe.

Parameter

Die Parameter haben dieselbe Bedeutung wie in Prüfung »Dynamische und mandantenabhängige Zugriffe im SELECT«:

- Dynamische Tabellenzugriffe
- Dynamische WHERE-Bedingungen
- Zugriffe auf Tabelle
- Mandantenabhängige Tabellenzugriffe

Details

Siehe Prüfung »Dynamische und mandantenabhängige Zugriffe im SELECT«.

Meldungen

Siehe Anhang B, »Meldungen der SAP-Standardprüfungen«.

[*] | **Empfehlung**
Diese Prüfung untersucht Aspekte der Datenintegrität beim Lesen von Datenbanktabellen und sollte bei Untersuchungen zur Programmsicherheit ausgewählt werden.

5.5.5 Prüfung der SY-SUBRC-Behandlung

- Relevanz: ★★★★
- Prüfklasse: `cl_ci_test_sysubrc`
- Objekttypen: `1PRG`
- Hinweis: Diese Prüfung gehört ab Release 7.0 EHP2 zur Kategorie ROBUSTE PROGRAMMIERUNG.
- Anmerkung: Diese Prüfung ist in Ihrem System vielleicht nicht im Baum der Prüfungen sichtbar. Um sie verwenden zu können, wählen Sie die Prüfung mithilfe des Code-Inspector-Menüs SPRINGEN • VERWALTUNG VON • TESTS aus, und sichern Sie die Einstellung.

Kurzbeschreibung

Viele ABAP-Anweisungen setzen die Systemvariable SY-SUBRC (Rückgabewert oder Returncode) abhängig vom Ausgang der durchgeführten Operation. Ein Programm, das nicht auf den Wert des `SY-SUBRC` reagiert, ignoriert damit eine potenzielle Fehlersituation.

Parameter

Die Parameter dieser Prüfung legen fest, für welche Anweisungen die Abfrage des Rückgabewertes überprüft werden soll.

- **Lesende DB-Zugriffe**
  Diese Option prüft, ob nach einer `SELECT`- oder `FETCH`-Anweisung der Rückgabewert überprüft wird.

- **Ändernde DB-Zugriffe**
  Diese Option prüft, ob nach `INSERT`, `DELETE` oder `MODIFY` der `SY-SUBRC` behandelt wird.

- **AUTHORITY-CHECK**
  Die Anweisung `AUTHORITY-CHECK` prüft, ob für einen bestimmten Benutzer in dessen Benutzerstammsatz eine Berechtigung für ein gegebenes Berechtigungsobjekt vorhanden ist. Ist der Rückgabewert für solch eine Berechtigungsprüfung nicht 0, fehlt dem aktuellen Benutzer die Berechtigung zur Ausführung der entsprechenden Aktion innerhalb einer Anwendung.

- **CALL FUNCTION**
  Diese Anweisung dient zur Prüfung des Rückgabewertes eines Funktionsaufrufs.

- **CALL METHOD**
  Diese Anweisung dient zur Prüfung des Rückgabewertes eines Methodenaufrufs, der aber nur bei Verwendung der klassischen Ausnahmen gesetzt wird.

  Zwar ist es auch im ABAP-OO-Umfeld möglich, mit klassischen Ausnahmen zu arbeiten, eher zu empfehlen sind aber die modernen, klassenbasierten Exceptions (Ausnahmeklassen).

- **CALL FUNCTION "ENQUEUE_..."**
  Diese Anweisung dient zur Prüfung des Rückgabewertes einer Sperranforderung.

- **CATCH...ENDCATCH**
  Vor Release 6.10 konnten mit dem Konstrukt `CATCH SYSTEM-EXCEPTIONS ... ENDCATCH` abfangbare Laufzeitfehler behandelt werden. Tritt einer der in diesem Konstrukt angegebenen abfangbaren Laufzeitfehler auf, wird die Programmausführung hinter der Anweisung `ENDCATCH` fortgesetzt und

die dem abfangbaren Laufzeitfehler zugeordnete Zahl im Systemfeld SY-SUBRC zur Auswertung abgelegt. Die Verwendung dieser Anweisungen ist mit den klassenbasierten Ausnahmen obsolet.

- **Dynamischer ASSIGN**
  Bei den dynamischen Varianten der ASSIGN-Anweisung wird der Rückgabewert auf 4 gesetzt, wenn die Zuweisung nicht erfolgreich war.

- **Beliebige Anweisung**
  Es gibt noch eine Reihe weiterer Anweisungen, die den Rückgabewert SY-SUBRC setzen. Für Anweisungen, die hier angegeben werden, wird kontrolliert, ob im Programm der Rückgabewert überprüft wird. Der Code Inspector prüft allerdings nicht, ob eine von Ihnen hier spezifizierte Anweisung tatsächlich den SY-SUBRC setzt.

Details

Ist der Wert der Systemvariablen SY-SUBRC nach bestimmten ABAP-Anweisungen ungleich 0, ist es bei der Ausführung zu einer Fehler- oder Ausnahmesituation gekommen. Diese Möglichkeit in einem Programm nicht zu berücksichtigen ist fahrlässig. Im Fall der Anweisung AUTHORITY-CHECK beispielsweise liegt eine Sicherheitslücke vor, denn nach einer gescheiterten Berechtigungsprüfung (SY-SUBRC = 4) darf die entsprechende Aktion vom Benutzer nicht ausgeführt werden.

Für eine statische Prüfung ist nicht mit letzter Sicherheit feststellbar, ob der Returncode einer Anweisung in einem Programm abgefragt wird – es gibt dazu einfach zu viele unterschiedliche Möglichkeiten. Beispielsweise kann eine Anweisung die letzte sein, die in einer FORM-Routine ausgeführt wird; der von ihr gesetzte Rückgabewert ist dann zugleich der Rückgabewert der FORM-Routine, der wiederum vom Aufrufer abgefragt werden könnte. Mit SAP-Hinweis 1296076 wurde diese Prüfung verbessert und sollte nun die gebräuchlichsten SY-SUBRC-Abfragen erkennen.

Meldungen

Siehe Anhang B, »Meldungen der SAP-Standardprüfungen«.

[*] **Empfehlung**

Diese Prüfung sucht nach Anweisungen, für die es keine Fehlerbehandlung gibt. Setzen Sie diese Prüfung ein, und wählen Sie zumindest die Parameter für die Datenbankanweisungen, den Authority-Check und die Enqueue-Anforderung aus.

5.5.6 Verwendung der ADBC-Schnittstelle (ab Release 7.0 EHP2)

- Relevanz: ★★★★
- Prüfklasse: `cl_ci_test_find_dyn_sql`
- Objekttypen: 1PRG

Kurzbeschreibung

Die ADBC-Schnittstelle (ABAP-Datenbank-Connector) wurde in Anlehnung an die auf dem Java-Server vorhandene JDBC-Schnittstelle angelegt. Die Klasse `cl_sql_statement` des ADBC nimmt in einem String eine beliebige SQL-Anweisung entgegen und schickt diese, teilweise unter Umgehung der ABAP-Datenbankschnittstelle, direkt an die Datenbank. Deshalb haben Aufrufe von Methoden aus den ADBC-Klassen in Anwendungsprogrammen in der Regel nichts zu suchen. Eine Ausnahme kann die Anbindung eines externen Datenbanksystems bilden, in dem zum Beispiel Stored Procedures aufgerufen werden sollen.

Diese Prüfung sucht nach der Verwendung von Objekten, die als Instanzen von ADBC-Klassen angelegt werden. Alternativ kann diese Prüfung auch nach beliebigen anderen ABAP-OO-Objekttypen suchen.

Parameter

- **[Suche Verwendung von ...] ADBC-Klassen**
  Es wird nach allen Verwendungsstellen von Klassen des Paketes `SDB_ADBC` gesucht.

- **[Suche Verwendung von ...] weiteren Klassen**
  Mit dieser Option können Sie nach der Verwendung anderer Klassen suchen.

- **[Eine Meldung pro ...] Rahmenprogramm**
  Pro Entwicklungsobjekt (zum Beispiel ABAP-OO-Klasse) wird eine Meldung ausgegeben, falls mindestens eine Verwendung der ausgewählten Klassen gefunden wurde.

- **[Eine Meldung pro ...] Include-Programm**
  Pro Include-Programm (zum Beispiel pro Methode) wird eine Meldung ausgegeben.

- **[Eine Meldung pro ...] Einzelanweisung**
  Pro Verwendungsstelle wird eine Meldung ausgegeben.

Meldungen

Siehe Anhang B, »Meldungen der SAP-Standardprüfungen«.

[*] **Empfehlung**

Diese Prüfung sucht nach der Verwendung der ADBC-Schnittstelle, die es ermöglicht, die Standard-Datenbankschnittstelle zu umgehen und direkt SQL-Anweisungen an die Datenbank zu senden. Daher sollten Sie diese Prüfung bei Untersuchungen zur Programmsicherheit auswählen.

5.5.7 Ändernde Datenbankzugriffe außerhalb von Verbuchungsbausteinen

- Relevanz: ★
- Prüfklasse: cl_ci_test_imud_not_vb
- Objekttypen: 1PRG
- Anmerkung: Diese Prüfung ist in Ihrem System vermutlich nicht im Baum der Prüfungen sichtbar. Um sie verwenden zu können, wählen Sie die Prüfung mithilfe des Code-Inspector-Menüs SPRINGEN • VERWALTUNG VON • TESTS aus, und sichern Sie die Einstellung.

Kurzbeschreibung

Innerhalb einer SAP-Transaktion sollten ändernde Datenbankzugriffe in der Verbuchung erfolgen. Deshalb wäre eine dynamische Prüfung interessant, die ändernde Datenbankanweisungen nachweist, die zur Laufzeit nicht in der Verbuchungsphase ausgeführt werden.

Die vorliegende Prüfung liefert aber lediglich die Information, ob sich innerhalb einer Funktionsgruppe INSERT-, UPDATE-, MODIFY- oder DELETE-Anweisungen befinden, die nicht in Verbuchungsfunktionsbausteinen liegen. Ändernde Datenbankanweisungen in ABAP-OO-Methoden werden von der Prüfung nicht bemängelt, da diese zur Laufzeit von einem Verbuchungsbaustein gerufen werden könnten. Um dies feststellen zu können, benötigte man eine globale Datenflussanalyse. Wenn Sie allerdings in Ihren Programmen ändernde Datenbankanweisungen direkt in Verbuchungsbausteinen kapseln, kann diese Prüfung für Sie durchaus nützlich sein.

Diese Prüfung gehört inhaltlich eher in die Kategorie ROBUSTE PROGRAMMIERUNG.

Parameter

- **Nur in Funktionsbausteinen**
  Ist diese Option gewählt, werden nur ändernde Datenbankzugriffe in (Nicht-Verbuchungs-)Funktionsbausteinen, nicht aber innerhalb sonstiger Includes der Funktionsgruppe gemeldet.

Meldungen

Siehe Anhang B, »Meldungen der SAP-Standardprüfungen«.

> **Empfehlung** [*]
> Möchten Sie ändernde Datenbankanweisungen in Verbuchungsbausteinen kapseln, hilft Ihnen diese Prüfung, Stellen zu finden, bei denen von dieser Vorgabe abgewichen wurde. In diesem Anwendungsfall sollten Sie die Prüfung bei Untersuchungen zur Programmsicherheit bzw. Robustheit auswählen.

5.5.8 Mandantenabhängige Shared-Objects-Methoden (ab Release 7.0 EHP2)

- Relevanz: ★★★★
- Prüfklasse: `cl_ci_test_sho_client`
- Objekttypen: `1PRG`

Kurzbeschreibung

Auch für Shared-Objects-Methoden gilt, dass diese nur Daten aus dem eigenen Mandanten lesen sollten. Diese Prüfung untersucht, ob Methoden für den Zugriff auf Shared-Objects-Gebietsinstanzen mandantenabhängig aufgerufen werden, das heißt, ob bei den als Prüfparameter aufgeführten Methoden der optionale Parameter `CLIENT` beim Aufruf angegeben wird.

Parameter

Bei den Parametern dieser Prüfung handelt es sich um die Namen von Methoden der Shared-Objects-Gebietsklassen, bei denen es potenziell zu mandantenübergreifenden Zugriffen kommen kann. Wir empfehlen Ihnen, alle Parameter auszuwählen: `ATTACH_FOR_READ`, `ATTACH_FOR_WRITE`, `ATTACH_FOR_UPDATE`, `DETACH_AREA`, `DETACH_ALL_AREAS`, `INVALIDATE_INSTANCE`, `INVALIDATE_AREA`, `PROPAGATE_INSTANCE`, `PROPAGATE_AREA`, `FREE_INSTANCE`, `FREE_AREA`.

Details

Mit Transaktion SHMA erzeugen Sie eine Gebietsklasse für ein Shared Object. Dort können Sie auch spezifizieren, ob das Gebiet mandantenabhängig sein soll. Ist dies der Fall, besitzen die generierten Zugriffsmethoden für das Shared Object einen zusätzlichen, optionalen Parameter CLIENT. Wird dieser beim Aufruf nicht versorgt, arbeiten die Methoden mit den Daten des lokalen Mandanten. Wird der Parameter CLIENT dagegen vom Aufrufer gesetzt, liegen potenziell mandantenübergreifende Zugriffe vor.

Meldungen

Siehe Anhang B, »Meldungen der SAP-Standardprüfungen«.

[*] **Empfehlung**

Setzen Sie diese Prüfung ein, wenn Sie mit Shared Objects arbeiten und Untersuchungen zur Programmsicherheit durchführen. Wählen Sie dabei alle Parameter aus.

5.5.9 Weitere Prüfmöglichkeiten zur Programmsicherheit

Die Suchfunktionen im Code Inspector (siehe Abschnitt 5.12) ermöglichen es Ihnen, nach weiteren sicherheitskritischen Konstrukten zu fahnden. So eröffnet die Verwendung der Systemvariablen SY-UNAME und SYST-UNAME die Möglichkeit, benutzerspezifischen Code auszuführen. Dadurch kann ein bestimmter Benutzer zusätzliche Funktionen oder die gleichen Funktionen mit erweiterten Berechtigungen ausführen, was im produktiven Betrieb eines SAP-Systems normalerweise nicht erwünscht ist. Die Prüfung »Suche von ABAP-Anweisungsmustern« (siehe Abschnitt 5.12.2) erlaubt es, nach der Verwendung von * SY-UNAME * bzw. * SYST-UNAME * zu suchen.

5.6 Syntaxprüfung/Generierung

Die Syntaxprüfung und die erweiterte Programmprüfung (siehe Abbildung 5.6) gehören sicher zu den wichtigsten statischen Codechecks. Ein Programm mit Syntaxfehlern sollte nur in Ausnahmefällen aktiviert werden, auf keinen Fall sollten Programme mit Syntaxfehlern die Transportfreigabe passieren und nachfolgende Systeme »verunreinigen«. Trotzdem kommt es immer wieder vor, dass sich Programme mit Syntaxfehlern in einem System befinden, zum Beispiel wenn es nach einem Transport Aktivierungsprobleme gab, und dann neue Programmversionen mit veralteten ABAP-Dictionary-Definitionen kollidieren. In einem solchen Fall kann es nützlich sein, mit dem Code Inspector eine Suche nach fehlerhaften Programmen durchzuführen, um so alle Probleme schnell zu identifizieren.

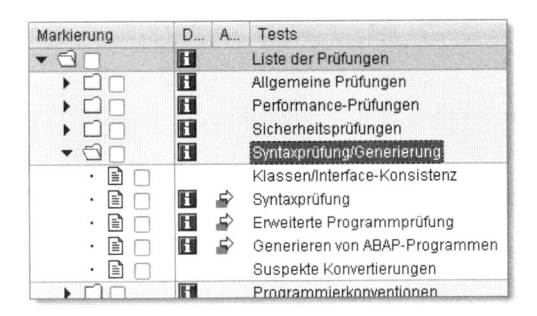

Abbildung 5.6 Prüfungen der Kategorie »Syntaxprüfung/Generierung«

Nicht ganz so kritisch wie Syntaxfehler, die bei der Ausführung des fehlerhaften Programms sofort einen Laufzeitfehler verursachen, sind Defekte, die zu Meldungen der ERWEITERTEN PROGRAMMPRÜFUNG (Transaktion SLIN) führen. Allerdings gibt es auch unter den Meldungen der ERWEITERTEN PROGRAMMPRÜFUNG einige, die auf sehr ernste Probleme hinweisen.

Im Software-Entwicklungsprozess bei SAP muss die Anzahl von Meldungen der ERWEITERTEN PROGRAMMPRÜFUNG mit Priorität 1 und 2 (entspricht »Fehlern« und »Warnungen« im Code Inspector) bis zum Ende eines Entwicklungszyklus unter einen bestimmten Wert reduziert und dann in der Korrekturphase gänzlich auf null gebracht werden. Für Meldungen mit Priorität 3 und 4 (entspricht »Informationen« im Code Inspector) gibt es gelegentlich Aufräumaktionen.

5.6.1 Klassen/Interface-Konsistenz

▸ Relevanz: ★

▸ Prüfklasse: `cl_ci_test_class_consistence`

▸ Objekttypen: `CLAS`, `INTF`

▸ Anmerkung: Diese Prüfung ist in Ihrem System vermutlich nicht im Baum der Prüfungen sichtbar. Um sie verwenden zu können, wählen Sie die Prüfung mithilfe des Code-Inspector-Menüs SPRINGEN • VERWALTUNG VON • TESTS aus, und sichern Sie die Einstellung.

Kurzbeschreibung

Diese Prüfung untersucht ABAP-OO-Klassen und Interfaces auf ihre Konsistenz mit einigen Repository-Verwaltungstabellen hin sowie hinsichtlich von Scan-Fehlern oder fehlender Includes.

Meldungen

Siehe Anhang B, »Meldungen der SAP-Standardprüfungen«.

[*] > **Empfehlung**
>
> Es handelt sich hier um eine technische, SAP-interne Prüfung. Lassen Sie sie daher ausgeschaltet.

5.6.2 Syntaxprüfung

- Relevanz: ★★★★★
- Prüfklasse: `cl_ci_test_syntax_check`
- Objekttypen: `1PRG`

Kurzbeschreibung

Diese Prüfung enthält die wichtigsten statischen Prüfungen zur funktionalen Korrektheit von ABAP-Quellcode. Es handelt sich um die gleichen Einzelprüfungen, die auch im Editor der ABAP Workbench zur Verfügung stehen.

Parameter

- **Mehr als ein Fehler**
  Mit dieser Option wird nicht nur der erste Syntaxfehler in einem Programm, sondern alle vorhandenen angezeigt. Dies geschieht allerdings nur, wenn die Kompilation des Programmes nicht abgebrochen wird. Zu einem Abbruch führt insbesondere ein Fehler in einer Deklaration (zum Beispiel `DATA`-Anweisung).

- **Warnungen**
  Mit dieser Option werden nicht nur Fehlermeldungen, sondern auch Warnungen der Syntaxprüfung angezeigt.

- **Meldungscodes**
  Hier können bestimmte Meldungscodes definiert werden, die dann als Filter für die Ergebnismenge fungieren.

Details

Informationen zur ABAP-Syntax finden Sie natürlich in der ABAP-Schlüsselwortdokumentation, in Transaktion ABAPHELP und in der *ABAP-Referenz* (SAP PRESS, 2010).

Meldungen

Die Obermenge der Meldungen aus »Syntaxcheck«, »Erweiterter Programmprüfung« und einiger weiterer Prüfungen, die auf dem Syntaxcheck basieren, finden Sie in Tabelle TRMSG. Diese hat, abhängig vom betrachteten Release, etwa 2.200 bis 2.600 Einträge (ohne Fortsetzungseinträge). Angesichts dieser großen Menge können wir diese Meldungen auch im Anhang nicht einzeln aufführen.

> **Empfehlung** [*]
> Diese Prüfung sollte bei allen Untersuchungen auf funktionale Korrektheit hin ausgeführt werden.

5.6.3 Erweiterte Programmprüfung

- Relevanz: ★★★★★
- Prüfklasse: cl_ci_test_extended_check
- Objekttypen: 1PRG

Kurzbeschreibung

Die erweiterte Programmprüfung bietet zahlreiche Einzelprüfungen zu unterschiedlichen Produkteigenschaften an, die für den normalen Syntaxcheck zu aufwendig sind.

Parameter

Die erweiterte Programmprüfung (Transaktion SLIN) kennt vier unterschiedliche Profile von Prüfungen: Standard, Checkman, Transport und eine vom Benutzer konfigurierte Zusammenstellung von Prüfungen.

- **Nur Standardprüfungen**
  Mit dieser Option wählen Sie alle Prüfungen aus, die für den Checkman, ein SAP-internes Tool, relevant sind. Alle Meldungen haben die Priorität »Fehler«.

- **Transportprüfungen**
  Diese Option umfasst alle Prüfungen, die für die Freigabe von Transportaufträgen in der Transport-Workbench (Transaktion SE09) relevant sind.

- **Bestimmte Prüfungen**
  Diese Option ermöglicht es Ihnen, wie in Transaktion SLIN die aufgeführten Teilprüfungen selbst zusammenzustellen. Dazu dienen die nun folgenden Parameter.

- **PERFORM/FORM-Schnittstellen**
  Dieser Parameter dient der Überprüfung von externen PERFORM-Aufrufen und FORM-Definitionen.

- **CALL FUNCTION-Schnittstellen**
  Dieser Parameter prüft den Aufruf und die Definition von Funktionsbausteinen.

- **Externe Programmschnittstellen**
  Dieser Parameter prüft die Aufrufe von CALL TRANSACTION, LEAVE TO TRANSACTION, CALL DIALOG, SUBMIT sowie User-Exits.

- **Dynpro-Konsistenz**
  Dieser Parameter prüft die Dynpros des untersuchten Programms auf Konsistenz hin.

- **Überprüfung der Load-Tabellen**
  Im SAP-System gibt es Obergrenzen für die Größe bestimmter Bestandteile eines ABAP-Programms bzw. des Programm-Loads. Sobald ein Programm 90 Prozent dieser Obergrenze überschreitet, wird eine Meldung ausgegeben.

- **Berechtigungen**
  Diese Option prüft, ob das bei der Abfrage einer Berechtigung verwendete Berechtigungsobjekt tatsächlich existiert und ob die Berechtigungsfelder korrekt angegeben sind.

- **GUI-Status und TITLEBAR**
  Diese Option prüft, ob für die im untersuchten Programm vorkommenden Dynpros GUI-Status (PF-STATUS) und Titel definiert wurden.

- **SET/GET-Parameter-IDs**
  Dies ist die Prüfung der SET-/GET-Parameter.

- **MESSAGE-Anweisungen**
  Dies ist die Prüfung von MESSAGE-Anweisungen.

- **Zeichenketten**
  Hierbei handelt es sich um verschiedene Prüfungen zu Zeichenketten.

- **Ausgabe CURR/QUAN-Felder**
  Diese Option prüft, ob bei einer `WRITE`-Anweisung ein Währungsbetrag ohne Zusatz einer Währung bzw. eine Mengenangabe ohne den Zusatz einer Einheit ausgegeben wird.

- **Feldeigenschaften**
  Hierbei handelt es sich um verschiedene Prüfungen der Feldeigenschaften. Beispielsweise können damit nicht benötigte, lokale Variablen aufgespürt werden.

- **Warnungen der Syntaxprüfung**
  Diese Option aktiviert die Warnung der normalen Syntaxprüfung.

- **Internationalisierung**
  Diese Option meldet Probleme, die durch die Verwendung von Sonderzeichen, den ABAP-Befehl `TRANSLATE` sowie durch verschiedene Datumsformate auftreten können.

- **Paketprüfung**
  Diese Option prüft, ob nur Objekte aus zulässigen Paketen verwendet werden.

- **Überflüssige Anweisungen**
  Diese Option sucht nach überflüssigen Anweisungen wie `BREAK-POINT`-Anweisungen oder Anweisungen, die in einem Programm hinter einer `EXIT`- oder `RETURN`-Anweisung stehen und somit nie ausgeführt werden können.

- **Problematische Anweisungen**
  Diese Option sucht nach verschiedenen problematischen Anweisungen wie dem Überschreiben von Systemfeldern oder identischen `WHEN`-Anweisungen innerhalb einer `CASE`-Schleife.

- **Strukturerweiterungen**
  Diese Option zeigt die Probleme an, die in einem Programm durch die zulässige Erweiterung einer verwendeten Struktur im Rahmen ihrer Erweiterungskategorie auftreten könnten.

- **Veraltete Anweisungen**
  Mit der Einführung von ABAP Objects wurde für ABAP-OO-Klassen eine schärfere Syntaxprüfung eingeführt; problematische Sprachelemente wie interne Tabellen mit Kopfzeilen sind dort verboten. Mit dieser Prüfung kann auch älterer, Nicht-ABAP-OO-Code auf die Verwendung solcher veralteter Sprachelemente hin untersucht werden.

- **Programmübergreifende Tests**
  Diese Option führt mehrere programmübergreifende – und damit laufzeitintensive – Prüfungen durch.

Details

Einzelobjekte können Sie mit Transaktion SLIN bzw. aus dem Menü der Entwicklungs-Workbench mittels KLASSE • PRÜFEN • ERWEITERTE PRÜFUNG bzw. PROGRAMM/FUNKTIONSBAUSTEIN • PRÜFEN • ERWEITERTE PROGRAMMPRÜFUNG untersuchen. Weitere Informationen zu den Einzelprüfungen der »Erweiterten Programmprüfung« finden Sie in der F1-Hilfe der jeweiligen Auswahlfelder im Parameter-Pop-up des Code Inspectors oder in Transaktion SLIN.

Meldungen

Die erweiterte Programmprüfung kennt – abhängig vom Release – ca. 200 bis 400 unterschiedliche Meldungen (siehe Tabelle `SLIN_DESC`), sodass wir diese weder hier noch im Anhang aufführen können. Die Meldungen sind jedoch relativ ausführlich und damit in den meisten Fällen selbsterklärend.

[*] **Empfehlung**
Diese Prüfung sollte bei allen Untersuchungen auf funktionale Korrektheit hin ausgeführt werden. Darüber hinaus hilft Ihnen die Prüfung dabei, robusten und aufgeräumten Quellcode zu erhalten, da auch überflüssige Anweisungen wie obsolete Variablendeklarationen gemeldet werden.

5.6.4 Generieren von ABAP-Programmen

- Relevanz: ★★
- Prüfklasse: `cl_ci_test_abap_generate`
- Objekttypen: `1PRG`

Kurzbeschreibung

Die Prüfung führt die ABAP-Anweisung `GENERATE REPORT`, das heißt das Generieren des ABAP-Programms aus.

Parameter

- **Generierung nur falls nötig**
  Dieser Parameter hat nicht den erwarteten Effekt, denn die Anweisung `GENERATE REPORT` wird auf alle Fälle ausgeführt, auch wenn die Generierung nicht nötig wäre (siehe unter »Meldungen«).

Details

Falls es nach einem Transport oder nach dem Neuaufbau eines SAP-Systems zu Schiefständen bei den ABAP-Programmen kommt, kann es sinnvoll sein, eine Massengenerierung anzustoßen. Auch wenn ein SAP-System neu gestartet wurde, kann eine Programmgenerierung durch den Code Inspector sinnvoll sein, um den Benutzern Wartezeiten bei der Kompilierung von Programmen zu ersparen.

Eine ähnliche Funktionalität bietet auch Transaktion SGEN (SAP-Load-Generierer) an.

Meldungen

- **LOAD_OK**

  »Keine Generierung, da LOAD vorhanden ist«

  Zu dieser Meldung kommt es, wenn der Parameter GENERIERUNG NUR FALLS NÖTIG gesetzt wurde. Die Anweisung GENERATE REPORT wird jedoch in jedem Fall durchgeführt.

- **GEN_ERROR**

  »Keine Generierung durchgeführt, um Laufzeitfehler zu verhindern«

  Die Anweisung GENERATE REPORT ist auf einen Fehler mit Rückgabewert >= 8 gelaufen, eine Generierung war nicht möglich.

Weitere Meldungen sind möglich, wenn ein Programm mit einem oder mehreren Syntaxfehlern gesichert und aktiviert wurde (die Anweisung GENERATE REPORT arbeitet nur auf der aktiven Version eines Programms). In diesem Fall wird der erste gefundene Syntaxfehler vom Code Inspector als Meldung ausgegeben.

Empfehlung [*]

Lassen Sie diese Prüfung ausgeschaltet, außer Sie möchten nach einem Systemneustart oder bei Transportschiefständen die ABAP-Programme neu generieren.

5.6.5 Suspekte Konvertierungen

- Relevanz: ★★★
- Prüfklasse: `cl_ci_test_susp_conversions`
- Objekttypen: `1PRG`

- Hinweis: Diese Prüfung befindet sich ab Release 7.0 EHP2 in der Kategorie ROBUSTE PROGRAMMIERUNG.
- Anmerkung: Diese Prüfung ist in Ihrem System vielleicht nicht im Baum der Prüfungen sichtbar. Um sie verwenden zu können, wählen Sie die Prüfung mithilfe des Code-Inspector-Menüs SPRINGEN • VERWALTUNG VON • TESTS aus, und sichern Sie die Einstellung.

Kurzbeschreibung

Diese Prüfung untersucht, ob bestimmte, verdächtige Konvertierungen zwischen Feldern mit unterschiedlichen ABAP-Typen vorliegen. Dabei kann es zu erhöhten Laufzeiten durch Typkonvertierungen und sogar zu Datenverlust kommen. Sie überfordert aber den Benutzer mit der hohen Anzahl von Meldungen, die ohne Spezialwissen über ABAP-Typen zum Teil nicht zu verstehen sind.

Parameter

Die Prüfung verfügt erst ab Release 7.0 EHP2 über Parameter:

- **Nach ABAP-Typ NUMERIC**
  Hierbei handelt es sich um die Konvertierung eines nicht numerischen Typs in einen numerischen Typ.
- **Zwischen ABAP-Typen**
  Hierbei handelt es sich um die Konvertierung zwischen unterschiedlichen elementaren ABAP-Typen, zum Beispiel zwischen den Typen I und C.
- **Struktur nach ABAP-Typ C**
  Hierbei handelt es sich um die Konvertierung zwischen einem Strukturtyp und dem Typ C.
- **Literal nach ABAP-Typ C**
  Hierbei handelt es sich um die Konvertierung zwischen Zeichenliteral und Feld.
- **Literal nach ABAP-Typ NUMERIC**
  Hierbei handelt es sich um die Konvertierung eines Zeichenliterals in einen numerischen Typ.
- **ABAP-Typ nach ABAP-Typ C**
  Hierbei handelt es sich um die Konvertierung in den Typ C mit potenziellem Datenverlust.

- Literal nach ABAP-Typ

  Hierbei handelt es sich um die Konvertierung zwischen Zeichenliteral und Feld mit potenziellem Datenverlust.

Details

Diese Prüfung liefert prinzipiell interessante Informationen: Wird beispielsweise zur Laufzeit ein (String- oder Character-)Literal an eine ABAP-Variable übergeben, die eigentlich einen numerischen Typ erwartet, muss die ABAP-Laufzeit jedes Mal eine Konvertierung des Wertes vornehmen. Kritischer ist es, wenn es bei einer Zuweisung zu einem potenziellen Datenverlust kommen kann, weil der ABAP-Typ der Variablen, in die geschrieben wird, kürzer ist als der ABAP-Typ aus der der Wert stammt.

Leider zeigt sich jedoch, dass Typkonvertierungen in ABAP sehr häufig stattfinden, sodass die Prüfung – zumindest in Release 7.0 EHP1, in dem noch keine Parameter zur Verfügung stehen, die die Auswahl begrenzen könnten – sehr viele Meldungen liefert. Manche Meldungen erscheinen auch mehrfach, und eine Coding-Stelle kann zu mehreren unterschiedlichen Meldungen führen. Ein weiteres Problem ist, dass Meldungen aus einer anderen Prüfung (»Kopieren großer Datenobjekte«, siehe Abschnitt 5.4.8) auch in »Suspekte Konvertierungen« angezeigt werden, da sie beide die gleiche Testgrundlage haben und in Release 7.0 EHP1 bislang nicht ausgefiltert werden. Kurzum, in Release 7.0 EHP1 ist die Prüfung noch nicht genügend ausgereift.

Meldungen

Anhand einiger ABAP-Beispiele führen wir die möglichen Meldungen auf:

- **MESSAGEG_F**

  »Bei L_CNT_C suspekte Konvertierung vom ABAP-Typ ›C‹ nach NUMERIC«

  ```
  10    DATA: l_cnt_c   TYPE    sychar10,
  20          l_cnt_p   TYPE    p.
  30    ADD   l_cnt_c   TO      l_cnt_p.
  ```

  Die Variable `l_cnt_c` ist ein Character-Typ, die Variable `l_cnt_p` dagegen ein numerischer Typ.

- **MESSAGEG_G**

  »Suspekte Konvertierung zwischen den ABAP-Typen ›N‹ und ›I‹«

  ```
  10    DATA: l_connid TYPE   sflight-connid,
  20          l_lineno TYPE   sylinno.
  30    MOVE  l_connid TO     l_lineno.         "NUMC4 nach INT4
  ```

Der ABAP-Typ von `l_connid` ist `NUMC4`, während der von `l_lineno INT4` ist.

- **MESSAGEG_J**

  »Bei L_CARRID_LINE suspekte Konvertierung von ABAP-Typ ›u‹«

  ```
  10    DATA:    l_carrid TYPE RANGE OF spfli-carrid,
  20             l_carrid_line LIKE LINE OF l_carrid.
  30    WRITE: / l_carrid_line.
  ```

  Der ABAP-Typ u entspricht einer Struktur. Die Struktur `l_carrid_line` wird hier an die `WRITE`-Anweisung übergeben; diese erwartet aber ein einfaches (unstrukturiertes) Feld für die Ausgabe.

- **MESSAGEG_M**

  »Suspekte Konvertierung zwischen Literal ABAP-Typ ›C‹ und ›structure‹«

  ```
  10    DATA:    l_carrid TYPE RANGE OF spfli-carrid,
  20             l_carrid_line LIKE LINE OF l_carrid.
  30    MOVE 'IEQLH' TO l_carrid_line.
  ```

  Das ABAP-Literal `'IEQLH'` wird an die Range-Struktur `l_carrid_line` übergeben. Der `MOVE` entspricht den folgenden Anweisungen:

  ```
  30    l_carrid_line-sign    = 'I'.
  32    l_carrid_line-option  = 'EQ'.
  34    l_carrid_line-low     = 'LH'.
  ```

  Die verwendete Kurzform kommt der Prüfung suspekt vor.

- **MESSAGEG_M**

  »Bei ›0100‹ suspekte Konvertierung von Literal ABAP-Typ ›C‹ nach ›NUMERIC‹«

  ```
  10    CALL SCREEN '0100'.
  ```

  Die Anweisung `CALL SCREEN` erwartet einen numerischen Typ für die Dynpro-Nummer. Das übergebene Literal muss daher erst konvertiert werden.

- **MESSAGEG_N**

  »Abschneiden bei Konvertierung von Literal vom ABAP-Typ ›C‹ (Länge 4 -> 2)«

  ```
  10    DATA: l_flag TYPE flag.
  20    l_flag = 'X '.
  ```

  Das Datenelement `flag` verwendet die gleichnamige Domäne, die als Character-Feld mit der Länge 1 definiert ist und daher in einem Unicode-System 2 Bytes benötigt. Das Literal `'X '` besteht aus zwei Zeichen (4 Bytes), es kommt demnach potenziell zu einem Informationsverlust.

- **MESSAGEG_H**

  »*Abschneiden bei Konvertierung von ABAP-Typ ›C‹ (Länge 80 ->60)*«

  ```
  10    DATA:   l_long_name TYPE SYCHAR40,
  20            l_short_name TYPE SYCHAR30.
  30    MOVE l_long_name TO l_short_name.
  ```

  Eine Variable mit 40 Zeichen (Character) Länge wird einer Variablen mit nur 30 Zeichen Länge zugewiesen. Auch hier kann es potenziell zu Informationsverlust durch das Abschneiden kommen.

> **Empfehlung** [*]
>
> In dieser Prüfung werden potenziell aufwendige oder kritische Datentypkonvertierungen gesucht. Probieren Sie selbst aus, ob die Prüfung Ihnen wichtige Informationen liefert, indem Sie sie zunächst nur auf einer kleinen Objektmenge (Einzelobjekt) ausführen. Standardmäßig sollte die Prüfung nicht eingeschaltet werden, da sie sehr viele Meldungen erzeugt und in Release 7.0 EHP1 noch nicht ausgereift ist.

5.7 Robuste Programmierung (ab Release 7.0 EHP2)

ABAP kann mittlerweile sicher als reife Programmiersprache bezeichnet werden, entwickelt sich aber immer noch ständig weiter. Zugleich wurde stets Wert auf Rückwärtskompatibilität gelegt, das heißt, auch der Code aus einem R/3-System mit Release-Stand 3.0F muss noch von einem modernen ABAP-Kernel verstanden werden. Dies führt einerseits dazu, dass sich einige fehleranfällige Konstrukte nicht mehr ausmerzen lassen. Andererseits werden Entwickler nicht dazu ermutigt, sich das Wissen über modernes ABAP anzueignen und effizientere oder robustere Anweisungen zu verwenden – die alten ABAP-Anweisungen funktionieren ja immer noch. Hier sei jedem Entwickler der Abschnitt »ABAP – Releaseabhängige Änderungen« in der ABAP-Schlüsselwortdokumentation (Transaktion ABAPHELP) ans Herz gelegt, in dem für jedes Release des SAP NetWeaver Application Servers ABAP die Änderungen und Neuentwicklungen vorgestellt werden.

Zwei weitere Empfehlungen bezüglich moderner und robuster Programmierung haben wir noch: Prüfen Sie Ihre Programme stets mit der erweiterten Programmprüfung, entweder direkt in der ABAP Workbench oder mit dem Code Inspector (siehe Abschnitt 5.6.3, »Erweiterte Programmprüfung«); und wählen Sie dabei die Option VERALTETE ANWEISUNGEN aus. Damit stellen Sie sicher, dass Ihre Programme den strengeren ABAP-OO-Kriterien genügen. Wenn Sie Ihren Code sowieso in ABAP-OO-Klassen und -Methoden implementieren, wird dieser natürlich automatisch nach den strengeren Richtlinien geprüft.

In der Prüfkategorie ROBUSTE PROGRAMMIERUNG (ab Release 7.0 EHP2, siehe Abbildung 5.7) befinden sich bislang nur wenige Prüfungen, da dieser Aspekt schon recht gut durch die erweiterte Programmprüfung abgedeckt wird. Am Ende dieses Abschnitts finden Sie noch einen kurzen Hinweis auf zwei potenziell problematische Anweisungen, für die es bislang keine Prüfungen im Code-Inspector-Standard gibt (bzw. geben kann), die aber nach unserer Erfahrung im Zusammenhang mit robuster Programmierung relevant sind: die Anweisungen SELECT ... FOR ALL ENTRIES und READ TABLE ... BINARY SEARCH.

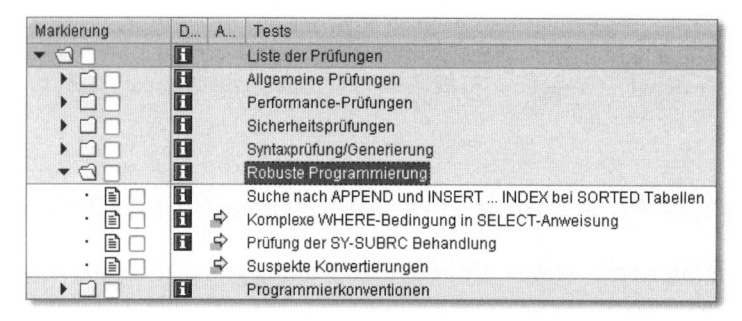

Abbildung 5.7 Prüfungen der Kategorie »Robuste Programmierung« (ab Release 7.0 EHP2)

5.7.1 Suche nach APPEND und INSERT ... INDEX bei SORTED-Tabellen

- Relevanz: ★★★★
- Prüfklasse: cl_ci_test_append_to_sorted
- Objekttypen: 1PRG

Kurzbeschreibung

Es wird geprüft, ob für Tabellen vom Typ SORTED TABLE Einfüge-Operationen vorgenommen werden, die die Sortierreihenfolge potenziell zerstören und die damit zur Laufzeit zu einem Dump führen können.

Details

Die Operationen APPEND wa TO itab und INSERT wa INTO itab INDEX idx sind auf Indextabellen möglich, das heißt sowohl für interne Tabellen, die als STANDARD-Tabellen definiert wurden, als auch für solche vom Typ SORTED TABLE.

Die Anweisungen sind bei STANDARD-Tabellen üblich und unkritisch (erfolgt ein INSERT mit einem Index, der größer als die Anzahl der Tabellenzeilen plus 1 ist, erhalten Sie einen sy-subrc = 4; bei Verletzung der Eindeutigkeit eines Sekundärschlüssels wird eine behandelbare Ausnahme ausgelöst).

Bei einer internen Tabelle vom Typ SORTED jedoch führt ein APPEND bzw. der INSERT ... INDEX zu einer nicht behandelbaren Ausnahme, das heißt einem Kurz-Dump, wenn durch den neu einzufügenden Tabelleneintrag die Sortierreihenfolge zerstört werden würde. Ein solcher Fall kann zum Beispiel bei der Umstellung einer Standardtabelle auf eine SORTED-Tabelle vorkommen, wenn nicht alle Einfüge-Operationen entsprechend angepasst wurden. Manchmal gibt es auch Programmierer, die wissen, dass der APPEND die schnellste Methode ist, um eine interne Tabelle zu füllen, und dass dies auch für SORTED-Tabellen gilt. Um das Letzte an Performance aus einem Programm herauszuholen, bauen sie ihre Programmlogik so auf, dass die SORTED-Tabelle in der richtigen Reihenfolge durch APPEND-Anweisungen gefüllt wird. Dem Entwickler mag zum Zeitpunkt der Implementierung klar sein, was er macht – später, bei einer Programmänderung, kann dieses Wissen verloren gegangen sein. Bei internen Tabellen vom Typ SORTED TABLE sollten Einträge nicht mit APPEND oder INSERT ... INDEX eingefügt werden, sondern mit INSERT wa INTO TABLE itab. Hier geht Robustheit vor Performance.

Meldungen

Siehe Anhang B, »Meldungen der SAP-Standardprüfungen«.

Empfehlung [*]

Ein APPEND auf eine sortierte Tabelle kann die Sortierreihenfolge verletzen und zu einem Programmabbruch führen. Daher sollte diese Prüfung bei Untersuchungen zur robusten Programmierung eingesetzt werden.

5.7.2 Komplexe WHERE-Bedingung in SELECT-Anweisung

- Relevanz: ★★
- Prüfklasse: cl_ci_test_complex_where
- Objekttypen: 1PRG

Kurzbeschreibung

Diese Prüfung sucht in lesenden Datenbankanweisungen nach »auffälligen« WHERE-Klauseln, bei denen sich beispielsweise die Anzahl der Felder in verschiedenen OR-Zweigen unterscheidet.

Parameter

- **Zeige OR-Zweige, die unterschiedlich lang sind**
  Diese Option sucht nach WHERE-Bedingungen mit einer oder mehreren OR-Klauseln, bei denen die einzelnen OR-Zweige unterschiedlich viele mit AND verknüpfte Felder haben.

- **Zeige OR-Zweige, die unterschiedliche Felder haben**
  Diese Option sucht nach WHERE-Bedingungen mit einer oder mehreren OR-Klauseln, bei denen in den einzelnen OR-Zweigen nicht die gleichen Felder stehen.

- **Nur zeigen, wenn ohne Klammern**
  Wenn eine Klammerung der einzelnen OR-Zweige vorliegt, hat sich der Entwickler in der Regel genau überlegt, welche Felder verglichen werden sollen. Ist diese Option gewählt, werden nur WHERE-Bedingungen ohne Klammern ausgewertet.

- **Zeige AND-Verknüpfungen mit Anzahl AND-Bedingungen >=**
  Diese Option sucht nach WHERE-Bedingungen, in denen mindestens die angegebene Anzahl von Einzelbedingungen mit AND verknüpft ist.

- **Zeige Joins mit Anzahl Tabellen >=**
  Diese Option sucht nach Joins im ABAP-Quellcode, bei denen mindestens die angegebene Anzahl von Tabellen verknüpft wird.

Details

Bei dieser Prüfung geht es darum, komplexe und damit potenziell fehlerträchtige Datenbankanweisungen zu identifizieren. Als verdächtig werden dabei WHERE-Bedingungen angesehen, bei denen verschiedene mit OR verknüpfte Bedingungen entweder eine unterschiedliche Anzahl an Feldern aufweisen oder aber zwar gleich viele Felder haben, diese sich aber in den verschiedenen Zweigen unterscheiden.

- **Beispiel 1:**
  ```
  10    SELECT * FROM dbtab
  20      WHERE field_1 = 'A' OR
  30            field_1 = 'B' AND
  40            field_2 = '5'.
  ```

  Eine solche Anweisung deutet darauf hin, dass dem Entwickler nicht klar war, dass die AND-Bedingung stärker bindet als die OR-Bedingung. Eigentlich beabsichtigt war vermutlich folgende Anweisung:

```
10   SELECT * FROM dbtab
20     WHERE (field_1 = 'A' OR field_1 = 'B' ) AND
30            field_2 = '5'.
```

- **Beispiel 2:**

```
10   SELECT * FROM dbtab
20     WHERE field_1 = 'A' OR
30            field_2 = 'B'.
```

Bei dieser Anweisung gibt es den Verdacht, dass ein Tippfehler vorliegen könnte und die Anweisung so lauten sollte:

```
10   SELECT * FROM dbtab
20     WHERE field_1 = 'A' OR
30            field_1 = 'B'
```

In beiden Fällen muss natürlich kein Fehler vorliegen, es kann durchaus sein, dass die reklamierten WHERE-Bedingungen Sinn ergeben. Enthält die WHERE-Bedingung Klammern und wurde die Option NUR ZEIGEN, WENN OHNE KLAMMERN gewählt, geht die Prüfung davon aus, dass ein Entwickler, der sich die Mühe gemacht hat, Klammern zu setzen, weiß, was er tut. SELECT-Anweisungen mit Klammern in der WHERE-Bedingung werden dann nicht weiter analysiert.

Die Meldungen zu WHERE-Bedingungen mit zahlreichen AND-Klauseln und zu Verknüpfungen von mehreren Datenbanktabellen in JOIN-Anweisungen haben eher informativen Charakter. Während die AND-Klauseln völlig unkritisch sind, kann eine hohe Anzahl von Tabellen, die zu einem Join verknüpft werden, durchaus nachteilige Effekte auf die Performance einer Datenbankanweisung haben, da der Optimierer der Datenbank unter Umständen überfordert ist. Was hier als eine hohe Anzahl anzusehen ist, darüber gehen die Meinungen auseinander. Mancher Experte hält bereits einen Join mit mehr als zwei beteiligten Tabellen für kritisch.

Meldungen

Siehe Anhang B, »Meldungen der SAP-Standardprüfungen«.

Empfehlung
Diese Prüfung versucht, Auffälligkeiten in lesenden Datenbankanweisungen zu finden. Daher sollte diese Prüfung bei Untersuchungen zur robusten Programmierung verwendet werden.

5.7.3 Prüfung der SY-SUBRC-Behandlung

Diese Prüfung befindet sich bis Release 7.0 EHP1 in der Kategorie »Sicherheitsprüfungen«, und wird in Abschnitt 5.5.5 diskutiert.

5.7.4 Suspekte Konvertierungen

Diese Prüfung befindet sich bis Release 7.0 EHP1 in der Kategorie »Syntaxprüfung/Generierung«, und wird dort in Abschnitt 5.6.5 diskutiert.

5.7.5 Anmerkungen zu SELECT ... FOR ALL ENTRIES und READ TABLE ... BINARY SEARCH

Das Konstrukt SELECT ... FOR ALL ENTRIES IN itab ist erheblich besser, als es in manchen Internetforen dargestellt wird. Für zahlreiche Zwecke, zum Beispiel anstelle eines Joins auf eine gepufferte Tabelle (siehe Abschnitt 5.4.3, »SELECT-Anweisungen, die am Tabellenpuffer vorbei lesen«), ist es das Mittel der Wahl. Allerdings gibt es den Schönheitsfehler, dass bei einer leeren internen Tabelle itab gleich die ganze WHERE-Bedingung ignoriert und damit die gesamte Tabelle gelesen wird. Dies wird sich aus »Kompatibilitätsgründen« wohl auch nicht mehr ändern.

Auch an der Verwendung von READ TABLE ... BINARY SEARCH ist nichts auszusetzen – in der Zeit, als es nur STANDARD-Tabellen gab, war dieses Konstrukt sogar die einzige Möglichkeit neben einem Indexzugriff, um den Zugriff auf eine interne Tabelle zu optimieren. Allerdings prüft die ABAP-Laufzeit nicht, ob die interne Tabelle, auf die zugegriffen werden soll, auch wirklich korrekt sortiert ist. Falls dies nicht gegeben ist, liefert der Zugriff falsche Werte zurück.

Zum Zeitpunkt der Drucklegung dieses Buches gab es keine allgemein verfügbare Prüfung im Code Inspector, die nach einer leeren FOR ALL ENTRIES-Tabelle sucht. In unseren Augen wäre es die beste Lösung, wenn die »ABAP-Sprachhüter« die Logik der Anweisung so ändern würden, dass zum Beispiel bei leerer FOR ALL ENTRIES-Tabelle die Felder der WHERE-Bedingung ohne Bezug auf die interne Tabelle für den Datenbankzugriff ausgewertet (und nicht ignoriert) werden. Ein zweiter Grund, der gegen eine statische Prüfung zu sprechen scheint: In einem Anwendungsprogramm gibt es viele unterschiedliche Möglichkeiten, um sicherzustellen, dass die FOR ALL ENTRIES-Tabelle zur Laufzeit nicht leer ist. All diese Möglichkeiten in einer Code-Inspector-Prüfung zu berücksichtigen, um die Anzahl der »false positives« (siehe Abschnitt 5.1, »Zuverlässigkeit und Relevanz von Prüfungen«) möglichst gering zu halten, ist nicht trivial.

Da aber ganz klar ein Bedarf an so einer Prüfung besteht, wurde jetzt (zunächst in Release 7.0 EHP2 SP9; siehe SAP-Hinweis 1583627) eine pragmatische Lösung implementiert: Es wird untersucht, ob direkt vor der Anweisung `SELECT ... FOR ALL ENTRIES IN itab` die Anweisung `IF itab IS NOT INITIAL` steht. Entwickler sollten sich grundsätzlich an die einfache Programmierrichtlinie halten, dass diese Abfrage immer vor jedem `SELECT ... FOR ALL ENTRIES` stehen sollte. Ob diese neue Prüfung in ältere Releases portiert werden wird, ist zum jetzigen Zeitpunkt noch nicht bekannt.

Im Fall der Anweisung `READ TABLE ... BINARY SEARCH` würde man gern sicherstellen, dass die zu durchsuchende interne Tabelle korrekt sortiert ist. Leider liegt diese Information aber nicht einmal zur Laufzeit der Anwendung vor. Aus Performancesicht wäre es nun aber absolut kontraproduktiv, vor jedem Zugriff mit `READ TABLE` eine entsprechende `SORT`-Anweisung einzufügen. Deshalb gibt es hierzu keine Prüfung im Code Inspector.

Natürlich können Sie mit den Suchfunktionen (siehe Abschnitt 5.12) des Code Inspectors nach den beiden Konstrukten suchen und die Plausibilität der Anweisungen überprüfen. Mit der Einführung der Sekundärindizes für interne Tabellen mit Release 7.0 EHP2 sollte der moderne ABAP-Entwickler auf die Anweisung `BINARY SEARCH` fast gänzlich verzichten können. In früheren Releases sollte zumindest bei Neuentwicklungen die Verwendung von Tabellen vom Typ `SORTED TABLE` in Betracht gezogen werden.

5.8 Programmierkonventionen

In den *ABAP-Programmierrichtlinien* (SAP PRESS, 2009) wird das weite Feld des guten ABAP-Programmierstils behandelt. Dazu gehört die korrekte Verwendung des modernen objektorientierten ABAP ebenso wie einige Regeln, um gut wartbaren und performanten Code zu produzieren. Bei der Diskussion von Namenskonventionen für Typen, Variablen, Parameter oder Modularisierungseinheiten empfehlen die Autoren, vor allem aussagekräftige und verständliche Namen zu verwenden. Eher zurückhaltend äußern sie sich dagegen bezüglich spezieller Namenskennungen (zum Beispiel Präfixe), mit denen die Sichtbarkeit oder der Datentyp einer Variablen in deren Namen »codiert« wird. Dabei gibt es durchaus auch innerhalb von SAP einzelne Entwicklungsprojekte mit solchen eher generischen Namenskonventionen. Ein Bereich mit relativ strengen Namensregeln ist beispielsweise SAP Business ByDesign.

In der Kategorie PROGRAMMIERKONVENTIONEN (siehe Abbildung 5.8) finden Sie zwei Prüfungen zur Einhaltung von Namenskonventionen. Die ABAP-Programmierkonventionen umfassen aber noch mehr: beispielsweise die Anzahl der Kommentarzeilen in einer Modularisierungseinheit oder die Frage, ob und wie im Code Veränderungen dokumentiert werden sollen. Weitere mögliche Vorgaben betreffen die maximale Zeilenlänge, die Tiefe der Einrückungen oder die Groß- oder Kleinschrift von ABAP-Typen und Variablen. Hier hat mitunter jede größere Entwicklungsabteilung, insbesondere auch bei SAP-Kunden, ihre eigenen Vorstellungen. Daher ist dieses Gebiet eine ideale Spielwiese für selbst entwickelte Code-Inspector-Prüfungen, weshalb wir hier nochmals auf Kapitel 4, »Programmierung eigener Prüfungen für den SAP Code Inspector«, verweisen.

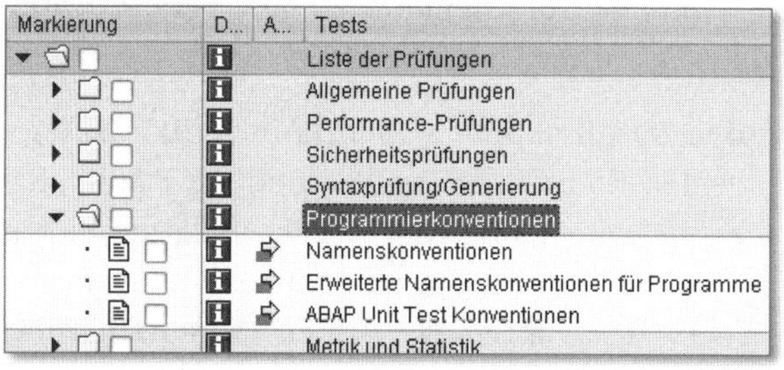

Abbildung 5.8 Prüfungen der Kategorie »Programmierkonventionen«

Im weiteren Sinn gehören auch zahlreiche Prüfungen aus anderen Kategorien zu den ABAP-Programmierkonventionen, zum Beispiel die Performanceprüfungen oder die Metriken. Letztere geben unter anderem Aufschluss über die Menge an (deutsch- oder englischsprachigen) Kommentaren im ABAP-Code oder über die Komplexität von Modularisierungseinheiten.

5.8.1 Namenskonventionen

- Relevanz: ★★★★
- Prüfklasse: `cl_ci_test_abap_naming`
- Objekttypen: `1PRG`

Kurzbeschreibung

Die Prüfung untersucht, ob für die verschiedenen, in einem ABAP-Programm definierten Objekte wie Typen, Klassen, Felder etc. die über die Parameter des Tests spezifizierten Namenskonventionen eingehalten werden.

Parameter

Für die hier aufgeführten ABAP-Objekte können Sie Namenskonventionen pflegen und überprüfen. Dabei sind sowohl Positiv- als auch Negativlisten möglich.

- **[Programmglobal]**
  DEFINE, TYPES, CONSTANTS, DATA, FIELD-SYMBOLS, PARAMETER(S), SELECT-OPTIONS, FIELD-GROUPS

- **[Prozedurlokal]**
  TYPES, CONSTANTS, DATA, FIELD-SYMBOLS.

  Anmerkung: Hier fehlt der Typ STATICS.

- **[Globale Klassen/Interfaces]**
  CLASS, INTERFACE, TYPES, CONSTANTS, DATA, CLASS-DATA, EVENTS, METHODS

- **[Lokale Klassen/Interfaces]**
  CLASS, INTERFACE, TYPES, CONSTANTS, DATA, CLASS-DATA, EVENTS, METHODS

- **[Methodenparameter]**
  IMPORTING, EXPORTING, CHANGING, RETURNING

- **[Ereignisparameter]**
  EXPORTING

- **[Funktionen]**
  FUNCTION, IMPORTING-Parameter, EXPORTING-Parameter, CHANGING-Parameter, TABLES-Parameter

- **[Forms]**
  FORM, USING-Parameter, CHANGING-Parameter, TABLES-Parameter

Details

Um die Wirkung der von Ihnen definierten Namensregeln zu kontrollieren, legen Sie am besten eine ABAP-OO-Klasse, eine Funktionsgruppe und einen Report an, die diese Regeln erfüllen. So sehen Sie schnell, welche Regeln sinnvoll und welche vielleicht zu streng gewählt wurden. Diese Programme können dann auch als Referenz für die beteiligten Entwickler dienen.

Meldungen

Bei einem Verstoß gegen die von Ihnen definierten Namensregeln zeigt die Prüfung eine von insgesamt etwa 40 verschiedenen Meldungen in dieser Art:

»*Unerlaubter Name par_name für CHANGING-Parameter (METHODS)*«

[*] **Empfehlung**

Mit dieser Prüfung können Sie die Einhaltung von Namenskonventionen überprüfen. Falls für Sie Namensregeln ausreichen, die unabhängig vom Datentyp sind, verwenden Sie diese Prüfung. Soll sich dagegen der Datentyp in den Namensregeln widerspiegeln, empfehlen wird die folgende Prüfung »Erweiterte Namenskonventionen für Programme«.

5.8.2 Erweiterte Namenskonventionen für Programme

- Relevanz: ★★★★
- Prüfklasse: `cl_ci_test_abap_naming_new`
- Objekttypen: `1PRG`

Kurzbeschreibung

Die Prüfung untersucht, ob für die verschiedenen, in einem ABAP-Programm definierten Objekte wie Typen, Klassen, Felder etc. die über die Parameter des Tests spezifizierten Namenskonventionen eingehalten werden. Bei Objekten, denen ein bestimmter Datentyp zugrunde liegt, kann der Name abhängig von der Kategorie des Datentyps geprüft werden.

Parameter

Diese Prüfung bietet einen komplexen Selektionsbildschirm mit mehreren Registerkarten an (siehe Abbildung 5.9).

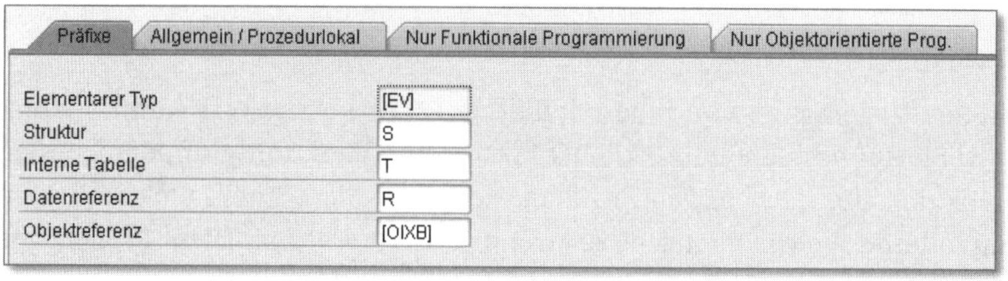

Abbildung 5.9 Selektionsbildschirm für Parameter der Prüfung »Erweiterte Namenskonventionen für Programme«

Auf der ersten Registerkarte PRÄFIXE können Sie die Namensbestandteile festlegen, die durch den Datentyp eines ABAP-Objektes bestimmt werden sollen. Die Parameter auf allen Registerkarten verwenden reguläre Ausdrücke, die mit Release 7.0 in ABAP Einzug gehalten haben. Lesen Sie hierzu die ABAP-Hilfe zum Begriff »REGEX« oder zu »reguläre Ausdrücke«. So steht

[EV] für einen der Buchstaben E oder V; ein ? nach einem regulären Ausdruck zeigt an, dass dieser Bestandteil, zum Beispiel ein Namensraumpräfix, optional ist. Der Ausdruck [:type:] steht als Platzhalter für den für einen bestimmten Datentyp vorgesehenen Namensbestandteil.

Die Anzahl der möglichen Parameter, insbesondere die Wahlmöglichkeiten bei den Präfixen, wurde bei dieser Prüfung mit Release 7.0 EHP2 nochmals erweitert. Wir stellen im Folgenden beide Release-Stände dar.

- **Registerkarte Präfixe**
  - Release 7.0 EHP1: elementarer Typ, Struktur, interne Tabelle, Datenreferenz, Objektreferenz
  - Release 7.0 EHP2: elementarer Typ, generischer Typ (ANY, DATA), Struktur, Tabelle (ANY TABLE), Tabelle (HASHED TABLE), Tabelle (INDEX TABLE), Tabelle (STANDARD TABLE), Tabelle (SORTED TABLE), Datenreferenz, Referenz auf allgemeine Klasse, Referenz auf BAdI-Klasse, Referenz auf Ausnahmeklasse, Referenz auf Interface
- **Registerkarte Allgemein/Prozedurlokal**
  - [LOKALE VEREINBARUNGEN]: DATA (lokal), STATICS, FIELD-SYMBOLS (lokal), CONSTANTS (lokal); ab Release 7.0 EHP2 zusätzlich: TYPES (lokal)
  - [ANDERE]: DEFINE, FIELD GROUPS
- **Registerkarte Nur Funktionale Programmierung**
  - [RAHMENPROGAMME]: FUNCTION-GROUP, Reports
  - [FUNKTIONSBAUSTEINE]: FUNCTION, IMPORTING-Parameter, EXPORTING-Parameter, CHANGING-Parameter, TABLES
  - [FORM]: FORM, USING-Parameter, CHANGING-Parameter, TABLES-Parameter
  - [GLOBALE VEREINBARUNGEN]: DATA (global), FIELD-SYMBOLS (global), CONSTANTS (global), TYPES (global), SELECT-OPTIONS, PARAMETERS
- **Registerkarte Nur Objektorientierte Programmierung**
  - [OBJEKTNAMEN]: CLASS (global), CLASS (lokal), INTERFACE (global), INTERFACE (lokal)
  - [KLASSEN]: DATA, CLASS-DATA, CONSTANTS, TYPES
  - [INTERFACES]: DATA, CLASS-DATA, CONSTANTS, TYPES
  - [METHODEN]: METHODS, IMPORTING-Parameter, EXPORTING-Parameter, CHANGING-Parameter, RETURNING-Parameter
  - [EREIGNISSE]: EVENTS, EXPORTING-Parameter

Details

Nach der Einführung der Prüfung »Namenskonventionen« kam aufseiten der Anwender bald der Wunsch auf, bei Variablen und Typen auch den elementaren Datentyp im Namen bzw. in der Namenskonvention integrieren zu können. In Release 7.0 EHP1 unterscheidet die Prüfung »Erweiterte Namenskonventionen für Programme« dabei folgende Typkategorien: elementarer Typ, Struktur, interne Tabelle, Datenreferenz und Objektreferenz.

In Release 7.0 EHP2 können die Typkategorien für interne Tabellen und für Objektreferenzen noch genauer spezifiziert werden. In diesem Release werden die verschiedenen Typen von internen Tabellen (ANY, INDEX, STANDARD, SORTED und HASHED) unterschieden, und bei Objektreferenzen kann zwischen Referenzen auf allgemeine Klassen, Ausnahmeklassen, BAdI-Klassen und Interfaces differenziert werden.

Für jede dieser Typkategorien kann eine Typkennung angegeben werden. Auf diese Typkennung kann bei der Spezifizierung der Namensregeln mit [:type:] Bezug genommen werden. Bei der Bestimmung des effektiven Musters für den Namen wird diese Kennung durch das Typkürzel des betreffenden Typs ersetzt. Dazu ein Beispiel:

- Für die lokalen Variablen in Prozeduren wird folgendes Muster angegeben: L[:type:]_*.
- Die Typkennung wurde wie folgt spezifiziert: elementarer Typ = E, Struktur = S, interne Tabelle = T, Referenz = R.
- Damit ergeben sich für die vier Typkategorien die folgenden effektiven Namensregeln: LE_*, LS_*, LT_*, LR_*. Der Name einer lokalen Variablen vom Typ einer internen Tabelle sollte bei dieser Namenskonvention mit LT_ beginnen.

Um die Wirkung der von Ihnen definierten Namensregeln zu kontrollieren, legen Sie am besten eine ABAP-OO-Klasse, eine Funktionsgruppe und einen Report an, die diese Regeln erfüllen. So sehen Sie schnell, welche Regeln sinnvoll und welche vielleicht zu streng gewählt wurden. Diese Programme können dann auch als Referenz für die beteiligten Entwickler dienen.

Meldungen

Bei einem Verstoß gegen die von Ihnen definierten Namensregeln zeigt die Prüfung eine von insgesamt etwa 45 verschiedenen Meldungen in dieser Art:

»*Unerlaubter Name par_name für CHANGING-Parameter (METHODS)*«

> **Empfehlung** [*]
>
> Mit dieser Prüfung können Sie die Einhaltung von Namenskonventionen für ABAP-OO-Klassen, Funktionsgruppen, Reports und deren Teilobjekte sowie Datenobjekte überprüfen. Schalten Sie diese Prüfung ein, wenn es in Ihrem Entwicklungsbereich datentypspezifische Namensregeln für ABAP-Objekte gibt.

5.8.3 Testkonventionen von ABAP Unit

- Relevanz: ★★★★
- Prüfklasse: `cl_saunit_legacy_ci_check_conv`
- Objekttypen: `1PRG`

Kurzbeschreibung

Diese Prüfung untersucht die Implementierung der Testmethoden von ABAP-Unit-Tests (Modultests) auf potenziell problematische Konstrukte hin.

Parameter

- **Leere Testmethoden**
  Es wird geprüft, ob definierte Testmethoden auch implementiert wurden.
- **Listenverarbeitung**
  Es wird geprüft, ob in einer ABAP-Unit-Testmethode eine Listausgabe erzeugt wird. Da Modultests ohne Benutzerinteraktion ablaufen, ergibt dies keinen Sinn.
- **Dialoganweisungen**
  Ist diese Option ausgewählt, wird untersucht, ob aus ABAP-Unit-Tests heraus Dynpros aufgerufen werden.
- **Programmablauf ändern**
  Diese Option prüft, ob Modultests den Programmablauf mit Anweisungen wie `LEAVE PROGRAM` oder `SUBMIT <report>` unterbrechen.

Details

Diese Prüfung hilft Ihnen, einfache Fehler in der Implementierung von ABAP-Unit-Tests zu identifizieren. Dazu wird der Quelltext der Testmethoden auf die erwähnten problematischen Konstrukte hin analysiert.

Meldungen

Siehe Anhang B, »Meldungen der SAP-Standardprüfungen«.

> **Empfehlung**
>
> Wenn Sie ABAP-Unit-Tests einsetzen, schalten Sie diese Prüfung ein.

5.9 Metriken und Statistik

Es gibt zwei Hauptgründe für das Interesse an der Vermessung und statistischen Untersuchung von Quellcode. Einerseits möchte man wissen, wie viele »Lines of Code«, das heißt Programmzeilen, zum Beispiel eine Neuentwicklung oder eine Lieferung durch einen Entwicklungspartner umfasst. Wobei hier anzumerken ist, dass für ABAP die Anzahl der Programmzeilen irrelevant ist, da diese durch eingefügte Leer- und Kommentarzeilen bzw. durch über mehrere Zeilen verteilte Anweisungen beliebig aufgebläht werden kann. Die bessere Kennzahl ist daher die Anzahl der (ausführbaren) Anweisungen.

Der zweite wichtige Aspekt der Vermessung des Programmcodes ist die Qualitätssicherung. Erfahrene Entwickler fürchten »Spaghetticode«, das bedeutet schlecht modularisierte Programmeinheiten, in denen es durch zahlreiche Verzweigungen (IF-, ELSEIF-, CASE-Bedingungen) und Verschachtelungen (LOOP-, DO-, WHILE-Anweisungen) zu einer kaum mehr durchschaubaren – und damit später nicht mehr wartbaren – Komplexität kommt. Für die Prüfung der Komplexität eines Programms bzw. dessen Modularisierungseinheiten gibt es eine Reihe von Metriken, die im Code Inspector in der prozeduralen Metrik (aus dem Englischen in manchen Releases falsch übersetzt als »Verfahrenstechnische Metrik«) zusammengefasst sind (siehe Abbildung 5.10).

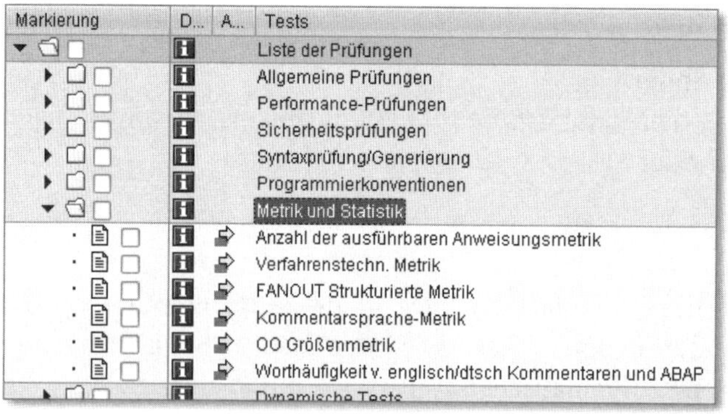

Abbildung 5.10 Prüfungen der Kategorie »Metrik und Statistik« mit Release 7.0 EHP1

Innerhalb von SAP gibt es keine offiziellen Vorgaben für die Entwickler, wie komplex zum Beispiel der Code innerhalb einer Methode sein darf. Manchmal gibt es Programme, die zwar laut Metrik komplex sind, die aber trotzdem für jeden menschlichen Entwickler überschaubar sind. Eine erzwungene Modularisierung würde hier die Codequalität sogar verschlechtern.

In neuester Zeit versucht man bei SAP, potenziell fehleranfälligen Code zu identifizieren, indem neben der Komplexität von Prozeduren auch deren Änderungshäufigkeit betrachtet wird. Letztere erhält man aus der Programmversionierung in der Entwicklungs-Workbench. Eine Prozedur, die während des Entwicklungszyklus häufig geändert wird und komplexe Metriken aufweist, gilt dabei als kritisch und wird einer Codeanalyse mittels Vieraugenprinzip (»manuelle Code-Inspektion«) unterzogen.

5.9.1 Metrik der ausführbaren Anweisungen

- Relevanz: ★★★
- Prüfklasse: `cl_ci_test_metric_noes`
- Objekttypen: `1PRG`
- Hinweis: Der Titel »Anzahl der ausführbaren Anweisungsmetrik« ist auf eine falsche Übersetzung zurückzuführen.

Kurzbeschreibung

Hierbei handelt es sich um die Metrik der nicht deklarativen, das heißt der ausführbaren, ABAP-Anweisungen und um die Anzahl der Kommentare pro ausführbarer Anweisung.

Parameter

- **Warnungen anzeigen**
  Ist diese Option gewählt, zeigt der Code Inspector eine Warnmeldung an, wenn die Anzahl der Anweisungen oder Kommentare die im Folgenden definierten Werte über- bzw. unterschreitet.

- **Metrik anzeigen**
  Ist diese Option gewählt, wird pro Objekt bzw. pro Subobjekt eine Meldung mit der Anzahl der ausführbaren Anweisungen und eine Meldung mit der Anzahl der Kommentare ausgegeben. Dies kann sehr unübersichtlich werden; bei den anderen Metriken in dieser Kategorie wird hier ein anderer Weg gegangen und die Metrik als Tabelle dargestellt.

- **Entwicklungsobjektebene**
  Die Metriken bzw. Warnmeldungen werden pro Rahmenprogramm (Funktionsgruppe, ABAP-OO-Klasse, Programm) aggregiert. Da ein Grenzwert für die Anzahl von ausführbaren Anweisungen und die Vorgabe eines Wertes für den Anteil von Kommentaren in der Regel nur für einzelne Verarbeitungsblöcke (Modularisierungseinheiten) sinnvoll sind, sollte der Parameter ENTWICKLUNGSOBJEKTEBENE nicht mit der Option WARNUNGEN ANZEIGEN kombiniert werden.

- **Verarbeitungsblockebene**
  Die Metriken bzw. Warnmeldungen für einzelne Verarbeitungsblöcke (Funktionen, Methoden, Form-Routinen) werden angezeigt.

- **Anzahl der ausführbaren Anweisungen**
  Es wird die Anzahl der ausführbaren Anweisungen bzw. der entsprechenden Warnungen ausgegeben. Eine der beiden Optionen ANZAHL DER AUSFÜHRBAREN ANWEISUNGEN oder ANTEIL DER KOMMENTARE muss gewählt werden, damit die Prüfung lauffähig ist.

- **Warnung bei mehr als ... Anweisungen**
  Überschreitet die Anzahl der Anweisungen in einem Verarbeitungsblock den hier angegebenen Wert, wird eine Warnung ausgegeben.

- **Warnung bei weniger als ... Anweisungen**
  Hat ein Verarbeitungsblock weniger Anweisungen als hier angegeben, wird eine Warnung ausgegeben.

- **Anteil der Kommentare**
  Die Anzahl der Kommentare in einem Entwicklungsobjekt bzw. in einem Verarbeitungsblock wird ausgegeben. Eine der beiden Optionen ANZAHL DER AUSFÜHRBAREN ANWEISUNGEN oder ANTEIL DER KOMMENTARE muss gewählt werden, damit die Prüfung lauffähig ist.

- **Nur englische Kommentare zählen**
  Ist diese Option gewählt, werden nur Kommentare gezählt, bei denen die Kommentarsprache als Englisch erkannt wird. Details zur Spracherkennung finden Sie in Abschnitt 5.9.4, »Kommentarsprache-Metrik«.

- **In Einheiten > ... ausführbare Anweisungen**
  Nur Verarbeitungsblöcke, bei denen die Anzahl der ausführbaren Anweisungen den hier gegebenen Wert überschreitet, werden auf ihren Anteil an Kommentaren hin geprüft.

- **Warnung bei < ... Kommentaren pro 100**
  Unterschreitet die Anzahl der Kommentare den hier angegebenen Wert, wird eine Meldung ausgegeben.

- **Warnung bei > ... Kommentaren pro 100**
  Überschreitet die Anzahl der Kommentare den hier angegebenen Wert, wird eine Meldung ausgegeben.

Meldungen

Es werden Meldungen zur Über- bzw. Unterschreitung der vorgegebenen Anzahl von ausführbaren Anweisungen und Kommentaren pro Modularisierungseinheit ausgegeben.

> **Empfehlung** [*]
> Mit dieser Prüfung können Sie die Anzahl der ausführbaren Anweisungen und Kommentare im ABAP-Quellcode ermitteln. Wir empfehlen, diese Prüfung mit den Optionen WARNUNGEN und VERARBEITUNGSBLOCKEBENE auszuführen, da die Anzeige der Metrik (Option METRIK ANZEIGEN) unübersichtlich ist und die von der Prüfung ermittelten Kennzahlen für Prozeduren am sinnvollsten sind.

5.9.2 Prozedurale Metrik

- Relevanz: ★★★
- Prüfklasse: `cl_ci_test_metric_proc`
- Objekttypen: `1PRG`
- Hinweis: Der Titel »Verfahrenstechnische Metrik« ist auf eine falsche Übersetzung zurückzuführen.

Kurzbeschreibung

Diese Metrikprüfung beinhaltet Kennzahlen wie die Anzahl der Anweisungen, die maximale Schachtelungstiefe, zyklomatische Komplexität und Halstead-Metriken.

Parameter

- **Entwicklungsobjektebene**
  Die Metriken bzw. Warnmeldungen werden pro Rahmenprogramm (Funktionsgruppe, ABAP-OO-Klasse, Programm) aggregiert. Da die prozeduralen (Komplexitäts-)Metriken in der Regel nur für einzelne Verarbeitungsblöcke (Modularisierungseinheiten) Sinn ergeben, sollte die Einstellung ENTWICKLUNGSOBJEKTEBENE nicht gewählt werden.

- **Klassenebene**
  Innerhalb eines Rahmenprogramms kann es lokale Klassen geben. Ist die Option KLASSENEBENE gesetzt, werden auch für die einzelnen lokalen Klassen Ergebnisse ausgegeben. Gibt es keine lokalen Klassen, erhalten Sie das gleiche Ergebnis wie bei Option ENTWICKLUNGSOBJEKTEBENE. Wie bereits gesagt, ergeben Komplexitätsmetriken in der Regel nur für Prozeduren Sinn. Daher sollte diese Einstellung nicht gewählt werden.

- **Verarbeitungsblockebene**
  Diese Option führt zur Ausgabe von Warnungen bzw. Metriken pro Verarbeitungsblock (Modularisierungseinheit).

- **CASE-Anweisungen als ein Zweig**
  Dieser Parameter beeinflusst die Bewertung eines CASE-WHEN-ENDCASE-Konstruktes für die zyklomatische Komplexität. Ist der Parameter gesetzt, erhöht das gesamte Konstrukt den Wert für die zyklomatische Komplexität in einer Prozedur um 1, anderenfalls erhöht jede einzelne WHEN-Klausel die zyklomatische Komplexität.

- **Warnungen anzeigen**
  Ist diese Option gewählt, zeigt der Code Inspector eine Warnmeldung an, wenn die in den folgenden Parametern definierten Werte über- bzw. unterschritten werden.

- **Metrik anzeigen**
  Ist diese Option gewählt, erzeugt die Prüfung eine einzige Informationsmeldung. Bei einem Doppelklick auf diese Meldung gelangen Sie in eine Ergebnistabelle (siehe Abbildung 5.11), die für die untersuchten Objekte und Subobjekte (Modularisierungseinheiten) je eine Zeile mit statistischen Daten zu den ausgewählten Metriken anzeigt. Statt VERFAHRENSNAME müsste die Spaltenüberschrift der ersten Spalte korrekterweise NAME DER PROZEDUR heißen.

Verfahrensname	Anz.Anw.	MaxSchacht	Zykl.Kpl×1	Zykl.Kpl×2	Halstead D	Halstead V	Halstead E
CLASS=CL_CI_SOURCE_WHERE_IMUD\METHOD=GET	54	4	14	19	41	1.588	65.108
CLASS=CL_CI_TEST_ABAP_NAMING_NEW\METHOD=CHECK_INTERFACE	85	3	14	19	49	2.772	135.828
CLASS=CL_CI_TEST_TABLE_SETTINGS\METHOD=GET_MESSAGE_TEXT	73	1	3	19	16	1.632	26.112
CLASS=LCL_INSP\METHOD=SAVE	68	2	13	19	17	1.388	23.460
CLASS=LCL_DYNP\METHOD=EXIT	106	3	17	19	21	1.823	38.283
CLASS=LCL_DYNP_500\METHOD=FILL_RESULT_ALV_NODE	94	3	17	19	49	1.809	88.641
EVENT BLOCK=START-OF-SELECTION	68	3	19	19	54	1.867	100.818
CLASS=CL_CI_OBJECTSET\METHOD=SAVE_FROM_LIST	88	3	15	18	61	2.798	170.190
CLASS=CL_CI_RESULT_PROGRAM\METHOD=IF_CI_TEST~NAVIGATE	58	3	12	18	21	1.754	36.834
CLASS=CL_CI_TEST_ABAP_NAMING\METHOD=CHECK_FORM	69	3	14	18	32	1.998	63.936
CLASS=CL_CI_TEST_ABAP_NAMING_NEW\METHOD=CHECK_DATA_TYPE	43	3	11	18	36	1.422	51.192
CLASS=LCL_DYNP_500\METHOD=FILL_NODE_ITEM_TAB	110	2	13	18	49	3.016	147.784
FORM=UCOMM_COL_F4	73	6	15	18	37	1.515	56.055
REPORT=RS_CI_CHKMAN_HIGH_PRIO	163	2	18	18	44	4.654	204.776
CLASS=CL_CI_INSPECTION\METHOD=EXECUTE_PARALLEL	49	3	9	17	65	1.905	123.825

Abbildung 5.11 Ausschnitt aus der Ergebnistabelle der Prüfung »Prozedurale Metrik«

- **Anzahl der Anweisungen + Warnungen bei mehr als …**
  Diese Option zählt die Anzahl der ABAP-Anweisungen inklusive deklarativer Anweisungen, aber ohne Kommentare.

- **Maximale Schachtelungstiefe + Warnungen bei mehr als …**
  Diese Option ermittelt die durch die Anweisungen IF, WHILE, LOOP, DO, PROVIDE, SELECT...ENDSELECT, TRY...ENDTRY erzeugte Schachtelungstiefe.

- **Zyklomatische Komplexität + Warnungen bei mehr als …**
  In späteren Releases wird diese Option auch als »Reduzierte Zyklomatische Komplexität« bezeichnet. Siehe unter »Details«.

- **Zyklomatische Komplexität 2 + Warnungen bei mehr als …**
  In späteren Releases wird diese Option als »Zyklomatische Komplexität« bezeichnet. Siehe unter »Details«.

- **Halstead Difficulty + Warnungen bei mehr als …**
  Siehe unter »Details«.

- **Halstead Volume + Warnungen bei mehr als …**
  Siehe unter »Details«.

- **Halstead Effort + Warnungen bei mehr als …**
  Siehe unter »Details«.

- **Nach Schlüsselwörtern benannte Variablen**
  Ist diese Option gewählt, wird die Anzahl von Variablen, deren Namen einem ABAP-Schlüsselwort entspricht (zum Beispiel FROM oder CONCATENATE) ausgegeben. Leider verrät Ihnen die Prüfung nicht, welche Variablen das sind, und ist somit wenig hilfreich.

- **Zeilen von Kommentaren**
  Diese Option gibt die Anzahl der Kommentarzeilen aus.

Details

- **Zyklomatische Komplexität**
  Die zyklomatische Komplexität zeigt die Komplexität eines Programms, basierend auf dem Kontrollflussgraphen. Dabei werden die linear unabhängigen Pfade im Quelltext gezählt. In der Code-Inspector-Implementierung wird die Anzahl b von binären Entscheidungspunkten bestimmt, zum Beispiel IF-Anweisungen.

  Für die (reduzierte) zyklomatische Komplexität M gilt: $M = b + 1$

Für die Berechnung des Wertes der »Zyklomatischen Komplexität 2« wird die Anzahl der Booleschen Operatoren AND und OR im Quelltext zum Wert der reduzierten zyklomatischen Komplexität hinzuaddiert.

- **Halstead-Metrik**
Die Halstead-Metrik für Codekomplexität gilt als Maß für die Wartungsfähigkeit und die allgemeine Quelltext-Qualität. Die Metrik basiert auf der Anzahl von Operatoren und Operanden in einem Verarbeitungsblock. In der Code-Inspector-Implementierung der Halstead-Metrik gelten alle ABAP-Schlüsselwörter als Operatoren, die Nicht-Schlüsselwörter als Operanden. Folgende Werte werden bestimmt:

- $n1$ = Anzahl der unterschiedlichen Operatoren
- $n2$ = Anzahl der unterschiedlichen Operanden
- $N1$ = Gesamtzahl der Operatoren
- $N2$ = Gesamtzahl der Operanden

Mit diesen Werten können verschiedene Kennzahlen der Halstead-Metrik berechnet werden:

- Die Programmlänge N ist die Summe aller Operatoren und Operanden: $N = N1 + N2$
- Die Vokabulargröße n ist die Summe der unterschiedlichen Operatoren und Operanden: $n = n1 + n2$
- Das Volumen V eines Programms beschreibt die Größenordnung einer Implementierung: $V = N \cdot log_2(n)$
- Das Schwierigkeitsniveau D (Difficulty Level) beschreibt die Fehleranfälligkeit: $D = (n1/2) \cdot (N2/n2)$
- Der Implementierungsaufwand E (Effort to implement) ist gegeben durch: $E = V \cdot D$

Meldungen

Siehe Anhang B, »Meldungen der SAP-Standardprüfungen«.

[*] **Empfehlung**
Führen Sie diese Prüfung aus, wenn Sie Kennzahlen zur Komplexität und Schachtelungstiefe der Modularisierungseinheiten in Ihren Entwicklungsobjekten erhalten möchten.

5.9.3 Fan-out-strukturelle Metrik

- Relevanz: ★★
- Prüfklasse: `cl_ci_test_metric_struct`
- Objekttypen: `1PRG`
- Hinweis: Der Titel »FAN-OUT Strukturierte Metrik« ist auf eine falsche Übersetzung zurückzuführen.

Kurzbeschreibung

Die fan-out-strukturelle (englisch fan out: auffächern, ausschwärmen) Metrik (die in dieser Prüfung fälschlicherweise als »strukturierte« Metrik bezeichnet wird) ist ein Maß für die Verknüpfung von verschiedenen Quellcode-Teilen. Sie beinhaltet die Zahl der unterschiedlichen Modularisierungseinheiten, die aus einem Rahmenprogramm oder aus einer Modularisierungseinheit heraus aufgerufen werden.

Parameter

- **Warnungen anzeigen**
  Bei Überschreitung des definierten Wertes für den Fan-out wird eine Warnung ausgegeben.

- **Metrik anzeigen**
  Der Fan-out wird pro untersuchtem Objekt angezeigt.

- **Entwicklungsobjektebene**
  Die Ergebnisse werden pro Rahmenprogramm verdichtet.

- **Warnung, wenn Fan-out höher als**
  Es wird eine Warnung ausgegeben, wenn der pro Rahmenprogramm aggregierte Fan-out den gegebenen Wert überschreitet.

- **Verarbeitungsblockebene**
  Es werden pro Modularisierungseinheit (Methode, Funktion, `FORM`-Routine) Einzelergebnisse ausgegeben.

- **Warnung, wenn Fan-out höher als**
  Es wird eine Warnung ausgegeben, wenn in einer Modularisierungseinheit der vorgegebene Wert für den Fan-out überschritten wird

Meldungen

Siehe Anhang B, »Meldungen der SAP-Standardprüfungen«.

[*] > **Empfehlung**
> Sind die Kennzahlen zur Fan-out-Statistik für Sie interessant, führen Sie diese Prüfung aus.
>
> Eine entsprechende Fan-in-Metrik wurde bislang nicht implementiert. Sie könnte mithilfe des Verwendungsnachweises versuchen, alle Aufrufer einer Modularisierungseinheit zu bestimmen. Dynamische Aufrufe könnten so aber nicht gefunden werden.

5.9.4 Kommentarsprache-Metrik

- Relevanz: ★★★
- Prüfklasse: `cl_ci_test_metric_langu_comm`
- Objekttypen: `1PRG`

Kurzbeschreibung

Der Hauptzweck dieser Prüfung ist es, den Umfang und die Sprache von Kommentaren im ABAP-Quellcode zu erfassen. Damit kann unzureichend kommentierter bzw. in Deutsch anstatt in Englisch kommentierter Code identifiziert werden. Für deutsche Kommentare bzw. auskommentiertes ABAP können Warnungen ausgegeben werden. Daneben können Metriken für die unterschiedlichen Arten von Kommentaren erzeugt werden.

Parameter

- **Warnung bei deutschsprachigen Kommentaren**
  Es wird eine Warnmeldung ausgegeben, wenn ein deutschsprachiger Kommentar gefunden wird.

- **Warnung bei auskommentiertem ABAP**
  Es wird gewarnt, wenn auskommentierter ABAP-Quellcode gefunden wird (siehe nächster Parameter).

- **Anzahl der benachbarten Zeilen**
  Nur wenn die Anzahl von aufeinanderfolgenden, auskommentierten ABAP-Quellcode-Zeilen den hier gegebenen Wert überschreitet, wird eine Meldung ausgegeben. Damit soll erreicht werden, dass nicht bereits für einzelne oder wenige auskommentierte Zeilen, wie sie zum Beispiel in automatisch generierten Funktionsaufrufen enthalten sein können, eine Warnung erzeugt wird.

- **Information über Pseudokommentare**
  Es werden alle verwendeten Pseudokommentare ("#EC ..., siehe Abschnitt 2.3.1) im untersuchten Code angezeigt.

- **Nur diese Kommentare suchen**
  Mit diesem Parameter kann die Suche auf bestimmte Pseudokommentare eingeschränkt werden.

- **[Einzelobjektmetrik anzeigen für ...] deutsche Kommentare**
  Mittels dieser Option werden Kommentare gezählt, die als Deutsch erkannt wurden.

- **[Einzelobjektmetrik anzeigen für ...] englische Kommentare**
  Mittels dieser Option werden Kommentare gezählt, die als Englisch erkannt wurden.

- **[Einzelobjektmetrik anzeigen für ...] unbekannte Sprachkommentare**
  Mittels dieser Option werden Kommentare gezählt, die keiner Sprache zugeordnet werden konnten.

- **[Einzelobjektmetrik anzeigen für ...] auskommentiertes ABAP**
  Mittels dieser Option werden Kommentare gezählt, die als auskommentiertes ABAP erkannt wurden.

- **[Einzelobjektmetrik anzeigen für ...] ABAP-Pseudokommentare**
  Mittels dieser Option werden Pseudokommentare gezählt.

Details

Bei SAP ist die Entwicklungssprache mittlerweile durchgängig Englisch. Das bedeutet, dass auch Kommentare im ABAP-Quellcode nur in englischer Sprache erfasst werden dürfen. Damit soll die Verständlichkeit und Wartbarkeit des Codes in internationalen Teams sichergestellt werden. Daher greift diese Prüfung eigentlich zu kurz: Unerwünscht sind nicht nur deutsche Kommentare, sondern generell alle nicht englischen Kommentare.

Wie erkennt nun der Code Inspector, ob es sich bei einem Kommentar um Deutsch, Englisch oder auskommentiertes ABAP handelt? Die »Kommentarsprache-Metrik« verfügt jeweils über eine Liste mit Wörtern in Deutsch, Englisch (je etwa 600) und ABAP (knapp 200). Jedes dieser Wörter hat eine Bewertung entsprechend seiner Häufigkeit in der jeweiligen Sprache. Die Häufigkeit der Verwendung eines Wortes entspricht dabei nicht der Umgangssprache, sondern es wurde auf der Grundlage einer Stichprobe aus echten Programmkommentaren im SAP-System ein typischer »Kommentar-Sprachschatz« ermittelt und ausgewertet.

Für eine zuverlässige Spracherkennung wäre es notwendig, Wörter aus den gespeicherten Wortschätzen zu entfernen, die in mehreren Sprachen vorkommen. Ebenso sollten nur »Sätze« analysiert werden, die mindestens acht Wörter umfassen. Letzteres ist für Kommentare im ABAP-Quelltext nicht möglich, da diese meist nur drei bis sechs Wörter umfassen. Da die Programmiersprache ABAP außerdem eine Art von englischem Teilwortschatz darstellt, können auch nicht alle in ABAP und Englisch identischen Wörter aus dem ABAP-Wortschatz entfernt werden.

Für die Prüfung wurden daher nur Wörter aus den jeweiligen Wortschätzen entfernt, die in zwei der Sprachen eine vergleichbare Häufigkeit haben. Außerdem wird auch versucht, für kurze Kommentare eine Bestimmung der Sprache durchzuführen. Wenn die Bewertung eines kurzen Satzes einen bestimmten Schwellenwert überschreitet, der sich aus der Einzelhäufigkeit seiner Wörter berechnet, wird er einer Sprache zugeordnet.

[+] **Hinweis**

Die genannten Beschränkungen können in manchen Fällen zu einer Falschbewertung eines Kommentars führen. Betrachten Sie zur Illustration folgendes Beispiel:

Der Kommentar: »unused so far« ist offenbar in englischer Sprache abgefasst, aber die beiden Wörter »unused« und »far« haben es nicht in den 600 Wörter umfassenden englischen Grundwortschatz gebracht, sodass sie nicht als Englisch erkannt werden können. Es bleibt das Wort »so«, das es sowohl im Deutschen wie im Englischen gibt. Es zeigt sich aber, dass »so« im Deutschen häufiger verwendet wird als im Englischen, sodass es nicht aus den beiden Wortschätzen gestrichen wurde und damit die Bewertung des Kommentars eher in Richtung Deutsch tendieren lässt. Bei der Bewertung erreicht das Wort »so« allein ganz knapp den Grenzwert für die Spracherkennung; als Folge wird der Kommentar von der Prüfung fälschlich als Deutsch eingestuft.

Wenn Sie sich über solche Fehlzuordnungen ärgern, die Prüfung aber dennoch verwenden möchten, sollten Sie die Entwickler dazu anhalten, längere Kommentare zu erfassen oder bestimmte englische Wörter zu verwenden, die eine hohe Wertung erreichen, wie zum Beispiel »the«, »for«, »is«, »of«, »this« oder »not«.

Meldungen

Diese Prüfung kann bei der Verwendung von deutschsprachigen Kommentaren oder auskommentiertem ABAP Warnungen ausgeben (Meldungscodes K_W_DE bzw. K_W_ABAP). Unter dem Meldungscode METRIC erhalten Sie eine Informationsmeldung, von der aus Sie durch Doppelklicken in eine Tabelle mit einer detaillierten Statistik zur Verwendung von Kommentaren in den einzelnen untersuchten Rahmenprogrammen gelangen (siehe Abbildung 5.12).

Paket	Typ	Objektname	AuskomABAP	DtschKomm.	Engl.Komm	Pseudokom.
S_CODE_INSPECTOR	PROG	RS_CI_CC_ANALYZE_ORA	24	6	15	4
S_CODE_INSPECTOR	CLAS	CL_CI_TEST_DYNPRO_USAB_ACC	23	5	5	1
S_CODE_INSPECTOR	CLAS	CL_CI_SOURCE_WHERE_ROOT	0	3	52	3
S_CODE_INSPECTOR	CLAS	CL_CI_COLLECTOR_ROOT	0	2	13	5
S_CODE_INSPECTOR	CLAS	CL_CI_INSPECTION	50	2	154	48
S_CODE_INSPECTOR	CLAS	CL_CI_TEST_IMUD_TAW_A	0	2	45	5
S_CODE_INSPECTOR	CLAS	CL_CI_TEST_IMUD_TAW_INT_A	0	2	42	5
S_CODE_INSPECTOR	CLAS	CL_CI_TEST_ROOT	0	2	10	26
S_CODE_INSPECTOR	CLAS	CL_CI_TEST_SELECT_TAW_BYPUE	35	2	93	5

Abbildung 5.12 Ausschnitt aus der Ergebnistabelle der Prüfung »Kommentarsprache-Metrik«

> **Empfehlung** [*]
>
> Diese Prüfung analysiert die Kommentare im ABAP-Quellcode. Falls in Ihrem SAP-System keine deutschsprachigen Kommentare verwendet werden sollen oder falls Sie auskommentierten ABAP-Code finden möchten, verwenden Sie diese Prüfung.

5.9.5 OO-Größenmetrik

- Relevanz: ★★
- Prüfklasse: cl_ci_test_metric_oo_size
- Objekttypen: 1PRG

Kurzbeschreibung

Diese Metrik informiert Sie über die Anzahl der ABAP-OO-typischen Elemente wie Interfaces, Methoden und Attribute in Ihren globalen und lokalen ABAP-OO-Klassen.

Parameter

- **Warnungen anzeigen**
  Es werden Warnungen ausgegeben, falls die im Folgenden aufgeführten Werte überschritten werden.

- **Metrik anzeigen**
  Es wird eine tabellarische Übersicht über die einzelnen ausgewählten ABAP-OO-Elemente erzeugt.

- **Mit geerbten Attributen/Methoden**
  Auch Attribute und Methoden, die die untersuchte Klasse von ihrer Mutter-Klasse geerbt hat, werden für die Untersuchung herangezogen. Mit den folgenden Parametern können Sie die ABAP-OO-Elemente auswählen, die gezählt werden sollen. Zu jedem Element können Sie einen

Grenzwert definieren; wird dieser überschritten, gibt die Prüfung eine Warnmeldung aus.

- Anzahl der Methoden/Warnung bei mehr als ...
- Anzahl der Attribute/Warnung bei mehr als ...
- Anzahl der Schnittstellen/Warnung bei mehr als ... (gemeint sind Interfaces)
- Anzahl der Ereignisse/Warnung bei mehr als ...
- Anzahl der neu definierten Methoden/Warnung bei mehr als ... (gemeint sind redefinierte Methoden)
- Anzahl der privaten Methoden/Warnung bei mehr als ...
- Anzahl der geschützten Methoden/Warnung bei mehr als ...
- Anzahl der öffentlichen Methoden/Warnung bei mehr als ...
- Anzahl der privaten Attribute/Warnung bei mehr als ...
- Anzahl der geschützten Attribute/Warnung bei mehr als ...
- Anzahl der öffentlichen Attribute/Warnung bei mehr als ...

In Releases ab 7.10 gibt es zusätzlich noch den Sichtbarkeitsbereich PAKET, sodass die Parameterliste um Paketmethoden und Paketattribute erweitert wurde.

Details

Mit ABAP Objects ist es möglich, unter Verwendung von globalen und lokalen ABAP-OO-Klassen objektorientiert zu programmieren. Neben den bekannten Errungenschaften der objektorientierten Programmierung wie Kapselung, Vererbung von Eigenschaften, Instanzierbarkeit von Objekten oder unterschiedlichen Sichtbarkeitsbereichen von Daten und Methoden bieten ABAP-OO-Klassen weitere Vorteile. Einer ist die schärfere Syntaxprüfung im OO-Umfeld, die die Verwendung einiger obsoleter Sprachelemente ausschließt und somit zu einem sauberen Programmierstil anhält. Ein weiterer Vorteil ist, dass ABAP-OO-Klassen in der Regel kleiner sind als Funktionsgruppen, da sie meist schärfer umrissene und begrenzte Aufgabenbereiche erfüllen. Bei vernünftiger Programmierung sollte damit der Programm-Load, das heißt der Hauptspeicherbedarf für die zur Ausführung einer Anwendung notwendigen geladenen Programme, kleiner werden.

Doch auch ABAP-OO-Klassen können mit zahllosen Aufgaben und Daten, das heißt mit Methoden und Attributen, überfrachtet werden. Hier kann die OO-Größenmetrik helfen, Ihnen schnell einen Überblick über die Anzahl von Methoden, Attributen und implementierten Interfaces zu geben und so gezielt Ausreißer unter die Lupe nehmen zu können.

Meldungen

Das Ergebnis dieser Prüfung hängt davon ab, ob Sie die Option METRIK ANZEIGEN oder die Option WARNUNGEN ANZEIGEN gewählt haben:

- Bei METRIK ANZEIGEN erhalten Sie eine einzige Informationsmeldung, von der aus Sie durch Doppelklicken in die Anzeige einer Tabelle gelangen. Jede Zeile dieser Tabelle enthält für eine der untersuchten Klassen die Anzahl ihrer unterschiedlichen ABAP-OO-Elemente.
- Bei WARNUNGEN ANZEIGEN erhalten Sie Warnmeldungen für jeden Wert, der eine der von Ihnen gewählten Grenzen überschreitet. Wenn beispielsweise eine Klasse sehr viele Methoden hat, müssen Sie sich überlegen, ob die Klasse damit nicht mit Aufgaben überfrachtet ist und eine andere Modularisierung nicht sinnvoller wäre.

| Empfehlung | [*] |

Diese Prüfung ermittelt für ABAP-OO-Klassen die Anzahl von Methoden und Attributen. Wenn Sie die Komplexität von Entwicklungskomponenten untersuchen möchten, schalten Sie diese Prüfung ein.

5.9.6 Anweisungsstatistik

Bis Release 7.0 EHP1 befindet sich diese Prüfung in der Kategorie »Allgemeine Prüfungen« (siehe Abschnitt 5.3.1).

5.9.7 ABAP-Web-Dynpro-Metrik (ab Release 7.0 EHP2)

- Relevanz: ★★★
- Prüfklasse: cl_ci_test_metric_wdyn
- Objekttypen: WDYN

Kurzbeschreibung

Diese Prüfung bestimmt die Anzahl der verschiedenen Elemente einer Web-Dynpro-Component. Ein Ziel dabei ist es, komplexe UI- und Datendefinitionen zu erkennen.

Parameter

- **Warnungen anzeigen (akkumuliert)**
  Pro Web-Dynpro-Component wird im Ergebnis nur eine Warnung angezeigt; diese enthält die Summe der Einzelwarnungen.

- **Nur bei ... oder mehr Meldungen**
  Nur wenn die Summe der Einzelwarnungen den hier angegebenen Wert überschreitet, wird eine Warnung für das Gesamtobjekt ausgegeben.

- **Warnungen anzeigen (im Detail)**
  Es werden alle Einzelwarnungen angezeigt.

- **Schwellenwert für Metrik berücksichtigen**
  In die Ausgabe der Metrik werden nur diejenigen Werte aufgenommen, die die Schwellenwerte überschreiten.

- **Anzahl der Sichten/Komponente; Warnung bei mehr als ...**
  Diese Option bezieht sich auf die Anzahl der Views pro Web-Dynpro-Component.

- **Anzahl der Controller/Komponenten; Warnung bei mehr als ...**
  Diese Option bezieht sich auf die Anzahl der Controller pro Web-Dynpro-Component.

- **Anzahl der Knoten/Controller; Warnung bei mehr als ...**
  Diese Option bezieht sich auf die Anzahl der Knoten pro Controller.

- **Anzahl der Attribute/Knoten; Warnung bei mehr als ...**
  Diese Option bezieht sich auf die Anzahl der Attribute pro Knoten.

- **Anzahl der UI-Elemente/Sicht; Warnung bei mehr als ...**
  Diese Option bezieht sich auf die Anzahl der UI-Elemente pro View

- **Schachtelungstiefe der Container; Warnung wenn tiefer als ... Level**
  Übersteigt die Schachtelungstiefe der transparenten Container den angegebenen Wert, wird eine Warnung ausgegeben.

- **Schachtelungstiefe UI-Elemente; Warnung wenn tiefer als ... Level**
  Übersteigt die Schachtelungstiefe der UI-Elemente den angegebenen Wert, wird eine Warnung ausgegeben.

- **Load-Größe; Warnung bei mehr als ... [KB]**
  Bei der Generierung des Web-Dynpro-Laufzeitobjektes wird ein Programm-Load erzeugt. Ein zu großer Load weist auf ein zu komplexes User-Interface hin; bei Überschreitung bestimmter Grenzwerte kann es sein, dass die Oberfläche aus Web Dynpro ABAP heraus nicht mehr generiert werden kann. Diese Prüfung können Sie auch aus Transaktion SE80 her-

aus durchführen, indem Sie mit der rechten Maustaste auf eine Web-Dynpro-Component klicken und im Kontextmenü PRÜFEN • GENERIERUNGSLIMIT auswählen.

- **Bindung der Sicht prüfen**
  Gemeint ist das Binding eines Views: Für jede Component-View-Kombination sollte es einen Eintrag in der Binding-Tabelle geben.

- **Auf UI-relevanten Inhalt prüfen**
  Diese Option prüft, ob eine Web-Dynpro-Component überhaupt einen View besitzt. Hat sie genau einen View, wird geprüft, ob dieser keine oder nur die Default-UI-Elemente besitzt.

- **Controller prüfen: nur CONTEXT**
  Diese Option prüft, ob ein Controller nur den Wurzelknoten CONTEXT besitzt. Es sollte stets noch weitere Knoten geben.

Details

Mit Web Dynpro ABAP hat SAP eine UI-Technologie auf Basis des MVC-Paradigmas eingeführt. Anwendungslogik und UI-Logik sind getrennt, und auch die Beschreibung der UI-Elemente (Views) und der auf dem User-Interface angezeigten Daten und der Ablauflogik (Controller) sind getrennt.

Es zeigt sich, dass komplexe User-Interfaces in Web Dynpro ABAP zu erhöhten Antwortzeiten führen. Negativ wirken sich hierbei die Überfrachtung der Views mit zu vielen UI-Elementen, insbesondere deren tiefe Schachtelung, sowie das Laden von zu vielen Daten (Attributen) in die Knoten der Controller aus.

Leider erfasst diese Prüfung nicht alle relevanten Einflussgrößen. So wird die Komplexität des vom Web-Dynpro-Framework erzeugten Document Object Models (DOM), das bei der UI-Darstellung vom Browser analysiert und auf dem Bildschirm wiedergegeben wird (Rendering), noch durch weitere Faktoren erhöht. Dazu gehören bestimmte Skalierungsoptionen für UI-Elemente, die in Verbindung mit der Schachtelung der umgebenden Container den Rechenaufwand für den Browser in die Höhe treiben können. Die Verwendung der Web-Dynpro-Components innerhalb von Frameworks wie dem Floorplan Manager (FPM) oder der Personal Object Worklist (POWL) erhöht die Schachtelungstiefe des DOM zusätzlich.

> **[*] Empfehlung**
>
> Zur Laufzeit einer Web-Dynpro-Anwendung erhalten Sie wertvolle Informationen über die Komplexität der dargestellten User-Interfaces, wenn Sie den Cursor im Bereich des Anwendungs-UIs positionieren und dann das Tastaturkürzel [Strg] + [Alt] + [⇧] + [H] (für eine Information über alle zur Verfügung stehenden Tastaturkürzel) bzw. [Strg] + [Alt] + [⇧] + [D] zur Anzeige einer HTML-DOM-Analyse eingeben. Mit dem Tastaturkürzel [Strg] + [Alt] + [⇧] + [P] erhalten Sie Performancedaten zur Web-Dynpro-Anwendung, zum Beispiel zum Memory-Verbrauch.

Meldungen

Siehe Anhang B, »Meldungen der SAP-Standardprüfungen«.

> **[*] Empfehlung**
>
> Diese Prüfung untersucht Web-Dynpro-Components auf ihre Komplexität hin. Eine erhöhte Komplexität wirkt sich negativ auf die Performance und auf die Load-Größe aus. Wenn Sie Web Dynpro ABAP verwenden, sollten Sie diese Prüfung einschalten.

5.9.8 Worthäufigkeit in Kommentaren

- Relevanz: ★
- Prüfklasse: `cl_ci_test_langu_word_freq`
- Objekttypen: `1PRG`
- Anmerkung: Diese Prüfung ist in Ihrem System vermutlich nicht im Baum der Prüfungen sichtbar. Um sie verwenden zu können, wählen Sie die Prüfung mithilfe des Code-Inspector-Menüs SPRINGEN • VERWALTUNG VON • TESTS aus, und sichern Sie die Einstellung.
- Der Originaltitel lautet: »Worthäufigkeit v. englisch/dtsch Kommentaren und ABAP«.

Kurzbeschreibung

Die Prüfung zählt die Wörter, die in – als deutsch- oder englischsprachig erkannten – Kommentaren im ABAP-Quellcode gefunden werden, und gibt dann eine Worthäufigkeitsliste aus. Diese Prüfung diente als »Hilfsprüfung« zur Entwicklung der »Kommentarsprache-Metrik« (siehe Abschnitt 5.9.4) und hat daher einen sehr technischen Charakter.

Parameter

- **Für Kommentare**
  Mit dieser Option wird eine Worthäufigkeitsliste für Wörter erstellt, die in Kommentaren gefunden wurden, die als deutsch- oder englischsprachig bzw. als auskommentiertes ABAP identifiziert wurden.

- **Für ABAP**
  Mit dieser Option wird eine Worthäufigkeitsliste für ABAP-Schlüsselwörter im ABAP-Code erstellt.

- **Längen/Winkelhistogramm anlegen**
  Bei Auswahl dieser Option wird eine sehr technische Ausgabe erzeugt, die die Satzlänge aller untersuchten Kommentare wiedergibt. Eine weitere Ergebniszeile enthält die Verteilung der Güte der Spracherkennung. Beide Ergebnisse sind für einen normalen Benutzer nicht relevant.

Meldungen

Die ausgegebene Liste, die mit der Option »Für Kommentare« erstellt wird, enthält – sortiert nach der Sprache – die einzelnen Wörter und ihre Häufigkeit in den Kommentaren der untersuchten Objektmenge. Dabei steht AR für ABAP, DE für Deutsch und EN für Englisch. Die Ausgabe bei der Option »Längenhistogramm«, Meldungscode HIST_LEN, gibt die Verteilung der Wortanzahl von Kommentaren wieder.

| Empfehlung | [*] |

Schalten Sie diese Prüfung nur ein, wenn Sie an der Worthäufigkeit in Kommentaren oder von ABAP-Schlüsselwörtern interessiert sind.

5.10 Dynamische Tests

Diese Kategorie enthält bislang nur eine Prüfung, nämlich die ABAP-Unit-Tests (siehe Abbildung 5.13).

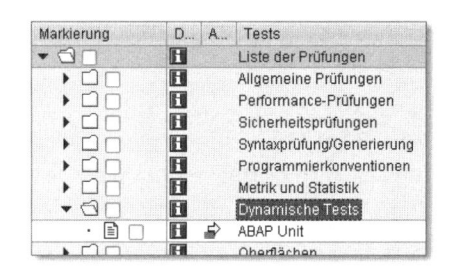

Abbildung 5.13 Einzige Prüfung der Kategorie »Dynamische Tests«

5.10.1 ABAP Unit

- Relevanz: ★★★★★
- Prüfklasse: `cl_saunit_legacy_ci_check`
- Objekttypen: `1PRG`

Kurzbeschreibung

Diese Prüfung führt ABAP-Unit-Tests (Modultests) aus. Die Verknüpfung der Modultests mit dem Prüfwerkzeug Code Inspector ermöglicht es, diese für viele Objekte parallelisiert durchzuführen.

Parameter

- **ABAP-Unit-Darstellung**

  Wird dieser Parameter gesetzt, erscheint – falls es zu einer Meldung durch das ABAP-Unit-Framework kommt – im Code-Inspector-Ergebnisbaum ein zusätzlicher Eintrag, von dem aus Sie mit einem Doppelklick in die Ergebnisanzeige im ABAP-Unit-Tool springen können. Da hierzu sämtliche Informationen zu den ABAP-Unit-Ergebnissen in den Code-Inspector-Tabellen gespeichert werden müssen, sollte diese Option wegen der großen Datenmenge nicht für Läufe über viele Objekte gewählt werden.

  In Abbildung 5.14 sehen Sie das Ergebnis einer Inspektion mit der Prüfung ABAP UNIT, bei der die Option ABAP-UNIT-DARSTELLUNG ausgewählt wurde. Die Informationsmeldung mit dem Meldungscode SUMMARY im Code Inspector ermöglicht per Doppelklick die Navigation zur ABAP-Unit-Ergebnisanzeige (siehe Abbildung 5.15).

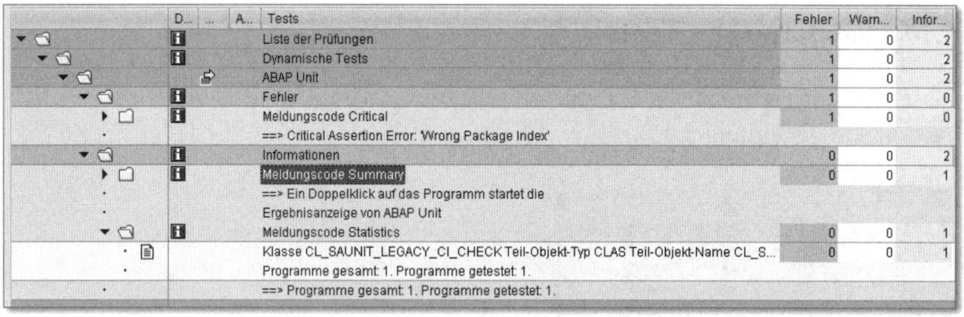

D...	A...	Tests	Fehler	Warn...	Infor...
	ℹ	Liste der Prüfungen	1	0	2
	ℹ	Dynamische Tests	1	0	2
		ABAP Unit	1	0	2
	ℹ	Fehler	1	0	0
	ℹ	Meldungscode Critical	1	0	0
		==> Critical Assertion Error: 'Wrong Package Index'			
	ℹ	Informationen	0	0	2
	ℹ	Meldungscode Summary	0	0	1
		==> Ein Doppelklick auf das Programm startet die Ergebnisanzeige von ABAP Unit			
	ℹ	Meldungscode Statistics	0	0	1
		Klasse CL_SAUNIT_LEGACY_CI_CHECK Teil-Objekt-Typ CLAS Teil-Objekt-Name CL_S...	0	0	1
		Programme gesamt: 1. Programme getestet: 1.			
		==> Programme gesamt: 1. Programme getestet: 1.			

Abbildung 5.14 Ergebnis der Prüfung »ABAP Unit« bei gesetztem Parameter »ABAP-Unit-Darstellung«

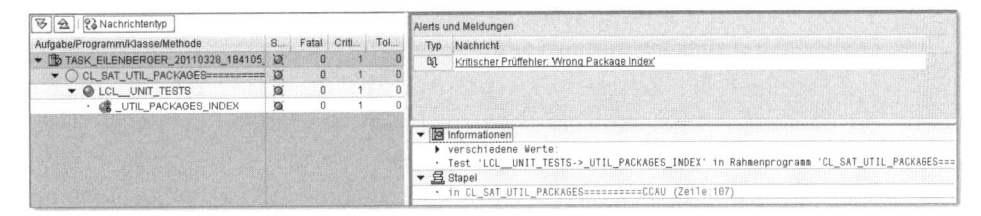

Abbildung 5.15 Anzeige des Code-Inspector-Ergebnisses zur Prüfung »ABAP Unit« in der ABAP-Unit-Ergebnisanzeige

▶ **Maximale Risikostufe**
ABAP-Unit-Testklassen können ab Release 7.0 mittels Pseudokommentar und ab Release 7.1 mittels eines Zusatzes zur Anweisung CLASS...FOR TESTING hinsichtlich ihrer Risikostufe eingeteilt werden. Dabei gibt es die Stufen HARMLESS, CRITICAL und DANGEROUS, mit denen der Entwickler dokumentieren kann, dass in einem ABAP-Unit-Test beispielsweise kritische Änderungen an Systemeinstellungen oder an persistenten Daten vorgenommen werden. Dies könnte beim Abbruch eines Modultests gegebenenfalls zu Schiefständen bei Daten oder Einstellungen führen. Mit dem Parameter kann die Menge der auszuführenden Tests zum Beispiel auf unbedenkliche Tests beschränkt werden.

▶ **Maximale Laufzeit der Kategorie**
Analog zu der Einteilung in Risikostufen ist auch eine Einteilung der Testklassen nach Laufzeit mit den Stufen SHORT, MEDIUM und LONG möglich. Mit diesem Parameter kann die Ausführung zum Beispiel auf die kurz laufenden Prüfklassen beschränkt werden.

▶ **Laufzeitbeschränkung**
ABAP-Unit-Testklassen können in Laufzeitkategorien eingeteilt werden, und jeder Laufzeitkategorie ist eine maximale Laufzeit zugeordnet. Eine Überschreitung der Laufzeit führt bei der Ausführung im Code Inspector zu einem Abbruch des Tests für dieses Objekt und zu einer entsprechenden Meldung im Ergebnisbaum. Mit diesem Parameter können die Laufzeitbeschränkung aktiviert und Zeitgrenzen definiert werden. Folgende Einstellungen sind möglich:

▶ **Nicht aktiv**
Hierbei werden Laufzeitüberschreitungen nicht beachtet.

▶ **Aktiv mit vorgegebenen Zeitgrenzen**
Die für den Mandanten in Transaktion SAUNIT_CLIENT_SETUP festgelegten Zeitgrenzen werden beachtet. Dies sind zum Beispiel: Kurze Dauer < 60 s, Mittlere Dauer < 300 s, Lange Dauer < 3.600 s.

▶ **Aktiv mit selbstgewählten Zeitgrenzen**
Mit dieser Einstellung können Sie selbst über die drei folgenden Parameter die Zeitgrenzen (spezielle Ausführungsdauer) der einzelnen Laufzeitkategorien bestimmen. LANG: siehe oben, maximale Laufzeit für Testklassen mit langer Laufzeit; MITTEL: siehe oben, maximale Laufzeit für Testklassen mit mittlerer Laufzeit; KURZ: siehe oben, maximale Laufzeit für Testklassen mit kurzer Laufzeit.

Details

Eine Einordnung der ABAP-Unit-Tests in die SAP-Testtools finden Sie in Kapitel 1, »Einsatz des SAP Code Inspectors«. ABAP-Modultests oder ABAP-Unit-Tests werden in lokalen Testklassen innerhalb eines Rahmenprogramms angelegt.

Bei jeder neuen Entwicklung sollten wichtige funktionale Einheiten von Anfang an durch ABAP-Unit-Tests »abgesichert« werden. Wird in einer Methode oder Funktion ein Defekt entdeckt, sollte dieser nicht nur behoben werden, sondern wenn möglich auch ein Modultest implementiert werden, der das Auftreten dieses Defektes aufgezeigt hätte. Aus der ABAP Workbench erfolgt der Aufruf der Modultests für eine ABAP-OO-Klasse zum Beispiel aus dem Menü mit KLASSE • MODULTEST.

Besonders interessant ist die Ausführung der ABAP-Unit-Tests in einer automatisierten Inspektion, das heißt periodisch eingeplant (siehe Kapitel 3, »Automatisierte Prüfungen mit dem SAP Code Inspector«). Dadurch erhalten Sie täglich Informationen über die Qualität der Entwicklung.

Meldungen

Es werden die Meldungen des ABAP-Unit-Tests angezeigt, zum Beispiel:

»==> Critical Assertion Error: ›aunit_text‹«

Dabei ist der Text *'aunit_text'* derjenige, der vom Entwickler des Modultests an die ASSERT-Methode des ABAP-Unit-Frameworks mitgegeben wird.

Wie dargelegt, wird durch die Auswahl des Parameters ABAP-UNIT-DARSTELLUNG eine Informationsmeldung mit dem Meldungscode SUMMARY erzeugt. Von dieser Meldung gelangen Sie per Doppelklick in die ABAP-Unit-Ergebnisanzeige. Diese Option benötigt jedoch in der Datenbank sehr viel Speicherplatz für die Code-Inspector-Ergebnisse.

> **Empfehlung** [*]
>
> Setzen Sie ABAP-Unit-Tests zur Qualitätssicherung ein. Führen Sie diese Prüfung in einer periodisch – zum Beispiel nachts – eingeplanten Inspektion über alle Entwicklungsobjekte aus.

5.11 Oberflächen

Die Kategorie OBERFLÄCHEN (siehe Abbildung 5.16) enthält Prüfungen rund um Benutzeroberflächen von klassischen Dynpros und Web Dynpro ABAP. Die Prüfungen untersuchen den korrekten und vollständigen Aufbau der Oberflächen und suchen nach unzulässigen und unerwünschten Objekten und Anweisungen. Beachten Sie, dass die Prüfungen dieser Kategorie nicht alle möglichen Probleme berücksichtigen können und oft nur diejenigen Anforderungen abdecken, die für eine erfolgreiche Generierung der Oberfläche erfüllt sein müssen.

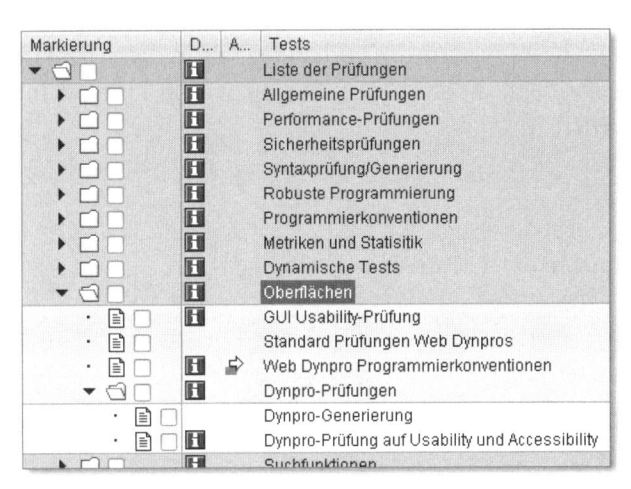

Abbildung 5.16 Prüfungen der Kategorie »Oberflächen« mit ihrer Unterkategorie »Dynpro-Prüfungen«

5.11.1 GUI-Usability-Prüfung

- Relevanz: ★★★★
- Prüfklasse: `cl_ci_test_usab_gui`
- Objekttypen: `1PRG`

Kurzbeschreibung

Diese Prüfung untersucht die Konsistenz einiger Bedienelemente von Dynpros wie Menüleiste, Symbolleiste, Drucktastenleiste und Funktionstastenbelegungen. Dabei wird zum Beispiel analysiert, ob ein Menü rekursiv vorhanden ist, es doppelte oder fehlende Menüeinträge gibt, Menüeinträge mit Variablen auch wirklich aufgelöst werden können, verbotene Texte vorhanden sind oder sich Icons an bestimmten Stellen befinden bzw. fehlen.

Details

Diese Prüfung durchläuft dieselben Teilprüfungen, die für einen GUI-Status im Menu Painter unter dem Menüpunkt OBERFLÄCHE • PRÜFEN • SYNTAX und OBERFLÄCHE • PRÜFEN • KONSISTENZ ausgeführt werden können. Eine nähere Beschreibung zum Menu Painter, seinem Aufbau und seinen einzelnen Elementen erhalten Sie im GUI-Status über das ONLINE-HANDBUCH ( ).

Die Dokumentation dieser Prüfung im Code Inspector öffnet eine Baumstruktur des Menu Painters. Diese Dokumentation ist aber unvollständig: So sind im Code Inspector mehr Teilprüfungen vorhanden, als in dieser Dokumentation beschrieben werden; andere Teilprüfungen wiederum sind im Code Inspector nicht verfügbar.

Meldungen

Siehe Anhang B, »Meldungen der SAP-Standardprüfungen«.

[*] **Empfehlung**

Diese Prüfung testet die Bedienelemente von Dynpros. Wählen Sie diese Prüfung aus, wenn Sie explizit Dynpros prüfen möchten.

5.11.2 Standardprüfungen für Web Dynpro

- Relevanz: ★★★★
- Prüfklasse: `cl_wdy_ci_test_component_def`
- Objekttypen: `WDYN`

Kurzbeschreibung

Diese Prüfung dient zur Überprüfung von Web-Dynpro-Anwendungen. Getestet werden der Aufbau und die Integrität von Web-Dynpro-Components und ihrer darin enthaltenen Unterkomponenten. Dabei werden auch Enhancements, abhängige oder fehlende Unterkomponenten sowie die Generierungslimits der dazugehörigen Ladeeinheit überprüft.

Details

Eine Web-Dynpro-Component ist die grundlegende Einheit für die Erstellung einer Web-Dynpro-Anwendung. In die Web-Dynpro-Component werden alle für eine Web-Dynpro-Anwendung benötigten Elemente eingebettet, wie zum Beispiel Windows, Views, Controller, UI-Elemente etc. Die hier dargestellte Prüfung untersucht aktive Components (Repository-Typ `WDYN`) und ermittelt deren Metadaten, Enhancements und Interface-Definitionen sowie die Abhängigkeiten ihrer enthaltenen Unterkomponenten.

Bei den Unterkomponenten wird geprüft, ob diese eine aktive Version haben. Verweist eine Komponente auf eine andere Komponente und ist diese dann gar nicht oder nur in einem inaktiven Zustand vorhanden, wie zum Beispiel eine fehlende Assistenzklasse, wird diese fehlende Komponente angemahnt. Ebenso wird auf generell erwartete Unterkomponenten hingewiesen, die (noch) nicht vorhanden sind, wie zum Beispiel auf ein Window, das keinen View enthält.

Schließlich wird die generierte Web-Dynpro-Ladeeinheit auf ihre Größe hin überprüft. In Web Dynpro enthält eine Ladeeinheit den Sourcecode einer Web-Dynpro-Component mit all ihren zugehörigen Strukturen, Komponenten und Daten. Die aus den Metadaten generierte Ladeeinheit wird in den Hauptspeicher des Applikationsservers geladen und sollte daher nicht zu groß sein.

Eine Component darf aktuell höchstens 65.535 Strukturbeschreibungen besitzen, die Zahl ihrer Datendefinitionen ist auf 16.383 beschränkt. Die maximal mögliche Speichergröße einer Web-Dynpro-Ladeeinheit wird von der Prüfung auf 3 Megabytes begrenzt, jedoch wird die Speichergröße für die Generierung der Ladeeinheit durch die Web-Dynpro-Virtual-Machine schon vorher auf 2 Megabytes eingeschränkt. Es kann aber durchaus geschehen, dass durch die »gesprächige« automatische Generierung der Ladeeinheit die Grenze von 3 Megabytes doch überschritten wird. Abhilfe schafft dann nur das Aufteilen der Component in mehrere, einzelne Components, sodass dann jede für sich unter dem Generierungslimit bleibt. Die Prüfung warnt, wenn die Größe einer Web-Dynpro-Ladeeinheit 50 % des 3-MB-Grenzwertes überschreitet. Ein Fehler wird ausgegeben, wenn mehr als 75 % erreicht werden.

Meldungen

Siehe Anhang B, »Meldungen der SAP-Standardprüfungen«.

[*] > **Empfehlung**
> Diese Prüfung untersucht Web-Dynpro-Components. Wenn Sie Web Dynpro ABAP einsetzen, sollten Sie diese Prüfung einschalten.

5.11.3 Web-Dynpro-Programmierkonventionen

- Relevanz: ★★★★
- Prüfklasse: cl_wdy_ci_test_conventions
- Objekttypen: WDYN

Kurzbeschreibung

Das Web-Dynpro-Programmiermodell basiert auf dem MVC-Prinzip (Model-View-Controller), das heißt einer strikten Trennung von Oberfläche, Datenzugriff und Ablaufsteuerung. In Web Dynpro ist es aber möglich, bei der Deklaration der Oberfläche an bestimmten Stellen Code einzufügen, der in Web Dynpro nicht sinnvoll ist oder dem MVC-Prinzip widerspricht.

Dieser Code-Inspector-Test bietet die Möglichkeit, zahlreiche dieser problematischen Anweisungen zu erkennen und sich daraus potenziell ergebende Probleme zu vermeiden.

Parameter

- **Zugriff auf Datenbanktabellen**
  Innerhalb von Web Dynpro sollte das Datenmodell strikt von der Darstellungslogik getrennt sein. Ein direkter Zugriff auf Datenbanktabellen von der Oberfläche aus ist daher verboten. Geprüft wird auf folgende Datenbankbefehle hin: SELECT, INSERT, UPDATE, MODIFY, DELETE, COMMIT WORK, ROLLBACK WORK sowie IMPORT DATABASE, EXPORT DATABASE und EXEC SQL (leitet einen Bereich mit Native SQL ein).

- **Zugriff auf Dateien**
  Von der Oberfläche aus sollte nicht mittels OPEN DATASET auf Dateien zugegriffen werden.

- **Listen und Dynpros**
  Die Oberflächensteuerung der Objekte soll durch Web Dynpro erfolgen, sodass Oberflächensteuerungen von Dynpro oder der Listenverarbeitung

verboten sind. Geprüft wird auf die Befehle `HIDE`, `ULINE`, `WRITE` (außer `WRITE...TO`) sowie `LEAVE [TO] SCREEN` und `LEAVE [TO] LIST-PROCESSING` hin. Zudem werden noch alle Versionen von `MESSAGE` (außer mit den Optionen `INTO` und `RAISING`) als verboten angemahnt.

- **Veränderung Programmablauf**
  Durch diese Prüfung werden die Befehle ermittelt, die die Ablaufsteuerung in Web Dynpro selbst verändern. Dabei wird nach den Befehlen `CALL TRANSACTION`, `LEAVE TO [CURRENT] TRANSACTION` und `LEAVE PROGRAM` gesucht.

- **Systemnahe Funktionen**
  Hiermit werden Absprünge aus der Oberfläche ermittelt, die nicht über Web Dynpro selbst erfolgen, wodurch Web Dynpro dann keine Kontrolle mehr über die Oberfläche besitzt. Somit wird die Verwendung der Befehle `CALL DIALOG`, `CALL SCREEN`, `CALL SELECTION-SCREEN`, `CALL TRANSACTION`, `INSERT REPORT`, `INSERT TEXT-POOL`, `INSERT DYNPRO`, `GENERATE DYNPRO`, `GENERATE SUBROUTINE POOL`, `GENERATE REPORT` sowie `EDITOR-CALL` und `SYNTAX-CHECK` als Fehler gemeldet.

  Die Verwendung der Befehle `CALL DIALOG`, `CALL SCREEN`, `CALL SELECTION-SCREEN`, `CALL SUBSCREEN` wird grundsätzlich gemeldet, auch wenn dieser Parameter nicht ausgewählt wurde.

- **Parameterschnittstelle**
  Diese Prüfung untersucht, ob in Web-Dynpro-Code die Anweisungen `IS SUPPLIED` oder `IS REQUESTED` verwendet werden. Da das Web-Dynpro-Framework beim Aufruf einer funktionalen Erweiterung grundsätzlich alle Parameter versorgt, ist eine Abfrage der Parameterschnittstelle nicht sinnvoll.

- **Einbinden von Quelltext**
  Für mit `INCLUDE` eingebundenen Quelltext findet bei Änderungen in Web Dynpro keine Invalidierung statt, womit die Integrität von Web Dynpro nicht gewährleistet werden kann. Somit sind Includes in Web Dynpro nicht erlaubt.

- **Direkter Aufruf (me->)**
  Der Aufruf anderer Routinen darf in Web-Dynpro-Routinen nicht über einen direkten Aufruf mit `ME->` erfolgen, sondern er muss immer über die `WD_THIS`-Instanz verwendet werden.

Meldungen

Siehe Anhang B, »Meldungen der SAP-Standardprüfungen«.

> [*] **Empfehlung**
> Diese Prüfung untersucht Web-Dynpro-Components unter anderem auf Einhaltung der MVC-Konventionen hin. Wenn Sie Web Dynpro ABAP einsetzen, sollten Sie diese Prüfung einschalten und alle Parameter auswählen.

5.11.4 Dynpro-Prüfungen

Der Ordner DYNPRO-PRÜFUNGEN enthält Prüfungen zur korrekten und vollständigen Generierung von Dynpros sowie zur Kontrolle des Aufbaus von Dynpro-Layoutelementen. Die »GUI-Usability-Prüfung« (siehe Abschnitt 5.11.1) gehört thematisch eigentlich auch in diesen Ordner.

5.11.5 Dynpro-Generierung

- Relevanz: ★★
- Prüfklasse: cl_ci_test_dynpro_generate
- Objekttypen: 1PRG

Kurzbeschreibung

Diese Prüfung versucht, alle zu einem Programm gehörenden Dynpros mit der ABAP-Anweisung GENERATE DYNPRO zu generieren.

Details

Diese Prüfung ist eine stark abgespeckte Version der Aktivierung eines Dynpros im Screen Painter (Menüpunkt DYNPRO • AKTIVIEREN). Dazu wird überprüft, ob ein Dynpro mit seinen Teilobjekten (Dynpro-Header, Feldliste, Ablauflogik und Matchcode-Information) generiert werden kann. Die Prüfung berücksichtigt weder Modifikationen, Enhancements noch Abhängigkeiten außerhalb des Dynpros.

Meldungen

Siehe Anhang B, »Meldungen der SAP-Standardprüfungen«.

> [*] **Empfehlung**
> Diese Prüfung versucht, ein Dynpro korrekt zu generieren. Sie sollten diese Prüfung normalerweise ausschalten, außer wenn Sie die Vermutung haben, dass bei der Dynpro-Generierung Probleme auftreten könnten.

5.11.6 Dynpro-Prüfung auf Usability und Accessibility

- Relevanz: ★★★★
- Prüfklasse: `cl_ci_test_dynpro_usab_acc`
- Objekttypen: `1PRG`

Kurzbeschreibung

Diese Prüfung überprüft bestimmte Layoutelemente eines Dynpros bezüglich Benutzerfreundlichkeit (Usability) und Zugänglichkeit (Accessibility). So werden zum Beispiel Überlappungen von Rahmen, Drucktasten oder Texten ermittelt, der Aufbau von Radiobuttons und Checkboxen überprüft, das Vorhandensein von Titeln, Label- oder Tooltip-Texten bei diversen Elementen kontrolliert oder auch die Feldnamen und die eingesetzte Schriftart begutachtet.

Details

Diese Prüfung durchläuft dieselben Teilprüfungen, die auch direkt im Screen Painter unter dem Menüpunkt DYNPRO • PRÜFEN • LAYOUT ausgeführt werden können. Die Prüfung besteht eigentlich aus zwei Teilprüfungen, wovon die erste die Benutzerfreundlichkeit (Meldungsnummern: 1 bis 29) und die zweite die Zugänglichkeit (Meldungsnummern: 30 bis 44) des Dynpro-Layouts überprüft.

- Die Prüfung der Benutzerfreundlichkeit kontrolliert, ob Rahmen auf einem Dynpro leer sind, ob sie sich mit anderen Objekten (Rahmen, Texten, Drucktasten etc.) überlappen, ob sie bündig mit anderen Objekten sind, ob sie eine Überschrift besitzen und diese auch sichtbar ist.

  Bei Texten (Label) wird überprüft, ob diese sich mit anderen Objekten überschneiden und ob der Text in der ersten oder dritten Zeile beginnt. Bei Radiobuttons wird kontrolliert, ob eine Gruppe von Radiobuttons sich nur in einem einzigen Rahmen befinden, ob jeder Radiobutton einen Text besitzt und dass sich dieser Text rechts hinter dem jeweiligen Radiobutton befindet.

  Ferner wird untersucht, ob Feldnamen keine Bindestriche enthalten, dass in Feldern nur Proportionalschrift verwendet wird, dass Checkboxen einen Text besitzen, dass Zahlenfelder nicht scrollbar sind und System-Buttons ein Icon enthalten.

- Bei der Prüfung auf Zugänglichkeit hin wird kontrolliert, ob Rahmen, Tabellen und Tabellenspalten einen Titel besitzen, Eingabefelder zugehörige Label haben, Icons einen Tooltip-Text besitzen und dass Tooltip-Texte nur zeichenartig sind und keine Referenzen auf Objekte außerhalb des Dynpros besitzen.

Meldungen

Siehe Anhang B, »Meldungen der SAP-Standardprüfungen«.

[*] **Empfehlung**
Mit dieser Prüfung werden Layoutelemente von Dynpros überprüft. Schalten Sie diese Prüfung nur ein, wenn Sie speziell an Dynpro-Prüfungen interessiert sind.

5.12 Suchfunktionen

Die in dieser Kategorie zusammengefassten Prüfungen (siehe Abbildung 5.17) ermöglichen die Suche nach einem einzelnen Token (einem Wort innerhalb einer ABAP-Anweisung) oder nach ganzen Anweisungsmustern im ABAP-Quellcode. Solche Suchen sind auch in der Entwicklungs-Workbench möglich, dort aber nur innerhalb eines einzelnen Rahmenprogramms. Eine objektübergreifende Suche erlaubt der Verwendungsnachweis (Where-Used-List), mit dem systemweit beispielsweise nach den Verwendungsstellen einer Methode oder der Verwendung eines ABAP-Dictionary-Datenelementes in Datenstrukturen gesucht werden kann. Mit dem Report RS_ABAP_SOURCE_SCAN ist die Suche nach beliebigen Texten (Strings) in ABAP-Programmen und in der Dynpro-Ablauflogik möglich.

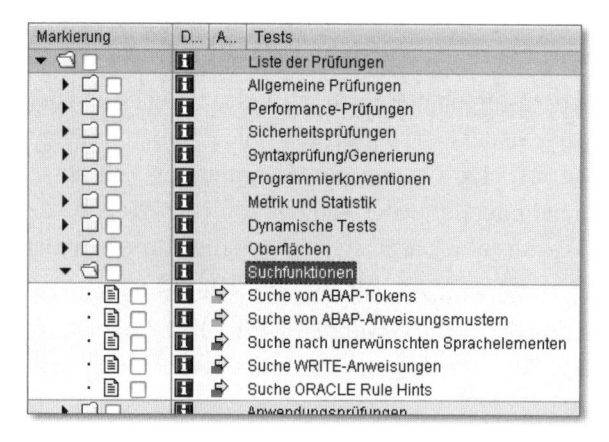

Abbildung 5.17 Prüfungen der Kategorie »Suchfunktionen«

Als Ergänzung zu diesen schon recht komfortablen Workbench-Funktionen erlauben es Ihnen die Code-Inspector-Suchfunktionen, in selbst definierten Objektmengen nach beliebigen Anweisungsmustern zu suchen. Damit ersparen Sie es sich mitunter, eine eigene Prüfung im Code Inspector zu implementieren – zumindest ist es in vielen Fällen möglich, mit der Suche bereits eine aussagekräftige Voruntersuchung durchzuführen, die Ihnen einen Hinweis darauf gibt, wie viele Fundstellen später eine echte Prüfung in Ihrem Code liefern wird. So können die Code-Inspector-Suchfunktionen zur Unterstützung der Programmentwicklung eingesetzt werden, um zum Beispiel bestimmte obsolete oder unerwünschte Sprachkonstrukte aufzufinden und den Quellcode dann entsprechend abzuändern.

Mögliche Suchen sind beispielsweise:

- Wo wird benutzerspezifisch programmiert, das heißt die Systemvariable `sy-uname` oder `syst-uname` verwendet?
- Wo wird mandantenübergreifend programmiert, das heißt der Zusatz `CLIENT SPECIFIED` verwendet?
- Wo hat ein Entwickler einen Kommentar hinterlassen, der darauf schließen lässt, dass die Entwicklung noch nicht beendet ist (zum Beispiel durch den Kommentar `TODO`)?

5.12.1 Suche von ABAP-Token

- Relevanz: ★★★★
- Prüfklasse: `cl_ci_test_free_search`
- Objekttypen: `1PRG`

Kurzbeschreibung

Diese Prüfung ermöglicht die Suche nach einzelnen ABAP-Worten (Token). Dazu können mehrere, aus mindestens drei Zeichen bestehende Such-Strings angegeben werden. Es kann auch nach Kommentaren gesucht werden, wobei ein Kommentar als einzelnes Token betrachtet wird. Die Zeichen " und *, die einen Kommentar einleiten, sind dabei Bestandteil des Tokens.

Parameter

- **Kommentare**
  Es wird auch in Kommentaren nach den Such-Strings gesucht.

- **Literale**
  Auch Literale werden in die Suche einbezogen. ABAP-Textliterale sind in einfache Hochkommata bzw. Backquotes eingeschlossene Zeichenketten wie `'text_feld_literal'` bzw. `` `text_string_literal` ``. Daneben gibt es auch noch Zahlenliterale.

- **Suchstring(s)**
  Hier können Sie einen oder mehrere Such-Strings angeben. Jeder muss abzüglich der Sonderzeichen + und * eine Länge von mindestens drei Zeichen haben.

Details

Die Suche erfolgt nach Einzelworten in ABAP-Anweisungen bzw. nach Kommentaren. Die Such-Strings können die Sonderzeichen + und * enthalten, wobei + für genau ein beliebiges Zeichen steht und * für eine beliebige Zeichenkette inklusive der leeren Zeichenkette. Dazu ein Beispiel: Der Such-String +ELE*T* findet in einer bestimmten Klasse die ABAP-Anweisungen SELECT, DELETE und den Methodennamen DELETE_OLD_VERSIONS. Der Suchstring +ELE*T+ findet in derselben Klasse nur noch die DELETE-Anweisungen.

Meldungen

Die Prüfung gibt für jeden Such-String einen fortlaufenden Meldungscode aus, das heißt 0001 für den ersten, 0002 für den zweiten etc.

[*] **Empfehlung**

Setzen Sie diese Prüfung zur Suche nach einzelnen Token im ABAP-Quellcode ein. Häufiger wird aber die Suche nach ABAP-Anweisungsmustern benötigt, die im folgenden Abschnitt 5.12.2 besprochen wird.

5.12.2 Suche von ABAP-Anweisungsmustern

- Relevanz: ★★★★
- Prüfklasse: `cl_ci_test_search_abap_pattern`
- Objekttypen: 1PRG

Kurzbeschreibung

Diese Prüfung ermöglicht die Suche nach einem oder mehreren Anweisungsmustern im ABAP-Quellcode.

Parameter

- **Anweisungsmuster**
  Hier können Sie die Anweisungsmuster eingeben, nach denen gesucht werden soll. Jedes muss aus mindestens drei Zeichen bestehen.

Details

Diese Suche ist besonders dazu geeignet, nach bestimmten ABAP-Anweisungen zu suchen. Wieder haben die Zeichen + und * eine Sonderbedeutung: Befinden sie sich »freistehend« im Suchmuster, steht + für genau ein beliebiges Token, * für eine beliebige Folge (inklusive der leeren Folge) von Token. Bei der Musterangabe für ein einzelnes Token steht + für genau ein Zeichen, * für eine beliebige Folge von Zeichen (einschließlich der leeren Folge). Dazu zwei Beispiele:

- `LOOP AT * INTO *` sucht nach allen `LOOP`-Anweisungen mit `INTO`-Klausel.
- `LOOP AT LT_H* INTO +` sucht nach allen `LOOP`-Anweisungen über interne Tabellen, die mit `LT_H` beginnen und bei denen nach der `INTO`-Klausel nur noch die Workarea anschließt, aber keine weitere Option wie `FROM`, `TO` oder `WHERE`.

Meldungen

Die Prüfung gibt für jeden Such-String einen fortlaufenden Meldungscode mit dem Präfix FOUND aus, das heißt FOUND01 für den ersten, FOUND02 für den zweiten etc.

> **Empfehlung** [*]
>
> Diese Prüfung ist ein wertvolles Werkzeug, um nach bestimmten ABAP-Konstrukten im Code, nach obsoleten Sprachelementen etc. zu suchen. In manchen Fällen kann die Suche eine spezielle Code-Inspector-Prüfung ersetzen bzw. bei einer Voruntersuchung helfen.

5.12.3 Suche nach unerwünschten Sprachelementen

- Relevanz: ★★★
- Prüfklasse: `cl_ci_test_search_unwanted`
- Objekttypen: `1PRG`

Kurzbeschreibung

Diese Prüfung sucht nach obsoleten oder – insbesondere im Umfeld des Enterprise Services Frameworks (ESF) – unerwünschten Sprachelementen.

Parameter

- **Unerwünschte Sprachelemente**
  Mit diesem Parameter setzen Sie die als unerwünscht angesehenen Sprachelemente. Standardmäßig sind hier bereits ca. 80, im ESF-Umfeld nicht erwünschte Sprachelemente ausgewählt. Bis auf wenige Ausnahmen (siehe »Details«) können Sie nach beliebigen ABAP-Sprachelementen suchen. Der Suchparameter muss mindestens drei Zeichen umfassen.

- **Ohne LSVIM* / *T00 / F00**
  Für Tabellen kann mit Transaktion SE54 ein Tabellenpflegedialog erzeugt werden. Die dabei generierten Funktionsgruppen beinhalten zahlreiche Includes aus dem Paket SVIM (Basis-View-Maintenance). Diese Includes sind nicht ESF-konform; die View-Pflege wurde aber im ESF-Umfeld vorübergehend noch verwendet, um im ABAP-Backend Daten pflegen zu können. Um nicht zu viele Meldungen aufgrund unerwünschter Sprachelemente zu erzeugen, können die Includes der View-Pflege von der Analyse ausgeschlossen werden.

- **[Unterdrücke Meldungen zu ...] MESSAGE in generierten BAdI-Klassen**
  In generierten BAdI-Klassen waren aus Kompatibilitätsgründen auch im ESF-Umfeld MESSAGE-Anweisungen vorübergehend erlaubt.

Details

Mit dem Enterprise Services Framework (ESF), auf dessen Basis die Ondemand-Lösung SAP Business ByDesign implementiert wurde, hat SAP ein neues Transaktionsmodell und Programmierparadigma für die Anwendungsentwicklung eingeführt. Viele ABAP-Anweisungen, deren Verwendung in »normalen« Programmen gang und gäbe ist, sind im ESF-Umfeld obsolet oder sogar verboten, da sie den Ablauf der ESF-Transaktionen stören würden.

Beispielsweise ergeben Anweisungen für Selektionsmasken oder WRITE-Anweisungen im Code von SAP Business ByDesign keinen Sinn mehr, da die Benutzeroberflächen gar nicht in ABAP programmiert, sondern mit einem speziellen Tool modelliert werden. Der Aufruf von RFCs wiederum ist im ESF-Umfeld verboten, da dadurch Datenbank-Commits ausgelöst werden, die den Transaktionsablauf zerstören würden.

Es zeigt sich, dass viele der von dieser Prüfung standardmäßig als obsolet bemängelten Anweisungen auch in »normalem« ABAP, zumindest in reinen Anwendungsprogrammen, kritisch sind bzw. ersetzt werden könnten. So sollte anstatt mit `WRITE` erzeugter Listen inzwischen immer eine ALV-Liste für Ausgaben verwendet werden. Und nicht jede Anwendung sollte eigenmächtig asynchrone RFCs starten, sondern dies besser an spezielle Frameworks delegieren. Es bleibt Ihnen überlassen, den Umfang der in Ihrer Entwicklungsumgebung nicht erwünschten Sprachelemente selbst zu bestimmen.

Nicht alle beliebigen Anweisungen sind mit der »Suche nach unerwünschten Sprachelementen« auffindbar; für einige existiert im Code eine explizite Ausnahmebehandlung, die durch die Selektion nicht übersteuert werden kann:

- Es kann zwar nach der `MESSAGE`-Anweisung gesucht werden, aber die Konstrukte `MESSAGE ... RAISING ...` und `MESSAGE ... INTO ...` sind explizit ausgenommen, das heißt erlaubt.
- Die Anweisung `WRITE ... TO ...` ist – im Gegensatz zur einfachen `WRITE`-Anweisung – ebenfalls erlaubt.

Meldungen

Diese Prüfung hat ein etwas ungewöhnliches Konzept für die Ausgabe der Meldungen: Der Meldungscode besteht aus einem zehnstelligen Hash-Wert, der aus der zu suchenden Anweisung berechnet wird. Der Meldungstext besteht lediglich aus der gesuchten Anweisung selbst.

> **Empfehlung** [*]
> Setzen Sie diese Prüfung ein, wenn Sie die Verwendung bestimmter Sprachelemente für obsolet erklärt haben und diese nun im Code finden möchten.

5.12.4 Suche WRITE-Anweisungen

- Relevanz: ★
- Prüfklasse: `cl_ci_test_search_write`
- Objekttypen: `1PRG`
- Anmerkung: Diese Prüfung ist in Ihrem System vermutlich nicht im Baum der Prüfungen sichtbar. Um sie verwenden zu können, wählen Sie die Prüfung mithilfe des Code-Inspector-Menüs SPRINGEN • VERWALTUNG VON • TESTS aus, und sichern Sie die Einstellung.

Kurzbeschreibung

Diese Prüfung sucht nach WRITE-Anweisungen (ohne die Variante WRITE ... TO ...).

Parameter

- **... summiert pro Include**
  Für jedes Unterprogramm (Methode, Funktionsbaustein, Include) wird die Summe der WRITE-Anweisungen ermittelt.

- **... alle einzeln**
  Es werden alle WRITE-Anweisungen aufgelistet. Diese Option sollte nur bei kleinen Objektmengen verwendet werden.

Details

Wird kein Parameter gesetzt, wird für jedes untersuchte Rahmenprogramm die Summe aller WRITE-Anweisungen ermittelt.

Meldungen

Siehe Anhang B, »Meldungen der SAP-Standardprüfungen«.

[*] **Empfehlung**
Setzen Sie diese Prüfung ein, wenn Sie herausfinden möchten, ob in einer Entwicklungskomponente eine klassische Listenverarbeitung mit WRITE verwendet wird.

5.12.5 Suche Oracle Rule Hints

- Relevanz: ★★
- Prüfklasse: cl_ci_test_ora_rule_hint
- Objekttypen: 1PRG

Kurzbeschreibung

Die Prüfung sucht nach Datenbankhinweisen, das heißt datenbankspezifischen Kommentaren in SQL-Anweisungen, speziell nach Oracle™ Rule Hints.

Parameter

- **Pro Sub-Objekt eine Meldung**
  Mit dieser Option wird pro Include (Methode, Funktionsbaustein) nur eine Meldung ausgegeben, auch wenn es innerhalb des Includes mehrere Fundstellen gibt.

Details

Bei ABAP-Open-SQL-Anweisungen kann es in seltenen Ausnahmefällen angebracht sein, der Datenbank einen Hinweis für die konkrete Ausführung der Anweisung zu geben. Dies kann zum Beispiel die Empfehlung sein, einen bestimmten Datenbankindex zur Suche zu verwenden. Ein anderer Hinweis ist der sogenannte Rule Hint, der die Datenbank anweist, für die Ausführung nicht den kostenbasierten Optimierer zur Berechnung der Zugriffsstrategie zu verwenden, sondern den regelbasierten Optimierer einzusetzen. Letzterer zieht für seine Bewertung keine Tabellenstatistiken zur Datenverteilung zu Rate, sondern ermittelt den besten Zugriff allein auf Basis der vorhandenen Datenbankindizes.

Mit Version 10i setzte Oracle™ den Support für seinen regelbasierten Optimierer aus. Es wird nur noch der kostenbasierte Optimierer unterstützt. Damit verlieren langfristig alle Oracle™ Rule Hints sowie die First Rows Hints ihre Wirkung. Die entsprechend kommentierten Datenbankanweisungen sollten deshalb überprüft werden.

Meldungen

Es werden Meldungen zur Verwendung von Rule, Choose und First Rows Hints sowie von dynamischen Hints ausgegeben. Überprüfen Sie, ob sich die Ausführung der SQL-Anweisung nach Entfernung des Hints ändert, insbesondere ob es zu höheren Laufzeiten kommt.

> **Empfehlung** [*]
> Diese Prüfung ist nur relevant für Sie, wenn Sie auf einem Oracle™-Datenbanksystem arbeiten und eine der erwähnten Arten von Datenbankhinweisen eingesetzt haben.

5.13 Anwendungsprüfungen

Die Kategorie der Anwendungsprüfungen (siehe Abbildung 5.18) wurde für anwendungsspezifische Prüfungen angelegt, das heißt für Prüfungen, die nicht – wie zum Beispiel die Prüfungen zu einem bestimmten Produktstandard – von allgemeinem Interesse sind, sondern spezielle Fragestellungen einzelner Applikationsbereiche abdecken. Bislang gibt es in dieser Kategorie nur eine Prüfung aus dem Bereich HCM.

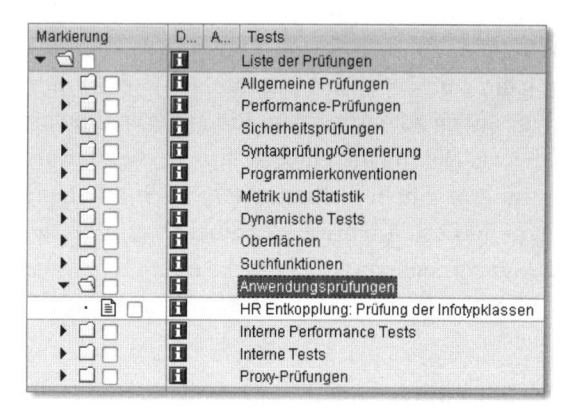

Abbildung 5.18 Prüfung der Kategorie »Anwendungsprüfungen«

5.13.1 HR-Entkopplung: Prüfung der Infotypklassen

- Relevanz: ★★★
- Prüfklasse: `cl_ci_test_hr_itclass`
- Objekttypen: HR-Infotyp-Logik- und Infotyp-Containerklassen

Kurzbeschreibung

Seit Release SAP R/3 Enterprise gibt es ein neues, auf ABAP-OO-Klassen basierendes Framework für HR-Infotypen. Für die Infotypklassen gibt es eine Reihe von Programmierkonventionen, die die Entkopplung der Business-Logik der Infotypen von anderen Funktionen wie dem Benutzer-Interface sicherstellen sollen.

Details

Es wird überprüft, ob in Infotyp-Logik- und Infotyp-Containerklassen Anweisungen ausgeführt werden sollen, die den Transaktionsablauf stören oder die Stabilität des Frameworks gefährden könnten. Im Einzelnen sind dies:

- der Aufruf von Funktionen aus bestimmten Funktionsgruppen des Organisationsmanagements
- die Änderungen von Datenbanktabellen
- die Verwendung von SET-/GET-Parametern
- die Verwendung der MESSAGE-Anweisung
- die Verwendung von IMPORT/EXPORT
- der Aufruf von externen FORM-Routinen

Meldungen

Siehe Anhang B, »Meldungen der SAP-Standardprüfungen«.

> **Empfehlung** [*]
>
> Sofern Sie nicht selbst HR-Infotyp-Klassen implementieren, ist diese Prüfung für Sie nicht relevant.

5.14 Interne Performancetests

Ein Manko des Code Inspectors ist, dass aktive Prüfkategorien und Prüfungen im Prüfvariantenbaum immer für alle Benutzer sichtbar sind. Dadurch wird der Baum durch technische – nicht unbedingt für die allgemeine Benutzung vorgesehene – Prüfungen aufgebläht. Eine ganze Kategorie solch technischer Prüfungen sind die »Internen Performance Tests« (siehe Abbildung 5.19).

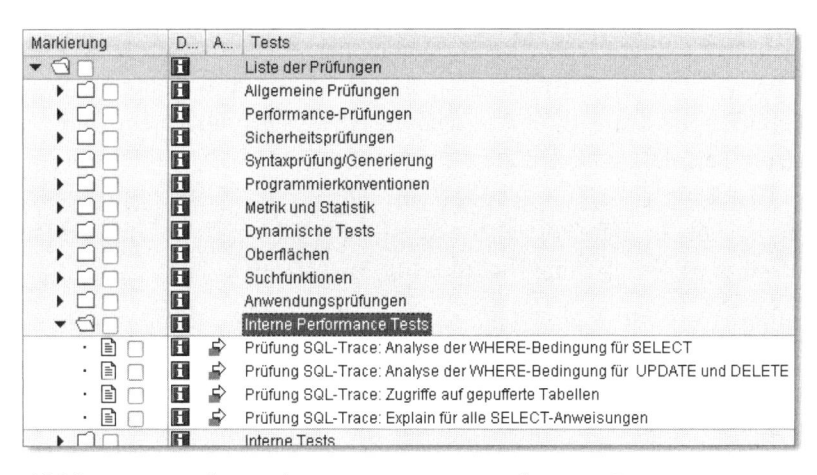

Abbildung 5.19 Prüfungen der Kategorie »Interne Performance Tests«

Die Idee hinter diesen Prüfungen ist die folgende: Mit dem im Code Inspector implementierten SQL-Parser und den darauf aufbauenden Prüfungen können Datenbankanweisungen im Hinblick auf Performance untersucht werden. Allerdings gilt dies nur für statische Datenbankanweisungen. Sobald Dynamik ins Spiel kommt, und zum Beispiel der Tabellenname oder Felder der WHERE-Bedingung erst zur Laufzeit bekannt sind, muss die statische Analyse aufgeben. Auf der anderen Seite liefert der SQL-Trace (Transaktion ST05, Performance-Trace) die tatsächlich auf der Datenbank ausgeführten SQL-Anweisungen. Durch das Entfernen von datenbankspezifischen Kommentaren werden diese Anweisungen in eine Art »Pseudo-ABAP« umgewandelt, das der Code Inspector analysieren kann.

Die Prüfungen der Kategorie »Interne Performance Tests« sind modifizierte Versionen der statischen Prüfungen zur Analyse von Datenbankanweisungen, die nur für die Analyse dieses »Pseudo-ABAP« geeignet sind. Zum Einsatz kommen sie nur in der globalen Prüfvariante ANALYZE_SQL_TRACE, die in der Integration des Code Inspectors in den Transaktionen ST05 (erst ab Release 7.0 EHP2) und ST30 (globale Performanceanalyse) verwendet wird. In der ausführlichen Trace-Liste von Transaktion ST05 können Sie (ab Release 7.0 EHP2) mittels SPRINGEN • TRACE ANALYSE DURCH CODE INSPECTOR die Analyse des SQL-Trace starten. Da diese Prüfungen nur zur Analyse von SQL-Traces implementiert wurden, hat es keinen Sinn, sie in eine »normale« Prüfvariante zur Untersuchung von statischem Code aufzunehmen.

Bei der Analyse der Anweisungen aus dem SQL-Trace gibt es gewisse Einschränkungen: So sind manche in Open SQL möglichen Zusätze, wie zum Beispiel BYPASSING BUFFER oder SELECT SINGLE, in der Datenbankanweisung nicht mehr vorhanden. Daher kann nicht sicher erkannt werden, ob eine Anweisung sich im SQL-Trace befindet, weil mit dieser Anweisung der SAP-Tabellenpuffer geladen wurde oder weil die Anweisung aus einem anderen Grund (zum Beispiel durch den Zusatz BYPASSING BUFFER) den Puffer umgangen hat. Hier könnte das Einlesen des ABAP-Quellcodes weitere Informationen liefern, aber auf diese zusätzliche Komplexität, die auch zu einer erhöhten Laufzeit der Prüfung führen würde, wurde verzichtet.

Innerhalb dieser Prüfkategorie gibt es generell auch keine Pseudokommentare, um Meldungen zu unterdrücken. Ein Grund dafür ist, dass es gar keinen eindeutigen Programmcode geben muss, der zu den untersuchten Anweisungen gehört, denn diese stammen aus einem SQL-Trace. Durch Einlesen des zugehörigen ABAP-Codes könnte man die Pseudokommentare der statischen Prüfungen wiederverwerten – aber der Code könnte aufgrund dynamischer Anteile generisch sein und für völlig unterschiedliche Datenbankanweisungen »verantwortlich« sein.

Es gibt allerdings auch einen erzieherischen Aspekt im Verzicht auf Pseudokommentare: Mit Pseudokommentaren sollen nur Meldungen für solche Performanceverstöße unterdrückt werden, die sich in selten ausgeführtem Code befinden. Inperformante Anweisungen in produktiv genutztem Code dagegen sollten tatsächlich optimiert werden. Wenn aber Datenbankzugriffe in einem SQL-Trace durch fehlende Indizes auffallen, ist dies ein Zeichen dafür, dass der zugehörige Code produktiv genutzt wird und verbessert werden sollte.

5.14.1 Prüfung SQL-Trace: Analyse der WHERE-Bedingung für SELECT

- Relevanz: ★★★★
- Prüfklasse: `cl_ci_test_select_taw_int_a`
- Objekttypen: aus SQL-Trace erzeugtes Pseudoprogramm
- Anmerkung: Diese Prüfung kann nicht für normale Repository-Objekte verwendet werden.

Kurzbeschreibung

Für die SELECT-Anweisungen aus dem SQL-Trace wird untersucht, ob mit der gegebenen WHERE-Bedingung ein Index für den schnellen Zugriff auf die Daten verwendet werden kann. Datenbank-Joins werden nicht analysiert; bei sehr umfangreichen WHERE-Bedingungen, zum Beispiel langen FOR ALL ENTRIES-Listen, kann die Prüfung fehlerhaft sein.

Parameter

Die ersten drei Parameter haben dieselbe Bedeutung wie in der entsprechenden statischen Prüfung (siehe Abschnitt 5.4.1):

- Keine WHERE-Bedingung
- Kein Indexfeld in WHERE-Bedingung
- Kein führendes Indexfeld in WHERE-Bedingung
- Auch vermutliche Puffer-Lader

Der vierte Parameter wirkt sich auf Zugriffe aus, bei denen sich im SQL-Trace lediglich das Mandantenfeld in der WHERE-Bedingung befindet. Bei vollständig oder generisch bezüglich des Mandanten gepufferten Tabellen kann es sich hierbei um einen Pufferladevorgang handeln. Ist die Option Auch vermutliche Puffer-Lader ausgewählt, wird auch in so einem Fall eine Meldung ausgegeben.

Details

Lesen Sie die Erläuterungen für die statische Prüfung »Analyse der WHERE-Bedingung für SELECT« in Abschnitt 5.4.1.

Meldungen

Zusätzlich zu den Meldungen der statischen Prüfung in Abschnitt 5.4.1 hat die hier diskutierte »quasi dynamische« Prüfung folgende zusätzliche Meldungen:

- **0031, 0531**
  »(Große) Tabelle tab_name: Nur (hinzugeneriertes) Mandanten-Feld in WHERE-Bedingung«

  Befindet sich im SQL-Trace nur der Mandant in der WHERE-Bedingung, wurde dieser wahrscheinlich von der Datenbankschnittstelle hinzugeneriert, und der im Programm formulierte Zugriff weist gar keine WHERE-Bedingung auf. Die Datenbank muss daher zur Laufzeit eine Suche auf allen Sätzen eines Mandanten durchführen.

  Ein möglicher anderer Grund für eine WHERE-Bedingung, die nur den Mandanten enthält, ist eine Anweisung der Art SELECT ... FROM TABLE ... CLIENT SPECIFIED, bei der der Entwickler dann selbst das Mandantenfeld spezifiziert. Diese beiden Fälle können auf Basis der Analyse des SQL-Trace aber nicht unterschieden werden.

- Weitere Meldungen dieser Prüfung betreffen Zugriffe auf gepufferte Tabellen. Diese werden in der entsprechenden statischen Prüfung nicht analysiert, da dort davon ausgegangen wird, dass der Puffer für den Zugriff verwendet werden kann. Tauchen diese Zugriffe aber im SQL-Trace auf, wurde der Puffer offensichtlich umgangen. Ein Grund dafür könnte sein (Meldungen 0301 und 0331, *»Keine WHERE-Bedingung«* bzw. *»nur hinzugeneriertes Mandanten-Feld in der WHERE-Bedingung«*), dass eine vollständig bzw. eine bezüglich des Mandanten gepufferte Tabelle mit der untersuchten SQL-Anweisung in den Puffer geladen wird. Diese Anweisung (und damit auch die Code-Inspector-Meldung) sollte daher bei wiederholter Ausführung des Szenarios nicht mehr im SQL-Trace erscheinen.

> **Empfehlung** [*]
>
> Zeichnen Sie für wichtige Anwendungsszenarien mit Transaktion ST05 einen SQL-Trace auf, und lassen Sie den Trace wie beschrieben vom Code Inspector analysieren. Die vorliegende Prüfung untersucht dabei die SELECT-Anweisungen. Die Integration des Code Inspectors in Transaktion ST05 gibt es aber erst ab Release 7.0 EHP2; bereits ab Release 6.40 besteht eine Einbindung in Transaktion ST30.

5.14.2 Prüfung SQL-Trace: Analyse der WHERE-Bedingung für UPDATE und DELETE

- Relevanz: ★ ★ ★ ★
- Prüfklasse: cl_ci_test_imud_taw_int_a
- Objekttypen: aus SQL-Trace erzeugtes Pseudoprogramm
- Anmerkung: Diese Prüfung kann nicht für normale Repository-Objekte verwendet werden.

Kurzbeschreibung

Für ändernde Datenbankanweisungen aus dem SQL-Trace wird untersucht, ob mit der gegebenen WHERE-Bedingung ein Index für den schnellen Zugriff auf die Daten verwendet werden kann.

Parameter

Die Parameter haben dieselbe Bedeutung wie in der entsprechenden statischen Prüfung (siehe Abschnitt 5.4.2):

- Keine WHERE-Bedingung
- Kein Indexfeld in WHERE-Bedingung
- Kein führendes Indexfeld in WHERE-Bedingung

Details

Lesen Sie die Erläuterungen für die statische Prüfung »Analyse der WHERE-Bedingung für UPDATE und DELETE« in Abschnitt 5.4.2.

Meldungen

Die Meldungen sind wieder analog zur statischen Prüfung. Zusätzlich gibt es die Meldungen 0031 und 0531: »*(Große) Tabelle tab_name: Nur (hinzugene-*

riertes) Mandaten-Feld in WHERE-Bedingung«, wenn im SQL-Trace lediglich das Mandantenfeld in der WHERE-Bedingung gefunden wurde.

[*] > **Empfehlung**
> Zeichnen Sie für wichtige Anwendungsszenarien mit Transaktion ST05 einen SQL-Trace auf, und lassen Sie den Trace wie beschrieben vom Code Inspector analysieren. Die vorliegende Prüfung untersucht dabei die ändernden Datenbankanweisungen. Die Integration des Code Inspectors in Transaktion ST05 gibt es aber erst ab Release 7.0 EHP2; bereits ab Release 6.40 besteht eine Einbindung in Transaktion ST30.

5.14.3 Prüfung SQL-Trace: Zugriffe auf gepufferte Tabellen

- Relevanz: ★★★★
- Prüfklasse: `cl_ci_test_select_taw_intbybuf`
- Objekttypen: aus SQL-Trace erzeugtes Pseudo-Programm
- Anmerkung: Diese Prüfung kann nicht für normale Repository-Objekte verwendet werden.

Kurzbeschreibung

Zugriffe auf gepufferte Tabellen sollten – nach einigen Vorläufen zum »Aufwärmen« des Systems, das heißt zum Füllen der Puffer – nicht im SQL-Trace erscheinen. Diese Prüfung untersucht, warum ein Zugriff auf eine gepufferte Tabelle dennoch im SQL-Trace erscheint.

Parameter

- **Auch Pufferladezugriffe etc.**
  Haben Sie diese Option gewählt, werden auch diejenigen Zugriffe auf gepufferte Tabellen gemeldet, bei denen der Grund für das Umgehen des SAP-Tabellenpuffers nicht eindeutig aus dem SQL-Trace abgeleitet werden kann. Mögliche Gründe für das Erscheinen solcher Zugriffe im SQL-Trace können sein:
  - Pufferladezugriffe
  - keine Verwendung von SELECT SINGLE bei einzelsatzgepufferten Tabellen (bis einschließlich Release 7.0 EHP1)
  - Verwendung der Option BYPASSING BUFFER
  - Verwendung von Native SQL

▸ Vergleich zweier Datenbankfelder in der `WHERE`-Bedingung (zum Beispiel `SELECT * FROM dbtab AS db WHERE db~field1 > db~field2`)

Details

Lesen Sie zunächst die Erläuterungen für die statische Prüfung »SELECT-Anweisungen, die am Tabellenpuffer vorbei lesen« in Abschnitt 5.4.3. Die hier diskutierte »quasi dynamische« Prüfung für Zugriffe auf gepufferte Tabellen versucht, anhand der Daten aus dem SQL-Trace den Grund für das Umgehen des SAP-Tabellenpuffers zu ermitteln. Das funktioniert in der Regel ganz gut, da ein Join, fehlende Schlüsselfelder oder Aggregatanweisungen wie `SELECT COUNT(*)`, die zum Umgehen des Puffers führen, sich ebenfalls im SQL-Trace widerspiegeln. Es gibt aber auch Anweisungen wie `SELECT ... BYPASSING BUFFER` oder das initiale Füllen des Puffers für eine Tabelle, die aus dem SQL-Trace nicht ablesbar sind. Solche Anweisungen führen dazu, dass die Prüfung in manchen Fällen nur konstatieren kann, dass der Grund für die Umgehung des Tabellenpuffers unbekannt ist. Wie gesagt, verzichtet die Prüfung bislang darauf, zusätzlich den ABAP-Quellcode zu untersuchen, dessen Analyse vielleicht weitere Einsichten erlauben würde.

Ab Release 7.0 EHP2 untersucht diese Prüfung zusätzlich zur Analyse der Zugriffe auf tatsächlich gepufferte Tabellen auch Zugriffe auf »potenziell« pufferbare bzw. (fälschlicherweise?) nicht gepufferte Tabellen. Dabei handelt es sich einerseits um Tabellen, die in ihren technischen Eigenschaften als Konfigurationstabellen gepflegt sind, das heißt die Datenart `APPL2` aufweisen, und daher vermutlich gepuffert werden könnten. Andererseits gibt es Tabellen, die den Status »Pufferung erlaubt, aber ausgeschaltet« haben. Wie in Abschnitt 5.4.17, »Prüfung der Tabelleneigenschaften«, erwähnt, ist dieser Status generell fragwürdig.

Sie sehen den Puffertyp einer Tabelle in der Liste »Verdichtete SQL-Anweisungen« von Transaktion ST05 in der Spalte BTYPE (siehe Abbildung 5.20).

Time/exec	Rec/exec	Avg.time/r	Min.time/r	Length	Btype	Tabtype	Objektname	SQL-Statement
36.731	361,0	102	13	580		TRANSP	PAT03	SELECT FROM "PAT03"
1.906	1,0	1.906	67	1.176	desng	TRANSP	USOB_AUTHVALTRC	SELECT WHERE "NAME" = ? AND "TYPE" = ? AND "OBJECT" =
16.587	1,0	16.587	16.587	372	sng	TRANSP	TADIR	SELECT WHERE "PGMID" = ? AND "OBJECT" = ? AND "OBJ_NAM
10.293	1,0	10.293	10.293	136	sng	TRANSP	TCDCOUPLES	SELECT WHERE "TCODE" = ? AND "CALLED" = ? WITH LOCK I
238	0,0	238	169	580		TRANSP	PAT03	SELECT WHERE ("ADDON_ID" = ? AND "ADDON_REL" = ? OR "
911	1,0	911	64	268	sng	TRANSP	TFDIR	SELECT WHERE "FUNCNAME" = ?
94	0,8	125	49	222	ful	TRANSP	CVERS_REF	SELECT WHERE "COMPONENT" = ? AND "LANGU" = ?
123	0,0	123	94	284	ful	TRANSP	AVERS	SELECT WHERE "ADDONID" = ? ORDER BY "ADDONID" , "ADDON
145	1,0	145	115	316		TRANSP	DD02L	SELECT WHERE "TABNAME" = ? AND "AS4LOCAL" = ? AND ROWN
287	1,0	287	58	82	deful	TRANSP	CVERS_TXT	SELECT WHERE "LANGU" = ?
123	1,0	123	73	192		VIEW	LICENSE	SELECT FROM MLICHECK
311	1,0	311	108	196	gen	TRANSP	TMDIR	SELECT WHERE "METHODNAME" = ? AND "CLASSNAME" = ?
148	3,0	49	36	102	ful	TRANSP	CVERS	SELECT FROM "CVERS"
133	0,0	133	84	284	ful	TRANSP	AVERS	SELECT FROM "AVERS" ORDER BY "ADDONID" , "ADDONRL"
86	0,5	171	65	342		VIEW	PROGDIR	SELECT WHERE "NAME" = ? AND "STATE" = ?

Abbildung 5.20 Verdichtete Trace-Liste des SQL-Trace in Transaktion ST05 (Ausschnitt)

Die Liste mit den verdichteten SQL-Anweisungen erreichen Sie aus der Grundliste des SQL-Trace über das Menü mit TRACE-LISTE • TRACE NACH SQL-ANWEISUNGEN VERDICHTEN. Die Bedeutungen der Einträge in Spalte BTYPE sind die folgenden:

- Für Tabellen mit eingeschalteter Pufferung gibt es die Werte FUL (= vollständig gepuffert), GEN (= generisch gepuffert) und SNG (= einzelsatzgepuffert).

- Für Tabellen mit dem Status »Pufferung erlaubt, aber ausgeschaltet« gibt es entsprechend die Werte DEFUL, DEGEN, DESNG sowie den Wert DEBUF, wenn keine Pufferungsart ausgewählt wurde.

- Daneben gibt es noch die Werte CUST für Konfigurationstabellen, die potenziell pufferbar wären, und DDIC für Zugriffe auf Verwaltungstabellen des ABAP Dictionarys, die im SQL-Trace eines produktiven Szenarios auch nichts zu suchen haben.

Für die mit DEBUF, DEFUL, DEGEN, DESNG und CUST gekennzeichneten Tabellen untersucht die vorliegende Prüfung ab Release 7.0 EHP2, ob bei eingeschalteter Pufferung der SAP-Tabellenpuffer für den untersuchten Zugriff verwendet worden wäre bzw. ob es zu einer Umgehung des Puffers gekommen wäre (siehe auch unter »Meldungen«).

Meldungen

Neben den aus der Prüfung »SELECT-Anweisungen, die am Tabellenpuffer vorbei lesen« (siehe Abschnitt 5.4.3) bekannten Meldungen gibt es in dieser Prüfung ab Release 7.0 EHP2 zwei zusätzliche Gruppen von Meldungen für potenziell pufferbare Tabellen:

- 0501-0506

    »Tabelle tab_name (buf_type): Zugriff würde wegen ... SAP-Puffer umgehen«

    Der Zugriff würde nach einer Umstellung des Status der Tabelle von »Pufferung erlaubt, aber ausgeschaltet« nach »Pufferung erlaubt« den SAP-Tabellenpuffer umgehen. Es hat, zumindest für diese Anweisung, keinen Sinn den Pufferungsstatus der Tabelle zu ändern.

- 0510-0512

    »Tabelle tab_name (buf_type): Zugriff hätte Pufferung nutzen können«

    Der Zugriff hätte bei eingeschalteter Pufferung den Puffer nutzen können (wenn die Tabelle vollständig oder generisch mit x Feldern gepuffert würde).

▸ 0551

»Tabelle tab_name: Zugriff würde wegen nicht voll spezifiziertem Primärschlüssel Puffer umgehen«

Diese Meldung bringt zum Ausdruck, dass für eine Tabelle mit dem Status DESNG (Pufferung erlaubt, aber ausgeschaltet – Einzelsatzpufferung gewählt) nach Einschalten des Puffers der Puffer im konkreten Fall umgangen worden wäre. Untersuchen Sie, ob die Tabelle vielleicht generisch gepuffert werden könnte.

Empfehlung [*]

Zeichnen Sie für wichtige Anwendungsszenarien mit Transaktion ST05 einen SQL-Trace auf, und lassen Sie den Trace wie beschrieben vom Code Inspector analysieren. Die vorliegende Prüfung untersucht dabei SELECT-Anweisungen, die den SAP-Tabellenpuffer umgehen. Die Integration des Code Inspectors in Transaktion ST05 gibt es aber erst ab Release 7.0 EHP2; bereits ab Release 6.40 besteht eine Einbindung in Transaktion ST30.

5.14.4 Prüfung SQL-Trace: Explain für alle SELECT-Anweisungen

- Relevanz: ★★
- Prüfklasse: `cl_ci_test_sql_trace_explain`
- Objekttypen: SQL-Trace
- Anmerkung: Diese Prüfung kann nicht für normale Repository-Objekte verwendet werden.

Kurzbeschreibung

Diese Prüfung führt – bislang nur für die Oracle™-Datenbankplattform – Datenbank-Explains für alle SELECT-Anweisungen eines SQL-Trace aus. Da die Prüfung nur beim Aufruf des Code Inspectors aus Transaktion ST05 heraus wirksam werden kann, aber in der dabei verwendeten globalen Prüfvariante ANALYZE_SQL_TRACE standardmäßig gar nicht enthalten ist, hat diese Prüfung praktisch keine Bedeutung.

Parameter

- [Nur zur] INFORMATION
  Dieser Parameter kann nicht vom Benutzer gesetzt werden, sondern dient lediglich Anzeigezwecken. Auf einer Datenbankplattform, für die eine Auswertung des Datenbank-Explains bereits implementiert wurde, hat

der Parameter den Wert »Prüfung lauffähig«, sonst den Wert »Prüfung nicht lauffähig«.

Details

Der Datenbank-Explain zeigt die gewählte Strategie des kostenbasierten Optimierers zum Zeitpunkt seiner Ausführung. Die Strategie hängt dabei eng mit der Datenkonstellation im aktuellen System zusammen: Hat eine Tabelle beispielsweise in einem Testsystem nur wenige Daten, kann ein Full Table Scan, das bedeutet das sequenzielle Durchsuchen der Tabelle, durchaus die schnellste Möglichkeit sein, um einen bestimmten Eintrag zu finden. In einem Produktivsystem mit sehr vielen Datensätzen wird sich der Datenbankoptimierer beim gleichen Zugriff dafür entscheiden, eine Suche auf einem Index durchzuführen – falls ein geeigneter Index existiert.

Die vorliegende Prüfung führt für alle SELECT-Anweisungen im SQL-Trace einen Datenbank-Explain durch. Wie gesagt, wird die Zugriffsstrategie des Datenbankoptimierers von der Datenkonstellation im System abhängen, in dem der SQL-Trace analysiert wird.

Meldungen

Das Ergebnis dieser Prüfung sind Warnungen bzw. Fehlermeldungen für Strategien, die in der Regel teuer sind, das heißt bei Full Table Scans oder Full Index Scans, Hash-Joins sowie bei Index Range Scans über einen Mandanten. Unterschieden wird bei der Meldungspriorität dabei noch, ob es sich um eine kleine oder um eine große Tabelle handelt.

[*] **Empfehlung**
Mit Transaktion ST05 können Sie einen SQL-Trace aufzeichnen und den Trace vom Code Inspector analysieren lassen. Die vorliegende Prüfung untersucht dabei – bislang nur für die Oracle™-Datenbankplattform – die Explains für die einzelnen SELECT-Anweisungen. Die Integration des Code Inspectors in Transaktion ST05 gibt es aber erst ab Release 7.0 EHP2; um die vorliegende Prüfung verwenden zu können, muss zudem die Prüfvariante ANALYZE_SQL_TRACE angepasst werden.

5.15 Interne Tests

Die Kategorie der internen Tests (siehe Abbildung 5.21) enthält Prüfungen, die zum Teil zur Analyse des Code-Inspector-Frameworks geschrieben wurden. Diese Prüfungen sollten Sie daher in der Regel nicht verwenden. Auch die Prüfung »Überprüfung der Erweiterbarkeit von Tabellen« aus dieser Kategorie ergibt in einer normalen Code-Inspector-Prüfvariante keinen Sinn, da sie nur intern von Transaktion SAKB5 verwendet werden kann.

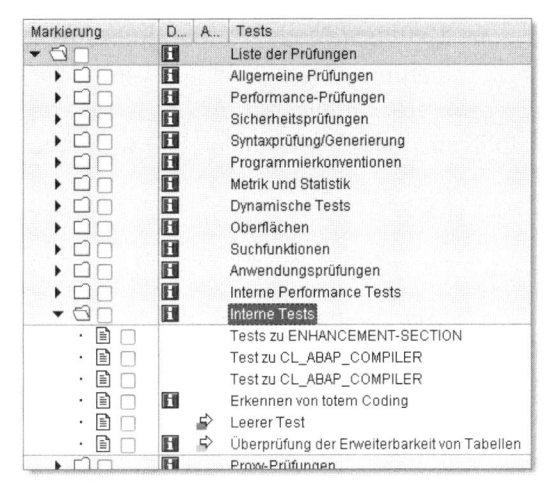

Abbildung 5.21 Prüfungen der Kategorie »Interne Tests«

5.15.1 Tests zu ENHANCEMENT-SECTION

- Relevanz: ★★
- Prüfklasse: `cl_chk_enh_conflicts`
- Objekttypen: `1PRG`
- Anmerkung: Diese Prüfung ist in Ihrem System vermutlich nicht im Baum der Prüfungen sichtbar. Um sie verwenden zu können, wählen Sie die Prüfung mithilfe des Code-Inspector-Menüs Springen • Verwaltung Von • Tests aus, und sichern Sie die Einstellung.

Kurzbeschreibung

Diese Prüfung untersucht die Einbindung von Quelltext-Erweiterungen, die mit der Anweisung `ENHANCEMENT-SECTION` im Rahmen des Switch Frameworks angelegt wurden. Insbesondere werden die Eindeutigkeit der Erweiterung und die Konfliktauflösung bei mehreren konkurrierenden Erweiterungen analysiert.

Details

Bei einer Quellcode-Erweiterung mit der Anweisung `ENHANCEMENT-SECTION` ersetzt bei der Programmgenerierung genau ein Quelltext-Plug-in der zugeordneten Erweiterungsimplementierung, dessen Schalter den Zustand »stand-by« oder »an« hat, diesen Programmabschnitt. Die Erweiterungen für eine ENHANCEMENT-SECTION verhalten sich exklusiv, das heißt, entweder wird das Standard-Coding oder genau eine Erweiterung ausgeführt. Diese Eigenschaft führt dazu, dass intern eine Konfliktauflösung durchgeführt wird, wenn bei der Programmausführung mehrere Quelltext-Plug-ins mit Schalterstellung »stand-by« oder »an« gefunden werden. Ein Aspekt dieser Prüfung ist die Suche nach unvollständigen Konfliktauflösungen im Fall konkurrierender Quelltext-Plug-ins.

Meldungen

Siehe Anhang B, »Meldungen der SAP-Standardprüfungen«.

[*] **Empfehlung**
Verwenden Sie diese Prüfung nur, wenn es in der zu prüfenden Entwicklungskomponente Erweiterungsimplementierungen auf Basis des Switch Frameworks gibt.

5.15.2 Test zu CL_ABAP_COMPILER

- Relevanz: ★
- Prüfklasse: cl_ci_test_abap_compiler
- Objekttypen: 1PRG

Kurzbeschreibung

Diese Prüfung ist ein spezieller Test für die ABAP-Compiler-Klasse cl_abap_compiler. Es werden alle Informationsmeldungen des Compilers ausgegeben, die auch von den echten Prüfungen, die auf dem ABAP-Compiler basieren, gemeldet werden können, wie zum Beispiel Syntaxcheck, erweiterte Programmprüfung oder sequenzielle Zugriffe auf interne Tabellen.

[*] **Empfehlung**
Lassen Sie diese Prüfung ausgeschaltet.

5.15.3 Erkennen von totem Coding

- Relevanz: ★
- Prüfklasse: cl_ci_test_crossref
- Objekttypen: beliebige Repository-Objekte

Kurzbeschreibung

In dieser Prüfung wird für beliebige Objekte der Verwendungsnachweis aufgerufen (Funktion `RS_EU_CROSSREF`). Falls keine Verwendung durch andere Objekte gefunden wird, wird eine Fehlermeldung ausgegeben. Da es allerdings sowohl Schiefstände im Verwendungsnachweis als auch dynamische Verwendungen von Objekten geben kann, handelt es sich nicht um eine absolut sichere Möglichkeit, ungenutzte Objekte zu erkennen.

Achtung: Diese Prüfung hat eine sehr hohe Laufzeit!

Empfehlung	[*]

Lassen Sie diese Prüfung ausgeschaltet.

5.15.4 Leerer Test

- Relevanz: ★
- Prüfklasse: `cl_ci_test_empty`
- Objekttypen: beliebige Repository-Objekte

Kurzbeschreibung

Hier ist der Name Programm: Diese Prüfung ist tatsächlich leer. Der Parameter MELDUNGEN bewirkt, dass bei einer Inspektion eine entsprechende Anzahl von leeren Meldungen erzeugt wird. Der Parameter LAUFZEIT verzögert die Ausführung der Prüfung um die gewählte Anzahl von Sekunden. Es handelt sich um einen Selbsttest des Code-Inspector-Frameworks.

Empfehlung	[*]

Lassen Sie diese Prüfung ausgeschaltet.

5.15.5 Überprüfung der Erweiterbarkeit von Tabellen

- Relevanz: ★
- Prüfklasse: `cl_ci_test_table_extension`
- Objekttypen: in SAKB5 definierte Programmmenge

Kurzbeschreibung

Wie es in der Dokumentation der Prüfung schon heißt: »Diese Prüfung kann nicht direkt im Code Inspector verwendet werden«. Zusammen mit dem

Objektkollektor »Verwendungsnachweis für Tabellen« (`cl_ci_collector_akb_tabl`) gehört diese Prüfung zur Transaktion SAKB5, und nur innerhalb dieser Transaktion können diese beiden Code-Inspector-Elemente vernünftig eingesetzt werden.

Mit Transaktion SAKB5 können Sie testen, welchen Einfluss die Wahl einer bestimmten Erweiterungskategorie auf eine Tabelle in denjenigen Programmen hätte, die diese Tabelle verwenden. Dazu legen Sie zunächst in Transaktion SAKB5 eine Tabellenliste an. Die Tabellen dieser Liste werden mit der geplanten Erweiterungskategorie aktiviert, und die Tabellenliste wird intern als Input für den Objektkollektor verwendet, der alle Verwendungsstellen der Tabellen in eine Objektmenge des Code Inspectors einfügt. Diese Objektmenge wird schließlich in einer Inspektion mit der Prüfung »Überprüfung der Erweiterbarkeit von Tabellen« untersucht, die im Grunde eine bestimmte Art von erweiterter Programmprüfung durchführt. Es können dann Meldungen folgender Art ausgegeben werden:

»==> *Warnung bei der Syntaxprüfung. Der Datentyp dtyp ist beliebig erweiterbar. Nach einer Strukturerweiterung wird diese Anweisung oder Parameterübergabe evtl. syntaktisch falsch. Interner Meldungscode: MESSAGE G:P*«

Transaktion SAKB5 führt Sie als Benutzer durch die einzelnen Schritte der Analyse und hilft Ihnen bei der Wahl der Erweiterungskategorie für eine Tabelle.

[*] **Empfehlung**

Lassen Sie diese Prüfung ausgeschaltet. Sie wird intern von Transaktion SAKB5 verwendet.

5.16 Proxy-Prüfungen

SAP unterstützt die Abbildung kollaborativer Prozesse mittels messagebasierter Kommunikation, beispielsweise mittels SAP NetWeaver Process Integration. Ein Baustein solcher Integrationsszenarien ist die interfacebasierte Verarbeitung von Messages durch ABAP-Proxy-Objekte. Die Proxys werden mithilfe der ABAP-Proxy-Generierung (Transaktion SPROXY) aus einer Interface-Beschreibung im Enterprise Services Repository generiert. Über die Webservices-Infrastructure kann dann eine Proxy-Proxy-Kommunikation als Point-to-Point-Verbindung aufgebaut werden.

Die Prüfkategorie »Proxy-Prüfungen« (siehe Abbildung 5.22) enthält lediglich eine gleichnamige Prüfung. Diese führt mehrere Konsistenzchecks für ABAP-Proxy-Objekte bzw. deren ABAP-Dictionary-Metadaten durch.

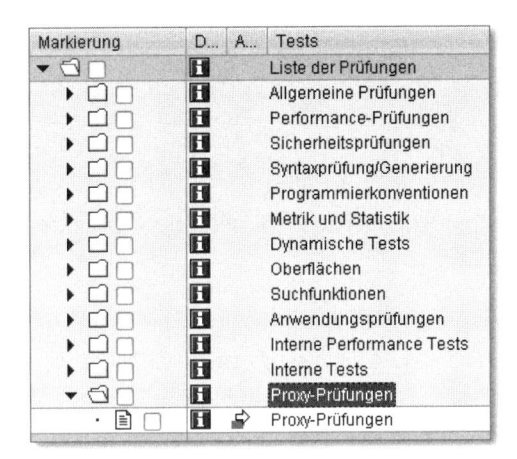

Abbildung 5.22 Einzige Prüfung der Kategorie »Proxy-Prüfungen«

5.16.1 Proxy-Prüfungen

- Relevanz: ★★
- Prüfklasse: cl_ci_test_proxy
- Objekttypen: INTF, CLAS, COBO, PAIN, PAOT, ENHO, DTEL, TABL, TTYP

Kurzbeschreibung

Mittels dieser Prüfung können Proxy-Objekte hinsichtlich Konsistenz mit dem Enterprise Services Repository und den Proxy-Metadaten überprüft werden.

Parameter

- **Nach ESR prüfen**
  Dieser Parameter sucht nach Schiefständen zwischen ABAP-Proxy-Objekt und Enterprise Services Repository, beispielsweise fehlenden ESR-Definitionen für das Proxy-Objekt oder die Zuordnung zu unterschiedlichen Softwarekomponenten.

- **Proxy-Metadatenprüfung**
  Diese Option prüft die Konsistenz der Metadaten eines Proxy-Objektes und seiner Referenzen zu anderen Proxys; vergleicht die Metadaten mit

den entsprechenden ABAP-Dictionary-Objekten bzw. ABAP-OO-Klassen oder Interfaces.

- **Objekte ohne Versions-ID suchen**
  Die Versions-ID eines Proxy-Objektes ist erforderlich, um prüfen zu können, ob es auf dem gleichen Stand wie das jeweilige ESR-Objekt ist. Ist der Parameter gesetzt, wird nach Proxy-Objekten ohne Versions-ID gesucht.

Details

Weitere Informationen zu möglichen Inkonsistenzen bei Proxy-Objekten finden Sie in folgenden SAP-Hinweisen:

- SAP-Hinweis 886682, »Proxy-Inkonsistenzen«
- SAP-Hinweis 783088, »Generierte Proxy-Klasse kann nicht gelöscht werden«

Meldungen

- **P008**
  »DDIC-Objekt in Proxy-Metadaten nicht gefunden«
  Lesen Sie den SAP-Hinweis 783088. Mit dem Report SXIVERI_PROXY_DDIC_CHECK können Sie die hier gefundenen Inkonsistenzen auflisten und beseitigen.

- **P012**
  »Proxy-Objekt hat Metadateninkonsistenz (mehrdeutige Hash-ID)«
  Lesen Sie hierzu den SAP-Hinweis 886682, Abschnitt »Doppelte Hash-IDs«. Mit dem Report SXIVERI_PROXY_HASHID_CHECK (ab Release 7.10 verfügbar) bzw. mit SXIVERI_PROXY_DDIC_CHECK können Sie die gemeldeten Inkonsistenzen auflisten und beseitigen.

- **P135**
  »Proxy-Objekt ist veraltet«
  Gehen Sie in das Quellsystem, generieren Sie das Proxy-Objekt nach, und aktivieren Sie es in Transaktion SPROXY.

- **P155**
  »Proxy-Objekt ist verwaist«
  Das Proxy-Objekt wurde umbenannt und ist nicht mehr im Enterprise Services Repository vorhanden. Sollte das Proxy-Objekt nicht verwendet

werden, gehen Sie in das Quellsystem, und löschen Sie es in Transaktion SPROXY.

- **P168**

  »*Proxy-Objekt ist inaktiv*«

  Aktivieren Sie das Proxy-Objekt im Quellsystem mit Transaktion SPROXY.

- **P169**

  »*Proxy-Objekt hat Inkonsistenzen mit referenziertem Objekt*«

  Weitere Informationen zu diesem Problem finden Sie in SAP-Hinweis 886682 unter »Inkonsistente Proxy-Referenzen«. Mit dem Report `SXIVERI_PROXY_REFID_CHECK` (ab Release 7.10 verfügbar) können Sie derartige Inkonsistenzen auflisten.

- **P171**

  »*Proxy-Objekt hat keine Versions-ID*«

  Gehen Sie in das Quellsystem, und prüfen Sie das Proxy-Objekt mit Transaktion SPROXY. Zeigt das Prüfergebnis lediglich einen Unterschied zwischen den Versions-IDs in Enterprise Services Repository und Backend, können Sie das Proxy-Objekt nachgenerieren und aktivieren. Gibt es sonstige Unterschiede zwischen Enterprise Services Repository und Backend, sollten Sie analysieren, wie sich eine Nachgenerierung auf ein Proxy-Objekt und auf Objekte, die es verwenden, auswirken könnte.

- **P208**

  »*Client-Proxy verwendet alte Basisklasse*«

  Dies ist eine Meldung ab Release 7.10; in diesem Release wurde die Generierung der implementierenden Klasse der Consumer-Proxys auf die neue Basisklasse `cl_proxy_client` umgestellt. Um die neue Basisklasse zu erhalten, müssen Sie den Proxy aktivieren.

- **P320**

  »*SWCs des Proxy sind unterschiedlich im BackEnd und ESR*«

  Ordnen Sie das Proxy-Objekt einem anderen Paket (Entwicklungsklasse) zu, das derselben Softwarekomponente angehört wie das dem Proxy-Objekt entsprechende ESR-Objekt.

- **P321**

  »*Proxy-Aktualität wurde nicht geprüft, weil ESR nicht da ist*«

  Im Moment der Prüfung konnte nicht auf das Enterprise Services Repository zugegriffen werden. Prüfen Sie das Proxy-Objekt nochmals, wenn das

Enterprise Services Repository erreichbar ist. Kontaktieren Sie gegebenenfalls Ihren Systemadministrator.

- **P400**

  »*Problem(e) zwischen Proxy/DDIC-Metadaten*«

  Generieren und aktivieren Sie das Proxy-Objekt im Quellsystem mit Transaktion SPROXY neu.

- **P500**

  »*TADIR für Proxy-Objekt inkonsistent in Bezug auf SPRX-Objekt*«

  Führen Sie den Report `SPROX_TADIR_CHECK` mit dem ABAP-Objekttyp und -namen für den angegebenen Proxy-Schlüssel aus.

[*] **Empfehlung**

Setzen Sie diese Prüfung ein, wenn in Ihrem SAP-System ABAP-Proxy-Objekte implementiert wurden und Sie deren Konsistenz prüfen möchten.

Anhang

A Konstanten des SAP Code Inspectors 391
B Meldungen der SAP-Standardprüfungen 405
C Glossar 449
D Die Autoren 453

A Konstanten des SAP Code Inspectors

In diesem Anhang werden die Konstanten aus einigen Bereichen des SAP Code Inspectors aufgelistet; er soll Ihnen als Nachschlagehilfe für die Programmierung von eigenen Prüfungen dienen.

Die Tabellen geben in der ersten Spalte die möglichen Werte der jeweiligen Konstante an. In der zweiten Spalte (falls vorhanden) finden Sie den jeweils zum Wert gehörenden Alias und in der letzten Spalte eine kurze Beschreibung dazu. Den Namen des Datenelementes bzw. des Tabellenfeldes dieser Konstante können Sie im Tabellenkopf ablesen.

A.1 Inspektionsverarbeitung

In diesem Abschnitt sind die Konstanten für die Verarbeitung einer Inspektion aufgelistet.

A.1.1 Objektstatus

Bei einer Inspektion wird die Liste der möglichen Objekte (zum Beispiel eines Objektkollektors) für die jeweiligen Prüfungen der Inspektion auf die Objekte eingeschränkt, die von dieser Inspektion abgearbeitet werden. Die Objekte erhalten dazu einen passenden Status und werden nach der Inspektion in der Tabelle SCIREST_HD mit ihrem Status (siehe Tabelle A.1) hinterlegt. Ein Inspektionslauf erzeugt Pakete mit einer maximalen Größe von bis zu 50 Objekten, die dann in verschiedenen Tasks verarbeitet werden können. Tabelle A.1 zeigt die verfügbaren Werte des Objektstatus.

SCI_STATE		
E	C_ERROR	Objekt wurde bearbeitet und hat zu einem Fehler geführt. Kann nachbearbeitet werden.
I	C_IN_OBJLIST	Objekt ist in der Objektliste, wird aber von der Inspektion nicht geprüft.
M	C_WITH_MESSAGE	Objekt wurde bearbeitet, und es gibt mindestens eine Meldung dazu.

Tabelle A.1 Objektstatus

SCI_STATE		
O	C_TO_PROCESS	Objekt ist in der Objektliste und wird in der Inspektion geprüft.
X	C_PROCESSED	Objekt wurde bearbeitet, es gibt keine Meldung dazu.

Tabelle A.1 Objektstatus (Forts.)

Beispiel: Objekte mit dem Wert 'I' sind zwar in der Objektliste der Inspektion enthalten, werden aber in keiner Prüfung der Inspektion benötigt, sodass ihr Status im Anfangsstatus 'I' verbleibt.

A.1.2 Ablaufart einer Inspektion

Die Ablaufart gibt an, auf welche Art die Inspektion erfolgen soll. Je nach Einstellung und vorhandener Infrastruktur können verschiedene Ablaufarten der Prüfungen gewählt werden. Tabelle A.2 listet die möglichen Werte für die Ablaufart einer Inspektion auf.

SYCHAR01		
A	C_RUN_AFTER_POPUP	Inspektion hat Popup (Ablaufart: P) bereits durchlaufen.
B	C_RUN_IN_BATCH	Inspektion im Hintergrund in der Batch-Verarbeitung starten.
D	C_RUN_DIRECT	Inspektion wird lokal sofort im aktuellen Task gestartet.
L	C_RUN_LOC_PARALLEL	Inspektion lokal auf einem Server mit mehreren parallelen Tasks ausführen.
P	C_RUN_WITH_POPUP	Inspektion wird auf Applikationsservern und verzögert gestartet. Eingabedialog mit Servergruppe und Ausführung erscheint (sofort starten oder Batch-Lauf).
R	C_RUN_VIA_RFC	Inspektion sofort starten. Inspektion läuft parallel auf mehreren Tasks auf verschiedenen Servern einer Servergruppe.

Tabelle A.2 Ablaufart einer Inspektion

Beispiel: Der Wert 'D' gibt an, dass die aktuelle Inspektion auf dem lokalen Server sofort ausgeführt werden soll.

A.1.3 Ausführungsstatus einer Inspektion

Der Ausführungsstatus gibt den aktuellen Zustand einer Inspektion an, ob sie beispielsweise schon ausgeführt wurde oder ob sie bei einem Batch-Lauf eingeplant ist. Die Daten zu einer gespeicherten Inspektion sind in der Tabelle SCIINS_INF enthalten. Den dabei jeweils möglichen Status einer Inspektion finden Sie in Tabelle A.3.

SCIINS_INF-EXECSTATUS	
A	Die Inspektion wurde abgebrochen (Aborted).
B	Die Inspektion wird gerade ausgeführt oder ist bei einem nächsten Batch-Lauf eingeplant (Batch).
b	Inspektion wurde abgebrochen und wird erneut bei der Batch-Verarbeitung eingeplant (Executed + Batch).
O	Die Inspektion wurde noch nicht ausgeführt (Open).
R	Die Inspektion wird gerade ausgeführt (Running).
X	Die Inspektion wurde ausgeführt bzw. Lauf wurde eventuell abgebrochen (Executed).

Tabelle A.3 Ausführungsstatus einer Inspektion

Beispiel: Der Wert 'b' gibt an, dass die aktuelle Inspektion während ihres letzten Laufs (zum Beispiel wegen eines Timeouts) abgebrochen und erneut für einen Batch-Lauf eingeplant wurde.

A.2 Pseudokommentare und Genehmigungsverfahren

In diesem Abschnitt sind die allgemeinen Konstanten zur Verarbeitung der Pseudokommentare und des Genehmigungsverfahrens aufgelistet.

A.2.1 Meldungspriorität

Die Meldungspriorität gibt an, wie eine Meldung im Ergebnisbildschirm angezeigt und welcher Ergebniszähler durch diese Meldung erhöht werden soll. Tabelle A.4 zeigt die vier verfügbaren Meldungsprioritäten.

SCI_ERRTY		
E	C_ERROR	Fehler
N	C_NOTE	Information

Tabelle A.4 Meldungspriorität

SCI_ERRTY		
O		Keine Meldung
W	C_WARNING	Warnung

Tabelle A.4 Meldungspriorität (Forts.)

Beispiel: Die Konstante c_note entspricht dem Wert 'N', es handelt sich bei der Meldung demnach um eine Information.

A.2.2 Status einer Ausnahme

Die allgemeine Ausnahmebehandlung für eine Unterdrückung der Ergebnisanzeige bei einem gefundenen Problem besitzt nachfolgende Status (siehe Tabelle A.5). Diese Status sind besonders für die Parallelverarbeitung interessant.

SYCHAR01		
A	C_TE_EXCEPTN_APPL	Ausnahme beantragt.
B	C_PC_EXCEPTN_POSIBL	Ausnahme ist durch Pseudokommentar möglich.
D	C_TE_EXCEPTN_POSIBL	Ausnahme ist durch Tabelleneintrag möglich.
P	C_PC_EXCEPTN_EXISTS	Ergebnismeldung durch Pseudokommentar ausgeblendet.
T	C_TE_EXCEPTN_EXISTS	Ergebnismeldung durch Tabelleneintrag ausgeblendet.
Z	C_EXCEPTN_DENIED	Ausnahmeantrag abgelehnt.

Tabelle A.5 Status einer Ausnahme

Beispiel: Die Konstante c_pc_exceptn_exists mit dem Wert 'P' gibt an, dass die Ergebnismeldung für die Problemstelle bereits durch einen Pseudokommentar unterdrückt wird.

A.2.3 Pseudokommentar

Der Wert eines Pseudokommentars gibt an, welche Möglichkeiten zur Unterdrückung einer Problemmeldung im Ergebnisbildschirm die dazugehörige Prüfung zulässt bzw. mit welchem Wert die Ausgabe der Problemmeldung im Ergebnisbildschirm unterdrückt werden kann. In Tabelle A.6 sind nur die allgemeinen Werte der Pseudokommentare aufgeführt, die speziellen Werte der jeweiligen Standardprüfung sind in Anhang B, »Meldungen der SAP-Standardprüfungen«, aufgelistet.

SCI_PCOM		
' '		Keine Ausnahme vorhanden.
CI_TABL_EXCEPTN	C_EXCEPTN_BY_TABLE_ENTRY	Genehmigungsverfahren
NOX	C_EXCEPTN_IMPOSIBL	Keine Ausnahme erlaubt.

Tabelle A.6 Allgemeine Pseudokommentare

Beispiel: Die Konstante c_exceptn_imposibl entspricht dem Wert 'NOX', womit die Problemmeldung einer (Teil-)Prüfung nicht unterdrückt werden kann, die Meldung im Ergebnisbildschirm wird demnach immer angezeigt!

A.2.4 Status einer Genehmigung

Das Genehmigungsverfahren für eine Unterdrückung der Ergebnisanzeige bei einem gefundenen Problem besitzt die folgenden Status aus Tabelle A.7.

IF_CI_TEST-EXCEPTION_STATE		
' '	C_EXCEPTION_DISABLED	Genehmigte Ausnahmegenehmigung zurückgenommen.
A	C_EXCEPTION_APPLIED	Ausnahme beantragt.
O	C_EXCEPTION_POSSIBLE	Ausnahmeantrag initialisiert, das heißt Antragneuerstellung (früher: 'I').
X	C_EXCEPTION_EXISTS	Ausnahmeantrag genehmigt.
Z	C_EXCEPTION_DENIED	Ausnahmeantrag abgelehnt.

Tabelle A.7 Status einer Genehmigung

Beispiel: Die Konstante if_ci_test~c_exception_applied ergibt den Wert 'A', es wurde demnach eine Ausnahmegenehmigung beantragt und nun wird auf Annahme oder Ablehnung gewartet.

A.2.5 Objektbezug einer Genehmigung

Der Objektbezug einer Genehmigung kann im Genehmigungsdialog im Abschnitt GÜLTIGKEIT OBJEKT eingestellt werden und gibt an, auf welche

Objekte sich die aktuelle Genehmigung bezieht. Befindet sich zum Beispiel ein Programm P in einer Funktionsgruppe F, kann die Genehmigung nur für das Subobjekt P gelten oder aber für alle Unterobjekte des Objektes F. Zurzeit sind in einer Genehmigung nur die beiden Werte 'O' und 'S' auswählbar. Alle möglichen Werte für den Objektbezug finden Sie in Tabelle A.8.

SCIEXCEPTN_APPL- SCOPE_O	
' '	Ist kein Objektbezug angegeben, wird das aktuelle Subobjekt (= S) verwendet.
C	Genehmigung gilt für alle Objekte einer bestimmten Komponente (Component).
O	Genehmigung gilt für alle Unterobjekte des aktuellen Objektes mit dem angegebenen Namen (Object).
P	Genehmigung gilt für alle Objekte eines bestimmten Paketes (Package).
S	Genehmigung gilt nur für das aktuelle Unterobjekt mit dem angegebenen Namen (Subobject).

Tabelle A.8 Objektbezug einer Genehmigung

Beispiel: Hat eine Genehmigung den Wert 'O' und den Namen 'Meine_Funktionsgruppe', werden alle Ausnahmen der Unterobjekte dieser Funktionsgruppe 'Meine_Funktionsgruppe' durch diese Genehmigung im Ergebnisbildschirm unterdrückt.

A.2.6 Reichweite einer Genehmigung

Die Reichweite einer Genehmigung kann im Genehmigungsdialog im Abschnitt GÜLTIGKEIT PRÜFUNG eingestellt werden und gibt an, welche Meldungen zum aktuellen Objekt im Ergebnisbildschirm unterdrückt werden können. Die Werte für die Reichweite sind in Tabelle A.9 gelistet.

SCIEXCEPTN_APPL- SCOPE_M	
' '	Ist keine Reichweite angegeben, wird bei einer Genehmigung nur die aktuelle Meldung (= M) ausgeblendet.
A	Generell alle Meldungen zum aktuellen Objekt unterdrücken (Alles).
C	Alle Meldungen zur aktuellen Teilprüfung ausblenden (Code).
K	Alle Meldungen zur aktuellen Kategorie mit allen enthaltenen Prüfungen und deren Teilprüfungen ausblenden (Kategorie).

Tabelle A.9 Reichweite einer Genehmigung

SCIEXCEPTN_APPL- SCOPE_M		
M		Nur die aktuelle Meldung unterdrücken (Meldung).
P		Alle Meldungen zur aktuellen Prüfung und allen enthaltenen Teilprüfungen unterdrücken (Prüfung).

Tabelle A.9 Reichweite einer Genehmigung (Forts.)

Beispiel: Hat eine Genehmigung den Wert 'K' und den Namen cl_ci_category_security, werden die Meldungen aller darin enthaltenen Prüfungen, wie zum Beispiel cl_ci_test_critical_statements, und der darin enthaltenen Teilprüfungen unterdrückt, wie zum Beispiel ROLLBACK WORK.

A.3 ABAP-Scan-Engine

Die Konstanten zum ABAP-Sourcecode-Scanner befinden sich unter anderem in der Typgruppe scan und haben meist den Datentyp flag oder C. Im SAP Code Inspector werden diese fest vorgegebenen Domänenwerte ' ' und 'X' von flag allerdings durch Konstantenwerte überschrieben. Nachfolgend sind diese Konstanten nach Ergebnistabellen sortiert aufgeführt.

Aus der Menge der Konstanten der ABAP-Scan-Engine sind hier aber nur diejenigen Konstanten aufgeführt, die für die Code-Inspector-Datentabellen von Bedeutung sind.

A.3.1 Token-Tabelle

Die Token-Tabelle enthält alle »kleinsten« Teile des ABAP-Sourcecodes, das heißt alle atomaren Elemente, wie zum Beispiel ABAP-Befehle, Werte, Klammern, Kommentare etc. Der Token-Typ gibt eine allgemeine, grobe Einordnung des Tokens wieder. Tabelle A.10 zeigt die Werte der Token-Tabelle.

SCAN_TOKEN_TYPE		
B	LIST_BEGIN	Anfang einer Liste, zum Beispiel ... IN (...)
C	COMMENT	Kommentar
D	LIST_SEP	Trennzeichen einer Liste
E	LIST_END	Ende einer Liste
I	IDENTIFIER	ABAP-Sprachelement

Tabelle A.10 Token-Tabelle

SCAN_TOKEN_TYPE		
L	LIST	Gesamtliste (nicht tokenized)
P	PRAGMA	Pragma (ab Release 7.0 EHP2)
S	LITERAL	Textfeldliteral
&	LITERAL_WITH_AMPERSAND	Textfeldliteral mit Literaloperator

Tabelle A.10 Token-Tabelle (Forts.)

Beispiel: Die Konstante `scan_token_type-comment` ergibt den Wert `'C'`, das Token ist demnach ein Kommentar.

A.3.2 Statement-Tabelle

Die Statement-Tabelle bündelt alle für eine Anweisung zusammengehörigen Token. Ein Statement entspricht somit einer Klammer um alle Token, die zu einem ABAP-Befehlsausdruck gehören. Die von der Scan-Engine erzeugten Werte sind in Tabelle A.11 abgebildet.

SCAN_STMNT_TYPE		
A	METHOD_DIRECT	Direkter Methodenaufruf ohne CALL METHOD, zum Beispiel super->...
C	COMPUTE_DIRECT	Zuweisung, zum Beispiel x = y + z
D	MACRO_CALL	Aufruf eines programminternen Makros mit Übergabewerten
E	NATIVE_SQL	Bereich mit Native-SQL-Anweisungen
G	PRAGMA	Pragma (ab Release 7.0 EHP2)
I	INCLUDE	Include
J	INCLUDE_MISS	Include erwartet, aber nicht vorhanden
K	STANDARD	Sonstige ABAP-Anweisung
M	MACRO_DEFINITION	Codebereich eines programminternen Makros
N	EMPTY	Leere Anweisung, zum Beispiel ».«
P	COMMENT	Kommentar
R	TRMAC_CALL	Aufruf eines externen Makros aus der Tabelle TRMAC mit Übergabewerten

Tabelle A.11 Statement-Tabelle

SCAN_STMNT_TYPE		
S	COMMENT_IN_STMNT	Kommentar innerhalb eines ABAP-Befehlsausdrucks, der aus mehreren Token besteht
T	TYPE_POOLS	Typgruppe
U	UNKNOWN	Unbekannter, nicht leerer ABAP-Befehl
V	TYPE_POOLS_MISS	Typgruppe erwartet, aber nicht vorhanden

Tabelle A.11 Statement-Tabelle (Forts.)

Beispiel: Die Konstante `scan_stmnt_type-comment` ergibt den Wert `'P'`, das Statement ist demnach ein Kommentar.

A.3.3 Structure-Tabelle

Die Structure-Tabelle liefert nähere Informationen zum Zusammenhang von einzelnen Statements (Anweisungen). Der Structure-Typ (siehe Tabelle A.12) gibt die Art der Anweisung an, der Statement-Typ liefert dann die genauere Information zum ersten Befehl (siehe Tabelle A.13 bis Tabelle A.23).

SCAN_STRUC_TYPE		
A	ALTERNATION	Kontrollstruktur, zum Beispiel IF
C	CONDITION	Bedingung zu einer Kontrollstruktur (= A)
D	DECLARATION	Bereich einer Deklaration
E	EVENT	Bereich eines Ereignisses
I	ITERATION	Schleifenstruktur, zum Beispiel LOOP
J	JUMP	Sprungbefehl innerhalb des Codes
M	MACRO	Eigenständiger Anweisungsbereich innerhalb des ABAP-Codes, zum Beispiel Makro, Native SQL
P	CLASS	Beginn des ABAP-Sourcecodes speziell für Klassen
P	PROG	Allgemeiner Beginn des ABAP-Sourcecodes
R	ROUTINE	Unterprogramme
S	SEQUENCE	Zusammengehöriger Anweisungsbereich, zum Beispiel DATA: ...

Tabelle A.12 Strukturtyp einer Structure-Tabelle

Beispiel: Die Konstante `scan_struc_type-prog` ergibt den Wert `'P'`, die Struktur ist ein ABAP-Codebereich.

Zu jedem in Tabelle A.12 vorhandenen Strukturtyp gibt es eine genauere Spezifizierung des ersten Befehls dieser Struktur.

SCAN_STRUC_STMNT_TYPE: Alternation (A)		
a	AT	Kontrollstruktur für Ereignisbehandlung
c	CASE	Kontrollstruktur
i	IF	Kontrollstruktur
o	ON	Kontrollstruktur für Ereignisbehandlung
_	TRY	Kontrollstruktur für Fehlerbehandlung

Tabelle A.13 Statement-Typ für Strukturtyp A

SCAN_STRUC_STMNT_TYPE: Condition (C)		
e	ELSE	Letztmögliche Bedingung der IF-Kontrollstruktur
f	ELSEIF	Bedingter Anweisungsblock der IF-Kontrollstruktur
t	THEN	Platzhalter in der IF-Kontrollstruktur
w	WHEN	Bedingter Anweisungsblock der CASE-Kontrollstruktur
+	CATCH	Bedingt ausführbarer Anweisungsblock der TRY-Kontrollstruktur
-	CLEANUP	Unbedingt ausführbarer Anweisungsblock der TRY-Kontrollstruktur

Tabelle A.14 Statement-Typ für Strukturtyp C

SCAN_STRUC_STMNT_TYPE: Declaration (D)		
b	SELECTION_SCREEN	Deklaration von Selektionsbildern
d	DATA	Variablendeklaration
k	CONSTANTS	Konstantendeklaration
m	DATA_COMMON	Deklaration globaler Variablen
s	STATICS	Deklaration statischer Variablen
t	TYPES	Deklaration von Strukturen

Tabelle A.15 Statement-Typ für Strukturtyp D

SCAN_STRUC_STMNT_TYPE: Event (E)		
g	LOAD_OF_PROGRAM	Ereignisblock beim Laden eines Programms
j	SYSTEM_EXIT	Internes SAP-Ereignis zum Beenden der SAP-Anwendung
q	AT_USER_COMMAND	Ereignisblock für das Auslösen eines eigenen Funktionscodes bei einer Bildschirmliste
v	AT_LINE_SELECTION	Ereignisblock bei der Anwahl einer Bildschirmlistenzeile
y	AT_SELECTION_SCREEN	Ereignisblöcke bei einem Selektionsbildschirm
z	AT_PF_I	Ereignisblock für das Auslösen eines SAP-Funktionscodes bei einer Bildschirmliste
2	INITIALIZATION	Ereignisblock beim Laden eines Programms
3	START_OF_SELECTION	Zentraler Ereignisblock eines Programms (= Hauptprogramm) zum Einlesen von Daten aus einer logischen Datenbank
4	END_OF_SELECTION	Ereignisblock nach dem Einlesen von Daten aus logischen Datenbankdaten
5	START_OF_EDITING	Ereignisblock zum Bearbeiten von Daten in logischen Datenbanken
6	END_OF_EDITING	Ereignisblock nach dem Bearbeiten von Daten in logischen Datenbanken
7	TOP_OF_PAGE	Ereignisblock bei einer neuen Seite in der Grundlistenerstellung
8	TOP_OF_PAGE_DURING	Ereignisblock bei einer neuen Seite in der Verzweigungslistenerstellung
9	END_OF_PAGE	Ereignisblock beim Seitenende in der Grundlistenerstellung

Tabelle A.16 Statement-Typ für Strukturtyp E

SCAN_STRUC_STMNT_TYPE: Iteration (I)		
D	DO	Schleifenstruktur
L	LOOP	Schleifenstruktur
S	SELECT	Schleifenstruktur für Datenbanktabellen

Tabelle A.17 Statement-Typ für Strukturtyp I

SCAN_STRUC_STMNT_TYPE: Iteration (I)		
V	PROVIDE	Schleifenstruktur für interne Tabellen
W	WHILE	Schleifenstruktur

Tabelle A.17 Statement-Typ für Strukturtyp I (Forts.)

SCAN_STRUC_STMNT_TYPE: Jump (J)		
ä	RETURN	Verlassen des Verarbeitungsblocks
h	CHECK	Bedingtes Verlassen einer Schleife
l	LEAVE	Verlassen des aktuellen Programms
n	CONTINUE	Fortsetzen einer Schleife
p	STOP	Verlassen eines Verarbeitungsblocks
r	REJECT	Verlassen eines GET-Blocks
u	SUBMIT	Absprung zu einem Programm
x	EXIT	Verlassen einer Schleife
0	RAISE	Auslösen einer nicht klassenbasierten Ausnahme
1	CALL	Absprung zu einem Programmobjekt

Tabelle A.18 Statement-Typ für Strukturtyp J

SCAN_STRUC_STMNT_TYPE: Macro (M)		
E	EXEC	Anweisungsbereich für Native SQL
N	DEFINE	Anweisungsbereich eines Makros

Tabelle A.19 Statement-Typ für Strukturtyp M

SCAN_STRUC_STMNT_TYPE: Prog (P)		
C	CLASS_POOL	Class-Pool (globale Klasse)
I	INTERFACE_POOL	Interface
F	FUNCTION_POOL	Funktionsgruppe
P	PROGRAM	Programm
R	REPORT	Report
T	TYPE_POOL	Typgruppe
?	SEQUENCE	Zusammengehöriger Codebereich

Tabelle A.20 Statement-Typ für Strukturtyp P

SCAN_STRUC_STMNT_TYPE: Class (P)

A	PUBLIC_SECTION	Deklaration des öffentlichen Bereichs einer Klasse
B	PROTECTED_SECTION	Deklaration des geschützten Bereichs einer Klasse
G	PRIVATE_SECTION	Deklaration des privaten Bereichs einer Klasse
X	CLASS_DEFINITION	Deklaration einer lokalen Klasse
Y	CLASS_IMPLEMENTATION	Implementierung einer lokalen Klasse
Z	INTERFACE	Deklaration eines Interface

Tabelle A.21 Statement-Typ für Strukturtyp P

SCAN_STRUC_STMNT_TYPE: Routine (R)

H	METHOD	Anweisungsblock zu einer Klasse (= Class, Strukturtyp: P)
M	MODULE	Dialogmodul
O	FORM	Unterprogramm
U	FUNCTION	Funktionsbaustein

Tabelle A.22 Statement-Typ für Strukturtyp R

SCAN_STRUC_STMNT_TYPE: Sequence (S)

?	SEQUENCE	Zusammengehöriger Codebereich

Tabelle A.23 Statement-Typ für Strukturtyp S

Beispiel: Die Konstante `scan_struc_stmnt_type-form` ergibt den Wert 'O', die Struktur ist ein Unterprogramm. Diese Konstante 'O' gehört dann zur Konstante `scan_struc_type-routine` mit dem Wert 'P'.

A.3.4 Level-Tabelle

Die Level-Tabelle enthält die Zuordnung der verschiedenen abhängigen ABAP-Sourcecode-Einheiten (Programme, Makros, Enhancements, Klassen etc.) zu der übergeordneten (aufrufenden) Sourcecode-Einheit.

SCAN_LEVEL_TYPE		
D	MACRO_DEFINE	Aufruf eines programminternen Makros
E	ENHANCEMENT	Explizite oder implizite Erweiterung
F	FRAGMENT	Erweiterungscode, zum Beispiel neue Parameter in einer Methodensignatur
P	PROGRAM	Programmartiger Quelltextbereich, zum Beispiel Report, Funktionsbaustein, Klasse, Include, Typgruppe
R	MACRO_TRMAC	Aufruf eines externen Makros aus der Tabelle TRMAC

Tabelle A.24 Level-Tabelle

Beispiel: Die Konstante scan_level_type-program ergibt den Wert 'P', es handelt sich demnach um einen programmartigen Sourcecode.

B Meldungen der SAP-Standardprüfungen

SAP liefert für den Code Inspector eine ganze Reihe von SAP-Standardprüfungen mit aus. Diese SAP-Standardprüfungen bieten eine Vielzahl an sofort einsetzbaren Prüfungen zu den verschiedensten Bereichen rund um die Programmerstellung und Entwicklung. Findet eine SAP-Standardprüfung bei einer Inspektion einen Problemfall, erzeugt sie dafür einen Eintrag in der Ergebnisliste, der Informationen zu Art und Ort des Problems enthält.

Da es sich bei den Code-Inspector-Prüfungen um statische Tests handelt, besteht immer die Möglichkeit, dass eine Prüfung ein Problem zu erkennen glaubt, obwohl keines vorhanden ist. Ebenso könnte ein vorhandenes Problem vom Entwickler bewusst toleriert werden oder die Problemstelle könnte vielleicht sogar gewollt sein. Um solche »falsch« erzeugten Meldungen unterdrücken zu können, kann der Entwickler an der Problemstelle im Sourcecode einen Pseudokommentar einfügen. Damit wird der Code Inspector angewiesen, an der angegebenen Stelle die Meldung zu einem bestimmten Problem zu ignorieren.

Jede Meldung einer Prüfung muss eindeutig identifizierbar sein und besitzt deshalb eine einzigartige ID, kurz PCode genannt. Zudem besitzt eine Meldung (= PCode) bei einer Prüfung weitere zugehörige Daten, nämlich eine Meldungspriorität, einen Pseudokommentar (falls vorhanden) und einen Meldungstext. Weitere Informationen zu diesen Daten finden Sie in der Beschreibung zum Tabellenaufbau in diesem Anhang. Neben den Pseudokommentaren für den Sourcecode ist auch die Kenntnis des jeweiligen PCodes einer Meldung an anderen Stellen innerhalb von SAP hilfreich, wie zum Beispiel bei der Aufgabenfreigabe im Transport Organizer oder wenn für ein Problem kein Pseudokommentar verfügbar ist.

Die Aufstellung der einzelnen Prüfungen in diesem Anhang spiegelt den Stand von Release 7.0 EHP1 des SAP NetWeaver Application Servers wider. Je nach Release-Stand können weitere Prüfungen auf Ihrem System vorhanden sein, die hier nicht gelistet sind, oder die Prüfungen können sich in anderen Kategorien befinden.

Aufbau dieses Anhangs

Nachfolgend eine kurze Beschreibung zum Aufbau der folgenden Abschnitte:

- Eine Abschnittsüberschrift gibt den Namen der jeweiligen Prüfungskategorie wieder, in der die Tabellen ihrer zugehörigen Prüfungen enthalten sind. Die Reihenfolge dieser Überschriften erfolgt so, wie sie in Release 7.0 EHP1 in der Prüfvariante zu sehen sind. Der letzte Abschnitt am Schluss dieses Anhangs listet die versteckten internen Prüfungen auf, die im Auswahlbildschirm der Prüfvariante nicht zu sehen sind.
- Eine Überschrift eines Unterabschnitts enthält den Namen einer Prüfung, wie er in Release 7.0 EHP1 in der Prüfvariante zu sehen ist. Die Reihenfolge der Prüfungen folgt auch hier dem Auftreten der Prüfungen in der Prüfvariante.

Aufbau der dargestellten Tabellen

Unterhalb der Überschrift eines Abschnitts befindet sich eine Tabelle mit den dazugehörigen Daten der Prüfung. Diese Tabelle besteht aus zwei Teilen; der obere Bereich enthält den Klassennamen und Hinweise zur Prüfung, der untere Teil listet alle verfügbaren PCodes der Prüfung auf. Zum oberen Teil der Tabelle:

- Im Titel der Tabelle steht der Klassenname der jeweiligen Prüfung. Die Prüfungsklasse einer SAP-Standardprüfung ist normalerweise im Paket S_CODE_INSPECTOR im Unterpaket klassenbibliothek und darin im Unterpaket klassen zu finden. Befindet sich die Prüfungsklasse in einem anderen Paket, wird der jeweilige Paketname im Hinweisbereich angeführt.
- Unterhalb des Tabellentitels kann ein Bereich mit zusätzlichen Hinweisen, Einschränkungen oder Warnungen zur aktuellen Prüfungsklasse vorhanden sein. Hier wird auch das Paket der Prüfungsklasse aufgeführt, falls es vom Code-Inspector-Paket S_CODE_INSPECTOR abweicht.

Im unteren Teil der Tabelle befinden sich alle PCodes der Prüfung mit ihren zugehörigen Daten jeweils in derselben Zeile. Dieser Tabellenteil ist in vier Spalten aufgeteilt:

- Der PCode in der ersten Spalte entspricht einer eindeutigen ID für einen bestimmten Zustand innerhalb einer Prüfung. Immer wenn eine Prüfung einen solchen Zustand erreicht, zum Beispiel einen Fehlerfall oder einen Informationspunkt, wird der entsprechende PCode gesetzt. Die anfallenden PCodes werden gesammelt und dann nach der Prüfung im Ergebnisbildschirm mit den zugehörigen Daten ausgegeben.
- Die Meldungspriorität eines PCodes steht in der zweiten Spalte der Tabelle. Sie gibt an, wie die Meldung bei der Ausgabe angezeigt und

gezählt werden soll. Die regulären Meldungsprioritäten sind Fehler (= Error: `E`), Warnung (= Warning: `W`) und Information (= Note: `N`). Meldungen mit der regulären Meldungspriorität `O` werden nicht ausgegeben. Besitzt eine Prüfung bei den Meldungsprioritäten besondere Belegungen, wie zum Beispiel `C` oder `I`, wird deren Bedeutung direkt im Hinweisbereich in der Tabelle der jeweiligen Prüfung beschrieben.

▸ Mit dem in der dritten Spalte enthaltenen Pseudokommentar kann die Ausgabe einer Problemmeldung im Ergebnisbildschirm verhindert werden. Dazu prüft der Code Inspector, ob an der betreffenden Problemstelle im Sourcecode ein bestimmter Pseudokommentar vorhanden ist. Ist der entsprechende Pseudokommentar hinter der Problemstelle vorhanden, wird die Problemmeldung im Ergebnisbildschirm nicht angezeigt.

Nicht jeder PCode besitzt einen Pseudokommentar, einige verfügen aber über ein Genehmigungsverfahren, das am Kennzeichen `CI_TABL_EXCEPTN` zu erkennen ist. Hat ein PCode keinen Eintrag (- - -) oder den Eintrag `NOX`, ist eine Unterdrückung der Problemmeldung durch den Entwickler nicht möglich. Der Eintrag `NOX` (= No Exception) besagt zudem, dass die Unterdrückung der Problemmeldung nicht erlaubt und somit auch nicht vorgesehen ist.

▸ Der Meldungstext in der letzten Spalte ist genau der Text, der durch die SAP-Standardprüfung als Problemmeldung für den Ergebnisbildschirm bereitgestellt wird – textliche Fehler eingeschlossen. Die Variablen `&1` bis `&4` werden vom System aus mit den jeweils aktuellen Werten der Prüfung gefüllt. Sind weitergehende Informationen zum aktuellen Meldungstext in der Tabelle vorhanden, werden sie mittels eines Kommentars in dieser Spalte erwähnt (→ ...). Sind Informationen vorhanden, die alle Meldungstexte einer Prüfung betreffen, werden diese zentral im Hinweisbereich im oberen Tabellenteil aufgeführt.

B.1 Allgemeine Prüfungen

Anweisungsstatistik

CL_CI_TEST_SCAN_STATISTICS2			
0001	N	- - -	&1 (→ Der Platzhalter &1 enthält den dynamisch generierten Ergebnistext der Statistik.)

Statistik der Tabelleneigenschaften

CL_CI_TEST_TABLE_SETTINGS				
0001	N	- - -		Pufferung aus
0010	W	- - -		Pufferung erlaubt, aber ausgeschaltet: keine Pufferungseinstellung ausgewählt
0011	W	- - -		Pufferung erlaubt, aber ausgeschaltet: Einzelsatzpufferung
0012	W	- - -		Pufferung erlaubt, aber ausgeschaltet: generische Pufferung
0013	W	- - -		Pufferung erlaubt, aber ausgeschaltet: vollständig gepuffert
0021	N	- - -		Pufferung ein: Einzelsatzpufferung
0022	N	- - -		Pufferung ein: generische Pufferung
0023	N	- - -		Pufferung ein: vollständig gepuffert
0050	N	- - -		Indizes: Tabelle hat nur Primärindex
0051	N	- - -		Indizes: Tabelle hat einen Sekundärindex (&1)
0052 0053 0054 0055 0056 0057 0058 0059	N	- - -		Sekundärindizes: &1 (→ Die letzte Stelle des PCodes gibt die Anzahl der Sekundärindizes an, zum Beispiel hat 0054 vier Sekundärindizes. Der Platzhalter &1 enthält die Liste mit den Namen der Sekundärindizes.)
0060 0061 0062 0063 0064 0065 0066 0067 0068 0069	N	- - -		Größenkategorie: &1 (→ Die letzte Stelle des PCodes gibt die Größenkategorie an, zum Beispiel hat 0065 die Kategorie 5. Der Platzhalter &1 enthält die ermittelte Größenkategorie.)
0070	W	- - -		keine Größenkategorie definiert
0080	N	- - -		Auslieferungsklasse A --- Anwendungstab. (Stamm- und Bewegungsdaten)
0081	N	- - -		Auslieferungsklasse C --- Customizingtabelle, Pflege nur durch Kunden, kein SAP Import

CL_CI_TEST_TABLE_SETTINGS

0082	N	- - -	*Auslieferungsklasse L --- Tabelle für Ablage temporärer Daten, wird leer ausgeliefert*
0083	N	- - -	*Auslieferungsklasse G --- Customizingtabelle, gegen SAP UPD geschützt, nur INS erlaubt*
0084	N	- - -	*Auslieferungsklasse E --- Steuerungstabelle, SAP und Kunde haben eigene Key-Bereiche*
0085	N	- - -	*Auslieferungsklasse S --- Systemtabelle, Pflege nur durch SAP, Änderung = Modifikation*
0086	N	- - -	*Auslieferungsklasse W --- Systemtabelle, Inhalt über eigene TR-Objekte transportierbar*
0089	N	- - -	*Auslieferungsklasse unbekannt oder nicht definiert*
0100	E	- - -	*Fehler bei der Klassifizierung Tabellenerweiterung: nicht klassifiziert*
0101	E	- - -	*Fehler bei der Klassifizierung Tabellenerweiterung: nicht erweiterbar*
0102	E	- - -	*Fehler bei der Klassifizierung Tabellenerweiterung: erweiterbar und zeichenartig*
0103	E	- - -	*Fehler bei der Klassifizierung Tabellenerweiterung: erweiterbar und zeichenartig oder numerisch*
0104	E	- - -	*Fehler bei der Klassifizierung Tabellenerweiterung: beliebig erweiterbar*
0110	N	- - -	*Tabellenerweiterung: nicht klassifiziert*
0111	N	- - -	*Tabellenerweiterung: nicht erweiterbar*
0112	N	- - -	*Tabellenerweiterung: erweiterbar und zeichenartig*
0113	N	- - -	*Tabellenerweiterung: erweiterbar und zeichenartig oder numerisch*
0114	N	- - -	*Tabellenerweiterung: beliebig erweiterbar*

Tabellennamen aus SELECT-Anweisungen

CL_CI_TABNAMES_PUBLIC

0001	N	- - -	*Tabelle in SELECT-Bedingung: &1*
0002	N	- - -	*Tabelle &1: &2 Zugriffe*

ABAP-Token-Statistik

CL_CI_TEST_SCAN_STATISTICS				
0010	N	- - -	&1 hat &2 Token	
0011	N	- - -	&1 hat &2 Token vom Typ "Identifier"	
0012	N	- - -	&1 hat &2 Token vom Typ "String/Characterliteral"	
0013	N	- - -	&1 hat &2 Token vom Typ "Liste"	
0014	N	- - -	&1 hat &2 Token vom Typ "Kommentar"	

B.2 Performanceprüfungen

Analyse der WHERE-Bedingung für SELECT

CL_CI_TEST_SELECT_TAW_A			
0001	W	#EC CI_NOWHERE	Tabelle &1: Keine WHERE-Bedingung
0002	W	#EC CI_NOFIELD	Tabelle &1: In WHERE-Bedingung kein Feld eines Tabellen-Index
0003	W	#EC CI_NOFIRST	Tabelle &1: In WHERE-Bedingung kein erstes Feld eines Tabellen-Index
0004	N	#EC CI_NOCLIENT	Tabelle &1: Trotz CLIENT SPECIFIED kein mandantenabhängiges Feld in WHERE-Bedingung
0010	E	#EC CI_NO_TABLE	Tabelle &1 existiert nicht oder hat keinen Nametab Eintrag
0501	E	#EC CI_NOWHERE	große Tabelle &1: Keine WHERE-Bedingung
0502	E	#EC CI_NOFIELD	große Tabelle &1: In WHERE-Bedingung kein Feld eines Tabellen-Index
0503	E	#EC CI_NOFIRST	große Tabelle &1: In WHERE-Bedingung kein erstes Feld eines Tabellen-Index

Analyse der WHERE-Bedingung für UPDATE und DELETE

CL_CI_TEST_IMUD_TAW_A			
0001	W	#EC CI_NOWHERE	Tabelle &1: Keine WHERE-Bedingung
0002	W	#EC CI_NOFIELD	Tabelle &1: In WHERE-Bedingung kein Feld eines Tabellen-Index

CL_CI_TEST_IMUD_TAW_A

0003	W	#EC CI_NOFIRST	Tabelle &1: In WHERE-Bedingung kein erstes Feld eines Tabellen-Index
0004	N	#EC CI_NOCLIENT	Tabelle &1: trotz CLIENT SPECIFIED kein mandantenabhängiges Feld in WHERE-Bedingung
0010	E	#EC CI_NO_TABLE	Tabelle &1 existiert nicht oder hat keinen Nametab Eintrag
0501	E	#EC CI_NOWHERE	große Tabelle &1: Keine WHERE-Bedingung
0502	E	#EC CI_NOFIELD	große Tabelle &1: In WHERE-Bedingung kein Feld eines Tabellen-Index
0503	E	#EC CI_NOFIRST	große Tabelle &1: In WHERE-Bedingung kein erstes Feld eines Tabellen-Index

SELECT-Anweisungen, die am Tabellenpuffer vorbei lesen

CL_CI_TEST_SELECT_TAW_BYBUF

0001	W	#EC CI_BUFFJOIN	Gepufferte Tabelle &1 in einem JOIN
0002	W	#EC CI_BUFFSUBQ	Gepufferte Tabelle &1 in SELECT mit Subquery
0003	W	#EC CI_BYPASS	Zugriff auf Tabelle &1 liest am Tabellenpuffer vorbei: &2
0004	W	#EC CI_SGLSELECT	Zugriff auf einzelsatzgepufferte Tabelle &1 ohne SELECT SINGLE
0005	W	#EC CI_GENBUFF #EC CI_SGLSELECT	Generisch gepufferter Schlüsselbereich bei Tabelle &1 nicht voll spezifiziert
0006	W	#EC CI_BUFFCLIENT	SELECT auf mandantenabhängige Tabelle &1 mit CLIENT SPECIFIED, aber kein Mandantenfeld in der WHERE-Bedingung
0051	W	#EC CI_GENBUFF #EC CI_SGLSELECT	Felder des Primärschlüssels für einzelsatzgepufferte Tabelle &1 nicht voll spezifiziert

SELECT-Anweisungen mit anschließendem CHECK

CL_CI_TEST_SELECT_THEN_CHECK

| 0001 | N | #EC CI_CHECK | SELECT auf Tabelle &1 mit anschließendem CHECK |

SELECTs in Schleifen

CL_CI_TEST_SELECT_NESTED			
0001	N	#EC CI_SEL_NESTED	*SELECT in &1-Schleife*
0002	W	#EC CI_SEL_NESTED	*SELECT in LOOP/ENDLOOP-Schleife*
0003	N	#EC CI_SEL_NESTED	*SELECT in SELECT/ENDSELECT-Schleife*

Ändernde Datenbank-Zugriffe in Schleifen

CL_CI_TEST_IMUD_NESTED			
0001	N	#EC CI_IMUD_NESTED	*&2 in &1-Schleife*
0002	W	#EC CI_IMUD_NESTED	*&2 in LOOP/ENDLOOP-Schleife*
0003	N	#EC CI_IMUD_NESTED	*&2 in SELECT/ENDSELECT-Schleife*

Geschachtelte Schleifen

CL_CI_TEST_SCAN_NESTED			
0001	N	#EC CI_NESTED	*Schachtelung: &1-Schleife innerhalb von &2*
0002	W	#EC CI_NESTED	*Schachtelung: LOOP/ENDLOOP-Schleife innerhalb von LOOP/ENDLOOP*
0003	W	#EC CI_NESTED	*Schachtelung: LOOP/ENDLOOP-Schleife innerhalb von SELECT/ENDSELECT*

Kopieren großer Datenobjekte

CL_CI_TEST_MOVE_PERFORMANCE			
MESSAGEG}L	N	#EC CI_CONV_OK	*Zuweisen einer geschachtelten Tabelle*
MESSAGEG}M	N	#EC CI_CONV_OK	*Zuweisen eines langen Feldes*

Inperformante Operationen auf internen Tabellen

CL_CI_TEST_ITAB_PERFORMANCE			
MESSAGEGM0	N	#EC CI_STDSEQ	*Sequentieller Lesezugriff bei einer Standard-Tabelle*
MESSAGEGM1	W	#EC CI_SORTSEQ	*Möglicher sequentieller Lesezugriff bei einer sortierten Tabelle*

CL_CI_TEST_ITAB_PERFORMANCE

MESSAGEGM2	W	#EC CI_HASHSEQ	Möglicher sequentieller Lesezugriff bei einer Hash-Tabelle
MESSAGEGM3	W	#EC CI_ANYSEQ	Möglicher sequentieller Lesezugriff bei einer generisch typisierten Tabelle

Inperformante Parameterübergaben

CL_CI_TEST_VALUE_PARAMETER

DEEP_TAB	E	#EC CI_VALPAR	Parameter ist eine geschachtelte Interne Tabelle und wird als Wert (VALUE) übergeben.
TAB	W	#EC CI_VALPAR	Parameter enthält Interne Tabellen und wird als Wert (VALUE) übergeben.
TAB_INWR	E	#EC CI_VALPAR	Parameter enthält Interne Tabellen und wird als Wert (VALUE) übergeben und geändert.
TAB_INNOWR	W	#EC CI_VALPAR	Parameter enthält Interne Tabellen und wird als Wert (VALUE) übergeben und nicht geändert.
TAB_RET	W	#EC CI_VALPAR	RETURNING-Parameter enhält Interne Tabellen.
STR	W	#EC CI_VALPAR	Parameter enhält Strings und wird als Wert (VALUE) übergeben.
STR_INWR	W	#EC CI_VALPAR	Parameter enthält Strings wird als Wert (VALUE) übergeben und geändert.
STR_INNOWR	W	#EC CI_VALPAR	Parameter enthält Strings wird als Wert (VALUE) übergeben und nicht geändert.
STR_RET	W	#EC CI_VALPAR	RETURNING-Parameter enthält Strings
LEN	W	#EC CI_VALPAR	Parameter ist ein langes Feld und wird als Wert (VALUE) übergeben.
LEN_INWR	W	#EC CI_VALPAR	Parameter ist ein langes Feld wird als Wert (VALUE) übergeben und geändert.

CL_CI_TEST_VALUE_PARAMETER

LEN_INNOWR	W	#EC CI_VALPAR	Parameter ist ein langes Feld und wird als Wert (VALUE) übergeben und nicht geändert.
LEN_RET	W	#EC CI_VALPAR	RETURNING-Parameter ist ein langes Feld.
FLD_INNOWR	N	#EC CI_VALPAR	Eingangs-Parameter wird als Wert (VALUE) übergeben aber nicht geändert.

Kopieren der aktuellen Tabellenzeile bei LOOP AT ...

CL_CI_TEST_LOOP_AT

0001	N	#EC CI_LOOP_INTO_FS	LOOP AT &1 INTO <fs>.
0002	N	#EC CI_LOOP_INTO_WA	LOOP AT &1 INTO WA.
0003	N	#EC CI_LOOP_INTO_HL	LOOP AT &1.
0011	N	#EC CI_LOOP_INTO_FS	LOOP AT &1 INTO <fs> mit 'MODIFY' in der Schleife.
0012	N	#EC CI_LOOP_INTO_WA	LOOP AT &1 INTO WA mit 'MODIFY' in der Schleife.
0013	N	#EC CI_LOOP_INTO_HL	LOOP AT &1 mit 'MODIFY' in der Schleife.

EXIT oder keine Anweisung in SELECT-ENDSELECT-Schleife

CL_CI_TEST_SELECT_EXIT

0001	N	#EC CI_EXIT_SELECT	'&1'-Anweisung innerhalb einer SELECT...ENDSELECT Schleife
0002	N	#EC CI_EMPTY_SELECT	Leere SELECT...ENDSELECT Schleife
0003	N	#EC CI_SELECTS_ONE	Zugriff auf Einzelsatz mit unique Index &1

Invalidierung des SAP-Tabellenpuffers

CL_CI_TEST_INVALIDATE_BUFFER

0001	W	#EC CI_INVAL_BUFFER	Puffer invalidiert bei einzelsatzgepufferter Tabelle &1 durch &2 .. WHERE

CL_CI_TEST_INVALIDATE_BUFFER

| 0002 | W | #EC CI_INVAL_BUFFER | Puffer invalidiert bei generisch gepufferter Tabelle &1 durch &2 .. WHERE - generischer Schlüssel nicht voll spezifiziert |
| 0003 | N | #EC CI_INVAL_BUFFER | Puffer invalidiert bei vollständig gepufferter Tabelle durch &2 |

Verwendung von Indizes in der SELECT-Anweisung

CL_CI_TEST_INDEX_USAGE

0001	N	NOX	&1
			(→ Der Platzhalter &1 enthält den dynamisch generierten Ergebnistext. Ein Beispiel für das Aussehen des generierten Ergebnistextes findet sich in der Hilfe zu dieser Prüfung, erreichbar über das INFO-Symbol (🛈) in der Spalte DOKUMENTATION im Auswahlbildschirm für Prüfvarianten.)
0010	E	NOX	Tabelle &1 existiert nicht

Instanzerzeugung von BAdIs

CL_CI_TEST_FIND_BADI_CALL

0001	W	#EC CI_BADI_GETINST	Bei der Instanzerzeugung eines BAdIs wird Import-Parameter EXIT_NAME nicht versorgt
0002	N	#EC CI_BADI_GETINST	Bei der Instanzerzeugung eines BAdIs wird Import-Parameter NULL_INSTANCE_ACCEPTED nicht versorgt
0003	W	#EC CI_BADI_GETINST	Bei der Instanzerzeugung eines BAdIs werden Import-Parameter EXIT_NAME und NULL_INSTANCE_ACCEPTED nicht versorgt
0010	W	#EC CI_BADI_OLD	Verwendung alte BAdI Instanzierung. Benutzen Sie GET BADI.

SELECT INTO CORRESPONDING FIELDS bei gepufferten Tabellen

CL_CI_TEST_SELECT_CORRESPOND

| 0001 | N | #EC CI_CORRESPOND | SELECT INTO CORRESPONDING FIELDS auf gepufferte Tabelle &1 |

Prüfung der Tabelleneigenschaften

CL_CI_TEST_DDIC_TABLES			
0001	N	CI_TABL_EXCEPTN	*keine Tabellen- oder Auslieferungsklasse ausgewählt*
0002	N	CI_TABL_EXCEPTN	*keine Datenklasse oder Größenkategorie ausgewählt*
0003	W	CI_TABL_EXCEPTN	*"Pufferung erlaubt, aber ausgeschaltet" ausgewählt - Größenkategorie < 2*
0004	N	CI_TABL_EXCEPTN	*"Pufferung erlaubt, aber ausgeschaltet" ausgewählt - Größenkategorie >= 2*
0010	N	CI_TABL_EXCEPTN	*Pufferungstyp ist initial, aber Auslieferungsklasse ist "&1"*
0011	N	CI_TABL_EXCEPTN	*Pufferung ist aktiviert, aber Auslieferungsklasse ist "&1"*
0012	N	CI_TABL_EXCEPTN	*Pufferung ist aktiviert, aber Größenkategorie ist "&1"*
0013	N	CI_TABL_EXCEPTN	*Pufferungstyp ist initial, aber Datenklasse ist "APPL2"*
0014	N	CI_TABL_EXCEPTN	*Pufferung ist aktiviert, aber Datenklasse ist "&1"*
0015	N	CI_TABL_EXCEPTN	*Pufferung ist aktiviert, aber kein Pufferungstyp ist ausgewählt*
0016	N	CI_TABL_EXCEPTN	*Pufferung ist erlaubt, aber Tabelle ist im DB-View &1 enthalten*
0017	E	CI_TABL_EXCEPTN	*Pufferung ist erlaubt, aber Tabelle kann über DB-View &1 geändert werden*
0020	O	CI_TABL_EXCEPTN	*Tabelle hat mehr als 100 Felder*
0021	N	CI_TABL_EXCEPTN	*Tabelle hat mehr als 700 Felder*
0022	E	CI_TABL_EXCEPTN	*Änderungsprotokoll aktiv trotz Datenklasse "APPL0" oder "APPL1*
0023	E	CI_TABL_EXCEPTN	*Änderungsprotokoll aktiv bei großer Tabelle (Größenkategorie &1)*
0030	N	CI_TABL_EXCEPTN	*Tabelle hat einen eindeutigen Sekundärindex*
0031	N	CI_TABL_EXCEPTN	*Tabelle hat mehr als 4 Sekundärindizes, obwohl die Datenklasse "APPL0" ist*

CL_CI_TEST_DDIC_TABLES

0032	N	CI_TABL_EXCEPTN	Sekundärindex "&1" hat mehr als 4 Felder
0033	N	CI_TABL_EXCEPTN	Tabelle hat Sekundärindex, ist aber gepuffert
0034	N	CI_TABL_EXCEPTN	Tabelle hat mehr als 2 Sekundärindizes, obwohl die Datenklasse "APPL1" ist
0035	N	CI_TABL_EXCEPTN	Mindestens 2 Felder ("&1" und "&2") sind in zwei Indizes enthalten
0036	N	CI_TABL_EXCEPTN	Index "&1" ist linksbündig in Index "&2" enthalten
0037	W	CI_TABL_EXCEPTN	Tabelle &1: Das Feld &3 in Sekundärindex &2 ist vom Typ FLOAT
0038	N	CI_TABL_EXCEPTN	mandantenabhängige Tabelle &1: Sekundärindex &2 ohne Mandantenfeld
0039	N	CI_TABL_EXCEPTN	mandantenabhängige Tabelle &1: Sekundärindex &2 hat Mandant nicht als erstes Feld
0041	W	CI_TABL_EXCEPTN	INDX-artige Tabelle &1 ist gepuffert
0042	W	CI_TABL_EXCEPTN	View &1: erstes Feld nicht Mandant, obwohl Basistabelle &2 mandantenabhängig ist
0043	W	CI_TABL_EXCEPTN	View &1: Mandantenfeld der Basistabelle(n) &2 nicht über Joinbedingung verknüpft
0050	N	CI_TABL_EXCEPTN	Sprachabhängige Tabelle &1: Sprache ist nicht erstes Feld (oder zweites nach dem Mandanten)
0051	N	CI_TABL_EXCEPTN	Sprachabhängige Tabelle &1 ist nicht generisch bezüglich der Sprache gepuffert
0131	W	CI_TABL_EXCEPTN	Tabelle hat mehr als 7 Sekundärindizes, obwohl die Datenklasse "APPL0" ist
0134	W	CI_TABL_EXCEPTN	Tabelle hat mehr als 5 Sekundärindizes, obwohl die Datenklasse "APPL1" ist
0137	E	CI_TABL_EXCEPTN	Tabelle &1: Das Feld &3 im Primärindex ist vom Typ FLOAT

B.3 Sicherheitsprüfungen

Kritische Anweisungen

CL_CI_TEST_CRITICAL_STATEMENTS			
0001	W	#EC CI_CCALL	Aufruf einer Systemfunktion: &1
0002	N	#EC CI_CALLTA	Aufruf der Transaktion &1
0003	W	#EC CI_SYSTEMCALL	Verwendung eines SYSTEM-CALLs
0004	N	#EC CI_EDITORCALL	Aufruf des Editors
0005	N	#EC CI_SUBMIT	Aufruf des ausführbaren Programms &1
0006	W	#EC CI_EXECALL	Verwendung von Native SQL
0007	N	#EC CI_ROLLBACK	Verwendung von ROLLBACK WORK
0008	W	#EC CI_HINTS	Verwendung eines DB-Hints: &1
0009	N	#EC CI_GENERATE	Dynamische Programmierung mit GENERATE &1
0010	N	#EC CI_READ_REP	Lesen eines Reports/Textpools
0011	W	CI_TABL_EXCEPTN	Schreiben/Löschen eines Reports/Textpools
0012	N	#EC CI_IMPORT_DYNP	Lesen eines Dynpros
0013	W	CI_TABL_EXCEPTN	Schreiben/Löschen eines Dynpros
0014	N	#EC CI_IMPORT_NAM	Lesen der NAMETAB
0015	W	CI_TABL_EXCEPTN	Schreiben der NAMETAB

Dynamische und mandantenabhängige Zugriffe im SELECT

CL_CI_TEST_SELECT_TAW_SEC01			
0001	N	#EC CI_DYNTAB	Dynamischer lesender Tabellenzugriff
0002	N	#EC CI_DYNWHERE	Dynamische WHERE-Bedingung für Tabelle &1
0003	N	#EC CI_TABLES	Lesender Zugriff auf Tabelle &1
0004	W	#EC CI_CLIENT	Mandantenabhängiger lesender Zugriff auf Tabelle &1

Sicherheitsprüfungen | B.3

Dynamische und mandantenabhängige Zugriffe mit INSERT, UPDATE, MODIFY, DELETE

CL_CI_TEST_IMUD_TAW_SEC01			
0001	N	#EC CI_DYNTAB	Dynamischer ändernder Tabellenzugriff (&2)
0002	N	#EC CI_DYNWHERE	Dynamische WHERE-Bedingung für Tabelle &1
0003	N	#EC CI_TABLES	Ändernder Zugriff (&2) auf Tabelle &1
0004	W	#EC CI_CLIENT	Mandantenabhängiger ändernder Zugriff (&2) auf Tabelle &1
0011	N	#EC CI_DYNTAB	Dynamischer lesender Tabellenzugriff in Subquery
0012	N	#EC CI_DYNWHERE	Dynamische WHERE-Bedingung für Tabelle &1 in Subquery
0013	N	#EC CI_TABLES	Lesender Zugriff auf Tabelle &1 in Subquery
0014	W	#EC CI_CLIENT	Mandantenabhängiger lesender Zugriff auf Tabelle &1 in Subquery

Prüfung der SY-SUBRC-Behandlung

CL_CI_TEST_SYSUBRC			
0001	W	#EC CI_SUBRC	Keine Behandlung des SY-SUBRC nach ändernder DB-Anweisung
0002	W	#EC CI_SUBRC	Keine Behandlung des SY-SUBRC nach lesender DB-Anweisung
0003	E	#EC CI_SUBRC	Keine Behandlung des SY-SUBRC nach AUTHORITY-CHECK
0004	W	#EC CI_SUBRC	Keine Behandlung des SY-SUBRC nach CALL FUNCTION
0005	W	#EC CI_SUBRC	Keine Behandlung des SY-SUBRC nach &1
0014	N	#EC CI_SUBRC	Keine Behandlung des SY-SUBRC nach CALL METHOD
0015	W	#EC CI_SUBRC	Keine Behandlung des SY-SUBRC nach ENQUEUE
0016	N	#EC CI_SUBRC	Keine Behandlung des SY-SUBRC nach ENDCATCH

Ändernde Datenbank-Zugriffe außerhalb von Verbuchungsbausteinen

CL_CI_TEST_IMUD_NOT_VB			
0001	N	#EC CI_NOT_VB	&2 in &1: kein Verbuchungsbaustein (→ Der Platzhalter &1 enthält den Namen des Funktionsbausteins oder der Funktionsgruppe. Der Platzhalter &2 enthält den verursachenden ABAP-Befehl: INSERT, UPDATE, MODIFY oder DELETE.)

Mandantenabhängige Shared-Objects-Methoden

CL_CI_TEST_SHO_CLIENT			
0001	W	#EC CI_CLIENT	*Aufruf der mandantenabhängigen Methode: &1* (Der Platzhalter &1 enthält ATTACH_FOR_READ.)
0002	W	#EC CI_CLIENT	*Aufruf der mandantenabhängigen Methode: &1* (Der Platzhalter &1 enthält ATTACH_FOR_WRITE.)
0003	W	#EC CI_CLIENT	*Aufruf der mandantenabhängigen Methode: &1* (Der Platzhalter &1 enthält ATTACH_FOR_UPDATE.)
0004	W	#EC CI_CLIENT	*Aufruf der mandantenabhängigen Methode: &1* (Der Platzhalter &1 enthält DETACH_AREA.)
0005	W	#EC CI_CLIENT	*Aufruf der mandantenabhängigen Methode: &1* (Der Platzhalter &1 enthält DETACH_ALL_AREAS.)
0006	W	#EC CI_CLIENT	*Aufruf der mandantenabhängigen Methode: &1* (Der Platzhalter &1 enthält INVALIDATE_INSTANCE.)
0007	W	#EC CI_CLIENT	*Aufruf der mandantenabhängigen Methode: &1* (Der Platzhalter &1 enthält INVALIDATE_AREA.)
0008	W	#EC CI_CLIENT	*Aufruf der mandantenabhängigen Methode: &1* (Der Platzhalter &1 enthält PROPAGATE_INSTANCE.)
0009	W	#EC CI_CLIENT	*Aufruf der mandantenabhängigen Methode: &1* (Der Platzhalter &1 enthält PROPAGATE_AREA.)
0010	W	#EC CI_CLIENT	*Aufruf der mandantenabhängigen Methode: &1* (Der Platzhalter &1 enthält FREE_INSTANCE.)
0011	W	#EC CI_CLIENT	*Aufruf der mandantenabhängigen Methode: &1* (Der Platzhalter &1 enthält FREE_AREA.)

B.4 Syntaxprüfung/Generierung

Klassen/Interface-Konsistenz

CL_CI_TEST_CLASS_CONSISTENCE

Hinweis: Diese Klasse befindet sich im Paket sabp_compiler.

Achtung: Die Meldungspriorität besitzt nur die prüfungsinternen Kennungen: 'C' = Klasse und 'I' = Interface. Durch diese Falschbelegung wird bei der weiteren Verarbeitung der interne Message-Parameter p_kind automatisch auf leer (' ') gesetzt, wodurch eine Ausgabe der Ergebnismeldung unterbleibt, der Aufbau des Ergebnisbildschirms abgebrochen wird und nur die Fehlermeldung »Ungültige Ergebnisse« erscheint. Diese Prüfung sollte daher nicht verwendet werden!

PARENT0	C	-	-	-	Doppelter Eintrag in VSEOPARENT
IFIMPL0	C	-	-	-	Doppelter Eintrag in VSEOIFIMPL
CLASSTADIR	C	-	-	-	Klasse existiert nicht in TADIR
CLASSINCL	C	-	-	-	CU-Include existiert nicht
CLASSSCAN	C	-	-	-	Fehler beim SCAN
PARENT1	C	-	-	-	INHERITING "&1"(SOURCE) <> "&2"(VSEOPARENT)'
PARENT2	C	-	-	-	INHERITING "&1"(SOURCE) <> "&2"(VSEOPARENT)'
INTFTADIR	C	-	-	-	INTERFACES "&1": nicht in TADIR
INTFINCL	C	-	-	-	INTERFACES "&1": U-Include existiert nicht
INTFSCAN	C	-	-	-	INTERFACES "&1": SCAN-Fehler
INTFREC	C	-	-	-	INTERFACES "&1": Rekursive Definition
IFIMPL1	C	-	-	-	INTERFACES "&1" nicht in VSEOIFIMPL
IFIMPL2	C	-	-	-	INTERFACES "&1" fehlt zu VSEOIFIMPL-Eintrag
IFCOMP0	I	-	-	-	Doppelter Eintrag in VSEOIFCOMP
INTFTADIR	I	-	-	-	Interface existiert nicht in TADIR
INTFINCL	I	-	-	-	U-Include existiert nicht
INTFREC	I	-	-	-	Rekursive Definition
IFCOMP1	I	-	-	-	INTERFACES "&1" nicht in VSEOIFCOMP
IFCOMP2	I	-	-	-	INTERFACES "&1" fehlt zu VSEOIFCOMP-Eintrag

Syntaxprüfung

CL_CI_TEST_SYNTAX_CHECK

Hinweis: Diese Prüfung ruft im Hintergrund die interne Systemanweisung `syntax-check` auf und übernimmt deren Meldungen. Die Meldungen dieses Syntaxchecks befinden sich in der Tabelle `TRMSG` und haben, abhängig vom betrachteten Release, einen Umfang von etwa 2.200 bis 2.600 Einträgen (ohne die Fortsetzungseinträge). Deshalb werden sie hier nicht detailliert aufgeführt.

xxxxxxxxxx	E	&1
xxxxxxxxxx	W	&1

Erweiterte Programmprüfung

CL_CI_TEST_EXTENDED_CHECK

Hinweis: Diese Klasse befindet sich im Paket `slin`. Die erweiterte Syntaxprüfung (Transaktion SLIN) kennt – abhängig vom Release – ca. 200 bis 400 unterschiedliche Meldungen (siehe Tabelle `SLIN_DESC`). Deshalb werden sie hier nicht detailliert aufgeführt.

xxxxxxxxxx	E	&2
xxxxxxxxxx	N	&2
xxxxxxxxxx	W	&2

Generieren von ABAP-Programmen

CL_CI_TEST_ABAP_GENERATE

LOAD_OK	N	- - -	Keine Generierung, da LOAD vorhanden ist
EXCEPTION	N	- - -	Keine Generierung durchgeführt, um Laufzeitfehler zu verhindern
			(→ Diese Teilprüfung wird nie ausgeführt!)
GEN_ERROR	E	- - -	&1
			(→ Der Platzhalter &1 enthält die dieselben Meldungen wie die Syntaxprüfung.)

Suspekte Konvertierungen

CL_CI_TEST_SUSP_CONVERSIONS

MESSAGEG_F	N	"#EC CI_CONV_OK	Bei &A suspekte Konvertierung vom ABAP-Typ '&B' nach NUMERIC.
MESSAGEG_G	N	"#EC CI_CONV_OK	Suspekte Konvertierung zwischen den ABAP-Typen '&A' und '&B'.

CL_CI_TEST_SUSP_CONVERSIONS			
MESSAGEG_H	N	"#EC CI_CONV_OK	Abschneiden bei Konvertierung von ABAP-Typ '&A' (Länge &B -> &C).
MESSAGEG_J	N	"#EC CI_CONV_OK	Bei &A suspekte Konvertierung von ABAP-Typ '&B' nach 'CHAR'.
MESSAGEG_L	N	"#EC CI_CONV_OK	Bei &A suspekte Konvertierung von Literal ABAP-Typ '&B' nach 'NUMERIC'.
MESSAGEG_M	N	"#EC CI_CONV_OK	Suspekte Konvertierung zwischen Literal ABAP-Typ '&A' und '&B'.
MESSAGEG_N	N	"#EC CI_CONV_OK	Abschneiden bei Konvertierung von Literal vom ABAP-Typ '&A' (Länge &B -> &C).

B.5 Programmierkonventionen

Namenskonventionen

CL_CI_TEST_ABAP_NAMING			
SYNERR	W	- - -	Syntax-Fehler. Die Analyse wurde abgebrochen
DEFINE	W	- - -	Unerlaubter Name &1 für DEFINE
GLOTYP	W	- - -	Unerlaubter Name &1 für TYPES (global)
LOCTYP	W	- - -	Unerlaubter Name &1 für TYPES (lokal)
GLOCONS	W	- - -	Unerlaubter Name &1 für CONSTANTS (global)
LOCCONS	W	- - -	Unerlaubter Name &1 für CONSTANTS (lokal)
GLODAT	W	- - -	Unerlaubter Name &1 für DATA (global)
LOCDAT	W	- - -	Unerlaubter Name &1 für DATA/STATICS (lokal)
GLOFS	W	- - -	Unerlaubter Name &1 für FIELD-SYMBOLS (global)
LOCFS	W	- - -	Unerlaubter Name &1 für FIELD-SYMBOLS (lokal)
PARAM	W	- - -	Unerlaubter Name &1 für PARAMETER(S)
SELOPT	W	- - -	Unerlaubter Name &1 für SELECT-OPTIONS
FLDGRP	W	- - -	Unerlaubter Name &1 für FIELD-GROUPS
GLOINTF	W	- - -	Unerlaubter Name &1 für INTERFACE (global)
GLOCLS	W	- - -	Unerlaubter Name &1 für CLASS (global)
GLOCLSTYP	W	- - -	Unerlaubter Name &1 für TYPES (globale Klasse)
GLOCLSCONS	W	- - -	Unerlaubter Name &1 für CONSTANTS (globale Klasse)

CL_CI_TEST_ABAP_NAMING					
GLOCLSDAT	W	-	-	-	Unerlaubter Name &1 für DATA (globale Klasse)
GLOCLSDAT	W	-	-	-	Unerlaubter Name &1 für CLASS-DATA (globale Klasse) (→ Aufgrund eines Fehlers im PCode wird diese Teilprüfung nie ausgeführt! Der PCode müsste richtig lauten: GLOCLSCDAT.)
GLOCLSEV	W	-	-	-	Unerlaubter Name &1 für EVENTS (globale Klasse)
GLOCLSMETH	W	-	-	-	Unerlaubter Name &1 für METHODS (globale Klasse)
LOCINTF	W	-	-	-	Unerlaubter Name &1 für INTERFACE (lokal)
GLOCLSDAT	W	-	-	-	Unerlaubter Name &1 für CLASS (lokal) (→ Aufgrund eines Fehlers im PCode wird diese Teilprüfung nie ausgeführt! Der PCode müsste richtig lauten: LOCCLS.)
LOCCLSCTYP	W	-	-	-	Unerlaubter Name &1 für TYPES (lokale Klasse)
LOCCLSCONS	W	-	-	-	Unerlaubter Name &1 für CONSTANTS (lokale Klasse)
LOCCLSDAT	W	-	-	-	Unerlaubter Name &1 für DATA (lokale Klasse)
LOCCLSCDAT	W	-	-	-	Unerlaubter Name &1 für CLASS-DATA (lokale Klasse)
GLOCLSEV	W	-	-	-	Unerlaubter Name &1 für EVENTS (lokale Klasse) (→ Aufgrund eines Fehlers im PCode wird diese Teilprüfung nie ausgeführt! Der PCode müsste richtig lauten: LOCCLSEV.)
GLOCLSMETH	W	-	-	-	Unerlaubter Name &1 für METHODS (lokale Klasse) (→ Aufgrund eines Fehlers im PCode wird diese Teilprüfung nie ausgeführt! Der PCode müsste richtig lauten: LOCCLSMETH.)
METHIMP	W	-	-	-	Unerlaubter Name &1 für IMPORTING-Parameter (METHODS)
METHEXP	W	-	-	-	Unerlaubter Name &1 für EXPORTING-Parameter (METHODS)
METHCHG	W	-	-	-	Unerlaubter Name &1 für CHANGING-Parameter (METHODS)
METHRET	W	-	-	-	Unerlaubter Name &1 für RETURNING-Parameter (METHODS)

CL_CI_TEST_ABAP_NAMING				
FUNC	W	- - -	*Unerlaubter Name &1 für FUNCTION*	
FUNCTION	W	- - -	*Unerlaubter Name &1 für IMPORTING-Parameter (FUNCTION)*	
			(→ Trotz eines Fehlers im PCode wird diese Teilprüfung ausgeführt. Der PCode müsste richtig lauten: FUNCIMP.)	
FUNCIMP	W	- - -	*Unerlaubter Name &1 für EXPORTING-Parameter (FUNCTION)*	
			(→ Trotz eines Fehlers im PCode wird diese Teilprüfung ausgeführt. Der PCode müsste richtig lauten: FUNCEXP.)	
FUNCCHG	W	- - -	*Unerlaubter Name &1 für CHANGING-Parameter (FUNCTION)*	
FUNCTAB	W	- - -	*Unerlaubter Name &1 für TABLES-Parameter (FUNCTION)*	
FORM	W	- - -	*Unerlaubter Name &1 für FORM*	
FORM	W	- - -	*Unerlaubter Name &1 für USING-Parameter (FORM)*	
			(→ Aufgrund eines Fehlers im PCode wird diese Teilprüfung nie ausgeführt! Der PCode müsste richtig lauten: FORMUSING.)	
FORMUSING	W	- - -	*Unerlaubter Name &1 für CHANGING-Parameter (FORM)*	
			(→ Trotz eines Fehlers im PCode wird diese Teilprüfung ausgeführt. Der PCode müsste richtig lauten: FORMCHG.)	
FORMTABLES	W	- - -	*Unerlaubter Name &1 für TABLES-Parameter (FORM)*	
PROG	W	- - -	*Falscher Name &1 PROGRAM/REPORT*	
FUNCPOOL	W	- - -	*Falscher Name &1 FUNCTION-POOL*	
EVNTEXP	W	- - -	*Unerlaubter Name &1 für EXPORTING-Parameter (EVENTS)*	

Erweiterte Namenskonventionen für Programme

CL_CI_TEST_ABAP_NAMING_NEW				
DEFINE	W	- - -	*Unerlaubter Name &1 für DEFINE*	
FLD_GRP	W	- - -	*Unerlaubter Name &1 für FIELD-GROUPS*	

CL_CI_TEST_ABAP_NAMING_NEW			
FORM_NAME	W	- - -	Unerlaubter Name &1 für FORM
FORM_CHG	W	- - -	Unerlaubter Name &1 für CHANGING-Parameter (FORM)
FORM_TAB	W	- - -	Unerlaubter Name &1 für TABLES-Parameter (FORM)
FORM_USI	W	- - -	Unerlaubter Name &1 für USING-Parameter (FORM)
FUNC	W	- - -	Unerlaubter Name &1 für FUNCTION
FUNC_CHG	W	- - -	Unerlaubter Name &1 für CHANGING-Parameter (FUNCTION)
FUNC_EXP	W	- - -	Unerlaubter Name &1 für EXPORTING-Parameter (FUNCTION)
FUNC_IMP	W	- - -	Unerlaubter Name &1 für IMPORTING-Parameter (FUNCTION)
FUNC_TAB	W	- - -	Unerlaubter Name &1 für TABLES-Parameter (FUNCTION)
GLOB_CONS	W	- - -	Unerlaubter Name &1 für CONSTANTS (global)
GLOB_DAT	W	- - -	Unerlaubter Name &1 für DATA (global)
GLOB_FS	W	- - -	Unerlaubter Name &1 für FIELD-SYMBOLS (global)
GLOB_TYPE	W	- - -	Unerlaubter Name &1 für TYPES (global)
LOCL_CONST	W	- - -	Unerlaubter Name &1 für CONSTANTS (lokal)
LOCL_DAT	W	- - -	Unerlaubter Name &1 für DATA/RANGES (lokal)
LOCL_STA	W	- - -	Unerlaubter Name &1 für STATICS (lokal)
LOCL_FS	W	- - -	Unerlaubter Name &1 für FIELD-SYMBOLS (lokal)
LOCL_TYPE	W	- - -	Unerlaubter Name &1 für TYPES (lokal)
CLAS_GLOB	W	- - -	Unerlaubter Name &1 für CLASS (global)
CLAS_LOCL	W	- - -	Unerlaubter Name &1 für CLASS (lokal)
CLAS_CONST	W	- - -	Unerlaubter Name &1 für Konstanten von Klassen
CLAS_DAT	W	- - -	Unerlaubter Name &1 für Instanzattribute von Klassen
CLAS_DATCL	W	- - -	Unerlaubter Name &1 für statische Attribute von Klassen

CL_CI_TEST_ABAP_NAMING_NEW

CLAS_TYPE	W	- - -	Unerlaubter Name &1 für Typdefinition in Klassen
INTF_GLOB	W	- - -	Unerlaubter Name &1 für INTERFACE (global)
INTF_LOCL	W	- - -	Unerlaubter Name &1 für INTERFACE (lokal)
INTF_CONST	W	- - -	Unerlaubter Name &1 für Konstanten von Interfaces
INTF_DAT	W	- - -	Unerlaubter Name &1 für Instanzattribute von Interfaces
INTF_DATCL	W	- - -	Unerlaubter Name &1 für statischen Attributen von Interfaces
INTF_TYPE	W	- - -	Unerlaubter Name &1 für Typdefinition in Interfaces
METH_NAME	W	- - -	Unerlaubter Name &1 für METHODS
METH_CHG	W	- - -	Unerlaubter Name &1 für CHANGING-Parameter (METHODS)
METH_EXP	W	- - -	Unerlaubter Name &1 für EXPORTING-Parameter (METHODS)
METH_IMP	W	- - -	Unerlaubter Name &1 für IMPORTING-Parameter (METHODS)
METH_RET	W	- - -	Unerlaubter Name &1 für RETURNING-Parameter (METHODS)
EVNT_NAME	W	- - -	Unerlaubter Name &1 für EVENTS
EVNT_EXP	W	- - -	Unerlaubter Name &1 für EXPORTING-Parameter (EVENTS)
SCR_PARAM	W	- - -	Unerlaubter Name &1 für PARAMETER(S)
SCR_SELOPT	W	- - -	Unerlaubter Name &1 für SELECT-OPTIONS
FUGR_NAME	W	- - -	Unerlaubter Name &1 FUNCTION-POOL
FUGR_NAMEC	W	- - -	Inkonsistenter Name &1 FUNCTION-POOL
REPT_NAMEC	W	- - -	Inkonsistenter Name &1 PROGRAM/REPORT
REPT_NAME	W	- - -	Unerlaubter Name &1 PROGRAM/REPORT
SYMBOL	W	- - -	ERROR (SYMBOL) &1 (→ Der Platzhalter &1 enthält den vollständigen Namen, zum Beispiel '\PT:ANY'.)
SYNERR	W	- - -	Syntax-Fehler. Die Analyse wurde abgebrochen

ABAP-Unit-Test-Konventionen

CL_SAUNIT_LEGACY_CI_CHECK_CONV

Hinweis: Diese Klasse befindet sich im Paket sabp_unit_legacy_ci.

MethEmpty	W	Methode: &1 Implementierung enthält keine Anweisungen.
ListCmd	E	Methode: &1 Anweisung für die Listenverarbeitung vorhanden.
Dialog	E	Methode: &1 Anweisung für Oberflächenanzeige vorhanden.
BadFlow	E	Methode: &1 Problematische Anweisung zur Veränderung des Programmflußes.

B.6 Metrik und Statistik

Metrik der ausführbaren Anweisungen

CL_CI_TEST_METRIC_NOES

Hinweis: Diese Klasse befindet sich im Paket s_kaizen.

Anmerkung: Der Titel »Anzahl der ausführbaren Anweisungsmetrik« ist auf eine falsche Übersetzung zurückzuführen.

K_NOES	N	-	-	-	(&1) Anzahl der ausführbaren Anweisungen ist &3
KWH_NOES	W	-	-	-	(&1) Anzahl der ausführbaren Anweisungen ist &3 => überschreitet Limit &2
KWL_NOES	W	-	-	-	(&1) Anzahl der ausführbaren Anweisungen ist &3 => unterschreitet Limit &2
K_CMRATE	N	-	-	-	(&1) Anzahl der Kommentare: &3 pro &4 ausführbare Anweisungen
KWH_CMRATE	W	-	-	-	(&1) Anzahl der Kommentare ist &3 pro &4 ausführbare Anweisungen => überschreitet Limit &2%
KWL_CMRATE	W	-	-	-	(&1) Anzahl der Kommentare ist &3 pro &4 ausführbare Anweisungen => unterschreitet Limit &2%
		-	-	-	&1 - &2 - &3

Prozedurale Metrik

CL_CI_TEST_METRIC_PROC					

Hinweis: Diese Klasse befindet sich im Paket s_kaizen.

Anmerkung: Der Titel »Verfahrenstechnische Metrik« ist auf eine falsche Übersetzung zurückzuführen.

METRIC	N	-	-	-	Programme: &1, Vorgehensweisen: &2 (Details nach Doppelklick)
KW_CYC	W	-	-	-	(&1) Zyklomatische Komplexität ist &3 => überschreitet Limit &2
KW_CY2	W	-	-	-	(&1) Zyklomatische Komplexität 2 ist &3 => überschreitet Limit &2
KW_NOS	W	-	-	-	(&1) Anzahl der Anweisungen ist &3 => überschreitet Limit &2
KW_KNV	W	-	-	-	(&1) Anzahl der nach Schlüsselwörtern benannten Variablen ist &3
KW_MND	W	-	-	-	(&1) Maxim. Schachtelungstiefe ist &3 => überschreitet Limit &2
KW_HDI	W	-	-	-	(&1) Halstead Difficulty ist &3 => überschreitet Limit &2
KW_HVO	W	-	-	-	(&1) Halstead Volume ist &3 => überschreitet Limit &2
KW_HEF	W	-	-	-	(&1) Halstead Effort ist &3 => überschreitet Limit &2
		-	-	-	&1 - &2 - &3

Fan-out-strukturelle Metrik

CL_CI_TEST_METRIC_STRUCT					

Hinweis: Diese Klasse befindet sich im Paket s_kaizen.

Anmerkung: Der Titel »FAN-OUT Strukturierte Metrik« ist auf eine falsche Übersetzung zurückzuführen.

K_FANOUT	N	-	-	-	FANOUT-Wert auf Entwicklungsobjektebene ist &3
K_FANOUTSR	N	-	-	-	FANOUT-Wert auf Verarbeitungsblockebene ist &3
KW_FANOUT	W	-	-	-	FANOUT-Wert auf Entwicklungsobjektebene ist &3 => überschreitet Limit &2
KW_FANOUTS	W	-	-	-	FANOUT-Wert auf Verarbeitungsblockebene ist &3 => überschreitet Limit &2

Kommentarsprache-Metrik

CL_CI_TEST_METRIC_LANGU_COMM					
Hinweis: Diese Klasse befindet sich im Paket s_kaizen.					
K_W_ABAP	W	-	-	-	Kommentar mit ABAP-Code gefunden: >&2<
K_W_DE	W	-	-	-	Kommentar in dtsch. Sprache gefunden: >&2<
METRIC	N	-	-	-	(Details nach Doppelklick)
K_N_PCOM	N	-	-	-	ABAP-Pseudokommentar gefunden: >&2<
	N	-	-	-	Kein Nachrichtentext verfügbar

OO-Größenmetrik

CL_CI_TEST_METRIC_OO_SIZE					
Hinweis: Diese Klasse befindet sich im Paket s_kaizen.					
METRIC	N	-	-	-	Zusammenfas.:&1
KW_NOA	W	-	-	-	(&1) Anzahl der Attribute: &3 => überschreitet Limit &2
KW_NOM	W	-	-	-	(&1) Anzahl der Methoden: &3 => überschreitet Limit &2
KW_NOI	W	-	-	-	(&1) Anzahl der Schnittstellen: &3 => überschreitet Limit &2
KW_NOE	W	-	-	-	(&1) Anzahl der Ereignisse: &3 => überschreitet Limit &2
KW_NORM	W	-	-	-	(&1) Anzahl der neu definierten Methoden: &3 => überschreitet Limit &2
KW_NOIM	W	-	-	-	(&1) Anzahl der privaten Methoden: &3 => überschreitet Limit &2
KW_NOOM	W	-	-	-	(&1) Anzahl der geschützten Methoden: &3 => überschreitet Limit &2
KW_NOUM	W	-	-	-	(&1) Anzahl der öffentlichen Methoden: &3 => überschreitet Limit &2
KW_NOIA	W	-	-	-	(&1) Anzahl der privaten Attribute: &3 => überschreitet Limit &2
KW_NOOA	W	-	-	-	(&1) Anzahl der geschützten Attribute: &3 => überschreitet Limit &2
KW_NOUA	W	-	-	-	(&1) Anzahl der öffentlichen Attribute: &3 => überschreitet Limit &2
		-	-	-	&1 - &2 - &3

Worthäufigkeit in Kommentaren

CL_CI_TEST_LANGU_WORD_FREQ

Hinweis: Diese Klasse befindet sich im Paket `s_kaizen`.

Anmerkung: Der Originaltitel lautet: »Worthäufigkeit v. englisch/dtsch Kommentaren und ABAP«.

SNG_FREQ	N	- - -	&2 Wörter gefunden
ABAP_FREQ	N	- - -	&2 Wörter gefunden
HIST_LEN	N	- - -	&1 (→ Der Platzhalter &1 enthält dynamisch generierten Text.)
HIST_ANG	N	- - -	&1 (→ Der Platzhalter &1 enthält dynamisch generierten Text.)
Frequency	N	- - -	(Details nach Doppelklick)
HISTOGRAM	N	- - -	- - - (→ Dieser PCode wird nur intern verwendet; es erfolgt keine Meldungsausgabe.)
	N	- - -	Kein Nachrichtentext verfügbar

B.7 Dynamische Tests

ABAP-Unit

CL_SAUNIT_LEGACY_CI_CHECK

Hinweis: Diese Klasse befindet sich im Paket `sabp_unit_legacy_ci`.

AA01	E	- - -	'&1'
AA02		- - -	Testklasse '&2' in Rahmenprogramm '&1'.
AA03		- - -	Test '&2->&3' in Rahmenprogramm '&1'.
AA99		- - -	Im Dokument <&1> <&2> finden Sie weitere Informationen zu dieser Meldung.
AST0	E	- - -	in &1 (Zeile:&2)
EM01		- - -	Ausnahmefehler <&1>
FA00		- - -	Notwendige Voraussetzungen für die Durchführung des Testes sind nicht erfüllt.
FA01	E	- - -	[&1]

CL_SAUNIT_LEGACY_CI_CHECK				
FA02	E	- - -	erwartet [&1].
FA03	E	- - -	tatsächlich [&1].
FA04	E	- - -	erwartet [&1] tatsächlich [&2].
FA05		- - -	erwarteter Wert [&1]
FA06		- - -	tatsächlicher Wert [&1]
FA07	E	- - -	erwarteter Wert [&1], tatsächlicher Wert [&2].
FA08	E	- - -	erwarteter Typ [&1] (Inhalt: [&2]).
FA09	E	- - -	tatsächlicher Typ [&1] (Inhalt: [&2]).
FA10	E	- - -	falscher Typ [&1]: Daten- oder Objektreferenzvariable erforderlich.
FA11	E	- - -	verschiedene Werte:
FA12	E	- - -	verschiedenartige Datentypen:
FA13	E	- - -	anderer Wert erwartet [&1]
FA14	E	- - -	Returncode sy-subrc [&1] (erwartet [&2]).
FA15	E	- - -	Keine Nachricht für sy-subrc [&1]
FA16	E	- - -	verschiedene Gleitkommawerte (geforderte rel. Toleranz [&1])
FA17		- - -	verschiedene Gleitkommawerte (geforderte abs. Genauigkeit [&1])
FA18	E	- - -	erwarteter Typ [&1]
FA19	E	- - -	tatsächlicher Typ [&1]
FA20	E	- - -	initialer Wert erwartet [&1]
FA21	E	- - -	nicht initialer Wert erwartet
FA22	E	- - -	gültige Referenz erwartet.
FA23	E	- - -	ungültige Referenz erwartet, tatsächlich [&1].
FA30	E	- - -	tatsächliche Struktur verschieden von erwarteter Struktur
FA31	E	- - -	Internes Problem mit Komponente [&1].
FA32	E	- - -	Komponente [&1] verschieden:
FA33	E	- - -	Die Reihenfolge der Hashtabelle weicht ab.
FA40	E	- - -	Erwartete Tabelle ist initial.
FA41	E	- - -	Tatsächliche Tabelle ist initial.
FA50	E	- - -	Daten vom Typ NumC dürfen nur Zahlen enthalten!

CL_SAUNIT_LEGACY_CI_CHECK				
FA51		- - -	Erwarteter Wert: [&1], tatsächlicher Wert: [&2]
FA52	E	- - -	Zeichenkette passt nicht auf erwartetes Muster.
FA53	E	- - -	Zeichenkette passt auf nicht erwünschtes Muster.
FA55	E	- - -	Zeichenkette unterscheidet sich ab Position &1.
FA56	E	- - -	Zeichenkette anfangs unterschiedlich.
FA61	E	- - -	verschiedene Tabellenwerte:
FA62	E	- - -	verschiedene Tabellenwerte an Index [&1]:
FA64	E	- - -	erwartet [&1](Index [&2]),
FA65	E	- - -	tatsächlich [&1](Index [&2]).
FA71	E	- - -	Tabellenwert Index [&1] der erwarteten Tabelle nicht in tatsächlicher Tabelle:
FA73	E	- - -	Tabellenwert Index [&1] der tatsächlichen Tabelle nicht in erwarteter Tabelle:
FA75	E	- - -	gleicher Wert [&3] an verschiedenen Indizes: erwartet [&1], tatsächlich [&2]
FA76	E	- - -	gleicher Wert an verschiedenen Indizes: erwartet [&1], tatsächlich [&2]
FA78	E	- - -	gleicher tiefer Strukturtyp [&3] an verschiedenen Tabellenindizes: erwartet [&1], tatsächlich [&2]
FA81	E	- - -	Tabellentyp [&1]
FA82	E	- - -	Flacher Strukturtyp [&1]
FA83	E	- - -	Tiefer Strukturtyp [&1]
FA84	E	- - -	Komponente [&2]: Tabellentyp [&1]
FA86	E	- - -	Komponente [&2]: tiefer Strukturtyp [&1]
FA87	E	- - -	Tabellenwert Index [&2]: Tabellentyp [&1]
FA89	E	- - -	Tabellenwert Index [&2]: tiefer Strukturtyp [&1]
FA99	E	- - -	Interner Fehler: Ausnahme <&1>.
FAC0	E	- - -	Das Datenobjekt [&1] erfüllt nicht die Bedingung
FM01		- - -	Tolerierbarer Prüffehler: '&1'
FM02		- - -	Kritischer Prüffehler: '&1'
FM03		- - -	Fataler Prüffehler: '&1'
FM04		- - -	Test nicht ausführbar: '&1'
IM00		- - -	Verlaufsmeldung

CL_SAUNIT_LEGACY_CI_CHECK			
IM30		- - -	Keine Ausführung da die tatsächliche Riskostufe zu groß ist.
IM31		- - -	Keine Ausführung da die tatsächliche Kategorie der Ausführungsdauer zu groß ist.
RA01		- - -	in Rahmenprogramm &1, Klasse &2
RM01		- - -	Laufzeitfehler <&1>
SCB0		- - -	Starte Testklasse &1
SCE0		- - -	Erfolgreich: Testklasse &1, &2 Test(s).
SCE1		- - -	Gescheitert: Testklasse &1, &2 Test(s).
SMB0		- - -	Starte Methode &1
SME0		- - -	Erfolgreich: Methode &1
SME1		- - -	Gescheitert: Methode &1
SPB0		- - -	Starte Rahmenprogramm &1
SPE0		- - -	Erfolgreich: Rahmenprogramm &1, &2 Testklasse(n), &3 Test(s).
SPE1		- - -	Fehler in Rahmenprogramm &1, &2 Testklasse(n), &3 Test(s).
STB0		- - -	ABAP Unit Testaufgabe: &1
STE0		- - -	Testaufgabe fehlerfrei beendet!
STE1		- - -	Testaufgabe mit Fehlern beendet:
STE2		- - -	&1 Prüffehler, &2 Ausnahmefehler, &3 Warnungen, &4 Laufzeitfehler.
STE3		- - -	&1 Rahmenprogramme, &2 Testklassen, &3 Testmethoden.
STE5		- - -	Laufzeit: &1 Sekunden
STE6		- - -	Laufzeit: &1 Millisekunden
STE7		- - -	Laufzeit: &1 Mikrosekunden
UAST		- - -	AUST: &1
WA90	W	- - -	Fehler mit Kernelpatch behoben (siehe Hinweis 690059).
WM01	W	- - -	Konstruktor der Testklasse '&1' muss parameterlos sein.
WM02	W	- - -	Listener-Klasse '&1' unbekannt, Programm verwendet Default-Listener.
WM03		- - -	Die Methode '&1' sollte die Sichtbarkeit 'PUBLIC' haben.
WM04	W	- - -	Standardanzeige (Listenerklasse '&1') konnte nicht initialisiert werden, Ergebnisanzeige erfolgt in Liste.

CL_SAUNIT_LEGACY_CI_CHECK				
WM05	W	- - -	Testprogramm '&1' konnte nicht generiert werden!
WM06	W	- - -	Programm '&1' enthält keine Tests.
WM07	W	- - -	Ungültige Funktion für Fehlerstackfilter: '&1'
WM08	W	- - -	Testklasse '&1' enthält keine Testmethoden.
WM10	W	- - -	Ungültiger Wert für Differenz an letzter signifikanten Stelle <&1>. Gültig: [1-9].
WM11	W	- - -	Relative Toleranz geringer als zulässige Auflösung [&1]<[&2].
WM12	W	- - -	&1 : Keine Programm-Load mit Testklassen im PXA gefunden.
WM15	W	- - -	Ungültige Angaben zur Ausführungszeit (lang: &1, mittel: &2, kurz: &3)
WM20	W	- - -	Maximal zulässige Zeit &1 Sekunden für Testausführung wurde überschritten
WM30	W	- - -	Widersprüchliche Testinstrumentierung (Testklasse &1)
WM31	W	- - -	Die Testklasse <&1> ist nicht vollständig instrumentiert.
WM33	W	- - -	Die globale Testklasse <&1> ist nicht abstrakt.
WM90	W	- - -	ABAP Unit Fehler: private Fixture-Methode: &2 in Superklasse &1 nicht ausgeführt.
WM95	W	- - -	ABAP Unit: Internes Problem <&1>
WS00	W	- - -	Die Ausführung von Modultests ist durch Systemeinstellungen untersagt.

B.8 Oberflächen

SAP GUI-Bedienbarkeitsprüfungen

CL_CI_TEST_USAB_GUI				
Anmerkung: Der Originaltitel lautet »SAP-GUI-BedienbarkPrüf.«.				
ACT1-201	W	- - -	Reihenfolge der Funktionen im Aktionsmenü ist falsch
ACTD-202	N	- - -	Funktion oder Aktionsmenü mehrfach in der Menüleiste
ACTF-203	N	- - -	Nicht erlaubte Funktion trotzdem im Aktionsmenü
ACTL-204	W	- - -	Letzter Eintrag im Aktionsmenü ist falsch

CL_CI_TEST_USAB_GUI				
ACTR-205	W	- - -	Bearbeiten und/oder Springen nicht vorhanden oder an falscher Position	
FUNT-206	N	- - -	Funktion vom Typ T, aber keine entsprechende Transaktion	
FUNW-207	N	- - -	Funktionen mit falschen Funktionstypen	
MENI-208	N	- - -	Die referenzierten Include-Menüs sind nicht angelegt	
MENS-209	N	- - -	Trennlinie als erster Menüeintrag in einem Aktionsmenü	
MENY-210	N	- - -	Trennlinie fehlt im Aktionsmenü mit mehr als 7 Einträgen	
PATH-211	N	- - -	Direktanwahlbuchstabe ist nicht definiert (→ Dieser PCode wird nicht mehr verwendet!)	
PBUF-212	N	- - -	Erste Drucktaste im Dialogfenster ist nicht "Enter"	
PBUS-213	N	- - -	Drucktaste wird jetzt in der Symbolleiste angezeigt	
PFKR-214	W	- - -	Standardfunktion liegt auf der falschen Funktionstaste	
PFKS-215	W	- - -	Funktion liegt auf einer Taste, die für Systemfunktionen reserviert ist	
PFKX-216	W	- - -	Funktion belegt eine verboten Taste (F-Tastenbelegunstyp/Attribut)	
STA1-217	N	- - -	Menüleiste ist nicht angelegt	
STA2-218	N	- - -	Nicht definierte Funktionstastendefinition im Status	
STA3-219	N	- - -	Nicht definierte Drucktaste im Status (→ Dieser PCode wird nicht mehr verwendet!)	
STA4-220	N	- - -	Nicht definiertes Menü im Status (→ Dieser PCode wird nicht mehr verwendet!)	
STAC-221	E	- - -	Funktionstext 'Abbrechen' ist nicht vorhanden	
STAI-222	N	- - -	Funktionstastenattribut paßt nicht zum Status	
STAP-223	E	- - -	Standardfunktion liegt nicht auf vorgesehener Funktionstaste	
STAX-224	N	- - -	Nicht definiertes Teilobjekt im Status	
SYNX-225	N	- - -	Rekursive Menüs: Oberfläche kann nicht generiert werden	
TEXD-226	N	- - -	Fehlerhafte dynamische Funktions- oder Menütexte (→ Dieser PCode wird nicht mehr verwendet!)	

CL_CI_TEST_USAB_GUI

TEXE-227	N	- - -	Ikone ist auf Entertaste nicht zugelassen (Dialogfenster)
			(→ Dieser PCode wird nicht mehr verwendet!)
TEXF-228	N	- - -	Nicht erlaubte Texte wurden benutzt
TEXI-229	N	- - -	Ikone ist nicht zugelassen oder nicht vorhanden
TEXP-230	W	- - -	Nicht-normkonformer Funktionstext auf normierter F-Taste
TEXV-231	W	- - -	Vorschlagstext wurde nicht ersetzt

Standardprüfungen Web Dynpro

CL_WDY_CI_TEST_COMPONENT_DEF

Hinweis: Diese Klasse befindet sich im Paket `swdp_workbench_test_addons`.

LV_ABT	E	- - -	Schwerer Fehler &1
LV_ERR	E	- - -	Fehler &1
LV_WRN	W	- - -	Warnung &1
LV_INF	N	- - -	Information &1
INTERNAL	E	- - -	Interner Fehler &1

Web-Dynpro-Programmierkonventionen

CL_WDY_CI_TEST_CONVENTIONS

Hinweis: Diese Klasse befindet sich im Paket `swdp_workbench_test_addons`.

BAD_STYLE	E	- - -	Unerwünschte Anweisung &1!
C_CALL_BADI	N	- - -	Aufruf von BADI Funktionalität.
SYST_CALL	E	- - -	Aufruf systemnaher Anweisung &1!
DB_COMMIT	E	- - -	COMMIT/ROLLBACK WORK Anweisung!
DB_DELETE	E	- - -	DELETE &1 Anweisung!
DB_EXECUTE	E	- - -	(PCode)
DB_EXPORT	E	- - -	EXPORT TO DATABASE &1!
DB_IMPORT	W	- - -	IMPORT TO DATABASE &1!
DB_INSERT	E	- - -	INSERT &1 Anweisung!
DB_MODIFY	E	- - -	MODIFY &1 Anweisung!
DB_SELECT	W	- - -	SELECT FROM &1 Anweisung!

CL_WDY_CI_TEST_CONVENTIONS

DB_UPDATE	E	- - -	UPDATE &1 Anweisung!
DS_OPEN	E	- - -	OPEN DATASET &1 Anweisung!
UI_SCREEN	E	- - -	Dynpro oder Control Anweisung vorhanden!
INCLUDE	E	- - -	Einbinden von Quelltext!
INTERNAL	W	- - -	(PCode)
IS_SUPPLD	N	- - -	(PCode)
UI_LIST	E	- - -	Anweisung zur Listenverarbeitung vorhanden!
CALL_ME	W	- - -	Verbotener Aufruf generierter Methode!
PROG_FLOW	E	- - -	Veränderung des Programmflußes!

Unterkategorie: Dynpro-Prüfungen

Dynpro-Generierung

CL_CI_TEST_DYNPRO_GENERATE

NOT_EXIST	E	- - -	Dynpro existiert nicht
IMPORT_ERR	E	- - -	Fehler beim Import von Dynpro. SY-SUBRC = &1.
GEN_FLIST	E	- - -	Fehler in der Feldliste: &1
GEN_LOGIC	E	- - -	Fehler in der Ablauf-Logik: &1
GEN_PROG	E	- - -	Fehler im Programm: &1

Dynpro-Prüfung auf Usability und Accessibility

CL_CI_TEST_DYNPRO_USAB_ACC

01	E	- - -	X-Feld wurde nicht umgewandelt in Ankreuzfeld/Auswahlknopf
02	W	- - -	Bildelemente beginnen nicht in Spalte 1
04	W	- - -	Ankreuzfeld-/Auswahlknopfbezeichner ist nicht rechts v. Elem
05	W	- - -	Erste Info steht nicht in Zeile 1 oder 3
06	N	- - -	Rahmen sind zueinander nicht bündig
07	E	- - -	Attribut "Hell" wird zu oft verwendet
08	E	- - -	Schrftart b. Spaltenübrschrft stimmt nicht (verschobene Anz.)
09	W	- - -	Rahmen ist leer

CL_CI_TEST_DYNPRO_USAB_ACC

10	W	- - -	Elemente im Rahmen beginnen nicht am linken Rahmenrand	
11	W	- - -	Loopüberschrift hat nicht das Attribut "Hell"	
12	N	- - -	Rahmen umschließt ALLE Felder der Maske	
13		- - -	Drucktasten sind zueinander nicht bündig	
			(→ Da diese Meldung keine Meldungspriorität besitzt, wird ihre Ausgabe automatisch unterdrückt.)	
14	E	- - -	E/A-Felder sind zueinander nicht bündig	
15	E	- - -	Einzelner Auswahlknopf	
16	W	- - -	Erste Information in einem Rahmen steht zu tief	
17	E	- - -	Loop statt Table Control auf der Maske	
18	E	- - -	Pseudorahmen statt richtigem Rahmen	
19	W	- - -	Feldbezeichner hat Äquidistantfont statt Proportionalfont	
20	E	- - -	Rahmen durchschneidet eine Gruppe von Auswahlknöpfen	
21	W	- - -	Ankreuzfeld/Auswahlknopf hat kein Label	
22	W	- - -	Text auf einer Drucktaste wurde nicht durch Ikone ersetzt	
23	E	- - -	Rollbares Feld, obwohl Platz hinter dem Feld vorhanden ist	
25	W	- - -	Abstand zwischen Rahmen ist zu groß	
27	N	- - -	Im Rahmen befinden sich nur Drucktasten	
29S	E	- - -	Numerische oder Datumsfelder sind rollbar	
21A	E	- - -	Ankreuzfeld/Auswahlknopf hat kein Label	
31	E	- - -	Rahmen hat keinen Titel	
32	N	- - -	Bezeichner ist eine Dropdown Listbox (Combobox)	
33		- - -	E/A-Feld hat unmittelbar links keinen Bezeichner	
			(→ Da diese Meldung keine Meldungspriorität besitzt, wird ihre Ausgabe automatisch unterdrückt.)	
34	E	- - -	E/A-Feld im Steploop hat keinen Bezeichner	
35	E	- - -	E/A-Feld hat Bezeichner oberhalb des Feldes	
36	W	- - -	Table Control hat keinen Titel	
37	E	- - -	Table Control Spalte hat keine Überschrift	
38	E	- - -	Ikone hat keine aussagekräftige Quickinfo (tooltip)	
39	E	- - -	E/A-Feld (Eingabefeld) hat keinen erreichbaren Bezeichner	
40	E	- - -	E/A-Feld (Ausgabefeld) hat keinen erreichbaren Bezeichner	
41	E	- - -	Bezeichner zu Property "TextField" existiert nicht im Dynpro	

CL_CI_TEST_DYNPRO_USAB_ACC			
42	E	- - -	*Textelement zu Property "TooltipText" existiert nicht*
43	E	- - -	*Variable zu Property "TooltipText" exist. nicht im Programm*
44	E	- - -	*Variable zu Property "TooltipText" nicht zeichenartig*

B.9 Suchfunktionen

Suche von ABAP-Tokens

CL_CI_TEST_FREE_SEARCH			
Hinweis: xxxx enthält die Position des gefundenen Musters in der vom Benutzer erstellten Mustertabelle (03 = Muster am 3. Tabellenplatz). Der Platzhalter &N wird durch den aktuellen PCode ersetzt, das heißt der Position des gefundenen Musters in der vom Benutzer erstellten Mustertabelle. Der Platzhalter &1 enthält den Namen des gefundenen Musters.			
xxxx	N	#EC CI_NOFIND	*Suchstring Nummer &N gefunden in: &1*

Suche von ABAP-Anweisungsmustern

CL_CI_TEST_SEARCH_ABAP_PATTERN			
Hinweis: xx enthält die Position des gefundenen Musters in der vom Benutzer erstellten Mustertabelle (03 = Muster am 3. Tabellenplatz).			
FOUNDxxRMC	N	- - -	*TRMAC-Makro: (Makroname).*
FOUNDxxDMC	N	- - -	*DEFINE-Makro: (Makroname).*
FOUNDxx	N	- - -	*&1.* (→ Der Platzhalter &1 enthält den Namen des gefundenen Musters.)

Suche nach unerwünschten Sprachelementen

CL_CI_TEST_SEARCH_UNWANTED			
Hinweis: xxxxxxxxxx enthält eine interne Kennung des SAP-System-Calls ABAP_CRC64. Der Platzhalter &1 enthält den Namen des gefundenen Musters.			
xxxxxxxxxx	E	#EC CI_USE_WANTED	*&1 -> in TRMAC-Makro (Makroname)*
xxxxxxxxxx	E	#EC CI_USE_WANTED	*&1 -> in DEFINE-Makro (Makroname)*

CL_CI_TEST_SEARCH_UNWANTED			
1298090334	W	#EC CI_USE_WANTED	CALL FUNCTION 'DB_SET_ISOLATION_LEVEL'
1778201821	W	#EC CI_USE_WANTED	CALL FUNCTION 'DB_RESET_ISOLATION_TO_DEFAULT'
504185074	W	#EC CI_USE_WANTED	SELECT SINGLE FOR UPDATE
1246437745	N	#EC CI_USE_WANTED	SELECT ... BYPASSING BUFFER
xxxxxxxxxx	E	#EC CI_USE_WANTED	&1

Suche WRITE-Anweisungen

CL_CI_TEST_SEARCH_WRITE			
Hinweis: &1 enthält den Namen des Programms/Includes in TADIR-Form, &2 die Anzahl der gefundenen WRITE-Anweisungen.			
0001	N	NOX	&1 -- &2
0002	N	NOX	Einzelne WRITE-Anweisung
0003	N	NOX	Include &1 mit &2 WRITE

Suche Oracle-Rule-Hints

CL_CI_TEST_ORA_RULE_HINT			
0001	N	NOX	RULE: &1
0002	N	NOX	CHOOSE: &1
0003	N	NOX	dynamisch: &1
0004	N	NOX	FIRST_ROWS: &1
0010	N	NOX	&1 verdächtige Oracle Hints (Rule, Choose, First_Rows oder dynamisch)

B.10 Anwendungsprüfungen

HR-Entkopplung: Prüfung der Infotypklassen

CL_CI_TEST_HR_ITCLASS			
0001		#EC CI_HR_ITCLASS	&1 ist keine Infotypklasse (→ Diese Meldung wird nicht ausgegeben.)
0020	E	#EC CI_HR_ITCLASS	Funktionsbaustein &1 darf nicht verwendet werden.

CL_CI_TEST_HR_ITCLASS			
0030	E	#EC CI_HR_ITCLASS	*Datenbankänderungen mit &1 sind nicht erlaubt.*
0040	E	#EC CI_HR_ITCLASS	*SET/GET &1 ist nicht erlaubt.*
0050	E	#EC CI_HR_ITCLASS	*MESSAGE ist nicht erlaubt.*
0060	E	#EC CI_HR_ITCLASS	*IMPORT/EXPORT &1 ist nicht erlaubt.*
0070	E	#EC CI_HR_ITCLASS	*Externer Aufruf von &1 in Programm &2.*

B.11 Interne Performancetests

Prüfung SQL-Trace: Analyse der WHERE-Bedingung für SELECT

CL_CI_TEST_SELECT_TAW_INT_A			
0001	W	NOX	*Tabelle &1: Keine WHERE-Bedingung &2*
0002	W	NOX	*Tabelle &1: In WHERE-Bedingung kein Feld eines Tabellen-Index &2*
0003	W	NOX	*Tabelle &1: In WHERE-Bedingung kein erstes Feld eines Tabellen-Index &2*
0031	W	NOX	*Tabelle &1: Nur (hinzugeneriertes) Mandanten-Feld in WHERE-Bedingung &2*
0301	N	NOX	*voll gepufferte Tabelle &1: Keine WHERE-Bedingung (Pufferladen ?) &2*
0302	W	NOX	*gepufferte Tabelle &1: In WHERE-Bedingung kein Feld eines Tabellen-Index &2*
0303	W	NOX	*gepufferte Tabelle &1: In WHERE-Bedingung kein erstes Feld eines Tabellen-Index &2*
0331	N	NOX	*gepufferte Tabelle &1: Nur (hinzugeneriertes) Mandanten-Feld in WHERE-Bedingung (Pufferladen ?) &2*
0401	W	NOX	*gepufferte Tabelle &1: Keine WHERE-Bedingung &2*
0431	W	NOX	*gepufferte Tabelle &1: Nur (hinzugeneriertes) Mandanten-Feld in WHERE-Bedingung &2*
0501	E	NOX	*große Tabelle &1: Keine WHERE-Bedingung &2*
0502	E	NOX	*große Tabelle &1: In WHERE-Bedingung kein Feld eines Tabellen-Index &2*
0503	E	NOX	*große Tabelle &1: In WHERE-Bedingung kein erstes Feld eines Tabellen-Index &2*
0531	E	NOX	*große Tabelle &1: Nur (hinzugeneriertes) Mandanten-Feld in WHERE-Bedingung &2*

Prüfung SQL-Trace: Analyse der WHERE-Bedingung für UPDATE und DELETE

CL_CI_TEST_IMUD_TAW_INT_A			
0001	W	NOX	Tabelle &1: Keine WHERE-Bedingung
0002	W	NOX	Tabelle &1: In WHERE-Bedingung kein Feld eines Tabellen-Index
0003	W	NOX	Tabelle &1: In WHERE-Bedingung kein erstes Feld eines Tabellen-Index
0031	W	NOX	Tabelle &1: Nur (hinzugeneriertes) Mandanten-Feld in WHERE-Bedingung
0501	E	NOX	große Tabelle &1: Keine WHERE-Bedingung
0502	E	NOX	große Tabelle &1: In WHERE-Bedingung kein Feld eines Tabellen-Index
0503	E	NOX	große Tabelle &1: In WHERE-Bedingung kein erstes Feld eines Tabellen-Index
0531	E	NOX	große Tabelle &1: Nur (hinzugeneriertes) Mandanten-Feld in WHERE-Bedingung

Prüfung SQL-Trace: Zugriffe auf gepufferte Tabellen

CL_CI_TEST_SELECT_TAW_INTBYBUF			
0001	W	NOX	Gepufferte Tabelle &1 in einem JOIN
0002	W	NOX	Gepufferte Tabelle &1 in SELECT mit Subquery
0003	W	NOX	Zugriff auf Tabelle &1 liest am Tabellenpuffer vorbei: &2
0005	W	NOX	Generisch gepufferter Schlüsselbereich bei Tabelle &1 nicht voll spezifiziert
0006	W	NOX	SELECT auf mandantenabhängige Tabelle &1 mit CLIENT SPECIFIED, aber kein Mandantenfeld in der WHERE-Bedingung
0010	N	NOX	Zugriff auf Tabelle &1(&2 gepuffert)
0051	W	NOX	Felder des Primärschlüssels für einzelsatzgepufferte Tabelle &1 nicht voll spezifiziert

Prüfung SQL-Trace: Explain für alle SELECT-Anweisungen

CL_CI_TEST_SQL_TRACE_EXPLAIN			
0001	W	NOX	Full Table Scan auf Tabelle &1 &2
0002	W	NOX	Full Table Scan auf Tabelle &1 mit HASH JOIN &2
0010	W	NOX	Full Index Scan auf Index &1 &2

CL_CI_TEST_SQL_TRACE_EXPLAIN			
0020	W	NOX	Index Range Scan mit Range=Mandant auf Index &1 &2
0030	N	NOX	Index Range Scan auf Index &1 &2
0040	W	NOX	Hash Join bei Tabelle &1 &2
0101	E	NOX	Full Table Scan auf große Tabelle &1 &2
0102	E	NOX	Full Table Scan auf große Tabelle &1 mit HASH JOIN &2
0110	E	NOX	Full Index Scan bei großer Tabelle auf Index &1 &2
0120	E	NOX	Index Range Scan bei großer Tabelle mit Range = Mandant auf Index &1 &2
0130	N	NOX	Index Range Scan bei großer Tabelle auf Index &1 &2
0140	E	NOX	Hash Join mit großer Tabelle &1 &2

B.12 Interne Tests

Tests zu ENHANCEMENT-SECTION

CL_CHK_ENH_CONFLICTS			
0000	W	NOX	Für die statische Codeersetzung &1 ist nur eine Erweiterung erlaubt
0001	W	NOX	Die Erweiterung &1 für die Codeersetzung &2 ist nicht schaltbar
0002	W	NOX	Für Codeersetzung &1 ist der Erweiterungskonflikt &2 nicht aufgelöst
0003	N	NOX	Für Codeersetzung &1 ist der potenzielle Konflikt &2 nicht aufgelöst

Test zu CL_ABAP_COMPILER

CL_CI_TEST_ABAP_COMPILER			
Achtung: Diese Prüfung kann nicht direkt ausgeführt werden, da sie keine RUN-Methode besitzt; es kommt zu einem Dump! Verwenden Sie diese Prüfung nicht!			
xxxxxxxxxx	N	- - -	&2 (→ Der PCode stammt direkt aus Transaktion SLIN. Der Platzhalter &2 enthält die dazu passende Meldung aus Transaktion SLIN.)

Test zu CL_ABAP_COMPILER

CL_CI_TEST_ABAP_REFERENCES				
SYNTAX	N	- - -	&1 &2 &3 Syntaxfehler im FULLNAME
OBJECT	N	- - -	&1 &2 &3 Objekt nicht gefunden
REFERENCE	N	- - -	&1 &2 &3 Referenz nicht gefunden
FULLNAME	N	- - -	&1 &2 &3 Falscher FULLNAME
GRADE	N	- - -	&1 &2 &3 Verwendungsgrad-Fehler
INCLUDE	N	- - -	&1 &2 &3 Falscher Include-Name
LINE	N	- - -	&1 &2 &3 Zeile existiert nicht
COLUMN	N	- - -	&1 &2 &3 Falsche Spalte
NAME	N	- - -	&1 &2 &3 Falscher Name

Erkennen von totem Coding

CL_CI_TEST_CROSSREF			

Hinweis: xxxx wird durch den jeweiligen Objekttyp ersetzt, zum Beispiel CLAS. Der Platzhalter &1 enthält den Programmnamen.

0001	E	- - -	&1
xxxx	E	- - -	&1

Leerer Test

CL_CI_TEST_EMPTY

Hinweis: Außer dem Ergebnistitel findet keine weitere Ergebnisausgabe statt.

- - -   - - -   - - -

Überprüfung der Erweiterbarkeit von Tabellen

CL_CI_TEST_TABLE_EXTENSION

Hinweis: Diese Klasse befindet sich im Paket spak_bce.

Achtung: Diese Prüfung kann in der Prüfvariantenauswahl nicht mehr ausgewählt werden; es erscheint nur noch der Hinweis: »Bitte benutzen Sie die Transaktion SAKB5«. Nachfolgend sind noch die »ehemaligen« Meldungen aufgeführt.

CALL	Die Struktur &1 wird beim Aufruf eines Funktionsbausteins ...
	(→ Der Meldungstext enthält eine sehr lange Erklärung.)

CL_CI_TEST_TABLE_EXTENSION

IMPORT	Der Typ &1 wird in einer IMPORT FROM DATABASE Anweisung ... (→ Der Meldungstext enthält eine sehr lange Erklärung.)
xxxxxxxxxx	&2 (→ Der PCode stammt direkt aus Transaktion SLIN. Der Platzhalter &2 enthält die dazu passende Meldung aus Transaktion SLIN.)

B.13 Proxy-Prüfungen

Proxy-Prüfungen

CL_CI_TEST_PROXY

Hinweis: Diese Klasse befindet sich im Paket `sai_proxy_gentime`.

P008	N	NOX	DDIC-Objekt in Proxy-Metadaten nicht gefunden
P012	N	NOX	Proxy-Objekt hat Metadaten-Inkonsistenz (mehrdeutige Hash-ID
P135	N	NOX	Proxy-Objekt ist veraltet
P155	N	NOX	Proxy-Objekt ist verwaist
P168	N	NOX	Proxy-Objekt ist inaktiv
P169	N	NOX	Proxy-Objekt hat Inkonsistenzen mit referenziertem Objekt
P171	N	NOX	Proxy-Objekt hat keine Versions-ID
P208	N	NOX	Client-Proxy verwendet alte Basisklasse
P320	N	NOX	SWCs des Proxy sind unterschiedlich im BackEnd und ESR
P321	N	NOX	Proxy-Aktualität wurde nicht geprüft, weil ESR nicht da ist
P400	N	NOX	Problem(e) zwischen Proxy/DDIC-Metadaten
P500	N	NOX	TADIR für Proxy-Objekt inkonsistent in Bezug auf SPRX-Objekt

B.14 Liste der internen Prüfungen

Test der Existenz eines Programms

CL_CI_TEST_PROGRAM

Hinweis: Diese Prüfung ist versteckt. Die Meldungen werden als Problemmeldungen im Ergebnisbildschirm ausgegeben.

0001	E	-	-	-	Programm &1 existiert nicht

Lesen von Includes

CL_CI_TEST_INCLUDE

Hinweis: Diese Prüfung ist versteckt. Die Meldungen werden als Problemmeldungen im Ergebnisbildschirm ausgegeben.

0001   E   NOX   *Programm &1 existiert nicht*

0002   N   NOX   *Programm &1 ist gegen Lesen geschützt*

Scannen eines Programms

CL_CI_TEST_SCAN

Hinweis: Diese Prüfung ist versteckt. Die Meldungen werden als Problemmeldungen im Ergebnisbildschirm ausgegeben.

0010   E   - - -   *SCAN-Fehler: &1*

0011   E   - - -   *Fehlendes Include &1*

C Glossar

ABAP Advanced Business Application Programming. Programmiersprache der SAP.

ABAP Workbench Entwicklungsumgebung für ABAP. Diese kann mit Transaktion SE80 gestartet werden.

Auswahlbaum In diesem Buch bezeichnen wir hiermit den hierarchischen Baum der Code-Inspector-Prüfvarianten. In diesem stehen Code-Inspector-Prüfungen zur Auswahl bereit und können zusammen in einer Prüfvariante abgespeichert werden (siehe Kapitel 1, »Einsatz des SAP Code Inspectors«).

Business Add-in (BAdI) Business Add-ins sind eine Technologie, um SAP-Software an spezifische Anforderungen anzupassen. BAdIs wurden zu Release 4.6 als Ablösung von Funktionsbaustein-Exits eingeführt. Diese Technik ist nicht auf SAP-Anwendungen begrenzt; BAdI-Aufrufe können in Kundenanwendungen integriert werden. Diese können dann durch andere Kundenanwendungen erweitert werden. In den diversen SAP-Anwendungen sind an Stellen, an denen Erweiterungen sinnvoll sind, BAdI-Aufrufe implementiert.

Checkman Der Checkman ist eine SAP-interne Prüfumgebung, die für SAP-Kunden nicht zur Verfügung steht. Sie dient zur Einhaltung von internen SAP-Richtlinien und wird zukünftig durch das ABAP Testcockpit (ATC) ersetzt. Das Checkman-Paket S_CHECKMAN ist generell im SAP NetWeaver Application Server vorhanden, sodass auf einige seiner Funktionalitäten zugegriffen werden kann. Einige Code-Inspector-Prüfungen greifen so auf Methoden, Funktionsbausteine und/oder Tabellen des Checkmans zurück.

Code-Injection Bezeichnet das Ausnutzen einer Sicherheitslücke im System, bei der der Angreifer versucht, über eine bestehende Anwendung eigenen Code einzuschleusen.

Cross-Site-Scripting (XSS) Bezeichnet das Ausnutzen einer Sicherheitslücke, bei der der Angreifer versucht, über eine auf dem System bestehende Webanwendung eigenen Code einzuschleusen.

Directory Traversal Bezeichnet das Ausnutzen einer Sicherheitslücke, bei der der Angreifer versucht, über eine auf dem System bestehende Anwendung auf das Dateisystem eines Rechners zuzugreifen.

Dynpro Dynamisches Programm, das aus einem SAP-Bildschirm und der darunterliegenden Ablauflogik besteht.

Enhancements Englisch für Erweiterungsoptionen, dies sind Stellen in Repository-Objekten, an denen Erweiterungen vorgenommen werden können. Diese Optionen werden entweder explizit definiert, das heißt von einem Entwickler vorgedacht, oder sind implizit immer vorhanden. Explizite Erweiterungsoptionen werden in der Regel in einem zentralen Ausgangssystem definiert. Erweiterungen werden in Folgesystemen vorgenommen.

Full Index Scan Suche über alle Sätze eines Indizes, wobei dieser nicht nur ein Datenbankindex, sondern auch ein Index einer internen Tabelle (im Speicher) sein kann. Ein Full Index Scan ist aus Performancesicht immer bedenklich (siehe Kapitel 5, »Standardprüfungen des SAP Code Inspectors«).

Full Table Scan Suche über alle Sätze einer Tabelle, wobei diese nicht nur eine Datenbanktabelle, sondern auch ein View oder eine interne Tabelle (im Speicher) sein kann. Ein Full Table Scan ist aus Performancesicht immer bedenklich (siehe Kapitel 5).

Getter-/Setter-Methoden Zugriffsmethoden, die in der objektorientierten Programmierung die Eigenschaft eines Objektes abfragen (Getter-Methode) oder ändern (Setter-Methode).

GUID Globally Unique Identifier, beschreibt eine weltweit eindeutige Zahl. In ABAP kann ein GUID zum Beispiel über den Funktionsbaustein `GUID_CREATE` erzeugt werden.

Hintergrundjob Job, durch den eines oder mehrere ABAP-Programme in der Hintergrundverarbeitung gestartet werden. Hierbei werden die Programme ohne einen Dialog mit dem Benutzer am Bildschirm automatisch im Hintergrund ausgeführt. Weitere Informationen zur Hintergrundverarbeitung finden Sie im SAP Help Portal (http://help.sap.com) zum Stichwort »Hintergrundverarbeitung«.

Kettenanweisung (oder Kettensatz) Aufeinanderfolgende ABAP-Anweisungen, die den gleichen Anfangsteil haben, können zu einem einzigen Kettensatz zusammengefasst werden. Hierfür wird der gleichlautende Anfangsteil einmal angegeben und durch einen Doppelpunkt (:) abgeschlossen. Die restlichen Teile werden dahinter durch Kommas (,) getrennt aufgeführt und mit einem Punkt (.) abgeschlossen. Bei der Syntaxprüfung und der Programmausführung wird ein Kettensatz wie die entsprechende Folge einzelner ABAP-Anweisungen behandelt.

MVC Model-View-Controller, ein Architekturprinzip in der Softwareentwicklung. Hierbei gibt es drei Einheiten: das Datenmodell (= Model), die Präsentation (= View) und die Programmsteuerung (= Controller). Ziel des MVC-Prinzips ist ein flexibler Programmentwurf, der eine spätere Änderung oder Erweiterung erleichtert und eine Wiederverwendbarkeit der einzelnen Komponenten ermöglicht.

Remote Function Call (RFC) RFC ist ein SAP-Schnittstellenprotokoll und dient zur Kommunikation zwischen Systemen. Mittels RFCs können Funktionsbausteine auf einem entfernten System oder innerhalb desselben Systems aufgerufen werden. RFCs übernehmen dabei die Kommunikationssteuerung, die Parameterübergabe und die Fehlerbehandlung.

Repository Teil der SAP-Datenbank, in dem die Repository-Objekte gespeichert werden.

Repository-Objekt Entwicklungsobjekt der ABAP Workbench. Beispiele sind Programme, Klassen, Funktionsbausteine oder Web-Dynpro-Components.

SAP Business Workplace Der SAP Business Workplace bietet eine einheitliche Arbeitsumgebung, in der jeder SAP-Benutzer seinen Anteil an den Geschäfts- und Kommunikationsprozessen im Unternehmen erledigen kann. Sie können den SAP Business Workplace über die Transaktion SBWP starten.

SAP Change and Transport System (CTS) Das Change and Transport System ist für die Softwareverteilung zuständig und stellt Hilfsmittel zur Verfügung, um Repository-Objekte zwischen verschiedenen SAP-Systemen und ihren Mandanten zu transportieren.

SAP HR bzw. **SAP ERP HCM** Abkürzung für die SAP-Lösung »Human Resources« bzw. »Human Capital Management«. Diese SAP ERP-Anwendung deckt Bereiche der Personalwirtschaft ab. Unter anderem gibt es Untermodule für Personalmanagement, Personalkostenplanung, Zeiterfassung, Reisekostenerfassung, Lohnzahlung, Einstellungsmanagement, Personalführung und Event-Management.

SAP NetWeaver Offene Integrations- und Anwendungsplattform von SAP, die es ermöglicht, Geschäftsprozesse über Technologiegrenzen hinweg zu vereinheitlichen und auf alle verfügbaren Informationen zuzugreifen.

SAP-Standardprüfungen In diesem Buch sind mit diesem Begriff die Code-Inspector-Prüfungen gemeint, die von SAP zusammen mit dem SAP Code Inspector ausgeliefert werden.

SAP NetWeaver Application Server Applikationsplattform von SAP NetWeaver für alle Bestandteile von SAP-Anwendungen. Der Application Server ersetzt seit Release 6.10 die SAP-Basis.

Sourcecode Englisch für Quelltext.

SQL-Injection Bezeichnet das Ausnutzen einer Sicherheitslücke im Zusammenhang mit SQL-Datenbanken, bei der der Angreifer versucht, eigene SQL-Befehle über eine auf dem System bestehende Anwendung einzuschleusen.

TADIR Der Objektkatalog (`TADIR`) ist das Verzeichnis aller Repository-Objekte, aus denen das SAP-System aufgebaut ist. Im SAP-System gibt es hierfür auch eine entsprechende transparente Tabelle `TADIR`, in der die Bezeichner und diverse Angaben zu den Repository-Objekten des jeweiligen SAP-Systems zu finden sind.

Transaktion In diesem Buch verwenden wir Transaktion als Abkürzung für Transaktionscode. Dies bezeichnet eine Folge von alphanumerischen Zeichen, die eine Transaktion (ein bestimmtes ABAP-Programm) im SAP-System benennt.

Transport In diesem Buch bezeichnen wir hiermit einen Begriff aus dem SAP-Transportwesen. Export und Import von SAP-Objekten zwischen verschiedenen SAP-Systemen.

TRDIR Ist ein Datenbank-View auf die transparente Tabelle `REPOSCR`. In der Tabelle `REPOSCR` wird der Sourcecode zu allen programmartigen ABAP-Repository-Objekten des SAP-Systems gespeichert.

TRMAC-Makro Spezielle Art von Makrobausteinen, die außerhalb des ABAP-Codings in einer eigenen Steuertabelle (Pooltabelle `TRMAC`) gespeichert sind.

URL Uniform Resource Locator. Adresse im Internet.

D   Die Autoren

Dr. Randolf Eilenberger studierte an der Universität Stuttgart Physik und promovierte mit einer Arbeit zu Strahlenschäden in Quarz. Er kam 1998 zur SAP AG und arbeitet dort seit 1999 im Team »Performance & Scalability«. Er war einer der Entwickler des SAP Code Inspectors und hat die meisten der Performanceprüfungen dieses Werkzeugs implementiert. Derzeit unterstützt er die Business-Configuration-Lösung von SAP Business ByDesign und den Bereich Transportation Management der SAP Business Suite bei der Analyse und Optimierung ihrer Anwendungen.

Frank Ruggaber studierte Wirtschaftsingenieurwesen an der Universität Kaiserslautern. Nach Abschluss seines Studiums 1999 arbeitete er für verschiedene Firmen als Projektleiter und Entwickler in den Bereichen Telekommunikation, Automotive, Versorger, Pharma und Handel. Seit 2005 ist er als Seniorberater bei der inconso AG tätig, einem der führenden Consulting- und Softwareunternehmen für Logistiklösungen in Europa. Seine Aufgabenbereiche umfassen Projektleitung, IT-Architektur, IT-Konzeption und Durchführung von Kundenworkshops im Bereich SAP NetWeaver. Aktuell leitet er ein großes Web-Dynpro-Projekt, bei dem der Floorplan Manager eingesetzt wird.

Reinhard Schilcher ist Berater im Bereich SAP Development bei der Firma inconso AG, einem der führenden Consulting- und Softwareunternehmen für Logistiklösungen in Europa. Nach seinem Informatikstudium 1996 arbeitete er bei verschiedenen Firmen als Berater und Entwickler in den Bereichen Automotive, Pharma und Logistik. Dabei wurden von ihm Lösungen mit den unterschiedlichsten Entwicklungssprachen und Anwendungen realisiert, wie beispielsweise C, Java, HTML, IBM Lotus Notes, ABAP und Business Server Pages auf diversen Systemen wie Windows, OS/2, Solaris und HiCom. Für die inconso AG, SAP Special Expertise Partner für Supply Chain Management (SAP SCM), begleitete er im Jahr 2006 im Rahmen eines großen Kundenprojektes den Ramp-Up von Web Dynpro ABAP. Zurzeit arbeitet er als Experte im Umfeld objektorientierter Entwicklung in einem großen SAP NetWeaver-Projekt.

Index

A

ABAP
   ABAPHELP 313, 321
   Datenbank-Connector 307
   Dump-Analyse 83
   Entwicklung 93
   Klasse 346
   Laufzeitanalyse 32
   Proxy-Objekt 384
   Syntaxprüfung 30
ABAP Debugger 31
ABAP Dictionary 285
ABAP Unit 32, 128
   Prüfung 333
   Test 351
ABAP-Scan-Engine 162, 205, 216
   Beispiel Token-Tabelle 221
   Empfehlung 229
   erzeugte Tabelle 217
   Level-Tabelle 226, 228, 229
   Statement-Tabelle 221, 222, 224
   Structure-Tabelle 224, 226
   Token-Tabelle 218, 219
   Zusammenhang der Tabellen 218
Accessibility 361
ADBC-Schnittstelle 307
Aggregatfunktion 256
Analysewerkzeug 29
ändernde Datenbankanweisung 254
Änderungsprotokoll 290
Anweisung
   deklarative 241
   dynamische 247
   operative 241
Anweisungsmuster 364
APPEND 322
Array-Zugriff 262
ASSIGN, dynamischer 306
Attribut 345
Ausdruck, regulärer 330
Ausgabeparameter 273
Auslieferungsklasse 245, 286, 288
Ausnahme, tabellenbasierte 298
AUTHORITY-CHECK 305

automatisierte Prüfung 125
   Fragestellung 155
   Planung 155
   Szenario 125

B

BAdI 282
   BAdI-Builder 136
   Dokumentation 136
Benutzerfreundlichkeit 361
Berechtigungsobjekt
   s_cov_adm 67, 98, 99, 102, 116, 120, 191
   s_cts_admi 131
Bewertung, Prüfung 237
BLOB 293
Business Server Pages 296

C

c_exceptn_by_table_entry 202, 203
c_exceptn_imposibl 202
CALL 'cfunc' 298
CALL TRANSACTION 298
Call-By-Reference 270
Call-By-Value 270
C-Calls 298
CHANGING-Parameter 273
CHECK 261
Checkman 313
cl_chk_enh_conflicts 381
cl_ci_category_general 187
cl_ci_category_template 166, 167
cl_ci_category_top 167, 187
cl_ci_check 150, 151, 152, 153, 154, 157
cl_ci_checkvariant 141, 150, 157
cl_ci_collector_akb_tabl 384
cl_ci_inspection 144, 145, 150, 157
cl_ci_objectset 143, 150, 157
cl_ci_tabnames_public 243
cl_ci_test_abap_compiler 163, 382
cl_ci_test_abap_generate 316

cl_ci_test_abap_naming 230, 328
cl_ci_test_abap_naming_new 194, 330
cl_ci_test_append_to_sorted 322
cl_ci_test_class_consistence 311
cl_ci_test_complex_where 323
cl_ci_test_critical_statements 297
cl_ci_test_crossref 382
cl_ci_test_ddic 162
cl_ci_test_ddic_tables 284
cl_ci_test_dynpro_generate 360
cl_ci_test_dynpro_usab_acc 361
cl_ci_test_empty 383
cl_ci_test_extended_check 313
cl_ci_test_find_badi_call 282
cl_ci_test_find_dyn_sql 307
cl_ci_test_free_search 221, 224, 363
cl_ci_test_hr_itclass 370
cl_ci_test_imud_nested 263
cl_ci_test_imud_not_vb 308
cl_ci_test_imud_taw_a 254
cl_ci_test_imud_taw_int_a 375
cl_ci_test_imud_taw_sec01 303
cl_ci_test_include 239
cl_ci_test_index_usage 280
cl_ci_test_invalidate_buffer 278
cl_ci_test_itab_performance 266
cl_ci_test_langu_word_freq 350
cl_ci_test_loop_at 274
cl_ci_test_metric_langu_comm 342
cl_ci_test_metric_noes 335
cl_ci_test_metric_oo_size 345
cl_ci_test_metric_proc 337
cl_ci_test_metric_struct 341
cl_ci_test_metric_wdyn 347
cl_ci_test_move_performance 265
cl_ci_test_program 239
cl_ci_test_proxy 385
cl_ci_test_scan 163, 240
cl_ci_test_scan_nested 264
cl_ci_test_scan_statistics 245
cl_ci_test_scan_statistics2 241
cl_ci_test_scan_template 163, 166, 172
cl_ci_test_search_abap_pattern 364
cl_ci_test_search_unwanted 365
cl_ci_test_search_write 367
cl_ci_test_select 163
cl_ci_test_select_correspond 284
cl_ci_test_select_exit 276
cl_ci_test_select_nested 262
cl_ci_test_select_taw_a 249

cl_ci_test_select_taw_bybuf 203, 255
cl_ci_test_select_taw_int_a 373
cl_ci_test_select_taw_intbybuf 376
cl_ci_test_select_taw_sec01 301
cl_ci_test_select_then_check 260
cl_ci_test_sho_client 309
cl_ci_test_spec_crit_stmnts 300
cl_ci_test_sql_trace_explain 379
cl_ci_test_susp_conversions 317
cl_ci_test_syntax_check 312
cl_ci_test_sysubrc 304
cl_ci_test_table_extension 383
cl_ci_test_table_settings 244
cl_ci_test_usab_gui 204, 355
cl_ci_test_value_parameter 269
cl_ci_tests 146, 150
cl_saunit_legacy_ci_check 352
cl_saunit_legacy_ci_check_conv 333
cl_wdy_ci_test_component_def 356
cl_wdy_ci_test_conventions 358
CLIENT SPECIFIED 250, 257
CLOB 293
Code-Injection 296, 298, 299, 300
Codekomplexität 340
COUNT(*) 259
Coverage Analyzer 32, 81
  Testabdeckung 82
cProject 84
Cross-Site-Scripting 296, 449
CTS → SAP-Transportwesen
CTS_REQUEST_CHECK 136
CUST_PRIORITIES 214

D

Daten
  kopieren 265
  transaktionale 286
Datenaufbereitungsklasse 239
Datenbankanweisung 243
  ändernde 254
  dynamische 372
Datenbank-Explain 379
Datenbankhinweis 299, 368
Datenbankindex 280
Datenbankoptimierer 253
Datenbank-View 289
Datenflussanalyse 296
Datenklasse 286

Datensammler, Hinweis   163
DEFAULT   42, 90
deklarative Anweisung   241
DELETE … WHERE   278
DELETE DYNPRO   299
DELETE REPORT   299
Directory Traversal   296
DO … ENDDO   264
DROP TABLE   302
dynamische Anweisung   247
dynamische Datenbankanweisung   372
dynamischer ASSIGN   306
Dynpro   355, 356

E

E070   139
eCATT   33
EDITOR-CALL FOR REPORT   298
Eigene Prüfung
  Attribut ref_scan   206, 212, 215
  Attribut typelist   191, 212, 215
  Backend   159, 164, 205
  BAdI   230
  CLASS … DEFINITION LOAD   194
  Datensammler   162
  Dokumentation   188, 204
  Empfehlung   171
  Enhancement   230
  erstellen   159
  Event message   206, 209, 211
  Fazit   234
  Frontend   159, 164, 179, 205
  generelle Planung   161
  Gesamtübersicht   159
  Grundlage   164
  Helfermethode   216
  Hinweis   163, 166, 175, 178, 181, 186, 194, 197, 199, 211
  Kategorieneintrag erstellen   167
  Konstante c_my_name   176, 195
  Listing fill_attributes   185
  Listing get_attributes   186
  Listing Kategorieneintrag   169
  Listing Prüfungseintrag   173
  Meldungscode   174, 203
  Methode add_obj_type   215
  Methode consolidate_for_display   190, 206, 213
  Methode constructor   167, 172, 187, 193, 200
  Methode display_documentation   204
  Methode exception   204
  Methode fill_attributes   179, 183
  Methode fill_messages   179, 200
  Methode generic   185, 193, 195
  Methode get   206, 215
  Methode get_attributes   176, 185, 188
  Methode get_include   209
  Methode get_message_text   177
  Methode inform   201, 206, 209
  Methode navigate   204
  Methode put_attributes   176, 185, 188
  Methode query_attributes   183, 185, 189, 193, 194, 195
  Methode run   165, 176, 200, 205, 212, 215
  Methode run_begin   212
  Methode run_end   206, 212, 214
  möglicher Anbindungsweg   230
  Parameterauswahlbildschirm   180, 181, 183, 189, 195, 196, 197
  Prüfungseintrag aktivieren   177
  Prüfungseintrag erstellen   172
  Prüfvariante erstellen   179
  Prüfvariantenbaum   165, 177, 180
  redefinieren   176, 177, 193
  Textelement   169, 174, 185
  Versionierung   188
  Vorüberlegung   160
  zur Kategorie zuordnen   187
  zur Problemstelle springen   204
Eingabeparameter   272
Einprozessorsystem   80
Einstellung, transportieren   70
E-Mail
  Berechtigung   120
  Empfangsbestätigung   120
  Empfehlung   117
  Ergebnisliste   117
  Fazit   123
  Formulierungsvorlage   120, 122
  Lesebestätigung   120
  nachverfolgen   120
  Report rs_ci_emailtemplate   122
  versenden   116, 119
ENHANCEMENT-SECTION   381
Entwicklungsrichtlinie   155
Entwicklungssystem   29

Ergebnis, Gruppierung 242
Ergebnisanzeige
   drucken 63
   filtern 62
   in Tabelle 63
   konsolidieren 190
   Objektstatistik 61
   SCI_SHOW_RESULTS 147
   sortieren 61
   Statistik 60
erweiterte Programmprüfung 31, 310
Erweiterungskategorie 384
EVENT-Parameter 272, 273
Existenz, eines Programms 239
Existenznachweis 276, 277
EXIT 276
EXPORT DYNPRO 299
EXPORT NAMETAB 300
EXPORTING-Parameter 273
externe Programmierschnittstelle, cl_ci_check 150

F

Fehler, handwerklicher 247
FLOAT-Feld 292
FOR ALL ENTRIES 256
Full Table Scan 252
Funktionsbaustein, RS_EU_CROSSREF 383

G

Genehmigungsverfahren 95, 204
   Antrag 97
   Antrag ablehnen 104, 106
   Antrag ändern 103
   Antrag genehmigen 104
   Ausnahme beantragen 98
   Ausnahme löschen 108
   Ausnahmegenehmigung 102
   Ausnahme-Icon 99, 103
   Beispiel 98
   Berechtigung 98, 99, 102
   Dokumentation 97
   Fazit 108
   Genehmigender 100
   Gültigkeit 101

   Meldungspriorität 96
   Überblick 96
GENERATE 299
GENERATE DYNPRO 299, 360
GENERATE REPORT 299, 316
GENERATE SUBROUTINE POOL 298, 299
GET BADI 282
globale Performanceanalyse 372
globale Variable, Übergabe 273
Größenkategorie 245, 252, 287
GROUP BY 256, 259, 303
Gruppierung, Ergebnisse 242
GUID 153

H

Halstead-Metrik 340
handwerklicher Fehler 247
HASHED TABLE 267
HAVING 303
Hintergrundjob 123
   CODE_INSPECTOR_DELETION 123
   Hinweis 124
   Jobname 129
   Teilaufgabe Import 124
   Teilaufgabe Löschung 123
Hintergrundjob des Code Inspectors, CODE_INSPECTOR_DELETION 129
HR-Infotyp 370

I

I18N 171
IMPORT DYNPRO 299
IMPORT FROM DATABASE 285, 292
IMPORT NAMETAB 299
IMPORTING-Parameter 272
Include 241
Index 245, 287
Indexlücke 250
Index-only-Zugriff 294
Indextabelle 322
Indexzugriff 268
INDX-artige Tabelle 292
IN-Liste 257, 259
INSERT 278, 322
INSERT REPORT 298, 299

Inspektion 55
  als Hintergrundjob 126
  ändern 37
  anlegen 56
  anzeigen 37
  Auftrag/Aufgabe 57
  ausführen 58
  Ausführungsoption 127
  Ausnahme 60
  cl_ci_inspection 144, 145, 150, 157
  einzelnes Entwicklungsobjekt 57
  Empfehlung 130
  Ergebnisanzeige 58
  Fundstelle von Meldung 60
  Hinweis 57, 129
  kopieren 37
  Meldungstyp 59
  Objektauswahl 56
  Objektmenge 56
  Prüfvariante 57
  Servergruppe 127
  vergleichen 111, 114
  Version 56
Interface 345
interne Tabelle 266
INTO CORRESPONDING FIELDS 284
INTO TABLE 256, 260
IS NULL 256

J

Jobsteuerung 125, 129
Jobübersicht 129
JOIN 325
JOIN-Bedingung 293

K

Kategorieneintrag, Hinweis 166
Klasse
  cl_ci_category_general 187
  cl_ci_category_template 166, 167
  cl_ci_category_top 167, 187
  cl_ci_check 150, 151, 152, 153, 154, 157
  cl_ci_checkvariant 141, 150, 157
  cl_ci_inspection 144, 145, 150, 157

cl_ci_objectset 143, 150, 157
cl_ci_test_abap_compiler 163
cl_ci_test_abap_naming 230
cl_ci_test_abap_naming_new 194
cl_ci_test_ddic 162
cl_ci_test_free_search 221, 224
cl_ci_test_scan 163
cl_ci_test_scan_template 163, 166, 172
cl_ci_test_select 163
cl_ci_test_select_taw_bybuf 203
cl_ci_test_usab_gui 204
cl_ci_tests 146, 150
Kommentar 342
Kommentarsprache 343
Komplexität 334
  zyklomatische 339
Konfigurationsdaten 286
Konsolidierungssystem 29
Konstante
  c_exception_imposibl 202
  c_exceptn_by_table_entry 202, 203
Kopieren, Daten 265
kostenbasierter Optimierer 291
Kundennamensraum 39

L

Laufzeit 238
Laufzeitanalyse 76
  Transaktion SAT 76
  Transaktion SE30 77
Laufzeitfehler 83
Laufzeitverhalten, quadratisches 267, 268
Lines of Code 334
LOB 293
LOOP ... ENDLOOP 264
LOOP AT itab ASSIGNING 274
LOOP AT itab REFERENCE INTO dref 275

M

Mandant 292
Mehrprozessorsystem 80
Meldung, unterdrücken 87
Meldungscode 201, 211

Meldungspriorität 200, 201, 210
   ändern 74
   Hinweis 75
   Standardpriorität 73, 74
   verwalten 73
Meldungstext 74
Meldungstyp 73
Memory Inspector 32
Menu Painter 356
Messdatendatei 76
Methode 345
Modultest 333, 352

N

Namenskonvention 327
Native SQL 257, 298
Nested Loop 264

O

Objektdefinition 82
Objektkatalogeintrag 47, 152
Objektkollektor 54, 75
   Dokumentation 55, 72
   Einstellung 55
   Hinweis 76
   Name der Klasse 71
   nur Selektionen sichern 76
   Objekte aus Coverage Analyzer 81
   Objekte aus cProjects 84
   Objekte aus Datei-Upload 82
   Objekte aus eingebetteten Paketen 85
   Objekte aus Laufzeitfehlern 83
   Objekte aus Umfeldermittlung 79
   Objekte aus Verwendungsnachweis 80
   Programme aus der Laufzeitanalyse 76
   Programme aus Katalog der Report-Sourcen 86, 87
   Transaktion SE61 72
   Verwaltung 71
   Verwendungsnachweis für Tabellen 78
   Wertehilfe 55
Objektkollektorklasse, cl_ci_collector_akb_tabl 384
Objektmenge 43
   ändern 37
   anlegen 43
   anzeigen 37
   aus Transportaufgabe 53, 56
   aus Transportauftrag 53, 56
   cl_ci_objectset 143, 150, 157
   Empfehlung 45
   Hinweis 46
   kopieren 37
   Löschdatum 43
   nur Selektion sichern 44
   Objekt anzeigen 45
   Objektübersicht 45
   Registerkarte ObjKollektoren 54
   Registerkarte ObjMenge aus Auftrag 53
   Registerkarte ObjMenge aus Ergebnis 51
   Registerkarte ObjMenge bearbeiten 51
   Registerkarte ObjMenge selektieren 46, 86
   Version 43
Objektname 48, 79, 81
Objektprüfung bei Aufgabenfreigabe 135
   Beispiel 136
   check_before_release 139
   Fazit 150
   Szenario 135
Objektprüfung bei Auftragsfreigabe 135
Objekttyp 48, 79, 80
Open SQL 302
   Join 256, 258
operative Anweisung 241
Optimierer, kostenbasierter 291
optimierter Zugriff 268
ORDER BY 256, 259, 303
Originalsystem 47

P

Paketkonzept 302
Paketstruktur 85
Parallelbearbeitung 239
parallele Suche 80
PCode 405
PERFORMANCE_CHECKLIST 42
Performanceanalyse, globale 372
Performanceprüfung 42
Performance-Trace 372
Pragmas 89
proaktive Qualitätssicherung 155

Produktivsystem 30
Produktstandard 235
Programm, Existenz 239
Programmgenerierung 316
Programmprüfung, erweiterte 310
PROVIDE ... ENDPROVIDE 264
Proxy 384
Prozessverantwortlicher 155
Prüfkategorie 70
   Allgemeine Prüfung 64, 240
   Anwendungsprüfung 66, 370
   deaktivieren 71
   Dynamischer Test 65, 351
   Dynpro-Prüfung 360
   Implizite Prüfung 239
   Interner Performancetest 66, 371
   Interner Test 66, 380
   Metrik und Statistik 65, 334
   Oberfläche 66, 355
   Performanceprüfung 64, 246
   Programmierkonvention 65, 327
   Proxy-Prüfung 66, 384
   Robuste Programmierung 65, 295, 321
   Sicherheitsprüfung 64, 295
   Suchfunktion 66, 362
   Syntaxprüfung/Generierung 65
Prüfklasse
   cl_chk_enh_conflicts 381
   cl_ci_tabnames_public 243
   cl_ci_test_abap_compiler 382
   cl_ci_test_abap_generate 316
   cl_ci_test_abap_naming 328
   cl_ci_test_abap_naming_new 330
   cl_ci_test_append_to_sorted 322
   cl_ci_test_class_consistence 311
   cl_ci_test_complex_where 323
   cl_ci_test_critical_statements 297
   cl_ci_test_crossref 382
   cl_ci_test_ddic_tables 284
   cl_ci_test_dynpro_generate 360
   cl_ci_test_dynpro_usab_acc 361
   cl_ci_test_empty 383
   cl_ci_test_extended_check 313
   cl_ci_test_find_badi_call 282
   cl_ci_test_find_dyn_sql 307
   cl_ci_test_free_search 363
   cl_ci_test_hr_itclass 370
   cl_ci_test_imud_nested 263
   cl_ci_test_imud_not_vb 308
   cl_ci_test_imud_taw_a 254
   cl_ci_test_imud_taw_int_a 375
   cl_ci_test_imud_taw_sec01 303
   cl_ci_test_include 239
   cl_ci_test_index_usage 280
   cl_ci_test_invalidate_buffer 278
   cl_ci_test_itab_performance 266
   cl_ci_test_langu_word_freq 350
   cl_ci_test_loop_at 274
   cl_ci_test_metric_langu_comm 342
   cl_ci_test_metric_noes 335
   cl_ci_test_metric_oo_size 345
   cl_ci_test_metric_proc 337
   cl_ci_test_metric_struct 341
   cl_ci_test_metric_wdyn 347
   cl_ci_test_move_performance 265
   cl_ci_test_ora_rule_hint 368
   cl_ci_test_program 239
   cl_ci_test_proxy 385
   cl_ci_test_scan 240
   cl_ci_test_scan_nested 264
   cl_ci_test_scan_statistics 245
   cl_ci_test_scan_statistics2 241
   cl_ci_test_search_abap_pattern 364
   cl_ci_test_search_unwanted 365
   cl_ci_test_search_write 367
   cl_ci_test_select_correspond 284
   cl_ci_test_select_exit 276
   cl_ci_test_select_nested 262
   cl_ci_test_select_taw_a 249
   cl_ci_test_select_taw_bybuf 255
   cl_ci_test_select_taw_int_a 373
   cl_ci_test_select_taw_intbybuf 376
   cl_ci_test_select_taw_sec01 301
   cl_ci_test_select_then_check 260
   cl_ci_test_sho_client 309
   cl_ci_test_spec_crit_stmnts 300
   cl_ci_test_sql_trace_explain 379
   cl_ci_test_susp_conversions 317
   cl_ci_test_syntax_check 312
   cl_ci_test_sysubrc 304
   cl_ci_test_table_extension 383
   cl_ci_test_table_settings 244
   cl_ci_test_usab_gui 355
   cl_ci_test_value_parameter 269
   cl_saunit_legacy_ci_check 352
   cl_saunit_legacy_ci_check_conv 333
   cl_wdy_ci_test_component_def 356
   cl_wdy_ci_test_conventions 358

Prüfung 235
    'EXIT' oder keine Anweisung in SELECT-ENDSELECT-Schleife 276
    ABAP Unit 352
    ABAP-Token-Statistik 245
    Analyse der WHERE-Bedingung für SELECT 249
    Analyse der WHERE-Bedingung für UPDATE und DELETE 254
    Ändernde Datenbank-Zugriffe außerhalb von Verbuchungsbausteinen 308
    Ändernde Datenbankzugriffe in Schleifen 263
    Anweisungsstatistik 241
    Anzahl der ausführbaren Anweisungsmetrik 335
    Attribut 41
    bei Aufgabenfreigabe 135
    bei Auftragsfreigabe 130, 131
    Bewertung 237
    cl_ci_tests 146, 150
    Datensammler 162
    Dokumentation 40, 69
    Dynamische und mandantenabhängige Zugriffe 301, 303
    Dynpro-Generierung 360
    Dynpro-Prüfung auf Usability und Accessibility 361
    Einstellungsmöglichkeit 41
    Erkennen von totem Coding 382
    Erweiterte Namenskonventionen für Programme 330
    Erweiterte Programmprüfung 313
    Fan-out-strukturelle Metrik 341
    Generieren von ABAP-Programmen 316
    Geschachtelte Schleifen 264
    GUI-Usability-Prüfung 355
    Hinweis 133
    implizite Prüfung 236
    Inperformante Operationen auf internen Tabellen 266
    Inperformante Parameterübergabe 269
    Instanzerzeugung von BAdIs 282
    Invalidierung des SAP-Tabellenpuffers 278
    Klassen/Interface-Konsistenz 311
    Kommentarsprache-Metrik 342
    Komplexe WHERE-Bedingung in SELECT-Anweisung 323
    Kopieren der aktuellen Tabellenzeile bei LOOP AT... 274
    Kopieren großer Datenobjekte 265
    Kritische Anweisungen 297
    Leerer Test 383
    Mandantenabhängige Shared-Objects-Methoden 309
    Metrik der ausführbaren Anweisungen 335
    Name der Klasse 68
    Namenskonvention 328
    OO-Größenmetrik 345
    Performanceprüfungen, die es nicht gibt 294
    Proxy-Prüfungen 385
    Prozedurale Metrik 337
    Prüfung der Infotypklassen 370
    Prüfung der SY-SUBRC-Behandlung 304
    Prüfung der Tabelleneigenschaften 284
    Prüfung SQL-Trace 373, 375, 376, 379
    SAP GUI-Bedienbarkeit 355
    SAP-Standardprüfung 63
    selbst erstellen 159
    SELECT in Schleifen 262
    SELECT INTO CORRESPONDING FIELDS bei gepufferten Tabellen 284
    SELECT-Anweisungen mit anschließendem CHECK 260
    SELECT-Anweisungen, die am Tabellenpuffer vorbei lesen 255
    Statistik der Tabelleneigenschaften 244
    Suche nach APPEND und INSERT ... INDEX bei SORTED-Tabellen 322
    Suche nach bestimmten kritischen Anweisungen 300
    Suche nach unerwünschten Sprachelementen 365
    Suche Oracle Rule Hints 368
    Suche von ABAP-Anweisungsmustern 364
    Suche von ABAP-Token 363
    Suche von WRITE-Anweisungen 367
    Suspekte Konvertierungen 317
    Syntaxprüfung 312
    Syntaxprüfung/Generierung 310
    Tabellennamen aus SELECT-Anweisung 243
    Test zu CL_ABAP_COMPILER 382
    Test zu ENHANCEMENT-SECTION 381

Testkonventionen von ABAP Unit 333
Transaktion SE61 69
Überprüfung der Erweiterbarkeit von Tabellen 78, 383
Verfahrenstechnische Metrik 337
Verwendung der ADBC-Schnittstelle 307
Verwendung von Indizes in der SELECT-Anweisung 280
Web-Dynpro-Metrik 347
Web-Dynpro-Programmierkonventionen 358
Web-Dynpro-Standardprüfung 356
Worthäufigkeit von Kommentaren 350
Prüfvariante 38, 156
   ändern 37
   anlegen 39
   anzeigen 37
   besondere 42
   cl_ci_checkvariant 141, 150, 157
   DEFAULT 42, 90
   importieren 124
   kopieren 37
   PERFORMANCE_CHECKLIST 42
   Prüfvariantenbaum 40, 70
   sichern 41
   Standardprüfvariante 42
   TRANSPORT 42, 133
   transportierbare 39
Pseudoattribut, Hinweis 175
Pseudokommentar 75, 88, 200, 202, 203, 204, 211, 372
   Beispiel 89
   Dokumentation 93
   Empfehlung 89, 95
   Hinweis 89
   Icon 91, 93
   Kennung 88
   Position 88
   Prüfungsdokumentation 91
   Überblick 94
   universeller 95
Puffereinstellung 285
Pufferinvalidierung 279
Puffersynchronisation 257
Pufferung 287
   Einstellung 244
Pufferungstyp 287

Q

quadratisches Laufzeitverhalten 267, 268
Qualitätsmanager 130, 133
Qualitätssicherung, proaktive 155
Qualitätsstandard 155
Quelltext-Plug-in 381

R

READ REPORT 299
READ TABLE...BINARY SEARCH 269, 326
Referenzübergabe 270
regulärer Ausdruck 330
Relevanz 237
Rendering 349
Report
   rs_ci_compare 111
   rs_ci_email 119
   rs_ci_emailtemplate 122
REPOSRC 86
RETURNING-Parameter 270, 272, 273
ROLLBACK WORK 298
Roundtrip 258, 294
rs_ci_diff 114
rs_eu_crossref 383
Rückgabeparameter 273
Rule Hint 369
Run Time Monitor 33
RZ12 128

S

s_cov_adm 191
s_cts_admi 131
S_MEMORY_INSPECTOR 32, 248
SAKB5 78, 381, 384
SAP Business Workplace 118
   Dokument 118
SAP Code Inspector 31, 34, 36, 71, 90, 101, 124, 126, 164, 177
   Berechtigung 67
   Einstellung 67
   Empfehlung 71
   Integration in eigenen Code 157

Paket s_code_inspector 141, 150, 166, 167, 172
Start 34
Testverwaltung 68
SAPconnect 117, 120
SAP-Hinweis
 123546 245
 1296076 306
 1487337 300
 1502272 300
 1525427 297
 1570378 129
 1577509 246
 1583627 327
 48230 295
 537844 283
 543359 26
 783088 386
 886682 386
SAPscript-Editor, Empfehlung 171
SAP-Standardprüfung 63
SAP-Systemverbund 130
SAP-Tabellenpuffer 255, 377
 umgehen 255
SAP-Transportwesen 125, 130, 136
 CTS_REQUEST_CHECK 136
 Hinweis 133
SAT 32, 76, 248, 263
SAUNIT_CLIENT_SETUP 353
SCAN ABAP-SOURCE 217, 239
Schlüsselwortdokumentation 313
SCI → SAP Code Inspector
sci_attent 196, 197, 199
sci_atttab 195, 196
SCI_SHOW_RESULTS 147
SCICHKV_PA 185
SCIERRTY 202
SCIEXCEPTN 95, 105, 108
SCIEXCEPTN_APPL 101, 106, 108
SCII 34
scimessage 200, 201, 202, 210, 211
scimessages 200, 201, 212
SCIPRIORITIES 210, 214
scir_objt 191
SCOT 118
SCOV 32, 81
Screen Painter 360
SCU3 290
SE03 53, 130
SE09 131, 314

SE10 131
SE11 35, 252, 285, 286
SE18 136
SE19 136, 137, 139
SE24 35
SE30 32, 76, 77, 248, 263
SE37 35
SE38 35, 111, 115, 119
SE54 366
SE61 69, 72, 169, 171, 174, 204
SE80 34, 80, 86, 90, 98, 105, 109, 134, 152, 171, 229, 348
SECATT 33
Sekundärindex 285, 290
SELECT * 294
SELECT ... BYPASSING BUFFER 257
SELECT ... ENDSELECT 261, 264, 276, 294
SELECT ... FOR ALL ENTRIES 258, 295
SELECT ... FOR ALL ENTRIES IN itab 326
SELECT ... FOR UPDATE 257
SELECT COUNT(*) 277
SELECT DISTINCT 256, 259
SELECT SINGLE 256
sequenzieller Zugriff 267
Servergruppe 127
 pflegen 128
SGEN 317
Shared Object 309
SHMA 310
Sichtbarkeit
 globale 37
 lokale 37
Skalierbarkeit 267
SLIN 31, 192, 311, 313, 316
SM36 129
SNAP 83
Softwarekomponente 47
SORTED TABLE 267, 322
Sortierreihenfolge 322, 323
SOST 117
Spaghetticode 334
sprachabhängige Tabelle 293
Spracherkennung 344
SPROXY 384
SQL-Injection 296, 299, 300, 302
SQL-Trace 32, 33, 372
SRTM 33
ST05 32, 248, 263, 372, 375, 376, 379
ST22 83

ST30 372, 375, 376, 379
STAD 248
Stammdaten 286
Standardprüfung 63, 235
statisches Testverfahren 33
Statistik, operative Anweisung 241
Struktur
   sci_attent 196, 197, 199
   scimessage 200, 201, 202, 210, 211
   scir_objt 191
SU01 116, 122
SUBMIT 298
Subquery 256
Suche 362, 363
   parallele 80
Suchmuster 365
Suchtiefe 80
Switch Framework 381
Syntaxfehler 312
Syntaxprüfung 310
SYSTEM-CALL 298
Systemprogramm 77
SY-SUBRC 304

T

Tabelle
   CUST_PRIORITIES 214
   E070 139
   INDX-artige 292
   interne 266
   REPOSRC 86
   SCICHKV_PA 185
   SCIERRTY 202
   SCIEXCEPTN 95, 105, 108
   SCIEXCEPTN_APPL 101, 106, 108
   SCIPRIORITIES 210, 214
   Sharing 265, 271
   SNAP 83
   sprachabhängige 293
   TADIR 48, 83, 149, 152, 192, 209
   TRDIR 49, 86
tabellenbasierte Ausnahme 298
Tabelleneigenschaft, technische 244, 285, 286
Tabellenerweiterung 245
Tabellentyp
   sci_atttab 195, 196
   scimessages 200, 201, 212

TADIR 48, 83, 149, 152, 192, 209
technische Tabelleneigenschaft 244, 285, 286
Testgruppe 82
Testverfahren, statisches 33
Testwerkzeug 29
Texttabelle 293
Transaktion
   ABAPHELP 313, 321
   I18N 171
   RZ12 128
   S_MEMORY_INSPECTOR 32, 248
   SAKB5 78, 381, 384
   SAT 32, 248, 263
   SAUNIT_CLIENT_SETUP 353
   SCI → *SAP Code Inspector*
   SCII 34
   SCOT 118
   SCOV 32, 81
   SCU3 290
   SE03 53, 130
   SE09 131, 314
   SE10 131
   SE11 35, 252, 285, 286
   SE18 136
   SE19 136, 137, 139
   SE24 35
   SE30 32, 76, 77, 248, 263
   SE37 35
   SE38 35, 111, 115, 119
   SE54 366
   SE61 69, 72, 169, 171, 174, 204
   SE80 80, 86, 90, 98, 105, 109, 134, 152, 171, 229, 348
   SECATT 33
   SGEN 317
   SHMA 310
   SLIN 31, 192, 311, 313, 316
   SM36 129
   SOST 117
   SPROXY 384
   SRTM 33
   ST05 32, 248, 263, 372, 375, 376, 379
   ST22 83
   ST30 372, 375, 376, 379
   STAD 248
   SU01 116, 122
transaktionale Daten 286
TRANSPORT 42, 133

Transport Organizer 130, 135
   Berechtigung 131
Transportaufgabe 133, 135, 191
Transportauftrag 42, 133, 135, 191
Transportschicht 47
Transportwesen 31
TRDIR 49, 86
Typkonvertierung 318

U

Übergabe, globale Variable 273
Umgehung, SAP-Tabellenpuffer 255
UPDATE ... WHERE 278
Usability 361
USING-Parameter 272

V

VALUE-Parameter 271
Verantwortlicher 36, 38, 47
Verbuchung 308
Verwendungsnachweis 80, 109, 383
   Objektmenge 110
   Prüfvariante 109

W

Web Dynpro 356
   ABAP 355
   ABAP-Component 347
Wertübergabe 270
WHERE-Bedingung 249
WHERE-Klausel 323
WHILE ... ENDWHILE 264
Workarea 275
Worthäufigkeit 350
WRITE 368

X

XSS 296, 449

Z

Zugänglichkeit 361
Zugriff
   optimierter 268
   sequenzieller 267
Zuverlässigkeit 237
zyklomatische Komplexität 339

www.sap-press.de

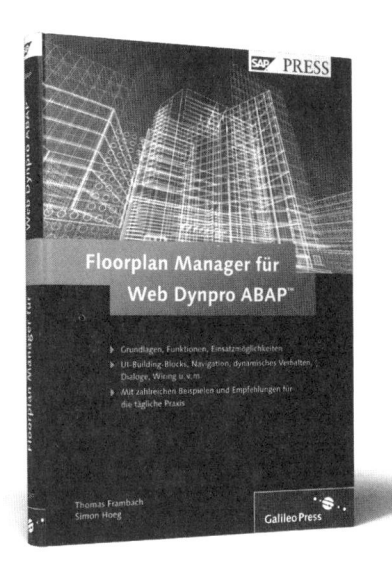

Grundlagen, Funktionen, Einsatzmöglichkeiten

UI-Building-Blocks, Navigation, dynamisches Verhalten, Dialoge, Wiring u. v. m.

Mit zahlreichen Beispielen und Empfehlungen für die tägliche Praxis

Thomas Frambach, Simon Hoeg

Floorplan Manager für Web Dynpro ABAP

Sie wollen Geschäftsanwendungen entwickeln, die vom Look & Feel der SAP Business Suite nicht zu unterscheiden sind? In diesem Buch finden Sie alles, was Sie dazu wissen müssen. Aufbauend auf den technologischen Grundlagen und anhand vielfältiger Beispiele stellen Ihnen die Autoren alle Möglichkeiten und Funktionen des Floorplan Managers vor: vordefinierte UI-Patterns für Listen und Formulare, Navigation, Dialogkonfiguration u.v.m. Die Übersichtlichkeit der Darstellung macht es zudem zu einem geeigneten Nachschlagewerk für die tägliche Praxis.

366 S., 2011, 79,90 Euro
ISBN 978-3-8362-1530-5

\>\> www.sap-press.de/2290

SAP PRESS

www.sap-press.de

Die Referenz zur Standard-UI-Technologie von SAP

Vollständige Darstellung von UI-Elementen, Standardkomponenten, Eingabehilfen, Entwicklungswerkzeugen u. v. m.

Mit zahlreichen Beispielen und Empfehlungen für die tägliche Praxis

Roland Schwaiger, Dominik Ofenloch

Web Dynpro ABAP

Das umfassende Handbuch

Dieses umfassende Handbuch zu Web Dynpro ABAP ist Ihr praktischer Begleiter für den Programmieralltag. Nach dem Einstieg „in zwanzig Minuten" werden Ihnen alle Bereiche und Aspekte von Web Dynpro ABAP thematisch sortiert vorgestellt: die Web-Dynpro-Architektur, sämtliche UI-Elemente, die dynamische Programmierung und sonstige Konfigurationsmöglichkeiten. Tipps und Tricks, aussagekräftige Codebeispiele, Überblickstabellen und Screenshots helfen Ihnen dabei, die Antworten auf alle Ihre Fragen schnell zu finden und direkt in der Praxis umzusetzen.

1176 S., 2011, 69,90 Euro
ISBN 978-3-8362-1522-0

>> www.sap-press.de/2272

SAP PRESS

www.sap-press.de

Das Standardwerk zur klassischen SAP-Formularerstellung

Basiswissen, fortgeschrittene Techniken, bewährte Lösungen

Zusammenspiel mit SAP Interactive Forms by Adobe

Vollständig aktualisierte und erweiterte Neuauflage

Hertleif, Wachter, Heck, Karas, Tsantilis, Trapp

SAP Smart Forms

Diese 3. Auflage zeigt Ihnen alles zur altbekannten SAP-Formularerstellung in aktueller Anwendung! Sie lernen dazu alle relevanten Werkzeuge kennen, können Formulare mit Daten füllen, Logik versehen und ansprechend gestalten. Auch fortgeschrittene Techniken, wie die Anbindung externer Output-Management-Systeme oder die Programmierung eigener ABAP-Logik, realisieren Sie nach der Lektüre mit Leichtigkeit. Die Autoren erläutern Ihnen alles auf dem neuesten Stand: zeitgemäßes Formulardesign, die Einbindung von SAP Smart Forms in moderne Systemlandschaften, die Vorbereitung auf die Interactive-Forms-Migration u. v. m. Profitieren Sie mit diesem umfassenden Handbuch von den Erfahrungen und Methoden dieses Expertenteams!

ca. 630 S., 3. Auflage, 69,90 Euro
ISBN 978-3-8362-1793-4, Dezember 2011

>> www.sap-press.de/2902

SAP PRESS

www.sap-press.de

Alle wichtigen Schnittstellentechnologien im Überblick

RFC, BAPIs, ALE, IDocs und SOAP in praktischer Anwendung

Inkl. zahlreicher Programmierbeispiele in ABAP, Java, C und C#

2., aktualisierte und erweiterte Auflage

Michael Wegelin, Michael Englbrecht

SAP-Schnittstellenprogrammierung

Dieses umfassende Handbuch zeigt Ihnen, wie Sie das Zusammenspiel von IT-Systemen mittels programmierbarer Schnittstellen erfolgreich in die Tat umsetzen! Sie erfahren zunächst, wie Sie den SAP NetWeaver Application Server ABAP/Java ansprechen und wie sich die verschiedenen Programmiersprachen in diesem Kontext verwenden lassen. Nach der ausführlichen Beschreibung klassischer und moderner Schnittstellen und Protokolle lernen Sie, wie Sie die Komponenten des Application Servers konfigurieren, um die Kommunikation mit externen Systemen zu ermöglichen. Zahlreiche ausprogrammierte Beispiele in ABAP, Java, C und C# helfen Ihnen, das dargestellte Wissen selbst in der Praxis umzusetzen.

ca. 490 S., 2. Auflage, 69,90 Euro
ISBN 978-3-8362-1736-1, Juli 2011

\>> www.sap-press.de/2829

SAP PRESS

www.sap-press.de

Praxisnahe Workshops zur IDoc-Erzeugung und -Entwicklung

Testwerkzeuge, Rückmeldungen, User-Exits, Verbuchungstechniken, Serialisierung u. v. m.

Neu in dieser Auflage: Webservices und XML, Copy Management, E-Mail-Anbindung u. v. m.

Sabine Maisel

IDoc-Entwicklung für SAP

Dieses Buch versetzt Sie in die Lage, IDocs selbstständig zu programmieren und zu erweitern. Die Autorin beschreibt dazu alle Details der IDoc-Anpassung auf SAP-Seite, also Customizing-Techniken, die Erweiterung der Standardbausteine sowie komplette Eigenentwicklungen. Der Fokus liegt dabei immer auf dem für IDocs relevanten Anteil dieser Erweiterungstechniken, aber auch die nicht speziell auf einen IDoc-Typen ausgerichteten Methoden werden Ihnen erläutert. Zudem werden Besonderheiten – wie etwa die Workflow-Anbindung oder das Rückmelden von IDoc-Statuswerten – dargestellt. Alle Lösungen werden dazu mit Codebeispielen und Screenshots illustriert.

ca. 310 S., 2. Auflage, 59,90 Euro
ISBN 978-3-8362-1734-7, September 2011

>> www.sap-press.de/2826

Detaillierte Beschreibung aller
ABAP-Sprachelemente bis
Release 7.02/7.20

Prägnante Einführungen zu jedem
ABAP-Konzept

Offizielle, von SAP autorisierte Referenz

3., vollständig überarbeitete und
erweiterte Neuauflage

Horst Keller

ABAP-Referenz

Der Klassiker, vollständig aktualisiert zu ABAP-Release 7.20: Diese vollständige Referenz ist Ihr Begleiter durch die täglichen Herausforderungen der ABAP-Entwicklung. Knappe, aber umfassende Einführungen in alle Konzepte, genaue Darstellung von Syntax und Funktion jedes einzelnen ABAP-Befehls (inklusive aller obsoleten Schlüsselwörter!) und ausführliche Beispiele machen dieses Buch zum unverzichtbaren Nachschlagewerk für jeden ABAP-Entwickler.

1367 S., 3. Auflage 2010, 79,90 Euro
ISBN 978-3-8362-1524-4

>> www.sap-press.de/2278

booksonline

Die Bibliothek für Ihr IT-Know-how.

1. Suchen
2. Kaufen
3. Online lesen

Kostenlos testen!

www.sap-press.de/booksonline

- ✓ Jederzeit online verfügbar
- ✓ Schnell nachschlagen, schnell fündig werden
- ✓ Einfach lesen im Browser
- ✓ Eigene Bibliothek zusammenstellen
- ✓ Buch plus Online-Ausgabe zum Vorzugspreis

Galileo Press

MITMACHEN & GEWINNEN!

SAP PRESS

Sagen Sie uns Ihre Meinung und gewinnen Sie einen von 5 SAP PRESS-Buchgutscheinen, die wir jeden Monat unter allen Einsendern verlosen. Zusätzlich haben Sie mit dieser Karte die Möglichkeit, unseren aktuellen Katalog und/oder Newsletter zu bestellen. Einfach ausfüllen und abschicken. Die Gewinner der Buchgutscheine werden persönlich von uns benachrichtigt. Viel Glück!

▶ **Wie lautet der Titel des Buches, das Sie bewerten möchten?**

▶ **Wegen welcher Inhalte haben Sie das Buch gekauft?**

▶ **Haben Sie in diesem Buch die Informationen gefunden, die Sie gesucht haben? Wenn nein, was haben Sie vermisst?**
- ☐ Ja, ich habe die gewünschten Informationen gefunden.
- ☐ Teilweise, ich habe nicht alle Informationen gefunden.
- ☐ Nein, ich habe die gewünschten Informationen nicht gefunden. Vermisst habe ich:

▶ **Welche Aussagen treffen am ehesten zu?** (Mehrfachantworten möglich)
- ☐ Ich habe das Buch von vorne nach hinten gelesen.
- ☐ Ich habe nur einzelne Abschnitte gelesen.
- ☐ Ich verwende das Buch als Nachschlagewerk.
- ☐ Ich lese immer mal wieder in dem Buch.

▶ **Wie suchen Sie Informationen in diesem Buch?** (Mehrfachantworten möglich)
- ☐ Inhaltsverzeichnis
- ☐ Marginalien (Stichwörter am Seitenrand)
- ☐ Index/Stichwortverzeichnis
- ☐ Buchscanner (Volltextsuche auf der Galileo-Website)
- ☐ Durchblättern

▶ **Wie beurteilen Sie die Qualität der Fachinformationen nach Schulnoten von 1 (sehr gut) bis 6 (ungenügend)?**
☐ 1 ☐ 2 ☐ 3 ☐ 4 ☐ 5 ☐ 6

▶ **Was hat Ihnen an diesem Buch gefallen?**

▶ **Was hat Ihnen nicht gefallen?**

▶ **Würden Sie das Buch weiterempfehlen?**
☐ Ja ☐ Nein
Falls nein, warum nicht?

▶ **Was ist Ihre Haupttätigkeit im Unternehmen?**
(z.B. Management, Berater, Entwickler, Key-User etc.)

▶ **Welche Berufsbezeichnung steht auf Ihrer Visitenkarte?**

▶ **Haben Sie dieses Buch selbst gekauft?**
- ☐ Ich habe das Buch selbst gekauft.
- ☐ Das Unternehmen hat das Buch gekauft.

KATALOG & NEWSLETTER

www.sap-press.de

Ja, bitte senden Sie mir kostenlos den neuen **Katalog**. Für folgende SAP-Themen interessiere ich mich besonders: (Bitte Entsprechendes ankreuzen)

- ☐ Programmierung
- ☐ Administration
- ☐ IT-Management
- ☐ Business Intelligence
- ☐ Logistik
- ☐ Marketing und Vertrieb
- ☐ Finanzen und Controlling
- ☐ Personalwesen
- ☐ Branchen und Mittelstand
- ☐ Management und Strategie

▶ Ja, ich möchte den SAP PRESS-Newsletter abonnieren. Meine E-Mail-Adresse lautet:

Absender

Firma

Abteilung

Position

Anrede   Frau ☐   Herr ☐

Vorname

Name

Straße, Nr.

PLZ, Ort

Telefon

E-Mail

Datum, Unterschrift

Teilnahmebedingungen und Datenschutz:
Die Gewinner werden jeweils am Ende jeden Monats ermittelt und schriftlich benachrichtigt. Mitarbeiter der Galileo Press GmbH und deren Angehörige sind von der Teilnahme ausgeschlossen. Eine Barablösung der Gewinne ist nicht möglich. Der Rechtsweg ist ausgeschlossen. Ihre freiwilligen Angaben dienen dazu, Sie über weitere Titel aus unserem Programm zu informieren. Falls sie diesen Service nicht nutzen wollen, genügt eine E-Mail an service@galileo-press.de. Eine Weitergabe Ihrer persönlichen Daten an Dritte erfolgt nicht.

Antwort

SAP PRESS
c/o Galileo Press
Rheinwerkallee 4
53227 Bonn

Bitte freimachen!

SAP PRESS

Wir informieren Sie gern über alle
Neuerscheinungen von SAP PRESS.
Abonnieren Sie doch einfach unseren
monatlichen Newsletter:

>> www.sap-press.de